Wohnungswirtschaft:
Definition und Prozessgestaltung
des Sozialen Forderungsmanagements
aus wirtschaftsrechtlicher Sicht

Europäische Hochschulschriften Recht

European University Studies in Law

Publications Universitaires Européennes de Droit

Band/Volume 6764

Bastian Kühn

Wohnungswirtschaft: Definition und Prozessgestaltung des Sozialen Forderungsmanagements aus wirtschaftsrechtlicher Sicht

PETER LANG

Lausanne - Berlin - Bruxelles - Chennai - New York - Oxford

Bibliografische Information der Deutschen Nationalbibliothek
Die Deutsche Nationalbibliothek verzeichnet diese Publikation in der Deutschen Nationalbibliografie; detaillierte bibliografische Daten sind im Internet über http://dnb.d-nb.de abrufbar.

Zugl.: Siegen, Univ., Diss., 2023

D 467
ISSN 0531-7312
ISBN 978-3-631-90820-4 (Print)
E-ISBN 978-3-631-90821-1 (E-PDF)
E-ISBN 978-3-631-90822-8 (EPUB)
DOI 10.3726/b21161

Verlegt durch:
Peter Lang GmbH, Berlin, Deutschland

info@peterlang.com http://www.peterlang.com/

Inhaltsverzeichnis

Abkürzungsverzeichnis

1. MietRÄndG	Erstes Mietrechtsänderungsgesetz
2. MietRÄndG	Zweites Mietrechtsänderungsgesetz
AEVU	Vertrag über die Arbeitsweise der Europäischen Union
a.F.	alte Fassung
AGB	Allgemeine Geschäftsbedingungen
amt.	amtlich/-er
BAG	Bundesarbeitsgericht
BDSG	Bundesdatenschutzgesetz
BetrKV	Betriebskostenverordnung
BFH	Bundesfinanzhof
BGB	Bürgerliches Gesetzbuch
BGBl.	Bundesgesetzblatt
BGH	Bundesgerichtshof
BSG	Bundessozialgericht
BVerfGG	Bundesverfassungsgesrichtsgesetz
B2B	Business to Business
B2C	Business to Consumer
ders.	derselbe
dies.	dieselben
DS-GVO	Datenschutz-Grundverordnung
EL	Ergänzungslieferung
ErwGr	Erwägungsgrund
e.V.	eingetragener Verein
ERP	Enterprise Resource Planning
GdW	Bundesverbandes deutscher Wohnungs- und Immobilienunternehmen e.V.
gem.	gemäß
GG	Grundgesetz
GoB	Grundsätze ordnungsgemäßer Buchführung
GuV	Gewinn- und Verlustrechnung
GRC	Charta der Grundrechte der Europäischen Union
GKG	Gerichtskostengesetz

GV	Gerichtsvollzieher
h.M.	herrschende(n) Meinung
i.S.v.	im Sinne von
Ls.	Leitsatz
MSchG	Mieterschutzgesetz
SGB	Sozialgesetzbuch
SGG	Sozialgerichtsgesetz
RDG	Rechtsdienstleistungsgesetz
RVG	Rechtsanwaltsvergütungsgesetz
Ts.	Teilsatz
vgl.	vergleiche

1. Teil: Einleitung

A. Inhalt

„Jeder vertriebliche Einsatz wird ad absurdum geführt, wenn der Erlös für das vertriebene Produkt ausbleibt".[1]

Bereits unter unternehmerischen Gesichtspunkten gilt es damit den Zahlungsausfall des vertriebenen Produktes abzuwenden. Andernfalls drohen im Laufe des Forderungsprozesses auch auf Seiten des Vertragspartners rechtlich und wirtschaftlich negative Konsequenzen.

Dies ist insbesondere dann der Fall, wenn es sich bei dem Vertragsgegenstand um ein nicht leicht substituierbares Gut handelt. Nicht leicht substituierbar, existenziell wichtig und grundrechtlich geschützt (Art. 13 Abs. 1 GG), ist der hier im Blickpunkt stehende Wohnraum Anlageobjekt und Lebensmittelpunkt zugleich.

In Zeiten von enger werdenden oder gar angespannten Wohnungsmärkten (vgl. § 556d BGB) gewinnt die Wichtigkeit der Wohnraumerhaltung für den Mieter an Bedeutung. Die Suche einer neuen Wohnung kann sich wohnungsmarktabhängig als ein schwieriges Unterfangen erweisen. Es droht im äußersten Fall die Wohnungslosigkeit. Zudem bedeutet die Zwangsräumung für den Vermieter die Entstehung eines nicht unerheblichen wirtschaftlichen Schaden.

Beide Vertragsparteien vereint demnach das Interesse an einer ordnungsgemäßen Vertragsdurchführung. Es wird im Folgenden ein beiderseitiges Fortsetzungsinteresse im Falle der pünktlichen und vollständigen Mietzahlung angenommen.

„Die Wohnung ist ein […] lebenswichtiges soziales Gut für Mieterinnen und Mieter"[2]. Dem entsprechend möchte das Soziale Forderungsmanagement nicht nur den beiden Mietvertragsparteien eines Wohnraumes gerecht werden, einen sozialverträglichen und ausgewogenen Interessensausgleich schaffen, sondern vielmehr eine vollumfängliche Interessensbefriedigung erzielen.

Charakteristisch ist das vorliegende proaktive Konzept von einem auf einengenden Elementen basierenden System abzugrenzen. Die Akteure agieren rechtskonform, kooperativ, partnerschaftlich, unterstützend, transparent, konsequent und insbesondere freiwillig. Statt eines restriktiven steht ein kooperativberatender Ansatz im Vordergrund.

---

1 Z. 50 f. Anhang IV dieser Ausarbeitung.

2 BT-Drcks. 14/5663, S. 67.

Das nachfolgend dargestellte Konzept soll in Form eines strukturierten, sozialverträglichen und nachhaltigen Konzeptes eine einzigartig effiziente und zukunftsorientierte Form der Forderungsbeitreibung in der Wohnungswirtschaft aufzeigen.

Außerdem soll durch Darstellung dieses professionellen und anwendbaren Managementkonzeptes ein Beitrag zur Professionalisierung des Forderungsmanagements in der Wohnungswirtschaft geleistet werden. Ganz vereinzelnd werden zwar der Abbau und die Vermeidung von Mietschulden bereits explizit als wirtschaftlicher Profit aus sozialem Engagement benannt[3], fraglich ist jedoch wie genau solch ein soziales Engagement aussieht.

Unter anderem zur Beantwortung dieser Frage verschreibt sich die vorliegende handbuchartige Forschungsarbeit der Darstellung sämtlich relevanter rechtlicher und inhaltlicher Rahmenbedingungen, konkreter Gestaltungsmöglichkeiten, konkreten Entscheidungshilfen, sowie des Aufzeigens von Rechtsunsicherheiten und der Abbildung eines vollumfänglichen konzeptionellen Gestaltungsrahmens. Darüber hinaus erfolgt die der Herleitung und Erarbeitung einer Gesetzesergänzung gem. § 543 Abs. 2 Nr. 3 BGB. Abgerundet wird die Ausarbeitung durch die Definition eines allgemeingültigen Konzeptverständnisses.

B. Bedeutung

Die Wirtschaftlichkeit eines wohnungswirtschaftlichen Unternehmens hängt in erster Linie von der Vermietung der Bestandswohnung ab. Damit eine Vermietung jedoch letztlich als ein Unternehmenserfolg bewertbar ist, bedarf es der vertragsgemäßen Vereinnahmung des Mietzinses. Dem Forderungsmanagement kommt somit herausragende Bedeutung zu.

Insgesamt kommen rund 3.000 Unternehmen als potentielle Anwender in Frage.[4] Darunter befindet sich eine Vielzahl von kleinen bis mittleren, häufig kommunalen, Wohnungsunternehmen.[5]

Das Konzept ist als ein ganzheitliches Managementsystem charakterisierbar. Die Darstellung der rechtlichen Rahmenbedingungen, inhaltlichen Ausgestaltungsmöglichkeiten und Handlungsempfehlungen, ermöglichen institutionell gewerblichen Vermietern die Umsetzung des Sozialen Forderungsmanagementsystems.

---

3 Besecke/Engbers, Professionelle Wohnungsunternehmen und soziales Engagement, S. 38.

4 2. Teil, B., I. dieser Ausarbeitung.

5 GdW, Wohnungswirtschaftliche Daten und Trends 2017/2018, S. 84.

Ein annähernd vergleichbar allgemeingültiges, konzeptionell ausgestaltetes und ganzheitliches Forderungsmanagementsystem der Wohnungswirtschaft ist nicht bekannt.

Einzigartig ist ebenfalls die Heranziehung des psychologischen Modells der Prokrastination als Erklärungsansatz für die Entstehung von Mietschulden. Zugleich soll das Modell der Prokrastination die Funktionsweise des vorliegenden Konzeptes erklären.

Insgesamt möchte diese Arbeit die gewerblichen Vermieter bei der Etablierung und Umsetzung des Sozialen Forderungsmanagement unterstützen, die Wohnraumerhaltung zu Gunsten des Mieters und Vermieters gewährleisten und damit zur Effizienzsteigerung des Unternehmens beitragen.

Mit Umsetzung des Sozialen Forderungsmanagements soll eine zeitgemäße, professionalisierte und insbesondere rechtlich vertretbare Form der Forderungsbeitreibung ermöglicht werden.

C. Schwerpunkte

Die Schwerpunkte dieser rechtswissenschaftlichen Ausarbeitung liegen in der Erarbeitung und Darstellung eines musterartigen Prozessablaufes des Sozialen Forderungsmanagements. Grundlagen dessen sind die rechtlichen Rahmenbedingungen und die sich aus diesen wiederum ergebenden Gestaltungsmöglichkeiten.

Bestandteil des Ergebnisses sind eine allgemeingültige Definition des Sozialen Forderungsmanagements, eine anschauliche Darstellung des Forderungsprozesses, sowie 70 zusammenfassende Ergebnisthesen.

Der Charakteristik dieser Ausarbeitung ebenso dienlich sind die fortlaufend angeführten Handlung- und Gestaltungsempfehlungen.

Rechtswissenschaftlich bedeutsam sind im Wesentlichen die einschlägigen miet-, sozial-, insolvenz-, zivilprozess- und datenschutzrechtlichen Bestimmungen. Die vorgenannten Gesetzesgrundlagen bilden den rechtlichen Rahmen und somit das Grundgerüst des rechtskonformen Managementsystems.

Die Tiefen der rechtswissenschaftlichen Darstellungen variieren, sind jedoch in den Kernelementen ausführlich dargestellt.

Weitere wesentliche Schwerpunkte sind unter anderem die Heranziehung des psychologischen Erklärungsansatzes der Prokrastination, die Bezugnahme zur Corporate Social Responsibility[6], die Darstellung das Aufzeigen der Gestaltungsmöglichkeit im Sinne der DS-GVO, die Erarbeitung von

6 Im Folgenden: CSR.

Handlungsempfehlungen im Zusammenhang mit Transferleistungsempfängern oder zahlungsunfähigen Geschäftspartnern, sowie die Darstellung der bilanziellen Gestaltungsmöglichkeiten der Mietforderungen und weiterer punktuell darstellungswürdigen Aspekten zur Gewährleistung eines möglichst abschließenden und in sich schlüssigen Anwendungskonzeptes. Abschließend erfolgt durch die Formulierung einer Legaldefinition die Schaffung eines allgemeinen Verständnisses.

D. Methodik

Dem Grundlagenteil der vorliegenden Ausarbeitung liegt insbesondere eine umfangreiche Literatur- und Rechtsprechungsanalyse zu Grunde. Mit Blick auf das umfassende Rechtsprechungsverzeichnis dieser Ausarbeitung[7] ist eine ausgeprägte richterliche Rechtsfortbildung im Bereich des Wohnraummietrechts und des Sozialrechts erkennbar. Die zuständigen Gerichte werden dabei *extra legem* als Ersatzgesetzgeber zur ergänzenden oder ersetzenden Rechtsentwicklung im Sinne eines sich daraus ergebenen Richterrechts tätig.[8] Diese Prägung stellt zugleich eine der Hauptherausforderung bei der Erarbeitung des Grundlagenteils dar.

Außerdem basieren die Grundlagen und Erkenntnisse im psychologischen Teil dieser Ausarbeitung im Wesentlichen auf der Recherche englischsprachiger Literatur im Bereich der Prokrastination.

Als weiteres methodisches Vorgehen ist hier auf die durchgeführten Experteninterviews mit Interviewpartnern aus der täglichen Forderungspraxis, dem Bereich der Psychologie, sowie der Rechtsliteratur und Rechtsprechung zu verwiesen. Die Durchführung der Experteninterviews erfolgte leitfadenartig, jedoch nicht standardisiert um eine entsprechende Flexibilität zu gewährleisten.

Die Erkenntnisse aus dieser empirischen Forschung dienen der Ergänzung der Literatur und Rechtsprechungsanalyse, sowie der punktuellen Belegung und Erklärung einzelner Handlungsempfehlungen und Grundannahmen des Forderungsmanagementkonzeptes.

---

7 Anhang LXVII dieser Ausarbeitung.

8 Jachmann-Michel, in: Maunz/Düring, GG, Bd. VI, Art. 95, Rn. 13 ff.; Wahl, in: Schoch/Schneider/Bier, Verwaltungsgerichtsordnung, Bd. I, § 42 Abs. 2 Rn. 81 f.; Wiedemann NJW 2014, 2407 (2410).

2. Teil: Grundlagen

A. Ausgangssituation

Die deutsche Wohnungswirtschaft ist geprägt durch eine Vielzahl von kleinen bis mittelgroßen wohnungswirtschaftlichen Unternehmen, deren Geschäftstätigkeit aus der nachfolgend dargestellten Historie heraus auch heute noch regelmäßig auf den geographisch regionalen Wohnungsmarkt beschränkt ist.

93,1 % der Mitgliedsunternehmen des Bundesverbandes deutscher Wohnungs- und Immobilienunternehmen e.V.[9] halten jeweils bis zu 5.000 Wohneinheiten und sind überwiegend in der Form der Genossenschaft (rund 65 %) und Kapitalgesellschaft (rund 33 %) am Markt tätig.[10]

Während der Weimarer Republik und einer fortschreitenden Industrialisierung, wurden zunehmend die Forderungen nach bezahlbarem und gesundem Wohnraum für die kriegsgebeutelte Bevölkerungsschicht mit einem kleinen Einkommen laut. Dieser Wohnungsnotstand entstand zunehmend in den Standorten der Industrie und deren überfüllten und hygienisch unzumutbaren Siedlungen, bewohnt durch zumeist sozialschwache Bewohner.[11]

Die Behebung dieses Mangels wurde regelmäßig einer zu gründenden gemeinnützigen Baugenossenschaften übertragen.[12] Es entstanden zahlreiche Wohnungsbaugenossenschaften.[13] Mit dem Wohnungsgemeinnützigkeitsgesetz vom 29.02.1940[14] wurden die zuvor etablierten und die Gemeinnützigkeit betreffenden Regularien zusammengefasst und einheitliche fixiert.[15]

Gemeinnützige Wohnungsunternehmen waren Genossenschaften oder Kapitalgesellschaften. Dazu gehörten kommunale Wohnungsunternehmen, deren Geschäftstätigkeit auf die Wohnraumversorgung der breiten Bevölkerungsschicht ausgerichtet war. Um die niedrigen bis mittleren Einkommensschichten mit Wohnraum versorgen zu können stand nicht die Gewinnerzielungsabsicht

---

9 Im Folgenden: GdW.

10 GdW, Wohnungswirtschaftliche Daten und Trends 2017/2018, S. 80.

11 Haerendel ZSR 1999, 843 (843 ff.).

12 Haerendel ZSR 1999, 843 (860 ff.).

13 Besecke/Enbergs, Professionelle Wohnungsunternehmen und soziales Engagement, S. 65.

14 Im Folgenden: WGG.

15 Bundestag, Gemeinnützigkeit der Wohnungswirtschaft S. 4.

im Vordergrund, sondern die Vermietung diente der bloßen Selbstfinanzierung des Wohnungsbaus.[16]

Aus diesem Grund handelt es sich auch heute noch regelmäßig (rund 26 % der GdW-Mitgliedsunternehmen[17]), um kommunale oder öffentliche Unternehmen mit Beteiligung einer juristischen Person des öffentlichen Rechts. Nicht erfasst sind dabei Wohnungsunternehmen ohne jegliche öffentliche Beteiligung, welche jedoch regional eng mit der jeweiligen Kommune zusammenarbeiten oder ohne eine öffentliche Beteiligung stark am regionalen Wohnungsmarkt engagiert sind.

Aufgehoben wurde das WGG durch das Steuerreformgesetz von 1990.[18] Sinn und Zweck war insbesondere die Aufhebung des Steuervorteils für gemeinnützige Wohnungsunternehmen gegenüber den nicht steuerlich begünstigten.[19] Seit dem unterliegen auch diese rund 1.800[20] Wohnungsunternehmen der unbeschränkten Steuerpflicht.

Jener Wettbewerb führte zu einer höheren und bezahlbaren Wohnqualität.[21]

Inzwischen wird von einer „Renaissance“[22] der kommunalen Wohnungsunternehmen gesprochen.

Diese nehmen nicht nur die dem ursprünglichen Gesellschaftszweck entwachsene Wohnraumversorgung der unteren bis mittleren Bevölkerungsschichten wahr, sondern versorgen unter anderem zunehmend auch die obere Bevölkerungsschicht mit Wohnraum, schaffen bezahlbaren und barrierearmen Wohnraum, tragen die Energiewende mit, kümmern sich um die Unterbringung von Flüchtlingen und tragen allgemein zur Steigerung der sog. Stadtrendite, welche beispielsweise städtebauliche oder soziale, ökologische Aspekte des lokalen Umfeldes umfasst, bei.[23]

---

16 Gemeinnützige Wohnungsunternehmen, in: Gabler Wirtschaftslexikon.

17 GdW, Wohnungswirtschaftliche Daten und Trends 2017/2018, S. 77.

18 BGBl. I S. 1093.

19 BT-Drucks. 11/2157, S. 116, 121, 122.

20 Lieberknecht, Was bedeutete das WGG und was passierte danach?: Die Entwicklungsphasen der Wohnungsgemeinnützigkeit.

21 Lieberknecht, Was bedeutete das WGG und was passierte danach?: Die Entwicklungsphasen der Wohnungsgemeinnützigkeit.

22 Lieberknecht, Renaissance der kommunalen Wohnungsunternehmen.

23 Lieberknecht, Renaissance der kommunalen Wohnungsunternehmen; Besecke/Enbergs, Professionelle Wohnungsunternehmen und soziales Engagement, S. 29 ff.

Um jene Aufgaben erfüllen zu können, bedarf es einer nachhaltigen Unternehmenspolitik. Demnach verfolgen kommunale, ebenso wie private, Wohnungsunternehmen neben den ökologischen und sozialen Zielen insbesondere ökonomische Ziele. Diese beinhalten unter anderem eine Gewinnerwirtschaftung, eine angemessene Eigenkapitalverzinsung, sowie die Bewirtschaftung und Modernisierung der Eigenbestände.[24]

Soziale Ziele bilden den Schwerpunkt der kommunalen Unternehmen und umfassen neben der Wohnraumversorgung der breiten Schichten auch die soziale Stadtentwicklung und soziale Stabilität in den jeweiligen Quartieren.[25]

Zunehmend stößt ein Wohnungsunternehmen in sozialer Hinsicht Maßnahmen an, welche sich nicht nur von dem eigentlichen Unternehmenszweck entfernen, sondern sogar in den Aufgabenbereich der öffentlichen Hand (z.B. die Einrichtung eines Jugendclubs) fallen.[26]

Die regional tätigen Unternehmen agieren demnach als Standortgestalter und übernehmen zunehmend nicht originäre wohnungswirtschaftliche Aufgaben.

Es ist in diesem Zusammenhang auch von einer gesamtgesellschaftlichen, speziell auf den regionalen Wohnungsmarkt bezogene soziale Verantwortung zu sprechen.[27]

Hinter dem sozialen Engagement verbergen sich ebenso wirtschaftliche Ziele, da mit einer sozialen Stabilität beispielsweise nicht nur die Vermietung, sondern auch die Mietzahlung sichergestellt werden soll.[28]

Ein solch soziales Engagement wird als eine in die Geschäftsstrategie integrierte Aufgabe gesehen.[29]

Demnach bestimmt nicht nur die Eigentümerstruktur die Übernahme sozialer Verantwortung, sondern insbesondere auch die wirtschaftlichen Ziele eines Wohnungsunternehmens.

---

24 Besecke/Enbergs, Professionelle Wohnungsunternehmen und soziales Engagement, S. 47.

25 Besecke/Enbergs, Professionelle Wohnungsunternehmen und soziales Engagement, S. 47.

26 Besecke/Enbergs, Professionelle Wohnungsunternehmen und soziales Engagement, S. 52.

27 Z. 86 ff. Anhang IV dieser Ausarbeitung.

28 Besecke/Enbergs, Professionelle Wohnungsunternehmen und soziales Engagement, S. 51 f.

29 Besecke/Enbergs, Professionelle Wohnungsunternehmen und soziales Engagement, S. 54, 60.

Inhalt der Sozialverantwortung ist auch die Durchführung eines sozialverträglichen Mietforderungsmanagement.

Vorliegend soll hier nicht nur die Vereinbarkeit des betriebswirtschaftlichen Grundsatzes der Gewinnmaximierung mit der Übernahme von Sozialverantwortung dargestellt werden, sondern es sollen vielmehr die Synergieeffekte aufgezeigt werden, die sich aus diesem konzipierten Zusammenschluss ergeben können. Im Rahmen dieses Zusammenschlusses sollen insbesondere rechtliche, wirtschaftliche und psychologische Aspekte betrachtet werden.

Die Wirtschaftlichkeit eines Bestandsverwalters hängt damit nicht nur von der Vermietung der Bestandswohnung ab, sondern insbesondere auch von der Vereinnahmung des mietvertraglich vereinbarten Mietzinses.

Ein Zahlungsverzug oder gar ein Zahlungsausfall belastet unmittelbar das wirtschaftliche Ergebnis des Vermieters. Zeitgleich droht auf Seiten des Mieters wohl möglich die Wohnungslosigkeit.

Gemeinsame Zielsetzung sollte daher der Erhalt der Wohnung unter der Voraussetzung der mietvertragskonformen Zahlung des monatlich fälligen Entgeltes sein.

Zur Realisierung des Zahlungseinganges kommt der Effizienz des Forderungsmanagements in der Wohnungswirtschaft damit eine herausragende Bedeutung zu.

„Mietrückstände kann man nur durch aktives Tun verhindern“[30].

Dieses Zitat wirft unweigerlich die Frage auf, was unter einem „aktiven Tun“ im vorliegenden Kontext inhaltlich zu verstehen ist. Der Beantwortung dieser Frage verschreibt sich die vorliegende Arbeit.

Das Forderungsmanagement und die Kündigung sind als „die wichtigste Handhabe, um Forderungsausfälle zu vermeiden“[31] bezeichnet.

Für die Zielerreichung der Wohnraumerhaltung, unter der zugleich zu erfüllenden Prämisse der Forderungsbeitreibung, soll das im Folgenden ausführlich dargestellte, charakterisierte, strukturierte und letztlich definierte Konzept dienen. Im Blickpunkt der Betrachtung steht schwerpunktmäßig die rechtliche und inhaltliche konzeptionelle Ausgestaltung.

Diese Konzipierung soll den Vermieter unterstützen, seinen Vertragspartner zur vertragsgemäßen Mietzahlung anzuleiten und diese entsprechend zu priorisieren.

---

30 Börstinghaus NWB 2018, 2784 (2793).

31 Börstinghaus NWB 2018, 2784 (2784).

Dass es an einer entsprechenden Priorisierung insbesondere im Generationenvergleich mangeln könnte, lässt eine subjektive Expertenaussage vermuten.[32] Bestätigt wird dies von der Aussage einer verbreiteten Sorglosigkeit zur Zahlung der Miete aufgrund mangelnder Kenntnis über die drohenden Konsequenzen.[33]

Daran anknüpfend ist auch die Überforderung als Begründung für die Entstehung von Mietforderungen angeführt.[34] Diese kann sowohl eine wirtschaftliche, aber auch eine psychologische Überforderung hinsichtlich der Zahlungspriorisierung umfassen.

Die Priorisierung ist relevant, da die Mietzahlung in einem konkurrierenden Verhältnis zu anderen Ausgaben, wie beispielsweise der Unterhaltungselektronik, steht. Neben der Armut könnte dies die schwerwiegendste Ursache für die Entstehung von Mietschulden sein.[35]

Aber auch sozialpolitische bzw. sozialrechtliche Gegebenheiten könnten einen entsprechenden Einfluss auf das Bewusstsein der Wichtigkeit der vertragsgemäßen Mietzahlung nehmen. In diesem Zusammenhang könnte die leichtfertige Vergabe von Transferleistungen im Sinne des SGB II oder SGB XII das Verantwortungsbewusstsein für eine vertragsgemäße Mietzahlung negativ beeinflussen.

Die exakten Gründe für eine mangelnde Priorisierung der Mietzahlung sind wissenschaftlich nicht erforscht. Ungeachtet dessen ist herauszustellen, dass eine vertragsgemäße Zahlung der Miete und die damit verbundene Sicherung der Wohnung nicht derart priorisiert wird, wie es nach Maslow[36] sein sollte.

Die vertragsgemäße Zahlung der Miete sollte gesellschaftlich (wieder) als selbstverständlich angesehen werden und die Zahlungshandlung nicht erst von dem Ergebnis des prognostizieren, persönlichen Nutzens abhängig gemacht werden. Der Zahlung ist damit die höchste Priorität beizumessen.[37]

„Gewinn und Verantwortung ist kein Gegensatz“[38]. Diese Worte aus dem Kontext des Corporate Social Responsibility[39], könnten zugleich als Grundgedanke für das vorliegende Konzept deklariert werden.

---

32 Z. 259 f. Anhang IV dieser Ausarbeitung.

33 Z. 234 ff. Anhang I dieser Ausarbeitung.

34 Z. 58 Anhang VI dieser Ausarbeitung; Schmitt, Vermieter helfen Mietern aus Geld-Nöten.

35 Z. 376 Anhang I dieser Ausarbeitung.

36 2. Teil, E. dieser Ausarbeitung.

37 Z. 260 ff. Anhang VI dieser Ausarbeitung.

38 Schmidpeter/Schneider, in: Verantwortungsvolle Unternehmensführung in Theorie und Praxis, S. VII.

39 Im Folgenden: CSR.

Die eingangs erwähnte „Verantwortung“ ist insbesondere mit Blick auf die Bezeichnung der Wohnungswirtschaft als ein „existenziell menschlicher Kernbereich“[40] und das „Wohnen“ als ein „nicht substituierbares“[41] Gut deutlich. Darüber hinaus sind ökonomische und soziale Überlegungen damit als „untrennbar“[42] voneinander zu bezeichnen.

Dieses Konzept ist nicht aufgrund der Verpflichtung zur Übernahme sozialer Verantwortung konzipiert. Vielmehr soll die unternehmerische Entscheidung für eine freiwillige Übernahme durch die Chance zur nachhaltigen Gewinnoptimierung bekräftigt werden.

Aus diesen Gründen ist die Bezeichnung des Sozialen Forderungsmanagements als das einzig „wirtschaftlich sinnvolle und nachhaltige“[43] Modell, welches „mit unserer Verfassung und unserem ganzen Wertesystem“[44] im Einklang steht zu bekräftigen. Ebenso herauszustellen und zu befürworten ist die Aussage, dass es sich um ein Modell handelt bei dem es um „Fordern und Fördern“[45] geht und bei dem „am Ende alle Beteiligten etwas zu ihrem Vorteil erlangen“[46]. Dieses Managementkonzept ist als eine Art Unterstützer für den Mieter anzusehen.[47]

Mit der Senkung der Wohnungsnachfrage, wird insbesondere innerhalb strukturschwacher Wohnungsmärkte die Sozialarbeit in den kommenden Jahren intensiviert werden müssen.[48]

Daran anknüpfend ist hervorzuheben, dass mehr Unternehmen im Osten die Umgestaltung und Effektivierung ihrer Forderungsmanagementkonzepte vornehmen, als im Westen der Bundesrepublik Deutschland.[49]

Seitens des Deutschen Mieterbundes e.V. wird zustimmend ausgeführt, dass es in manchen Wohngegenden einfacher ist, eine entsprechende Beratung anzubieten und eine Konfliktlösung zu erörtern, als einen neuen Mieter zu finden.[50]

---

40 Sailer, in: Spezielle Betriebswirtschaftslehre der Immobilienwirtschaft, S. 3.
41 Vest, in: Schulte/Brade, Handbuch Immobilien-Marketing, S. 130.
42 Z. 69 Anhang IV dieser Ausarbeitung.
43 Z. 560 ff. Anhang III dieser Ausarbeitung.
44 Z. 577 f. Anhang III dieser Ausarbeitung.
45 Z. 568 Anhang III dieser Ausarbeitung.
46 Z. 568 f. Anhang III dieser Ausarbeitung.
47 Z. 280 f. Anhang I dieser Ausarbeitung.
48 Z. 227 ff. Anhang IV dieser Ausarbeitung.
49 Schmitt, Vermieter helfen Mietern aus Geld-Nöten.
50 Schmitt, Vermieter helfen Mietern aus Geld-Nöten.

Diese Notwendigkeit der Forcierung des Forderungsmanagements ist damit offensichtlich abhängig von der Nachfrage und der gesellschaftlichen Struktur auf dem jeweiligen Wohnungsmarkt.

Dies lässt insgesamt die These zu, dass je stärker die Nachfrage auf dem jeweiligen Wohnungsmarkt sinkt, desto wichtiger wird die Effektivierung des Forderungsmanagements.

Aber selbst, wenn im Falle einer notwendig werdenden Zwangsräumung eine zeitnahe Neuvermietung aufgrund einer guten Nachfrage sichergestellt werden kann, entsteht dem Unternehmen in diesem Fall ein Schaden i.H.v. rund 9.000 Euro[51]. Diesem Beispiel, mit einer angenommenen geringen Bruttomiete i.H.v. 400 Euro, liegen zugrunde der Mietausfall, die Schadenersatzansprüche, die Instandsetzung, sowie Gerichts- und Anwaltskosten. Interessant ist der auf den Mietausfall entfallende Anteil.

Statistisch nicht erfasst ist die Dauer einer Räumungsklage. Verschiedene nicht wissenschaftliche Berichte, gehen bei einfachen und unstreitigen Sachverhalten von einer Dauer bis zur Zwangsvollstreckung von rund sechs Monate[52] aus.

Ein längerer Zeitraum ist mit Verweis auf den Gerichtsbezirk des AG Hamburgs[53] zu bestätigen.[54] Wird dieser Gerichtsbezirk als repräsentativ angenommen, kommen zwei bis drei Monate von der Rechtskraft des Versäumnisurteils, Erstellung der vollstreckbaren Ausfertigung bis hin zur Räumungsdurchführung durch den Gerichtsvollzieher hinzu.[55] Dies ergibt einen vom Gerichtsbezirk abhängigen Zeitraum zwischen sechs und neun Monaten für die Gesamtdauer einer Räumungsklage. Im vorliegenden Beispiel ergibt dies einen reinen Mietausfall i.H.v. mindestens 3.200 Euro (zwei Monate für den kündigungsrelevanten Mietrückstand zzgl. sechs Monate Verfahrens- und Rechtsdurchsetzungsdauer, multipliziert mit der Bruttomiete i.H.v. 400 Euro) zzgl. der verauslagten Gerichts- und Anwaltskosten, sowie die Kosten der Instandsetzung. In einigen Gerichtsbezirken kann die Dauer der Räumungsklage bis zu zwölf Monate betragen.[56]

Dies verdeutlicht die marktunabhängige Bedeutung der Erhaltung des Wohnraumes.[57] Durch eine derzeit gute Weitervermietungsmöglichkeit besteht die

---

51 Schmitt, Vermieter helfen Mietern aus Geld-Nöten.

52 Naus, Räumungsklage: Ablauf, Dauer, Kosten; o.V., So sind Vermieter bei der Räumungsklage auf der sicheren Seite; o.V., Räumungsklage: Dauer, Ablauf, Kosten.

53 AG Hamburg BeckRS 2016, 20102, Rn. 1.

54 Meyer-Abich NJW 2017, 3429 (3429).

55 AG Hamburg BeckRS 2016, 20102, Rn. 2) a).

56 LG Hamburg BeckRS 2017, 121784, Rn. 4.

57 Schmitt, Vermieter helfen Mietern aus Geld-Nöten.

Gefahr, dass die positive gesamtwirtschaftliche Wohnungsmarktsituation strukturelle Mängel überdeckt.[58]

Inhalt des vorliegenden Managementkonzeptes ist nicht lediglich die reaktive Beitreibung offener Forderungen. Vielmehr beginnt der proaktive Forderungsprozess bereits im Zeitpunkt der Geschäftsanbahnung, um einer Entstehung von Mietschulden vorzubeugen.

Als strukturiertes, sozialverträgliches und nachhaltiges Konzept stellt das Soziale Forderungsmanagement eine zukunftsorientierte Form der Forderungsbeitreibung dar.

B. Forderungsmanagement in der Wohnungswirtschaft

Gegenstand der Betrachtung ist eine bisher inhaltlich nicht allgemeingültig definierte Form der systematischen Forderungsbeitreibung innerhalb der Wohnungswirtschaft.

I. Bedeutung und Definition der Wohnungswirtschaft

Eine Legaldefinition der Wohnungswirtschaft existiert nicht. Unter einem engen Verständnis der Wohnungswirtschaft sind alle Unternehmen, Selbstnutzer und Kleinvermieter zu fassen, die an der Bewirtschaftung, Vermittlung und Verwaltung von Immobilien beteiligt sind.[59] Dieser Kernbereich ist auch als Grundstücks- und Wohnungswirtschaft bezeichnet.[60]

Die Bruttowertschöpfung der Grundstücks- und Wohnungswirtschaft betrug im Jahr 2017 rund 316 Mrd. Euro, wuchs 2018 auf 324,7 Mrd. Euro.[61] Im Vergleich dazu, betrug die Bruttowertschöpfung der Automobilindustrie im Jahr 2017 rund 106 Mrd. Euro.[62] Damit entspricht die Bruttowertschöpfung der Grundstücks- und Wohnungswirtschaft dem Dreifachen der Automobilindustrie. Auf die Grundstücks- und Wohnungswirtschaft entfiel im Jahr 2018 ein

58 Z. 230 f. Anhang IV dieser Ausarbeitung.

59 Wirtschaftsfaktor Immobilie 2017, S. 10; GdW, Wohnungswirtschaftliche Daten und Trends 2018/2019, S. 22 ff.

60 GdW, Wohnungswirtschaftliche Daten und Trends 2018/2019, S. 22.

61 Statistisches Bundesamt, Bruttowertschöpfung des Grundstücks- und Wohnungswesens in Deutschland von 2000 bis 2018 (in Milliarden Euro).

62 Statistisches Bundesamt, Bruttowertschöpfung der deutschen Automobilindustrie in den Jahren 2008-2017 (in Milliaren Euro).

Anteil i.H.v. 10,6 % der Gesamtbruttowertschöpfung.[63] Die Wohnungswirtschaft hat sich in den vergangenen 20 Jahren stetig entwickelt und sich als sehr stabil in wirtschaftlich schwierigen Zeiten erwiesen.[64] Im Ergebnis stellt die Grundstücks- und Wohnungswirtschaft damit eine der ökonomisch wichtigsten Branchen der deutschen Volkswirtschaft dar.[65]

Insgesamt gibt es in Deutschland 41 Millionen Wohnungen.[66] Mietwohnungen wurden im Jahr 2014 rund 20 Millionen Mietwohnungen gezählt.[67]

Der Mietwohnungsmarkt gliedert sich wiederum in 40 % Selbstnutzer, 37 % private Eigentümer und 23 % professionell-gewerbliche Vermieter von Mietwohnungen.[68]

Darunter werden rund sechs Millionen Wohnungen von Mitgliedsunternehmen des GdW verwaltet.[69]

Relevant für den vorliegenden Kontext sind jene Unternehmen, deren Kerntätigkeit auf der Vermietung und Verpachtung von Wohnimmobilien ausgerichtet ist. Dies entspricht den vorgenannten gewerblich-professionellen Vermietern, deren wesentliche Aufgabe die Bewirtschaftung der acht Millionen Wohneinheiten ist.

Der im Folgenden in der Betrachtung stehende Vermieter wird aus Sicht der institutionellen Perspektive als unternehmerischer Anbieter in Form eines Bestandshalters bezeichnet.[70] Auch als Unternehmer gilt der private Vermieter, der Anlage und Verwaltung seines Vermögens, Mietwohnungen auf dem Markt anbietet und so am Wettbewerbt teilnimmt.[71] Entgegen dieser Definition wird

63 Statistisches Bundesamt, Verteilung der Bruttowertschöpfung in Deutschland nach Wirtschaftszweigen im Jahr 2018.

64 Wirtschaftsfaktor Immobilie 2017, S. 11 f.

65 Wirtschaftsfaktor Immobilie 2017, S. 10; GdW, Wohnungswirtschaftliche Daten und Trends 2016/2017, S. 12; GdW, Wohnungswirtschaftliche Daten und Trends 2017/2018, S. 19; GdW, Wohnungswirtschaftliche Daten und Trends 2018/2019, S. 21.

66 Statistisches Bundesamt, Anzahl der Wohnungen in Wohngebäuden in Deutschland in den Jahren 2001-2018 (in 1.000).

67 Statsitisches Bundesamt, Anzahl der bewohnten Mietwohnungen in Wohngebäuden in Deutschland im Jahr 2014 nach Bundesländern (in 1.000).

68 Statistischs Bundesamt, Striktur des Wohnungsmarktes in Deutschland im Jahr 2009 (in Prozent).

69 GdW, Wohnungswirtschaftliche Daten und Trends 2018/2019, S. 24.

70 Feigl, in: Zielgruppenbestimmung von Mietern, S. 1 ff.

71 OLG Düsseldorf WuM 2003, 621 (623).

jedoch der private Vermieter, aufgrund der unsicheren Interessen und der teilweise mangelnden Professionalität, nicht in die Betrachtung mit einbezogen.

Der GdW vertritt insgesamt rund 3.000 wohnungswirtschaftliche Unternehmen. Die Mitglieder des GdW treten überwiegend in den Rechtsform der Genossenschaft oder Kapitalgesellschaft auf. Häufig umfassen diese einen Bestand bis zu jeweils 500 Wohneinheiten.[72]

Unter der Annahme, dass es sich bei den Mitgliedern des GdW um überwiegend gewerblich-professionelle Anbieter handelt, existieren in Deutschland über 3.000 Unternehmen als potentielle Anwender des vorliegenden Managementkonzeptes.

II. Forderungsmanagement als Kernaufgabe

Im Rahmen einer Umfrage unter 1.000 Vermietern gaben 27 % der Befragten den Mietausfall und 25 % den verspäteten Zahlungseingang als die beiden häufigsten negativen Erfahrungen in ihren Mietverhältnissen an.[73]

Das Forderungsmanagement ist als eine der beiden wichtigsten Säulen innerhalb eines wohnungswirtschaftlichen Unternehmens benannt.[74]

Als Forderungsmanagement wird der Prozess von Entstehung der Forderung bis hin zum Geldeingang bezeichnet.[75]

Der Wertschöpfungsprozess ist abhängig vom Lebenszyklus der Immobilie, beginnt im Zeitpunkt des Immobilienerwerbs und endet, unterstellt man den hier betrachteten Bestandshalter, mit dem Exit aus dem Bestand des Unternehmens.[76] Innerhalb dieses Lebenszyklus ist die Bewirtschaftung des Eigenbestandes (sog. Hausbewirtschaftung) vorzunehmen. Subsumierbar unter der Begrifflichkeit der Bewirtschaftung sind unter anderem die Vermietung, die Verwaltung und das Forderungsmanagement.[77]

Das Konzept des Forderungsmanagements beinhaltet im Wesentlichen die unternehmenspolitische Entscheidung, wie mit der Entstehung von fälligen und

---

72 GdW, Wohnungswirtschaftliche Daten und Trends 2018/2019, S. 80.

73 Statistisches Bundesamt, Welche der folgenden negativen Erfahrungen haben Sie bereits mit Ihren Mietern gemacht?.

74 Z. 642 ff. Anhang VI dieser Ausarbeitung.

75 Forderungsmanagement, in: Gabler Wirtschaftslexikon.

76 Rottke, in: Schulte, Immobilienökonomie Bd. 4, S. 172 ff.; Schulte/ Schäfers, in: Schulte, Immobilienökonomie Bd. I, S. 47 ff.

77 Forderungsmanagement, in: Gabler Wirtschaftslexikon; Z. 643 ff. Anhang VI dieser Ausarbeitung.

nicht beglichenen Forderungen umgegangen werden soll.[78] Inhaltlich sind folglich die Prozesse des Planens, Entscheidens, Organisierens und Kontrollierens enthalten.[79]

Bezeichnet wird das Forderungsmanagement als das „A und O“ zur Vermeidung von Forderungsausfällen.[80] Die Abgabe dessen an einen restriktiv und ausschließlich formularmäßig arbeitenden Inkassodienstleister ist von Experten als die schlechtere Alternative bewertet worden.[81]

Der Abbau von Mietschulden ist unmittelbar ergebnis- und liquiditätswirksam mit Einfluss auf die Gewinn- und Verlustrechnung. Ohne ein erfolgreiches Forderungsmanagement ist der vertrieblicher Einsatz, in Form einer Wohnungsvermietung, erfolglos.[82] Das Forderungsmanagement stellt somit eine der wichtigsten Unternehmensbereiche dar.

III. Wohnen als zunehmendes Überschuldungsrisiko

Auf Seiten des Verbrauchers umfasst der Bereich des Wohnens mit ca. 36 % (859 Euro monatlich) die höchsten Konsumausgaben der Haushalte.[83] Dieser Wert beinhaltet die Grundmiete zzgl. der kalten und warmen Betriebskosten.[84] Im Jahr 2017 lag die Quote der Personen, die aufgrund ihrer Wohnkosten überbelastet waren bei 14,5 %. Dieser Wert ist zwischen 2010 und 2017 gestiegen, ging jedoch 2017 auf das genannte Ausgangsniveau zurück.[85]

Im Jahr 2018 war jeder beratene Schuldner mit durchschnittlich rund 1,8 Monatsmieten zahlungsrückständig.[86]

Darüber hinaus ist der Vermieter einer der größten Gläubiger in der Schuldenstatistik.[87]

---

78 3. Teil, N. dieser Ausarbeitung.

79 Forderungsmanagement, in: Gabler Wirtschaftslexikon.

80 Z. 25 ff. Anhang VI dieser Ausarbeitung.

81 Z. 69 f. Anhang VI dieser Ausarbeitung.

82 Z. 49 ff. Anhang IV dieser Ausarbeitung.

83 Statistisches Bundesamt, in: Pressemitteilung 090/17; vergleichbar Creditreform Wirtschaftsforschung, in: SchuldnerAtlas 2018, S. 40.

84 Creditreform Wirtschaftsforschung, in: SchuldnerAtlas 2018, S. 40.

85 Statistisches Bundesamt, Quote der Überbelastung der Bevölkerung in Deutschland durch Wohnkosten von 2010 bis 2017.

86 Statistisches Bundesamt, in: Pressemitteilung 207/19.

87 Statistisches Bundesamt, in: Durchschnittliche Schulden 2016.

Derzeit leben in Deutschland rund 6,9 Millionen überschuldete Verbraucher.[88] Damit hat die Zahl der überschuldeten Verbraucher zum fünften Mal in Folge zugenommen.[89] Die Überschuldungsquote ist dagegen in den letzten drei Jahren nahezu konstant geblieben.[90]

Als Gründe für eine steigende Überschuldungsgefahr werden insbesondere politische, konjunkturelle und wirtschaftliche Gründe angeführt.[91] Dies umfasst unter anderem steigende Energie- und Mobilitätskosten.[92]

Aber auch gesellschaftliche Herausforderungen, wie beispielsweise die zunehmende unwirtschaftliche Haushaltsführung, wirken risikofördernd.[93]

Eine Mietbelastungsquote von über 30 Prozent gilt als problematisch, da die finanziellen Mittel für die sonstige Lebensführung dadurch nicht unerheblich limitiert werden.[94] Die Mietbelastungsquote liegt in den Großstädten bereits bei rund 40 Prozent aller Haushalte über diesem Grenzwert.[95]

Rund 1,3 Millionen Haushalte in deutschen Großstädten haben nach Abzug der Wohnkosten weniger Geld zur sonstigen Lebensführung zur freien Verfügung, als Personen die Leistungen gem. § 20 SGB II beziehen.[96]

Allerdings ist auch in den Klein- und Mittelstädten ein deutlicher Nachholeffekt hinsichtlich der Mietpreissteigerung zu beobachten.[97]

Trotz dieser zunehmenden finanziellen Belastung ist es auffällig, dass die Miete nicht als eine der wichtigsten Schuldenarten[98] angeführt wird.

Dies wird mit der erhöhten Priorität bei der Begleichung der Mietschulden begründet[99] und führt unmittelbar zum Kern des vorliegenden Managementkonzeptes. Die entsprechende Priorisierung zur Zahlung der Miete beruht demnach auf den andernfalls drohenden Negativfolgen für den Mieter.[100] Zuzustimmen

88 Creditreform Wirtschaftsforschung, in: SchuldnerAtlas 2018, S. 71.
89 Creditreform Wirtschaftsforschung, in: SchuldnerAtlas 2018, S. 71.
90 Creditreform Wirtschaftsforschung, in: SchuldnerAtlas 2018, S. 75.
91 Creditreform Wirtschaftsforschung, in: SchuldnerAtlas 2018, S. 1 ff.
92 Creditreform Wirtschaftsforschung, in: SchuldnerAtlas 2018, S. 1 f.
93 Creditreform Wirtschaftsforschung, in: SchuldnerAtlas 2018, S. 3.
94 Creditreform Wirtschaftsforschung, in: SchuldnerAtlas 2018, S. 40 f; Hans-Böckler-Stiftung, Working Paper Forschungsförderung, Nr. 93.
95 Hans-Böckler-Stiftung, Working Paper Forschungsförderung, Nr. 93.
96 Creditreform Wirtschaftsforschung, in: SchuldnerAtlas 2018, S. 64.
97 Immobilienverband IVD, in: Mietpreisanstieg verlangsamst sich in allen Segmenten.
98 Creditreform Wirtschaftsforschung, in: SchuldnerAtlas 2018, S. 45.
99 Creditreform Wirtschaftsforschung, in: SchuldnerAtlas 2018, S. 45.
100 Creditreform Wirtschaftsforschung, in: SchuldnerAtlas 2018, S. 45.

ist, dass diese Priorisierung dazu beiträgt, dass innerhalb der Schuldencharakterisierung die Schulden des Bereiches Wohnen nicht prozentual gewichtiger sind. Jedoch ist die Anerkenntnis als die neunthäufigste Schuldenart nicht befriedigend, wenn bedacht wird, welch ein gravierender Eingriff durch die Entstehung dieser Schulden droht. Aus diesem Grund erscheint die bisherige Priorisierung nicht überzeugend.

Es wird prognostiziert, dass die Überschuldung, insbesondere aufgrund der steigenden Mietbelastungsquote, erst zeitverzögert und mittelfristig zunimmt, sodass die für die Zukunft prognostizierte Überschuldungsentwicklung negativ zu bewerten ist.[101]

In diesem Zusammenhang werden die Mietkosten in Großstädten nicht nur zum Überschuldungs-, sondern vielmehr zum Armutsrisiko.[102]

Selbst wenn unterstellt wird, dass die Mietforderungen durch eine entsprechende Priorisierung zunächst nicht steigen, nimmt die Gesamtbelastung des jeweiligen Haushaltes durch steigende Mietkosten weiter zu und erhöht somit das Überschuldungsrisiko.

Sofern eine entsprechende Priorisierung unterstellt wird, wirken steigende Mietkosten nicht automatisch mietausfallsteigernd. Durch steigende Mietkosten wird jedoch das Risiko der finanziellen Überforderung gesteigert, was letztlich ebenso zum Mietausfall führen kann.

IV. Entwicklung der Mietschulden

Laut aktuellen Mietschuldenstatistiken des GdW sanken die Mietschulden von 757 Millionen Euro (Stand 2003) auf 372 Millionen Euro (Stand 2017).[103]

Unter Bezugnahme auf die vorangegangene allgemeine Überschulungsentwicklung wird festgehalten, dass die Anzahl der überschuldeten Verbraucher zunimmt, die Mietschulden jedoch, statistisch gesehen, rückläufig sind. Dies entspricht einer derzeitigen Mietschuldenquote von rund 2,1 % Prozent der Sollmieten.[104] Das gleiche prozentuale Niveau wurde im Bundesdurchschnitt zum 31.12.2016 erreicht.[105] Mit Blick auf das summenmäßige Ergebnis ist jedoch ein

101 Creditreform Wirtschaftsforschung, in: SchuldnerAtlas 2018, S. 61.

102 Creditreform Wirtschaftsforschung, in: SchuldnerAtlas 2018, S. 4.

103 Statistisches Bundesamt, Mietschulden bei dem vom GdW vertretenen Wohnungsunternehmen in Deutschland in den Jahren 2000 bis 2015 (in Millionen Euro); GdW, Pressemitteilung Nr. 33/18 v. 18.06.2018, Z. 2 f.

104 GdW, in: Wohnungswirtschaftliche Daten und Trends 2016/2017, S. 44.

105 GdW, in: Wohnungswirtschaftliche Daten und Trends 2017/2018, S. 98.

Anstieg von 387 (Stand 2015) auf 412 Millionen Euro (Stand 2016) der Mietschulden erkennbar.[106] Als ursächlich kann dafür unter anderem der Anstieg der netto Sollmieten von 5,36 Euro auf 5,51 Euro je Wohnflächenquadratmeter[107] angeführt werden.

Neben den Mietschulden ist die Entwicklung der Mietausfälle separat angeführt. Diese Mietausfallquote lag zum 31.12.2016 bei 4,8 % der Sollmiete.[108]

Das Bundesland NRW lag mit 4,3 % Mietausfall- und 2,1 % Mietrückstandsquote nahezu exakt im Bundesdurchschnitt.[109]

Werden rückständige Miete als nicht mehr werthaltig bewertet, so werden diese bilanziell ausgebucht[110] und gelten als Mietausfall.

Mit Blick auf die einzelnen Bundesländer[111] ist eine unmittelbare Kohärenz zwischen diesen beiden Kennzahlen erkennbar.

Hier relevant ist die Summe aus Mietschulden und Mietausfällen. Dies ergibt eine für das Forderungsmanagement relevante Quote i.H.v. rund sieben Prozent der Sollmieten.

Laut dem GdW hängt die positive Entwicklung der Mietschulden mit der wirtschaftlich stabilen Lage in Deutschland zusammen.[112] Weiterhin wird der Rückgang der Mietschulden mit dem „aktiven und sozialen Vermietungs- und Mietschuldenmanagement, sowie eigene Beratungs- und Betreuungsangeboten der Wohnungsunternehmen"[113], begründet.

Aus Sicht der Praxis wird ebenfalls die Verbesserung des Forderungsmanagements angeführt.[114] Belegt wird dies unter anderem durch die Darlegung der Mietschuldenentwicklung eines beispielhaften Unternehmens.[115] Inhaltlich wird der Terminus der Verbesserung durch eine höhere Arbeitsintensivität, andere bzw. einheitliche Arbeitsabläufe, eine geringere Verwaltungslastigkeit,

106 GdW, in: Wohnungswirtschaftliche Daten und Trends 2016/2017, S. 44; GdW, in: Wohnungswirtschaftliche Daten und Trends 2017/2018, S. 98.
107 GdW, in: Wohnungswirtschaftliche Daten und Trends 2017/2018, S. 97.
108 GdW, in: Wohnungswirtschaftliche Daten und Trends 2017/2018, S. 98.
109 GdW, in: Wohnungswirtschaftliche Daten und Trends 2017/2018, S. 98.
110 3. Teil, O. dieser Ausarbeit.
111 GdW, in: Wohnungswirtschaftliche Daten und Trends 2017/2018, S. 98.
112 GdW, Pressemitteilung Nr. 46/16 v. 03.08.2016, Z. 14 ff.
113 GdW, Pressemitteilung Nr. 46/16 v. 03.08.2016, Z. 16 ff.
114 Z. 52 ff. Anhang I dieser Ausarbeitung.
115 Z. 51 ff. Anhang III dieser Ausarbeitung.

einer besseren Kooperation mit Dienstleistern und der Favorisierung pragmatischeren Lösungen innerhalb des Forderungsmanagements konkretisiert.[116]

Warnend wird jedoch auch ausgeführt, dass die gesamtwirtschaftliche Situation viele strukturelle Defizite überdeckt, diese jedoch bei einer befürchteten Rezession in den kommenden Jahren wieder an Aktualität gewinnen werden.[117] Dies lässt die These zu, dass in wirtschaftlich schlechteren Zeiten die vorliegende Thematik an Bedeutung gewinnt.

Mit Blick auf die vorangegangenen Ausführungen ist in der Tendenz ein intensiverer Umgang mit der Thematik der Forderungsbeitreibung zu erkennen.

Fraglich ist jedoch ob dies der Hauptgrund für diese enorme Senkung der Mietschulden ist. Realistisch betrachtet ist die beinahe Halbierung der Mietschulden von 2003 bis 2016 lediglich anteilmäßig auf einen intensiveren Umgang mit dieser Thematik zurückzuführen.

Kosmetisch oder gar verfälschend könnte auch die zunehmende Rolle der bilanziellen Ausbuchung von Mietforderungen wirken.[118]

Auch die steigende Nachfrage auf dem Wohnungsmarkt könnte sich positiv auswirken, da mangels Angebot die Wichtigkeit der Wohnraumerhaltung für den Mieter zunimmt.[119]

Als weiterer Grund für die positive Entwicklung wird die 2005 erfolgte Umsetzung der ALG II-Reform durch das Inkrafttreten des Vierten Gesetzes für moderne Dienstleistungen am Arbeitsmarkt[120] angeführt.[121] Im Jahre 2002 wurde die damalige Kommission eingesetzt um den Arbeitsmarkt aufgrund der nicht zufriedenstellenden Arbeitslosenzahlen zu reformieren.[122] Es folgte eine Reihe von Gesetzesänderungen, auch bekannt als die „Hartz-Gesetze“[123]. Ziel war die Abschaffung der als ineffizient bezeichneten, parallel betriebenen Fürsorgesysteme der Arbeitslosenhilfe und Sozialhilfe für Erwerbsfähige.[124] Stattdessen erfolgte, neben der Neuordnung der Sozialhilfe, die Etablierung der Grundsicherung für Arbeitssuchende, welche unter anderem eine passgenaue

---

116 Z. 52 ff. Anhang I, Z. 50 ff. Anhang III dieser Ausarbeitung; dpa, Aufmerksame Vermieter sorgen für Mietschulden-Rückgang.

117 Z. 229 ff. Anhang VI dieser Ausarbeitung.

118 Z. 56 Anhang I dieser Ausarbeitung.

119 Z. 95 ff. Anhang III dieser Ausarbeitung.

120 BGBl. I S. 2954.

121 Z. 83 ff. Anhang III dieser Ausarbeitung.

122 BR-Drcks. 558/03, S. 1.

123 lpd, Die Hartz-Gesetze.

124 BR-Drcks. 558/03, S. 1.

Eingliederung in den Arbeitsmarkt ermöglichen sollte.[125] Dies war die Geburtsstunde der heute geltenden Regelungen des SGB II (Arbeitslosengeld II) und SGB XII (Sozialhilfe).

Ungeachtet einer ausführlichen Wertung der möglichen Gründe dieser äußerst positiven statistischen Entwicklung, ist an dieser Stelle eine zunehmende Fokussierung der Wohnungsunternehmen auf den Bereich des Forderungsmanagements festzustellen.

C. Forschungsziel

I. Forschungsstand

Fraglich ist was unter dem zuvor angeführten „aktiven und sozialen Vermietungs- und Mietschuldenmanagement"[126] zu verstehen ist.

In diesem Zusammenhang wird berichtet, dass rund zwei Drittel der GdW-Mitgliedsunternehmen „seit einiger Zeit Gespräche und Beratung" anbieten.[127] Diese Zahl scheint nur dann realitätsnah, wenn angenommen wird, dass es sich nicht um vollumfängliche Managementkonzepte, sondern um die Anwendung einzelner Teilelemente handelt.

Das bisherige Forderungsmanagement eines Wohnungsunternehmens wurde geprägt von einem repressiven und einengendem Arbeitsablaufprozess, welches inhaltlich aus dem Mahnen, Kündigen, Klagen und Räumen besteht.

Einige Vermietungsgesellschaften arbeiten damit bereits mit Forderungskonzepten welche Komponente enthalten, die Inhalte des Sozialen Forderungsmanagements im vorliegenden Sinne sind. Dies bestätigt die Erkenntnis, dass der persönlich und beratende Ansatz bereits in der Praxis präsent ist.[128]

Als namhaftes Beispiel ist in diesem Zusammenhang die Degewo AG zu nennen. Die Degewo Forderungsmanagement GmbH, Tochtergesellschaft der Degewo AG, wirbt unter anderem mit einer „sozialkompetenten und nachhaltigen Mietschuldenbearbeitung[129]. Damit steht nun die präventive Beratung mit dem Ziel der Wohnraumerhaltung im Fokus und es konnten zwischen 2006 und 2009 die Mietschulden damit um rund neun Millionen Euro reduziert werden.[130]

125 BR-Drcks. 558/03, S. 2.
126 2. Teil, B., IV. dieser Ausarbeitung.
127 Schmitt, Vermieter helfen Mietern aus Geld-Nöten.
128 Z. 37 ff. Anhang VI dieser Ausarbeitung.
129 Degewo AG, in: Firmenvorstellung degewo Fm GmbH.
130 Schmitt, Vermieter helfen Mietern aus Geld-Nöten.

Der Ansatz der Degewo AG kann jedoch nur bedingt auf den vorliegenden Forschungskontext übertragen werden, da beispielsweise eine „aufsuchende Mietschuldenbearbeitung“[131] für die an dieser Stelle im Fokus stehende Unternehmensgröße nicht adaptiert werden kann. Dies begründet sich insbesondere darin, dass beispielsweise für einen Sozialberater das Aufgabenspektrum innerhalb eines kleineren Wohnungsbestandes zu gering ist, um diesen wirtschaftlich tragfähig zu beschäftigen. Darüber hinaus ist die aufsuchende Mietschuldnerberatung als „problembezogener Ansatz“[132] charakterisiert, was dem hiesigen Konzept nicht gerecht wird, da es proaktiv und präventiv arbeitet und nicht erst im Moment der Problementstehung ansetzt.

Ohne der zur Hilfenahme einer repräsentativen empirischen Untersuchung, wird an dieser Stelle jedoch angenommen, dass bereits verschiedenste vergleichbare Elementen des nachfolgend dargestellten Managementkonzeptes in der Praxis Anwendung finden.[133]

Darüber hinaus wird festgestellt, dass weder eine allgemeingültige Definition, noch eine inhaltliche Prozessbeschreibung des Sozialen Forderungsmanagements existiert. Die konkrete Ausgestaltung ist bisher vollständig unternehmensabhängig. Weiterhin ist fraglich, ob der Professionalisierungsgrad der kleinen bis mittleren wohnungswirtschaftlichen Unternehmen derart fortgeschritten ist, dass eine unternehmensinterne Prozessbeschreibung des Forderungsmanagements existiert. Dazu soll hier Abhilfe geschaffen werden.

II. Forschungsleitfragen

Die übergeordneten Leitfragen widmen sich der Fragestellung nach der rechtskonformen, inhaltlichen und zeitlichen Ausgestaltung des Sozialen Forderungsmanagements, des Zusammenhanges zwischen der Prokrastination und der Entstehung von Mietschulden, sowie einer allgemeingültigen Definition dieses Managementkonzeptes.

Auf der sekundären Ebene ist mit der Beantwortung der vorgenannten Leitfragen eine Reihe von weiteren Forschungsfragen verbunden. Fortlaufend sind die jeweiligen rechtlichen Rahmenbedingungen zu betrachten. Auf der untergeordneten Ebene sind insbesondere die nachfolgenden Fragestellungen relevant:

---

131 Besecke/Enbergs, Professionelle Wohnungsunternehmen und soziales Engagement, S. 51; Schmitt, Vermieter helfen Mietern aus Geld-Nöten.

132 Besecke/Enbergs, Professionelle Wohnungsunternehmen und soziales Engagement, S. 51.

133 Z. 444 ff. Anhang II dieser Ausarbeitung.

- Was beinhaltet die Zielsetzung des vorliegenden Konzeptes?
- Wie sieht die Grundphilosophie dieses Konzeptes aus?
- Welche Bedeutung kommt der Wohnungswirtschaft und dem dazugehörigen Mietforderungsmanagement zu?
- Warum wird auf den Sozialbegriff zurückgegriffen und wie ist dieser vorliegend zu definieren?
- An welcher Stelle im Forderungsprozess setzt das Soziale Forderungsmanagement an?
- Welche Forderungsprozesselemente sind maßgeblich und in welcher Reihenfolge sind diese anwendbar?
- Welche Rolle spielt die unternehmensinterne Prozess- und Ergebnisverantwortung und wie ist kann diese strategisch sinnvoll vergeben werden?
- Welche Rolle spielt die Wahl des richtigen Geschäftspartners?
- Was ist unter der fristgerechten Mietzahlung zu verstehen?
- Welche rechtlich und wirtschaftlich sinnvolle Zahlungsmodalität ist für die Mietzahlung zu nutzen?
- Welche Rolle spielt das (außergerichtliche) Mahnschreiben?
- Wie ist das gerichtliche Mahnverfahren rechtlich aufgebaut und wann ist dieses zu nutzen?
- Welche Kündigungsmöglichkeiten existieren und sind rechtssicher anwendbar?
- Wie sind die Kündigungstatbestände bzw. Regelbeispiele untereinander abzugrenzen?
- Auf welcher Rechtsgrundlage und zu welchem strategisch sinnvollen Zeitpunkt ist die Kündigung auszusprechen?
- Wie ist ein Kündigungsschreiben inhaltlich aufzubauen?
- Wie könnte ein typisiertes Regelbeispiel der dauerhaft unpünktlichen Mietzahlung i.S.v. § 543 Abs. 2 S. 1 Nr. 3 BGB ausgestaltet sein?
- Was beinhaltet das Klagebegehren im Falle einer notwendig werdenden Räumungsklage?
- Was ist unter dem Begriff der Schonfristzahlung zu verstehen und wie wird diese erreicht?
- Welche Rolle nimmt die Prokrastination in Bezug auf die Entstehung von Mietschulden ein und wie erklärt dieses psychologische Modell die Funktionalität des Sozialen Forderungsmanagements?
- Welche verschiedenen Arten der Prokrastination sind bekannt und welche Relevanz könnten diese im vorliegenden haben?
- Wie kann eine datenschutzkonforme Kooperation zwischen dem Vermieter, Mieter und Leistungsträger ausgestaltet sein?

- Welche sozialrechtliche Regelungen sind im vorliegenden relevant und wie sind diese konzeptionell einzubinden?
- Welche Schuldenabbaumaßnahmen gibt es und zu welchem Zeitpunkt ist die jeweilige Maßnahme zur Anwendung geeignet?
- Welche rechtlichen Besonderheiten gilt es im Umgang mit einem bereits zahlungsunfähigen bzw. mit einem von einer Zahlungsunfähigkeit bedrohten Schuldner zu beachten?
- Was ist vorliegend unter dem Prozesskostenrisiko zu verstehen?
- Wie ist die Position des Vermieters gegenüber konkurrierenden Gläubigern?
- Wann ist eine Forderung gegen die Einrede der Verjährung zu sichern?
- Welche Rolle nimmt das Soziale Forderungsmanagement im Kontext des CSR ein?
- Existieren bilanzielle Gestaltungsmöglichkeiten hinsichtlich der Ausweisung von Mietforderungen?
- An welcher Stelle endet der Forderungsprozess und wie ist mit bestehenden Mietschulden in bereits beendeten Mietverhältnissen strategisch umzugehen?

III. Forschungskontext

Prozesse und Strukturen des Sozialen Forderungsmanagements werden unter anderem durch Faktoren wie die Gesellschafterstruktur, Unternehmensgröße und Unternehmensphilosophie beeinflusst. Um daher die folgenden Darstellungen entsprechend werten zu können, bedarf es eines einheitlichen Verständnisses des Forschungskontextes.

In diesem Zusammenhang ist unter anderem die Konkretisierung des Unternehmensbegriffes notwendig. Dazu sollen verschiedene unternehmensspezifische Parameter definiert werden. Zur Herstellung eines möglichst hohen Praxisbezugs wird zur Definition der verschiedenen Parameter auf ein tatsächlich am Markt agierendes Unternehmen zurückgegriffen. Die Meinerzhagener Baugesellschaft mbH steht damit exemplarisch für eine Vielzahl von institutionellen und vergleichbaren Unternehmen.

Die Meinerzhagener Baugesellschaft, eine Kapitalgesellschaft in der Rechtsform einer GmbH, hat ihren Unternehmenssitz in 58540 Meinerzhagen. Innerhalb dieser Kleinstadt mit rund 20.000 Einwohnern hat die Meinerzhagener Baugesellschaft mbH einen eigenen Bestand mit rund 1.400 Wohneinheiten. Gegründet wurde die Gesellschaft im Jahre 1925.[134]

---

134 Meinerzhagener Baugesellschaft mbH, in: Online Geschäftsauftritt, Daten aus dem Geschäftsbericht 2016.

Tätigkeitsschwerpunkt ist die Bewirtschaftung des Eigenbestandes. Weitere Geschäftsfelder sind die Baubetreuung, das Bauträgergeschäft, das Grundstückswesen und die Fremdverwaltung.[135] Damit deckt die Meinerzhagener Baugesellschaft mbH die klassischen Geschäftsbereiche eines Wohnungsunternehmens[136] ab.

Das Unternehmen beschäftigt 22 sozialversicherungspflichtige und rund 30 geringfügig Beschäftigte Mitarbeiter.[137]

Die Stadt Meinerzhagen hält eine 50,00 prozentige Unternehmensbeteiligung. Weitere 50,00 Prozent halten verschiedene heimische Industrieunternehmen.[138] Die Meinerzhagener Baugesellschaft mbH ist wirtschaftlich selbständig, Belegungsrechte existieren keine.

Ziel der unternehmerisch tätigen Gründer war die Sicherstellung der Wohnraumversorgung ihrer Mitarbeiter.[139]

Historisch ist die Meinerzhagener Baugesellschaft mbH mit einem gemeinnützigen Zweck, der Wohnraumversorgung breiter Bevölkerungsschichten, entstanden.[140]

Auch heute noch ist die Wohnraumversorgung die Kernaufgabe des Unternehmens. Die angesprochenen Zielgruppen sind in allen Bevölkerungsschichten zu finden. Historisch kommend aus der Gemeinnützigkeit, werden heute zunehmend Zielgruppen des hochwertigen Produktbereich und höherem Preissegment angesprochen.[141] Die Meinerzhagener Baugesellschaft mbH versteht sich nicht als reinen Wohnraumanbieter, sondern als „Dienstleister rund um die Immobilie"[142].

Die Jahresumsatzerlöse der Meinerzhagener Baugesellschaft mbH betragen derzeit rund 10.000 T€. Circa 80 % davon werden im Rahmen der eigenen Hausbewirtschaftung, dem Kerngeschäftsfeld, erwirtschaftet.[143]

Die Unternehmensführung besteht aus einem hauptberuflichen und einem nebenberuflichen Geschäftsführer. Auf der zweiten Führungsebene

135 Z. 24 ff. Anhang IV dieser Ausarbeitung.
136 Sailer, in: Spezielle Betriebswirtschaftslehre der Immobilienwirtschaft, S. 23.
137 Z. 34 f. Anhang IV dieser Ausarbeitung.
138 Z. 16 ff. Anhang IV dieser Ausarbeitung.
139 Z. 14 f. Anhang IV dieser Ausarbeitung.
140 Z. 13 ff. Anhang IV dieser Ausarbeitung.
141 Z. 22 f. Anhang IV dieser Ausarbeitung.
142 Z. 20 f. Anhang IV dieser Ausarbeitung.
143 Z. 30 ff. Anhang IV dieser Ausarbeitung.

befinden sich Abteilungsleiter mit der Ergebnisverantwortung der verschiedenen Teilbereiche.[144]

Die Prozess- und Ergebnisverantwortung für den hier einschlägigen Bereich des Forderungsmanagements trägt der Leiter des Kaufmännischen Immobilienmanagements. Dieses besteht aus den Arbeitsgruppen der Vermietung und Mietbuchhaltung. Eingegliedert ist das Forderungsmanagement in der letztgenannten Arbeitsgruppe.

Innerhalb der Mietbuchhaltung werden unter anderem die Arbeitsvorgänge der laufenden Mietbuchhaltung, das Mahnwesen und das Aussprechen von zahlungsbedingten Kündigungen durchgeführt.[145]

Das Mahn- und Kündigungswesen sind damit Bestandteile des Forderungsmanagement im engeren Sinne. Komplexere Sachverhaltskonstellationen werden durch den Forderungsmanager, respektive dem Leiter des Kaufmännischen Immobilienmanagements, durchgeführt.

An das Forderungsmanagement angeschlossen sind externe Rechtsbeistände. Diese führen das gerichtliche Mahnwesen, Räumungsklagen oder sonstige gerichtliche Vertretungen durch. Zur Langzeitüberwachung werden Mietforderungen aus bereits abgeschlossenen Mietverhältnisse an ein externes Inkassounternehmen abgegeben.[146]

Charakteristisch und gleichzeitig abgrenzend gegenüber großen wohnungswirtschaftlichen Unternehmen, ist kein Sozialberater derzeit beschäftigt.[147]

Mit Blick in die Zukunft sollen weitere soziale Dienstleistungen in den Forderungsproßess implementiert werden. Die Zielsetzung ist eine noch intensivere Entwicklung der Sozial- bzw. Mietschuldnerberatung.[148]

Die übergeordnete Zielsetzung des Forderungsmanagements der Meinerzhagener Baugesellschaft mbH beinhaltet den Erhalt des Wohnraumes.[149] Dieses Ziel soll durch Kooperation mit dem Mieter und verschiedenster Dienstleister erreicht werden.[150]

144 Meinerzhagener Baugesellschaft mbH, in: Online Geschäftsauftritt, Mitarbeiter.
145 Z. 108 ff. Anhang IV dieser Ausarbeitung.
146 Z. 110 ff. Anhang IV dieser Ausarbeitung.
147 Z. 39 f. Anhang VI dieser Ausarbeitung.
148 Z. 227 ff. Anhang IV dieser Ausarbeitung.
149 Z. 92 f. Anhang IV dieser Ausarbeitung.
150 Z. 93 f. Anhang IV dieser Ausarbeitung.

Vor einigen Jahren verzeichnete das Unternehmen im Branchenvergleich einen überdurchschnittlich hohen Forderungsbestand und einen ebenso verhältnismäßig hohen Abschreibungsbedarf.[151]

Mit Blick auf die vergangenen Jahre ist die Forderungsüberwachung deutlich verschärft worden. Mahnläufe werden früher durchgeführt und Kündigungen früher ausgesprochen.[152] Ebenfalls ist die Kontaktaufnahme (insbesondere durch das telefonische Forderungsmanagement) schneller und effizienter gestaltet.[153] Auch die Kommunikation und Kooperation mit externen Stellen wurde verbessert.[154] Die Umstellungsmaßnahmen gingen bis in den Vertrieb. Bei der Mieterauswahl wird die wirtschaftliche Leistungsfähigkeit verstärkt geprüft.[155] Diese Nachhaltigkeit ist zugleich Bewertungskriterium hinsichtlich des Vertriebserfolges.[156]

Die Bruttoforderungen reduzierten sich in den vergangenen Jahren um zwei Drittel. Ebenso konnte der Abschreibungsbedarf reduziert werden.[157] Noch positiver fällt die Bewertung aus, wenn die Forderungshöhe im Verhältnis zum Umsatzerlös aus eigener Hausbewirtschaftung gesetzt wird.[158]

Ebenso relevant für die Aussagekraft der Praxisstudie ist die Klärung der derzeitigen Marktsituation. Als „gut und stabil"[159] wird die Nachfrage und damit die regionale Marktsituation bewertet. Der Marktanteil des regionalen Marktes beträgt rund 33%.[160] Nach eigenen Einschätzungen ist das Standing auf dem regionalen Markt als gut zu bewerten. Zugleich genießt das Unternehmen ein hohes Vertrauen.[161]

Neben der Festlegung der Unternehmensparameter bedarf es zur Definition des Forschungskontextes der Konkretisierung der Art des Mietverhältnisses und des Begriffes der Miete.

151 Z. 124 ff. Anhang IV dieser Ausarbeitung.
152 Z. 135 ff. Anhang IV dieser Ausarbeitung.
153 Z. 141 ff. Anhang IV dieser Ausarbeitung.
154 Z. 143 ff. Anhang IV dieser Ausarbeitung.
155 Z. 145 ff. Anhang IV dieser Ausarbeitung.
156 Z. 147 f. Anhang IV dieser Ausarbeitung.
157 Z. 127 ff. Anhang IV dieser Ausarbeitung.
158 Z. 130 ff. Anhang IV dieser Ausarbeitung.
159 Z. 40 Anhang IV dieser Ausarbeitung.
160 Z. 32 f. Anhang IV dieser Ausarbeitung.
161 Z. 36 Anhang IV dieser Ausarbeitung.

Innerhalb der Wohnungswirtschaft sind im Wesentlichen die Wohn- und Gewerbeeinheiten voneinander abzugrenzen. Rechtlich unterliegen die Mietverhältnisse über Wohnraum den §§ 549 ff. BGB.

Im Sinne einer rechtlichen Ausgestaltung besteht für Gewerberaummietverträge eine wesentlich höhere Gestaltungsfreiheit. Die Ausgestaltung von Wohnraummietverträge ist stärker an das Gesetz gebunden. Dies hat wiederum den Vorteil, dass im Wohnraummietrecht die für das Forderungsmanagement wesentlichen Bereiche, beispielsweise der Kündigungsschutz, einheitlich durch privatrechtliche Vorschriften konkretisiert sind. Im Gegensatz zum Gewerberaummietrecht ist somit die Definition eines einheitlichen Sozialen Forderungsmanagements möglich.

Die parallele Betrachtung beider Arten von Mietverhältnissen ist durch die hohe Gestaltungsfreiheit im Gewerbemietrecht und der stark differenzierenden Nutzungsart nicht zielführend. Insbesondere der durch die differenzierende Nutzungsart fehlende drohende Wohnungsverlust lässt eine Systemübertragung nicht zu. Darüber hinaus ist bereits die Anwendbarkeit des Sozialcharakters auf Gewerbemietverträge fraglich.

Betrachtet wird demnach ausschließlich das Wohnraummietverhältnis.

Unter dem Begriff der Miete ist das laufende, periodisch wiederkehrende, vom Mieter zu zahlende Entgelt zu subsumieren.[162] In der Wohnungswirtschaft ist unter anderem von Brutto-, Netto-, Pauschal-, Warm-, Kalt- oder Gesamtmiete die Rede. Unter dem Begriff der Miete (vgl. § 535 Abs. 2 BGB) ist mietrechtlich die Grundmiete zzgl. der nach § 556 Abs. 1 S. 1 BGB zu vereinbarenden Betriebskosten (-vorauszahlungen) zu verstehen. Die Begriffe der Grund- oder Kaltmiete kennen die Regelungen gem. §§ 535 ff. BGB nicht. Die Grundmiete stellt dabei die Gegenleistung der für den Mieter nutzbaren kalten Wohnung dar.[163]

Gem. § 556 Abs. 1 S. 3 BGB wird für die umlagefähigen Kosten auf die derzeit geltende Verordnung über die Aufstellung von Betriebskosten vom 25. November 2003[164] verwiesen. Die Regelung gem. § 556 Abs. 1 S. 3 BGB i.V.m.

162 Börstinghaus NWB 2018, 2784 (2786); Häublein, in: MüKo, BGB II, Bd. 4, § 535 Rn. 28; Teichmann, in: Jauernig, BGB, § 535 Rn. 28; LG Bonn BeckRS 2011, 4326.

163 Blank, in: Schmidt-Futterer, Mietrecht, § 543 Rn. 84; Wiederhold, in: Bamberger/Roth/Hau/Poseck, BeckOK BGB, § 556b Rn. 16; Häublein, in: MüKo, BGB II, Bd. 4, § 535 Rn. 153; Wiederhold, in: Bamberger/Roth/Hau/Poseck, BeckOK BGB, § 558 Rn. 18.

164 Im Folgenden: BetrKV.

§§ 1 und 2 BetrKV enthält verschiedene Betriebskostenarten. Innerhalb der Betriebskosten ist zwischen den sog. kalten und warmen Betriebskosten zu unterscheiden.

Für die Verteilungen der warmen Betriebskosten wird auf die Regelungen der Verordnung über die verbrauchsabhängige Abrechnung der Heiz- und Warmwasserkosten[165] verwiesen. Nach § 556 Abs. 2 S. 1 BGB können die Vertragsparteien, vorbehaltlich anderweitiger Vorschriften, Vorauszahlungen für die Betriebskosten vereinbaren. Über die Vorauszahlungen für Betriebskosten ist gem. § 556 Abs. 3 S. 1 BGB jährlich abzurechnen.

Die zuvor angesprochene vertragliche Vereinbarung enthält demnach neben der vereinbarten Grundmiete, auch regelmäßig Vorauszahlungen auf die Betriebskosten. Dabei kann zwischen Vorauszahlungen auf die (kalten) Betriebskosten und Vorauszahlungen auf die Heizkosten unterschieden werden.

Unter den Vorauszahlungen auf die Heizkosten sind die Vorauszahlungen auf die sog. warmen Betriebskosten i.S.v. § 2 Nr. 4 BetrKV zu verstehen. Folglich gehören neben der Grundmiete auch die Betriebs- und Heizkostenvorauszahlungen i.S.v. § 556 Abs. 2 BGB zum Begriff der Gesamtmiete.[166] Die Miete besteht im vorliegenden Kontext somit aus drei Komponenten. Addiert ergeben diese drei Komponenten das regelmäßig geschuldete Mietentgelt.

Sollten die monatlich geleisteten Vorauszahlungen auf die im Folgejahr abzurechnenden Betriebskosten nicht ausreichend gewesen sein und somit ein Nachzahlungsbetrag im Rahmen der Betriebskostenabrechnung vorliegen, so wird teilweise davon ausgegangen, dass dieser kein direkter Bestandteil der Miete ist, da es sich nicht um periodisch wiederkehrende Zahlungsverpflichtungen handelt und es demnach an einer entsprechenden Verpflichtung, diese in regelmäßigen Zeitabschnitten zu leisten, fehlt.[167] Jedoch hat der BGH die konkrete Frage, ob die Rückstände aus der Betriebskostenabrechnung vom Mietbegriff des § 543 Abs. 2 S. 1 Nr. 3 BGB erfasst sind, offengelassen.[168]

Unter dem Mietbegriff wird hier die Grundmiete zzgl. der Vorauszahlungen auf die Betriebs- und Heizkosten verstanden. Andere Mietbestandsteile (bspw. die Vereinbarung eines Möblierungszuschlages) werden nicht betrachtet.

---

165 Im Folgenden: HeizkostenV.

166 BGH WuM 1991, 150 (150); Langenberg, in: Schmidt-Futterer, Mietrecht, § 556b Rn. 3; Häublein, in: MüKo, BGB II, Bd. 4, § 535 Rn. 153.

167 AG Köln ZMR 2011, 804 (804 f.); OLG Koblenz WuM 1984, 2369 (2369 ff.); Langenberg, in: Schmidt-Futterer, Mietrecht, § 556b Rn. 3.

168 BGH NJW 2016, 3231 (3232).

IV. Kontextbezogene Herausforderungen

Strukturell gesehen besteht die Wohnungswirtschaft überwiegend aus kleinen bis mittleren Unternehmen mit regionalem Tätigkeitsschwerpunkt. Diese nehmen sämtliche wohnungswirtschaftlich spezifische Geschäftsprozesse und Managementaufgaben wahr und werden auch als „deutsche Struktur"[169] bezeichnet.

Die Herausforderung besteht in der zunehmenden Spezialisierung. Durch jene Spezialisierung bilden sich neue Teilbereiche bzw. werden die Aufgaben auf eine Vielzahl unterschiedlicher Mitarbeitern, Abteilungen oder Unternehmen verteilt. Nur durch eine enge Koordination dieser Teilbereiche kann das Immobilienmanagement effektiv arbeiten.[170]

Im Ergebnis nehmen die Leistungstiefe jedes Mitarbeiters/ jeder Abteilung ab und die Leistungsbreite bzw. Spezialisierung zu.

Als Begründung ist die zunehmende Professionalisierung und Industrialisierung des Immobilienmanagements anzuführen.[171]

Die Herausforderung der zunehmenden Generalisierung ist die Verknüpfung verschiedener Teilbereiche und der damit einhergehenden Koordinationsaufgabe.

Hier bedeutet dies die Herausforderung der konzeptionellen Einbindung als ein eigenständiges und ganzheitliches[172] Managementsystem.

Eine der Hauptherausforderungen, und möglicherweise Grund dafür warum Rechtsmittel wie die Kündigungen oder Räumungsklage trotz bereits seit mehreren Monaten ausgebliebener Mietzahlung regelmäßig ungenutzt bleiben, könnte nach Expertenaussage die Einbeziehung sozialer Überlegungen sein.[173] Es lassen sich zwar leicht überprüfbare Mietrückstandsgrenzen zur Einleitung der nächsten Eskalationsstufe festlegen, aber diese könnten dann zurückgestellt werden, wenn soziale Überlegungen Berücksichtigung finden.[174] Dies umfasst im Ergebnis ein Einbeziehen objektiver, aber auch vieler subjektiver Parameter, welche sich auf die Wahl der zur Verfügung stehenden Alternativen auswirken können.[175]

---

169 Kämpf-Dern/Pfnür, Ein Vorschlag zur Strukturierung der immobilienwirtschaftlichen Managementaufgaben, S. 28.

170 Kämpf-Dern/Pfnür, Ein Vorschlag zur Strukturierung der immobilienwirtschaftlichen Managementaufgaben, S. 27 f.

171 Kämpf-Dern/Pfnür, Ein Vorschlag zur Strukturierung der immobilienwirtschaftlichen Managementaufgaben, S. 28.

172 Z. 77 ff. Anhang IV dieser Ausarbeitung.

173 Z. 59 ff. Anhang IV dieser Ausarbeitung.

174 Z. 59 ff. Anhang IV dieser Ausarbeitung.

175 Z. 66 f. Anhang IV dieser Ausarbeitung.

Damit sind soziale und ökonomische Betrachtungen untrennbar voneinander.[176] Herausfordernd ist hier der Einbezug der beidseitig sinnvollen sozialen Überlegungen, um einen entsprechenden Synergieeffekt zum Abbau der Mietschulden und Erhaltung des Wohnraumes zu erzielen.

Weiter ist das notwendige Maß und Feingefühl zur Unterstützung anzuführen, welche dem Unternehmen und dessen Mietarbeitern umfängliche fachliche und soziale Kompetenzen abverlangen.[177]

Damit einhergehend ist auch die Glaubwürdigkeit des Vermieters zu nennen. Die Effizienz hängt unter anderem mit der Außenwirkung des Forderers zusammen. Der Vermieter muss demnach bereit sein, angekündigten Konsequenzen tatsächlich umzusetzen.[178]

Eine weitere Herausforderung ist die Abhängigkeit von externen Faktoren. In diesem Zusammenhang wird expertenseitig beispielsweise die Mieter- bzw. Wohnungsmarktstruktur angeführt.[179]

Eine weitere Herausforderung stellt die Entwicklung des Sozialverhaltens. „Immer deutlicher wird, dass die Leute schlicht nicht mehr miteinander reden und teilweise die Mietvertragspartner erstmals im Gerichtssaal zusammen sitzen und gemeinsam, mit einem oft erfolgreichen Ausgang, reden".[180] Dabei wird geschätzt, dass mindestens die Hälfte aller Streitigkeiten bereits durch ein gemeinsames Gespräch beendet werden könnten.[181]

Das Forderungsmanagement nimmt auf einem Wohnungsmarkt, der durch eine hohe jährliche Fluktuationsquote geprägt ist, eine bedeutsamere Rolle ein als auf einem Wohnungsmarkt, der wiederum eine konstante Mieterschaft charakterisierbar ist.[182]

Diese Strukturabhängigkeit ist gleichzeitigt die Herausforderung zur Schaffung eines einheitlich anwendbaren Konzeptes.

Die Mitwirkung des Schuldners wird als „essentiell"[183] bezeichnet. Diese sicherzustellen ist damit eine der Hauptaufgaben.

Weitere inhaltliche Schwierigkeiten stellen unter anderem die mangelnde Erreichbarkeit des Schuldners, fehlende soziale und fachliche Kompetenzen der

176 Z. 67 ff. Anhang IV dieser Ausarbeitung.
177 Z. 69 ff. Anhang IV dieser Ausarbeitung.
178 Z. 129 ff. Anhang VI dieser Ausarbeitung.
179 Z. 20 ff. Anhang II dieser Ausarbeitung.
180 Z. 662 f. Anhang VI dieser Ausarbeitung.
181 Z. 668 f. Anhang VI dieser Ausarbeitung.
182 Z. 22 ff. Anhang II dieser Ausarbeitung.
183 Z. 167 Anhang III dieser Ausarbeitung.

Mitarbeiter und die mangelnde Fokussierung für den Bereich des Forderungsmanagements dar.[184]

Um eine fachlich-adäquate Beratung auch zukünftig sicherstellen zu können, stellt sich die über diese Ausarbeitung hinausgehende Frage nach dem strategischen Umgang mit der zunehmend durch den Vermieter zu leistenden Sozialarbeit[185].

Bei größeren wohnungswirtschaftlichen Unternehmen, z.B. der Degewo AG, werden bereits Sozialberater im Rahmen des Forderungsmanagements (u.a. für Hausbesuche) eingesetzt.[186] Eine aufsuchende Mietschuldenberatung wird als soziales Engagement angesehen.[187]

Aus wirtschaftlichen Gründen lässt sich dieser Ansatz jedoch auf die kleinen bis mittleren Marktteilnehmer nicht adaptieren. Dies ermöglicht die Chance der Etablierung eines neuartigen Dienstleisters innerhalb der Wohnungswirtschaft, auf welchen von verschiedenen Wohnungsunternehmen zur Erledigung auftragsbezogener Sozialarbeit zurückgegriffen wird.

D. Bezug zur Psychologie

Fraglich ist welchen Einfluss die Psychologie hier auf die rechtliche und inhaltliche Ausgestaltung hat.

Die Psychologie scheint auf den Ersten Blick ein von der Rechtswissenschaft weit entferntes Forschungsgebiet zu sein. Ziele der Psychologie, im Sinne einer Grundlagenforschung, sind die Beschreibung was geschieht, die Erklärung was geschieht, die Vorhersage was geschehen und die Einflussnahme und Kontrolle auf das was geschehen wird.[188]

Interessant ist insbesondere das letztgenannte Ziel. Durch entsprechende Interventionen können unerwünschte Verhaltensmuster in angemessene modifiziert werden.[189]

Im psychologischen Kontext bedeutet Kontrolle „Verhalten auftreten oder auch nicht auftreten zu lassen – es zu starten, aufrechtzuerhalten, zu beenden,

184 Z. 61 ff., 67 ff. Anhang III dieser Ausarbeitung.

185 Z. 227 ff. Anhang IV dieser Ausarbeitung; 2. Teil, A. dieser Ausarbeitung.

186 Degewo AG, in: Firmenvorstellung degewo Fm GmbH.

187 Besecke/Enbergs, Professionelle Wohnungsunternehmen und soziales Engagement, S. 37.

188 Gerring/Zimbardo, in: Psychologie, S. 5 ff.

189 Gerring/Zimbardo, in: Psychologie, S. 7.

seine Form, Stärke und Auftretenswahrscheinlichkeit zu beeinflussen"[190]. Es soll die Kontrolle über problematische Aspekte des Lebens erlangt werden.[191]

Genau diese Einflussnahme auf das Verhalten des Schuldners, soll hier durch eine strategisch sinnvolle Ausgestaltung geschehen. Unter Nutzung der rechtlichen Rahmenbedingungen soll dabei auf das psychologische Entscheidungsverhalten, mit der Zielsetzung der vertragsgemäßen Mietzahlung, Einfluss genommen werden. Damit stehen in diesem Kontext die beiden auf den ersten Blick unterschiedlichsten Wissenschaften im Einklang zueinander.

Darüber hinaus soll eines der Kernelemente, der rechtlich frühestmögliche Kündigungszeitpunkt, mittels des psychologischen Erklärungsansatzes der Prokrastination in seiner Funktionsweise begründet werden.

E. Grundgedanken des Sozialen Forderungsmanagements

In der Wohnungswirtschaft lassen sich die Ziele des Sozialen Forderungsmanagements in zwei übergeordnete Zielsetzungen differenzieren.

„Das Bedürfnis Wohnen steht beim Menschen im Grunde ganz oben"[192]. Eine Befriedigung dieses Bedürfnisses wird statistisch gesehen durch die Entstehung von Mietschulden nicht unerheblich gefährdet.[193]

Die Wohnung ist grundrechtlich gem. Art. 13 Abs. 1 GG geschützt und damit unverletzlich. Darüber hinaus gehört die Wohnung nach dem BVerfG zum „physischen Existenzminimum"[194] eines Menschen. Das Besitzrecht des Mieters am Wohnraum gilt als Eigentumsform i.S.v. Art. 14 Abs. 1 S. 1 GG.[195] Sozialrechtlich ist unter der Wohnung eine Unterkunft zu verstehen, die geeignet ist, den Menschen vor den „Unbilden des Wetters bzw. der Witterung zu schützen und eine gewisse Privatsphäre gewährleistet"[196]. Bereits dieses Schutzniveau deutet die Wichtigkeit der Wohnung an. Weiterhin stellt die Wohnung den Lebensmittelpunkt eines Menschen dar. Nicht nur die Wohnung als solche, sondern auch

190 Gerring/Zimbardo, in: Psychologie, S. 6.

191 Gerring/Zimbardo, in: Psychologie, S. 6.

192 Z. 262 Anhang VI dieser Ausarbeitung.

193 Statistisches Bundesamt, in: Anteil der Gründe für den letzten Wohnungsverlust nach Geschlecht im Jahr 2006; Statistisches Bundesamt, in: Verteilung von Wohnungslosen in Deutschland nach Grund für den letzten Wohnungsverlust (Erhebung aus dem Jahr 2015).

194 BVerfG NJW 2010, 505 (508).

195 BVerfG NJW 1993, 2035 (2036).

196 BSG BeckRS 2010, 72720, Rn. 10.

die geographische Lage innerhalb eines Wohnungsmarktes beeinflusst die Bildung von Sozialkontakten. Ein Umzug in eine andere Wohnung ist meist gleichbedeutend mit der Änderung dieses sozialen Umfeldes.

Neben der Änderung des sozialen Umfeldes ist ein Umzug mit nicht unerheblichen Kosten verbunden. Ein Mieter dem aufgrund von Zahlungsschwierigkeiten ein Verlust seiner Wohnung droht, ist regelmäßig nur schwer in der Lage einen solchen Umzug zu finanzieren. Auch Mieter mit einem Leistungsanspruch nach dem SGB II erhalten lediglich unter besonderen Umständen (vgl. § 22 Abs. 6 SGB II) eine finanzielle Unterstützung in Form einer Beihilfe.[197]

Hier wird diese Wichtigkeit durch den langfristigen Erhalt des Wohnraumes anerkannt.[198] Dieser Zielsetzung entsprechend, wird expertenseitig dem der Wohnraumerhaltung die oberste Priorität beigemessen.[199]

Grundvoraussetzung zur Erhaltung des Wohnraumes ist das Erfüllen der mietvertraglichen Pflichten, wobei eine Nichtzahlung der Miete eine gravierende Vertragsstörung darstellt.[200]

Ein grundsätzliches Interesse des Mieters an einem schuldenfreien und sicheren Mietverhältnis ist hier anzunehmen.[201]

Diese Annahme ist psychologisch begründet. Die Bedürfnistheorie nach Abraham Maslow (1908-1970)[202] beinhaltet mehrere Hierarchieebenen. Auf der untersten Ebene sind dabei die biologischen Bedürfnisse zu finden. Die nachfolgende Ebene beinhaltet die Bedürfnisse nach Sicherheit, Bindung, Wertschätzung. Auf der obersten Ebene folgen die Bedürfnisse im Sinne der Selbstverwirklichung. Die Ebenen sind angeordnet von primitiv nach fortgeschritten. Nach Maslow müssen zunächst die Bedürfnisse jeder darunterliegenden Ebene befriedigt sein, damit die nächste Ebene erreicht werden kann.[203] Fraglich ist wo das Bedürfnis nach einem eigenen Wohnraum einzuordnen ist. Die erste Ebene stellt mit den biologischen Bedürfnissen nach Nahrung und Wasser die primitivste Ebene dar. Auf der zweiten Ebene folgen die Bedürfnisse nach Sicherheit, Behaglichkeit, Ruhe und Angstfreiheit. Insbesondere die letztgenannten Bedürfnisse können durch den eigenen Wohnraum befriedigt werden.

---

197 2. Teil, G., VI. dieser Ausarbeitung.
198 Z. 109, Z. 119 f. Anhang III dieser Ausarbeitung.
199 Z. 370 ff. Anhang III, Z. 92 f., Z. 262 Anhang IV dieser Ausarbeitung.
200 Z. 290 f. Anhang III dieser Ausarbeitung.
201 Z. 57 f. Anhang III dieser Ausarbeitung.
202 Maslow, in: Motivation und Persönlichkeit, S. 1 ff.
203 Maslow, in: Motivation und Persönlichkeit, S. 62 ff.

Dies bestätigt wiederum die grundrechtliche Relevanz nach Art. 13 Abs. 1 GG. Der Erhalt des Wohnraumes ist auf der zweiten Bedürfnishierarchieebene anzuordnen und wird ausschließlich von biologisch überlebenswichtigen Grundbedürfnissen überlagert.

Im Ergebnis wird die Wichtigkeit der Wohnraumerhaltung deutlich. Diese Wichtigkeit gilt es in den Vordergrund zu stellen. In diesem Zusammenhang wird auch von einer „gesunden Motivation“[204] gesprochen. Ein entsprechendes Interesse an der Erhaltung des Wohnraumes ist somit bereits psychologisch bedingt gegeben.

Neben der zuvor ausgeführten mieterseitigen Bedeutung der Wohnraumerhaltung, hat der Vermieter ebenfalls ein Interesse an der Aufrechterhaltung des Mietverhältnisses. Die Ausprägung dieses Interesses hängt u.a. wiederum von der derzeitigen Situation auf dem Wohnungsmarkt ab.[205] Ist die Nachfrage hoch, so ist das Interesse des Vermieters geringer. Gerade in Regionen mit einer schwächeren Haushaltseinkommensstruktur und einer höheren Leerstandsquote nimmt die Qualität des Forderungsmanagements eine besondere Bedeutung ein.

Auch ohne Blick auf die Wohnungsmarktsituation wird dem Vermieter ein ausgeprägtes Fortführungsinteresse unterstellt, da jede Neuvermietung bzw. jeder Wohnungswechsel eine für den Vermieter wirtschaftliche Belastung (unter anderem durch einen erhöhten Verwaltungsaufwand[206], durch Aufwendungen für die Herstellung der Weitervermietbarkeit oder durch Leerstandszeiten) darstellt, sofern angenommen wird, dass die Miete bei einer Neuvermietung nicht angehoben wird.

Das Interesse an einem Wohnungswechsel zur Verbesserung des technischen Zustandes bleibt an dieser Stelle unbeachtet, da es hier den anderen Interessen als untergeordnet angesehen wird.

Ein grundsätzliches Fortführungsinteresse, im Sinne der Minimierung der Fluktuationsquote, wird damit unterstellt.

Hier besonders relevant ist, dass die Beitreibung von Mietforderungen in einem laufenden Mietverhältnis regelmäßig effektiver als in einem bereits beendeten Mietverhältnis ist.[207] Die Anwendung des Sozialen Forderungsmanagements,

---

204 Maslow, in: Motivation und Persönlichkeit, S. 61.

205 Besecke/Enbergs, Professionelle Wohnungsunternehmen und soziales Engagement, S. 83.

206 Z. 322 ff. Anhang II dieser Ausarbeitung.

207 3. Teil, G., VII. dieser Ausarbeitung.

und der damit verbundenen Fortführung des Mietverhältnisses, kann die Eröffnung von Einnahmemöglichkeiten ermöglichen. Beispielsweise können dies Transferleistungen sein, die andernfalls nicht realisierbar.[208]

Festzuhalten ist, dass die Fortführung des Mietverhältnisses, unter der Annahme der erfolgreichen Beitreibung der Mietforderungen, somit die Wirtschaftlichkeit der Vermietungsgesellschaft steigert. Unter dem Aspekt der Wirtschaftlichkeit sind darüber hinaus weitere Unterziele subsumierbar.

Sowohl die Sicherung regelmäßiger Mietzahlungen, als auch die Beitreibung ausstehender Zahlungen haben Einfluss auf die Liquidität.[209]

Langfristig ist der Vermieter als Unternehmer nur dann ein konkurrenzfähiger Marktteilnehmer, wenn er über die notwendige Liquidität und Kreditwürdigkeit für Investitionen verfügt. Unter Investitionen sind in diesem Zusammenhang insbesondere Modernisierung- oder Neubaumaßnahmen zu verstehen. Beispielsweise ist hier der steigende Bedarf nach energetischen Sanierungen i.S.v. § 555b Nr. 1 BGB zu nennen. Weiterhin stehen solche Investitionen für eine Steigerung der Wohnraumattraktivität. Dies wiederum steigert nachhaltig die Konkurrenzfähigkeit des Unternehmens.

Die Steigerung der Liquidität trägt damit zur Deckung des steigenden Kapitalbedarfs zur Gewährleistung der nachhaltigen Konkurrenzfähigkeit bei. Ergänzend ist sich aus Sicht des Unternehmens und dessen Mitarbeitern die Arbeitsplatzsicherung anzuführen.

Weitere Zielsetzungen können je nach Eigentümerstruktur des Wohnungsunternehmens variieren.[210] Ist die Kommune beispielsweise Mehrheitsgesellschafter des Unternehmens, so könnte die Vermeidung von Obdachlosigkeit im Vordergrund stehen.[211]

Zielsetzung des Forderungsmanagements ist damit die nachhaltige Anleitung des Mieters zur vertragsgemäßen Mietzahlung. Jene Zielrealisierung steht in einem Kausalzusammenhang mit der Qualität des Forderungsmanagements.[212]

Hier wird die Wichtigkeit der Professionalisierung des Forderungsmanagements festgehalten. In diesem Zusammenhang kann gar von einer unternehmerischen Pflicht gesprochen werden.[213]

---

208 Z. 549 ff. Anhang III dieser Ausarbeitung.
209 Z. 100 ff. Anhang IV dieser Ausarbeitung.
210 Z. 37 ff. Anhang I dieser Ausarbeitung.
211 Z. 38 ff. Anhang I dieser Ausarbeitung.
212 Z. 31 ff. Anhang I dieser Ausarbeitung.
213 Z. 35 ff. Anhang I dieser Ausarbeitung.

Zur Erreichung dieser zwei kohärenten Ziele der Wohnraumerhaltung und Steigerung der Wirtschaftlichkeit, soll die Nutzung des Sozialen Forderungsmanagements eine effektive Form darstellen.

Der Grundgedanke des Sozialen Forderungsmanagements basiert auf den Sozialcharakter bildenden Aspekten der Kooperation und Kommunikation innerhalb eines stufenartig verlaufenden Forderungsprozesses.

Dabei steht der Vermieter dem Mieter als Partner in einer beratenden Funktion zur Seite. Es soll signalisiert werden, dass der Mieter auf den Vermieter zukommen soll, um eine gemeinsam Lösungen zu finden[214]. Jene Grundausrichtung dieses Konzeptes wird aus Expertensicht als „sehr gut“[215] bewertet.

Aus Effizienzgründen und der partnerschaftlichen sowie kooperativen Grundausrichtung, ist die Zielsetzung des hier vorliegenden Konzeptes die weitest gehende Vermeidung der Auslagerung von verschiedenen Forderungsprozesselementen.

Es wird der Ansicht gefolgt, dass jegliche Vereinbarung, die die vollständige Befriedigung des Vermieters zur Zielsetzung hat, als sinnvoll erachtet wird[216], da somit die Erhaltung des Wohnraumes gewährleistet wird.

In diesem Zusammenhang gilt jedoch der Vorrang der außergerichtlichen Forderungsbeitreibung. Dies senkt das Prozesskostenrisiko des Vermieters und der Mieter wird zugleich wirtschaftlich geringer belastet.[217]

Kommt es im Forderungsprozess zu keiner Lösungsfindung, so steigt im zeitlichen Verlauf das Eskalationsniveau von der Mahnung bis hin zur Zwangsräumung.[218] Eine wesentliche Eskalationsstufe ist der frühestmögliche Kündigungszeitpunkt[219]. Permanent, und damit auch nach Aussprache der Kündigung, steht der Erhalt des Wohnraumes im Vordergrund. Jederzeit kann der Forderungsprozess erfolgreich beendet werden.

Durch den Anstieg des Eskalationsniveaus und der damit einhergehenden Erhöhung des wirtschaftlichen und psychologischen Einwirkens auf den Mieter, soll dieser bei der Priorisierung der vertragsgemäßen Mietzahlung unterstützt und somit zur Wohnraumerhaltung angeleitet werden.[220]

---

214 Z. 652 f. Anhang VI dieser Ausarbeitung.
215 Z. 660 Anhang VI dieser Ausarbeitung.
216 Z. 538 f. Anhang VI dieser Ausarbeitung.
217 3. Teil, J. dieser Ausarbeitung.
218 4. Teil, B. dieser Ausarbeitung.
219 3. Teil, B. dieser Ausarbeitung.
220 Z. 259 ff. Anhang VI dieser Ausarbeitung.

F. Begrifflichkeit des Sozialen Forderungsmanagements

Die im Kontext der Wohnungswirtschaft aktuell regelmäßig verwendeten Begrifflichkeiten des Sozialmanagements, der Sozialarbeit und des sozialen Engagements werden häufig synonym verwendet, was darauf hindeutet, dass diese Termini eine größere Schnittmengen aufweisen.[221]

Zu klären ist, was hier begrifflich unter dem Sozialen Forderungsmanagement zu verstehen ist. Die Zusammensetzung der Bezeichnung besteht aus dem Substantiv des Forderungsmanagements und dem vorangehenden Sozialbegriff.

I. Bestimmung des Managementbegriffes

In der Literatur beinhaltet das Immobilienmanagement das Verwalten und Vermarkten von Immobilien.[222] Dieses Verständnis erscheint jedoch sachlich nicht korrekt, da vielmehr alle Führungsmaßnahmen, die für die Entwicklung, Bewirtschaftung und Vermarktung der Immobilie verantwortlich sind umfasst sind.[223] Dies beinhaltet wiederum im Wesentlichen die Gestaltung, Lenkung und Entwicklung von sozialen Systemen, innerhalb des Immobilienmanagements.[224]

Davon abzugrenzen sind immobilienbezogene Leistungserstellungsprozesse. Dies sind beispielsweise handwerkliche oder verwaltungsmäßige Dienstleistungen. Bei der Mietbuchhaltung handelt es sich um keine Managementaufgabe, sondern um einen Leistungserstellungsprozess.[225]

Der überwiegende Teil der in der Wohnungswirtschaft beschäftigten Personen ist damit am Leistungserstellungsprozess beteiligt, übt aber keine Immobilienmanagementfunktionen aus.

Das Immobilienmanagement beinhaltet damit mehrere Managementaufgaben und lässt sich zwischen dem institutionelle und der funktionale Ansatz voneinander abgrenzen. Im Rahmen des funktionalen Ansatzes steht die Handlung im Mittelpunkt. Hingegen fokussiert der institutionelle Ansatz die Person.[226] Vorliegend wird die inhaltliche und strukturelle Ausgestaltung eines

---

221 Besecke/Enbergs, Professionelle Wohnungsunternehmen und soziales Engagement, S. 29 ff.

222 Mayrzedt/Geiger/Klett/Beyerle, Internationales Immobilienmanagement, S. 42 ff.

223 Kippes/Sailer, Immobilienmanagement, S. 5.

224 Kämpf-Dern/Pfnür, Ein Vorschlag zur Strukturierung der immobilienwirtschaftlichen Managementaufgaben, S. 4.

225 Kämpf-Dern/Pfnür, Ein Vorschlag zur Strukturierung der immobilienwirtschaftlichen Managementaufgaben, S. 3 f.

226 Bach, in: Spezielle Betriebswirtschaftslehre der Immobilienwirtschaft, S. 153.

Forderungsmanagements beschrieben, womit die Funktionalität und Handlung im Vordergrund stehen.

Das Forderungsmanagement beinhaltet die Aufgabe der Überwachung der vertragskonformen Mietzahlung. Es werden verschiedene Teilaufgaben wahrgenommen. Es ist demnach von dem Vorliegen eines funktionalen Ansatzes auszugehen.

Klärungswürdig ist darüber hinaus das Verständnis des Forderungsmanagements im Sinne eines Managementkonzeptes. Wie bereits ausgeführt, umfasst das Immobilienmanagement mehrere Managementaufgaben. Diese Aufgaben sind wiederum innerhalb verschiedener Managementkonzepte bzw. immobilienspezifischen Managementebenen abgebildet, welche damit Steuerungs- und Koordinationsaufgaben wahrnehmen.[227]

Zur Erläuterung wird ebenso Bezug auf das St. Gallener Managementkonzept genommen. Demnach werden Managementsysteme als Diagnose-, Planungs- und Kontrollsysteme definiert, welche zur Formulierung strategischer Konzepte und Kontrolle des operativen Geschäfts dienen.[228] Grundlage des Managementkonzepts ist die Definition von Zielen, welche durch das Managementsystem erreicht werden sollen.[229] Demnach umfasst ein Managementsystem die Analyse des Ist-Zustandes und Darstellung des Soll-Zustandes. Zur Erreichung des Soll-Zustandes werden die dafür notwendigen strategischen Schritte festgelegt.

Dieses Verständnisses eines Managementsystems geht damit über jenes hinaus, welches ein solches System als die Gesamtheit aller organisatorischen Maßnahmen zur Unternehmenszielerreichung[230] ansieht.[231]

Dies lässt die Schlussfolgerung zu, dass es nicht lediglich ein sondern mehrere Managementsysteme im Unternehmen geben kann.[232] Zur Konfliktvermeidung sollten diese miteinander verknüpft sein.[233]

---

227 Kämpf-Dern/Pfnür, Ein Vorschlag zur Strukturierung der immobilienwirtschaftlichen Managementaufgaben, S. 13.

228 Bleicher, in: Das Konzept Integriertes Management, St. Galler Management-Konzept, S. 362.

229 Bleicher, in: Das Konzept Integriertes Management, St. Galler Management-Konzept, S. 362.

230 Zink, in: Das EFQM Excellence Modell und seine Umsetzung, S. 205.

231 Schmidpeter/Schneider, in: Verantwortungsvolle Unternehmensführung in Theorie und Praxis, S. 396.

232 Bleicher, in: Das Konzept Integriertes Management, St. Galler Management-Konzept, S. 381.

233 Schmidpeter/Schneider, in: Verantwortungsvolle Unternehmensführung in Theorie und Praxis, S. 397.

Als Zwischenergebnis ist festzuhalten, dass das Soziale Forderungsmanagement ein unter weiteren im Unternehmen angewendeten Managementsystem sein kann.

Das Managementsystem unterliegt keiner Anforderung einer schriftlichen Dokumentation. Empfohlen wird jedoch eine Mindestdokumentation.[234]

Häufig in der Praxis anzutreffen ist das Qualitätsmanagement ISO 9001. Durch die Überarbeitung im Jahr 2000, konnten aufgrund der Prozessorientierung Aspekte anderer Managementsysteme eingearbeitet werden. Dies war der Grundstein für integrierte Managementsysteme.[235] Dieses lässt damit die Erweiterung um wesentliche Elemente aus anderen Bereichen zur Generierung von Synergieeffekten zu.[236]

In diesem Zusammenhang bietet sich die CSR als Basis eines integrierten Managementsystems an.[237] Insbesondere weil die CSR die freiwillig übernommene gesellschaftliche Verantwortung mit dem ökonomischen Kerngeschäft des Unternehmens verbindet und zugleich Ansprüche, beispielsweise hinsichtlich der Qualität, an das Produkt, den Umweltschutz oder die Dienstleistung stellt.[238] Die CSR legt damit ein Anforderungsprofil an sämtliche eigenständige Managementkonzepte des jeweiligen Unternehmens fest, an welchem sich diese messen lassen müssen.

Neben der Beitreibung von Mietforderungen beinhaltet das Forderungsmanagement mit der Überwachungs- bzw. Kontrollfunktion weitere operative Funktionen. Originäre Aufgabe ist letztlich Sorge dafür zu tragen, dass die Mietforderungen vertragsgemäß beglichen werden und keine Forderungen wertberichtigt oder gar der Höhe nach vollständig ausgebucht werden müssen.[239] Das Verständnis[240] eines Managementsystems als ein Diagnose-, Planungs- und Kontrollsystem ist an dieser Stelle demnach zutreffend.

---

234 Schmidpeter/Schneider, in: Verantwortungsvolle Unternehmensführung in Theorie und Praxis, S. 396 f.

235 Schmidpeter/Schneider, in: Verantwortungsvolle Unternehmensführung in Theorie und Praxis, S. 397.

236 Schmidpeter/Schneider, in: Verantwortungsvolle Unternehmensführung in Theorie und Praxis, S. 397 f.

237 Schmidpeter/Schneider, in: Verantwortungsvolle Unternehmensführung in Theorie und Praxis, S. 402; 3. Teil, N. dieser Ausarbeitung.

238 Schmidpeter/Schneider, in: Verantwortungsvolle Unternehmensführung in Theorie und Praxis, S. 402.

239 Z. 53 ff. Anhang IV dieser Ausarbeitung.

240 2. Teil, F., I. dieser Ausarbeitung.

Aus Sicht des vorliegenden Konzeptes wird zur Zielerreichung nicht lediglich ein reaktives, sondern ebenso ein antizipatives Forderungsmanagement benötigt.

Das Sozialmanagement beinhaltet in Abgrenzung zu den Begrifflichkeiten der Sozialarbeit und dem sozialen Engagement, überwiegend strukturbezogene Elemente[241]. Bei diesem Managementgedanken geht es um die Wahrnehmung von Leitungs- und Führungsaufgaben zur Optimierung von Abläufen[242].[243] Ebenso für die Einordnung des Sozialen Forderungsmanagement als ein Sozialmanagement, spricht die Charakterisierung des Sozialmanagement als Managementmethode zur betrieblichen Optimierung[244].

Im Ergebnis ist das Soziale Forderungsmanagement als ein Managementsystem einzustufen. Die Ausgestaltung kann als eigenständiges und zugleich in ein übergeordnetes integriertes Managementsystem erfolgen.

II. Bestimmung des Sozialbegriffes

Der Sozialbegriff ist abhängig von dem konzeptionell und inhaltlich abgebildeten Sozialcharakter.

Unter dem Begriff des Sozialen Mietrechts werden zunächst einmal mieterschützende Vorschriften subsumiert.[245] Die Zielsetzung des Sozialen Forderungsmanagements beinhaltet keinen bedingungslosen Schutz des Mieters. Vielmehr werden die beiderseitigen Interessen der Mietvertragspartner vereint. Demnach ist die Zielsetzung der Wohnraumerhaltung, unter der Voraussetzung des nachhaltigen Abbaus der entstandenen Mietschulden, nicht als reiner Mieterschutz und demnach nur bedingt als Bestandteil des sozialen Mietrechts zu charakterisieren.

Zur Konkretisierung wird Bezug auf den verfassungsrechtlichen Grundsatz der Sozialbindung genommen.[246]

---

241 Merchel, in: Sozialarbeit in Wohnungsunternehmen: Profil und Qualität, S. 71.

242 Beuerle/Petter, Sozialmanagement in Wohnungsunternehmen, S. 13.

243 Besecke/Enbergs, Professionelle Wohnungsunternehmen und soziales Engagement, S. 31.

244 Besecke/Enbers, Professionelle Wohnungsunternehmen und soziales Engagement, S. 31.

245 Blank, in: Schmidt-Futterer, Mietrecht, § 568 Rn. 3.

246 Z. 109 ff. Anhang III dieser Ausarbeitung.

Nach Art. 14 Abs. 1 S. 1 GG wird das Eigentum gewährleistet. Die Sozialbindung des Eigentums ergibt sich aus Art. 14 Abs. 2 GG. Demnach verpflichtet das Eigentum und soll zugleich dem Wohle der Allgemeinheit dienen.

Bereits mit Blick auf den Umfang und den Inhalt einer Kommentierung der Sozialbindung, ist eine besonders starke Ausprägung im Mietrecht festzustellen.[247]

Durch Art. 14 GG wird nicht der größtmögliche wirtschaftliche Vorteil des Eigentümers gesichert.[248]

Wie zuvor festgestellt, handelt es sich bei dem Besitzrecht an dem gemieteten Wohnraum um eine verfassungsrechtlich geschützte Eigentumsform. Die Sozialbindung stärkt die Position des Mieters. Der Mieterschutz gilt als grundsätzlich zulässig.[249]

In wertungstheoretischer Hinsicht könnte die Sozialbindung als ein weitreichenderer Eingriff als die eigentliche Enteignung angesehen werden.[250]

Der Kündigungsschutz (vgl. § 569 BGB) des Mieters ist beispielhaft und zutreffend als eine Form der Sozialbindung anzuführen.[251] Das Soziale Forderungsmanagement zielt ebenfalls auf den Erhalt des Wohnraumes ab. Dies jedoch auch bei erheblichen Pflichtverletzungen des Mieters. Während des gesamten Forderungsprozesses ist die Wohnraumerhaltung, unter der Voraussetzung des Abbaus des Mietrückstandes, möglich.[252] Dies betont den Sozialcharakter und die Anwender dieses Managementkonzeptes üben damit eine stärkere als die gesetzlich verankerte Sozialbindung aus. Dies ist gesamt- bzw. regionalwirtschaftlich dienlich.[253] Wird beispielsweise der Wohnraum eines Leistungsempfängers erhalten, gelingt eine Kosteneinsparung, die zu Gunsten des Betreffenden und des Steuerzahlers wirkt.

Entgegen der grundrechtlichen Sozialbindung, handelt es sich hier um eine freiwillige unternehmerische Entscheidung.[254] Das Ergebnis dieser Entscheidung ist ein sozialer (sowie profitabler) Umgang mit dem Mieter.[255]

---

247 Jarass, in: Jarass/Pieroth, GG, Art. 14 Rn. 71.
248 BGH WuM 2009, 182 (183); BVerfG, NJW 1992, 361 (362).
249 BVerfG, NJW 1974, 1939 (1939 f.); BVerfG, NJW 1985, 2633 (2633 ff.).
250 Detjen, in: Die Werteordnung des Grundgesetzes, S. 246.
251 Detjen, in: Die Werteordnung des Grundgesetzes, S. 246.
252 2. Teil, E., 4. Teil, B. dieser Ausarbeitung.
253 Z. 78 ff. Anhang IV dieser Ausarbeitung.
254 2. Teil, A. dieser Ausarbeitung.
255 Z. 88 Anhang I dieser Ausarbeitung.

Für die Begriffsbestimmung des sozialen Umgangs wird auf die zwei im unmittelbaren Zusammenhang stehenden Begriffe der Kooperation und Kommunikation mit dem Schuldner zurückgegriffen. Diese sind Grundlage für die Bestimmung des Sozialcharakters, aber auch gleichzeitig das Fundament für die Funktionsweise dieses Konzeptes.

1. Schuldnerkommunikation

Inhaltlich wird das Soziale Forderungsmanagement geprägt durch eine intensive und zielgerichtete Kommunikation[256] zwischen Mieter und Vermieter. Zielgerichtet bedeutet in diesem Kontext, dass der Mieter bewegt wird etwas, nämlich die vertragsgemäße Zahlung der Miete, zu tun.[257]

Aufgrund einer möglichen Überforderung des Schuldners, wird expertenseitig empfohlen diesen durch Kommunikation zu unterstützen.[258] Nach der Entstehung von Mietrückständen soll der Mieter motiviert werden diese abzubauen und zukünftig eine vertragsgemäße Zahlung sicherzustellen. Dazu soll die dialogorientierte Kommunikation die Kooperation zwischen den Vertragspartnern fördern. Die Mitwirkung des Mieters wird als essentiell bezeichnet.[259]

Eine vertrauensvolle Beziehung ist die Grundlage einer derartigen Kommunikation. Diese zeichnet sich unter anderem durch Kompetenz und Nicht-Opportunismus aus.[260]

Neben einer tatsächlichen Vermittlung der entsprechenden Fach- und Sozialkompetenz ist es wesentlich, dass der Mieter dem Vermieter die Leistung der entsprechenden Unterstützung zutraut. Nicht-Opportunismus beinhaltet die Bereitschaft und Fähigkeit des Vermieters Versuchungen des Missbrauchs zu widerstehen.[261]

Die Vertrauenswürdigkeit ist von grundlegender Bedeutung, da es regelmäßig um sehr sensible und vertrauensvolle Themen geht.

---

256 Z. 15 ff., Z. 139 ff. Anhang I, Z. 30 ff. Anhang II dieser Ausarbeitung.

257 Z. 72 ff. Anhang III dieser Ausarbeitung.

258 Z. 61 ff. Anhang VI dieser Ausarbeitung.

259 Z. 167 Anhang III dieser Ausarbeitung.

260 Schmidpeter/Schneider, in: Verantwortungsvolle Unternehmensführung in Theorie und Praxis, S. 61 f.; Eggers/Engelbrecht, Kooperation – Gründe und Typologisierung, S. 2.

261 Schmidpeter/Schneider, in: Verantwortungsvolle Unternehmensführung in Theorie und Praxis, S. 62; Eggers/Engelbrecht, Kooperation – Gründe und Typologisierung, S. 5.

Sie wird treffend als „Vermögenswert“[262] eines Unternehmens angesehen.

Weitere Charakteristika einer guten Schuldnerkommunikation, parallel zur Kommunikationseigenschaft im Rahmen des CSR 2.0[263], sind die Proaktivität, Ehrlichkeit und Transparenz.

Unabhängig vom Zeitpunkt und Form der Kommunikation ist hier eine klare und für den Schuldner verständliche Kommunikation Grundvoraussetzung für ein effizientes und damit erfolgreiches Forderungsmanagement.[264]

Ausschlaggebend ist demnach die geeignete Form der Kommunikation zur Vermittlung der inhaltlichen Botschaften. Andernfalls droht eine Resignation des Mieters.[265]

Bei der Sprachproduktion wird in der Psychologie ist in diesem Zusammenhang wortähnlich von einem Kooperationsprinzip gesprochen. Dieses soll den Hörerbezug herstellen. Die Äußerungen sollen derart produziert werden, dass sie für das jeweilige Gespräch und dessen Randbedingungen angemessen sind. Dabei kommt es insbesondere auf die Quantität, Qualität, Relation und die Art und Weise an.[266] Der Vermieter muss sich damit bei der Sprachproduktion darauf einstellen, was der Mieter als Hörer bereits weiß und versteht. Dies wird auch als „kooperativer Sprechakt“[267] bezeichnet und stellt damit ebenso eine Kooperationseigenschaft dar.

Weiterhin maßgeblich ist eine frühzeitige Kommunikation.[268] Eine gezielte Schuldnerkommunikation dient der Durchsetzung innerhalb der Konkurrenzsituation der verschiedenen Forderungsmanagementsysteme[269]. Gezielt bedeutet in diesem Zusammenhang eine für den Mieter verständliche Sprache bzw. Anspracheform.[270] Der Mieter steht in dieser Konkurrenzsituation regelmäßig vielen Kontaktversuchen verschiedenster Gläubiger gegenüber. Nur mit einer

262 Schmidpeter/Schneider, in: Verantwortungsvolle Unternehmensführung in Theorie und Praxis, S. 69; Eggers/Engelbrecht, Kooperation – Gründe und Typologisierung, S. 1 f.; Niemann, Analyse und Messung des Zusammenhangs von Vertrauen und Performance in F & E-Kooperationen, S. 1.

263 Schmidpeter/Schneider, in: Verantwortungsvolle Unternehmensführung in Theorie und Praxis, S. 36.

264 Z. 17 ff., Z. 96 ff., Z. 344 ff. Anhang I dieser Ausarbeitung.

265 Z. 142 ff. Anhang I dieser Ausarbeitung.

266 Gerring/Zimbardo, in: Psychologie, S. 293 f.

267 Gerring/Zimbardo, in: Psychologie, S. 294.

268 Z. 41 ff., Z. 52 ff. Anhang II, Z. 127 f. Anhang III dieser Ausarbeitung.

269 Teil. 2, G. dieser Ausarbeitung.

270 Z. 16 ff., Z. 140 ff. Anhang I, Z. 69 ff. Anhang III dieser Ausarbeitung.

gezielten und einer von den anderen Gläubigern sich unterscheidenden Anspracheform kann sich der Vermieter in dieser Konkurrenzsituation durchsetzen.

Neben dem erneuten Hinweis auf die Wichtigkeit der Mietzahlung, dem Aufzeigen möglicher negativer mietrechtlicher Konsequenzen, handelt es sich dabei um die Vermittlung der Vorteile einer Kooperation.[271]

Die Schuldnerkommunikation basiert auf einem verbalen und nonverbalen Austausch zwischen den Vertragspartnern. Als Kommunikationsform kommen dabei insbesondere die schriftliche Kommunikation, das telefonische Forderungsmanagement und das Forderungsgespräch in Betracht.

Im Ergebnis wird die Art der Kommunikation als entscheidend für den Erhalt der Wohnung erachtet.[272]

Unter der schriftlichen Kommunikation wird vorliegend die Textform i.S.v. § 126b BGB verstanden. Die Voraussetzungen der Schriftform gem. § 126 BGB müssen demnach nicht gegeben sein.

Damit kann jede lesbare Erklärung auf einem dauerhaften Datenträger, und in der der Erklärende genannt ist, als Schriftstück im Sinne der schriftlichen Kommunikation gewertet werden.

Regelmäßig handelt es sich dabei um Mahnschreiben, Kündigungsschreiben, Beratungsangebote oder Vergleichbarem. Dabei wird dem Vermieter empfohlen sich auf eine klare und verständliche Ansprache zu konzentrieren.[273] Dieser sollte sich von einer verwaltungstechnisch- bzw. rechtlich geprägten Sprache lösen können. Dabei spielt nicht nur die Ausdrucksweise, sondern auch der Satzbau eine Rolle. Kurze, prägnante Sätze sind sinnvoller als lange und verschachtelte. Andernfalls drohen die inhaltlichen Botschaften nicht vermittelt werden zu können und der Empfänger zu resignieren.[274]

Zielsetzung ist die Verhinderung einer sog. Entscheidungsparalyse. Der Entscheider sammelt dabei unzählige Informationen und versucht die geeignetste Handlungsalternative zu bestimmen[275], kommt jedoch aufgrund der Informationsflut[276] und mangelnder Problemlösungsfähigkeit zu keiner Entscheidung zu Gunsten der Mietzahlung.

---

271 Z. 281 ff. Anhang I dieser Ausarbeitung.

272 Z. 96 ff. Anhang I dieser Ausarbeitung.

273 Z. 96 ff. Anhang I dieser Ausarbeitung.

274 2. Teil, F., II., 1. dieser Ausarbeitung.

275 Beck, in: Behavioral Economics – Eine Einführung, S. 290.

276 Eidenmüller JZ 2005, 216 (218).

Die Herausforderung ist dabei weiterhin den rechtlichen Anforderungen, beispielsweise eines Kündigungsschreibens[277], gerecht zu werden.

Es ist demnach die hiesige verwaltungstechnische und rechtliche Aufgabe, dies in einer für den Mieter verständlichen Sprache, erfolgreich zu gestalten.[278]

Unter dem Begriff des Sozialen Forderungsmanagements ist nicht ein ausschließlich schriftliches System subsumierbar.[279] Dies stellt keine gezielte Schuldnerkommunikation dar.[280] Die Schriftlichkeit sollte in diesem Moment lediglich als Basis und Einhaltung der rechtlichen Voraussetzung verstanden werden.

Das telefonische Forderungsmanagement umfasst jegliche telefonische Kommunikation mit dem Schuldner. Es dient als schnelles und persönliches Kontaktmittel, welches einerseits der bloßen Kontaktherstellung, andererseits der Sachverhaltsaufklärung und der Erarbeitung von Lösungsansätzen dienen kann.[281]

Die Herausforderung dabei ist die Erreichbarkeit des Kunden. Dies wiederum begründet sich durch regelmäßig fehlende aktuelle Telefonnummer, als auch durch die generelle Erreichbarkeit. Diesbezüglich wird empfohlen den Überraschungseffekt durch einen Anruf zu untypischen Zeiten zu nutzen.[282]

Die sprachlichen Anforderungen des schriftlichen Forderungsmanagements gelten auch innerhalb dieser Kommunikationsform. Die richtige Kundenansprache wird hierbei als die größte Herausforderung bezeichnet. Dabei spielen insbesondere soziale Kompetenzen der Mitarbeiter eine bedeutende Rolle.[283]

Die inhaltlich zu vermittelten Botschaften sind dieselben wie bei der schriftlichen Kommunikation.[284]

Vorteil dieser Kommunikationsform ist die Effizienz. Sie ermöglicht dem Vermieter effizient erinnernd, bestätigend oder nachdruckverleihend auf den Schuldner einzuwirken. Innerhalb des Forderungsmanagements hat das telefonische Forderungsmanagement einen zum Teil bedeutenden Stellenwert.[285] Die Kooperation kann damit deutlich vereinfacht und effektiver gestaltet werden. Das telefonische Forderungsmanagement muss nicht ausschließlich im

277 3. Teil, B., IV. dieser Ausarbeitung.

278 Z. 25 ff. Anhang I dieser Ausarbeitung.

279 Z. 170 f. Anhang I dieser Ausarbeitung.

280 Z. 170 ff. Anhang I, Z. 177 f. Anhang III dieser Ausarbeitung.

281 Z. 162 ff. Anhang IV dieser Ausarbeitung.

282 Z. 167 ff. Anhang IV dieser Ausarbeitung.

283 Z. 171 ff. Anhang IV dieser Ausarbeitung.

284 2. Teil, F., II., 1. dieser Ausarbeitung.

285 Z. 142 f. Anhang IV dieser Ausarbeitung; Siehe S. 19 ff. dieser Ausarbeitung.

fordernden Kontext genutzt werden. Beispielsweise kann auch eine eingehaltene Ratenzahlungsvereinbarung kurz begrüßend bestätigt werden. Dies wirkt sich positiv auf das Vertrauensverhältnis aus und fördert zugleich die Kommunikation/ Kooperation.

Aufgrund der rechtlich fehlenden Dokumentations- und Nachweismöglichkeit, ist das telefonische Forderungsmanagement zur Ergänzung der schriftlichen Kommunikation zu nutzen.

Das Forderungsgespräch umfasst die einzige „face-to-face-Kommunikation" mit dem Schuldner. Für das Führen eines solchen Gespräches sollten den Mitarbeitern verschiedenste Handlungsmöglichkeiten zur Verfügung stehen. Beispielhaft wird der Abschluss einer Ratenzahlungsvereinbarung angeführt.[286]

Ebenso wird auf die sprachlichen und inhaltlichen Anforderungen der schriftlichen Kommunikation verwiesen.[287] Übergreifend beinhalten die verschiedenen Arten der Kommunikation damit die gleichen zu vermittelten Botschaften. Neben dem telefonischen Forderungsmanagement ist auch diese Kommunikationsform als Ergänzung zum schriftlichen Forderungsmanagement anzusehen.

Empfehlenswert ist diese Form vor allem im Rahmen von komplexen Sachverhalten oder Momenten in denen der Vermieter die Ernsthaftigkeit der Situation betonen möchte.

Regelmäßig ist für die Führung eines solchen Gespräches ein aktives Zugehen seitens des Vermieters notwendig. Die Notwendigkeit wird im Mahnlauf oder an anderer Stelle im Forderungsprozess festgestellt. Ein derartig aktives und damit unterstützendes Zugehen stellt ebenfalls eine charakteristische Eigenschaft des Sozialen Forderungsmanagements dar.

2. *Kooperation*

Kooperierend ist ein Verhalten, wenn das eigene Verhalten das Verhalten des Gegenübers derart beeinflusst, dass dieses zukünftig die Zusammenarbeit positiv beeinflusst und ein höherer Nutzen aus dieser gezogen werden kann.[288]

Wichtig ist jedoch, dass der Freiwilligkeitscharakter als eines der Definitionsmerkmale einer Kooperation erhalten bleibt.[289]

---

286 Z. 203 ff. Anhang IV dieser Ausarbeitung.

287 2. Teil, F., II., 1. dieser Ausarbeitung.

288 Beck, in: Behavioral Economics – Eine Einführung, S. 258.

289 Eggers/Engelbrecht, Kooperation – Gründe und Typologisierung, S. 3; Niemann, Analyse und Messung des Zusammenhangs von Vertrauen und Performance in F & E-Kooperationen, S. 1.

Für die Beschreibung des Aspektes der Kooperation muss das Dreiecksverhältnis, bestehend aus dem Mieter, Vermieter und einem möglicherweise vorhandenen Dienstleister, betrachtet werden.

Wesentlich ist die nach § 535 BGB gesetzlich definierte Beziehung zwischen den Mietvertragspartnern.

Ein kooperatives Verhältnis basiert auf einem bestehenden Rechtsfrieden zwischen den Vertragspartnern.[290] Dieser umfasst im vorliegenden Kontext eine wechselseitig rechtssichere und einheitliche Einschätzung der Situation. Andernfalls droht z.B. der Streit über das Bestehen eines Kündigungsrechts das kooperative Verhältnis nachhaltig zu gefährden.

Der soziale Charakter wird unter anderem durch eine möglichst enge, gemeinsame[291], individuelle[292] und auf die Vermeidung von Obdachlosigkeit gerichtete Kooperation mit dem Mieter ausgedrückt.[293] Die Mitarbeiter des Forderungsmanagements sollten als Berater agieren und als solche wahrgenommen werden. An dieser Stelle wird ein mediativer Forderungsansatz im Sinne einer guten, respektvollen und wertschätzenden Gesprächsführung empfohlen.

Unter der Kooperation des Mieters wird auch eine Bereitschaft zur Mitwirkung subsumiert. Zeigt der Mieter eine entsprechende, können die Ursachen für die Lage des Schuldners und dessen Leistungsfähigkeit bei der Lösungsfindung angemessen berücksichtigt werden.[294] Mit Blick auf den Sozialcharakter umfasst dies hier eine wichtige Komponente.[295]

Die dauerhafte Wohnraumerhaltung setzt den Eingang der Mietforderung i.S.v. § 535 Abs. 2 BGB voraus. Der Eingang der Mietforderungen verlangt wiederum die Vermeidung bzw. die Lösung eines (Zahlungs-) Problems. Ein Problem wird durch einen Anfangszustand, einen Zielzustand und eine Menge von Operatoren bzw. Handlungsmöglichkeiten definiert.[296] Innerhalb dieses „Problemraumes“[297] soll der Vermieter gemeinsam mit dem Mieter eine Handlungsmöglichkeit zur Zielerreichung definieren und umsetzen. Fokussiert wird die Problemlösung, statt die Ursachenforschung.[298] Die Ursachenforschung

290 2. Teil, F., II., 3. dieser Ausarbeitung.
291 Z. 107 Anhang III dieser Ausarbeitung.
292 Z. 213 Anhang IV dieser Ausarbeitung.
293 Z. 67 ff. Anhang I dieser Ausarbeitung.
294 Z. 105 ff. Anhang IV dieser Ausarbeitung.
295 Z. 103 ff. Anhang IV dieser Ausarbeitung.
296 Gerring/Zimbardo, in: Psychologie, S. 311.
297 Gerring/Zimbardo, in: Psychologie, S. 311.
298 Z. 203 Anhang IV dieser Ausarbeitung.

sollte nur so weit gehen, als dies der Problemlösung dienlich ist. Statt von einem Problem wird in diesem Zusammenhang auch von einer Aufgabe gesprochen.[299]

Damit ist die Kooperation eine notwendige Grundlage zur Vermeidung der Wohnungslosigkeit und Realisierung der Mietforderungen.[300]

Primär soll systematisch der Abbau bereits entstandener Forderungen und sekundär präventiv die Verhinderung der Entstehung von Neuschulden realisiert werden.

Zur Entwicklung von Lösungsstrategien beschäftigt sich der Vermieter mit den persönlichen und wirtschaftlichen Verhältnissen der Mieter und sucht nach Ursachen für die Entstehung der Mietschulden.[301]

Eine persönliche Ursache für die Entstehung von Zahlungsschwierigkeiten könnte z.B. eine Trennung oder ein Todesfall sein. Regelmäßig ist die Wohnung in diesen Fällen wirtschaftlich nicht mehr tragbar. Hier soll dem Mieter beratend zur Seite gestanden und dieser vor einer zusätzlichen Belastung in Form eines Wohnungsverlustes geschützt werden. Durch das Zusammenspiel des Forderungsmanagements und der Vermietung könnte z.B. ein Umzug innerhalb des Eigenbestandes realisiert werden.[302]

Verhält sich der Mieter nicht kooperativ, ist es durch Aufzeigen von möglichen negativen Konsequenten die Aufgabe des Forderungsmanagements den Mieter zur dauerhaften Verhaltensänderung anzuleiten. Im Wesentlichen beinhaltet dies die Nutzung des frühestmöglichen Kündigungszeitpunktes. Dieser wird somit angewendet, wenn der Schuldner kooperationsunwillig bleibt.[303] Ziel ist die Vermittlung einer entsprechenden Ernsthaftigkeit.[304] Weiterhin soll die Wichtigkeit der Mietzahlung zur Erhaltung des Wohnraumes herausgestellt und betont werden.[305]

Das Aufzeigen von negativen Konsequenzen ist eine Kommunikationseigenschaft[306] und ein Kernbestandteil des hiesigen Konzeptes[307].

---

299 Gerring/Zimbardo, in: Psychologie, S. 312.

300 Degewo AG, Firmenvorstellung Degewo Fm GmbH.

301 Z. 104 ff. Anhang III dieser Ausarbeitung.

302 Z. 503 ff. Anhang III dieser Ausarbeitung.

303 Z. 88 ff. Anhang I; Z. 42 ff. Anhang II, Z. 147 ff. Anhang II Z. 217 ff. Anhang III dieser Ausarbeitung.

304 Z. 211 ff. Anhang III dieser Ausarbeitung.

305 Z. 134 ff. Anhang I, Z. 127 ff., Anhang III dieser Ausarbeitung.

306 Z. 81 ff. Anhang I dieser Ausarbeitung.

307 Z. 74 f. Anhang I, Z. 147 ff. Anhang II dieser Ausarbeitung.

Dem vorliegenden Konzept entsprechend, ist der Vermieter nicht nur permanent gesprächsbereit, sondern steht darüber hinaus dem Mieter fortlaufend beratend zur Seite, damit die Kündigung nicht zwingend die Beendigung des Mietverhältnisses zur Folge haben muss.[308] Die Wohnraumerhaltung hat auch nach dem Aussprechen der Kündigung oberste Priorität.[309]

Eine ideale Kooperation lässt den Mieter bei Zahlungsschwierigkeiten aktiv auf den Vermieter zugehen und ermöglicht eine gemeinsame Lösungsfindung. Dies ermöglicht ein frühzeitiges Handeln und bietet in diesem frühen Stadium wesentlich mehr Handlungs- bzw. Lösungsalternativen.[310] Gleiches bestätigt auch die als „deutlich schnellere" Reaktion der Vermieter angeführte Teilbegründung des Mietschuldenrückgangs.[311]

Kommt es jedoch zu keinem kooperativen Verhältnis, ist auch das Vorgehen mit entsprechender Härte als die Wahrnehmung einer sozialen Verantwortung zu bezeichnen.[312]

Um ein kooperatives Verhalten des Mieters erreichen zu können, könnte es von Bedeutung sein, in welcher Form für wen ein Abhängigkeitsverhältnis besteht. Handelt es sich um einen Mietermarkt, liegt ein Angebotsüberschuss an Wohnraum vor. Auf einem Vermietermarkt herrscht dagegen Wohnungsknappheit und damit ein Nachfrageüberschuss.[313]

Liegt ein Vermietermarkt vor, so ist der Mieter abhängiger vom Erhalt des Wohnraums, als auf einem Mietermarkt. Auf einem Mietermarkt könnte er einen Wohnungsverlust leichter kompensieren. Der Wohnraumverlust auf einem angespannten bzw. engeren Wohnungsmarkt wiegt dagegen schwerer.[314] Bestätigt wird dies durch eine Ergebnisthese, dass je entspannter der Wohnungsmarkt ist, umso stärker die Orientierung anhand der Bedürfnisse der Mieter ausfällt.[315]

Liegt ein Vermietermarkt vor, könnte der Vermieter tendenziell leichter, durch die erhöhte Wichtigkeit der Wohnraumerhaltung, ein kooperatives Verhalten des Mieters erreichen als auf einem Mietermarkt. Dies bestätigt zudem

308 Z. 132 ff. Anhang III, Z. 370 ff. Anhang III dieser Ausarbeitung.

309 Z. 370 ff. Anhang III, Z. 92 f. Anhang IV dieser Ausarbeitung.

310 Z. 74 ff. Anhang I dieser Ausarbeitung.

311 dpa, Aufmerksame Vermieter sorgen für Mietschulden-Rückgang.

312 Z. 94 ff. Anhang IV dieser Ausarbeitung.

313 Besecke/Enbergs, Professionelle Wohnungsunternehmen und soziales Engagement, S. 79.

314 Z. 45 f. Anhang IV dieser Ausarbeitung.

315 Besecke/Enbergs, Professionelle Wohnungsunternehmen und soziales Engagement, S. 79.

die Aussage, dass die Verengung des Wohnungsmarktes bzw. die Verknappung des Wohnraumes die Mietforderungen sinken lassen.[316] Gleiches unterstützt die Aussage, dass sich ein knappes Wohnraumangebot generell positiv auf den Forderungsbestand auswirkt.[317] Bestätigend wird vertreten, dass der vertragsgemäßen Mietzahlung eine höhere Priorität beigemessen wird, je enger der Markt ist.[318] Auch bietet der Vermietermarkt die Möglichkeit höhere Maßstäbe an die Wahl des richtigen Vertragspartners (hinsichtlich der wirtschaftlichen Leistungsfähigkeit und der Zuverlässigkeit) zu stellen.[319] Dies könnte ebenso einen positiven Einfluss auf den Forderungsbestand haben.

Neben der Kooperation zwischen den Vertragspartnern, wird die Zusammenarbeit mit den unterschiedlichen Dienstleistern als „absolut sinnvoll"[320] erachtet. Die verbesserte Kommunikation und Zusammenarbeit mit externen Stellen wird als Grund für die Senkung der Mietforderungen angeführt.[321] Die im vorliegenden Kontext wesentlichen Dienstleister sind die Transferleistungsträger des Sozialamts und des Jobcenters.

Ein kooperatives Verhältnis setzt die entsprechende Bereitschaft und Handlungsfähigkeit des Vermieters zur Unterstützung des Mieters voraus.[322] Diese Handlungsfähigkeit kann der Vermieter jedoch nur durch entsprechend geschulte Mitarbeiter und eines funktionierenden Verbundes mit den entsprechenden Dienstleistern gewährleisten. Bereits aufgrund der fehlenden rechtlichen Legitimation i.S.v. § 1 ff. RDG darf das Soziale Forderungsmanagement nicht die Aufgaben (z.B. die Beratung gem. § 1 Abs. 3 Nr. 1 SGB II) des Leistungsträgers übernehmen. Darüber hinaus soll dieses ohnehin nicht rechtsberatend, sondern lediglich den richtigen Ansprechpartner vermittelnd (z.B. für die Prüfung eines entsprechenden Unterstützungsantrages) tätig sein.[323]

Diese Form der Kooperation zum Leistungsträger bildet damit ebenso einen Teil des Sozialcharakters dieses Konzeptes.[324]

---

316 Z. 20 ff. Anhang II, Z. 95 ff. Anhang III dieser Ausarbeitung.
317 Z. 40 ff. Anhang IV dieser Ausarbeitung.
318 Z. 43 ff. Anhang IV dieser Ausarbeitung.
319 Z. 42 ff. Anhang IV dieser Ausarbeitung.
320 Z. 109 ff. Anhang I dieser Ausarbeitung.
321 Z. 143 ff. Anhang IV dieser Ausarbeitung; dpa, Aufmerksame Vermieter sorgen für Mietschulden-Rückgang.
322 Z. 77 ff., Z. 177 ff. Anhang I dieser Ausarbeitung.
323 Z. 88 ff. Anhang I dieser Ausarbeitung.
324 Z. 135 ff. Anhang II dieser Ausarbeitung.

Weiterhin wird eine bessere Schulung der Leistungssachbearbeiter des Jobcenters als Begründung für die Senkung der Mietforderungen herangezogen.[325] Der jeweilige Wirkungsgrad wird wiederum vom prozentualen Anteil der leistungsabhängigen Mieter bestimmt.

Restriktiv, und der Kooperation entgegenstehend, wirken vor allem grundsätzliche Kontaktbeschränkungen. Dies könnte beispielsweise dann der Fall sein, wenn ein Leistungssachbearbeiter des Jobcenters telefonisch nicht erreichbar ist.

Bestehen Kooperationsbarrieren, so sind diese abzubauen. Diesbezüglich wird hier die Kooperation nicht auf der Ebene der Sachbearbeiter beschränkt, sondern einbezogen wird auch die Kooperation zwischen den Führungskräften.[326] Idealerweise existiert eine Person, die diese Kommunikation (unabhängig von der Ebene) koordiniert.

Inhaltlich steht im Rahmen der Kooperation mit den Leistungsträgern der datenschutzkonforme Informationsaustausch[327] im Vordergrund. Es wird von der Erarbeitung pragmatischer Ansätze und Lösungen gesprochen.[328]

Im Fokus steht demnach eine beiderseitig gewinnbringende und nachhaltige Kooperation. Die Kooperationsintensität zwischen Vermieter und Leistungsträger wird als „zunehmend"[329] bezeichnet.

Damit ist auch die Kooperation in dieser Form wichtig für ein effektiv funktionierendes Forderungsmanagement.[330]

3. *Einzelfallgerechtigkeit und Rechtssicherheit*

Insbesondere das kooperative Verhältnis zwischen den Mietvertragspartnern kann durch das Spannungsverhältnis zwischen Rechtssicherheit und Einzelfallgerechtigkeit beeinflusst werden. Diese Beeinflussung kann nämlich zu einer Blockadehaltung oder einem Rückzug des Schuldners und damit zur Eskalation des Zahlungskonfliktes führen, an dessen Ende regelmäßig die Abwicklung des Mietverhältnisses durch eine Zwangsräumung steht.

Abzugrenzen sind daher die konkurrierenden Begriffe der Einzelfallgerechtigkeit und Rechtssicherheit und deren vorliegenden Bedeutungen.

---

325 Z. 58 ff. Anhang I dieser Ausarbeitung.
326 Z. 115 ff. Anhang I dieser Ausarbeitung.
327 3. Teil, L. dieser Ausarbeitung.
328 Z. 115 f. Anhang I dieser Ausarbeitung.
329 Z. 60 f. Anhang I dieser Ausarbeitung.
330 Z. 109 ff., Z. 176 f. Anhang I dieser Ausarbeitung.

Kooperativ wird der Mieter sich regelmäßig nur dann verhalten, wenn er sich fair behandelt fühlt und das Handeln des Vermieters als ein partnerschaftliches, nachvollziehbares, vertrauensvolles und verantwortungsbewusstes bewertet. Eine aus Sicht des Mieters faire Behandlung ist regelmäßig nur dann gegeben, wenn der Vermieter bei seiner Entscheidung den Blick auf die Umstände des Einzelfalls nicht verliert. Entscheidend ist damit ein entsprechendes Maß an Einzelfallgerechtigkeit.

Die permanente Einzelfallbetrachtung und Ursachenforschung führt jedoch regelmäßig zu einer Erhöhung der Transaktionskosten auf Seiten des Vermieters. Dies lähmt das Forderungsmanagement und lässt dieses ineffizient werden. Ebenso für den Vermieter, wie für andere Wirtschaftsakteure, gilt daher der Grundsatz der Minimierung der Transaktionskosten. Transaktionskosten im vorliegenden Sinne können insbesondere Kosten der Informationsgewinnung (z.B. betreffend der Ursachenforschung) sein. Ebenso können Transaktionskosten aus einer rechtlichen Unsicherheit heraus entstehen.

Hier insbesondere unter dem Begriff der Transaktionskosten subsumierbar sind die Kosten der Alternativhandlung. Während sich beispielsweise ein Mitarbeiter mit der Erarbeitung einer dem Einzelfall gerechten Konfliktlösung beschäftigt, könnte er alternativ in der gleichen Zeit andere einfach gelagerte Konflikte (unter Umständen weniger einzelfallgerecht) lösen. Dabei handelt es sich um Verzögerungskosten betreffend den nachrangigen Zahlungskonflikten.

Es besteht somit die Gefahr diese nicht mehr zeit- und interessensgerecht lösen zu können. Eine Schranke der durchgängigen Einzelfallbetrachtung stellt damit unter anderem der erhöhte Personalaufwand dar.

Eine grobe Missachtung des Minimierungsgrundsatzes führt damit zu einem ineffizienten Forderungsmanagement und wirkt sich negativ auf das Betriebsergebnis aus. Auch kann eine derartige Ineffizienz zur Handlungsunfähigkeit des Vermieters führen. Dies ist dann der Fall, wenn das Verhalten des Vermieters im Außenverhältnis als nicht ernsthaft und inkonsequent wahrzunehmen ist. Ein konsequentes und glaubwürdiges Verhalten im Innen- und Außenverhältnis ist somit essentiell.

Die Gewährleistung einer permanenten Ursachenforschung und Einzelfallbetrachtung birgt somit die Gefahr der Ineffizienz bzw. Handlungsunfähigkeit. Auf der anderen Seite ist die Gewährleistung eines gewissen Maßes an Einzelfallgerechtigkeit jedoch auch ein Ausdruck des Sozialcharakters. Es wird angenommen, dass der Vermieter grundsätzlich das Interesse einer dem Einzelfall entsprechenden Konfliktlösung verfolgt. Zur Erfüllung dieses Anspruches erfolgt die bereits zuvor ausgeführte Fokussierung auf die Konfliktlösung. Ist der

Mieter zur Mitwirkung bereit, so wird ein gemeinsamer Lösungsansatz erarbeitet und umgesetzt.

Die Einzelfallbetrachtung sollte weiteren Schranken unterliegen. Durch eine dem Einzelfall gerechte Lösungsfindung darf das Verhalten des Mieters nicht relativiert werden. Vielmehr muss dem Mieter sein Fehlverhalten bewusst werden, damit sich ein Lerneffekt aus dieser Situation einstellen kann. Die Kompromissbereitschaft des Vermieters (z.B. für die Vereinbarung einer Ratenzahlungsvereinbarung) sollte demnach nicht grenzenlos und der Situation entsprechend sein.

Eine angemessene Einzelfallgerechtigkeit ist damit als Ausdruck des Sozialcharakters charakterisierbar.

Für die Begriffsbestimmung der Rechtssicherheit wird wiederum auf die Begrifflichkeiten des Rechtsfriedens, der Rechtsklarheit, der Rechtsdurchsetzbarkeit, der Rechtsstabilität und der Rechtszugänglichkeit Bezug genommen.[331]

Aus Sicht des Mieters beinhaltet die Rechtssicherheit, im Sinne einer Rechtsklarheit, die Prognostizierbarkeit des zu erwartenden (sanktionierenden) Vermieterverhaltens. Diesbezüglich wird die Rechtssicherheit zutreffend als Rechtsfrieden im Sinne einer sicheren und verlässlichen Grundlagen der Lebensführung, insbesondere der Sicherung der Existenz gegen Gewaltausübung (vgl. § 858 Abs. 1 BGB), bezeichnet.[332]

Bezogen auf den frühestmöglichen Kündigungszeitpunkt, ist dem Mieter (unter Umständen ebenso dem Vermieter) als Kündigungsgrundlage ggf. lediglich das Erreichen einer Mietrückstandshöhe von zwei Monatsmieten bekannt. Eine umfassende Rechtsklarheit bzgl. der vorzeitig anwendbaren Rechtsvorschriften ist in diesem Moment regelmäßig nicht gegeben. Die Geltendmachung eines unbekannten, aber rechtmäßigen Kündigungstatbestandes, kann dadurch das Vertrauensverhältnis und das Gefühl der Rechtssicherheit des jeweiligen Mieters belasten und die Absicht einer bloßen Vertragsbeendigungsabsicht des Vermieters vermitteln.

Neben den rechtlichen Aspekten sind damit ebenso psychologische Aspekte entscheidend. Diese Darlegung aus Sicht des Mieters verdeutlicht die Komplexität des Themas der Rechtssicherheit. Für die Schaffung von Rechtssicherheit sollten die Handlungen des Vermieters hier prognostizierbar und nachvollziehbar gestaltet sein.

---

331 Bydlinski, Juristische Methodenlehre und Rechtsbegriff, S. 325 f.; Bydlinski, in: Fundamentale Rechtsgrundsätze, S. 293.

332 Bydlinski, Juristische Methodenlehre und Rechtsbegriff, S. 325 f.

Wird z.B. eine Kündigung ausgesprochen und fühlt sich der Mieter unrechtmäßig behandelt, kann die Situation in einem gemeinsamen Forderungsgespräch erörtert werden. Der Vermieter hat somit die Möglichkeit den Grund der Kündigung ausführlich darzulegen.

Die Effektivität der Kündigung, auch als das wichtigste Instrument zur Vermeidung von Mietausfällen bezeichnet, ist abhängig von der Schnelligkeit und Rechtssicherheit der Feststellung der Tatbestandsvoraussetzungen der maßgeblichen Kündigungsgrundlagen.[333]

Aus rechtlicher Sicht ist damit einzelnachweislich zur Senkung der Transaktionskosten eine maximale Vorherseh- und Durchsetzbarkeit der Rechtslage notwendig.[334] Insbesondere die Vorhersehbarkeit (z.B. richterlicher Entscheidungen)[335] ist eng verbunden mit der Rechtsstabilität und Rechtsklarheit.[336] Diese könnte unter anderem durch Änderungen innerhalb der Rechtsprechung entscheidend beeinflusst werden. Lediglich einzelnachweislich explizit ausgeführt, bedarf es zur Erhöhung der Rechtsklarheit der Beantwortung möglichst weniger beweisintensiven und/oder streitanfälligen Fragen.[337]

Zur Lösung des Spannungsverhältnisses zwischen Einzelfallgerechtigkeit und Rechtssicherheit sind die verfassungsrechtlichen Vorgaben durch den Gesetzgeber zu beachten.[338]

Auf den zu Beginn dieses Kapitel angeführten Begriff der Rechtszugänglichkeit wird hier kein Bezug genommen, da der Zugangswille und die (unter anderem kognitive) Zugangsmöglichkeit des Mieters bei der Zielsetzung einer breiten Wohnraumversorgung nicht als gegeben angenommen werden kann.

Durch eine richtige Balance zwischen Einzelfallgerechtigkeit und (beiderseitiger) Rechtssicherheit, wird das kooperative bis partnerschaftliche Verhältnis zwischen den Vertragsparteien gestärkt. Ein Übermaß der Einzelfallgerechtigkeit mindert hier dagegen die Effizienz.

Das Postulat der Rechtssicherheit steht jedoch in einem unmittelbaren Abhängigkeitsverhältnis zur Rechtsprechung und Gesetzgebung. Für die Schaffung einer derartigen Balance ist eine permanente Ausrichtungskorrektur notwendig.

---

333 Börstinghaus NWB 2018, 2784 (2784).

334 Torggler JB 133, 762 (762); Huster/Rux, in: Epping/Hillgruber, BeckOK, GG, Art. 20 Rn. 182).

335 Torggler JB 133, 762 (763).

336 Schubert, in: MüKo, BGB I, Bd. 2, § 242 Rn. 36; Wenzel NJW 2008, 345 (348 f.).

337 Torggler JB 133, 762 (762).

338 BVerfG NJW 1954, 65 (65); BVerfG NJW 1963, 851 (851); BVerfG NJW 1983, 103 (103).

Empfohlen wird hier zunächst eine einheitliche und durch Kontinuität geprägte Prozessgestaltung. Dies ermöglicht dem Mieter ein Prognostizieren des sanktionierenden Vermieterverhaltens. Der negative Überraschungsmoment, der einerseits das Vertrauensverhältnis belasten und andererseits die Gefahr einer Blockadehaltung begründen könnte, bleibt aus. Eine einheitliche Prozessgestaltung beugt gleichzeitig einer möglichen Ungleichbehandlung innerhalb der Mieterschaft vor. Auch vermittelt dies im Außenverhältnis eine Handlungs- und Durchsetzungsbereitschaft. Durch die an die Kündigung anschließende gemeinsame Erarbeitung einer Konfliktlösung, ist die Einzelfallgerechtigkeit gewährleistet.

Die Rechtssicherheit wird hier insbesondere durch die Klarheit der Anwendbarkeit der verschiedenen Kündigungsgrundlagen bestimmt. Beispielsweise existieren ganz konkrete Regelbeispiele (unter anderem § 543 Abs. 2 S. 1 Nr. 3 lit. a BGB), bei dessen Anwendung ein Höchstmaß an Rechtssicherheit gegeben ist. Die Erreichung dieses Höchstmaßes setzt jedoch voraus, dass der Sachverhalt den exakt typisierten und gesetzlich fixierten Beispielfall abbildet.[339] Im Kontext des Mietzahlungsverzuges wird regelmäßig eines der gesetzlich typisierten Regelungsbeispiele gegeben sein. Es existieren jedoch ebenso Subsumtionen der Kündigung aus wichtigem Grund, welche nicht gesetzlich fixiert und deren Anwendungsvoraussetzungen nicht derart konkretisiert sind, dass eine rechtssichere Anwendung gewährleistet werden kann. Hier insbesondere maßgeblich ist Kündigung aufgrund fortlaufend unpünktlicher Mietzahlung[340]. Unter anderem aus diesem Grund folgt im weiteren Verlauf für diese eine entsprechende Gestaltungsempfehlung für eine ausdrückliche gesetzliche Fixierung.[341]

Einzuwenden ist allerdings nach einem Rechtsexperten, dass jede neue gesetzliche Regelung auch die Gefahr birgt, bei Vorliegen eines atypischen Sachverhaltens durch eine Art Grenzziehung die Rechtssicherheit zu senken.[342] Hinsichtlich des Zahlungsverzuges ist dem zuzustimmen und insbesondere mit Blick auf die Ausführungen der Abgrenzungsschwierigkeiten der Tatbestände gem. § 543 Abs. 2 Nr. 3 lit. a-b BGB[343] belegbar. Bei der Thematik der schleppenden Mietzahlung könnte eine ausdrückliche Fixierung jedoch zumindest die Anwendungssicherheit bereits deshalb erhöhen, weil dieses vertragswidrige

339 Z. 218 ff. Anhang VI dieser Ausarbeitung.
340 3. Teil, F., I., 1., a) dieser Ausarbeitung.
341 3. Teil, F., I., 1., a), bb) dieser Ausarbeitung.
342 Z. 218 ff. Anhang VI dieser Ausarbeitung.
343 3. Teil, F., I., 2., d) dieser Ausarbeitung.

Verhalten bisher keine ausdrückliche gesetzestextliche Berücksichtigung findet. Dies ist insbesondere deshalb nicht befriedigend, da es sich um eine in der Forderungspraxis relevante Thematik handelt und eine rechtssichere Anwendung derzeit nicht möglich ist.[344] Demnach wird der vorgenannten Ansicht hier lediglich bedingt gefolgt.

Letztlich bedarf es einer breiten und sicheren Basis an klaren, anwendbaren und notfalls durchsetzbaren Rechtvorschriften. Davon abgesehen sind durch den Vermieter lediglich die Prozessgestaltung und damit die Anwendung der verschiedenen Tatbestände beeinflussbar. Dem gegenüber steht das Gesetz bzw. der Richter, der dem Anspruch einer möglichst hohen Einzelfallgerechtigkeit gerecht werden muss. Im Ergebnis wird der Balanceakt zwischen Einzelfallgerechtigkeit und Rechtssicherheit durch externe Faktoren wie der Gesetzgebung/ Rechtsprechung maßgeblich beeinflusst. Vorliegend hängt die Effizienz somit mittelbar von einer konsequenten und klaren Gesetzgebung/ Rechtsprechung ab. Die Rechtssicherheit steigert die Vertragstreue und die Durchsetzbarkeit des Rechts. Metaphorisch ausgedrückt „steigt die Vertragstreue dampfmaschinenartig mit dem Druck“[345].

G. Konkurrenz der Gläubiger

Branchenunabhängig besteht im Bereich des Forderungsmanagements eine Konkurrenzsituation zwischen den Gläubigern und mithin damit auch zwischen den verschiedenen Forderungsmanagementsystemen.[346]

Einige Jahrzehnte zurück war die Bezahlung der Wohnraummiete die erste Ausgabe nach Empfang der Lohntüte.[347]

Die Mietzahlung steht heute in einer konkurrierenden Position. Eine Selbstverständlichkeit der Priorisierung ist damit nicht zu bestätigen.

Demnach ist heute vereinzelnd auch von einem Entscheidungsdilemma die Rede.[348] Dies begründet die Annahme, dass ein Schuldner nicht einem sondern zeitgleich mehreren Gläubigern gegenübersteht und diese zeitgleich bedienen muss.[349]

344 3. Teil, F., I., 1., a), aa) dieser Ausarbeitung.
345 Torggler JB 133, 762 (764).
346 Z. 150 ff. Anhang I dieser Ausarbeitung.
347 Z. 259 ff. Anhang VI dieser Ausarbeitung.
348 Z. 322 Anhang I dieser Ausarbeitung.
349 Z. 127 ff. Anhang III dieser Ausarbeitung.

Rund 72,00 % der überschuldeten Personen stehen demnach 2-19 verschiedenen Gläubigern gegenüber.[350] Sinnbildlich sitzen die Schuldner vor einem großen Briefstapel.[351] Die Schuldenhöhe überschuldeter Privatpersonen beziffert sich auf durchschnittlich ca. 31.000 Euro pro Schuldner.[352]

Eine ausreichende Masse zur zeitgleichen Begleichung aller Schulden ist regelmäßig nicht vorhanden, sodass seitens des Gläubigers mit einem verzögerten Zahlungseingang bis hin zu einem vollständigen Ausfall der Forderung zu rechnen ist.

Für den jeweiligen Gläubiger ist es im Entstehungsmoment der Konkurrenzsituation daher entscheidend, dass der Schuldner sich zur bevorzugten Begleichung seiner Forderungen entschließt. Um diese Bevorzugung zu erzielen, setzen die Gläubiger auf verschiedene Forderungsmanagementsysteme mit unterschiedlichen Kontaktansätzen. Diese Konkurrenzsituation lässt die Kontakthäufigkeit mit dem Schuldner steigen[353], ein Entscheidungsdilemma und damit eine Drucksituation für den Schuldner entstehen.[354] In dieser Situation fällt dem Schuldner die Priorisierung des Schuldenabbaus regelmäßig schwer. Eine solche Handlungsstörung kann unter Umständen krankhaft und damit auf den psychologisch bedingten Erklärungsansatz der Prokrastination[355] zurückzuführen sein.

Es besteht die Gefahr, dass der Mieter sich dem aus seiner Sicht am dringendsten zu lösenden Problem hingibt, ohne die Wertung der verschiedenen Konsequenzen einzubeziehen.[356] In der Folge nutzt der Mieter seine lediglich begrenzt zur Verfügung stehenden Mittel zum Abbau von Schulden, dessen Negativfolgen ihn weniger belastet hätten.

Zielsetzung ist demnach hier die Durchsetzung gegenüber den Forderungsmanagementsystemen konkurrierender Gläubiger. In diesem Zusammenhang wird von Interviewpartner auch von einem Verdrängungsmechanismus gesprochen.[357]

Neben den Mietschulden entstehen häufig Schulden bei Kreditinstituten. Der Mietschuldenanteil, gemessen an den Gesamtschulden, ist relativ gering.

---

350 Statistisches Bundesamt, in: Statistik zur Überschuldung privater Personen 2016, S. 10.
351 Z. 72 f. Anhang VI dieser Ausarbeitung.
352 Statistisches Bundesamt, in: Statistik zur Überschuldung privater Personen 2016, S. 5.
353 Z. 153 ff. Anhang I dieser Ausarbeitung.
354 Z. 149 ff. Anhang I dieser Ausarbeitung.
355 3. Teil, Q. dieser Ausarbeitung.
356 Z. 255 ff., Z. 308 ff. Anhang I dieser Ausarbeitung.
357 Z. 130 Anhang III dieser Ausarbeitung.

Insgesamt beziffert sich der Anteil der Schulden bei Kreditinstituten auf mehr als 50 % der Gesamtschulden.[358]

Mit Blick auf ein mittelständisches Wohnungsunternehmen liegt eine Herausforderung in der Stärke der konkurrierenden Forderungsmanagementsysteme. Angenommen wird hier, dass das Soziale Forderungsmanagement einem bereits professionalisierten Forderungsmanagement gegenübersteht.[359]

Um sich innerhalb dieser Konkurrenzsituation durchzusetzen, wird hier durch einen Experten zustimmend empfohlen, die Wichtigkeit des Abbaus der Mietschulden zu Erhaltung des Wohnraumes verstärkt herauszustellen.[360] Dem Schuldner muss dabei bewusst werden, dass ohne die Tilgung der Schulden unmittelbar die Obdachlosigkeit droht.

Dabei geht es nicht um eine Art Einschüchterung des Schuldners, sondern um das Aufzeigen der drohenden negativen Konsequenzen, sofern es zu keiner Kooperation mit dem Vermieter kommt. Dem Schuldner muss der kausale Zusammenhang zwischen dem Mietschuldenabbau und der Wohnraumerhaltung bewusst werden.

Die Konsequenz des drohenden Wohnungsverlustes ist damit der entscheidende Vorteil gegenüber den konkurrierenden Gläubigern. Keinem der anderen Gläubiger steht das Rechtsmittel der Zwangsräumung der Wohnung gem. § 885 ZPO (restriktive § 885a ZPO) zur Verfügung.

Abstrakter ausgedrückt ist der entscheidende Vorteil damit der Wohnraum als Vertragsgegenstand und die damit verbundene Gebrauchsüberlassung i.S.v. § 535 Abs. 1 S. 1 BGB.Sofern mit dem Mieter eine kooperative Zusammenarbeit erreicht worden ist, ist hier die weitere Kernaufgabe die Erarbeitung der auf den Einzelfall zugeschnittenen Individuallösung zum Abbau der Mietschulden. Ohne eine derartige individuelle Beratung, wie es z.B. bei der Anwendung von repressiven oder einengenden Modellen der Fall ist, ist die Nutzung von zusätzlichen Einnahmequelle (beispielsweise die Schuldenübernahme durch das Jobcenter)[361] ggf. nicht möglich.[362]

Forderungsmanagementsysteme konkurrierender Gläubiger arbeiten regelmäßig nach festgelegten Abläufen. Diese beinhalten fixierte Mahnstufen mit standardisierten Anschreiben, ein anknüpfendes Zwangsvollstreckungsverfahren

---

358 Statistisches Bundesamt, in: Statistik zur Überschuldung privater Personen 2016, S. 12.
359 Z. 152 ff. Anhang I dieser Ausarbeitung.
360 Z. 81 ff. Anhang I dieser Ausarbeitung.
361 3. Teil, K., VII. dieser Ausarbeitung.
362 Z. 549 ff. Anhang III dieser Ausarbeitung.

und möglicherweise daneben noch ein telefonisches Forderungsmanagement. Letztlich besteht die Kundenansprache regelmäßig überwiegend aus schriftlich standardisierten Anschreiben.

Die Möglichkeiten im Sinne der Schuldnerkommunikation sind für den Vermieter dagegen vielseitiger und individualisierbarer. Weiterhin entscheidend ist die Möglichkeit der frühzeitigen Kundenansprache.[363] Der Vermieter hat damit weitere und persönlichere Ansprachemöglichkeiten.

363 Z. 464 ff. Anhang II dieser Ausarbeitung.

3. Teil: Forderungsmanagementprozess

Die Zielsetzung der konzeptionellen Gestaltung umfasst insbesondere die Vereinheitlichung des Forderungsprozesses als eine Art grundfestes, lehrbares und kommunizierbares Schema. Zur Orientierung folgen eine umrissartige Prozessdarstellung und ein punktueller Ausblick für die folgenden thematischen Schwerpunkte.

Es handelt sich um einen stufenartig verlaufenden Prozess. Permanente Zielsetzung ist eine fortlaufende Profilschärfung der verschiedenen Prozessschritte.[364] Zur Gewährleistung der Handlungsfähigkeit ist der Forderungsprozess fortlaufend an die rechtlichen Rahmenbedingungen anzupassen. Es soll eine kontinuierliche Durchführbarkeit sichergestellt werden kann. Bereits diese Kontinuität ist erfolgsrelevant.[365]

Grundlegend für die Zielerreichung eines kooperativen Verhältnisses ist die frühzeitige und nachdrückliche Kontaktaufnahme mit dem Schuldner.[366] Kommt es im Forderungsprozess zu keiner Lösungsfindung, so steigt im zeitlichen Verlauf das Eskalationsniveau von der Mahnung bis hin zur Zwangsräumung systematisch an.[367]

Eine typische und wesentliche Eskalationsstufe des Sozialen Forderungsmanagements ist der frühestmögliche Kündigungszeitpunkt[368]. Zu jedem Zeitpunkt innerhalb des Forderungsprozesses steht der Erhalt des Wohnraumes im Vordergrund und es gilt den Mietschuldenanstieg zu begrenzen.[369] Grundsätzlich vorrangig ist die außergerichtliche Forderungsbeitreibung.[370]

Das nachdrucksvolle Einwirken auf den Mieter soll diesen nicht zur Wohnungslosigkeit drängen, sondern unterstützend die Wichtigkeit der vertragsgemäßen Mietzahlung verdeutlichen.

Der Prozessablauf ist auf die Unternehmensstruktur anzupassen und ggf. in einem Prozess- bzw. Organisationshandbuch abzubilden.

---

364 Z. 288 f. Anhang IV dieser Ausarbeitung; Z. 233 f. Anhang VI dieser Ausarbeitung.

365 Z. 51 ff. Anhang III dieser Ausarbeitung.

366 Z. 214 f. Anhang IV dieser Ausarbeitung.

367 4. Teil, B. dieser Ausarbeitung.

368 3. Teil, F. dieser Ausarbeitung.

369 Z. 215 f. Anhang IV dieser Ausarbeitung.

370 2. Teil, E. dieser Ausarbeitung.

Weiterhin sollen diese festen Arbeitsabläufe und Strukturen den Mitarbeitern als „Leitplanken" für ihr tägliches unternehmerisches Handeln dienen.[371] Damit soll gewährleistet werden, dass die tägliche Arbeit in einem gesicherten Rahmen zu bewältigen ist.[372] Gewährleistet sein muss jedoch ein dennoch gewisses Maß an Flexibilität um auf die Umstände des Einzelfalls eingehen und die Einzelfallgerechtigkeit wahren zu können.

Die verschiedenen vordefinierten Verfahrensschritte sind in einem mehrstufigen und zunehmend eskalierenden Prozess abgebildet.[373]

Dieser Rahmen ist auf die jeweiligen unternehmerischen Gegebenheiten entsprechend anzupassen.

Zielsetzung ist die Gewährleistung einer möglichst kurzen Reaktionszeit des Forderungsmanagements. Es gilt die Straffung des Forderungsprozesses. Parallel wird permanent versucht den Kontakt zum Schuldner nachhaltig herzustellen, um durch eine gemeinsam zu erarbeitende Konfliktlösung den Erhalt des Wohnraumes realisieren zu können.

Die innerhalb des Forderungsmanagements zur Verfügung stehende Zeit ist in der Regel für jeden Einzelfall sehr begrenzt. Diese gilt es zielgerichtet für die Bearbeitung einzusetzen. Hier wird eine fallgruppenbezogene Priorisierung empfohlen. Es ist zu definieren, welche Fallgruppen vorrangig bearbeitet werden.

Grundsätzlich gilt hier, dass auf jüngst entstandenen Mietforderungen priorisiert zu reagieren ist. Innerhalb dieser sind wiederum jene bevorzugt zu betrachten, die bereits einen Tatbestand der fristlosen Kündigung begründen. Dieser Fallgruppe ist hier im Sinne des frühestmöglichen Kündigungszeitpunktes die oberste Priorität zuzuordnen. Danach folgen jüngst entstandene Mietforderungen, die jedoch noch keine fristlose Kündigung begründen. Die dritte Fallgruppe beinhaltet die als Dauerschuldner charakterisierbaren Mietvertragspartner. Dabei handelt es sich um Schuldner, deren Zahlungsverhalten regelmäßig vertragswidrig ist.

Neben diesen drei Fallgruppen sollte es eine Fallgruppe der einzelfallabhängigen Priorisierung geben. Diese beinhaltet nicht eindeutig charakterisierbare Einzelfälle, deren Priorisierungsgrad abhängig vom derzeitigen Stand innerhalb des Forderungsprozesses ist. Dies umfasst beispielsweise die Betrachtung eines Forderungssachverhaltes mit einem Vertragspartner, der einen Antrag auf Eröffnung des Insolvenzverfahrens gestellt hat. Zusammengefasst wird hier

---

371 Z. 192 f. Anhang IV dieser Ausarbeitung.

372 Z. 193 ff. Anhang IV dieser Ausarbeitung.

373 4. Teil, B. dieser Ausarbeitung.

vorgeschlagen die Priorisierung anhand von Fallgruppen mit Kündigungsrelevanz, ohne Kündigungsrelevanz, der Dauerschuldner und der einzelfallabhängigen Priorisierung vorzunehmen.

A. Wahl des geeigneten Geschäftspartners

Inhaltlich zunächst betrachtet, und dem Kern des eigentlichen Managementkonzeptes vorgeschaltet, wird die Wahl des Geschäftspartners.

Der Geschäftspartner wird in dieser Phase des Vermietungsprozesses als Mietinteressent bezeichnet. Mietinteressent ist einzelnachweislich, wer sich ernsthaft für den Abschluss eines Mietvertrages interessiert und vom Vermieter ernsthaft als Mieter in Erwägung gezogen wird.[374]

Die derzeit überwiegend positive Vermietungssituation täuscht über strukturelle Mängel[375] bzw. unter Umständen die Wichtigkeit der Wahl des geeigneten Geschäftspartners hinweg. Eine hohe Nachfrage erleichtert eine proaktive Vermietung und damit die Wahl des richtigen Kunden. Auf einem Mietermarkt hingegen, hat die Ablehnung eines Kunden oftmals einen Leerstand der Wohnung zur Folge. Die Wahl des richtigen Kunden wird aufgrund dieses Entscheidungsdilemmas erschwert.

Mit der Wahl des Geschäftspartners sollen bereits die Rahmenbedingungen für ein erfolgreiches Forderungsmanagement gesetzt werden. Dieser proaktive Charakter ist zeitgleich ein Abgrenzungsmerkmal gegenüber erst im Zeitpunkt der Entstehung der Mietschuld ansetzenden Managementsystemen.

Einem Interviewpartner nach ist dieser frühe Ansatz unter anderem mit dem Immobilienwert, der dem Kunden zur Verfügung gestellt wird, zu begründen.[376] Es soll dem „Kunden nur das angeboten werden, was er sich auch nachhaltig leisten kann“[377]. Die Miethöhe muss demnach der wirtschaftlichen Leistungsfähigkeit entsprechend angemessen sein.

Eine entsprechende Sensibilisierung des Vertriebes wird bei der Meinerzhagener Baugesellschaft mbH unter anderem als Begründung zur Senkung der Mietforderungen angeführt.[378] Ebenso der GdW verwies bereits auf die

374 Flatow, in: NJW 2008, 2886 (2888).
375 2. Teil, A. dieser Ausarbeitung.
376 Z. 628 ff. Anhang VI dieser Ausarbeitung.
377 Z. 79, 135 ff. Anhang IV dieser Ausarbeitung.
378 Z. 145 ff. Anhang IV dieser Ausarbeitung.

Notwendigkeit der Bonitätsprüfung der Mietinteressenten.[379] Dies diene darüber hinaus dem Schutz des Mieters vor einer Überschuldung.[380]

Der geeignete Geschäftspartner ist aus hiesiger Sicht ein zahlungswilliger und zahlungsfähiger Mieter.[381] Diesbezüglich bedarf es der Auswahl einer den wirtschaftlichen Verhältnissen des zukünftigen Geschäftspartners entsprechenden Wohnung. Im Folgenden wird hier zwischen leistungsunabhängigen und leistungsabhängigen Mietinteressenten unterschieden.

Unter einem leistungsunabhängigen Mietinteressent ist ein potentieller zukünftiger Mieter zu verstehen, der seine Mietzahlung völlig unabhängig von Ansprüchen gegenüber verschiedener Leistungsträger vornehmen kann. Auch hier sollte bereits im Vermietungsprozess auf eine angemessene und der Leistungsfähigkeit des zukünftigen Mieters entsprechende Miete geachtet werden. Die zu leistende Miete muss demnach in einem ausgewogenen Verhältnis zu den regelmäßigen Nettoeinkünften stehen. Als Entscheidungshilfe dient das Verhältnis der Mietausgaben, gemessen an den gesamten monatlichen Konsumausgaben[382].

Insgesamt sollte hier die zu leistende Warmmiete nicht mehr als ein Drittel des dem Mieter monatlich zur Verfügung stehenden Nettohaushaltseinkommens betragen. Wohnkostenbelastung armutsgefährdeter Haushalte ist jedoch bereits von 35,1 % im Jahr 2010 auf 39,4 % im Jahre 2013 gestiegen.[383] Die EU definiert eine Wohnkostenbelastung i.H.v. mehr als 40,00 % als Wohnkostenüberlastung.[384] Wodurch die maximale Wohnkostenbelastung i.H.v. einem Drittel lediglich als Orientierungshilfe dienen und die Vermietungsentscheidung einzelfallabhängig unter Einbeziehung sämtlicher wesentlicher Gesichtspunkte erfolgen soll.[385]

In Abgrenzung zur Leistungsfähigkeit, kann eine Zahlungswilligkeit jedoch lediglich anhand eines historischen Zahlungsverhaltens und der daraus resultierenden zukünftigen Zahlungsprognosen abgeleitet werden.

---

379 GdW, Pressemitteilung Nr. 46/16 v. 03.08.2016, Z. 22 ff.

380 GdW, Pressemitteilung Nr. 46/16 v. 03.08.2016, Z. 26 f.

381 GdW, Pressemitteilung Nr. 46/16 v. 03.08.2016, Z. 24 f.

382 Statistisches Bundesamt, in: Anteil der Mietkosten privater Haushalte in Deutschland an den gesamten monatlichen Konsumausgaben von 2009 bis 2016.

383 BT-Drucks. 18/4897, S. 1.

384 European Commission, “housing cost overburden”.

385 Z. 425 Anhang II dieser Ausarbeitung.

Das historische Zahlungsverhalten kann beispielsweise durch eine Selbstauskunft[386] oder durch eine Abfrage nach § 19 oder § 34 Bundesdatenschutzgesetz (beispielsweise bei der SCHUFA Holding AG) erfolgen.

Im Wege der Selbstauskunft beantwortete Fragen nach den Einkommensverhältnissen und der Bonität müssen wahrheitsgemäß beantwortet werden, um eine Anfechtung des Mietvertrages wegen arglistiger Täuschung auszuschließen.[387]

Mangels Gefährdung der Mietzinsansprüche des neuen Vermieters ist die rund ein Jahr zurückliegende Abgabe der eidesstattlichen Versicherung nicht ungefragt offenbarungspflichtig, ein eröffnetes Insolvenzverfahren oder ein aufgrund der Nichtzahlung der Miete gekündigtes Vormietverhältnis hingegen schon.[388]

Eine durch den Interessenten frei erfundene Bescheinigung des Vorvermieters (z.B. bzgl. der Zuverlässigkeit der Mietzahlungen) stellt eine erhebliche vorvertragliche Pflichtverletzung dar und kann zur sofortigen Beendigung des Mietverhältnisses im Sinne der Unzumutbarkeit der Vertragsfortführung gem. § 543 Abs. 1 S. 2 BGB führen.[389]

Die verschiedenen Auskünfte werden zutreffend als „objektive Entscheidungshilfen“[390] betrachtet. Von einer Ablehnung des Bewerbers nur aus Gründen einer negativen Bonitätsauskunft wird hier bereits mit Hinweis auf den kooperativen Grundgedanken abgeraten, vorausgesetzt wird jedoch, dass der Bewerber sich erklärt und offen mit historischen Zahlungsschwierigkeiten umgeht. Eine ähnliche Empfehlung ist im Anwendungsbereich des § 2 Abs. 2 Wohnraumversorgungsgesetz Berlin gesetzlich fixiert.

Ein leistungsabhängiger Mieter ist dagegen zur Leistung seiner Mietzahlung auf Transferleistungen angewiesen. Diesbezüglich ist die Angemessenheit der Mietzahlung nach den jeweiligen rechtlichen Grundlagen klar definiert und zu beachten.[391] Es wird hier empfohlen einen eventuell bereits bestehenden Leistungsbezug frühzeitig abzufragen.[392]

Im Hinblick auf eine weitreichende Sicherung des Mietverhältnisses wird neben der Vereinbarung der Sicherheitsleistung gem. § 551 BGB, auch auf die

---

386 Z. 628 Anhang VI dieser Ausarbeitung.
387 LG Itzehoe BeckRS 2008, 10660, Rn. 9.
388 LG Bonn BeckRS 2005, 152500, Rn. 4, 5.
389 BGH openJur 2014, 10486, Rn. 23.
390 o.V., Die SCHUFA-Auskunft schafft Vertrauen für Geschäftspartner.
391 3. Teil, K., 3. dieser Ausarbeitung.
392 Flatow/Knickrehm WuM 2018, 465 (477).

Möglichkeit der notariellen Unterwerfungserklärung[393] hingewiesen, weiter ausgeführt wird diese mangels erkennbarer Praxisrelevanz nicht.

Ist die wirtschaftliche Leistungsfähigkeit nicht gesichert, kann zudem das Sicherungsmittel der Mietbürgschaft auf erstes Anfordern angewendet werden. Dabei verpflichtet sich der Bürge, unter einstweiligem Verzicht auf die Einwendungen, auf einfaches Verlangen des Gläubigers zu leisten, um durch diesen Individualvertrag die Sicherstellung der Hauptschuld und damit die Sicherung des Gläubigers vorzunehmen.[394]

Der Abschluss eines Individualvertrages ist für den Vermieter eine Herausforderung. Die Schwierigkeit liegt insbesondere darin, dass es sich bei der Bürgschaft auf erstes Anfordern regelmäßig um ein vorformuliertes Vertragswerk des Vermieters handelt, welches unter Umständen sogar als Voraussetzung für das Zustandekommen eines Mietvertrages anzunehmen ist. Formularvertraglich kann die Übernahme der Bürgschaft auf erstes Anfordern, aufgrund des damit verbundenen erhöhten Risikos, jedoch regelmäßig nur von Banken oder Versicherern abgegeben werden.[395]

Überraschend und unangemessen ist die Bürgschaft auf erstes Anfordern insbesondere im Falle der Übernahme durch AGB durch einen Bürgen außerhalb des vorgenannten typischen Geberkreises.[396] Wird die Bürgschaft durch AGB übernommen, ergibt sich daraus die Unwirksamkeit i.S.v. § 307 Abs. 1 BGB.

Erfolgt die Übernahme individualvertraglich, wird darüber hinaus vorausgesetzt, dass das erweitere (Haftungs-) Risiko klar und unmissverständlich zum Ausdruck kommt.[397]

Fiktiv angenommen es ist ein wirksamer Bürgschaftsvertrag geschlossen, so ist die Haftungshöhe i.S.v. § 551 Abs. 1 BGB auf drei Kaltmieten begrenzt.[398] Werden verschiedene Sicherheiten geleistet, sind diese zusammenzurechnen

393 BGH NJW 2018, 551 (551).

394 Habersack, in: MüKo, BGB II, Bd. 6, § 765 Rn. 98; Stadler, in: Jauernig, BGB, § 765 Rn. 2; Staudinger, in: Schulze/Dörner/Ebert/Hoeren/Kemper, BGB, § 765 Rn. 1.

395 LG Hamburg BeckRS 2001, 15248, Rn. 7; OLG Rostock NJOZ 2016, 1115 (1117 ff.); Fischer NZM 2003, 497 (498).

396 BGH NJW 2002, 3627 (3627); BGH NJW 1998, 2280 (2281); BGH JuS 2001, 813 (814).

397 BGH NJW 1997, 1435 (1435); BGH NJW 1998, 2280 (2281).

398 Blank, in: Schmidt-Futterer, Mietrecht, § 551 Rn. 54; Blank in: Blank/Börstinghaus, Miete, § 551 Rn. 42.

und der überschüssige Betrag kann seitens des Mieters zurückgefordert werden.[399] Die Kautionsregelung bleibt damit lediglich bis zur zulässigen Höhe wirksam.[400]

Eine Ausnahme bildet die Bürgschaft, wenn die Eltern des zukünftigen Vertragspartners diese freiwillig anbieten.[401] Dieser Fall bildet eine Ausnahme von § 551 Abs. 1, 4 BGB und unterliegt somit nicht der wertmäßigen Begrenzung. Es bleibt jedoch die rechtliche Hürde des Freiwilligkeitscharakters. Zum Abschluss eines Bürgschaftsvertrages ist die schriftliche Erteilung der Bürgschaft gem. § 766 S. 1 BGB erforderlich.

Hier bietet sich der Abschluss eines Bürgschaftsvertrages über die Bürgschaft auf erstes Anfordern nur dann an, wenn bereits die Leistungsfähigkeit des zukünftigen Vertragspartners hinsichtlich der Hinterlegung der vollständigen Sicherheit i.S.v. § 551 BGB zweifelhaft ist. Einzelfallabhängig zu prüfen ist jedoch in diesem Fall, ob überhaupt eine wirtschaftlich nachhaltige Vermietung prognostiziert werden kann.

Ergänzend wird angeführt, dass die formularmäßige Vereinbarung einer Lohn- oder Gehaltsabtretung als überraschende Klausel i.S.v. § 305c Abs. 1 BGB zu werten ist und zudem die entscheidende Einschränkung der wirtschaftlichen Bewegungsfreiheit zur unangemessene Benachteiligung des Vertragspartners führt. Die Lohnabtretung stellt damit einen Verstoß gegen § 307 BGB dar und führt somit zur Unwirksamkeit.[402]

Um eine vertragsgemäße Mietzahlung weiter abzusichern, wird vorliegend im Rahmen des Vertragsabschlusses die Einholung der Einwilligung in das SEPA-Lastschriftmandat zur Abbuchung der Miete[403] und bei Transferleistungsempfängern die Einwilligung in die Datenschutzerklärung zur Kooperation mit dem jeweiligen Transferleistungsträger[404], sowie die Absetzung der Mietzahlung nach § 22 Abs. 7 S. 1 SGB II[405] empfohlen.

---

399 AG Köln BeckRS 1992, 06991, Rn. 9 ff.; Blank in: Blank/Börstinghaus, Miete, § 551 Rn. 42.

400 BGH NZM 2004, 613 (613).

401 BGH NJW 1990, 2380 (2380).

402 OLG Hamm BeckRS 1983, 31381256.

403 3. Teil, C. dieser Ausarbeitung.

404 3. Teil, P. dieser Ausarbeitung.

405 3. Teil, K., V. dieser Ausarbeitung.

B. Zusammenführung der Prozess- und Ergebnisverantwortung

Mietforderungen gegenüber solventen Mietern sind unzweifelhaft wertsicherer als gegenüber weniger oder gar insolventen Kunden. Durch die direkte Einflussmöglichkeit auf die Qualität der Forderungen, kommt der Wahl des geeigneten Geschäftspartners eine besondere Bedeutung zu. Damit steht das Forderungsmanagement in einem qualitativen Abhängigkeitsverhältnis zur Vermietung. Regelmäßig liegt die Prozess- und Ergebnisverantwortung dieser beiden Arbeitsgruppen bei verschiedenen Personen.

Gemessen wird der Vermietungserfolg anhand von spezifischen Kennzahlen wie der Vermietungs- oder Leerstandsquote. Die Absicht der Minimierung der Leerstandsquote birgt die Gefahr bei der Wahl des Geschäftspartners die bloße Vermietung in den Vordergrund zu stellen.

Im Vermietungsprozess sollten die wirtschaftliche Angemessenheit der Wohnung und die Kooperationsbereitschaft des zukünftigen Kunden fokussiert werden.

Eine rein leerstandsvermeidende Vermietung steigert andernfalls das Mietausfallrisiko, welches aus einem Interessenskonflikt zwischen den beiden Arbeitsgruppen resultiert.[406] Das Ausmaß dieses Konfliktes ist abhängig von der generellen Vermietungssituation auf dem jeweiligen Wohnungsmarkt.[407]

Ein Mieter kann im Laufe des Mietverhältnisses, z.B. durch Trennung oder Tod eines Partners, wirtschaftlich erheblich belastet werden. Ein Umzug in eine wirtschaftlich angemessene Wohnung kann die notwendige Voraussetzung für einen nachhaltigen Abbau der Mietschulden sein. Dieser Umzug im eigenen Wohnungsbestand erhöht die Fluktuationsquote, lässt die Leerstandsquote stagnieren, mitunter sogar bei ausbleibender direkter Anschlussvermietung kurzfristig ansteigen. Aus Sicht der Vermietung ist ein solcher Umzug im Bestand unattraktiv.

Hier ist neben der proaktiven Vermietung eine Kooperation zwischen diesen beiden Arbeitsgruppen zielführend. Um diese zu ermöglichen wird nicht nur die Übertragung der Prozess- und Ergebnisverantwortung beider Arbeitsgruppen auf eine Person vorgeschlagen, sondern darüber hinaus die Eingliederung beider Arbeitsgruppen in eine übergeordnete Abteilung. Mit Blick auf das Praxisbeispiel der Meinerzhagener Baugesellschaft mbH[408] wird hier die Etablierung

---

406 Z. 269 ff. Anhang VI dieser Ausarbeitung.
407 Z. 514 ff. Anhang III dieser Ausarbeitung.
408 Z. 110 ff. Anhang IV dieser Ausarbeitung.

des Kaufmännischen Immobilienmanagements im Falle eines kleinen bis mittelgroßen Wohnungsunternehmens befürwortet. Neben der Vermeidung eines Interessenskonfliktes dient dies einer besseren Verzahnung der Arbeitsbereiche Vermietung und Mietbuchhaltung.[409] Der Träger dieser Ergebnis- und Prozessverantwortung sollte zugleich die Aufgaben eines Forderungsmanagers erfüllen.

Für diese Person sind neben betriebs- und wohnungswirtschaftlichen Kenntnissen auch vertiefte Rechtskenntnisse von Vorteil.[410]

C. Zahlungsverzug: Fälligkeit und Schadensersatz

Mietschulden entstehen erst mit Eintritt des Zahlungsverzuges. Ein Verzug i.S.v. § 286 BGB setzt eine Nichtleistung, trotz Fälligkeit und Mahnung gem. § 286 Abs. 1 S. 1 BGB, voraus.

Es tritt kein Verzug ein, wenn gem. § 286 Abs. 4 BGB die Leistung wegen eines Umstandes unterbeleibt, den der Schuldner nicht zu vertreten hat. Nach § 276 Abs. 1 S. 1 BGB hat der Schuldner Vorsatz und Fahrlässigkeit, sowie die Übernahme einer Garantie zu vertreten. Mit der Nichtleistung der Miete, verstößt der Mieter gegen die abgegebene Garantie, im Sinne des Grundsatzes „Geld hat man zu haben", zur Einhaltung der Zahlungspflicht. Er muss demnach für seine eigene finanzielle Leistungsunfähigkeit einstehen und die vertragliche Nichterfüllung vertreten.[411]

Ein schuldhaftes, aber damit auch exkulpationsfähiges, Handeln ist lediglich im Rahmen der ordentlichen Kündigung bekannt.[412]

Bei der der Höhe nach vollständigen und fristgerechten Mietzahlung handelt es sich um eine Hauptleistungspflicht des Mieters, dessen Nichteinhaltung die Beziehung und das Grundvertrauen zwischen den Vertragsparteien negativ beeinflusst.[413]

---

409 Z. 268 ff. Anhang VI dieser Ausarbeitung.

410 Z. 435 f. Anhang II dieser Ausarbeitung.

411 BT-Drucks. 14/7052, S. 184; Z. 341 ff. Anhang VI dieser Ausarbeitung; Schulze, in: Schulze/Dörner/Ebert/Hoeren/Kemper, BGB, § 286 Rn. 25.

412 Häublein, in: MüKo, BGB II, Bd. 4, § 573 Rn. 63; Scheuch, in: Schulze/Dörner/Ebert/Hoeren/Kemper, BGB, § 573 Rn. 3; Z. 347 ff. Anhang VI dieser Ausarbeitung; Siehe S. x dieser Ausarbeitung.

413 Eisenschmid, in: Schmidt-Futterer, Mietrecht, § 535 Rn. 633; Scheuch, in: Schulze/Dörner/Ebert/Hoeren/Kemper, BGB, § 535 Rn. 17; Z. 183 ff. Anhang VI dieser Ausarbeitung.

Hinsichtlich der Fälligkeit der Mietzahlung muss zwischen der gesetzlichen Fälligkeitsregel gem. § 556b Abs. 1 BGB und einer in Betracht kommenden individuellen Fälligkeitsregelung differenziert werden. Eine individuelle Abrede ist im Sinne des dispositiven Rechts möglich.[414]

Nach § 556b Abs. 1 BGB hat der Mieter eines Wohnraumes die Miete zu Beginn, jedoch spätestens bis zum dritten Werktag der einzelnen Zeitabschnitte zu entrichten.

Für Mietverträge mit Fälligkeit vor dem 31.08.2001 gilt § 551 Abs. 1 S. 2 BGB a.F. (Art. 229 § 3 Abs. 1 Nr. 7 EGBGB). Demnach ist die Miete zum Ende des Monats zu zahlen. Von dieser Regelung wurde regelmäßig mit einer Vorfälligkeitsklausel abgewichen.[415]

Zur Zahlung der Miete steht dem Mieter gem. § 556b Abs. 1 BGB eine sog. Karenzzeit von drei Werktagen zu. Hintergrund der Einführung der Regelung war die Verlegung des Fälligkeitszeitpunktes der regelmäßigen Mietzahlung auf den Beginn eines Monats. Bereits vor Einführung dieser Regelung entsprach es der gängigen Praxis, dass sich der Mieter vertraglich zur Vorleistung verpflichtete.[416]

Hintergrund der derzeit geltenden Regelung war die bereits gem. § 551 Abs. 1 BGB a.F. geltende Vorleistungspflicht des Mieters. Nach dieser durfte der Mieter die Miete bis zum dritten Werktag eines jeden Zeitabschnitts bzw. Monats entrichten.[417] Mit dieser „Schonfrist“[418] wurde dem Mieterschutz Rechnung getragen.

Der BGH hat bereits berücksichtigt, dass die heutigen Mietzahlungen regelmäßig mittels Banküberweisungen getätigt werden.[419] Im Zeitpunkt der Einführung der Regelung des § 556b BGB galten als Bankgeschäftstage lediglich die Wochentage Montag bis Freitag. Für die Ausführung einer Banküberweisung war jedoch ein Bankgeschäftstag notwendig. Dies berücksichtigte auch der BGH und stellte folgerichtig fest, dass der Gesetzgeber damit den Samstag nicht als

---

414 BT-Drucks. 14/4553, S. 52; BGH NJW 2016, 3231 (3232); Häublein, in: MüKo, BGB II, Bd. 4, § 556b Rn. 155.

415 Börstinghaus NWB 2018, 2784 (2788); Lehmann-Richter, in: Schmidt-Futterer, Mietrecht, § 556b Rn. 18; Wiederhold, in: Bamberger/Roth/Hau/Poseck, BeckOK BGB, § 556b Rn. 17.

416 BT-Drucks. 14/4553, S. 52.

417 BT-Drucks. 14/4553, S. 52; BGH WuM 2010, 495 (499 f.).

418 BGH WuM 2010, 495 (500); Blank, in: Schmidt-Futterer, Mietrecht, § 569 Rn. 37; Theesfeld, in: Schach/Schultz/Schüller, BeckOK, Mietrecht, § 569 Rn. 75.

419 BGH WuM 2010, 495 (500).

Werktag im Sinne der Karenzzeit angesehen hat[420]. Die Annahme des Samstages als Werktag, würde demnach eine Verkürzung der Karenzzeit bedeuten. Wie bereits zuvor ausgeführt, soll diese Regelung den Schutz des Mieters als Gegengewicht seiner Vorleistungspflicht erhöhen. Dies wäre damit ein Verstoß gegen den Schutzzweck der Norm.[421]

Das Gegenargument des üblichen Sprachgebrauches[422], welches auch den Samstag als Werktag ansieht, erscheint an dieser Stelle nicht gewichtiger als der Mieterschutz. Zudem erleidet der Vermieter gerade in Zeiten eines Niedrigzinsniveaues keinen gewichtigen Schaden durch einen ein bis zweitägig versetzten Zahlungseingang.

Die vorgenannte Entscheidung dient der Abgrenzung zu einer älteren Entscheidung des BGH. Damals entschied dieser, dass der Samstag grundsätzlich zur Karenzzeit gehöre, es sei denn es handle sich um den letzten Tag der dreitägigen Karenzzeit.[423]

Dies ist jedoch nach der angeführten Rechtsprechung für den Zahlungseingang unerheblich. Hinsichtlich des Zahlungsverkehres ist demnach der Samstag nicht als Werktag im Sinne der Karenzzeit des § 556b Abs. 1 BGB anzusehen. Liegt am Ende der Karenzzeit also ein Samstag, so setzt die Karenzzeit mit Ablauf des Freitags zuvor aus und wird mit Beginn des Montages fortgesetzt.

Bei der Rechtsnatur des § 556b Abs. 1 BGB handelt es sich nach herrschender Meinung um eine Fälligkeitsregelung.[424] Würde es sich dagegen um eine Karenzregelung (diese Ansicht vertrat beispielsweise das LG München I[425]) handeln, wird ganz vereinzelnd ausgeführt, dass die Miete bereits zu Beginn des Zeitabschnittes fällig ist und der Mieter jedoch erst am dritten Werktag in Verzug kommt.[426] Der Blick auf die amtliche Bezeichnung der Normierung („Fälligkeit der Miete, Aufrechnungs- und Zurückbehaltungsrecht"), bestätigt diese Auffassung.

---

420 BGH WuM 2010, 495 (500).

421 BGH WuM 2010, 495 (500).

422 Weidenkaff, in: Palandt, § 556b Rn. 4; Blank, in: Blank/Börstinghaus, Miete, § 556b Rn. 5; Weitemeyer, in: Staudinger, BGB, § 556b Rn. 14.

423 BGH WuM 2005, 465 (466 f.).

424 BGH WuM 2010, 353 (354); Langenberg, in: Schmidt-Futterer, Mietrecht, § 556b Rn. 4; Weitemeyer, in: Staudinger, BGB, § 556b Rn. 15; Artz, in: MüKo, BGB II, Bd. 4, § 556b Rn. 6.

425 LG München I WuM 1995, 103 (103).

426 Blank, in: Blank/Börstinghaus, Miete, § 556b Rn. 4.

Fraglich ist, was exakt unter dem Wortlaut „bis zum dritten Werktag“ zu verstehen ist. Mit Blick auf die zuvor ausgeführte Historie und der damit eingeführten dreitägigen Karenzzeit, fällt der Fälligkeitszeitpunkt auf den dritten Werktag des einzelnen Zeitabschnittes. Demnach kommt der Mieter bei Nichtleistung der Miete mit Ablauf des dritten Werktages eines jeden Monats in Verzug, da hier die wohl praxisrelevanteste Form der Fälligkeit der Miete im Sinne der Deckungsgleichheit zwischen einem Miet- und einem Kalendermonat angenommen wird.

Eine Abweichung zwischen dem Kalender- und Mietmonat, jedoch mit der Abrede, dass die Miete zum dritten Werktag eines jeden Kalendermonats fällig ist, muss zwischen den Parteien ausdrücklich vereinbart werden.[427]

Bei Mietschulden handelt es sich regelmäßig um Geldschulden, welche wiederum als Schickschulden gem. §§ 269, 270 BGB charakterisierbar sind. Im Sinne einer qualifizierten Schickschuld trägt der Mieter das Verlustrisiko des Geldes bei einem Überweisungsgeschäft.[428] Davon abzugrenzen ist jedoch die Gefahr der Verzögerung.

Klärungswürdig ist in diesem Zusammenhang die Wahl der Zahlungsart und dessen Auswirkung auf eine vertragsgemäße Zahlung gem. § 556b Abs. 1 BGB.

Häufig ist im Rahmen des Mietvertrages eine sog. Rechtzeitigkeitsklausel vereinbart.[429] Nach dieser kommt es für die Rechtzeitigkeit der Mietzahlung nicht auf die Absendung, sondern auf den Eingang des Geldes beim Vermieter an. Konkret bedeutet dies, dass der Mieter die Überweisung so vornehmen soll, dass die Gutschrift auf dem Konto des Vermieters bis spätestens zum Ablauf des dritten Werktages erfolgt ist. Nach der bisherigen Rechtsprechung war diese Vereinbarung rechtskonform, solang es sich um Kaufleute handelt und diese sich auf den regelmäßigen Mietzins beschränkt.[430]

Vorbehaltlich der nachfolgend dargestellten BGH-Leitsätze existieren Urteile, die der Rechtzeitigkeitsklausel Rechtskonformität[431] bescheinigen. Aber

---

427 Weitemeyer, in: Staudinger, BGB, § 556b Rn. 13; Artz, in: MüKo, BGB II, Bd. 4, § 556b Rn. 5, 15; Lehmann-Richter, in: Schmidt-Futterer, Mietrecht, § 556b Rn. 16 f.

428 Börstinghaus NWB 2018, 2784 (2787); Bruns, in: Schach/Schultz/Schüller, BeckOK, Mietrecht, § 556b Rn. 14, 29; Wiederhold, in: Bamberger/Roth/Hau/Poseck, BeckOK, BGB, § 556b Rn. 13; Blank, in: Schmidt-Futterer, Mietrecht, § 556b Rn. 94b.

429 Bruns NJW 2017, 1956 (1600); Bruns, in: Schach/Schultz/Schüller, BeckOK, Mietrecht, § 556b Rn. 30; Lehmann-Richter, in: Schmidt-Futterer, Mietrecht, § 556b Rn. 17.

430 BGH JurionRS 1998, 15717 Rn. 14; Bruns, in: Schach/Schultz/Schüller, BeckOK, Mietrecht, § 556b Rn. 30.

431 unter anderem LG Kleve WuM 1988, 13 (13) und LG Duisburg ZMR 1988, 99 (99).

es existieren in ähnlichem Umfang Urteile, die von einer Unwirksamkeit[432] ausgehen.

Auch ohne die mietvertragliche Vereinbarung einer Rechtzeitigkeitsklausel ist die Frage nach der Rechtzeitigkeit der Mietzahlung zu klären.

Sowohl der Überweisungsverkehr, als auch der Lastschriftverkehr, wird über das Single Euro Payments Area[433]-Verfahren abgewickelt.

Bei SEPA handelt es sich um einen seit dem 01.02.2014 geltenden einheitlichen europäischen Zahlungsstandard.

Grundlage dieses Zahlungsstandards ist die SEPA-Verordnung Nr. 260/2012. Dabei handelt es sich um eine unmittelbar geltende EU-Verordnung. Die AGB der Banken mussten daher der neuen Rechtslage angeglichen werden. Grundlage dieser AGB-Änderung ist § 675g BGB.

Rechtlich wurde die Situation hinsichtlich der Rechtzeitigkeit von Mietzahlungen bis zur BGH-Rechtsprechung im Jahr 2016[434] vereinzelnd als unsicher eingestuft.[435]

Dabei geht um das Verständnis des Zeitpunktes einer pünktlich entrichteten Miete mittels eines Überweisungsauftrages (vgl. § 676a BGB).[436]

Nach der Begründung des Senats, mit Verweis auf die Gesetzesgrundlage[437], hat der Gesetzgeber bei Etablierung der Vorschrift nicht auf den Eingang der Mietzahlung, sondern auf den Zeitpunkt der Entrichtung der Miete bis zum dritten Werktag eines Monats abgestellt.[438]

Danach sei nicht der Eingang der Miete auf dem Konto des Vermieters als maßgeblicher Zeitpunkt für die Rechtzeitigkeit der Mietzahlung relevant, sondern der Zeitpunkt der Entrichtung.[439]

Auch spricht nach Ansicht des BGH der Gesetzeswortlaut des § 556b Abs. 1 BGB nicht dafür, dass die Miete bis zum dritten Werktag eines Monats eingegangen sein muss. Vielmehr muss sie bis zum Ablauf des dritten Werktages entrichtet worden sein.[440] Eine bankinternen Bearbeitungszeit, der

432 unter anderem AG Köln WuM 1990, 77 (77); AG Köln WuM 1991, 345; Sternel, in: Sternel, Mietrecht aktuell, Kap. IV Rn. 404; Weber ZMR 1992, 41 (42).
433 Im Folgenden: SEPA.
434 BGH WuM 2017, 31 (32).
435 Blank in: Blank/Börstinghaus, Miete, § 556b Rn. 17.
436 BGH WuM 2017, 31 (32).
437 BT-Drucks. 14/4553, S. 52.
438 BGH WuM 2017, 31 (32).
439 BGH WuM 2017, 31 (32).
440 BGH WuM 2017, 31 (32).

sog. Ausführungsfrist gem. § 675s BGB, muss der Mieter demnach nicht einkalkulieren. Die Leistungshandlung definiert sich in diesem Zusammenhang mit der Aufgabe des Überweisungsauftrages.[441] Für eine pünktliche Zahlung muss diese bis zum Ablauf des dritten Werktages vorgenommen worden sein.

Mit Bezug auf die Leistungshandlung wurde die Mietschuld als qualifizierte Schickschuld charakterisiert.[442] Damit ist nicht der Eintritt des Leistungserfolges, sondern der Zeitpunkt der Vornahme der Leistungshandlung entscheidend.[443]

Ergänzend wird angeführt, dass das Konto des Mieters im Zeitpunkt der Überweisungsaufgabe ausreichend gedeckt sein muss.[444] Diese Ergänzung ist sinnvoll und konsequent, da der Mieter nicht schützenswert ist, wenn er die Leistungshandlung mit dem Wissen einer unzureichenden Kontodeckung vornimmt.

Bei Wohnraummietverträgen handelt es sich regelmäßig um vorformulierte Vertragswerke. Diese unterliegen damit der AGB-Kontrolle gem. §§ 307 ff. BGB. Der BGH bewertet mietvertragliche Klauseln, die auf den Zahlungseingang der Miete bis zum Ablauf des dritten Werktages abstellen, als eine unangemessene Benachteiligung des Mieters gem. § 307 Abs. 1 BGB. Diese Klauseln sind demnach unwirksam.[445]

Dies bedeutet, dass der Vermieter zur Prüfung der Rechtzeitigkeit bei einem nicht fristgerechten Zahlungseingang die Ausführungsfrist der Bank einkalkulieren muss.[446] Für den Vermieter tatsächlich prüfbar ist dagegen lediglich der Zahlungseingang auf seinem Konto.[447] Erst bei Feststellung eines nicht fristgerechten Einganges sollte sich hier der Mieter durch Nachweis einer pünktlichen Aufgabe der Überweisung exkulpieren können, da mit Blick auf die Praxis der Banken, damit ein Zahlungseingang am fünften bis sechsten (i.S.v. § 675s Abs. 1 S. 1 BGB) Werktag immer noch pünktlich und rechtzeitig i.S.d § 556b BGB sein kann.

Aus vorliegender Sicht ist dies jedoch kaum relevant, da hier ein Zahlungseingang der ausnahmsweise ganz wenige Tage nach Ablauf der Karenztage eingeht, trotzdem als hinnehmbar und nicht schädigend oder vertragsstörend zu

---

441 BGH WuM 2017, 31 (32).
442 BGH WuM 2017, 31 (31).
443 Langenberg, in: Schmidt-Futterer, Mietrecht, § 556b Rn. 7; Lorenz WuM 2013, 202 (203); Artz, in: MüKo, BGB II, Bd. 4, § 556b Rn. 6.
444 BGH WuM 2017, 31 (32).
445 BGH WuM 2017, 31 (32).
446 Z. 295 ff. Anhang III dieser Ausarbeitung.
447 Z. 299 ff. Anhang III dieser Ausarbeitung.

bewerten ist. Rechtliche Relevanz könnte dies lediglich bei bereits länger anhaltenden Streitfällen haben, in denen die Möglichkeit der Kündigung erörtert werden soll.

Handelt es sich nicht um einen separaten Überweisungsauftrag, sondern um einen Dauerauftrag, so ist die Rechtzeitigkeit der Mietzahlung in Anlehnung an den BGH[448] problemlos, vorausgesetzt das Konto des Mieters verfügt über ausreichend Deckung zur Ausführung des Auftrages und der Auftrag wird bankseitig fristgerecht ausgeführt.

Im Ergebnis führt diese Entscheidung zur Ausweitung des Mieterschutzes und geht zu Lasten des Vermieters.[449] Eine bedeutende kontextbezogene Praxisrelevanz ist hier jedoch nicht ersichtlich.

Regelmäßig schließt sich der Mieter dem SEPA-Lastschriftverfahrens an. Der Mieter erteilt dem Vermieter damit die Berechtigung der Abbuchung der monatlichen Mietforderung. Die Berechtigung wird durch eine Zustimmung gem. Art. 2 Nr. 2 SEPA-Verordnung Nr. 260/2012 erteilt. Diese erfolgt mittels eines Mandates i.S.v. Art. 2 Nr. 21 SEPA-Verordnung Nr. 260/2012. Mit der Erteilung dieses Mandates wird die Bank zur Ausführung der (zukünftigen) Zahlungen ermächtigt.

In Abgrenzung zum bisher bekannten Ermächtigungsverfahren wird zusätzlich die Schuldnerbank zur Ausführung dieser Zahlung ermächtigt. Diese Erklärung wird gegenüber dem Gläubiger abgegeben. Der Gläubiger und seine Bank treten als Erklärungsboten auf. Als Bote leitet der Gläubiger (und seine Bank) damit das erteilte Mandat weiter. Die Bank des Vermieters (Gläubigerbank) leitet dieses Mandat in der rechtlichen Stellung eines Boten an die Bank des Mieters (Schuldnerbank) weiter.[450]

Dabei handelt es sich um ein SEPA-Basislastschriftmandat im B2C-Bereich. Für den SEPA-Lastschriftverkehr existieren einheitliche Sonderbedingungen (sog. Zahlungsbedingungen), die seitens der Banken[451] veröffentlicht werden.

Diese wiederum basieren auf dem SEPA Core Direct Debit Scheme Rulebook des European Payments Council (EPC).

---

448 BGH WuM 2017, 31 (32).

449 Z. 303 ff. Anhang III dieser Ausarbeitung.

450 BGH NJW 2010, 3510 (3512); Obermüller/Kuder ZIP 2010, 349 (351); Hopt, in: Baumbach/Hopt, HGB, Kap. 3, D/36; Blank in: Blank/Börstinghaus, Miete, § 556b Rn. 37.

451 DKB AG, Bedingungen für Zahlungen mittels Lastschrift im SEPA-Basis-Lastschriftverfahren.

Nach § 675x Abs. 4 BGB und Abschnitt B, Punkt 2.5 der Sonderbedingungen für den Lastschriftverkehr kann der Schuldner die autorisierte Zahlung ab dem Zeitpunkt der Belastungsbuchung innerhalb von acht Wochen, ohne Angabe von Gründen, zurückbuchen lassen.

Eine Rückbuchungsmöglichkeit des Mieters im Rahmen der SEPA-Überweisung, nach erfolgreicher Durchführung, existiert nicht. Die Bank ist nicht zur Rückbuchung berechtigt. Auch eine Stornierung des Abbuchungsauftrages ist nicht möglich.[452]

Ein Rückbuchungsantrag nach § 675x BGB fällt nicht in die Insolvenzmasse und ist aus diesem Grund nicht vom Insolvenzverwalter auszuüben. Durch den Insolvenzverwalter ist somit kein Widerruf möglich.[453] Eine unangemessene Benachteiligung der anderen Gläubiger wird nicht gesehen, da das Anfechtungsrecht des Insolvenzverwalters gem. § 129 ff. InsO weiterhin besteht.[454] Erfolgt der Einzug somit im Überlassungszeitraum, so ist weder ein Antrag nach § 675x BGB, noch eine Anfechtung i.S.v. § 129 ff. InsO durch den Insolvenzgläubiger möglich. Das SEPA-Lastschriftverfahren ist damit insolvenzfest.[455] In der Praxis weisen jedoch Konten von insolventen Mietern regelmäßig keine ausreichende Deckung auf, sodass eine Rücklastschrift erfolgt.

Für nicht autorisierte Lastschriften hat der Schuldner (gem. Abschnitt B, Punkt 2.6.5 Abs. 2 der Sonderbedingungen für den Lastschriftverkehr) 13 Monate ab dem Tag der Belastung die Möglichkeit der Rückbuchung.

Auch besteht seitens des Schuldners jederzeit die Möglichkeit dieses erteilte Mandat (gem. Abschnitt B, Punkt 2.2.2 der Sonderbedingungen für den Lastschriftverkehr) zu widerrufen.

Zu beachten ist die sog. Vorabinformation (Pre-Notification). Nach dieser ist der Schuldner 14 Tage vor der Kontobelastung über die anstehende Abbuchung zu informieren. Ziel ist die Möglichkeit des Schuldners für eine ausreichende Kontodeckung zu sorgen, zeitgleich dient dies dem Verbraucherschutz.[456]

Diese Frist kann mittels AGB oder Vertrages zwischen dem Mieter und Vermieter verkürzt werden.[457] Andernfalls gilt die vierzehntägige Maximalfrist[458].

---

452 Blank in: Blank/Börstinghaus, Miete, § 556b Rn. 38; Herresthal, in: MüKo, HGB, Bd. 6, Teil 1, A., II., Rn. 51.

453 Cymutta DWW 2010, 368 (368 f.); Wagner, in: MüKo, BGB II, Bd. 6, § 826 Rn. 88.

454 BGH openJur 2010, 12045, Rn. 26 ff.

455 BGH openJur 2010, 12045, Rn. 23 ff.

456 EPC, in: SDD Rulebook, Rn. 2.14.2.

457 EPC, in: SDD Rulebook, Rn. 2.46.2.

458 BGH NJW 2010, 3510 (3515).

Bei wiederkehrenden Lastschriften genügt eine Vorabinformation. Werden Änderungen (z.B. der Betriebskostenvorauszahlung) vorgenommen, bedarf es einer erneuten Vorabinformation. Diese enthält unter anderem den Abbuchungsbetrag und den Zeitpunkt der Kontobelastung.

Beim Anschluss an das SEPA-Lastschriftverfahren muss der Mieter ausschließlich für eine ausreichende Kontodeckung sorgen. Ist dies gegeben, so kommt der Mieter nicht in Verzug.[459]

Nach dem LG Köln reicht eine formularmäßig vereinbarte eintägige Frist nicht aus. Sie stellt eine unangemessene Benachteiligung dar und führt zur Unwirksamkeit im Sinne der AGB-Inhaltskontrolle.[460]

Angemessen ist eine Vorabinformation, die dem Verbraucher es ermöglicht für eine ausreichende Kontodeckung zu sorgen.[461] Weiterhin rügt das LG Köln die fehlende Regelung über die Art der Informationsweitergabe. Eine Vorabinformation per Post könnte somit möglicherweise erst nach Durchführung der Lastschrift ankommen.[462] Angemessen ist dagegen eine Frist, wenn zwischen dem Zugang der Vorabinformation und der Lastschriftausführung fünf Werktage liegen.[463]

Unter dem darüber hinaus zu berücksichtigendem postalischen Versandes einer Vorabinformation durch den Vermieter, wird eine Unterschreitung von acht Tagen (fünf Werktage gem. des vorgenannten BGH-Urteils + Anlehnung an die Postzustellung im Sinne der Dreitagesfiktion gem. § 41 Abs. 2 VwVfG) hier nicht empfohlen.

Sollte die Lastschrift trotz ausreichender Kontodeckung bankseitig nicht durchgeführt werden, ist der Mieter nach der derzeitigen und zuvor dargestellten Rechtslage durch das Abstellen auf den Leistungszeitpunktes (Mandatserteilung) geschützt.

Nach Abschnitt B, Punkt 2.4.4 Abs. 1 der Sonderbedingungen für den Lastschriftverkehr übernimmt die Bank die Sicherstellung der fristgerechten Zahlung. Damit bietet der Anschluss an das SEPA-Lastschriftverfahren den für den Mieter den höchsten Schutz vor einem Zahlungsverzug.

---

459 OLG Stuttgart openJur 2012, 60510, Rn. 46 ff.; LG Berlin openJur 2012, 7861, Rn. 7; Häublein, in: MüKo, BGB II, Bd. 4, § 556b Rn. 155.

460 LG Köln BeckRS 2016, 133900, Rn. 21.

461 LG Köln BeckRS 2016, 133900, Rn. 25.

462 LG Köln BeckRS 2016, 133900, Rn. 25.

463 BGH NJW 2010, 1275 (1276).

Durch diese Lastschriftabrede zwischen dem Mieter und Vermieter übernimmt der Vermieter die Verpflichtung zur Abbuchung der Miete. Diese Vereinbarung kann grundsätzlich i.S.v. § 675j Abs. 2 BGB i.V.m § 675p Abs. 2 BGB nicht widerrufen werden. Auch bei einem erfolglosen Abbuchungsversuch wird ganz vereinzelnd ausgeführt, dass diese Abrede, zumindest im B2B-Bereich, bestehen bleibt.[464] Der Mieter kommt zwar mit der Mietzahlung in Verzug, die Abrede bleibt jedoch für zukünftige Lastschriften bestehen. Dies ist nur dann nicht der Fall, wenn Anhaltspunkte für fortdauernde Zahlungsschwierigkeiten existieren.[465] In diesem Fall müsste ein Widerruf der Lastschriftabrede im B2B-Bereich durch den Vermieter erfolgen. Dieser ist bereits aus Gründen der Beweisführung schriftlich vorzunehmen. Weiter wird ausgeführt, dass sofern ein solcher Widerruf seitens des Vermieters ausbleibt, der Mieter davon ausgehen kann, dass er weiterhin an dem ursprünglich vereinbarten Lastschriftverfahren teilnimmt.[466]

Nicht eindeutig zu beantworten ist die Frage, ob die Möglichkeit des Widerrufes auch hier im B2C-Bereich möglich ist. Es sind jedoch zumindest keine Argumente ersichtlich, warum ein Verbraucher hier noch schützenswerter als im B2B-Bereich sein sollte. Insbesondere dann nicht, wenn berücksichtigt wird, dass mit jedem erfolglosen Abbuchungsversuch eine Rücklastschriftgebühr, welche zunächst dem Vermieter zu Lasten geht, entsteht und in derer der Vermieter in Folge fortlaufend geschädigt wird.

Ein Widerruf ist auch dann zwingend erforderlich, wenn der Vermieter rückblickend bereits aufgrund von Zahlungsschwierigkeiten das Mietverhältnis gekündigt hat, der Mieter dies jedoch durch die Möglichkeit der Heilung (§ 569 Abs. 3 BGB) aufrechterhalten konnte.[467]

Gem. Abschnitt B, Punkt 2.4.1 Abs. 2 der Sonderbedingungen für den Lastschriftverkehr wird die Kontobelastung nicht durchgeführt, bzw. spätestens am zweiten Bankarbeitstag nach der Vornahme rückgängig gemacht, wenn der Kunde über kein für die Einlösung der Lastschrift ausreichendes Guthaben verfügt. Mit Rücksicht einer durch die Bank trotz fehlender Kontodeckung durchgeführten Belastungsbuchung, ist für den Vermieter eine hohe Erfolgswahrscheinlichkeit der Abbuchung erst nach Ablauf der zwei darauffolgenden Bankarbeitstage gegeben. Erfolgt keine Rückbuchung, kann demnach von einer

464 Blank in: Blank/Börstinghaus, Miete, § 556b Rn. 14.
465 OLG Stuttgart openJur 2012, 60510, Rn. 63 ff.
466 Blank in: Blank/Börstinghaus, Miete, § 556b Rn. 14.
467 LG Berlin openJur 2012, 7861, Rn. 7.

ausreichenden Kontodeckung (gem. Abschnitt B, Punkt 2.4.2 der Sonderbedingungen für den Lastschriftverkehr) ausgegangen werden. Darüber hinaus besteht jedoch die zuvor ausgeführte achtwöchige Rückbuchungsmöglichkeit.

Im Vermietungsprozess ist bei Anwendung des SEPA-Lastschriftverfahrens eine Abrede zwischen dem Vermieter und Mieter zu treffen.

Ohne ein solches Mandat handelt es sich bei einer Abbuchung um eine widerrechtlich erfolgte Belastung des Schuldnerkontos. Daraus resultiert (gem. Abschnitt B, Punkt 2.6.5 Abs. 2 der Sonderbedingungen für den Lastschriftverkehr) die Möglichkeit des Schuldners der Rückbuchung der Forderung binnen 13 Monate.

Das Mandat ist (gem. Abschnitt C, Punkt 2.2.1 der Sonderbedingungen für den Lastschriftverkehr) schriftlich oder in einer mit der Bank vereinbarten Art und Weise zu erteilen. Um das SEPA-Lastschriftverfahren effektiv nutzen zu können, wird hier die zuvor ausgeführte Herabsetzung der vierzehntägigen Ankündigungsfrist empfohlen.

Eine vierzehntägige Ankündigungsfrist wird andernfalls regelmäßig nicht eingehalten werden können. Innerhalb des Lastschriftmandates empfiehlt sich daher die zuvor ausgeführte Verkürzung auf acht Tage.

Nachteilig im Rahmen des SEPA-Lastschriftverfahrens sind die zu verauslagenden, jedoch schadensersatzfähigen Rückläufergebühren i.S.v. § 280 Abs. 1 BGB, die bei erfolglosen Abbuchungsversuchen (meist aufgrund fehlender Kontodeckung) entstehen.[468]

Trotz der Bewertung der Miete als qualifizierte Schickschuld, bieten viele Wohnungsunternehmen weiterhin aktiv die Möglichkeit der Barzahlung. Vorbehaltlich anders lautender Regelungen im Mietvertrag, hat der Mieter die Miete gem. § 270 Abs. 1 BGB im Zweifel auf seine Gefahr und seine Kosten dem Vermieter an dessen Wohnsitz zu übermitteln.[469]

Ein wesentlicher Vorteil der Barzahlung für den Vermieter ist der direkte Kundenkontakt und die daraus resultierende Möglichkeit für das Führen eines Beratungs- bzw. Forderungsgespräches.

Ausschlaggebendes Argument für die zunehmende Abwendung von der Bareinzahlung, ist jedoch der höhere Personaleinsatz.

---

468 BGH NZM 2018, 444 (446); BGH openJur 2011, 37594, Rn. 5; LG Bochum BeckRS 2015, 19997.

469 BGH WuM 2017, 31 (31); Blank, Schmidt-Futterer, Mietrecht, § 543 Rn. 94b; Krüger, in: MüKo, BGB I, Bd. 2, § 270 Rn. 1; Häublein, in: MüKo, BGB II, Bd. 4, § 535 Rn. 155; Grothe, in: Bamberger/Roth/Hau/Poseck, BeckOK, BGB, § 244 Rn. 14.

Aus den vorgenannten Gründen kann dieser Kontaktmoment damit lediglich bei regelmäßig säumigen Kunden hilfreich sein. Für alle anderen stellt dies eine reine Serviceleistung dar.

Zielsetzung des Forderungsgespräches, resultierend aus dem Kontaktmoment der Bareinzahlung, muss die zukünftige vertragsgemäße Mietzahlung sein. Einzelfallabhängig kann die Handlungsempfehlung bereits die Umstellung der Mietzahlung auf eines der SEPA-Modelle sein.

Im Überweisungsverkehr trägt der Mieter zwar die Gefahr des Geldverlustes, allerdings nicht das Verzögerungsrisiko.[470] Mietänderungen, beispielsweise durch Anpassung der Betriebskostenvorauszahlung gem. § 560 Abs. 1 S. 1 BGB, müssen im Überweisungsverkehr eigenständig berücksichtigt werden und birgen das Risiko übersehen/vergessen zu werden. Dies erhöht das Mietausfallrisiko.

Eine Sonderkonstellation bilden die Mieter, deren Arbeitsentgelt zur Mitte eines jeden Monats gezahlt wird. Dies birgt regelmäßig die Herausforderung der pünktlichen Mietzahlung.[471] Hier wird die Nutzung einer Fälligkeitsabrede empfohlen. Damit wird abweichend von der mietvertraglichen Regelung nach § 556b Abs. 1 BGB, die Fälligkeit der Miete für den 15./20. eines jeden Monats, bis auf einseitigen Widerruf durch den Vermieter, vereinbart. Alternativ dazu ist die Einzahlung eines Guthabens zur fristgerechten Zahlung möglich.[472]

Fraglich ist, ob es sich bei der Rückläufergebühr um einen ersatzfähigen Schaden i.S.v. § 249 ff. BGB handelt. Gem. § 280 Abs. 2 BGB ist ein Schadensersatz wegen Verzögerung der Leistung nur unter Erfüllung der zusätzlichen Voraussetzungen des § 286 BGB möglich. Nach § 286 Abs. 1 S. 1 i.V.m. Abs. 2 Nr. 1 BGB kommt der Mieter ohne eine Mahnung in Verzug. Bei der Rückläufergebühr handelt es sich um eine Gebühr, die bei der Rückabwicklung eines erfolglosen SEPA-Lastschriftversuches entsteht. Ursächlich hier ist dafür überwiegend die fehlende Kontodeckung (gem. Abschnitt A, Punkt 2.3.1 der Sonderbedingungen für den Lastschriftverkehr) zur Durchführung der gesamten Lastschrift. Eine Teileinlösung der Lastschrift wird nicht vorgenommen.

Die Tatbestandsvoraussetzung des notwendigen Schuldverhältnisses ist aufgrund des zwischen den Parteien bestehenden Mietverhältnisses zu bejahen. Weiterhin besteht durch den Verzugseintritt eine Pflichtverletzung i.S.v. § 535 Abs. 2 BGB. Die Schadenshöhe bestimmt sich durch die Höhe der

---

470 Börstinghaus NWB 2018, 2784 (2787); Bruns NJW 2017, 1596 (1600); Blank, in: Schmidt-Futterer, Mietrecht, § 543 Rn. 94a.

471 Z. 226 ff. Anhang III dieser Ausarbeitung.

472 a.A. siehe Z. 226 Anhang III dieser Ausarbeitung.

Rückläufergebühr. Unwirksam ist eine in den AGB vereinbarte Pauschale, wenn diese den „nach dem gewöhnlichen Lauf der Dinge zu erwartende Schaden übersteigt“[473].

Im Umkehrschluss ist nur eine Bearbeitungsgebühr entsprechend der vereinbarten Pauschale rechtmäßig. Ersatzfähig ist in jedem Falle der tatsächlich entstandene Schaden in Höhe der Bearbeitungsgebühr. Hat der Mieter diesen Schaden nun auch zu vertreten, so besteht eine Ersatzpflicht. Bei einer fehlenden Kontodeckung ist keine praxisrelevante Exkulpationsmöglichkeit des Mieters ersichtlich.

Sollte das SEPA-Lastschriftverfahren regelmäßig (aufgrund fehlender Kontodeckung) fehlschlagen, so sind die Zahlungsmodalitäten einzelfallabhängig und individuell mit dem Mieter abzustimmen. Andernfalls droht eine sukzessive Erhöhung des Forderungsbestandes.

Der Begriff der Mahnkosten umfasst in diesem Kontext die Kosten für die Er- und Zustellung der verschiedenen Mahnschreiben. Durch § 286 Abs. 2 Nr. 1 BGB sind diese Mahnkosten grundsätzlich obsolet.

Trotz mangelnden rechtlichen Erfordernisses für den Verzugseintritt, wird hier die Nutzung des Mahnverfahrens empfohlen.[474]

Die Mahnschreiben werden unternehmensintern erstellt und versendet. Regelmäßig werden diese Vorgänge (halb-) automatisiert durch ein wohnungswirtschaftliches ERP-System abgewickelt.

Zur Beantwortung der Frage nach der Ersatzfähigkeit dieser Kosten im Sinne eines Verzugsschadens, werden im Folgenden die tatsächlichen Mahnkosten und die Mahnpauschale differenziert.

Mit Verweis auf das Urteil eines Amtsgerichtes, müssen (unter Beachtung der Schadensminderungspflicht nach § 254 BGB) die tatsächlich entstandenen Mahnkosten konkret und nachvollziehbar dargelegt werden.[475] Die Beachtung der Schadensminderungspflicht wird abgelehnt, wenn ein großes Wohnungsunternehmen für die Erstellung der ersten beiden Mahnschreiben einen Rechtsbeistand beauftragt.[476] Personal- oder Verwaltungskosten dürfen nicht umgelegt werden.[477]

---

473 BGH openJur 2011, 37594, Rn. 1.

474 3. Teil, D. dieser Ausarbeitung.

475 AG Brandenburg WuM 2007, 65 (65).

476 AG Hannover WuM 2009, 731 (731-732).

477 OLG München openJur 2011, 70453, Rn. 72.

Ist der Schadensersatz streitig, so ist die Forderungshöhe bei der Schadensermittlung i.S.v. § 287 Abs. 1 S. 1 ZPO maßgeblich.[478]

Dies ist bereits aus Gründen des § 286 Abs. 2 Nr. 1 BGB und der zunehmenden Automatisierung nachvollziehbar. Darüber hinaus wird hier eine pauschale Beauftragung eines Rechtsbeistandes bereits aus Gründen der mangelnden kundenspezifischen Beratung abgelehnt.

Im Gegensatz zu den tatsächlich entstandenen Mahnkosten, bedarf es bei der Geltendmachung der Mahnpauschale keiner exakten Darlegung.

Mit Verweis auf die Schätzungsmöglichkeit gem. § 287 ZPO, sind als Verzugsschaden bisher pauschale Mahnkosten i.H.v. 2,50 Euro pro Mahnschreiben anerkannt.[479] Bei der Berechnung wurde bereits die technische Vereinfachung berücksichtigt.

Diesbezüglich ist eine Regelung bereits im Mietvertrag zu treffen, womit bei Vertragsabschluss auf diese Schadensersatzpflicht hingewiesen wird.

Darüber hinaus ist die Möglichkeit der Geltendmachung eines Verzugsschadens in Form von Verzugszinsen gem. § 288 BGB zu betrachten.

Nach Abs. 1 ist eine Geldschuld während des Verzuges mit einem Jahreszinssatz von fünf Prozentpunkten über dem Basiszinssatz, zu verzinsen. Gem. Abs. 4 ist die Geltendmachung eines weiteren Schadens nicht ausgeschlossen. Dies würde demnach einer parallelen Geltendmachung der Rückläufergebühr bzw. der Mahnkosten nicht widersprechen.

Der Basiszinssatz wird halbjährlich durch die Deutsche Bundesbank festgesetzt und beträgt zur Zeit -0,88 %.[480]

Die Berechnung der Verzugszinsen soll nachfolgend an einem Praxisbeispiel dargelegt werden.

Zwischen dem Vermieter A und dem Mieter B besteht ein wirksamer Wohnraummietvertrag. Die Warmmiete beträgt 500 Euro.

Mieter B gerät mit der Mietzahlung für die Monate Juli und August 2019 in Verzug. Ausgeglichen worden ist der Mietrückstand, i.H.v. 1.000 Euro, am 29.08.2019.

Der Basiszinssatz betrug im betreffenden Zeitraum -0,88 %[481]. Damit beträgt der Jahreszins (5,00 % - 0,88 %) 4,22 % aus der geschuldeten Miete. Dies ergibt einen Jahreszins i.H.v. 42,20 Euro.

---

478 BGH, JurionRS 1999, 16185, Rn. 16 ff.

479 BeckRS 2012, 5350, Rn. II. 4. a); AG Brandenburg WuM 2007, 65 (65); Sternel, in: Sternel, Mietrecht aktuell, Kap. II Rn. 207.

480 Deutsche Bundesbank, Basiszinssatz nach § 247 BGB.

481 Deutsche Bundesbank, Basiszinssatz nach § 247 BGB.

Für die Berechnung des Tageszinses wird der Jahreszins durch 365 Tage (Anzahl der Kalendertage im Jahr 2019) dividiert. Dies ergibt einen Tageszins i.H.v. 0,1156 Euro.

Mieter B war 28 Tage im August 2019 und 29 Tage im September 2019 mit der Mietzahlung in Verzug. Insgesamt ergibt dies 57 Verzugstage. Diese werden mit dem Tageszins multipliziert.

A kann damit Verzugszinsen i.H.v. 6,59 Euro geltend machen.

Je nach Sachverhaltskonstellation kann die Berechnung der Verzugszinsen, selbst unter zur Hilfenahme eines Verzugszinsrechnern, aufwendig und komplex werden.

Eine formularmäßige Regelung, welche dem Mieter pauschalierte Verzugszinsen ab dem Tag der Fälligkeit auferlegt, verstößt gegen § 307 Abs. 2 Nr. 1 BGB und ist demnach unwirksam, da diese Klausel den Vermieter von einer Mahnpflicht für beispielsweise Nachforderungen aus der Betriebskostenabrechnung befreit.[482]

Regelmäßig werden diese Verzugszinsen erst durch einen Rechtsbeistand im Zusammenhang mit weiteren Schritten (beispielsweise bei Antrag auf Erstellung eines Mahnbescheides oder einer Räumungs- und/oder Zahlungsklage) ermittelt. Sofern die Verzugszinsen als Verzugsschadensersatz geltend gemacht werden sollen, erscheint eine Weiterbelastung erst ab dem Zeitpunkt der Beauftragung des Rechtsbeistandes sinnvoll. Dies ist weniger mit der Komplexität der Zinsberechnung, als vielmehr mit dem andernfalls sehr restriktiv erscheinenden Charakter zu begründen. Zielsetzung hier ist die Minimierung des Forderungsbestandes. Die Verzugszinsberechnung in einer derart frühen Eskalationsstufe wie den ersten Mahnläufen, bietet sich demnach nicht an.

Aufgrund von technisch unterstützen Mahnvorgängen kann jedoch die Nutzung der Mahnpauschale sinnvoll sein. Ist diese mietvertraglich geregelt, so spricht ebenso die Rechtssicherheit und Transparenz für deren Nutzung.

Ebenso aus psychologischer Sicht kann diese der Mahnung eine stärkere Gewichtung verleihen. Die Mahnung erscheint nicht mehr als konsequenzlos. Wirksam könnte diese Schadensersatzpflicht jedoch lediglich bei Mietern sein, die vom Grundsatz her ihrer Mietzahlungsverpflichtung nachkommen, jedoch im Zahlungszeitpunkt bereits wenige Tage im Verzug sind bzw. die Zahlung erst nach Erhalt des Mahnschreibens vornehmen.

Die Zielsetzung aus psychologischer Sicht ist demnach der Eintritt eines positiven Lerneffektes. Bei Mietern die hingegen ihrer Zahlungsverpflichtung

---

482 BGH NJW 1998, 991 (992).

lediglich unregelmäßig, unvollständig nachkommen und nahezu permanent über einen Mietrückstand verfügen, wird diese Pauschale lediglich forderungserhöhend wirken und keine Verhaltensänderung herbeiführen können.

Auf die Berechnung von Verzugszinsen wird hier aus Gründen des Aufwandes und deren restriktiven Charakters bis zum Zeitpunkt der Beauftragung eines Rechtsbeistandes verzichtet. Die Geltendmachung der Mahnpauschale wird hier als ausreichend bewertet.

D. Bedeutung des Mahnung

Interessant ist welche Bedeutung dem Mahnschreiben hier zukommt und ob eine Anwendung mit Blick auf § 286 Abs. 2 Nr. 1 BGB überhaupt zielführend ist.

Unter Mahnung wird eine vom Gläubiger an den Schuldner gerichtete Aufforderung die geschuldete Leistung zu erbringen verstanden. Vorausgesetzt wird die Fälligkeit der Leistung.[483]

Ist nach Eintritt der Fälligkeit die Leistung nicht erfüllt, bedarf es gem. § 286 Abs. 1 S. 1 BGB der Mahnung um den Schuldner in Verzug zu setzen. Im Rahmen des Mietvertrages sollte die Fälligkeit der Leistung bestimmt sein. Regelmäßig wird Bezug auf § 556b Abs. 1 BGB genommen. Ist die Fälligkeit nicht bestimmt, tritt an diese Stelle ohnehin die vorgenannte Normierung.

Durch die vertragliche bzw. gesetzliche Fixierung ist die Fälligkeit der regelmäßigen Mietzahlung nach dem Kalender bestimmt, fällt somit in den Ausnahmetatbestand des § 256 Abs. 2 BGB und ist in der Regel nach § 556b Abs. 1 BGB bis zum Ablauf des dritten Werktages zu entrichten.[484]

Im Ergebnis ist die Mahnung entbehrlich und der Mieter befindet sich mit Ablauf des dritten Werktages mit der Zahlung der Miete in Verzug.

Trotz dieser Entbehrlichkeit ist der monatliche Mahnlauf regelmäßig fester Bestandteil des Forderungsmanagement in der Wohnungswirtschaft. Dabei werden die im Rahmen der Sollstellung eingebuchten Forderungen mit den im Haben gebuchten Zahlungseingängen auf den Mieterkonten, mindestens halbautomatisiert, abgeglichen. Wird ein Negativsaldo festgestellt, so wird ein standardisiertes Mahnschreiben erstellt und versendet.

Die Mahnung ist ein schriftlicher Kontakt zwischen den Vertragsparteien.

---

483 BGH JurionRS 1980, 12863, Rn. 12; BGH JurionRS 1988, 13308, Rn. 8 ff.; BGH JurionRS 1992, 14867, Rn. 14.

484 Lehmann-Richter, in: Schmidt-Futterer, Mietrecht, § 556b Rn. 8; Artz, in: MüKo, BGB II, Bd. 4, § 556b Rn. 5 f.; Bruns NJW 2017, 1600 (1600).

Weil tendenziell die Handlungs- und Lösungsalternativen im Zeitverlauf des Forderungsprozesses abnehmen[485], wird hier die Durchführung eines Mahnlaufes zu Beginn eines jeden Monats empfohlen. Dieser frühzeitige Prozessschritt eröffnet die Möglichkeit für den möglichst frühen Beginn einer gewünschten Kooperation zur gemeinsamen Lösung des Zahlungsverzuges.[486] Dieses Vorgehen entspricht den charakteristischen Grundgedanken des vorliegenden Managementkonzeptes, welches andernfalls das Konzept „starr und ineffektiv“[487] werden lässt. Zeitgleich zum ersten Mahnlauf wird hier empfohlen das telefonische Forderungsmanagement durchzuführen. Dies soll ergänzend eingesetzt werden und einen persönlichen und schnellen Kontakt zum Schuldner ermöglichen.

Jeder Mietrückstand wird schriftlich abgemahnt. Mindestens ein weiterer Mahnlauf sollte zur Monatsmitte durchgeführt werden. Dies dient einerseits der Erfolgskontrolle des ersten Mahnlaufes, andererseits bestehen regelmäßig, wie zuvor ausgeführt, Nebenabreden hinsichtlich eines zur Monatsmitte abweichenden Zahlungszieles. Die Durchführung eines zusätzlich dritten Mahnlaufs zum Monatsende hat sich einzelnachweislich in der Praxis nicht bewährt, erfolgreich dagegen war die Reduzierung auf maximal zwei Mahnläufe.[488] Bestehende Mietrückstände werden solang abgemahnt, bis einer der Kündigungstatbestände eröffnet ist.

Herausfordernd ist jedoch, dass der Mahnung regelmäßig weder seitens des Mieters, noch des Leistungsträgers eine entsprechende Ernsthaftigkeit entgegengebracht wird.[489] Die Mahnung fungiert damit im günstigsten Fall als Erinnerungs- und Kontaktfunktion bei der Entstehung von Mietrückständen. Daneben kann der Mahnung im Sinne einer schleppenden Mietzahlung weitere rechtliche Relevanz zukommen. Diese sieht der BGH[490], wenn es um die Frage der Wirksamkeit einer ordentlichen Kündigung gem. § 573 Abs. 1 S. 1, Abs. 2 Nr. 1 BGB ohne vorherige Mahnung geht.

Als Tatbestandsvoraussetzung der außerordentlichen fristlosen Kündigung gem. § 543 Abs. 1 i.V.m. Abs. 3 S. 1 BGB, wird eine erfolglose Mahnung vorausgesetzt. Diese Tatbestandsvoraussetzung für die Wirksamkeit der ordentlichen

485 Z. 74 ff. Anhang I dieser Ausarbeitung.
486 Z. 176 ff. Anhang I dieser Ausarbeitung.
487 Z. 173 ff. Anhang I dieser Ausarbeitung.
488 Z. 137 f. Anhang IV dieser Ausarbeitung.
489 Z. 208 ff. Anhang III dieser Ausarbeitung.
490 BGH JurionRS 2007, 43984, Rn. 7 ff.

Kündigung ist dem Gesetzestext gem. § 573 BGB fremd und weder der Wortlaut der Regelung, noch der Wille des Gesetzgebers oder die Gesetzessystematik lassen Zweifel an der Entbehrlichkeit der Mahnung i.S.v. § 573 Abs. 1 S. 1, Abs. 2 Nr. 1 BGB.[491]

In der Praxis wird die ordentliche Kündigung im Sinne einer hilfsweisen Kündigung im Rahmen der außerordentlichen Kündigung genutzt.[492]

Eine außerordentliche Kündigung setzt gem. § 543 Abs. 3 S. 1 BGB eine erfolglose Mahnung des Mieters durch den Vermieter voraus. Wird angenommen, dass die ordentliche Kündigung hilfsweise neben der außerordentlichen Kündigung ausgesprochen wird, muss bereits eine Mahnung für die Erfüllung der Tatbestandsvoraussetzung der außerordentlich fristlosen Kündigung (i.S.v. § 543 Abs. 3 S. 1 BGB) ausgesprochen worden sein. Eine (weitere) Mahnung führt in diesem Falle zu keinem Mehrwert.

Der Vergleich der beiden Kündigungsgrundlagen zeigt ebenso, dass die Kündigungsmöglichkeit der ordentlichen Kündigung als milderes Mittel anzusehen ist. Auch aus diesem Grund kann von der Entbehrlichkeit der Mahnung im Rahmen des § 573 BGB ausgegangen werden.[493]

Weiterhin steht dem Mieter mit der Kündigungsfrist gem. § 573c Abs. 1 BGB, je nach Dauer des Mietverhältnisses, ein vergleichsweise langer Zeitraum für die Beschaffung einer neuen Wohnung zur Verfügung.[494] Vorgenannte Gründe sprechen für die Entbehrlichkeit der Mahnung i.S.v. § 573 Abs. 1 S. 1, Abs. 2 Nr . 1 BGB.

Im Ergebnis kann der Vermieter ordentlich kündigen, sofern ein berechtigtes Interesse an der Beendigung des Mietverhältnisses vorliegt (§ 573 Abs. 1 S. 1 BGB). Dies ist wiederum insbesondere dann der Fall, wenn der Mieter seine vertraglichen Pflichten schuldhaft nicht unerheblich verletzt hat (§ 573 Abs. 2 Nr. 1 BGB).

Bei der Prüfung der Erheblichkeit der Pflichtverletzung könnte eine zugestellte Mahnung, trotz grundsätzlicher Entbehrlichkeit, dennoch eine praktische Relevanz haben. Der BGH führt dahingehend aus, dass die Missachtung einer Mahnung, der Kündigung das erforderliche Gewicht verleihen kann. Dies stellt einen Aspekt bei der Prüfung der nicht unerheblichen Pflichtverletzung dar.[495]

---

491 BGH JurionRS 2007, 43984, Rn. 11, 23 ff.

492 BGH WuM 2005, 250 (250); BGH JurionRS 2007, 43984, Rn. 27; BGH NJW 2018, 3517 (3517); Blank NZM 2013, 104 (105).

493 BGH JurionRS 2007, 43984, Rn. 27.

494 BGH openJur 2012, 58471, Rn. 23.

495 BGH JurionRS 2007, 43984, Rn. 28.

Die Missachtung der Mahnung ist jedoch lediglich ein Aspekt bei der Beurteilung der Erheblichkeit. Damit bleibt die praktische Relevanz in Bezug auf die ordentliche Kündigung einzelfallabhängig.

Mit dem Ziel der Erstkontaktherstellung und Minimierung der Reaktionszeit auf die Entstehung des Mietrückstandes, wird hier die frühzeitige Nutzung des Mahnwesens empfohlen.

E. Mahnverfahren gem. §§ 688-703d ZPO

Bei Eintritt eines Zahlungsverzuges ist auch die Nutzung des gerichtlichen Mahnverfahrens gem. § 688 ff. ZPO möglich. Dieser Prozessschritt ist zutreffend als gerichtlich vermittelnde Zahlungsaufforderung bezeichnet, da keine gerichtseitige Prüfung i.S.v. § 692 Abs. 1 Nr. 2 ZPO stattfindet.[496]

Die Forderung wird demnach, sofern das Gericht zuständig ist und keine anderen Mängel vorliegen, an den Mieter weitergegeben. Es liegt jedoch keine Pflicht zur Unterlassung der Prüfung vor. Die Bestätigung der fehlenden Schlüssigkeitsprüfung soll vor der Entstehung des Eindruckes schützen, dass das Mahngericht den Anspruch für gerechtfertigt hält.[497]

Diese Zahlungsaufforderung wird hinsichtlich ihrer Rechtsnatur ganz vereinzelnd als auflösend bedingt durch den Widerspruch des Antragsgegners bezeichnet, wobei die Bedingung mit Erlass des Vollstreckungsbescheides entfällt.[498]

Zunächst ist der Antrag auf Erlass eines Mahnbescheides nach den Verfahrensregelungen gem. §§ 688 - 703d ZPO notwendig. Der Mahnantrag ist nach § 690 ZPO zu stellen. Die inhaltlichen Anforderungen richten sich nach § 690 Abs. 1 Nr. 1 – 5 ZPO.

Hervorzuheben ist davon die Pflicht zur Bezeichnung des Anspruches unter Angabe der verlangten Leistung gem. § 690 Abs. 1 Nr. 3 ZPO. Die Hauptleistung ist von der Nebenleistung zu trennen und einzeln anzuführen. Hier bedeutet dies, dass Mietforderungen in die Bestandteile unter anderem der Grundmiete und die Heiz- und Betriebskostenvorauszahlungen aufzuteilen ist und Zahlungsrückstände aus der Betriebskostenabrechnung ebenso separat anzugeben sind.

---

496 Schüler, in: MüKo, ZPO II, Bd. 2, § 692 Rn. 3; ähnlich Voit, in: Musielak/Voit, ZPO, § 692 Rn. 1; Gierl, in: Saenger, ZPO, § 692 Rn. 1.

497 Vollkommer, in: Zöller, ZPO, § 692 Rn. 2; Gierl, in: Saenger, ZPO, § 692 Rn. 5; Dorndörfer, in: Vorwerk/Wolf, ZPO, BeckOK, § 692 Rn. 2; Vollkommer, in: Zöller, ZPO, § 692 Rn. 3.

498 Schüler, in: MüKo, ZPO II, Bd. 2, § 692 Rn. 3.

Sofern keine Zurückweisung des Mahnantrages gem. § 691 ZPO erfolgt, wird der Mahnbescheid gem. § 692 ZPO erlassen.

Beim Mahnbescheid handelt es sich um einen gerichtlichen Beschluss.[499] Eine entsprechende Zustellung des Mahnbescheides, inkl. des Widerspruchshinweises gem. § 694 ZPO, erfolgt nach § 693 ZPO an den Antragsgegner. Mit Zustellung beträgt die Zahlungs- und Widerspruchsfrist gem. § 692 Abs. 1 Nr. 3 ZPO zwei Wochen.

Enthalten ist die Aufforderung zur Bezahlung der Schuld bzw. zur Einlegung eines Widerspruchs (vgl. § 692 Abs. 1 Nr. 3 ZPO).[500] Diese Aufforderung stellt gleichzeitig den wesentliche Sinn und Zweck des Mahnbescheides dar.[501] Der Antragsgegner ist aufgefordert den Mahnbescheid eigenständig zu überprüfen bzw. fachgerecht überprüfen zu lassen.[502]

Bei einem Widerspruch wird die Sache von Amts wegen (gem. § 696 Abs. 1 S. 1 ZPO) an ein anderes Gericht abgegeben. Das nach dem Widerspruch zuständige Gericht ist bereits (gem. § 692 Abs. 1 Nr. 6 ZPO) im Mahnbescheid benannt. Mit Eingang der Akten beim zuständigen Gericht gilt der Rechtsstreit (gem. § 696 Abs. 1 S. 4 ZPO) als dort anhängig. Gem. § 12 Abs. 3 S. 1 GKG soll der Mahnbescheid erst nach Zahlung der dafür vorgesehenen Gebühr erlassen werden. Bei einem Widerspruch wird das streitige Verfahren erst dann abgegeben, wenn die Gebühr für das Verfahren im Allgemeinen (gem. § 12 Abs. 3 S. 3 GKG) gezahlt worden ist.

Die Höhe der Gebühr richtet sich gem. § 3 Abs. 2 GKG nach der Nr. 1100 Anlage 1 GKG. Diese ist abhängig vom Streitwert und betragen gem. § 34 Abs. 1 S. 1 GKG mindestens 35,00 Euro. Etwaige Rechtsverfolgungskosten (gem. §§ 2, 13 RVG, Nr. 3305 VV) sind zu addieren. Eine Zustellungsauslage gem. § 3 Abs. 2 GKG i.V.m. § Nr. 9002 Anlage 1 GKG kommt nur in Betracht, sofern in einem Rechtszug mehr als zehn Zustellungen notwendig sind.[503]

---

499 Schüler, in: MüKo, ZPO II, Bd. 2, § 692 Rn. 3; Voit, in: Musielak/Voit, ZPO, § 692 Rn. 1; Gierl, in: Saenger, ZPO, § 692 Rn. 3.

500 Voit, in: Musielak/Voit, ZPO, § 692 Rn. 3; Gierl, in: Saenger, ZPO, § 692 Rn. 6; Schüler, in: MüKo, ZPO II, Bd. 2, § 692 Rn. 6.

501 Schüler, in: MüKo, ZPO II, Bd. 2, § 692 Rn. 6; Voit, in: Musielak/Voit, ZPO, § 692 Rn. 1; Gierl, in: Saenger, ZPO, § 692 Rn. 1.

502 Baumbach/Lauterbach/Albers/Hartmann, ZPO, § 692 Rn. 5; Voit, in: Musielak/Voit, ZPO, § 692 Rn. 3; Gierl, in: Saenger, ZPO, § 692 Rn. 5.

503 Voit, in: Musielak/Voit, ZPO, § 692 Rn. 3; Schüler, in: MüKo, ZPO II, Bd. 2, § 688 Rn. 27.

Der Mahnbescheid enthält (gem. § 692 Abs. 1 Nr. 4 ZPO) ebenso einen Hinweis auf eine mögliche Zwangsvollstreckung des entsprechenden Vollstreckungsbescheides. Geht das Verfahren ohne Widerspruch zu Ende, werden die Kosten im Vollstreckungsbescheid tituliert. Der Hinweis beinhaltet zum einen, dass aus dem Mahnbescheid ein entsprechender Vollstreckungsbescheid (gem. § 699 ZPO) ergehen und zum anderen, dass der Antragssteller (gem. § 700 Abs . 1, § 794 Abs. 1 Nr. 4, § 796 ZPO) aus diesem Schuldtitel vollstrecken kann.[504]

Wird der Vollstreckungsbescheid erlassen, so steht dieser (gem. § 700 Abs. 1 ZPO) einem vorläufig vollstreckbaren Versäumnisurteil gleich. Gem. § 794 Abs. 1 Nr. 4 ZPO handelt es sich um einen Vollstreckungstitel, der nach § 708 Nr. 2 ZPO vorläufig vollstreckbar ist. Nach §§ 700, 339 ZPO kann der Antragsgegner innerhalb von zwei Wochen Einspruch einlegen. Andernfalls ist der Vollstreckungsbescheid rechtskräftig.

Sinn und Zweck der gerichtlichen Zahlungsaufforderung ist die Durchsetzung (§ 688 Abs. 1 ZPO) der Zahlung einer bestimmten Geldsumme. Dies betrifft lediglich Ansprüche, die nicht mehr von einer Gegenleistung gem. § 688 Abs. 2 Nr. 2 ZPO abhängig sind.

Nutzt der Antragsgegner die Möglichkeit des Widerspruchs gem. § 694 Abs. 1 ZPO nicht, so wird er zur Zahlung des Geldbetrages gerichtlich verurteilt. Damit zwingt die Fristsetzung und der entsprechende Hinweis auf die Möglichkeit des Ergehens eines Vollstreckungsbescheides (gem. § 692 Abs. 1 Nr. 4 ZPO) den Antragsgegner zur Handlung.

Vorliegend umfasst das Primärziel die Zahlungsdurchsetzung, ggf. unter Anwendung von Zwangsvollstreckungsmaßnahmen, und dem damit verbundenen nachhaltigen Lerneffekt. Dieser soll hier insbesondere durch die Signalkraft der Durchsetzungsbereitschaft erzielt werden, welche einerseits den Mieter zu einem zukünftig kooperativen Verhalten im Sinne dieses Konzeptes anregen soll und andererseits ihm helfen soll die Mietzahlung gegenüber konkurrierenden Zahlungen entsprechend zu priorisieren.

Als Sekundärziel wird hier die durch die Zustellung des Mahnbescheides erzielte Hemmung der Verjährung (gem. § 204 Abs. 1 Nr. 3 BGB) angeführt. Der Vermieter beugt damit der Gefahr der Einrede der Verjährung durch den Mieter vor. Damit dient das gerichtliche Mahnverfahren der Durchsetzbarkeit und Sicherung der Mietforderung.

---

504 Schüler, in: MüKo, ZPO II, Bd. 2, § 692 Rn. 9; Gierl, in: Saenger, ZPO, § 692 Rn. 9; Dorndörfer, in: Vorwerk/Wolf, ZPO, BeckOK, § 692 Rn. 6.

Zwischen einer Mahnung im herkömmlichen Sinne (gem. § 286 BGB) und dem gerichtlichen Mahnverfahren (gem. § 688 ff. ZPO), besteht ein bedeutender Unterschied. Eine unterlassene Mitwirkung des Schuldners hat erst im Rahmen des gerichtlichen Mahnverfahrens eine direkte rechtliche Konsequenz (vgl. § 692 Abs. 1 Nr. 4 ZPO).

Dem hier zugrunde liegenden Grundsatz der außergerichtlichen Forderungsbeitreibung nach, wird die Anwendung des gerichtlichen Mahnverfahrens erst im Zeitpunkt des Einleitens der Zwangsräumung empfohlen.[505] Einzelfallabhängig kann jedoch die Nutzung des gerichtlichen Mahnverfahrens zur Verhaltensänderung beitragen. Dies ist insbesondere dann der Fall, wenn die außergerichtliche Mahnung wirkungslos geblieben ist, der Mietrückstand keine kündigungsrelevante Höhe aufweist und sonstige Forderungsmaßnahmen keine Wirkung gezeigt haben.

Mit der Begründung einer im Vergleich zur Klageerhebung umständlicheren Überleitung ins Streitverfahren, wird ganz vereinzelnd die Nutzung des gerichtlichen Mahnverfahrens nur bei Sachverhalten empfohlen, in denen nicht mit einem Widerspruch zu rechnen ist.[506]

Regelmäßig handelt es sich vorliegend um offene, jedoch unstreitig bestehende Mietforderungen. Dies betrifft insbesondere die Forderungen der regelmäßigen Mietzahlung. Nachzahlungen aus der Betriebskostenabrechnung können dagegen streitbehaftet bzw. zumindest leicht bestreitbar sein.

Liegt hier eine eigentlich offenkundig unstreitig bestehende Mietforderung vor, ist der Mieter jedoch nicht zahlungswillig oder -fähig, besteht die Möglichkeit, dass er den Widerspruch (zzgl. einer möglicherweise weit herbeigeführten Begründung) zur Zeitgewinnung bis zur gerichtlichen Entscheidung im anschließenden Streitverfahren nutzt.

Ist ein solches Verhalten zu vermuten, wird hier ein frühes gerichtliches Vorgehen empfohlen, da der Vermieter somit eine entsprechende Handlungsbereitschaft aufzeigt und dadurch der zuvor angeführte Lerneffekt bzw. eine Kooperation zur gemeinsamen Lösung von zukünftig auftretenden Zahlungskonflikten erzielt werden kann.

Aber auch bei tatsächlich streitbehafteten Forderungen, wie der Nachzahlung aus der Betriebskostenabrechnung, kann die Nutzung des gerichtlichen Mahnverfahren zur endgültigen Streitbeilegung im anschließenden Streitverfahren nützlich sein.

---

505 2. Teil, E., 4. Teil, B. dieser Ausarbeitung.

506 Büßer, in: Mes, Beck'sches Prozessformularbuch, Kap. I. B. 1, Rn. 1.

Auch im Rahmen einer Kündigung aufgrund schleppender Mietzahlung (gem. § 573 Abs. 1 S. 1, Abs. 2 Nr. 1 BGB) kann die Einleitung des gerichtlichen Mahnverfahrens bei der Beurteilung der nicht unerheblichen Pflichtverletzung ausschlaggebend sein. Dies ist dann der Fall, wenn trotz Mahnbescheid keine Zahlung geleistet bzw. kein Widerspruch eingelegt wird. Dafür spricht ebenfalls die Gleichstellung des gerichtlichen mit dem außergerichtlichen Mahnverfahrens gem. § 286 Abs.1 S. 2 BGB.

Auch in Forderungssachverhalten in denen eine Ratenzahlungsvereinbarung nicht vereinbarungsgemäß eingehalten wird, kann die Nutzung einzelfallabhängig zum Erhalt der Glaubwürdigkeit sinnvoll sein.

Sollte es neben dem Vermieter weitere Gläubiger geben, welche jedoch bereits in die Vollstreckung gehen, der Vermieter in diesem Punkt eher zögerlich und zurückhaltend handelt, droht die Zwangsvollstreckung des Vermieters nach dem Windhundprinzip ins Leere zu laufen.[507] In dieser Konkurrenzsituation, und bei ausbleibender Kooperation, wird zustimmend empfohlen, das gerichtliche Mahnverfahren zur Sicherung des Vollstreckungszugriffes anzuwenden.[508]

Wird ein titulierter Mietrückstand erneut erfolgslos abgemahnt, so kann dies eine rechtliche Grundlage für das Aussprechen einer außerordentlichen fristlosen Kündigung (i.S.v. § 543 Abs. 1 BGB) aufgrund einer endgültigen Erfüllungsverweigerung darstellen.[509]

Es ist deutlich, dass es sich bei dem gerichtlichen Mahnverfahren um ein vielseitig einsetzbares Forderungsinstrument handelt und ein ausschließlich starres und schematisches Vorgehen strategisch nicht sinnvoll ist, da der Blick für den Einzelfall zu wahren ist.

Liegt ein kooperatives Verhältnis vor und kann eine gemeinsame Lösung zur Schuldenbereinigung gefunden werden, gilt der grundlegende Schutz des Mieters vor vermeidbaren finanziellen Zusatzbelastungen. Dies ermöglicht zugleich die Minimierung der zu verauslagenden Kosten, welche wiederum dem Ausfallrisiko des Vermieters unterliegen.[510] Es gilt demnach der Vorrang der außergerichtlichen Forderungsbeitreibung.[511] Der Antrag auf Erlass eines Mahnbescheides ist dem Grundsatz nach erst mit Einleitung der Zwangsräumung zu nutzen.

---

507 Z. 142 ff. Anhang VI dieser Ausarbeitung.

508 Z. 147 Anhang VI dieser Ausarbeitung.

509 3. Teil, F., I., 1., b) dieser Ausarbeitung.

510 3. Teil, N. dieser Ausarbeitung.

511 2. Teil, E. dieser Ausarbeitung.

F. Frühestmöglicher Kündigungszeitpunkt

„Mit der Kündigung zum Wohnungserhalt" lautet hier die entsprechende These, welche gleichzeitig die Grundidee des vorliegenden Konzeptes aufzeigt. Die Kündigung, als eine auf den ersten Blick einengende Prozesskomponente, ist als Aufforderung zur Zusammenarbeit zu sehen, um eine durch Kommunikation und Kooperation gestaltete Vertragsbeziehung zu erreichen bzw. fördern.[512] Daran anknüpfend sollen die Vertragspartner gemeinsam individuelle Handlungsalternativen zur nachhaltigen Lösung der Mietzahlungsproblematik erarbeiten, um letztlich das absolute Ziel der Wohnraumerhaltung zu erreichen.

Die Kündigung soll den Ernst der Lage signalisieren und den Mieter zugleich davor warnen, dass ohne sein Zutun der Verlust des Wohnraumes eintritt.[513] Sie wird auch als das wichtigste Instrument zur Vermeidung von Mietrückständen bezeichnet.[514]

Gewährleistet werden soll der Wohnungserhalt durch die frühe und nachdrückliche Kontaktaufnahme.[515]

Das Unterlassen des Aussprechens einer Kündigung unterliegt hohen Hürden und kann lediglich in Einzelfällen sinnvoll sein, in denen andernfalls eine Kündigung den Druck derart erhöht, dass diese droht zur Blockadehaltung und Rückzug des Schuldners zu führen.[516] Dies deutet erneut an, dass trotz fester Prozesse und Strukturen ausreichend Flexibilität für das Eingehen auf den Einzelfall gewährleistet sein muss.

Mit dem Aussprechen der Kündigung wird ein deutlicher Handlungsbedarf dargestellt.[517]

Der Handlungsmoment der Kündigung ist vorliegend als frühestmöglicher Kündigungszeitpunkt bezeichnet. Unter Nutzung dessen wird die Kontaktaufnahme als „viel schneller und effizienter"[518] bewertet. Umso früher der Mieter demnach zur ernsthaften und nachhaltigen Kontaktaufnahme bewegt wird, umso höher ist die Wahrscheinlichkeit des Abbaus der rückständigen Miete.[519]

---

512 Z. 134 ff. Anhang I dieser Ausarbeitung.
513 Z. 152 ff. Z. 262 ff. Anhang IV dieser Ausarbeitung.
514 Börstinghaus NWB 2018, 2784 (2784); ähnlich: Z. 214 Anhang IV dieser Ausarbeitung.
515 Z. 214 f. Anhang IV dieser Ausarbeitung.
516 Z. 253 f. Anhang VI dieser Ausarbeitung.
517 Z. 208 ff. Anhang III dieser Ausarbeitung.
518 Z. 141 f. Anhang IV dieser Ausarbeitung.
519 Z. 88 ff. Anhang I dieser Ausarbeitung.

Dies liegt auch daran, dass geringe Mietrückstände noch beherrschbar, hohe Mietrückstandshöhe hingegen kaum beherrschbar sind.[520] Beherrschbare Mietrückstandshöhen lassen Lösungswege offen und schützen den Mieter gleichzeitig vor Eintritt einer Hoffnungs- und Ausweglosigkeit.[521]

Neben der bloßen Kontaktherstellung zwischen den Vertragspartnern (und Leistungsträgern)[522], dient das Aussprechen der Kündigung auch als Unterstützung des Mieters gegenüber dem Leistungsträger.[523] Dem bloßen Mahnschreiben wird seitens des Transferleistungsträgers oftmals eine mangelnde Ernsthaftigkeit beigemessen.[524]

Eine derart frühe Reaktion verhindert darüber hinaus die Entstehung eines Verzögerungsschadens. Dieser droht, wenn auf die Nutzung des Kündigungsrechts zunächst verzichtet, bei Festlegung der anhaltenden Kooperationsunwilligkeit das Aussprechen der Kündigung nachgeholt wird, und aufgrund dessen eine Prozessverzögerung mit dem Ausfall weiterer Mietzahlungen eintritt. Letztlich dient diese Fokussierung damit auch der rechtlichen Vorbereitung auf eine notfalls notwendig werdende Abwicklung des Mietverhältnisses.

Zu prüfen sind vorrangig außerordentliche Kündigungsgründe.

Die Anwendbarkeit der ordentlichen Kündigung wird nachrangige berücksichtigt. Diese sind anzuwenden, wenn die Anwendbarkeit einer außerordentlichen fristlosen Kündigung ausscheidet, der Mieter jedoch trotz Nutzung anderer Prozesselemente (z.B. dem gerichtlichen Mahnverfahren) keine Verhaltensänderung zeigt.

Ist die Kündigung ausgesprochen, wird weiterhin konsequent das absolute Ziel der Wohnraumerhaltung verfolgt. Diese Fokussierung auf die Wohnraumerhaltung ist abzugrenzen von der Kündigungsintention, die auf die möglichst zeitnahe Abwicklung des Mietverhältnisses abzielt, weil unter Umständen bereits vorangegangene Maßnahmen erfolglos geblieben sind oder das Mietverhältnis aus anderen Gründen beendet werden soll.[525] Insbesondere bei privaten Vermietern können andere Intentionen, wie beispielsweise der rechtlich andernfalls nicht ausreichend begründbare Eigenbedarf oder die beabsichtigte Neuvermietung zu einem höheren Mietzins, eine gewichtige Rolle spielen.

---

520 Z. 156 ff. Anhang IV dieser Ausarbeitung.
521 Z. 156 ff. Anhang IV dieser Ausarbeitung.
522 Z. 135 ff. Anhang I dieser Ausarbeitung.
523 Z. 208 ff. Anhang III, Z. 115 ff. Anhang VI dieser Ausarbeitung.
524 Z. 208 ff. Anhang III, Z. 219 ff. Anhang III dieser Ausarbeitung.
525 Z. 414 ff. Anhang VI dieser Ausarbeitung.

An dieser Stelle werden der Wille des Mieters zum Erhalt der Wohnung und der Wille des Vermieters zur Fortführung des Mietverhältnisses unterstellt.

In der Praxis erweist sich die Fokussierung auf den frühestmöglichen Kündigungszeitpunkt bereits als erfolgreich. Die erfolgreichen Neustrukturierung und zeitlichen Straffung der kaufmännischen Arbeitsabläufe bei der Meinerzhagener Baugesellschaft mbH tragen wesentlich zur Senkung der Forderungsbestände bei.[526] Dabei wird der Forderungsprozess auf maximal zwei Mahnläufe reduziert und der Kündigungsprozess deutlich früher eingeleitet.[527] Nach eigenen Angaben wird die Kündigung bei zwei ausstehenden Mietzahlungen ausgesprochen.[528] Allgemein wird die Forderungsüberwachung bei der Meinerzhagener Baugesellschaft mbH in einem „deutlich engeren Netz"[529] durchgeführt.

Im Ergebnis können die Ziele beider Vertragspartner in Einklang gebracht und somit die Entstehung von Synergieeffekte herbeigeführt werden.

Herauszustellen ist, dass viele Vermieter ausschließlich den kündigungsrelevanten Mietrückstand i.H.v. zwei Monatsmieten kennen. Andere Kündigungsgrundlagen sind den Anwendern häufig nicht bekannt.[530] Dies könnte einerseits Rückschlüsse auf mangelnde mietrechtliche Kenntnisse, andererseits die Frage nach dem derzeitigen Grad der Professionalisierung des Forderungsmanagements in der Wohnungswirtschaft aufkommen lassen. Abhilfe soll das vorliegende Konzept leisten.

Thematisch liegen rund 26 % aller im Mietrecht veröffentlichten Entscheidungen im Bereich der Kündigung.[531] Dies verdeutlicht die Wichtigkeit der Kündigungsthematik.

Nach § 542 Abs. 1 BGB kann ein auf unbestimmte Zeit geschlossenes Mietverhältnis, grundsätzlich durch jede Vertragspartei gekündigt werden.

Die teilweise als „viel bedeutsamer"[532] bewerteten außerordentlichen Kündigungsgründe sind im Folgenden von den ordentlichen abzugrenzen.

Charakteristisch der vorrangig betrachteten Regelbeispiele (§ 543 Abs. 2 S. 1 Nr. 3 BGB) ist, dass weder eine Zumutbarkeitsabwägung stattzufinden hat, noch bestimmte Fristen zwischen dem Entstehungszeitpunkt und

---

526 Z. 135 ff. Anhang IV dieser Ausarbeitung.

527 Z. 137 ff. Anhang IV dieser Ausarbeitung.

528 Z. 138 ff. Anhang IV dieser Ausarbeitung.

529 Z. 136 Anhang IV dieser Ausarbeitung.

530 Z. 195 ff. Anhang VI dieser Ausarbeitung.

531 Börstinghaus NZM 2018, 297 (304).

532 Börstinghaus NWB 2018, 2784 (2784 f.).

dem Aussprechen der Kündigung einzuhalten sind, womit demnach auch ältere Mietrückstände kündigungsbegründend herangezogen werden können.[533]

I. Außerordentliche Kündigungsgründe

Für den Vermieter bot das BGB historisch betrachtet zwei Anspruchsgrundlagen für die Möglichkeit der außerordentlich fristlosen Kündigung.

Dies war zum einen der Tatbestand der Überschreitung des vertragsgemäßen Gebrauchs (gem. § 553 BGB a.F.), der aktuell in § 543 Abs. 2 Nr. 2 BGB enthalten ist, und zum anderen die an dieser Stelle relevante Anspruchsgrundlage des Zahlungsverzuges (gem. § 554 BGB a.F.), die derzeit durch § 543 Abs. 2 Nr. 3 BGB abgebildet ist.

Viele Pflichtverletzungen und Störungen des Mietverhältnisses waren durch diese jedoch nicht abgedeckt und die Rechtsprechung entwickelte ein außerordentliches Kündigungsrecht aus wichtigem Grund gem. §§ 626, 723 BGB, §§ 89a, 133 HGB, welches später zur Kodifizierung des § 554a BGB und des § 2 Mieterschutzgesetz[534] führte.[535]

Anwendbar für das damalige Forderungsmanagement war zunächst die Regelung gem. § 2 MSchG. Die unpünktliche Mietzahlung wurde nach damaliger h.M. unter die Tatbestandsvoraussetzung einer erheblichen Belästigung des Vermieters subsumiert.[536]

In einer grundlegenden Entscheidung des BGH wurde diese Auslegung für § 554a BGB a.F. adaptiert. Die Rechtfertigung eines regelmäßigen und fristgerechten Zahlungseinganges wurde nicht mit den wirtschaftlichen Interessen des Vermieters, sondern mit dem eines Mietvertrages zu Grunde liegendem Vertrauensverhältnisses und dessen mögliche Zerstörung bzw. starken Gefährdung begründet.[537]

Als „Schlusspunkt der rechtsgeschichtlichen Entwicklung“[538] wird die Normierung der Störung des Hausfriedens als Generalklausel gem.

---

533 BGH WuM 2009, 349 (349 ff.); BGH NJW 2016, 3720 (3720 ff.).

534 Im Folgenden: MSchG.

535 Blank, in: WuM 2014, 548 (548); Bieber, in: MüKo, BGB II, Bd. 4, § 543 Rn. 3 ff.

536 Roquette, in: Mieterschutzgesetz, § 2 Rn. 59; LG Berlin (West) v. 11.12.1953, Az. 64 S 273/53, FHZivR 4 Nr. 3573; LG Kassel v. 09.09.1954, Az.: 54 1 S 55/54, FHZivR 4 Nr. 3574; LG München I v. 06.10.1954, Az. 14 S 283/54, FHZivR 4 Nr. 3575.

537 BGH JurionRS 1969, 11930, Rn. 21 ff.; zustimmend Z. 183 ff. Anhang VI dieser Ausarbeitung.

538 Bieber, in: MüKo, BGB II, Bd. 4, § 543 Rn. 4.

§ 543 Abs. 1 S. 2 BGB, übernommen aus § 554a BGB a.F., bezeichnet. Dieser Tatbestand wurde durch das Mietrechtsreformgesetz vom 19.06.2001 eingeführt.[539]

Die zuvor angeführten und für das damalige Forderungsmanagement einschlägigen Tatbestände finden sich aktuell in § 543 Abs. 1 BGB wieder.

§ 543 BGB bildet die Voraussetzungen ab, unter denen jeder Mietvertragspartner die umgehende Lösung erreichen kann, weil das Verhaltens der anderen Vertragspartei ihm derart zuwiderläuft, dass eine Fortsetzung des Mietverhältnisses unzumutbar wäre. Die Regelung nach Abs. 1 S. 2 fungiert in diesem Zusammenhang als Generalklausel[540] und wird durch beispielhafte Sachverhalte nach Abs. 2 konkretisiert. Diese umfassende Regelung trägt unter anderem der Erkenntnis Rechnung, dass bei der Erfüllung der Pflichten aus Miet- und Pachtverträgen beide Vertragsparteien vielfältig zusammenwirken müssen.[541]

Jene Grundnorm nach § 543 BGB wird hier durch die Sondervorschrift der Wohnraummiete gem. § 569 BGB ergänzt. Die zur Nutzung des frühestmöglichen Kündigungszeitpunktes praxisrelevanten und gesetzlich fixierten Kündigungsbeispiele gem. § 543 Abs. 2 S. 1 Nr. 3 i.V.m. 569 Abs. 3 BGB, sind vorrangig gegenüber der Generalklausel des § 543 Abs. 1 S. 2 BGB zu prüfen.[542]

Darüber hinaus ist die Möglichkeit der Kündigung nach § 569 Abs. 2a BGB prüfungsrelevant im Sinne des frühestmöglichen Kündigungszeitpunktes.

Vorgenannte Kündigungsgrundlagen gehören zu den gesetzlich typisierten Fällen der Unzumutbarkeit des § 543 Abs. 2 BGB und des § 569 BGB.[543]

Die Kündigungstatbestände des § 569 Abs. 1 – 2a BGB sind neben denen des § 543 BGB anwendbar.[544]

Diese parallele Anwendbarkeit beruht jedoch nicht auf einer klaren gesetzlichen Entscheidung. Aus diesem Grund wird das Verhältnis zwischen der

---

539 BGBl. I S. 1149 f.

540 Bieber, in: MüKo, BGB II, Bd. 4, § 543 Rn. 6; Zürn, in: Hannemann/Wiegner, Mietrecht, § 65 Rn. 85 ff.; Kraemer NZM 2001, 553 (557).

541 Bieber, in: MüKo, BGB II, Bd. 4, § 543 Rn. 1 ff.

542 Blank, in: Blank/Börstinghaus, Miete, § 543 Rn. 5; Kraemer NZM 2001, 553 (557); Wiederhold, in: Bamberger/Roth/Hau/Poseck, BeckOK, BGB, § 543 Rn. 8; Blank, in: Schmidt-Futterer, Mietrecht, § 543 Rn. 3.

543 BGH WuM 2009, 349 (350); Wiederhold, in: Bamberger/Roth/Hau/Poseck, BeckOK, BGB, § 543 Rn. 8; Weidenkaff, in: Palandt, § 543 Rn. 6.

544 OLG Brandenburg BeckRS 2014, 4899 Rn. II. 1. b); Blank, in: Blank/Börstinghaus, Miete, § 543 Rn. 2; Emmerich, in: Staudinger, BGB, § 569 Rn. 5.

Generalnorm nach § 543 Abs. 1 S. 2 BGB und den gesetzlich fixierten Kündigungstatbeständen auch als „etwas diffus“[545] bezeichnet.

Beispielhaft wird ein dauerhaft unpünktlich zahlender Mieter mit einem bestehenden Mietrückstand angenommen. Stützt der Vermieter seine außerordentliche Kündigung beispielsweise auf eines der Regelbeispiele gem. § 543 Abs. 2 Nr. 3 BGB und der Mietrückstand reicht der Höhe nach zur wirksamen Begründung nicht aus, so muss die Räumungsklage abgewiesen werden. Hätte der Vermieter die Kündigung dagegen parallel auf die dauerhaft unpünktliche Mietzahlung gem. § 543 Abs. 1 S. 2 BGB gestützt, so ist die Kündigung mit einer vorangegangenen Abmahnung möglicherweise wirksam.

Bei den typisierten beispielhaften Kündigungstatbeständen gem. § 543 Abs. 2 S. 1 Nr. 3 BGB, handelt es sich um eine nicht abschließende Aufzählung.[546] Nach § 543 Abs. 2 S. 1 Nr. 3 lit. a Alt. 1 BGB liegt insbesondere ein wichtiger Grund vor, wenn der Mieter für zwei aufeinander folgende Termine mit der Entrichtung der Miete in Verzug ist.

Die Regelung gem. § 543 Abs. 2 S. 1 Nr. 3 lit. a Alt. 2 BGB fordert einen Zahlungsverzug in Höhe eines nicht unerheblichen Teils der Miete. Für die Betrachtung des hier vorliegenden Wohnraummietverhältnisses ist § 569 Abs. 3 Nr. 1 BGB als Konkretisierung des nicht unerheblichen Teiles heranzuziehen.

Der hier nächste eigenständige Kündigungstatbestand gem. § 543 Abs. 2 S. 1 Nr. 3 lit. b BGB, setzt das Erreichen eines Zahlungsverzuges i.H.v. zwei Monatsmieten voraus.

Hinsichtlich der Prüfung dieser drei Regelbeispiele finden persönliche Umstände und Zumutbarkeitserwägungen grundsätzlich keine Beachtung.[547] Die zu prüfenden Tatbeständen stellen Kardinalpflichten dar. Bei einem Verstoß gegen diese „erheblich gewichteten Pflichten“, bedarf es keiner weiteren Erfüllung von Voraussetzungen.[548] Insbesondere müssen keine weiteren Tatbestandsvoraussetzungen des § 543 Abs. 1 BGB gegeben sein.[549]

Zusammenfassend kommen zur Realisierung des frühestmöglichen Kündigungszeitpunktes die außerordentlichen fristlosen Kündigungsgründe

545 K. Schach, in: Schach/Schultz/Schüller, BeckOK, Mietrecht, § 543 Rn. 2.

546 Blank, in: Blank/Börstinghaus, Miete, § 569 Rn. 39; Folgerung aus Bieber, in: MüKo, BGB II, Bd. 4, § 543 Rn. 6; Wiederhold, in: Bamberger/Roth/Hau/Poseck, BeckOK, BGB, § 543 Rn. 7.

547 BGH WuM 2015, 152 (154 f.).

548 BGH WuM 2015, 152 (154 f.).

549 BGH WuM 2015, 152 (154 f.).

des § 543 Abs. 2 S. 1 Nr. 3 BGB, der des § 569 Abs. 2a BGB und die des § 543 Abs. 1 S. 2 BGB in Betracht. All jene haben einen zahlungsrelevanten Charakter und sind somit vorliegend betrachtungswürdig.

1. Generalklausel gem. § 543 Abs. 1 S. 2 BGB

Nach § 543 Abs. 1 S. 1 BGB kann jede Vertragspartei das Mietverhältnis aus wichtigem Grund außerordentlich fristlos kündigen. Nach S. 2 dieser Regelung liegt ein wichtiger Grund vor, wenn dem Kündigenden unter Berücksichtigung aller Umstände des Einzelfalls und unter Abwägung die beiderseitigen Interessen die Fortsetzung des Mietverhältnisses nicht zugemutet werden kann. Es wird einzelnachweislich auch von der Unzumutbarkeitskündigung gesprochen.[550] Für die Anwendbarkeit des § 543 Abs. 1 S. 2 BGB bedarf es demnach einer umfassenden Interessensabwägung unter Berücksichtigung aller Umstände des Einzelfalls.

Der wichtige Grund muss in dem Risikobereiches des Kündigungsgegners begründet sein.[551]

Bei Etablierung des § 543 Abs. 1 S. 2 BGB wurde auf die „bisher geltende Rechtslage“[552] verwiesen. Ergänzend hinzugefügt wurde, dass der Tatbestand des § 543 BGB vor allem bei Störungen des Mietverhältnisses greifen soll, die nicht schuldhaft erfolgen.[553]

Die Tatbestandsvoraussetzung des Verschuldens der Pflichtverletzung muss nicht erfüllt sein.[554] Das Verschulden wird jedoch im Rahmen der Interessensabwägung i.S.v. § 543 Abs. 1 S. 2 BGB berücksichtigt.[555] Teilweise wird dem Verschulden eine sogar „herausragende“[556] Bedeutung beigemessen. Festgehalten

---

550 Meyer-Abich NZM 2017, 97 (99).

551 LG Bonn NJOZ 2015, 608 (608); Hirsch WuM 2006, 418 (424); Blank, in: Schmidt-Futterer, Mietrecht, § 543 Rn. 161.

552 BT-Drucks. 14/4553, S. 43.

553 BT-Drucks. 14/4553, S. 43 f.

554 Blank, in: Schmidt-Futterer, Mietrecht, § 543 Rn. 2, 78, 175a; Bieber, in: MüKo, BGB II, Bd. 4, § 543 Rn. 4 f.; Wiederhold, in: Bamberger/Roth/Hau/Poseck, BeckOK, BGB, § 543 Rn. 6.

555 Wiederhold, in: Bamberger/Roth/Hau/Poseck, BeckOK, BGB, § 543 Rn. 47; Blank, in: Schmidt-Futterer, Mietrecht, § 543 Rn. 175; Scheuch, in: Schulze/Dörner/Ebert/Hoeren/Kemper, BGB, § 543 Rn. 5; K. Schach, in: Schach/Schultz/Schüller, BeckOK, Mietrecht, § 543 Rn. 4.

556 Eisenschmid WuM 2001, 215 (219).

werden kann jedoch mindestens, dass sofern das überwiegende Verschulden auf Seiten des Kündigenden liegt, somit eine Kündigung regelmäßig ausscheidet.[557]

Die Generalnorm nach § 543 Abs. 1 S. 2 BGB stellt einen Auffangtatbestand für Pflichtverletzungen dar, die nicht in den §§ 543 Abs. 2, 569 BGB ausdrücklich gesetzlich fixiert sind. Dies soll gewährleisten, dass kein fristloser Kündigungsgrund, mit ähnlicher Gewichtung der Regelungsbeispiele, gegeben sein kann, der nicht unter § 543 Abs. 1 S. 2 BGB subsumierbar ist.[558]

Eine Pflichtverletzung i.S.v. § 543 Abs. 1 BGB muss auf Grund ihrer Art und Gewichtung eine nicht zumutbare Fortführung des Mietverhältnisses rechtfertigen.[559]

Zur Prüfung des Kriteriums der Erheblichkeit wird vereinzelnd die Parallele zu den speziellen Regelungsbeispielen gezogen. Die Pflichtverletzung muss demnach mit der jeweiligen Gewichtung eines speziellen Kündigungstatbestandes vergleichbar sein.[560]

Neben den vorgenannten Tatbestandsvoraussetzungen ist grundsätzlich eine Abmahnung oder das Setzen einer Abhilfefrist erforderlich.[561]

Die Generalklausel bietet wenige subsumtionsfähige Merkmale. Durch eine Konkretisierung der Norm und der damit einhergehenden Begrenzung des Anwendungsbereiches wird einzelnachweislich ausgeführt, dass andernfalls der tatsächliche Bezug zu den konkreten Umständen des Einzelfalls gefährdet werden könnte.[562]

Für eine hier praktikable Anwendbarkeit ist zumindest zu klären, welche einschlägigen, jedoch nicht gesetzlich aufgenommenen Kündigungsgründe i.S.d. Generalklausel gem. § 543 Abs. 1 S. 2 BGB anwendbar sein könnten.

---

557 Kraemer WuM 2001, 163 (164 f.).

558 Bieber, in: MüKo, BGB II, Bd. 4, § 543 Rn. 6; Blank, in: Schmidt-Futterer, Mietrecht, § 543 Rn. 160; Lützenkirchen, Neue Mietrechtspraxis, Rn. 838;; K. Schach, in: Schach/Schultz/Schüller, BeckOK, Mietrecht, § 543 Rn. 1 f.

559 Blank, in: WuM 2014, 548 (549); Bieber, in: MüKo, BGB II, Bd. 4, § 543 Rn. 7; K. Schach, in: Schach/Schultz/Schüller, BeckOK, Mietrecht, § 543 Rn. 3.

560 Blank, in: Blank/Börstinghaus, Miete, § 543 Rn. 5; Blank, in: Schmidt-Futterer, Mietrecht, § 543 Rn. 160.

561 Blank, in: Schmidt-Futterer, Mietrecht, § 543 Rn. 2; Wiederhold, in: Bamberger/Roth/Hau/Poseck, BeckOK, BGB, § 543 Rn. 64; Bieber, in: MüKo, BGB II, Bd. 4, § 543 Rn. 58.

562 Häublein, in: MüKo, BGB II, Bd. 4, § 574 Rn. 1.

a) Kündigungsgrund der dauerhaft unpünktlichen Mietzahlung

aa) Notwendigkeit einer gesetzlichen Fixierung

Eine über einen längeren Zeitraum andauernde Zahlungsunpünktlichkeit sorgt für die nachhaltige Störung der Geschäftsbeziehungen zwischen den Mietvertragsparteien. Diese Störung kann eine Vertrauensgrundlage gänzlich zerstören, sodass eine Fortsetzung des Mietverhältnisses unzumutbar i.S.v. § 543 Abs. 1 S. 2 BGB wird. Aus diesem Grund ist hier die Zielsetzung der Wiederherstellung des vermieterseitigen Vertrauens in eine pünktliche Mietzahlung vordergründig. Ein pünktliches Mietzahlungsverhalten bewirkt unter anderem ein allgemein verbessertes Kooperationsverhältnisses, eine Verbesserung der Liquidität, eine Erhöhung der Planungssicherheit und einen Synergieeffekt im Sinne eines opportunistischen Zeitgewinns für die Bearbeitung komplexerer Sachverhalte im Rahmen des Forderungsmanagements.

Zur Begründung der fristlosen Kündigung gem. § 543 Abs. 1 S. 2 BGB sind wirtschaftliche Aspekte nicht entscheidend[563], bilden jedoch die Grundlage der unternehmerische Begründung für eine erstrebenswerte Verhaltensänderung und der damit gleichbedeutenden Wiederherstellung des Vertrauensverhältnisses. Dies begründet sich nicht zuletzt durch den unmittelbar ergebniswirksamen Abbau von Mietschulden[564].

Das LG Berlin setzt durch Verweis auf eine weitere Entscheidung[565], zumindest eine „hinreichend, spürbare Gefährdung" der wirtschaftlichen Interessen der Vermieterin als Maßstab an.[566]

Die Störung eines Mietverhältnisses wird jedoch kaum die wirtschaftlichen Interessen eines mittelständischen Wohnungsunternehmens „hinreichend und spürbar" gefährden können.

Bei dem vorliegenden Tatbestand der unpünktlichen Mietzahlung lässt sich der wirtschaftliche Schaden insbesondere durch die immer wieder erneut zu erbringenden Aufwendungen zur Beitreibung der regelmäßigen Mietschulden begründen. Dies bindet personelle Ressourcen, die andernfalls bei der Bearbeitung anderer Forderungssachverhalte eingesetzt werden könnten. Eine

---

563 Blank, in: Blank/Börstinghaus, Miete, § 543 Rn. 16; Bieber, in: MüKo, BGB II, Bd. 4, § 543 Rn. 12; Wiederhold, in: Bamberger/Roth/Hau/Poseck, BeckOK, BGB, § 543 Rn. 63.

564 3. Teil, S. dieser Ausarbeitung; Z. 53 ff. Anhang IV dieser Ausarbeitung.

565 LG Berlin WuM 2017, 83 (86).

566 LG Berlin WuM 2017, 26 (26).

entsprechende Praxisrelevanz wird durch einen Experten anerkannt.[567] Fraglich ist jedoch, ob dies einer „hinreichenden und spürbaren" Gefährdung wirtschaftlicher Interessen entspricht.

Ob sich das Vertrauensverhältnis bei einer dauerhaft unpünktlichen Mietzahlung wiederherstellen lässt, wird mittels des Verhaltens welches auf eine Abmahnung i.S.v. § 543 Abs. 3 BGB folgt, bewertet und prognostiziert. Verändert der Mieter sein Zahlungsverhalten danach nicht derart, dass von einer Wiederherstellbarkeit des Vertrauensverhältnisses auszugehen ist, so ist zunächst das Aussprechen einer fristlosen Kündigung gem. § 543 Abs. 1 S. 2 BGB im vorliegenden Kontext alternativlos.

Zusammenfassend ausgedrückt, steht somit der Schutz des Vertrauensverhältnisses über den ohnehin nicht entscheidenden wirtschaftlichen Interessen des Vermieters.[568]

Durch die Nutzung dieses Kündigungstatbestandes soll eine zukünftige und nachhaltige vertragsgemäße Mietzahlung zur langfristigen Sicherung des Wohnraumes erreicht werden.

Mit der Grundsatzentscheidung des BGH vom 26.03.1969[569] wurde die Möglichkeit der fristlosen Kündigung aufgrund wiederholter unpünktlicher Mietzahlungen erstmals anerkannt. Bestätigt wurde diese Entscheidung im Jahre 1987.[570] Eine wesentliche Konkretisierung der Rechtsfolge der rügelosen Hinnahme der Vertragsverletzung erfolgte durch den BGH im Jahre 2011.[571]

Für die Anerkennung der unpünktlichen Mietzahlung als einen fristlosen Kündigungstatbestand muss zunächst eine Pflichtverletzung vorliegen, die eine Fortsetzung des Mietverhältnisses i.S.v. § 543 Abs. 1 S. 2 BGB unzumutbar macht. Die unpünktliche Mietzahlung müsste demnach die Unzumutbarkeit der Vertragsfortsetzung begründen.[572] Bei der hier in der Betrachtung stehenden Pflichtverletzung handelt es sich um die Zahlung nach dem Fälligkeitstermin.[573] Daran anknüpfend ist einzelnachweislich der Fälligkeitstermin ohne rechtfertigenden Grund und gegen den Willen des Vermieters zu überschreiten.[574]

567 Z. 444 Anhang VI dieser Ausarbeitung.
568 Blank, in: WuM 2014, 548 (549).
569 BGH JurionRS 1969, 11930, Rn. 10 ff.
570 BGH JurionRS 1987, 15130, Rn. 14 ff.
571 BGH WuM 2011, 418 (419 f.).
572 BGH NJW 2011, 2570 (2571); BGH WuM 2011, 418 (418); OLG Rostock OLG-NL 2003, 50 (50); Blank, in: Blank/Börstinghaus, Miete, § 543 Rn. 14.
573 LG Berlin BeckRS 2009, 14022, Rn. II.
574 Blank, in: Blank/Börstinghaus, Miete, § 543 Rn. 12.

Darüber hinaus muss die Mietzahlung dazu über einen längeren Zeitraum wiederholt unpünktlich vorgenommen werden, unabhängig davon ob sich die Zahlungsverpflichtung auf die Grundmiete, Heiz- und Betriebskostenvorauszahlung oder eine sonstige Verpflichtungen bezieht.[575]

Vorrangig im Sinne des *lex specialis* ist zu prüfen, ob ein gesetzlich typisierter Fall eine solche Pflichtverletzung umfasst.

Die gesetzlich typisierten Fälle gem. § 543 Abs. 2 S. 1 Nr. 3 BGB oder gem. § 569 Abs. 2a BGB knüpfen an fixierte Verzugshöhen an. Schutzgedanke dieser Regelbeispiele ist vorrangig die Verhinderung des Mietausfalls und nicht die Verhinderung der dauerhaft unpünktlichen Zahlung.

Sofern der Mieter demnach pünktlich, aber stets unvollständig zahlt, erfolgt der Rückgriff auf die fixierten Regelbeispiele. Die Anwendbarkeit des § 543 Abs. 1 S. 2 BGB bei pünktlicher Mietzahlung des Mieters scheidet damit aus. Der Gefahr des Forderungsausfalles wird spätestens mit Erreichung einer fixierten Verzugshöhe entgegnet. Bei der unpünktlichen Mietzahlung des Mieters steht nicht die Gefahr des Forderungsausfalles im Vordergrund. Vielmehr steht der zuvor ausgeführte, wirtschaftlich geprägte und regelmäßig nicht unerhebliche Beitreibungsaufwand des Vermieters im Vordergrund. Die wirtschaftlichen Aspekte werden wiederum lediglich mittelbar durch die nachhaltige Belastung der Vertrauensgrundlage i.S.v. § 543 Abs. 1 S. 2 BGB geschützt. Eine dauerhaft unpünktliche Mietzahlung kann das Mietverhältnis demnach derart nachhaltig belasten, dass eine Lösung dessen, mangels eines einschlägigen Regelbeispiels, ausschließlich über die vorgenannte Generalklausel möglich ist. Ein Unterlaufen der Regelbeispiele ist durch die Anknüpfung an die verschiedenen Verzugshöhen nicht möglich.[576]

Zudem nicht anwendbar ist die Vorschrift gem. § 543 Abs. 2 S. 2 BGB wonach bei vollständiger Befriedigung des Vermieters die Kündigung ausgeschlossen ist.[577] Es wird demnach nicht auf die Vollständigkeit, sondern auf die Pünktlichkeit der Mietzahlung abgestellt.

Von einer unzumutbaren Vertragsfortführung durch die unpünktliche Mietzahlung wird ausgegangen, wenn das Vertrauensverhältnis nachhaltig zerstört oder stark erschüttert ist.[578] Zur Prüfung dessen, ist insbesondere das

575 BGH NJW 2011, 2570 (2570); BGH WuM 2011, 418 (418); OLG Düsseldorf ZMR 1991, 378 (378); LG Heilbronn WuM 1991, 10 (10 f.); LG Berlin WuM 1988, 56 (56 f.); Blank, in: Blank/Börstinghaus, Miete, § 543 Rn. 11.

576 BGH WuM 2006, 193 (195).

577 BGH WuM 2006, 193 (195).

578 OLG Düsseldorf BeckRS 1996, 03952, Rn. 37; LG Köln WuM 1991, 485 (485 f.).

Zahlungsverhalten vor und nach einer Abmahnung gegenüberzustellen.[579] Interessant ist, dass bei einem gewerblichen Vermieter die Zumutbarkeitsgrenze hinsichtlich einer unpünktlichen Mietzahlung höher angesetzt wird als bei einem privaten Vermieter.[580] Dies vermag nicht zu überzeugen, da dies bedeutet, dass Mieter bei institutionellen Vermietern mehr geschützt sind, als Mieter von privaten Vermietern. Wahrscheinlich lagen dem LG Dortmund dabei die zuvor ausgeführten und eigentlich nicht zu berücksichtigenden wirtschaftlichen Aspekte zu Grunde.

Geprüft wird im Rahmen der umfassenden Interessensabwägung.[581] Kommt der Vermieter bei Bewertung des Sachverhaltes zum Ergebnis, dass ihm eine Aufrechterhaltung des Mietverhältnisses bis zum Ablauf der Kündigungsfrist zumutbar ist, könnte für ihn dennoch eine fristgemäße Kündigung, gem. § 573c BGB, in Betracht kommen.

Ist das Zahlungsverhalten unpünktlich, liegt das Risiko negativer rechtlicher Konsequenzen beim Kündigungsgegner. Darüber hinaus ist das Verschuldenskriterium eines der wesentlichen Merkmale innerhalb der Interessensabwägung.[582] Dies wird durch den Wortlaut „insbesondere eines Verschuldens" ausgedrückt. Das Wort „insbesondere" drückt aber keinen zwingenden Charakter aus, andernfalls müsste es sich bei dem Verschuldenskriterium, entgegen den vorangegangenen Ausführungen, um ein zwingendes Kriterium handeln. Mangelt es am Verschulden, so kann der Kündigungstatbestand eröffnet sein, sofern dem Vermieter eine Fortführung des Vertragsverhältnisses, unabhängig der Verschuldensfrage, nicht zugemutet werden kann.[583] Für den Verschuldensbegriff wird auf § 276 Abs. 1 BGB verwiesen. Verspätete Zahlungen durch das Jobcenter hat der Mieter nicht zu vertreten, sofern das Jobcenter diese zu verantworten hat.[584] Ggf. könnte der Mieter jedoch darlegen und beweisen müssen, dass er die Leistung rechtzeitig und unter Vorlage der notwendigen Unterlagen beantragt hat. Weiterhin müsste er bei auftretender Zahlungsunpünktlichkeit auf eine pünktliche Zahlung gedrungen haben.[585] Letztlich muss der Mieter sich

---

579 BGH WuM 2006, 193 (194); Wiederhold, in: Bamberger/Roth/Hau/Poseck, BeckOK, BGB, § 543 Rn. 6.

580 LG Dortmund, Az. 1 S 331/85, juris, Rn. 10.

581 BGH openJur 2011, 2182, Rn. 24 ff.; BGH WuM 2009, 349 (350); OLG Karlsruhe NZM 2013, 513 (513 ff.).

582 BGH WuM 2011, 418 (419).

583 BGH WuM 2011, 418 (419).

584 BGH openJur 2011, 2182, Rn. 32 ff.

585 BGH NZM 2016, 435 (436).

exkulpieren. Kann er dies, so wird ihm das Verschulden seitens des Jobcenters nicht zugerechnet.

Vereinzelnd wird ausgeführt, dass eine Prüfung der Schwere der Pflichtverletzung, und der daraus resultierenden möglichen Unzumutbarkeit der Vertragsfortsetzung, bereits durch die vielzählige Verwendung von unbestimmten Rechtsbegriffen i.S.v. § 543 Abs. 1 S. 2 BGB erschwert wird.[586] In diesem Zusammenhang wird unter anderem auf das durch die Rechtsprechung entwickelte Kriterium der Nachhaltigkeit abgestellt.[587]

Eine Zahlungsunpünktlichkeit muss demnach über einen längeren Zeitraum hinweg andauern. Die Verzugshäufigkeit, beispielsweise innerhalb eines Jahres, ist nicht fixiert. Das unpünktliche Zahlungsverhalten muss jedoch von einer gewissen Nachhaltigkeit sein.[588] Dies wird durch die Häufigkeit der Zahlungsverzüge und die zeitliche Länge des Verzuges charakterisiert. Dies bedeutet, dass kurzfristige und gelegentliche Zahlungsverzüge unschädlich sein können. Entscheidend sind folgerichtig, jedoch lediglich einzelnachweislich ganz konkret dargestellt, vielmehr die Nachhaltigkeit der Störung der Vertrauensgrundlage und deren Wiederherstellbarkeit.[589]

Durch die Rechtsprechung des erstinstanzlichen AG[590] und des zweitinstanzlichen Berufungsgerichtes des LG Würzburg[591], wurde die sog. „6+13-Regel" entwickelt.[592] Diese besagt, dass das Kriterium der Nachhaltigkeit erfüllt ist, wenn die Miete an sechs Zahlungsterminen um jeweils wenige Werktage verspätet gezahlt wurde, sodass insgesamt eine Zahlungsverzögerung von 13 Werktagen vorliegt.[593]

Der entscheidende Unterschied zwischen dem Auffangtatbestand und den gesetzlich typisierten Fällen ist die genaue Fiktion der Verzugshöhe. Die Regelung nach § 543 Abs. 1 BGB stellt keine „schematische und generalisierte Regelung"[594] dar. Aus diesem Grund ist die „6+13"-Regel in dem betreffenden

---

586 Blank WuM 2014, 548 (549).
587 BGH WuM 2006, 193 (194).
588 BGH WuM 2006, 193 (193 f.); Blank, in: Blank/Börstinghaus, Miete, § 543 Rn. 13, 15; Blank, in: Schmidt-Futterer, Mietrecht, § 543 Rn. 173.
589 Blank, in: Blank/Börstinghaus, Miete, § 543 Rn. 16.
590 AG Würzburg, Az. 13 C 900/14, juris, Rn. 1 ff.
AG Würzburg, Az. 13 C 900/14, juris, Rn. Ls. 1.
591 LG Würzburg, Az. 42 S 406/13, juris, Rn. 1 ff.
592 Blank WuM 2014, 548 (549).
593 Blank WuM 2014, 548 (548).
594 Blank WuM 2014, 548 (549).

Einzelfall die Grundlage zur Prüfung des Vorliegens des Nachhaltigkeitskriteriums. Eine generelle Anwendbarkeit ist aufgrund des zuvor ausgeführten Normcharakters zu verneinen. Bei ähnlich gelagerten Streitfällen findet diese Regel jedoch im Sinne der richterlichen Rechtsfortbildung Beachtung.

Einschlägige Rechtsprechungen bejahten die Frage nach der Wirksamkeit der Kündigung unter anderem bei 48[595], 22[596], zwölf[597] bzw. mehr als zwölf[598], neun aufeinanderfolgender (trotz mehrfacher Abmahnungen)[599], sechs (in neun Monaten)[600] oder drei[601] unter Verzug vorgenommenen Zahlungen. Dagegen steht unter anderem eine Rechtsprechung[602], die acht Zahlungsverzüge als Rechtfertigung einer außerordentlichen fristlosen Kündigung nicht annimmt.

Um die Nachhaltigkeit bejahen zu können, lässt sich ein Minimum an verspäteten Zahlungen aus der Rechtsprechung nicht ableiten. Vielmehr ist eine wertende Betrachtung notwendig.[603]

Zur Prüfung der Unzumutbarkeit ist die Dauer der Terminüberschreitung einzubeziehen. Die Festlegung einer exakten Mindestdauer ist auch an dieser Stelle nicht möglich.[604]

Nicht in die Betrachtung fließt die jeweilige örtliche Gerichtspraxis. Diese könnte jedoch in Abhängigkeit des jeweiligen Gerichtsbezirkes Einfluss auf die Anwendbarkeit dieses Kündigungstatbestandes nehmen.

Die Tatbestandsvoraussetzung der Unzumutbarkeit ist der Regelung der Kündigung aus wichtigem Grund eines Dienstverhältnisses gem. § 626 Abs. 1 BGB nachgebildet.[605] Wie im Bereich des Arbeitsrechts könnte daher abgeleitet werden, dass die Kündigung lediglich dann anwendbar sein soll, wenn aufgrund von wesentlichen Nachteilen der Ablauf der ordentlichen Kündigungsfrist (gem. § 573 Abs. 1 BGB) für den Vermieter unzumutbar wäre.[606] Fraglich ist, ob diese Ableitung bereits aufgrund des Wortlautes „bis zu sonstigen Beendigung“ (gem.

595 LG Köln WuM 1991, 485 (485).
596 BGH JurionRS 1969, 11930, Rn. 1 ff.
597 LG Itzehoe WuM 1991, 99 (99).
598 AG Berlin-Tempelhof/ Kreuzberg GE 1981, 817 (817).
599 OLG Düsseldorf openJur 2011, 61222, Rn. 21 ff.
600 LG Frankfurt a.M. NZM 2011, 152 (152).
601 LG Berlin GE 1993, 1097 (1097).
602 LG Lüneburg WuM 1995, 705 (705).
603 BGH WuM 2006, 193 (194).
604 Blank WuM 2014, 548 (549).
605 BT-Drucks. 14/4553, S. 43 ff.
606 Blank WuM 2014, 548 (549).

§ 543 Abs. 1 S. 2 BGB) obsolet ist. Neben der ordentlichen Kündigung oder einer gemeinsamen Aufhebung des Mietverhältnisses der Vertragsparteien, kommt diesbezüglich keine weitere Beendigungsform in Betracht. Der Wortlaut „sonstige“ ist damit im Wesentlichen unter der Anwendung des § 573 Abs. 1 BGB zu lesen. Die Anwendung der fristlosen Kündigung ist somit auszuschließen, wenn für den Vermieter eine ordentliche Kündigung gem. § 573 Abs. 1 BGB zumutbar ist.

Damit könnte, anlehnend an die richterliche Praxis im Arbeitsrecht[607], die Anwendung der außerordentlichen fristlosen Kündigung möglicherweise als *ultima ratio* gesehen werden.

Der Vermieter müsste ausführlich darlegen, warum ihm die Einhaltung der ordentlichen Kündigungsfrist nicht zugemutet werden kann. Dies ist insbesondere dann herausfordernd, wenn die wirtschaftlichen Aspekte dabei nicht zu berücksichtigen sind. Aber gerade im Falle eines privaten Vermieters, kann die Einhaltung der ordentlichen Kündigungsfrist einen erheblichen wirtschaftlichen Schaden begründen, da die Kompensationsfähigkeit eines Mietausfalles bei dieser Anbietergruppe regelmäßig viel geringer ist. Wird die Prüfung der Anwendung der ordentlichen Kündigungsfrist im Falle der dauerhaft unpünktlichen Zahlung vorgenommen, ist selbst die Argumentation des wirtschaftlichen Schadens nicht überzeugend, da es sich nicht um einen Mietausfall im eigentlichen Sinne handelt, sondern lediglich um einen zeitlich versetzten Zahlungseingang.

Erschwerend kommt hinzu, dass das Verhalten des Mieters regelmäßig bereits mehrere Monate anhält und somit dem Vermieter die Einhaltung der ordentlichen Kündigungsfrist (gem. § 573c Abs. 1 BGB) i.H.v. weiteren drei bis neun Monate zumutbar ist.

Folgerichtig bezieht der BGH jedoch die ordentliche Kündigung nicht als milderes Mittel im Rahmen der Kündigungsprüfung ein.[608] Vielmehr ist die Kündigungsmöglichkeit lediglich in „nicht schematisch bestimmbaren Einzelfällen“[609] eingeschränkt.

Andernfalls wäre die ordentliche Kündigung als milderes Mittel nahezu immer gegenüber der außerordentlichen fristlosen Kündigung vorzuziehen und der Tatbestand der außerordentlich fristlosen auf den der ordentlichen fristgemäßen Kündigung degradiert.

---

607 Stückmann/Kohlepp RdA 2000, 331 (331-341).

608 BGH WuM 2006, 193 (193 ff.).

609 BGH WuM 2006, 193 (194).

Die umfassende Interessensabwägung hinsichtlich des Vorliegens einer nachhaltigen Pflichtverletzung ist Aufgabe des erstinstanzlichen Gerichtes.[610] Der Tatrichter stellt damit die maßgebenden Tatsachen fest und würdigt diese unter Berücksichtigung der geltenden Maßstäbe. Das Revisionsgericht überprüft lediglich ob diese Tatsachen fehlerfrei geprüft, vollständig festgestellt und entsprechend gewürdigt worden sind. Vorliegend erfolgt unter anderem die Prüfung, ob das Instanzgericht frei von Rechtsfehlern festgestellt hat, dass grundsätzlich fortlaufend unpünktliche Mietzahlungen eine fristlose Kündigung rechtfertigen können.[611]

In anderen Worten überprüft das Revisionsgericht die Bewertung und nimmt keine erneute voll- und eigenständige Bewertung der Sachlage vor. Damit wird dem erstinstanzlichen Gericht ein Beurteilungsspielraum eingeräumt.[612]

Die Wirksamkeit einer außerordentlichen Kündigung wird damit maßgeblich von den Instanzgerichten und damit von den Entscheidungen des jeweiligen Tatrichters geprägt.

Bei der umfassenden Interessensabwägung ist nicht ausschließlich der Zeitraum der Störungen, sondern auch der Zeitraum des störungsfreien Verlaufes des Mietverhältnisses einzubeziehen.[613]

Sofern es sich demnach um ein ansonsten störungsfreies Mietverhältnis handelt und der Mieter nunmehr wenige Monate der Mietzahlungsverpflichtung mit geringer Zeitverzögerung nachgekommen ist, rechtfertigt dies keine außerordentliche Kündigung gem. § 543 Abs. 1 S. 2 BGB.[614]

Nach § 543 Abs. 3 S. 1 BGB bedarf es grundsätzlich des Ablaufes einer angemessenen Fristsetzung oder einer erfolglosen Abmahnung. Die Ausnahmetatbestände bilden § 543 Abs. 3 S. 2 Nr. 2 und Nr. 3 BGB.

Sinn und Zweck einer Abmahnung ist es dem Mieter die Gelegenheit zur Änderung seines (Zahlungs-) Verhaltens zu geben.[615]

Nach der Rechtsprechung des BGH sind „wiederkehrende Vertragsverletzungen des Mieters nicht schon deshalb in einem milderen Licht zu sehen, weil der Vermieter sie zunächst hinnimmt, ohne den Mieter alsbald abzumahnen“[616].

---

610 BGH WuM 2006, 193 (194).
611 LG Berlin WuM 2016, 490 (490).
612 Blank, in: WuM 2014, 548 (549).
613 LG Berlin WuM 2017, 26 (26).
614 LG Berlin WuM 2017, 26 (26).
615 BT-Drucks. 14/5663, S. 69.
616 BGH WuM 2011, 418 (419).

Begründet wird dies damit, dass im Allgemeinen kein Anlass gesehen wird, dass aus Sicht des Mieters die ausbleibende Reaktion des Vermieters auf eine verspätete Mietzahlung derart zu deuten ist, dass dieser die Vertragsverletzung als Bagatelle ansieht.[617] Aus der Duldung eines derartigen Zustandes lässt sich vereinzelnd zwar keine Billigung ableiten.[618] Eine ausbleibende Reaktion des Vermieters ist jedoch dann zu dessen Lasten zu werten, wenn er die verspäteten Mietzahlungen „über Jahre oder gar Jahrzehnte widerspruchslos hinnimmt“[619]. Begründet wird dies wiederum damit, dass der Vermieter erst mit dem Aussprechen der Abmahnung den Anschein beseitigt, den zuvor wiederkehrenden Vertragsverletzungen kein erhebliches Gewicht beigemessen zu haben und den Anschein, dass seine Interessen nicht wesentlich beeinträchtigt wurden.[620] Ohne eine entsprechende Rüge des Fehlverhaltens, liegt der Wille des Vermieters zur Vertragsfortführung nahe. Der Vermieter vermittelt damit den Anschein ein solches Fehlverhalten dulden zu wollen.[621] Davon abzugrenzen ist jedoch wiederum eine Großzügigkeit des Vermieters.[622]

Aufgrund der umfassenden Interessensabwägung ist es auf Seiten des Vermieters wichtig, dass der Mieter nicht lediglich einmalig abgemahnt wird. Der Vermieter muss dem Mieter regelmäßig verdeutlichen, dass er dieses unpünktliche Zahlungsverhalten nicht dauerhaft duldet und er zwingend sein Zahlungsverhalten ändern muss.[623]

Dabei ist es wichtig eine gewöhnliche Abmahnung von einer qualifizierten Abmahnung abzugrenzen. Die qualifizierte Abmahnung beinhaltet eine Kündigungsandrohung.[624] Ziel und Zweck der Abmahnung ist nicht die Vorbereitung der Kündigung, sondern sie soll dem Mieter vielmehr die Gelegenheit geben, das beanstandete Verhalten zu ändern.[625] Ebenso soll der Mieter vor der Fortsetzung dieses vertragswidrigen Verhaltens gewarnt werden.[626] Mit der Änderung des Zahlungsverhaltens, nach Zugang einer qualifizierten Abmahnung, soll die

---

617 BGH WuM 2011, 418 (419).

618 Blank, in: Blank/Börstinghaus, Miete, § 543 Rn. 12.

619 BGH WuM 2011, 418 (419); Zustimmend Z. 464 ff. Anhang VI dieser Ausarbeitung.

620 BGH WuM 2011, 418 (419).

621 BGH WuM 2011, 418 (419).

622 OLG Rostock OLG-NL 2003, 50 (51).

623 BGH WuM 2010, 495 (498)

624 BGH WuM 2006, 193 (195).

625 BT-Drucks. 14/5663, S. 69; Riecke, in: AnwaltKomm BGB, § 543 Rn. 35.

626 Blank, in: Schmidt-Futterer, Mietrecht, § 543 Rn. 180; LG Berlin BeckRS 2010, 1628; Wiederhold, in: Bamberger/Roth/Hau/Poseck, BeckOK, BGB, § 543 Rn. 52.

Wiederherstellung der Vertrauensgrundlage zwischen Mieter und Vermieter erreicht werden.[627]

Hinsichtlich der Gesamtabwägung ist damit das Verhalten nach Zugang der Abmahnung entscheidend. Dieses muss dazu geeignet sein das Vertrauen des Vermieters in ein pünktliches Zahlungsverhalten des Mieters wiederherzustellen.[628] Bereits eine daraufhin weitere unpünktlichen Zahlung, kann die fristlose Kündigung gem. § 543 Abs. 1 BGB rechtfertigen.[629]

Insbesondere liegt ein solcher Fall vor, wenn der Mieter sein Zahlungsverhalten nach Zugang einer qualifizierten Abmahnung völlig unverändert fortsetzt und damit signalisiert, dass er nicht bereit ist seine zögerliche Zahlungsweise ernsthaft auf Dauer abzustellen.[630] Es bedarf also nicht zwingend der dreimalig wiederholten unpünktlichen Mietzahlung innerhalb eines Jahres nach Zugang der qualifizierten Abmahnung.[631] Auch bedarf es im Moment des Aussprechens der Kündigung keines Mietrückstandes.[632] Unpünktliche Mietzahlungen in der Vergangenheit reichen aus, womit sich ein Wohlerhalten im Nachgang der fristlosen Kündigung folgerichtig nicht mehr auswirkt.[633] Zwischen der Abmahnung und einer solchen Kündigung muss jedoch ein Zeitraum vergehen, der dem Mieter genügend Zeit zur Verhaltensänderung bietet.[634] Anders ausgedrückt soll die Abmahnung eine letztmalige Chance zur vertragsgemäßen Verhaltensänderung geben.[635] Andernfalls ist die Kündigung, welche unmittelbar nach der Abmahnung ausgesprochen wurde, unwirksam.[636] Dies ist widersprüchlich entgegen der Möglichkeit der fristlosen Kündigung bei lediglich einer erneuten unpünktlichen Mietzahlung[637].

---

627 BGH WuM 2006, 193 (195).

628 Blank, in: Schmidt-Futterer, Mietrecht, § 543 Rn. 62 ff., 180; Zürn, in: Hannemann/Wiegner, Mietrecht, § 65 Rn. 81; LG Dresden BeckRS 2016, 112297, Rn. 3.

629 BGH WuM 2011, 674 (675).

630 BGH WuM 2006, 193 (195).

631 BGH WuM 2006, 193 (195).

632 LG Berlin GE 1983, 715 (715).

633 BGH JurionRS 1987, 15130, Rn. 14 ff.; Blank, in: Blank/Börstinghaus, Miete, § 543 Rn. 12.

634 LG Berlin WuM 2016, 490 (490 f.).

635 BT-Drucks. 14/5663, S. 69; Riecke, in: AnwaltKomm BGB, § 543 Rn. 35.

636 Blank, in: Schmidt-Futterer, Mietrecht, § 543 Rn. 180; Blank, in: Blank/Börstinghaus, Miete, § 543 Rn. 180; LG Berlin BeckRS 2011, 28820, Rn. II. 1.

637 BGH WuM 2011, 674 (675).

Gerade in Sachverhaltskonstellationen, in den der Vermieter über einen längeren Zeitraum hinweg keinerlei Reaktionen auf ein derartiges Zahlungsverhalten gezeigt hat, gewinnt eine solche Abmahnung an Bedeutung.[638] Im Sinne der Rechtssicherheit und der Grundsätze dieses Konzeptes sind im Einzelfall ggf. mehrere ordnungsgemäße und qualifizierte Abmahnungen zuzustellen. Diese sind in einem zeitlichen Abstand vorzunehmen, der eine Verhaltensänderung des Betroffenen ermöglicht.

Ein unpünktlicher Mietzahlungseingang stellt hier einen erheblichen Verwaltungsaufwand dar. Dies erkennt auch der BGH und bewertet diesen sogar als „unzumutbaren Verwaltungsaufwand"[639].

Neben den regelmäßigen Mahnläufen steht vor allem die rechtmäßige Verbuchung der unpünktlichen (und regelmäßig unvollständigen) Mietzahlungen im Vordergrund. Zahlt der Mieter beispielsweise nicht fristgemäß, sondern einen Monat verspätet, so werden durch automatisierte Buchungsvorgänge der aktuelle, und damit nicht der eigentlich auszugleichende Monat, verrechnet. Buchhalterisch ist jedoch die rechtmäßige Verbuchung des Zahlungseinganges zu gewährleisten.

Nach § 366 Abs. 1 BGB kann der Schuldner bei der Mietzahlung die Leistung bestimmen. Nimmt er keine ausdrückliche oder konkludente Leistungsbestimmung vor, so werden die Zahlungen i.S.v. §§ 367, 366 Abs. 2 BGB zunächst auf die Kosten und dann auf die Zinsen gebucht. Im Anschluss wird die Forderung gem. § 366 Abs. 2 BGB getilgt, die dem Vermieter eine geringere Sicherheit bietet, unter mehreren gleich sicheren, die dem Schuldner lästigere, bei gleich lästigen die ältere Schuld und bei gleichaltrigen erfolgt eine verhältnismäßige Tilgung.

Hinsichtlich des Kriteriums der geringen Sicherheit sind demnach zunächst die Vorauszahlungen auf die Betriebskosten zu tilgen, da diese nach Eintritt der Abrechnungsreife (i.S.v. § 556 Abs. 3 S. 2 BGB) nicht mehr geltend gemacht werden können.[640]

Das Kriterium des Alters ist darauf zurückzuführen, dass ältere Mietrückstände (gem. § 199 Abs. 1 BGB) zuerst verjähren.[641]

Bereits bei der Betrachtung der relativ komplexen Verrechnungsreihenfolge, wird deutlich, dass in Sachverhalten mit einer nicht vertragsgemäßen

---

638 LG Berlin WuM 2016, 490 (490).

639 BGH NZM 2016, 635 (636).

640 BGH NZM 2018, 444 (451); OLG Rostock, Az. 3 U 153/99, juris, Rn. 63; LG Berlin BeckRS 1999, 30946956 Rn. II. (1); Schmid NZM 2001, 705 (705).

641 BGH NZM 2018, 444 (451).

Mietzahlung ein automatisierter Buchungsvorgang regelmäßig buchhalterisch manuell korrigiert werden muss.

Die sach-, zeit- und rechtmäßig korrekte Verbuchung stellt in der Praxis einen nicht unerheblichen Mehraufwand dar. Jene Komplexität untermauert der BGH[642] im Zusammenhang mit einer Saldoklage des Mieterkontos. Innerhalb einer Kommentierung ist das Mieterkonto als ein „oftmals chaotischen Zahlenwerk"[643] beschrieben. Diese Zustandsbeschreibung wird regelmäßig zutreffen, sofern der Mieter seiner Zahlungspflicht lediglich unregelmäßig und/oder unvollständig nachkommt und die Soll- und Habenbuchungen sich eben nicht ausgleichen. Es ist dann eine regelmäßig umfassende buchhalterische Bereinigung des Mieterkontos zur korrekten, im Forderungsmanagement verwendbaren und den Maßstäben der Begründetheit der Klage[644] (§ 253 Abs. 2 Nr. 2 ZPO) entsprechenden Darstellung notwendig.

Auf die Wichtigkeit einer solchen Darstellung ist bereits aufgrund des andernfalls bestehenden Risikos des Forderungsverlustes[645] hinzuweisen.

Einzelfallabhängig kann der Personalaufwand, je nach Zahlungsmoral des Mieters und Höhe der vereinnahmten Miete, für die korrekte Aufschlüsselung des Mieterkontos größer als die Einnahmen sein. Gewichtiger sind jedoch die Opportunitätskosten, die dadurch entstehen, dass durch die Fokussierung der Sachverhalte mit unpünktlicher Mietzahlungen, alternativ zu bearbeitende (und ggf. werthaltige/-re) Forderungsfälle nicht unmittelbar priorisiert bearbeitetet werden können. Ein Abbau dieser würde dagegen unmittelbar positiv das Betriebsergebnis beeinflussen.[646]

Zinsnachteile des Vermieters finden an dieser Stelle Erwähnung, werden aber aufgrund des derzeit niedrigen Zinsniveaus nicht weiter ausgeführt.

Letztlich finden die wirtschaftlichen Interessen des Vermieters in Bezug auf die Rechtmäßigkeit der aufgrund einer schleppenden Mietzahlung ausgesprochenen Kündigung keine nennenswerte Beachtung. Dies gilt auch für die einzelnachweislich aufgeworfene Frage, ob der Vermieter aufgrund eigener Zahlungsverpflichtungen auf diese Mieteinnahmen angewiesen ist.[647]

---

642 BGH NZM 2018, 444 (444 ff.).

643 BGH NZM 2018, 444 (454).

644 BGH NZM 2018, 444 (446 ff.).

645 BGH NZM 2018, 444 (454).

646 Z. 53 ff. Anhang IV dieser Ausarbeitung; 3. Teil, S. dieser Ausarbeitung.

647 Blank WuM 2014, 548 (549).

Für eine vertragsgemäße Mietzahlung ist hier nicht nur der vollständige, sondern insbesondere auch der fristgemäße Eingang der Mietzahlungen maßgeblich.

Leiden die wirtschaftlichen Interessen der Vermieter, so beeinträchtigt dies die Schaffung dringend benötigten neuen Wohnraumes. Wohnungsmarkt abhängig, kann dies eine weitere Verengung auf einem ggf. ohnehin bereits angespannten Markt bewirken.

Im Ergebnis benachteiligt dies Familien mit niedrigeren bzw. mittleren Haushaltsnettoeinkommen bei der Wohnungssuche. Das wirtschaftliche Interesse des Vermieters ist aus wohnungspolitischer Sicht und damit im Interesse der Allgemeinheit schützenswert.

Die Pünktlichkeit der Mietzahlung ist damit ebenso schutzwürdig wie der über die Regelbeispiele des § 543 Abs. 2 S. 1 Nr. 3 BGB hergestellte Vollständigkeitsschutz. Dies gilt auch, wenn an dieser Stelle einzuräumen ist, dass die hier dargestellte Rechtslage nicht alleine verantwortlich für eine wirtschaftliche Schlechterstellung des Vermieters ist.

Fernab der Fragen nach dem tatsächlich drohenden wirtschaftlichen Schaden, steht hier zunächst die Wirksamkeit einer derartigen Kündigung in der Betrachtung. Wirtschaftliche Aspekte werden nicht unmittelbar zur Begründung der Anwendung dieser Kündigungsmöglichkeit herangezogen. Vielmehr soll aufgezeigt werden, dass eine höhere Rechtssicherheit die Position des Vermieters stärkt. Durch eine rechtssicherere Nutzung könnte der Mieter zu einem vertragsgemäßen Zahlungsverhalten angeleitet werden. Dies wiederum trägt zu einer Stärkung eines kooperativen Mietverhältnisses im Sinne dieses Konzeptes bei.

Der Weg hin zu einem kooperativen und vertragsgemäßen Mietverhältnis führt vorliegend über die Kündigung und mithin über die inhaltliche Ausgestaltung des Kündigungsschreibens.

Die Voraussetzung der Benennung des Kündigungsgrundes gem. § 569 Abs. 4 BGB, gilt auch für § 543 Abs. 1 und Abs. 2 BGB.[648] Aus hiesiger Sicht soll das Kündigungsschreiben dem Kündigungsempfänger erkennen lassen, auf welches Verhalten diese Kündigung gestützt ist. Daraus soll dem Mieter nicht nur die Möglichkeit gegeben werden zu erkennen, wie er sich im streitigen Prozess verteidigen könnte.[649] Vielmehr ist zu verdeutlichen, welches Fehlverhalten des Mieters den Vermieter zu diesem Schritt bewogen hat, um dieses

648 Emmerich, in: Staudinger, BGB, § 569 Rn. 2; Lammel, in: Wohnraummietrecht, AnwaltKomm, § 569 Rn. 53; Häublein, in: MüKo, BGB, § 569 Rn. 36; Wöstmann, in: Bamberger/Roth/Hau/Poseck, BeckOK, BGB, § 569 Rn. 27.

649 BGH WuM 2006, 193 (194 f.).

zukünftig abstellen zu können, um weiterhin die Wohnraumerhaltung realisieren zu können.

Hinsichtlich der inhaltlichen Anforderungen an die Begründung dürfen keine zu hohen oder übertriebenen formalistischen Anforderungen gestellt werden.[650] Der BGH verlangt lediglich bei streitigen Zahlungseingängen eine Darlegung dieser.[651] Hier wird die Darlegung sämtlich unter Verzug gezahlten Mieten ohnehin empfohlen. Dies gilt auch dann, wenn zwischen den Vertragsparteien kein Streit über den Zeitpunkt der Zahlungseingänge existiert. Diese Empfehlung soll in erster Linie dem umfassenden Verständnis des Gekündigten dienen. Erst wenn dem Gekündigte sein Fehlverhalten bewusst ist, kann er in die Lage versetzt werden dieses zukünftig vertragsgemäß anzupassen. Im Hinblick auf eine umfassende Interessensabwägung i.S.v. § 543 Abs. 1 S. 2 BGB, dient dies als eine überblickartige Sachverhaltsdarlegung und trägt hier zeitgleich zur Steigerung der Rechtssicherheit und zur Zielerreichung der vertragsgemäßen Mietzahlung bei.

Bei der Begründung des Kündigungsschreibens ist auf die vorausgegangene(n) qualifizierten Mahnung(en) Bezug zu nehmen. Die Begründung der Abmahnung sollte derart umfassend sein, dass ein objektiver Dritter die Pflichtverletzungen ohne nähere Sachverhaltskenntnis erkennen und nachvollziehen kann.

Bei der Entstehung eines Mietrückstandes ist der betreffende Mieter schnellst möglichst im Rahmen des telefonischen Forderungsmanagements zu kontaktieren. Parallel dazu sollte aus Gründen der Rechtssicherheit, im Hinblick auf eine mögliche Beweislast, eine schriftliche Abmahnung des Verzuges erfolgen. Dies kann im Rahmen des Mahnlaufes vorgenommen werden. Handelt es sich um einen Mieter, der bereits mehrfach seine Mietzahlung unpünktlich geleistet hat, so ist dieser gesondert mittels einer qualifizierten Mahnung auf sein Fehlverhalten hinzuweisen.

Für den Mieter muss erkennbar sein, dass ein derart unpünktliches Zahlungsverhalten zukünftig nicht geduldet wird und anhaltend zur Wohnungslosigkeit führt. Zielsetzung ist die Erfüllung der zuvor ausgeführten inhaltlichen Anforderungen an eine qualifizierte Abmahnung. Diese sollte sich inhaltlich deutlich von einer gewöhnlichen Abmahnung im Rahmen des regelmäßigen Mahnlaufes unterscheiden. Es sollte konkret dargelegt werden, zu welchen Terminen sich der Mieter mit der Zahlung der Miete in Verzug befunden hat.

---

650 BGH WuM 2004, 97 (98).

651 BGH WuM 2006, 193 (196).

Als Abgrenzungshilfe kann festgehalten werden, dass die Erstellung einer qualifizierten Mahnung eine intensivere Auseinandersetzung mit dem Einzelfall voraussetzt.

Letztlich ist die qualifizierte Abmahnung anzuwenden, wenn der Mietvertragspartner dauerhaft unpünktlich zahlt und die weitere Eskalationsstufe des frühestmöglichen Kündigungszeitpunktes zur zukünftigen Verhaltensbesserung genutzt werden soll.

Neben der Schaffung einer möglichen Kündigungsgrundlage zur Realisierung des frühestmöglichen Kündigungszeitpunktes, kann die Abmahnung bereits erfolgswirksam zur Änderung des Zahlungsverhaltens sein.

Sofern die Tatbestandsvoraussetzungen der fristlosen Kündigung erfüllt sind, sollte von dieser Möglichkeit Gebrauch gemacht und im Rahmen dessen die hilfsweise ordentliche Kündigung ausgesprochen werden.

Das Aussprechen der Kündigung soll einen nachhaltigen Kontakt zum Mietvertragspartner herstellen. Dieser ist zur kooperativen Erarbeitung von Lösungsansätzen zur Realisierung der Wohnraumerhaltung zu nutzen.

Anders als die speziellen Kündigungsbeispiele nach § 543 Abs. 2 S. 1 Nr. 3 BGB, bedarf es keiner Schwellenwertüberschreitung. Es handelt sich in jedem Fall um eine Einzelfallentscheidung. Gelingt die Kontaktaufnahme jedoch ohne des Aussprechens der Kündigung, sollte die Priorität zunächst in der Beratung des Schuldners liegen. Das Aussprechen der Kündigung wird zunächst zurückgestellt. Sofern sich die Kontaktaufnahme als nicht nachhaltig erweisen sollte, ist hier entsprechend eines Experten die Kündigungsmöglichkeit zu nutzen.[652]

Eine im Ergebnis zurückhaltendere Anwendung dieses Kündigungstatbestandes ist zu befürworten, weil der Schaden für den Vermieter bei Zahlung unter Verzug, verglichen mit einem tatsächlichen Zahlungsausfall, wirtschaftlich vertretbarer ist.

Bestehen auf Seiten des Vermieters nicht unerhebliche Zweifel für die Erfüllung der Tatbestandsvoraussetzungen einer fristlosen Kündigung, so ist aus Gründen der Rechtssicherheit ausschließlich auf die ordentliche Kündigung i.S.v. § 573c BGB zurückzugreifen. Andernfalls ist der Kündigende zum Schadensersatz verpflichtet.[653] Der ausschließliche Gebrauch der ordentlichen Kündigung sollte jedoch lediglich zurückhaltend genutzt werden. Zweifel an der Rechtmäßigkeit der fristlosen Kündigung sollten regelmäßig nicht bestehen, wenn die vorstehenden Handlungsempfehlungen berücksichtigt werden und

---

652 Z. 229 ff. Anhang III dieser Ausarbeitung.

653 BGH WM 1984, 370 (372); BGH NJW 1998, 1268 (1268); BGH NZM 2002, 291 (291).

in der Gesamtschau des Sachverhaltes eine entsprechende Kündigungsrelevanz objektiv gegeben ist.

Nach einem Experten benötigt der Schuldner entsprechend Zeit sein bisheriges, ggf. sogar durch den Vermieter zeitweilig toleriertes, Zahlungsverhalten anzupassen, wobei neben der Gewohnheit, die wirtschaftlichen Verhältnisse entscheidend sind für den Zeitbedarf der Umstellung.[654]

Ein Lösungsansatz kann z.B. die Vereinbarung einer Ratenzahlung sein. Der Vermieter vereinbart mit dem Schuldner, dass dieser vor der monatlichen Fälligkeit einen Teilbetrag einzahlt. Dieser Teilbetrag ist bis zur Fälligkeit der monatlichen Miete ein entsprechendes Guthaben. Die Raten sind solange zu leisten bis das Guthaben die Höhe des zwischenzeitlichen Zahlungsverzuges entspricht.[655]

Alternativ kann bereits die Änderung der Zahlungsart zielführend sein.[656]

Eine solche gemeinsame Lösungsfindung wird im Rahmen eines Experteninterviews als charakteristisch für das Soziale Forderungsmanagement bezeichnet.[657]

Der Vollständigkeit halber wird darauf hingewiesen, dass das Festhalten an einem Räumungsanspruch im Einzelfall rechtsmissbräuchlich sein kann. Dies ist der Fall, wenn sich das Zahlungsverhalten im Nachgang an die Kündigung nachhaltig geändert hat, der Vermieter weiterhin an seiner Kündigung festhalten und seinen Räumungsanspruch durchsetzen möchte.[658] Diese Gefahr sollte jedoch lediglich theoretischer Natur sein, da der BGH im Rahmen einer unpünktlichen Mietzahlung das im Kündigungsnachgang geänderte Zahlungsverhalten als nicht mehr relevant zur Beurteilung der Kündigung hält.[659]

Aufgrund der hier permanent verfolgten Zielsetzung der Wohnraumerhaltung, ist die Gefahr eines rechtsmissbräuchlichen Festhaltens am Räumungsanspruch ohnehin hier nicht vorhanden. Sollte eine Räumungsklage bereits anhängig sein und sich das beabsichtigte vertragsgemäße Zahlungsverhalten eingestellt haben, bietet es sich an, eine Erledigung mittels einer entsprechenden Erklärung i.S.v. § 91a Abs. 1 S. 1 ZPO herbeizuführen. Sofern die fristlose Kündigung dann wirksam erfolgte, trifft den Beklagten die Kostenlast.[660]

---

654 Z. 448 ff. Anhang VI dieser Ausarbeitung.
655 Z. 226 ff. Anhang III, Z. 460 ff. Anhang VI dieser Ausarbeitung.
656 3. Teil, C. dieser Ausarbeitung.
657 Z. 451 ff. Anhang VI dieser Ausarbeitung.
658 LG Berlin GE 1994, 459 (459).
659 BGH JurionRS 1987, 15130, Rn. 14 ff.
660 LG Berlin BeckRS 2010, 9999, Rn. II. 4.

Letztlich ist die Praxisrelevanz zur Vermeidung der wirtschaftlichen Beeinträchtigungen und zur Wiederherstellung des Vertrauens in die Zuverlässigkeit des Mieters und der damit verbundenen Notwendigkeit eines möglichst transparenten und rechtssicher anwendbaren Kündigungstatbestandes der unpünktlichen Mietzahlung gegeben.

Durch das Fehlen der konkreten Regelungsbeispiele, ist der differenzierende Konkretisierungsgrad gegenüber den Kündigungsgründen des Zahlungsausfalles gem. § 543 Abs. 2 S. 1 Nr. 3 BGB deutlich.

Mit Rückgriff auf den ungeschriebenen Kündigungsgrund geht ein hohes Maß an Rechtsunsicherheit der eigentlichen Anwendbarkeit und der anschließenden Rechtsdurchsetzbarkeit einher.

Gleichbedeutend damit ist ein Anstieg der Transaktionskosten zur rechtlichen Prüfung des möglicherweise kündigungsrelevanten Zahlungsverhaltens unvermeidbar. Für den Mieter bzw. dessen Rechtsbeistand bedeutet eine klar verständliche und fixierte Regelung ebenso eine eindeutige Vorhersehbarkeit der Rechtsfolgen. Diese Rechtsunsicherheiten gefährden darüber hinaus nachhaltig den Rechtsfrieden zwischen den Vertragspartnern. Unter Rechtsfrieden ist in diesem Zusammenhang insbesondere die Kooperation zwischen den Vertragspartner subsumierbar.

Die fehlende Konkretisierung eines Kündigungstatbestandes führt ebenso zur Mehrbelastung der Gerichtsbarkeiten.

Eine ausdrückliche gesetzliche Fixierung kann daher die Verfahren vereinfachen und beschleunigen, da andernfalls eine umfassende Einzelfallbetrachtung i.S.v. § 543 Abs. 1 BGB erforderlich ist.

Darüber hinaus kann eine gesetzliche Fixierung die Regelung des § 556b Abs. 1 BGB schützen und entsprechend stärker gewichten. Jeder Zahlungsverzug ist als Vertragsverletzung i.S.v. § 556b Abs. 1 BGB zu bewerten. Derzeit steht dem Vermieter jedoch kein transparentes Schutzinstrument gegen einen dauerhaft zeitweilig im Hinblick auf die Zahlungspünktlichkeit vertragswidrig verhaltenden Mieter zur Verfügung.

Abhilfe schafft eine ausdrückliche gesetzliche Fixierung. Dies erhöht die Rechtsklarheit, die beiderseitige Prognostizierbarkeit und damit letztlich die die Rechtssicherheit. Auch dies ist eine Ausprägung des Sozialcharakters.[661]

Gegen eine zunehmende Konkretisierung des Kündigungstatbestandes spricht jedoch die Einzelfallgerechtigkeit. Befürwortet wird die Expertenaussage[662],

661 2. Teil, F., II., 3. dieser Ausarbeitung.

662 Z. 489 ff. Anhang VI dieser Ausarbeitung.

dass die Gerichte im Rahmen des Auffangtatbestandes einzelfallbezogen reagieren können. Fraglich ist dennoch, ob eine allseits umfassend abgewogene Entscheidung zielführend ist. Wird dies angenommen, so müssten die kündigungsrelevanten Beispiele gem. § 543 Abs. 2 S. 1 Nr. 3 lit. a-b BGB ebenfalls losgelöst von starren und rein objektiven Voraussetzungen betrachtet werden. Dies würde im Ergebnis gegen die Charakteristik und den Zweck dieser typisierten Zahlungsverzüge sprechen. Vielmehr sollte doch zumindest ein transparentes Mindestschutzniveau erreicht werden. Bezweifelt wird demnach nicht, dass es derzeit einzelfallabhängige Beurteilungen der Sachverhalte gibt, sondern es ist fraglich, ob diese untereinander ein vergleichbares Schutzniveau abbilden und nicht mehrheitlich von (zumindest teilweise) subjektiven Entscheidungen der Tatrichter abhängig sind. Grundsätzlich wird festgehalten, dass je abstrakter und diffiziler der Kündigungstatbestand ausgestaltet ist, desto starrer wird dessen Anwendbarkeit. Mangels Flexibilität droht das Risiko, den Umständen des Einzelfalles nicht gerecht zu werden.

Im Ergebnis hängt die Rechtssicherheit insbesondere mit dem Konkretisierungsgrad des Kündigungstatbestandes zusammen.

Der Vermieter ist einerseits durch rechtssicher anwendbare Regelungen im Rahmen eines Zahlungsverzuges (§ 543 Abs. 2 S. 1 Nr. 3 lit. a-b BGB) geschützt, andererseits steht er in der täglichen Forderungspraxis sog. Dauerschuldnern gegenüber, vor deren vertragswidrigen Verhalten er sich mangels konkret anwendbarer Regelungsbeispiele lediglich unter der Inkaufnahme von erhöhten Transaktionskosten schützen kann. Ausdrücklich durch die gesetzlich typisierten Regelungsbeispiele geschützt ist der Vermieter erst bei Erreichen bzw. Überschreitung der verschiedenen Schwellenwerte.

Demnach muss gem. § 543 Abs. 2 S. 1 Nr. 3 lit. a Alt. 2 BGB ein Mietrückstand i.H.v. min. einer Monatsmiete und einem Cent vorliegen.[663]

Die Kündigungsmöglichkeit der dauerhaft unpünktlichen Mietzahlung i.S.v. § 543 Abs. 1 S. 2 BGB wird im Rahmen einer umfassenden Gesamtschau des Einzelfalles geprüft. Dies erzeugt ein gewisses Maß an Einzelfallgerechtigkeit, welches hingegen die gesetzlichen Regelbeispiele mitunter nicht zwingend gewährleisten können.

Unter der Berücksichtigung der zuvor ausgeführten einschlägigen Rechtsprechungen im Rahmen des Auffangtagbestandes gem. § 543 Abs. 1 S. 2 BGB, steht der Vermieter dem Schuldner zwar nicht schutzlos, jedoch unter der Inkaufnahme nicht unerheblicher rechtlicher Anwendungsrisiken gegenüber. Ein

---

663 3. Teil, F., I., 2., b) dieser Ausarbeitung.

rechtlich durchschnittlich geschulter Sachbearbeiter des Vermieters, wird nur erschwert die Anwendbarkeit der fristlosen Kündigung aufgrund dauerhaft unpünktlicher Mietzahlung beurteilen können.

Eine Kündigung basierend auf einer unsicheren Rechtsgrundlage, gefährdet den bestehenden Rechtsfrieden nachhaltig. Wie zuvor ausgeführt, wurde bereits vor Jahrzehnten die nicht regelmäßige und fristgerechte Mietzahlung als eine Gefährdung für das Vertrauensverhältnis zwischen den Vertragsparteien bezeichnet.

Bei der ständig unpünktlichen Mietzahlung handelt es sich um eine schwerwiegende Vertragsverletzung, vor welcher der Vermieter zu schützen ist.

Das partnerschaftliche Verhältnis, basierend auf Kooperation und Kommunikation, mit der Zielsetzung der Wohnraumerhaltung kann damit erheblich belastet werden, wenn eine Kündigung auf Grundlage eines Abwägungstatbestandes ausgesprochen wird.

Eine gesetzliche Fixierung ermöglicht dagegen die nachhaltige Stärkung des Vertrauensverhältnisses zwischen den Vertragsparteien. Die hier dargelegte Fokussierung auf das Vertrauensverhältnis, statt auf die rein wirtschaftlichen Interessen des Vermieters, entspricht den vorangegangenen Ausführungen innerhalb der Rechtsprechung.

Nur bedingt gefolgt wird der Auffassung eines interviewten Rechtsexperten[664], dass ein zusätzlich fixiertes Regelbeispiel lediglich eine weitere Aufsplittung der Norm bedeutet und damit die Rechtssicherheit nicht erhöht werden würde.

Letztlich existieren in der Praxis überwiegend zwei vertragswidrige Zahlungsmuster. Das eine ist der gänzliche Zahlungsausfall und das andere ist die dauerhaft unpünktliche Mietzahlung. Eine dritte Variante ist eine Mischung aus beidem, bei dem der Schutz jedoch über die Tatbestände gem. § 543 Abs. 2 S. 1 Nr. 3 lit. a-b BGB rechtssicher gewährleistet ist. Steht der Vermieter jedoch einem permanent unpünktlich zahlenden Mieter gegenüber, ist mangels transparenter Tatbestandsvoraussetzungen die Geltendmachung einer rechtssicheren Kündigung kaum möglich, da zudem weder eine höchstinstanzliche Rechtsprechung mit leitendem Charakter, noch einheitliche obergerichtliche Rechtsprechungen mit sich herauskristallisierenden Tatbestandsvoraussetzungen existieren.

Aufgrund der zuvor dargelegten Ausführungen wird für eine gesetzliche Fixierung eines entsprechenden Kündigungstatbestandes nach der Vorlage des nachfolgend hergeleiteten Regelungsentwurfes plädiert.

---

664 Z. 381 ff. Anhang VI dieser Ausarbeitung.

Nicht unterstützt wird hier die einzelne Forderung, dass es nunmehr Aufgabe der Instanzgerichte sei, mit Hilfe von Einzelfällen die neuen Grenzen der Kündigungsrelevanz zu bestimmen, da der BGH zu einer widersprüchlichen und vermieterfreundlichen Rechtsprechung hinsichtlich der fristlosen und fristgerechten Kündigung tendiert.[665] Diese Ausführung bestärkt vielmehr die Forderung nach einer klaren und transparenten Regelung und zunehmender Anwendungssicherheit für die Instanzgerichte.

Entscheidend ist hier, dass die geschaffene Rechtssicherheit, insbesondere mit Blick auf die Anwendbarkeit, das Verhältnis zwischen den Vertragsparteien stabilisieren und den Rechtsfrieden nachhaltig schützen kann.

bb) Regelungsentwurf § 543 Abs. 2 S. 1 Nr. 3 lit. c BGB

Die Darstellung des Regelungsentwurfes folgt im Anhang V. Durch die Tatbestände gem. gem. § 543 Abs. 2 S. 1 Nr. 3 lit. a – b BGB, wird der Schutz des Vermieters gegen einen Zahlungsverzug (der Höhe nach) hier als hinreichend bewertet.

Bezogen auf die Gesetzessystematik ist eine Erweiterung der vorgenannten Regelung um den Schutz des Vermieters vor zeitweise bestehenden, sich wiederholenden und abgemahnten Vertragsverletzungen konsequent.

Die Fixierung des Kündigungstatbestandes der unpünktlichen Mietzahlung vervollständigt den Regelkatalog und der Vermieter ist gegen einen immer wieder auftretenden zeitlich begrenzten Zahlungsverzug geschützt.

Bezugnehmend auf die Gesetzessystematik kann der Beispielkatalog gem. § 543 Abs. 2 S. 1 Nr. 3 BGB entsprechend um einen literarischen Kleinbuchstaben ergänzt und vervollständigt werden.

Die Anwendbarkeit des Kündigungstatbestandes ist in der Folge, ebenso wie der übrigen Regelbeispiele, nicht beschränkt auf Wohnraummietverträge gem. §§ 549 bis 577a BGB.

Einer grundsätzlichen Einstufung der dauerhaft unpünktlichen Mietzahlung als kündigungsrelevantes Fehlverhalten bedarf es nicht, da dies bereits durch die vorgenannten Rechtsprechungen bestätigt ist.

Inhaltlich transparent kann eine solche Regelung nur dann sein, wenn die Kündigungsrelevanz anhand von einer konkret darlegbaren Anzahl von Zahlungsverzügen bestimmbar ist. Andernfalls ist der Auffang- und Ermessenstatbestand nach § 543 Abs. 1 S. 2 BGB ausreichend.

---

665 Meyer-Abich NZM 2017, 97 (104).

Die vorliegende Zielsetzung ist nicht die Schaffung eines möglichst frühzeitig anwendbaren Kündigungstatbestandes, sondern vielmehr die Etablierung eines Mindestschutzniveau für den Vermieter.

Befürwortet wird demnach auch die kammergerichtliche Bewertung einer lediglich viermaligen um jeweils einen Tag eigetretene Zahlungsverspätung als eine unerhebliche Pflichtverletzung i.S.v. § 543 Abs. 1 BGB[666].

Kommt der Mieter seiner Zahlungspflicht verspätet nach, ist dies jedoch schutzwürdiger als ein Mieter der seiner Zahlungspflicht gänzlich nicht nachkommt.

Ein hoch angesetztes Schutzniveau dient damit auch der Abgrenzung gegenüber den Regelungsbeispielen des Zahlungsausfalles (§ 543 Abs. 2 S. 1 Nr. 3 lit. a – b BGB).

Darüber hinaus soll dem im Rahmen der umfassenden Interessensabwägung geprüften Verschuldenskriterium[667] ebenfalls durch eine explizite Fixierung Rechnung getragen werden. Eine Exkulpationsmöglichkeit des Mieters bei Vorliegen eines unverschuldeten Zahlungsverzuges ist damit gegeben.

Um ein Mindestschutzniveau erreichen zu können, geht der Regelungsentwurf deutlich über die bereits ausgeführte 6+13-Regelung[668] hinaus und verlangt sechs schuldhafte Zahlungsverzüge innerhalb der vergangenen zwölf Zahlungstermine (§ 543 Abs. 2 S. 1 Nr. 3 lit. c S. 1 Ts. 1 BGB-E).

Ein Wohnraummietvertrag der innerhalb eines Jahres zu 50 % hinsichtlich der Pünktlichkeit der Mietzahlung nicht eingehalten worden ist, gefährdet in erster Linie das Vertrauensverhältnis zwischen den Vertragsparteien. Darüber hinaus sind die wirtschaftlichen Interessen des Vermieters beeinträchtigt. Insbesondere ein immer wieder notwendig werdendes Mahnverfahren senkt die Wirtschaftlichkeit der Vermietung. Ebenso ist keine Liquiditätsplanung möglich, da der Zahlungseingang nicht sicher prognostiziert und demnach wirtschaftlich berücksichtigt werden kann. Die tatsächliche wirtschaftliche Belastung ist unmittelbar von der Eigenschaft des Vermieters abhängig. Ein wirtschaftlich solides Wohnungsunternehmen kann einen zeitlich versetzten Zahlungsverzug wirtschaftlich nahezu problemlos kompensieren. Dies gelingt einem privaten Vermieter mit nur einer oder wenigen Verwaltungseinheiten regelmäßig nur bedingt.

---

666 KG WuM 2019, 579 (579).

667 3. Teil, F., I., 1. dieser Ausarbeitung.

668 3. Teil, F., I., 1., a) aa) dieser Ausarbeitung.

Die Rechtsprechung fordert bei der Beurteilung eines kündigungswürdigen Fehlverhaltens den Einbezug des störungsfreien Verlaufs des Mietverhältnisses. Danach rechtfertigen nur „wenige Monate“[669] der unpünktlichen Mietzahlung nicht die Beendigung eines Mietverhältnisses, vielmehr bedarf es demnach einer nachhaltigen Vertragsstörung.

Sofern 50 % der vergangenen zwölf Zahlungen unpünktlich geleistet wurden, kann zumindest unterstellt werden, dass es sich nicht mehr um „wenige Monate“ der unpünktlichen Mietzahlung handelt. Die Miete wurde in diesem Fall regelmäßig nicht fristgerecht gezahlt. Es handelt sich ohne Zweifel damit auch um eine nachhaltige Vertragsstörung.

Um jedoch dem Mieter die Möglichkeit der zeitnahen Verhaltenskorrektur zu geben, wird vorgeschlagen den Vermieter gesetzlich dazu zu verpflichten das Fehlverhalten dem Mieter gegenüber rechtzeitig (§ 543 Abs. 2 S. 1 Nr. 3 lit. c S. 1 Ts. 2 BGB-E) anzuzeigen und ihn zur sofortigen Verhaltensänderung aufzufordern (§ 543 Abs. 2 S. 1 Nr. 3 lit. c S. 1 Ts. 3 BGB-E).

Dadurch erhält der Mieter die Möglichkeit sein vertragswidriges Zahlungsverhalten nachvollziehen und zukünftig entsprechend des Mietvertrages anpassen zu können.

Um ein möglichst hohes Transparenzniveau erreichen zu können, wird im Folgesatz (§ 543 Abs. 2 S. 1 Nr. 3 lit. c S. 2 BGB-E) der unbestimmte Rechtsbegriff der Rechtzeitigkeit dahingehend konkretisiert, dass zur Eröffnung des Tatbestandes im Nachgang an die Abmahnung die Mietzahlung an weiterhin mindestens zwei Terminen nicht fristgerecht geleistet worden sein muss. Damit wird dem Mieter ausreichend Zeit für eine Verhaltenskorrektur gegeben, da zur Eröffnung des Kündigungsrechts nach Erhalt der Abmahnung erneut an zwei Terminen die Mietzahlung nicht fristgerecht eingegangen sein muss.

Bei einer derart hohen Anzahl von Zahlungsverzügen innerhalb eines Jahres und einer ausbleibenden Verhaltensbesserung (trotz Erhalt der Abmahnung), ist das Mietverhältnis unzweifelhaft als „nachhaltig gestört und stark erschüttert“[670] zu bezeichnen.

Insgesamt wird insbesondere dem Erfordernis der Abmahnung und dem Vorrang der Möglichkeit zur Verhaltensänderung im Rahmen von § 543 Abs. 1 BGB[671] ausreichend Rechnung getragen.

---

669 LG Berlin WuM 2016, 26 (26).

670 3. Teil, F., I., 1., a) aa) dieser Ausarbeitung.

671 3. Teil, F., I., 1., a) aa) dieser Ausarbeitung.

Die Einbindung des Tatbestandes der dauerhaft unpünktlichen Mietzahlung in den Ausschlusstatbestand i.S.v. § 543 Abs. 2 S. 2 BGB, würde die Anwendung des gesamten Kündigungsgrundes unterlaufen. Aus diesem Grund wird hier empfohlen den Kündigungsausschluss lediglich gem. § 543 Abs. 2 S. 2 BGB-E auf § 543 Abs. 2 S. 1 Nr. 3 lit. a – b BGB zu beschränken.

Der Regelungsentwurf wird seitens eines Rechtsexperten als Mieterschutzvorschrift[672] eingestuft. Dieser Auffassung ist zuzustimmen, da es lediglich um die Etablierung eines Mindestschutzniveaus handeln soll, welche Charakteristik im weiteren Interviewverlauf damit bereits erstmalig bestätigt[673] worden ist.

b) Tatbestand der endgültigen Erfüllungsverweigerung

Als Tatbestand der außerordentlich fristlosen Kündigung kommt i.S.v. § 543 Abs. 1 S. 2 BGB ebenso die endgültige Erfüllungsverweigerung in Betracht. Dabei ist eine Vertragsfortsetzung bis zur Erfüllung einer der fixierten Regelbeispiele gem. § 543 Abs. 2 Nr. 3 BGB unzumutbar.[674]

Eine gem. § 323 Abs. 2 Nr. 1 BGB ernsthafte und endgültige Erfüllungsverweigerung ist bereits im Rahmen der allgemeinen Schadensersatzansprüche bekannt. Das Vorliegen einer Erfüllungsverweigerung des Mieters ist anzunehmen, sobald der Mieter die Erfüllung seiner vertraglichen Pflichten ernsthaft und endgültig verweigert.[675] Ausgenommen davon sind unvermeidbare Rechtsirrtümer des Mieters.[676]

Die Rechtsprechung bestätigt das Vorliegen einer unzumutbaren Vertragsfortsetzung im Falle der zukünftigen Leistungsverweigerung.[677] Erklärt der Mieter demnach von vornherein, „er sei zur Zahlung der Miete künftig und auf unbestimmte Zeit nicht bereit, so verweigert er für die Zukunft die Erfüllung seiner Leistungspflicht“[678].

---

672 Z. 485 f. Anhang VI dieser Ausarbeitung.

673 Z. 487 Anhang VI dieser Ausarbeitung.

674 BGH WuM 2005, 401 (401 f.).

675 BGH NJW 1968, 491 (491); BGH NJW 1971, 1839 (1839); BGH NJW 2014, 1521 (1521); OLG Hamburg NZM 1998, 403 (403); Langenberg, in: Schmidt-Futterer, Mietrecht, § 538 Rn. 313; Blank, in: Blank/Börstinghaus, Miete, § 535 Rn. 477, § 543 Rn. 21; Groll, in: Hannemann/Wiegner, Mietrecht, § 18 Rn. 154.

676 BGH NJW 1971, 1839 (1839); Blank, in: Blank/Börstinghaus, Miete, § 543 Rn. 21; Ernst, in: MüKo, BGB I, Bd. 2, § 281 Rn. 57.

677 BGH WuM 2005, 401 (401 ff.).

678 BGH WuM 2005, 401 (401 f.).

Fraglich ist, ob eine fehlende Bereitschaft oder ggf. bereits die Anzeige des mangelhaften wirtschaftlichen Könnens („nicht mehr in der Lage sein“[679]) den Vermieter zur Kündigung berechtigen.

Die grundlose und endgültige Verweigerung der Hinterlegung der Kaution wird einzelnachweislich als endgültige Erfüllungsverweigerung gewertet.[680] Innerhalb der Literatur und der Rechtsprechung[681] wird weiterhin auf den Fall der Wohnungsübergabe und deren Mängelbeseitigung Bezug genommen.

Bei einer ernsthaften und endgültigen Verweigerung sind gem. § 543 Abs. 3 S. 2 Nr. 1 BGB die Fristsetzung und damit auch die Leistungsaufforderung entbehrlich.

An das Vorliegen einer derartigen Verweigerung sind, mit Bezug auf die vorangegangenen Rechtsprechungen und einem Einzelnachweis[682], hohe Maßstäbe zu setzen. Der Mieter muss eindeutig (ausdrücklich oder konkludent durch schlüssiges Handeln) zum Ausdruck bringen, dass eine Nachfristsetzung ihn nicht mehr zur Umstimmung bewegt.[683] Eine Verweigerung muss also derart bestimmt sein, dass es sich um das letzte Wort des Mieters handelt.[684] Es bedarf demnach der Würdigung aller Umstände des Einzelfalls.[685]

Die Entbehrlichkeit der Abmahnung ist deshalb gegeben, da diese lediglich der Erfüllung der Form dient und damit dem Vermieter nicht zuzumuten ist.[686] Diese endgültige Verweigerung stellt eine Vertragsverletzung dar und es entstehen zugleich Schadensersatzansprüche gegenüber dem Mieter.[687]

---

679 Börstinghaus NWB 2018, 2784 (2785).

680 Wiek WuM 2013, 195 (198).

681 BGH NJW 1968, 491 (491); BGH NJW 1971, 1839 (1839); LG Hamburg BeckRS 1991, 118849; Ernst, in: MüKo, BGB I, Bd. 2, § 281 Rn. 58; Langenberg, in: Schmidt-Futterer, Mietrecht, § 538 Rn. 313 ff; Lorenz, in: Bamberger/Roth/Hau/Poseck, BeckOK, BGB, § 281 Rn. 27; Grüneberg, in: Palandt, § 281 Rn. 14.

682 Kleinrahm, in: Hannemann/Wiegner, Mietrecht, § 28 Rn. 108.

683 BGH JurionRS 1988, 13396, Rn. 8; Lorenz, in: Bamberger/Roth/Hau/Poseck, BeckOK, BGB, § 281 Rn. 24; Bieber, in: MüKo, BGB II, Bd. 4, § 543 Rn. 65.

684 BGH JurionRS 1985, 16288, Rn. 31.

685 OLG Celle WuM 1982, 317 (317); Lorenz, in: Bamberger/Roth/Hau/Poseck, BeckOK, BGB, § 281 Rn. 24; Rodemann ZfBR 2012, 627 (628); Z. 429 ff. Anhang VI dieser Ausarbeitung.

686 BGH NJW 1968, 491 (492); Ernst, in: MüKo, BGB I, Bd. 2, § 281 Rn. 59.

687 BGH NJW 1968, 491 (491); BGH JurionRS 1988, 15133, Rn. 15; OLG Frankfurt ZMR 1997, 522 (522).

Eine Erfüllungsverweigerung ohne eine entsprechende Abmahnung ist jedoch nur sehr schwer darzulegen. Wurde hier eine ausstehende Mietzahlung einzelfallabhängig tituliert, so ist strategisch die Abmahnung des titulierten Betrages zu empfehlen.[688] Eine ernsthafte und endgültige Verweigerung könnte hier demnach bei ausbleibendem Zahlungseingang, in Reaktion auf den abgemahnten Zahlungsbetrag, anzunehmen sein. Das Unterlassen der Zahlung wäre dann vorliegend als eine schlüssige Handlung im Sinne einer endgültigen Erfüllungsverweigerung zu bewerten.

Erfolgt kein Zahlungseingang, wird vereinzelnd die außerordentlich fristlose, und hilfsweise ordentliche Kündigung, aufgrund der endgültigen Erfüllungsverweigerung ausgesprochen.[689]

Fraglich ist jedoch, ob eine bloße Nichtzahlung des Mietrückstandes als ersthafte und endgültige Verweigerung zu werten ist. Beispielsweise wird eine endgültige Erfüllungsverweigerung einzelnachweislich nicht angenommen, wenn der Mieter den Vermieter im Unklaren darüber lässt, ob er die Renovierungsarbeiten noch vornehmen wird.[690] Ganz zu überzeugen vermag diese Ansicht nicht, da das Verhalten eines ausgezogenen Mieters, ohne die Vornahme der vertraglich übernommenen Instandsetzungen, höchstrichterlich als endgültige Erfüllungsverweigerung eingestuft worden ist.[691] Fraglich ist, ob diese Situation analog zu einer unterlassenen Reaktion auf eine Abmahnung zu bewerten ist, sodass die Frage nach der Anwendbarkeit einer endgültigen Erfüllungsverweigerung hier rechtlich nicht sicher zu beantworten ist.

Bemängelt der Mieter ferner die kurze Fristsetzung, so ist in Anlehnung an die Rechtsprechung ebenfalls nicht von einer vorliegenden Endgültigkeit auszugehen.[692]

Anders ist die ausdrückliche oder konkludente Verweigerung durch den Mieter bei Erhalt der Abmahnung zu bewerten. Demnach bedarf es jedoch einer Äußerung oder eines positiven Tuns. Einem interviewten Rechtsexperten zufolge, kann auch die Nichtleistung einer Nachforderung aus der Betriebskostenabrechnung, welche in sehr kleinen Raten gezahlt werden sollte, eine endgültige Erfüllungsverweigerung darstellen.[693]

---

688 Rave, in: 04/2014 Verbandsmagazin gdw, S. 13.

689 Rave, in: 04/2014 Verbandsmagazin gdw, S. 13.

690 Wolf/Eckert/Ball, in: Handbuch des gewerblichen Miet-, Pacht-, und Leasingrechts, Rn. 665.

691 BGH NJW 1971, 1839 (1839).

692 LG Hamburg BeckRS 1991, 118849.

693 Z. 429 ff. Anhang VI dieser Ausarbeitung.

Sofern eine derart eindeutige und nachweisbare endgültige Erfüllungsverweigerung im Einzelfall vorliegt, ist ebenso die fristlose Kündigung im Rahmen eines abgemahnten und nicht titulierten Betrages möglich. Aufgrund der ohnehin erhöhten Rechtsunsicherheit ist andernfalls der Rückgriff auf titulierte und abgemahnte Beträge zu beschränken.

Im Ergebnis sind strenge Anforderungen an das Vorliegen der Erfüllungsverweigerung hinsichtlich der Frage nach der Ernsthaft- und Endgültigkeit zu stellen. Bei Nutzung dieser Kündigungsmöglichkeit muss die rechtliche Unsicherheit in Form einer Risikoeinschätzung berücksichtigt werden.

Innerhalb dieser soll geprüft werden, ob zukünftig ein anderer speziellerer Kündigungstatbestand eröffnet sein könnte. Ist dies der Fall, ist die Kündigung aufgrund endgültiger Erfüllungsverweigerung zurückzustellen.

Letztlich wird hier die grundsätzliche Anwendbarkeit dieses Kündigungstatbestandes bejaht, jedoch die Nutzung lediglich stark einzelfallabhängig empfohlen.

c) Tatbestand der fälligen Betriebskostennachzahlung

Nach einer oberlandesgerichtlichen Entscheidung scheidet ein Kündigungsrecht aus, sofern sachlich begründete Einwände gegen die Betriebskostenabrechnung erhoben worden sind.[694] Gleiches wird einzelnachweislich gesehen, wenn zeitgleich Rückstände aus der regelmäßigen Mietzahlungsverpflichtung bestehen und somit die Maßstäbe des § 543 Abs. 2 Nr. 3 BGB anzuwenden sind.[695]

Betreffend des rückständigen Nachzahlungsbetrages aus der Betriebskostenabrechnung wird in der Literatur vereinzelnd die grundsätzliche Möglichkeit der fristlosen Kündigung i.S.v. § 543 Abs. 1 S. 2 BGB bejaht.[696]

Dieser Ansicht nach bedarf es im Allgemeinen eines rückständigen Nachzahlungsbetrages i.H.v. mindestens einer Monatsmiete, welcher aus zwei Abrechnungsperioden resultiert, und weiterer Umstände die eine Fortsetzung des Mietverhältnisses unzumutbar werden lassen.[697]

Im Ergebnis gleich urteilte das LG Berlin[698]. Die Beklagten waren mit einem Betrag, der den zweifachen Monatsbetrag der Miete deutlich übersteigt und mehr

---

694 OLG München, Az. 3 U 5169/00, juris, Rn. 32.

695 Hinz NZM 2010, 57 (62).

696 Blank, in: Schmidt-Futterer, Mietrecht, § 543 Rn. 185; Bub/von der Osten FD-MietR 2013, 348194.

697 Sternel, in: PiG Bd. 90 (2011), 175 (178).

698 LG Berlin BeckRS 2015, 6628.

als einen Monat andauert in Verzug. Weiterhin wurden weder Einwände gegen die Betriebskostenabrechnung erhoben, noch waren Anhaltspunkte ersichtlich, durch welche den Beklagten der Ausgleich der Forderungen unverschuldet nicht möglich gewesen sein könnte.[699]

Ablehnend urteilten dagegen das OLG Koblenz[700], das LG Dessau-Roßlau[701], das AG Hamburg-Bergedorf,[702] und das AG Berlin Köpenick[703].

Einzelnachweislich ist in diesem Zusammenhang auch von einer „uneinheitlichen Instanzjudikatur"[704] die Rede.

Eine dezidierte Streitdarstellung erscheint, insbesondere mangels BGH-Rechtsprechung, im vorliegenden Konzept nicht zielorientiert. Ohne eine weitere tiefgründige thematische Auseinandersetzung, wird demnach hier auf die im Rahmen eines Einzelnachweises herausgearbeiteten Tendenzen und Kriterien verwiesen[705] und festgehalten, dass die Frage nach der Anwendbarkeit dieses Kündigungstatbestandes letztlich einzelfallabhängig und unter Berücksichtigung des bestehenden Rechtsrisikos zu beantworten ist. Berücksichtigt werden sollte im Einzelfall zudem die Höhe der Wahrscheinlichkeit, inwiefern die Kündigung lediglich der Aufforderung der Kooperation dienen wird, sodass im Nachgang ohnehin mit dem Eingang des Nachzahlungsbetrages zu rechnen ist, oder ob die Kündigung im Rahmen einer Räumungsklage möglicherweise tatsächlich auf ihre Wirksamkeit hin überprüft werden wird. Hierüber wird der Vermieter mit der Erfahrung aus dem jeweiligen Mietverhältnis zuverlässig entscheiden können.

Liegt jedenfalls ein vergleichbar gelagerter Sachverhalt (wie der der zuvor angeführten Rechtsprechung des LG Berlins) vor, erscheint eine fristlose Kündigung als möglicherweise rechtmäßig. Einzelnachweislich wird jedoch im Zweifel das Vorliegen hoher Hürden angenommen.[706]

Unter Berücksichtigung dieses erheblichen Anwendungsrisikos, erfolgt hier der Verweis auf die transparentere Rückgriffsmöglichkeit im Rahmen der ordentlichen Kündigung.[707]

---

699 LG Berlin BeckRS 2015, 6628.
700 OLG Koblenz NJW 1984, 2369 (2369).
701 LG Dessau-Roßlau BeckRS 2016, 113811, amtl. Ls.
702 AG Hamburg-Bergedorf BeckRS 2013, 5269, 2. amtl. Ls.
703 Berlin-Köpenick BeckRS 2013, 17582, Rn. 10 ff.
704 Hinz WuM 2019, 673 (676).
705 Hinz WuM 2019, 673 (676 ff.).
706 Hinz WuM 2019, 673 (676).
707 3. Teil, F., II., 3. dieser Ausarbeitung.

2. Gesetzlich typisierte Zahlungsverzüge

Gem. § 543 Abs. 2 S. 1 Nr. 1 bis 3 BGB handelt es sich um eine nicht abschließende Auflistung speziell typisierter kündigungswirksamer Regelungsbeispiele für einen Zahlungsverzug. Wie auch der Hinterlegungsverzug gem. § 569 Abs. 2a BGB, konkretisieren diese den wichtigen Grund gem. § 543 Abs. 1 S. 2 BGB. Auf Grundlage des lex specialis sind diese vorrangig gegenüber dem Auffangtatbestand gem. § 543 Abs. 1 BGB anzuwenden.[708] Dies schließt jedoch nicht aus, dass eine Kündigung beispielsweise einen gesetzlich typisierten Fall und zugleich den Auffangtatbestand des § 543 Abs. 1 S. 2 BGB als Kündigungsgrundlage enthält. Beispielhaft ist in diesem Zusammenhang die Kündigung eines Mieters zu nennen, der seiner Mietzahlungsverpflichtung lediglich teilweise und dauerhaft unpünktlich nachkommt. Hier anzumerken ist, dass nach dem LG Berlin auch ein Verzug kündigungsrelevant ist, der sich auch oder allein auf die vereinbarten oder zulässigen Vorauszahlungen für die Betriebs- und/oder Heizkosten bezieht.[709]

Die Tatbestandsvoraussetzungen ergeben sich aus der jeweiligen typisierten Regelungen. Das zusätzliche Vorliegen der Tatbestandsvoraussetzungen gem. § 543 Abs. 1 BGB wird nicht vorausgesetzt.[710]

Zustimmend wird ganz vereinzelnd ausgeführt, dass diese konkreten Regelungsbeispiele nicht nur schützend gegenüber dem Vermieter wirken, sondern zugleich dem Mieter die Wohnraumerhaltung bei der Entstehung lediglich vorübergehender Mietrückständen gewährleisten.[711]

a) § 543 Abs. 2 S. 1 Nr. 3 lit. a Alt. 1 BGB

In Bezug auf den ersten typisierten Kündigungstatbestand steht dem Vermieter gem. § 543 Abs. 2 S. 1 Nr. 3 lit. a Alt. 1 BGB das Recht zur fristlosen Kündigung zu, sofern sich der Mieter für zwei aufeinanderfolgende Termine mit der Entrichtung der Miete in Verzug befindet. Dieser Tatbestand wird vereinzelnd auch

---

708 Blank, in: Schmidt-Futterer, Mietrecht, § 543 Rn. 3; Wiederhold, in: Bamberger/Roth/Hau/Poseck, BeckOK, BGB, § 543 Rn. 8; K. Schach, in: Schach/Schultz/Schüller, BeckOK, Mietrecht, § 543 Rn. 2.

709 LG Berlin NJW-RR 1986, 236 (236).

710 Grapetin, in: Bub/Treier, Handbuch der Geschäfts- und Wohnraummiete, Kap. IV Rn. 290; Kraemer WuM 2001, 163 (168); Emmerich, in: Staudinger, BGB, § 543 Rn. 2; Kandelhard in: Herrlein/Kandelhard, Mietrecht § 543 BGB Rn. 3; Lützenkirchen, Neue Mietrechtspraxis, Rn. 838.

711 Börstinghaus NWB 2018, 2784 (2785).

als Doppelverzug bezeichnet. Abzugrenzen davon ist der Dauerverzug nach lit. b der gleichen Norm.[712]

Für das Vorliegen eines Doppelverzuges bedarf es eines Mietzahlungsrückstandes i.H.v. zwei Monatsmieten an zwei aufeinanderfolgenden Terminen. In zeitlicher Hinsicht sind lediglich zwei aufeinanderfolgende Zahlungstermine umfasst. Ein Mieter der beispielsweise noch im Januar seine Miete i.H.v. 500,00 Euro zahlt und in der Folge die Zahlungen für die Monate Februar und März der Höhe nach vollständig auslässt, befindet sich gem. § 556b Abs. 1 BGB im März, zu Beginn des vierten Werktages, in einem Mietzahlungsrückstand in kündigungsrelevanter Höhe.

b) § 543 Abs. 2 S. 1 Nr. 3 lit. a Alt. 2 BGB

Im Sinne von § 543 Abs. 2 S. 1 Nr. 3 lit. a Alt. 2 BGB liegt ein wichtiger Grund ferner vor, wenn sich der Mieter mit der Entrichtung eines nicht unerheblichen Teils der Miete in Verzug befindet.

Ergänzend für diesen Kündigungstatbestand ist die Regelung gem. § 569 Abs. 3 Nr. 1 BGB heranzuziehen. Dabei handelt es sich um eine Schutzvorschrift zugunsten des Wohnraummieters.[713]

Diese Regelung konkretisiert die Tatbestandsvoraussetzung des als nicht unerheblich anzusehenden Teils der rückständigen Miete. Gem. § 569 Abs. 3 Nr. 1 BGB gilt der Mietrückstand nur dann als nicht unerheblich, wenn dieser die Miete für einen Monat übersteigt.

Zur Erfüllung des Erheblichkeitskriterium ist auf den Gesamtrückstand abzustellen.[714] Maßgebend ist im Zeitpunkt der Kündigung die geschuldete, nicht die berechtigterweise geminderte Gesamtmiete.[715] Folglich ist ein Mietrückstand von einer, oder weniger als einer Monatsmiete, als unerheblich anzusehen.[716] Das Verhältnis der einzelnen Mietzinsraten wird vereinzelnd als nicht beurteilungsrelevant bezeichnet.[717]

---

712 Blank, in: Blank/Börstinghaus, Miete, § 543 Rn. 153; Blank, in: Schmidt-Futterer, Mietrecht, § 543 Rn. 114; Blank NZM 2009, 113 (114).

713 BGH openJur 2011, 4601, Rn. 35; BGH openJur 2012, 130649, Rn. 32 ff.; BGH JurionRS 2015, 18580, Rn. 55 ff.

714 BGH NJW-RR 1987, 903 (906); Theesfeld, in: Schach/Schultz/Schüller, BeckOK, Mietrecht, § 569 Rn. 69; Blank, in: Schmidt-Futterer, Mietrecht, § 569 Rn. 34.

715 BGH NJW 2018, 939 (939).

716 BGH NJW-RR 1987, 903 (906).

717 Blank, in: Schmidt-Futterer, Mietrecht, § 569 Rn. 34.

Im Umkehrschluss ist bei einer Mietrückstandshöhe von einer Miete plus einem Cent der Tatbestand der außerordentlich fristlosen Kündigung eröffnet.[718] Dieses Ergebnis bestätigt ebenso die Rechtsprechung im Rahmen einer fristlosen Kündigung eines Geschäftsraummietverhältnisses.[719]

Die Verteilungsquote des Gesamtrückstandes auf die jeweiligen Zahlungstermine ist unerheblich, sodass auch ein geringer Rückstand im ersten und ein wesentlich höherer Rückstand im zweiten Monat, zur Bejahung des Erheblichkeitskriterium ausreichen.[720] Als Maßstab für die Miete wird auf die zum Zeitpunkt des Kündigungsausspruches geschuldete Miete abgestellt.[721]

Maßgeblich ist weiterhin welcher Mietrückstand zur Bejahung des Erheblichkeitskriteriums der zeitlichen Entstehung nach einzubeziehen ist. Nach § 543 A bs. 2 S. 1 Nr. 3 lit. a Alt. 2 BGB bedarf es eines Verzuges über mindestens zwei Termine und es ist erforderlich, dass die beiden letzten Verzugstermine aufeinander folgen, sodass im Ergebnis der nicht unerheblichen Mietrückstand i.H.v. mindestens einer Monatsmiete plus einem Cent aus zwei aufeinanderfolgenden Mietrückständen resultieren muss.[722]

Im Zusammenhang mit der ursprünglichen Normierung nach § 554 Abs. 1 S. 1 Nr. 1 BGB a.F., bestätigte dies der BGH bereits am 15.04.1987.[723] Danach wurde „die Gesamthöhe der Rückstände bezogen auf die Summe der für die beiden aufeinanderfolgenden Termine“[724] als beurteilungsrelevant deklariert.

Der zeitliche Bezug auf zwei aufeinanderfolgende Termine wurde in der Vergangenheit ausdrücklich durch den BGH bestätigt.[725]

Innerhalb der entsprechenden Urteilsbegründung wird erneut Bezug auf die zuvor genannte Rechtsprechung[726] und auf befürwortende

718 Blank, in: Blank/Börstinghaus, Miete, § 569 Rn. 48; Blank, in: Schmidt-Futterer, Mietrecht, § 569 Rn. 33; Häublein, in: MüKo, BGB II, Bd. 4, § 569 Rn. 39.

719 BGH JurionRS 2015, 18580, Rn. 50 ff.

720 BGH NJW-RR 1987, 903 (906); Emmerich, in: Staudinger, BGB, § 569 Rn. 38; Häublein, in: MüKo, BGB II, Bd. 4, § 569 Rn. 29; Lammel, in: Wohnraummietrecht, AnwaltKomm, § 569 Rn. 27.

721 LG Osnabrück WuM 1988, 268 (268).

722 BGH openJur 2011, 4601, Rn. 39 ff.; BGH NJW-RR 1987, 903; Blank, in: Blank/Börstinghaus, Miete, § 543 Rn. 150; Bieber, in: MüKo, BGB II, Bd. 4, § 543 Rn. 46.

723 BGH NJW-RR 1987, 903 (906).

724 BGH NJW-RR 1987, 903 (906).

725 BGH openJur 2011, 4601, Rn. 39.

726 BGH NJW-RR 1987, 903 (906).

Literatur[727] genommen.

Von der vereinzelnd vertretenen Gegenansicht wird die Entstehungsgeschichte bzw. der Zweck des Gesetzes, dem Schutz vor dem sog. Springen, als Argument für die Berücksichtigung des Gesamtrückstandes angeführt, sodass der kündigungsrelevante Mietrückstand nicht in zwei aufeinanderfolgenden Terminen entstanden sein muss.[728] Diese Annahme kann dazu führen, dass eine Kündigung drei Monate früher ausgesprochen wird als nach der zuvor angeführten BGH-Rechtsprechung[729].[730]

Unter dem Begriff des Springens wird im Rahmen der Mindermeinung z.B. die Zahlung jeder zweiten, vierten, sechsten Miete verstanden.[731]

Nach dieser muss sich der nicht unerhebliche Mietrückstand nicht aus mindestens zwei aufeinanderfolgenden Terminen ergeben.[732]

Weiter wird ausgeführt, dass die zeitliche Voraussetzung („mehr als zwei Termine") gem. § 543 Abs. 2 S. 1 Nr. 3 lit. b BGB lediglich der Abgrenzung der Regelungsbeispiele dient und dieser somit keine eigenständige Bedeutung beizumessen ist.[733] Die Gegenansicht kommt damit zum Ergebnis, dass der Gesamtrückstand (bezogen auf sämtliche Termine) maßgeblich ist.

Aus Sicht des BGH hingegen ist für die Anwendbarkeit des § 543 Abs. 2 S. 1 Nr. 3 lit. a Alt. 2 BGB die Erfüllung des Erheblichkeitskriteriums innerhalb zwei aufeinander folgender Termine notwendig.[734]

Die Gegenansicht erkennt an, dass es sei bei der Komponente „mehr als zwei" um ein Differenzierungsmerkmal handelt.[735] Darüber hinaus ist ebenso die zeitliche Komponente „zwei aufeinander folgender Termine" als ein solches Merkmal anzusehen.

Diese beiden Voraussetzungen grenzen damit die Regelungen gem. § 543 Abs. 2 S. 1 Nr. 3 lit. a und lit. b BGB voneinander ab.

---

727 Bieber, in: MüKo, BGB II, Bd. 4, § 543 Rn. 46; Emmerich, in: Staudinger, BGB, § 543 Rn. 52; Grapetin, in: Bub/Treier, Handbuch der Geschäfts- und Wohnraummiete, Kap. IV Rn. 210; Gramlich, in: Mietrecht, § 533 Rn. 10; Both NJW 1970, 2197.

728 Blank, in: Blank/Börstinghaus, Miete, § 543 Rn. 153.

729 BGH openJur 2011, 4601, Rn. 39 ff.

730 Blank, in: Blank/Börstinghaus, Miete, § 543 Rn. 153.

731 Blank, in: Schmidt-Futterer, Mietrecht, § 543 Rn. 82; Blank, in: Schmidt-Futterer, Mietrecht, § 543 Rn. 114.

732 Blank, in: Blank/Börstinghaus, Miete, § 543 Rn. 153; Bieber, in: MüKo, BGB II, Bd. 4, § 543 Rn. 48.

733 Blank, in: Blank/Börstinghaus, Miete, § 543 Rn. 153.

734 BGH NJW-RR 1987, 903 (906); BGH openJur 2011, 4601, Rn. 39 ff.

735 Blank, in: Blank/Börstinghaus, Miete, § 543 Rn. 153.

Bereits mit Blick auf den Aufbau der Vorschrift wird deutlich, dass beide Tatbestände mit Nennung der zeitlichen Komponente beginnen. Erst im Nachgang wird der zur Kündigung berechtigende Mietrückstand angeführt. Maßgeblich scheint damit zu sein, ob der Mietrückstand aus zwei aufeinanderfolgenden oder mehr als zwei Terminen resultiert. Im Zusammenhang mit § 543 Abs. 2 S. 1 Nr . 3 lit. b BGB stellt die Gegenansicht lediglich auf den Gesamtrückstand (i.H.v. zwei Mieten) und nicht auf die zeitliche Ebene ab.[736] Damit wird der Voraussetzung „mehr als zwei" wiederholt keine Bedeutung beigemessen. Das Abstellen auf den Gesamtrückstand i.H.v. zwei Mieten impliziert, dass der Mieter mit mindestens zwei vollständigen Mieten in Verzug sein muss. Dieser Doppelverzug kommt jedoch nur nach § 543 Abs. 2 S. 1 Nr. 3 lit. a Alt. 1 BGB in Betracht.

Im Ergebnis bedarf es daher immer mehr als zwei Terminen zur Anwendbarkeit des § 543 Abs. 2 S. 1 Nr. 3 lit. b BGB. Der Ansicht, dass die zeitliche Komponente somit bedeutungslos ist, wird an dieser Stelle nicht gefolgt. Anerkannt, jedoch nicht als alleinige Abgrenzung, wird das zuvor angeführte Differenzierungsmerkmal.

Wird gem. § 543 Abs. 2 S. 1 Nr. 3 lit. a Alt. 2 BGB auf den Gesamtrückstand abgestellt, so werden die Kündigungsvoraussetzungen faktisch gesenkt. Seitens des Vermieters könnte eine Kündigung mehrere Monate früher ausgesprochen werden.

Bereits aus Gründen der Rechtssicherheit ist der zurückhaltenden, und damit mieterschützenden Ansicht des BGH zu folgen.

Sofern der Mieter damit innerhalb von (mindestens) zwei aufeinanderfolgenden Monaten die Miete unvollständig zahlt und somit die Erheblichkeitsgrenze von mindestens einer Monatsmiete plus einem Cent erreicht wird, steht dem Vermieter ein Kündigungsrecht gem. § 543 Abs. 2 S. 1 Nr. 3 lit. a Alt. 2 BGB zu.

Der entsprechende Mietrückstand ist daher zunächst auf seine zeitliche Entstehung zu prüfen. Resultiert er aus zwei aufeinanderfolgenden Terminen, so ist lit. a, resultiert er aus mehr als zwei Terminen, so ist lit. b der Vorschrift nach § 543 Abs. 2 S. 1 Nr. 3 BGB anwendbar. Hinsichtlich lit. a Alt. 2 ist ein Mietrückstand innerhalb zwei aufeinander folgender Termine i.H.v. mindestens einer Miete und einem Cent zu erreichen.

Durch einen Experten wird die Relevanz des Dauerverzuges gem. § 543 Abs . 2 S. 1 Nr. 3 lit. a Alt. 2 BGB als gleichwertig gegenüber der des Doppelverzuges gem. § 543 Abs. 2 S. 1 Nr. 3 lit. a Alt. 1 BGB und der des Verzuges gem. § 543 A bs. 2 S. 1 Nr. 3 lit. b BGB im Sinne des frühestmöglichen Kündigungszeitpunktes eingestuft.[737] Unter den Anwendern ist der Tatbestand des Dauerverzuges

736 Blank, in: Blank/Börstinghaus, Miete, § 543 Rn. 151.

737 Z. 201 f. Anhang III dieser Ausarbeitung.

jedoch häufig nicht bekannt[738], sodass dessen Anwendung als in „absoluten Ausnahmefällen“[739] bezeichnet wird.

Als Begründung wird dafür die Unkenntnis der (insbesondere privaten) Vermieter angeführt. Kommt es dennoch zur Anwendung dieses Kündigungstatbestandes, wird dies mit einer entsprechenden Sensibilisierung begründet. Diese resultiert demnach aus der meist erneuten Auseinandersetzung mit der Thematik des kündigungsrelevanten Zahlungsverzuges, da der Schuldner sich erneut in Verzug befindet und der Vermieter letztlich die endgültige Vertragsbeendigung erreichen möchte.[740]

c) § 543 Abs. 2 S. 1 Nr. 3 lit. b BGB

Eingeführt wurde der Kündigungstatbestand gem. § 554 Abs. 1 Nr. 2 BGB a.F. im Rahmen des 1. MietRÄndG vom 29.07.1963. Der betrachtete Verzug wird vereinzelnd auch als „betragsmäßig qualifizierter Verzug“[741] bezeichnet.

Heute entspricht diese Normierung der Regelung gem. § 543 Abs. 2 S. 1 Nr. 3 lit. b BGB.

Vereinzelnd wird ausgeführt, dass vor der Einführung dieser Vorschrift der Vermieter schutzlos einem Mieter gegenüberstand, der nur unregelmäßig seiner Mietzahlungsverpflichtung nachkam. Schutz bestand danach lediglich gegenüber Mietern die mit zwei aufeinanderfolgenden Terminen ganz oder teilweise mit der Entrichtung der Miete in Verzug waren.[742]

Mit der Etablierung dieses Kündigungstatbestandes sollte dem Vermieter ein Kündigungsrecht zugesprochen werden, sofern „der Mieter mit nicht aufeinanderfolgenden Zinsterminen in Verzug gerät“[743]. Aus diesem Grund sollte die Ergänzung gem. § 554 Abs. 1 Nr. 2 BGB a.F. ein entsprechendes Kündigungsrecht statuieren. Vorausgesetzt wurde dafür, dass die Berücksichtigung des kündigungsrelevanten Mietrückstandes mehr als zwei Termine umfasst.[744] Ziel der Etablierung dieses außerordentlichen Kündigungstatbestandes war somit der Schutz vor dem zuvor ausgeführten Springen. Weiterhin wird vereinzelnd ausgeführt, dass sich der Mieter permanent in Verzug befunden haben muss. Sollte

---

738 Z. 195 ff. Anhang VI dieser Ausarbeitung.

739 Z. 409 f. Anhang VI dieser Ausarbeitung.

740 Z. 413 ff. Anhang VI dieser Ausarbeitung.

741 Nierwetberg NJW 1991, 1804 (1805).

742 Blank, in: Schmidt-Futterer, Mietrecht, § 543 Rn. 114.

743 BT-Drucks. 4/1323 Nr. II.

744 BT-Drucks. 4/1323 Nr. II.

der Zahlungsverzug kurzfristig vollständig entfallen, besteht das Kündigungsrecht nicht.[745]

Die Regelung gem. § 543 Abs. 2 S. 1 Nr. 3 lit. b BGB statuiert dem Vermieter eine weitere Beendigungsmöglichkeit im Sinne des frühestmöglichen Kündigungszeitpunktes. Dazu muss der Mieter in einem Zeitraum, der sich über mehr als zwei Termine erstreckt, mit der Entrichtung der Miete in Höhe eines Betrages in Verzug sein, der die Miete für zwei Monate erreicht. Bei diesem vorliegenden Kündigungstatbestand handelt es sich um den wohl populärsten Kündigungsgrund im Rahmen der rückständigen Mietzahlung.[746]

Im Gegensatz zu § 543 Abs. 2 S. 1 Nr. 3 lit. a Alt. 2 BGB wird an dieser Stelle nicht das Übersteigen, sondern das Erreichen eines bestimmten Schwellenwertes vorausgesetzt. Auch muss der Zahlungsrückstand nicht aus zwei aufeinanderfolgenden Terminen resultieren.

Für die Entstehung des Kündigungsrechtes ist einzig und allein die Mietrückstandshöhe ausschlaggebend.[747] Nicht relevant ist demnach, dass sich dieser aus aufeinanderfolgenden Terminen ergibt.

Der Kündigungstatbestand gem. § 543 Abs. 2 S. 1 Nr. 3 lit. b BGB umfasst letztlich jeden Sachverhalt, sofern es sich nicht um den Doppelverzug handelt, in denen der Mietrückstand die Höhe von zwei Monatsmieten erreicht. Dieser wird in einem Experteninterview als der am häufigsten genutzte Kündigungsgrund bezeichnet.[748] Dies wird wiederum insbesondere mit der entsprechenden Präsenz im Rahmen der privaten Wohnraumvermietung begründet.[749]

d) Innenabgrenzung

Bei den gesetzlichen Fixierungen gem. § 543 Abs. 2 S. 1 Nr. 3 BGB handelt es sich um speziell typisierte Regelungsbeispiele, welche sich untereinander nur unwesentlich in ihrer Konkretheitsausprägung differenzieren.

Eine Anwendung gem. § 543 Abs. 2 S. 1 Nr. 3 lit. a Alt. 1 BGB ist beispielsweise ohne weitere Konkretisierung der Voraussetzungen möglich. Die Anwendung der zweiten Alternative der vorgenannten Regelung bedarf dagegen zur

745 Börstinghaus NWB 2018, 2784 (2786).
746 Z. 198 Anhang III dieser Ausarbeitung.
747 Blank, in: Blank/Börstinghaus, Miete, § 543 Rn. 151; Kandelhard in: Herrlein/Kandelhard, Mietrecht § 543 BGB Rn. 53; Lammel, in: Wohnraummietrecht, AnwaltKomm, § 543 Rn. 118.
748 Z. 404 ff. Anhang VI dieser Ausarbeitung.
749 Z. 413 f. Anhang VI dieser Ausarbeitung.

Konkretisierung des nicht unerheblichen Teils der Miete die Heranziehung der Regelung nach § 569 Abs. 3 Nr. 1 BGB. Es wird das Überschreitens des Schwellenwertes i.H.v. einer Monatsmiete vorausgesetzt.[750]

Zur zielgerichteten Anwendung der Konkretisierungen gem. § 543 Abs. 2 S. 1 Nr. 3 BGB bedarf es einer inneren Abgrenzung der verschiedenen Tatbestände untereinander.[751]

Zunächst geht der Blick auf die innere Abgrenzung des Doppel- und Dauerverzuges gem. § 543 Abs. 2 S. 1 Nr. 3 lit. a BGB.

Zuvor ist festgestellt worden, dass sich die geforderte Mietrückstandshöhe gem. Alt. 2 aus (mindestens) zwei aufeinanderfolgenden Terminen ergeben muss.[752] Die Voraussetzung des Verzuges innerhalb von zwei aufeinanderfolgenden Terminen gilt damit sowohl für Alt. 1, als auch für Alt. 2 der Regelung. Eine innere Abgrenzung dieser beiden Regelbeispiele folgt demnach ausschließlich über die Mietrückstandshöhe. Für Alt. 2 bedarf es demnach lediglich des Übersteigens eines Mietrückstandes i.H.v. einer Monatsmiete.

Nach der inneren Abgrenzung des § 543 Abs. 2 S. 1 Nr. 3 lit. a BGB folgt die äußere Abgrenzung zwischen lit. a und lit. b der Regelung.

Der Kündigungstatbestand nach § 543 Abs. 2 S. 1 Nr. 3 lit. b BGB setzt lediglich einen Gesamtmietrückstand i.H.v. zwei Monatsmieten, der aus mehr als zwei Terminen resultiert, voraus.

In der lediglich einzelnachweislich ausgeführten Folgerung bedeutet dies, dass die Zeitbestimmung („mehr als zwei Termine") damit lediglich der Abgrenzung zu den Fixierungen nach lit. a dient.[753] Der Zahlungsverzug muss danach nicht über zwei Termine hinweg andauern.[754]

Um einen Mietrückstand i.H.v. zwei vollen Monatsmieten zu erreichen, ist jedenfalls in zeitlicher Hinsicht das Verstreichen von zwei Terminen notwendig. Handelt es sich dabei um zwei aufeinander folgende Termine ist § 543 Abs. 2 S . 1 Nr. 3 lit. a BGB, sofern eine der beiden Schwellenwerte erreicht worden ist, anwendbar.

Da im Rahmen des Doppelverzuges (lit. a Alt. 1) auch bereits ein Mietrückstand i.H.v. zwei Monatsmieten erreicht wird, bedarf die Kommentierung zum

750 3. Teil, F., I., 2. b) dieser Ausarbeitung.
751 3. Teil, F., I., 2. d) dieser Ausarbeitung.
752 3. Teil, F., I., 2. b) dieser Ausarbeitung.
753 Blank, in: Schmidt-Futterer, Mietrecht, § 543 Rn. 121.
754 LG Berlin ZMR 1992, 24 (24); Nierwetberg NJW 1991, 1804 (1804); Roquette, in: Mieterschutzgesetz, § 554 Rn. 7.

Anwendungsbereich des lit. b „alle Fälle, in denen der Rückstand zwei Monatsmieten oder mehr beträgt"[755] der Konkretisierung.

Ist in diesem Zusammenhang ein Mietrückstand i.H.v. zwei Mieten bereits nach dem zweiten Zahlungstermin erreicht, so ist die Kündigung gem. § 543 Ab s. 2 S. 1 Nr. 3 lit. a Alt. 1 BGB mit dem Doppelverzug (lit. a Alt. 1) zu begründen.

Handelt es sich um mehr als zwei aufeinander oder nicht aufeinander folgende Termine, ist hingegen die Anwendbarkeit des § 543 Abs. 2 S. 1 Nr. 3 lit. b BGB zu prüfen.

Demnach umfasst der vorgenannte Kündigungstatbestand alle Mietrückstände, die nicht aus zwei aufeinanderfolgenden Terminen entstanden sind und eine Mietrückstandshöhe von mindestens zwei Monatsmieten erreichen.

Zusammenfassend ist zur Abgrenzung der drei speziell typisierten Regelbeispiele des § 543 Abs. 2 S. 1 Nr. 3 BGB zunächst der Blick auf die zeitliche Entstehung des Mietrückstandes maßgeblich.

Sofern dieser sich auf exakt zwei aufeinanderfolgenden Terminen bezieht, ist § 543 Abs. 2 S. 1 Nr. 3 lit. a BGB hinsichtlich des Erreichens/ Übersteigens der verschiedenen Schwellenwerte zu prüfen.

Handelt es sich um einen Mietrückstand, der sich aus mehr als zwei Termine erstreckt, wobei nicht innerhalb jedes Termins ein Mietrückstand begründet sein muss, und erreicht der rückständige Teil eine Höhe von zwei Mieten, so ist § 543 Abs. 2 S. 1 Nr. 3 lit. b BGB anzuwenden. Ist dies bei der Anwendbarkeitsprüfung zu verneinen, ist hingegen die Anwendbarkeit des § 543 Abs. 2 S. 1 Nr. 3 lit. a BGB zu prüfen.

3. *Hinterlegungsverzug gem. § 569 Abs. 2a S. 1 BGB*

Neben den Kündigungsmöglichkeiten aufgrund eines Zahlungsverzuges im Rahmen der monatlichen Miete, hat der Vermieter weiterhin das Recht zur fristlosen Kündigung des Mietverhältnisses, wenn der Mieter die vertraglich vereinbarte Sicherheitsleistung nicht oder nur teilweise hinterlegt.

Gem. § 569 Abs. 2a S. 1 BGB liegt demnach ein wichtiger Grund vor, wenn der Mieter mit der Hinterlegung der Sicherheitsleistung nach § 551 BGB in Höhe eines Betrages in Verzug ist, der der zweifachen Monatsmiete entspricht.

Diese Vorschrift wurde mit Inkrafttreten des Mietrechtsänderungsgesetzes am 01. Mai 2013, unter anderem zur Bekämpfung des „Mietnomadentums", eingeführt. Dies entspricht der eigentlichen Zielsetzung dieser Neuregelung,

755 Blank, in: Schmidt-Futterer, Mietrecht, § 543 Rn. 121.

nämlich des Schutzes gegenüber Mietern, welche sich bereits zu Beginn des Mietverhältnisses ihrer Zahlungsverpflichtung entziehen.[756]

Vor Inkrafttreten dieser Regelung war es nach damaliger Rechtslage nicht zweifelsfrei, ob und unter welchen konkreten Voraussetzungen, der Mieter sein Recht zur fristlosen Kündigung aufgrund der Nicht- oder Teilleistung der vereinbarten Mietsicherheit geltend machen konnte.[757]

Abzugrenzen von dem Anspruch auf Hinterlegung, ist der Anspruch auf Wiederauffüllung der Sicherheitsleistung. Dieser kommt in Betracht wenn z.B. während des Mietverhältnisses ein Teil der Sicherheitsleistung für die Zahlung einer Reparaturleistung in Anspruch genommen wurde. Für diese Fälle ist eine außerordentliche fristlose Kündigung gem. § 569 Abs. 2a BGB nicht anwendbar.[758] Prüfungswürdig ist daher hier lediglich die Anwendbarkeit der ordentlichen Kündigung gem. §§ 543 Abs. 1, 573 Abs. 2 Nr. 1 BGB.

Bei der Sicherheitsleistung handelt es sich um eine getroffene Sicherungsabrede bis zur Beendigung des Mietverhältnisses und Rückgabe der Mietsache. Sie dient der Sicherung mietvertraglicher Ansprüche des Vermieters. Vordergründig sind in diesem Zusammenhang die Mietzahlungen und die vertragsgemäße Rückgabe der Mietsache anzuführen.[759]

Aus wirtschaftlicher Sicht des Vermieters könnte es sich bei der Verrechnung der Sicherheitsleistung während des Mietverhältnisses, um eine schnelle und sichere Möglichkeit der Befriedigung handeln.

Das LG Bonn[760] bejahte die Verwertungsmöglichkeit während des Mietverhältnisses. Dieser Ansicht widersprach der BGH im nachgelagerten Revisionsverfahren[761]. Begründet wird dies damit, dass der Vermieter während der Mietzeit aufgrund der Sicherungsabrede fremdes Vermögen verwaltet und der Mieter regelmäßig keine Mietsicherheit hingeben wolle, an der sich der Vermieter während der Mietzeit ungehindert bedient. Wäre dies der Fall, so hätte der Mieter wiederum einen Anspruch auf Wiederauffüllung des Kautionskontos durch den Vermieter. Auch würde dies den Grundsätzen des § 157 BGB widersprechen. Darüber hinaus drohten zahlreiche Prozesse zur Prüfung der Rechtmäßigkeit der streitigen Forderung.[762]

---

756 BT-Drucks. 17/10485, S. 1 f., 3, 25.

757 BT-Drucks. 17/10485, S. 25.

758 BT-Drucks. 17/10485, S. 25.

759 BGH WuM 2017, 296 (297 f.).

760 LG Bonn, Az. 6 S 200/12, juris, Rn. 6 ff.

761 BGH WuM 2014, 418 (419).

762 BGH WuM 2014, 418 (419).

Der BGH verweist in seiner Begründung auf den Grundgedanken des Gesetzgebers. Demnach ist die Zielsetzung der Sicherheitsleistung, und der damit verbundenen Pflicht der treuhänderischen Sonderung i.S.v. § 551 Abs. 3 BGB, die Sicherung der Kaution. Diese sollte auch im Falle einer Insolvenz des Vermieters gewährleistet sein. Der Mieter soll auf die Sicherheitsleistung zugreifen können, wenn dem Vermieter keine gesicherten Ansprüche zustehen.[763] Das Ergebnis in diesem Fall war ein Anspruch auf Wiedergutschrift der Kaution gem. §§ 280 Abs. 1, 551 BGB.[764]

In der Urteilbegründung nicht näher beschrieben, sind die Fälle in denen der BGH den Zugriff auf die Sicherheitsleistung im Rahmen eines weiter anhaltenden Mietverhältnisses als zulässig ansieht. Einzelnachweislich wird ausgeführt, dass dies zweifelsfrei gegeben ist, wenn der Mieter mit dem Zugriff einverstanden ist.[765]

Überwiegend wird vertreten, dass ein Zugriff rechtmäßig ist, wenn die Forderung unstreitig oder rechtskräftig festgestellt ist.[766] Ergänzend dazu wird teilweise vertreten, dass dieses Recht auch bei streitigen Forderungen besteht.[767]

Eine Forderung gilt auch dann vereinzelnd als unbestritten, wenn die Forderung so offensichtlich begründet ist, dass ein Bestreiten des Mieters mutwillig erscheint.[768]

Liegen streitige Mietforderungen im Laufe des Mietverhältnisses vor, so kann der Vermieter diese nicht durch die Inanspruchnahme der Kaution verrechnen.[769] Mietvertragliche Abreden die

763 BGH WuM 2008, 149 (149); BGH openJur 2010, 11229, Rn: 30 ff.; BT-Drucks. 9/2079, S. 10.

764 BGH WuM 2014, 418 (419).

765 Blank, in: Blank/Börstinghaus, Miete, § 551 Rn. 93a.

766 BGH WuM 2014, 418 (418); OLG Celle NZM 1998, 265 (265 ff.); LG Mannheim WuM 1996, 269 (269); LG Wuppertal NZM 2004, 298 (298); LG Darmstadt WuM 2008, 726 (726); LG Halle (Saale) NZM 2008, 685 (685 f.); Emmerich, in: Staudinger, BGB, § 551 Rn. 27; Sternel, in: Sternel, Mietrecht aktuell, Kap. III Rn. 184; Schneider, in: Spielbauer/Schneider, Mietrecht, § 551 Rn. 113; Kraemer NZM 2001, 737 (741); Derleder NZM 2006, 601 (601 ff.); Geldmacher DWW 2002, 182 (184); Geldmacher DWW 2001, 122 (122 ff.).

767 Lützenkirchen, in: Lützenkirchen/Dickersbach, Mietrecht § 551, Rn. 105; Bieber, in: MüKo, BGB II, Bd. 4, § 551 Rn. 14; Kießling JZ 2004, 1146 (1153).

768 LG Halle (Saale) NZM 2008, 685 (685 f.); LG Mannheim WuM 1996, 269 (269).

769 BGH WuM 2014, 418 (418 f.).

eine vorzeitige Befriedigung vorsehen, sind gem. § 551 Abs. 4 BGB unwirksam.[770]

Im Umkehrschluss besteht der Zugriff auf die Sicherheitsleistung demnach während des Mietverhältnisses grundsätzlich dann, wenn die Forderung des Vermieters unbestritten oder rechtskräftig festgestellt ist oder die Verrechnung im Interesse des Mieters liegt.[771]

Im Kern dient die Sicherheitsleistung gem. § 551 BGB also der Sicherung von rechtmäßigen Ansprüchen (vgl. § 9 Abs. 5 S. 1 WoBindG)[772].[773]

Im Fokus ist nicht die schnelle Befriedigung des Vermieters, sondern die insolvenzsichere treuhänderische Sonderung der Sicherheitsleistung.[774]

Unter Rücksichtnahme auf das kooperative Verhältnis zum Vertragsnehmer und des Aspektes der Rechtssicherheit, wird an dieser Stelle das Vorliegen einer unstreitigen oder rechtskräftigen Forderung für die Verrechnung während der Mietzeit vorausgesetzt.

Gem. Art. 229 § 29 Abs. 2 EGBGB ist § 569 Abs. 2a BGB auf ein vor dem 01.05.2013 entstandenes Mietverhältnis nicht anzuwenden.

Der Gesetzgeber stellt damit auf die Entstehung des Mietverhältnisses und nicht den Beginn des Mietverhältnisses ab. Sachverhalte mit Mietvertragsabschlüssen vor dem 01.05.2013 fallen damit nicht in den zeitlichen Anwendungsbereich dieser Regelung. In diesen Fällen wird einzelnachweislich die Prüfungswürdigkeit eines Rückgriffes auf den Auffangtatbestand des § 543 Abs. 1 BGB angeführt.[775]

Für die Eröffnung des sachlichen Anwendungsbereiches bedarf es lediglich der mietvertraglichen Vereinbarung einer Sicherheitsleistung.

Gem. § 569 Abs. 2a S. 1 BGB steht dem Vermieter das Recht zur fristlosen Kündigung zu, sofern sich der Mieter mit der zu hinterlegenden Sicherheitsleistung

---

770 BGH WuM 2014, 418 (419); LG Darmstadt WuM 2008, 726 (726); LG Halle (Saale) NZM 2008, 685 (685 f.); LG Wuppertal NZM 2004, 298 (298); LG Mannheim WuM 1996, 269 (269).

771 BGH WuM 2014, 418 (418 f.).

772 BT-Drucks. 14/5663, S. 87 f.

773 LG Berlin NZM 2018, 285 (285); Flatow NZM 2011, 607 (607 ff.); Kraemer NZM 2001, 737 (737 f.).

774 BGH openJur 2010, 11229, Rn. 30 ff.

775 Blank, in: Schmidt-Futterer, Mietrecht, § 569 Rn. 32k.

i.H.v. mindestens zwei Monatsmieten in Verzug befindet. Abgestellt wird auf die vereinbarte Grundmiete.[776]

An dieser Stelle wird ausdrücklich und bewusst der Begriff des Leistungsverzuges verwendet, da es sich nicht um einen Zahlungsverzug im eigentlichen Sinne handelt. Der Mieter bekommt für die Leistung der Sicherheit keine direkte Gegenleistung. Grundlage des Leistungsbegriffes ist bereits die Gesetzesbegründung zu § 569 BGB.[777] Konsequent wäre dies auch im Hinblick auf § 551 Abs. 1 S. 1 BGB, wonach die Sicherheit zu leisten ist.

Aus den vorgenannten Gründen wird hier eine Änderung des Wortlautes gem. § 551 Abs. 2 S. 1 BGB empfohlen, da eine Leistung, jedoch keine Zahlung vorzunehmen ist. Inhaltlich wird hier die Anpassung des Wortlautes auf „so ist der Mieter zur Leistung von drei gleichen monatlichen Teilbeträgen berechtigt" empfohlen.

Gleiches gilt für die folgenden Sätze der Norm. Auch hier ist der Begriff der Teilzahlung durch den Begriff der Teilbeträge zu ersetzen.

Sachlich abzugrenzen vom Hinterlegungsverzug ist der Verzug hinsichtlich der Erfüllung des Anspruches auf Wiederauffüllung der Kaution. Dies kommt dann in Betracht, wenn ein Teil der Kaution während des Mietverhältnisses verrechnet wird.[778]

Fraglich ist, ob bei einer rechtmäßigen Verrechnung, und dem daraus resultierenden Wiederauffüllungsverzug (i.H.v. zwei Monatsmieten) ein Kündigungsrecht des Vermieters i.S.v. § 569 Abs. 2a BGB entsteht.

Die Regelung des § 569 Abs. 2a BGB soll den Schutz des Vermieters gegenüber dem Mieter der sich „bereits zu Beginn des Mietverhältnisses entzieht" gewährleisten.[779] An dieser Stelle fraglich ist die tatsächliche Effizienz, da der Mieter lediglich einen minimalen Teilbetrag hinterlegen muss, um die Anwendbarkeit des Kündigungstatbestandes zumindest für Beginn des zweiten Monats ins Leere laufen zu lassen.

Der Anspruch auf Wiederauffüllung der Kaution ist dagegen ein Vermieterschutzinstrument im Laufe des Mietverhältnisses. Die Anwendbarkeit einer

---

776 Blank, in: Schmidt-Futterer, Mietrecht, § 551 Rn. 53; Häublein, in: MüKo, BGB II, Bd. 4, § 569 Rn. 33; Wöstmann, in: Bamberger/Roth/Hau/Poseck, BeckOK, BGB, § 569 Rn. 12.

777 BT-Drucks. 17/10485, S. 25.

778 Emmerich, in: Staudinger, BGB, § 551 Rn. 27; Blank, in: Schmidt-Futterer, Mietrecht, § 569 Rn. 90; Gramlich, in: Mietrecht, § 551 Rn. 3.

779 BT-Drucks. 17/10485, S. 25.

fristlosen Kündigung aufgrund des Verzuges, resultierend aus dem Anspruch der Wiederauffüllung der Kaution, ist aus diesem Grund nicht gegeben. An anderer Stelle ist jedoch die Anwendbarkeit der ordentlichen Kündigung gem. §§ 543 Abs. 1, 573 Abs. 2 Nr. 1 BGB zu prüfen.[780]

Keiner Mahnung gem. § 569 Abs. 2a S. 3 BGB bedarf es, wenn sich der Mieter bereits zu Beginn des Mietverhältnisses in einem Hinterlegungsverzug befindet.

Der frühestmögliche Kündigungszeitpunkt bei der Vereinbarung der gesetzlichen maximal zulässigen Mietsicherheit i.H.v. drei Grundmieten, ist damit der Beginn des zweiten Monats.

Einen Hinterlegungsverzug muss der Mieter gem. § 286 Abs. 4 BGB zu vertreten haben.[781] Daraus wird einzelnachweislich abgeleitet, dass dem Mieter ein Verzug eines Dritten in Form eines Erfüllungsgehilfen zuzurechnen ist.[782] Rechtlich eindeutig geklärt ist der Fall einer unterlassenen Banküberweisung zur Zahlung der geschuldeten Miete.[783] Der Mieter muss sich das Verhalten der Bank zurechnen lassen. Gleiches ist für die Hinterlegungspflicht hinsichtlich der Kaution anzunehmen.

Nicht eindeutig ist jedoch die Rechtsprechung in Bezug auf die Zurechnung des Verhaltens des Leistungsträgers. Teilweise werden das Sozialamt und das Jobcenter als Erfüllungsgehilfe angesehen.[784] Wird dem gefolgt, so müsste der Mieter für dieses Handeln rechtlich einstehen. Der BGH (und auch das LG Berlin)[785] hat sich gegen diese Ansicht entschieden.[786]

Grundsätzlich bestätigt der BGH in diesem Urteil, dass ein Amtsträger als Erfüllungsgehilfe angesehen werden kann. Dies wird allerdings für Transferleistungen im Rahmen der Daseinsvorsorge ausgeschlossen. Begründet wird dies damit, dass der Amtsträger in diesen Fällen die hoheitliche Aufgabe der Grundsicherung von hilfebedürftigen Menschen wahrnimmt und diese zu gewähren hat.[787] Daraus würde resultieren, dass der Vermieter das Risiko einer

---

780 3. Teil, F., I., 3. dieser Ausarbeitung.

781 Blank, in: Schmidt-Futterer, Mietrecht, § 569 Rn. 32d, § 543 Rn. 95; Schwab NZM 2019, 36 (43); Schlussfolgerung aus Theesfeld, in: Schach/Schultz/Schüller, BeckOK, BGB, § 596 Rn. 61.

782 Blank, in: Schmidt-Futterer, Mietrecht, § 543 Rn. 97.

783 LG Berlin GE 1983, 627; LG Düsseldorf WuM 1992, 369 (369); Ehlert, in: Bamberger/Roth/Hau/Poseck, BeckOK, BGB, § 543 Rn. 27.

784 LG Karlsruhe WuM 1989, 629 (629 f.); LG Berlin GE 1991, 95; LG Mönchengladbach ZMR 1993, 571 (571).

785 LG Berlin NZM 2013, 121 (121).

786 BGH openJur 2011, 2182, Rn. 32 ff.

787 BGH openJur 2011, 2182, Rn. 35.

Nichtleistung des Jobcenters oder des Sozialamtes trägt. Ergänzend entschied der BGH daher, dass für den rechtmäßigen Verzug einer Mietzahlung ein entsprechendes Vertreten des Mieters i.S.v. § 276 BGB vorliegen muss, aber auch wirtschaftlich unverschuldete Schwierigkeiten den Mieter nicht von der Folgen von Zahlungsverzügen befreien.[788] In diesem Zusammenhang gilt der Rechtsgrundsatz der zugrundeliegenden Vermögenshaftung[789], wonach jedermann ohne Rücksicht auf sein Verschulden, für seine finanzielle Leistungsfähigkeit einzustehen hat.[790] Kommt der Mieter als Leistungsempfänger seiner Mitwirkungspflicht nicht nach, in Folge dessen er sanktioniert wird, so befindet er sich in einem zu vertretenen Zahlungsverzug.

Letztlich kann der Mieter sich nicht dadurch exkulpieren, dass er das Verschulden des Zahlungsverzuges nicht zu vertreten hat.

Die vorangegangenen Ausführungen sind praxisnah. Insbesondere die zuvor zugrundgelegte unbeschränkte Vermögenshaftung ist hier hervorzuheben. Eine andere Risikoverteilung wäre inkonsequent. Eine unverschuldete Zahlungsunfähigkeit schützt den Mieter damit nicht, sodass er den Zahlungsverzug i.S.v. § 286 Abs. 4 BGB zu vertreten hat.[791]

Gem. § 569 Abs. 2a S. 3 i.V.m. Abs. 3 Nr. 2 BGB ist die Kündigung bei Zahlung innerhalb der Schonfrist unwirksam. Dieses Nachholrecht besteht sowohl für die Mietzahlung, als auch für den Hinterlegungsverzug.[792] Ist die fristlose Kündigung also ausschließlich auf den Hinterlegungsverzug gestützt, obwohl der Mieter auch mit der Erfüllung der regelmäßigen Mietzahlungsverpflichtung rückständig ist, so ist die Rechtsfolge bei nachträglicher Hinterlegung der Sicherheitsleistung innerhalb der Schonfrist dennoch die Unwirksamkeit der Kündigung. Anders sieht es aus, wenn als Kündigungsgrundlage sowohl § 569 Abs. 2a BGB

---

788 BGH WuM 2015, 152 (154).

789 BGH openJur 2010, 4041, Rn. 8 ff.; BGH JurionRS 1989, 13710, Rn. 12 ff.; BT-Drucks. 14/6040, S. 132.

790 BGH WuM 2015, 152 (154); BGH NJW 1975, 44 (44); Blank, in: Blank/Börstinghaus, Miete, § 543 Rn. 19; Bieber, in: MüKo, BGB II, Bd. 4, § 543 Rn. 49; Lorenz, in: Bamberger/Roth/Hau/Poseck, BeckOK, BGB, § 276 Rn. 39; Grundmann, in: MüKo, BGB I, Bd. 2, § 276 Rn. 180.

791 BGH WuM 2015, 152 (152); AG Ludwigslust BeckRS 2011, 22869, Rn. II. (2) aa.; Blank, in: Schmidt-Futterer, Mietrecht, § 569 Rn. 32d; Grapetin, in: Bub/Treier, Handbuch der Geschäfts- und Wohnraummiete, Kap. IV Rn. 372; Mersson, in: BeckOF, Formular 15.1.8.1, Rn. 6.

792 Blank, in: Blank/Börstinghaus, Miete, § 569 Rn. 43; Zehelein WuM 2013, 133 (135); Wiek WuM 2013, 195 (200).

als auch ein spezieller Kündigungstatbestand gem. § 543 Abs. 2 S. 1 Nr. 3 BGB angeführt ist. In diesem Fall muss für jeden der beiden Anspruchsgrundlage die Unwirksamkeit der Kündigung festgestellt werden.

Die Regelung gem. § 543 Abs. 2 S. 2 BGB gilt entsprechend.[793]

Wird die Mietzahlung bereits zu Beginn des Mietverhältnisses nicht geleistet, liegt regelmäßig auch ein Hinterlegungsverzug vor. Somit wird zu Beginn eine parallele Anwendbarkeit regelmäßig gegeben sein.

Fraglich ist, ob und zu welchem Zeitpunkt eine Verwirkung des Kündigungsrechtes gem. § 569 Abs. 2a BGB in Betracht kommt. Eine Verwirkung könnte in Betracht kommen, wenn der Vermieter die Nichtleistung der Kaution über einen längeren Zeitraum unbeachtet lässt und dann schließlich die außerordentliche fristlose Kündigung gem. § 569 Abs. 2a BGB ausspricht. Die Grundlage der Verwirkung ist § 314 Abs. 3 BGB. Nach dieser Regelung ist dem Vermieter ab Kenntniserlangung eine einzelfallabhängig angemessene Frist zur Entscheidung über die Frage der Absicht der Nutzung der Kündigungsmöglichkeit einzuräumen.[794]

Davon abzugrenzen sind Fallkonstellationen in denen der Vermieter frühzeitig, nach Fälligkeit der zweiten und dritten Rate, kündigt. Im letztgenannten Fall ist eine Abmahnung entbehrlich.[795]

Eine höchstrichterliche Rechtsprechung zur Frage der Verwirkung des Kündigungsrechts aufgrund einer ausbleibenden Reaktion auf die Nichtleistung existiert bisher nicht.

Aus diesem Grund wird auf die Argumentationen im Zusammenhang mit den Rechtsprechungen hinsichtlich der fristlosen Kündigung bei wiederholt verspäteter Mietzahlung Bezug genommen.[796]

Dies bedeutet, dass bei Nichtleistung der Sicherheitsleistung eine entsprechende Reaktion des Vermieters im Sinne einer Mahnung erfolgen muss. Jene muss dem Mieter zu erkennen geben, dass der Vermieter eine Nichtleistung nicht dulden und bei anhaltenden Verzug die fristlose Kündigung aus diesem Verhalten folgen lassen wird.

---

793 Blank, in: Blank/Börstinghaus, Miete, § 569 Rn. 44; Wöstmann, in: Bamberger/Roth/Hau/Poseck, BeckOK, BGB, § 569 Rn. 12; Häublein, in: MüKo, BGB II, Bd. 4, § 569 Rn. 27.

794 BGH NZM 2009, 314 (315); BGH NZM 2007, 400 (401); Wiek WuM 2013, 195 (200); Schneider, in: Hannemann/Wiegner, Mietrecht, § 32 Rn. 114.

795 BT-Drucks. 17/10485, S. 25.

796 3. Teil, F., I., 1., a) aa) dieser Ausarbeitung.

Einzelnachweislich wird ausgeführt, dass eine längere Untätigkeit des Vermieters bei Nichtleistung der Sicherheitsleistung, das Kündigungsrecht aufgrund des Verstoßes gegen § 242 BGB verwirken lassen könnte, da der Mieter dieses Verhalten nicht erwarten durfte.[797]

Bevor der Vermieter Gebrauch von seinem Recht gem. § 569 Abs. 2a BGB machen möchte, muss somit das Verhalten des Mieters abgemahnt werden. Eine entsprechende Fristsetzung im Rahmen einer qualifizierten Mahnung wird hier ebenfalls empfohlen.

In Bezug auf die Ermittlung einer angemessenen Frist, sollte die Länge des Zeitraumes beachtet werden, in dem der Vermieter untätig gewesen ist. Beispielsweise nach mehreren Monaten Untätigkeit eine Frist von einer Woche zu setzen, scheint in diesem Falle nicht verhältnismäßig, da von einer Dringlichkeit auf Seiten des Vermieters nicht auszugehen ist.

Neben der Fristsetzung wird vereinzelnd empfohlen innerhalb der Abmahnung Bezug auf das Recht zur außerordentlichen fristlosen Kündigung gem. § 543 Abs. 1 S. 2 BGB zu nehmen.[798]

Ist der Vermieter über einen längeren Zeitraum trotz Verzuges untätig, stellt sich die Frage nach der Anspruchsgrundlage der Kündigung.

Die Regelung gem. § 569 Abs. 2a BGB setzt einen Verzug in Höhe der zweifachen monatlichen Grundmiete voraus.

Durch die Untätigkeit des Vermieters ist jedoch nicht davon auszugehen, dass es sich dabei noch um einen gesetzlich typisierten Fall des § 569 Abs. 2a BGB im eigentlichen Sinne handelt.

Ziel der Einführung dieser Neuregelung ist eine verbesserte Handhabe gegenüber einem Vertragspartner, der sich bereits zu Beginn des Mietverhältnisses seinen vertraglichen Zahlungsverpflichtungen entzieht.[799] Die Zielsetzung bezieht sich demnach im Kern auf einen Mieter, der sich bereits zu Beginn des Mietverhältnisses in Verzug befindet. Es geht um eine bessere Handhabe gegenüber Mietern, die bereits zu Beginn des Mietverhältnisses ihrer Zahlungsverpflichtung nicht nachkommen und somit auf Seiten des Vermieters ein dringender Handlungsbedarf besteht. Aus diesem Grund ist auch der Anspruch auf Wiederauffüllung der Sicherheitsleistung vom Anwendungsbereich ausgeschlossen.[800]

---

797 Blank, in: Blank/Börstinghaus, Miete, § 569 Rn. 45.

798 Wiek WuM 2013, 195 (200).

799 BT-Drucks. 17/10485, S. 25.

800 BT-Drucks. 17/10485, S. 25.

Sofern der Vermieter also bei Nichtleistung der Sicherheit untätig bleibt, vermittelt er damit auch keinen dringenden Handlungsbedarf. Damit ist kein typisierter Fall des § 569 Abs. 2a BGB gegeben und es folgt der Rückgriff auf den Auffangtatbestand gem. § 543 Abs. 1 S. 2 BGB.

Eine Abmahnung wird nunmehr zwingend erforderlich. Der Verzicht auf die Mahnung i.S.v. § 569 Abs. 2a S. 3BGB ist nicht zuletzt die Konsequenz der Anlehnung der Ausgestaltung an § 543 Abs. 2 S. 1 Nr. 3 BGB geschuldet. Das Aussprechen einer Mahnung wird hier dringend angeraten, auch wenn zunächst trotz Verzuges des Mieters auf die Anwendung einer fristlosen Kündigung verzichtet wird.

Weiterhin wird bei Anwendung des § 543 Abs. 1 S. 2 BGB eine entsprechende Interessensabwägung vorgenommen. Dieser bedarf es indes für eine rechtmäßige Kündigung nach § 569 Abs. 2a BGB nicht, vielmehr genügt der Verzug.[801] Zum gleichen Ergebnis kommt der Blick auf die Gesetzesbegründung und dem darin enthaltenen abschließenden Charakter des § 569 Abs. 2a BGB.[802]

Bei Rückgriff auf § 543 Abs. 1 S. 2 BGB ist neben der bereits verstrichenen Zeit auch eine längere Prozessdauer anzunehmen. Eine Interessensabwägung wiederum erschwert die Vorhersage des Ausganges einer gerichtlichen Auseinandersetzung. Dies senkt die Rechtssicherheit.

In Abgrenzung zu § 543 Abs. 1 S. 2 BGB bedarf es lediglich eines Verzuges in Höhe des Schwellenwertes gem. § 569 Abs. 2a BGB. Die Tatbestandsvoraussetzungen sind somit transparent und bieten ein hohes Maß an Anwendungssicherheit.

Der Verwirkungsgefahr des Kündigungsrechts gem. § 569 Abs. 2a BGB tritt das Soziale Forderungsmanagement entgegen, da nach Vorlage dieses Konzeptes ein Hinterlegungsverzug konsequent abzumahnen ist. Der andernfalls notwendige Rückgriff auf § 543 Abs. 1 S. 2 BGB ist durch die Sicherung des Anspruches zu vermeiden.

Ein Wohnungsunternehmen steht einem zumeist unbekannten Kunden gegenüber. Hinsichtlich des Risikos stellt die Vereinbarung einer höchstmöglichen Sicherheitsleistung ein effizientes Instrument der Risikobegrenzung dar. Daher wird hier die Nutzung dieser gesetzlich maximalen Sicherheitsleistung im Sinne einer Basisabsicherung empfohlen und ein Wohnungsunternehmen, wie z.B. die Meinerzhagener Baugesellschaft mbH, sollte nach dem vorliegenden Konzept (§ 551 Abs. 1 BGB entsprechend) eine Sicherheitsleistung i.H.v. drei Grundmieten mietvertraglich vereinbaren.

---

801 Wiek WuM 2013, 195 (197); Blank, in: Blank/Börstinghaus, Miete, § 569 Rn. 37.
802 BT-Drucks. 17/10485 S. 25.

Das vorliegende Managementkonzept beinhaltet somit, neben dem aktiven Mietforderungsmanagement, auch die Überwachung und Realisierung der Hinterlegung der mietvertraglich vereinbarten Sicherheitsleistung.

In diesem Kontext ist unter dem Begriff des Risikos vorrangig die Gefahr des Ausbleibens der Mietzahlungen zu verstehen.

Das vorliegende Konzept beinhaltet jedoch die Betreibung sämtlicher im Mietverhältnis entstehender Forderungen, demnach auch z.B. mögliche Reparaturforderungen bei Beendigung eines Mietverhältnisses. Damit ist hier nachrangig der drohende Forderungsausfall durch technische Beanstandungen zu verstehenden, welcher ebenso durch eine vertragsgemäß hinterlegte Sicherheitsleistung begrenzt werden kann.

Um das Risiko des Forderungsausfalles bereits frühzeitig zu begrenzen, bietet sich eine formularmäßige Vereinbarung der Zahlung der ersten Miete und Hinterlegung der ersten Rate der Sicherheitsleistung vor Wohnungsübergabe an. Eine derartige Regelung hält der AGB-Kontrolle stand und stellt keine Übersicherung des Vermieters dar.[803] Dies entspricht dem Ziel des Gesetzesentwurfes, der auf eine „bessere Handhabe gegen einen Vertragspartner, der sich bereits zu Beginn des Mietverhältnisses seinen vertraglichen Zahlungsverpflichtungen entzieht“[804], abzielt.

Mit dieser Gestaltung wird das Risiko des Hinterlegungsverzuges auf die zwei noch ausstehenden Raten reduziert und zugleich eine Teilhinterlegung der Sicherheitsleistung realisiert.

Der Hinterlegungsverzug tritt unter anderem aufgrund anderweitiger Prioritäten (z.B. der Kauf einer Küche) nach dem Mietbeginn ein.[805] Dies geschieht „häufig“[806], sodass eine Praxisrelevanz im Rahmen eines Experteninterviews bestätigt ist.

Gegen diesen nach Mietbeginn eintretenden Verzug bietet die betrachtet Regelung demnach einen Basisschutz des Vermieters.

Zielsetzung ist die Identifizierung des frühestmöglichen Kündigungszeitpunktes. Die Möglichkeit der Kündigung sollte angewendet werden, wenn ein Hinterlegungsverzug i.H.v. zwei Raten vorliegt. Neben der Realisierung der Basisabsicherung, bietet sich weiterhin die Nutzung an, wenn Mietforderungen in nicht kündigungsrelevanter Höhe vorliegen, zugleich der vorliegend betrachtete

803 LG Bonn openJur 2011, 65261, Rn. 14.
804 BT-Drucks. 17/10485, S. 25.
805 Z. 238 ff. Anhang III dieser Ausarbeitung.
806 Z. 238 Anhang III dieser Ausarbeitung.

Kündigungstatbestand des § 569 Abs. 2a BGB erfüllt ist und die Kündigung somit, genau wie die Kündigung im Rahmen von § 543 Abs. 2 S. 1 Nr. 3 BGB, der Herstellung eines kooperativen Mietverhältnisses zur Erhaltung des Wohnraumes dient.

Zielsetzung ist in erster Linie die Vollständigkeit der Sicherheitsleistung, um das Risiko des Mietforderungsausfalls im Sinne einer Basisabsicherung zu begrenzen. Neben der Basisabsicherung bietet die Verrechnung bei Beendigung des Mietverhältnisses eine aktive Mietforderungssenkungsmöglichkeit. Darüber hinaus wird die Wichtigkeit der Einhaltung mietvertraglicher Regelungen vermittelt, was sich wieder psychologisch auf die Einhaltung der vertragsgemäßen Mietzahlung auswirken soll.

Auch ist die Nutzung dieses Kündigungsgrundes gegenüber ebenfalls eröffneten, jedoch rechtlich unsichereren Kündigungsgrundlagen vorzuziehen.

Beispielhaft ist in diesem Zusammenhang der zurückzustellende Kündigungstatbestand der schleppenden Mietzahlung[807] zu nennen.

Neben der Verrechnung bei Mietvertragsbeendigung, kann die Kaution mit unstreitigen, rechtskräftigen und bestehenden Mietforderungen im Laufe des Mietverhältnisses verrechnet werden. Eine Pflicht seitens des Vermieters zur Verrechnung besteht nicht.[808] Aus hiesiger Sicht ist dies einerseits ein effizientes und probates Mittel zur Ergebnisverbesserung (z.B. gegen Ende des Geschäftsjahres), andererseits besteht jedoch die Gefahr, dass es nicht zur Wiederauffüllung der Sicherheitsleistung kommt. Damit würde dann keine Sicherheit mehr bei Abwicklung des Mietverhältnisses vorliegen und durch drohende Mietausfälle oder technisch ersatzfähige Schäden bei der Vertragsabwicklung besteht die Gefahr, dass der Forderungsbestand erneut steigt.

Grundsätzlich ist die strategische Entscheidung zu treffen, ob die Sicherheitsleistung in erster Linie als Sicherheit für technische Mängel bei Abwicklung des Mietverhältnisses vorbehalten werden soll. Wird darüber hinaus als Voraussetzung zur rechtmäßigen Verrechnung im Laufe des Mietverhältnisses eine rechtskräftige Verurteilung angenommen, entspricht dies einer notwendigen Titulierung der offenen Forderung. Hier ist statt der Verrechnung, die Einleitung der Zwangsvollstreckung in das Vermögen des Schuldners sinnvoller. Ist eine Vollstreckung mangels pfändbaren Vermögens/Einkommens nicht möglich, so wird nämlich regelmäßig der im Zeitpunkt der Verrechnung entstehende Anspruch auf Wiederauffüllung der Kaution kaum erfolgreich vollstreckbar sein

807 3. Teil, I., 1., a) dieser Ausarbeitung.
808 BGH JurionRS 1972, 11799, Rn. 15.

und durch die Verrechnung die Gefahr entstehen, dass dadurch das Kündigungsrecht des Vermieters (durch Befriedigung im Sinne des § 543 Abs. 2 S. 2 BGB oder § 569 Abs. 3 Nr. 2 BGB) verwirkt.

Für den Mieter bietet dies ebenfalls keinen Vorteil, da die finanzielle Belastung durch den sofort gem. § 271 Abs. 1 BGB fälligen Wiederauffüllungsanspruch unverändert bleibt. Für beide Seiten erfolgt lediglich eine „Umschuldung". Die Forderungshöhe bleibt unverändert. Lediglich die Mietforderungen im eigentlichen Sinne sinken zunächst. Darüber hinaus drohen die Mietforderungen nach der Wohnungsendabnahme erneut zu steigen, sofern die Sicherheitsleistung im Laufe des Mietverhältnisses verrechnet worden ist und diese jedoch aufgrund technischer Mängel benötigt worden wäre. Die Zielsetzung hier ist keine kurzfristige, sondern eine nachhaltige Senkung des Forderungsbestandes, womit eine rein kosmetische Makulatur des Forderungsbestandes als nicht zielführend erachtet wird. Eine Verrechnung der Mietrückstände mit der Sicherheitsleistung im Laufe des Mietverhältnisses wird hier daher abgelehnt.

Die Anwendung des vorliegenden Kündigungstatbestandes gem. § 569 Abs. 2a S. 1 BGB wird hier im Sinne des frühestmöglichen Kündigungszeitpunktes zur Basisabsicherung, sowie zur Herstellung eines nachhaltigen kooperativen Kontaktes und Verdeutlichung der Wichtigkeit der Einhaltung mietvertraglicher Vereinbarungen empfohlen. Die Regelung nach § 569 Abs. 2a BGB enthält transparente Tatbestandsvoraussetzungen und hat damit den Vorteil einer hohen Anwendungstransparenz.

Obwohl dieser Kündigungstatbestand bereits in der Praxis bereits präsent ist[809], kann eine strukturierte Etablierung zur weiteren Effizienzsteigerung und Fokussierung beitragen.

4. *Sonstige Kündigungsgründe*

Geprüft wird ebenso die Möglichkeit der fristlosen Kündigung gem. §§ 543 Abs . 1, 573 Abs. 2 Nr. 1 BGB.

Eine grundsätzliche Anwendbarkeit ist einzelnachweislich nicht ausgeschlossen, da die Kündigungsgründe gem. § 543 Abs. 2 BGB und gem. § 569 Abs. 1 bis 2a BGB nicht abschließend geregelt sind.[810] Dafür spricht auch, dass § 543 Abs. 2 S. 1 BGB umfassend formuliert ist.[811]

---

809 Z. 242 ff. Anhang III dieser Ausarbeitung.

810 Blank, in: Schmidt-Futterer, Mietrecht, § 569 Rn. 32e; Zürn, in: Hannemann/Wiegner, Mietrecht, § 28 Rn. 364.

811 Bieber, in: MüKo, BGB II, Bd. 4, § 543 Rn. 6.

Geprüft wird zunächst die Anwendbarkeit aufgrund eines mangelhaften Zahlungsverhalten gem. §§ 543 Abs. 1 S. 2, 573 Abs. 2 Nr. 1 BGB.

Unter Würdigung der Gesamtumstände ist die Zumutbarkeit des derzeitigen Zahlungsverhaltens für die Zukunft zu prüfen, wobei einzelnachweislich ein bloßer Zahlungsverzug für eine fristlose Kündigung gem. §§ 543 Abs. 1 S. 2 BGB, 5 73 Abs. 2 Nr. 1 BGB für nicht ausreichend gehalten wird.[812]

Neben des eigentlichen Zahlungsverzuges müssen weiterhin gravierende Umstände vorliegen, die diesem wiederum ein derart schweres Gewicht verleihen, dass die Fortführung des Mietverhältnisses nicht weiter zugemutet werden kann.[813] Eine entsprechende Praxisrelevanz wird hier nicht gesehen.

Darüber hinaus könnte die Anwendbarkeit der fristlosen Kündigung gem. §§ 543 Abs. 1 S. 2, 573 Abs. 2 Nr. 1 BGB aufgrund der Pflicht zur Wiederauffüllung der Sicherheitsleistung gegeben sein.

Als Maßstab für die Verzugshöhe wird an dieser Stelle auf die Nichtleistung der Sicherheitsleistung i.S.v. § 569 Abs. 2a BGB verwiesen. Demnach sollte, neben den weiteren Umständen i.S.v. § 543 Abs. 1 S. 2 BGB, zumindest eine Verzugshöhe von zwei Grundmieten vorliegen. Andernfalls führt die Anwendung zu einem Unterlaufen des Kündigungstatbestandes gem. § 569 Abs. 2a BGB.

Wird sich unternehmensintern für die Verrechnung der offenen und unstreitigen Mietschulden im Laufe des Mietverhältnisses entschieden, so wird in einem solchen Fall vereinzelnd vertreten, dass der Tatbestand einer fristlosen Kündigung gem. §§ 543 Abs. 2, 573 Abs. 2 Nr. 1 S. 1 BGB grundsätzlich eröffnet sein kann, wenn die weiteren Voraussetzungen ebenfalls gegeben sind.[814] Dies wird dadurch bekräftigt, dass ebenso vereinzelnd vertreten wird, dass der Verzug bei Wiederauffüllung der Sicherheitsleistung eine kündigungsrelevante Pflichtverletzung darstellen kann.[815]

Dieser Kündigungstatbestand scheidet jedoch vorliegend aus, da hier auf die Verrechnung der Sicherheitsleistung im Laufe des Mietverhältnisses zu verzichten ist.

Die zuvor genannten Kündigungsgründe sind im Ergebnis sehr abstrakt, was nicht zuletzt an der sehr begrenzten Quellenlage erkennbar ist. Damit einhergehend ist eine hohe Praxisrelevanz ist hier ebenso nicht ersichtlich.

---

812 Blank, in: Schmidt-Futterer, Mietrecht, § 569 Rn. 32e f.

813 Wiek WuM 2013, 195 (199).

814 Blank, in: Blank/Börstinghaus, Miete, § 569 Rn. 42.

815 Wiek WuM 2013, 195 (199).

5. *Entstehung und Nutzung des Kündigungsrechts*

Sobald die jeweiligen Voraussetzungen für eine der Kündigungsgrundlagen gegeben sind, sollte der Vermieter nach Vorlage dieses Konzeptes von seinem Recht zur fristlosen Kündigung Gebrauch machen.

Ein entsprechendes Gestaltungsbeispiel einer Kündigung befindet sich im Anhang.[816]

Bei der Kündigung handelt es sich um eine einseitige Willenserklärung zur fristlosen Beendigung des Mietverhältnisses. Maßgeblich für das Vorliegen der Tatbestandsvoraussetzungen ist der Zeitpunkt des Zugangs der Willenserklärung gem. § 130 Abs. 1 S. 1 BGB.[817] Eine insofern zu früh ausgesprochene Kündigung ist unwirksam und kann keine nachträgliche Wirksamkeit erlangen.[818]

Für die Praxis bedeutet dies, dass im Zeitpunkt des Kündigungszuganges die verschiedenen Tatbestandsvoraussetzungen erfüllt sein müssen. Ein postalisches Versenden des Kündigungsschreibens ist somit bereits vor Ablauf des dritten Werktages eines Zeitabschnittes möglich. Zum gleichen Ergebnis kommen Teile der Rechtsprechung[819] und Literatur[820].

Die Gegenansicht setzt vor der Abgabe der Kündigungserklärung die Erfüllung der Tatbestandsvoraussetzungen voraus.[821] Dies wiederum bedeutet, dass ein Kündigungsschreiben frühestens nach Ablauf des dritten Werktages postalisch versendet werden kann.

Konsequenz für die Befürwortung der ersten Ansicht wäre ein um wenige Tage vorgezogener Kündigungszeitpunkt, wodurch der Vermieter einen möglicherweise früheren Zahlungseingang erzielen kann, als wenn er die Kündigungserklärung erst mit Vorliegen der Tatbestandsvoraussetzungen versendet. Um dies hier als einen tatsächlichen Vorteil werten zu können müsste unterstellt werden, dass der Mieter bei späterem Versand der Kündigungserklärung nicht gleichwertig handelt. Dies kann nur schwerlich angenommen werden. In

816 Anhang IX dieser Ausarbeitung.

817 BGH NJW 2012, 2270 (2272); KG WuM 2019, 579 (580); Blank, in: Schmidt-Futterer, Mietrecht, § 543 Rn. 125.

818 OLG Brandenburg, Az. 3 W 7/06, juris, Rn. 12 f.; Weidenkaff, in: Palandt, § 543 Rn. 55.

819 LG Köln WuM 1991, 263 (263); LG Lüneburg WuM 1995, 705 (705).

820 Emmerich, in: Staudinger, BGB, § 543 Rn. 48.

821 LG Köln WuM 1992, 123 (123); LG Köln ZMR 2002, 126 (127); LG Duisburg WuM 2006, 257 (257 f.); Sternel, in: Sternel, Mietrecht aktuell, Kap. XII Rn. 122; Winkler ZMR 2006, 420 (422).

der Praxis wird es kaum regelmäßig relevant sein, ob die Kündigung am vierten oder am sechsten Werktag zugestellt wird.

Darüber hinaus würde der vorzeitige Versand der Kündigungserklärung nur unter der Berücksichtigung einer nicht unerheblichen Rechtsunsicherheit hinsichtlich der Wirksamkeit der Kündigung erfolgen können. Im äußersten Falle bedeutet dies, dass ein monatelanger Räumungsprozess aufgrund einer um einen Tag zu früh versendeten Kündigungserklärung zu Lasten des Vermieters entschieden werden könnte.

Eines der wesentlichen Elemente hier ist die Nutzung des frühestmöglichen Kündigungszeitpunktes. Dieser ist jedoch nicht ohne Rücksicht auf das kooperative Verhältnis zwischen den Vertragsparteien und mit Inkaufnahme einer kaum kalkulierbaren rechtlichen Unsicherheit zu nutzen.

Fernab nach der Frage der Rechtmäßigkeit, soll das Kündigungsrecht nach der Philosophie dieses Managementkonzeptes erst dann genutzt werden, wenn das Verhalten des Vertragspartners endgültig derart vertragswidrig ist, dass eine Kündigung endgültig begründet worden ist.

Die Nutzung einer „vorauseilenden" Kündigung wird hier nicht befürwortet. Vielmehr wird hier empfohlen, erst dann ein Kündigungsschreiben zu versenden, wenn die einzelnen Tatbestandsvoraussetzungen des jeweiligen Kündigungstatbestandes erfüllt sind.

Bei der Berechnung des Mietrückstandes sind vorausgegangene Mieterhöhungen i.S.v. § 569 Abs. 3 Nr. 3 BGB zu beachten. Gem. § 569 Abs. 3 Nr. 3 BGB kommen dabei die Mieterhöhungsverlangen der Mieterhöhung bis zur ortsüblichen Vergleichsmiete (gem. § 558 BGB), der Mieterhöhung nach Modernisierungsmaßnahmen (gem. § 559 BGB) und der Mieterhöhung mittels der Anpassung der Betriebskostenpauschale (-vorauszahlung gem. § 560 BGB) in Betracht.[822]

Zum vorliegenden Konzept gehört zur Funktionalität eines proaktiven Forderungsmanagements auch die Anpassung der Betriebskostenvorauszahlungen an die tatsächlichen Verhältnisse. Dies dient dem Schutze des Mieters vor hohen und damit wirtschaftlich belastenden Nachzahlungen im Rahmen der Betriebskostenabrechnung. Diese wiederum begründen regelmäßig Zahlungsschwierigkeiten, welche wiederum unmittelbar den Forderungsbestand und mittelbar das Mietausfallrisiko erhöhen. Eine Anpassung der Vorauszahlungen

822 Blank, in: Blank/Börstinghaus, Miete, § 569 Rn. 77; Häublein, in: MüKo, BGB II, Bd. 4, § 569 Rn. 45; Wöstmann, in: Bamberger/Roth/Hau/Poseck, BeckOK, BGB, § 569 Rn. 22.

auf Grundlage der turnusmäßigen Betriebskostenabrechnung, setzt eine formell und inhaltlich korrekte Abrechnung voraus.[823] Eine frühere Rechtsprechung, die lediglich eine formell ordnungsgemäße Abrechnung voraussetzte, ist damit überholt.[824] Vereinzelnd wird ausgeführt, dass dies auch dann gilt, wenn aufgrund des Verstreichens der Jahresfrist gem. § 556 Abs. 3 S. 2 BGB der Mieter den Nachzahlungsbetrag aufgrund des Eintritts der Abrechnungsreife leisten muss.[825] Bei der Anpassung an die tatsächlichen Verhältnisse ist die Sperrfrist gem. § 560 Abs. 4 BGB zu beachten.

Praktische Relevanz könnten die Wirksamkeitsanforderungen zur rechtmäßigen Erhöhung der Vorauszahlungen insbesondere im Falle der ausbleibenden Zahlung dieser Anpassungsbeträge haben. Im Rahmen der Zahlungsklage kann dann die gerichtliche Überprüfung der Richtigkeit der Betriebskostenabrechnung erfolgen. Wird der Mieter zur Zahlung verurteilt, liegt ein Fall des § 569 Abs. 3 Nr. 3 BGB vor. Demnach darf die fristlose Kündigung wegen Zahlungsverzugs erst nach Ablauf von zwei Monaten nach Rechtskraft des Zahlungsurteils erfolgen, sofern nicht ohnehin einer der einschlägigen Regelbeispiele aufgrund eines Zahlungsverzuges aus der bisher geschuldeten Miete erfüllt ist.[826]

Zur Kündigung bedarf nach Ansicht des BGH keiner rechtskräftige Verurteilung des Mieters.[827] Der Kündigungsschutz des Mieters (gem. § 569 Abs. 3 Nr. 3 BGB) ist nach dem Wortlaut der Norm dahingehend zu relativieren, dass es für eine wirksame Kündigung aufgrund der Nichtleistung der angepassten Betriebskostenvorauszahlungen keiner rechtskräftigen Verurteilung bedarf.[828]

Unter Bezugnahme auf die ständige BGH-Rechtsprechung[829] ist ein Ausschluss des Verschuldens aufgrund eines Rechts- oder Tatsachenirrtums regelmäßig nicht zu bejahen. Demnach wird dem Mieter hier einzelnachweislich im

---

823 BGH NJW 2012, 2186 (2186).

824 BGH NJW 2010, 2053 (2053).

825 Börstinghaus NWB 2018, 2784 (2787).

826 Blank, in: Blank/Börstinghaus, Miete, § 569 Rn. 82; Wöstmann, in: Bamberger/Roth/Hau/Poseck, BeckOK, BGB, § 569 Rn. 22; Häublein, in: MüKo, BGB II, Bd. 4, § 569 Rn. 45.

827 BGH WuM 2012, 497 (497).

828 Blank, in: Blank/Börstinghaus, Miete, § 569 Rn. 83.

829 BGH WuM 2012, 323 (323 ff.); BGH openJur 2011, 10414, Rn. 23 ff.; BGH WuM 2007, 24 (25 ff.).

Zweifelsfall die Zahlung unter Vorbehalt angeraten, da andernfalls ein erhebliches Risiko des Wohnungsverlustes besteht.[830]

Ein Erlöschen des Kündigungsrechts ist bis zum Zeitpunkt des Kündigungszuganges möglich. Nach § 543 Abs. 2 S. 2 BGB bedarf es dafür der Befriedigung des Vermieters. Ohne eine vollständige Befriedigung des Vermieters, ist die Kündigung nicht ausgeschlossen.[831] Zur Beurteilung des Mietrückstandes ist auf die vertraglich vereinbarte, und nicht auf die möglicherweise berechtigt geminderte Miete, abzustellen.[832] Ist eine Kündigung noch nicht ausgesprochen und erfolgt keine vollständige Befriedigung, so wird vereinzelnd empfohlen, dass sich der Vermieter dennoch das Recht zur außerordentlichen Kündigung vorbehalten sollte, da andernfalls eine Verwirkung des Kündigungsrechts durch Akzeptanz der Teilleistung droht.[833] Ist ein Kündigungstatbestand eröffnet und wartet der Mieter mit dem Aussprechen der Kündigung, lässt dies die Kündigung auch in Ansehung von § 314 Abs. 3 BGB nicht als illoyal erscheinen.[834]

Ist der Räumungsanspruch bereits nach § 569 Abs. 3 Nr. 2 BGB rechtshängig, so wird die Kündigung unwirksam wenn der Vermieter hinsichtlich der fälligen Miete, und vor Ablauf von zwei Monaten nach Eintritt der Rechtshängigkeit, vollständig befriedigt wird. Damit ist die Heilung der Kündigung auch stets vor Rechtshängigkeit möglich.[835] Zum gleichen Ergebnis kommt hier eine Schlussfolgerung aus einer jüngeren BGH-Urteilsbegründung[836].

II. Ordentliche Kündigungsgründe

Zur Eröffnung des frühestmöglichen Kündigungszeitpunktes kann ebenso der Rückgriff auf den Tatbestand der ordentlichen Kündigung erfolgen.

---

830 Blank, in: Blank/Börstinghaus, Miete, § 569 Rn. 84.

831 BGH NJW 2018, 939 (939); Blank WuM 2017, 644 (646); BGH WuM 2016, 658 (660); BGH WuM 2006, 193, (193 ff.); BGH openJur 2012, 58161, Rn. 23 ff.; BGH JurionRS 1970, 11667, Rn. 16; BGH JurionRS 1987, 15130, Rn. 16.

832 BGH NJW 2018, 939 (939); Blank WuM 2017, 644 (644); Blank WuM 2012, 499 (501 f.); BGH WuM 2010, 484 (485 ff.).

833 Blank, in: Blank/Börstinghaus, Miete, § 543 Rn. 176; Bieber, in: MüKo, BGB II, Bd. 4, § 543 Rn. 47.

834 BGH NZM 2009, 314 (314).

835 Bieber, in: MüKo, BGB II, Bd. 4, § 543 Rn. 31, 56; LG Stuttgart, Az. 13 S 356/83, juris, Rn. 5 f.

836 BGH WuM 2016, 658 (659).

Diesem wird im Rahmen eines Experteninterviews eine entsprechende Praxisrelevanz im Falle der Eigenbedarfskündigungen gem. § 573 Abs. 2 Nr. 2 BGB zugesprochen.[837]

Die praktische Relevanz im Rahmen von Mietzahlungsverzügen scheint demnach untergeordnet und ist, wenn überhaupt von einer spürbaren Relevanz gesprochen werden kann, in Abhängigkeit der Wohnungsmarktsituation zu sehen.[838]

Im Kontext der Mietzahlung kommt die Betrachtung der ordentlichen Kündigung oder die hilfsweise ordentliche im Zusammenhang mit einer außerordentlich fristlosen Kündigung in Betracht.

Hier, und nach Aussage eines Interviewpartners, wird die hilfsweise ordentliche Kündigung nicht priorisiert zum Zwecke der endgültigen Vertragslösung betrachtet.[839] Dieser dem Sozialen Forderungsmanagement widerstrebende Zweck hat in den vergangenen Jahren jedoch insofern an Bedeutung gewonnen, dass Vermieter vermehrt die hilfsweise ordentliche Kündigung aussprechen, um trotz einer mögliche Schonfristzahlung eine Beendigung herbeiführen zu können, da diese sich nur auf die fristlose Kündigung heilend auswirkt.[840]

Einem interviewten Experten nach, lassen sich im Rahmen der schuldhaften Pflichtverletzung nach § 573 Abs. 2 Nr. 1 BGB, mit Blick auf die Rechtsprechungen, bestimmte Fallgruppen in Anlehnung an das angelsächsische System des *Case Laws* erkennen.[841] Die Rechtssicherheit wird grundsätzlich als hoch eingeschätzt.[842] Eine entsprechende Rechtsprechung soll sich relativ schnell über Kommentare und Datenbanken ermitteln lassen.[843] Für eine praktische Anwendungssicherheit überzeugt diese Argumentation hier jedoch nicht, da unterstellt werden muss, dass ein mittelständisches Wohnungsunternehmen nicht zwingend über einen rechtlich ausgebildeten Mitarbeiter verfügt.

Voraussetzung für die Anwendbarkeit des § 573 Abs. 2 Nr. 1 BGB ist das Vorliegen eines berechtigten Interesses an der Beendigung des Mietverhältnisses. Dies ist insbesondere dann gegeben, wenn der Mieter seine vertraglichen Pflichten schuldhaft nicht unerheblich verletzt hat. Der Begriff der vertraglichen

---

837 Z. 291 ff. Anhang VI dieser Ausarbeitung.
838 Z. 291 ff. Anhang VI dieser Ausarbeitung.
839 Z. 299 ff. Anhang VI dieser Ausarbeitung.
840 Z. 302 ff. Anhang VI dieser Ausarbeitung.
841 Z. 374 ff. Anhang VI dieser Ausarbeitung.
842 Z. 379 ff. Anhang VI dieser Ausarbeitung.
843 Z. 383 ff. Anhang VI dieser Ausarbeitung.

Pflichten unterliegt einem weiten Verständnis und umfasst alle Formen der Schlecht- oder Nichterfüllung.[844] Demnach kommt ein Zahlungs- oder Hinterlegungsverzug grundsätzlich als Pflichtverletzung in Frage.

Eine Unzumutbarkeit der Vertragsfortsetzung wird indes nicht gefordert.[845] Es kommen demnach auch Pflichtverstöße von geringeren Maße in Betracht.[846] Diese dürfen jedoch nicht unerheblich sein.[847] Dies bestätigt einzelnachweislich ebenso die systematische Stellung und Anwendbarkeit des § 574 BGB.[848] Weiter wird ausgeführt, dass die unterschiedlichen Fassungen des Erheblichkeitskriteriums herausstellen, dass nicht nur eine außerordentliche, sondern auch eine ordentliche Kündigung möglich ist.[849] Zur fristlosen Kündigung des Mietverhältnisses wird der Maßstab einer unzumutbaren Vertragsfortsetzung (§ 543 Abs. 1, § 569 Abs. 2a BGB) bzw. eine Pflichtverletzung in erheblichen Maße (§ 543 Abs. 2 Nr. 2 BGB) angesetzt. Die ordentliche Kündigung fordert dagegen lediglich ein berechtigtes Interesse (§ 573 Abs. 1 S. 1 BGB). Im Ergebnis liegt ein Stufenverhältnis zwischen den Kündigungsgrundlagen vor.[850]

Innerhalb dieses setzt die ordentliche Kündigung nach § 573 Abs. 2 Nr. 1 BGB ein schuldhaftes Verhalten des Mieters voraussetzt. Dabei wird zwischen vorsätzlichem (Absicht und direkter Vorsatz) und bedingt vorsätzlichem Handeln unterschieden.[851] Hinsichtlich der Fahrlässigkeit wird zwischen einer bewussten, groben oder einfachen fahrlässig begangenen Pflichtverletzung differenziert.[852]

Mit Bezug auf § 276 BGB wird vereinzelnd die leichte Fahrlässigkeit für ausreichend gehalten.[853]

---

844 Blank, in: Schmidt-Futterer, Mietrecht, § 573 Rn. 11; Siegmund, in: Schach/Schultz/Schüller, BeckOK, Mietrecht, § 573 Rn. 18 ff.

845 BGH WuM 2006, 193 (193); Häublein, in: MüKo, BGB II, Bd. 4, § 573 Rn. 56; Hinz, in: AnwaltKomm BGB, § 573 Rn. 12.

846 Gramlich, in: Mietrecht, § 573 Rn. 7; Blank, in: Schmidt-Futterer, Mietrecht, § 573 Rn. 13; Häublein, in: MüKo, BGB II, Bd. 4, § 573 Rn. 57.

847 KG NZM 2005, 254 (254); Blank, in: Schmidt-Futterer, Mietrecht, § 573 Rn. 13; Schönleber, in: Hannemann/Wiegner, Mietrecht, § 28 Rn. 441; Hannappel, in: Bamberger/Roth/Hau/Poseck, BeckOK, BGB, § 573 Rn. 21 f.

848 Blank, in: Schmidt-Futterer, Mietrecht, § 573 Rn. 13.

849 Blank, in: Schmidt-Futterer, Mietrecht, § 573 Rn. 13.

850 BGH WuM 2006, 193 (193).

851 Blank, in: Schmidt-Futterer, Mietrecht, § 573 Rn. 15.

852 Blank, in: Schmidt-Futterer, Mietrecht, § 573 Rn. 15.

853 Hannappel, in: Bamberger/Roth/Hau/Poseck, BeckOK, BGB, § 573 Rn. 23; Gramlich, in: Mietrecht, § 573 Rn. 8.

Das ebenso konkretisierte vorsätzliche Handeln in Form von Absicht oder eines direkten Vorsatzes, sollte hier ohnehin nicht regelmäßig praxisrelevant sein. Wird beispielsweise ein absichtlicher Zahlungsverzug angenommen, wird regelmäßig auch ein Kündigungstatbestand der fristlosen Kündigung eröffnet sein. Jene Mietschuldner wären damit unter dem Begriff des „Mietnomadentums“ subsumierbar und liegen nicht im unmittelbaren Anwendungsbereich des Sozialen Forderungsmanagements. Eine Kündigung dient dabei ausschließlich der Beendigung und als Grundlage zur Zwangsräumung. Ein bedingter Vorsatz könnte einzelfallabhängig gegeben sein, da der Mieter durch falsche Priorisierung der Mietzahlung eine Schädigung des Vermieters billigend in Kauf nimmt. Insbesondere das Krankheitsbild der Prokrastination[854] oder ein vergleichbares Verhalten, können von entsprechender Relevanz sein.

Regelmäßig wird bei der ausbleibenden Mietzahlung jedoch eine Form der Fahrlässigkeit gegeben sein.

Ein Vertretenmüssen des Zahlungsverzuges wird gem. § 280 Abs. 1 S. 2 BGB vermutet, sodass der Mieter den Entlastungsbeweis führen muss.[855]

Während der Mieter bei einem Zahlungsverzug für seine finanzielle Leistungsfähigkeit einzustehen hat und sich deswegen nicht auf § 286 Abs. 4 BGB berufen kann, kann er sich i.S.v. § 573 Abs. 2 Nr. 1 BGB von seiner unverschuldeten Zahlungsunfähigkeit entlasten.[856] Im Vergleich zur fristlosen Kündigung wird der Mieter demnach begünstigt.[857]

Hier unterstützend im Sinne dieses Konzeptes, führt ein Experte die Wichtigkeit der einzelfallabhängigen Prüfung der Tatbestandsvoraussetzung des Verschuldens anhand eines Praxisbeispieles aus.[858]

Für das fehlende Verschulden in Form einer sekundären Beweislast ist der Mieter darlegungs- und beweispflichtig.[859]

Damit kann sich der Mieter bei unverschuldeten Zahlungsschwierigkeiten exkulpieren. Selbst wenn der Mieter, fernab der Frage nach dem genauen Grund, lediglich an der Entrichtung der Miete gehindert war, muss er dies darlegen und beweisen.[860] Der Vermieter wiederum müsste dann erneut beweisen, dass diese

---

854 3. Teil, Q. dieser Ausarbeitung.

855 BGH NZM 2016, 635 (636); BGH WuM 2016, 491 (491 f.).

856 BGH WuM 2016, 682 (682); BGH NZM 2016, 550 (550); KG BeckRS 2008, 17912, Rn. II. 2; BGH WuM 2005, 250 (250).

857 BGH WuM 2005, 250 (250).

858 Z. 358 f. Anhang VI dieser Ausarbeitung.

859 BGH NZM 2016, 550 (550); LG Berlin WuM 2017, 83 (83).

860 BGH WuM 2012, 323 (324 f.).

Ausführungen des Mieters (im Sinne eines entlastenden Umstandes) nicht der Richtigkeit entsprechen.

Auch ist der Mieter für ein schuldhaftes Verhalten eines Erfüllungsgehilfen gem. § 278 BGB verantwortlich.[861] Es ist demnach nicht zwingend ein eigenes schuldhaftes Verhalten vorausgesetzt.[862]

Kein Verschulden i.S.v. § 573 Abs. 2 Nr. 1 BGB liegt beispielsweise bei einer wirtschaftlichen Leistungsunfähigkeit aufgrund von Krankheit[863] oder Arbeitslosigkeit[864] vor. Nach Aussage im Rahmen eines Experteninterviews ist jedoch keine grundsätzliche Exkulpation aufgrund einer Arbeitslosigkeit anzunehmen.[865] Allgemein kann sich der Mieter damit aufgrund unvorhersehbarer Zahlungsschwierigkeiten exkulpieren.[866]

Zur Exkulpation muss der Mieter das fehlende Verschulden am Eintritt des behaupteten Liquiditätsengpasses darlegen.[867]

Die Darlegung, dass der Mieter den Eintritt der Zahlungsunfähigkeit aufgrund einer unvorhersehbaren wirtschaftlichen Notlage nicht zu vertreten hat, obliegt alleine ihm selbst.[868] Hinsichtlich des Entlastungsbeweises wird keine lückenlose Darstellung, welche jede noch so entfernte Möglichkeit eines Verschuldens ausschließt, vorausgesetzt. Stattdessen genügt eine Darlegung und Nachweisung der Beachtung der dem Mieter obliegenden Sorgfalt.[869]

Auch die Möglichkeit der Zahlung unter Vorbehalt zur Vermeidung der Kündigung ist eine Möglichkeit für den Mieter. Entscheidet sich der Mieter im Zweifel für die Nichtleistung statt der Zahlung unter Vorbehalt, kann ihm dieses Verhalten negativ angelastet werden.[870]

---

861 BGH WuM 2007, 24 (24).

862 BGH WuM 2007, 24 (24).

863 LG Kiel WuM 1984, 55 (55).

864 AG Düren WuM 1981, 210 (210).

865 Z. 339 ff. Anhang VI dieser Ausarbeitung.

866 BGH WuM 2016, 682 (682); BGH openJur 2012, 58471, Rn. 25.
BGH WuM 2016, 682 (684).

867 BGH WuM 2016, 682 (685).

868 BGH WuM 2016, 682 (685); BGH openJur 2012, 130649, Rn. 28; Häublein, in: MüKo, BGB II, Bd. 4, § 573 Rn. 65.

869 BGH 2004, openJur 2012, 57600, Rn. 32; BGH WuM 2016, 682 (685).

870 LG Köln BeckRS 2009, 88436; Blank, in: Blank/Börstinghaus, Miete, § 543 Rn. 143; Börstinghaus LMK 2013, 341709, Rn. 3.

Eng verbunden mit dem Erheblichkeitskriterium ist das Verschulden.[871] Liegt demnach, entgegen anderer Ansicht[872], eine geringe Pflichtverletzung und ein leichtes Verschulden vor, berechtigt dies einem hier zu befürwortenden Einzelnachweis nach nicht zur Kündigung.[873] Dies bestätigt ebenso die Urteilsbegründung einer jüngeren BGH-Rechtsprechung, in der das Kriterium des Verschuldens für bedeutungslos betrachtet wird, wenn bereits ein unverschuldeter unpünktlicher Mieteingang für kündigungsrelevant erachtet wird. Vielmehr wird im Rahmen einer unverschuldeten Pflichtwidrigkeit eine Unzumutbarkeit der Vertragsfortsetzung (vorliegend im Falle einer durch den Leistungsträger verschuldeten Zahlungsunpünktlichkeit) als Maßstab angesetzt.[874]

Unter Bezug auf einen Einzelnachweis wird zusammenfassend festgehalten, dass die Pflichtverletzung zwar nicht unerheblich sein darf, diese jedoch auch nicht die Rechte des Vermieters in erheblichem Maße (§ 543 Abs. 2 Nr. 2 BGB) verletzen bzw. dem Tatbestand der Unzumutbarkeit der Vertragsfortführung (§ 543 Abs. 1, § 569 Abs. 2 BGB) entsprechen muss.[875] Neben des Verschuldenserfordernisses, grenzt dies die außerordentliche Kündigung von der ordentlichen Kündigung ab.

Letztlich bleibt es Aufgabe der Instanzgerichte das jeweilige Verhalten als kündigungsrelevant im Sinne der ordentlichen Kündigung einzustufen.

Vereint werden diese Kündigungsgrundlagen in deren Rechtswirkung. Beide können den Verlust des Wohnraumes herbeiführen. Die sozialen Folgen sind einzelnachweislich, jedoch folgerichtig, als gleichwertig einzustufen.[876]

Vorliegend steht jedoch nicht die fokussierte Beurteilung der sozialen Folgen einer Kündigung im Vordergrund, sondern der Beitrag einer Kündigung zur Erreichung des Zieles der langfristigen Wohnraumerhaltung. Damit soll vielmehr der Eintritt der sozialen Folgen durch das Aussprechen der Kündigung verhindert werden.

---

871 LG Aachen DWW 1991, 116 (116); Häublein, in: MüKo, BGB II, Bd. 4, § 573 Rn. 55.

872 Hannappel, in: Bamberger/Roth/Hau/Poseck, BeckOK, BGB, § 573 Rn. 23; Gramlich, in: Mietrecht, § 573 Rn. 8.

873 Blank, in: Schmidt-Futterer, Mietrecht, § 573 Rn. 19.

874 BGH NZM 2016, 635 (637).

875 Blank, in: Schmidt-Futterer, Mietrecht, § 573 Rn. 13.

876 Blank, in: Schmidt-Futterer, Mietrecht, § 573 Rn. 13.

1. *Rückständige Mietzahlung*

Krankheit und Arbeitslosigkeit sind regelmäßig Gründe für die Entstehung von Zahlungsschwierigkeiten.[877] Mit einer entsprechenden Darlegung und Beweisführung, dass der Mieter den Liquiditätsengpass nicht zu verschulden hat, kann die Kündigung aufgrund rückständiger Mietzahlung demnach regelmäßig am fehlenden Verschulden des Mieters scheitern.[878]

Der in einer wirtschaftlichen Notlage zu erbringende Entlastungsnachweis gem. § 280 Abs. 2 S. 1 BGB sollte jedoch die Ausnahme darstellen, da der Mieter nachweisen muss, dass er alles rechtzeitig ihm Zumutbare getan hat, um behördliche Hilfe in der unverschuldeten Notlage zu erlangen.[879] Diese rechtliche Einschätzung wird bestätigt mit Urteilen gegen einen an einer Depression erkrankten Mieter[880] und gegen einen während der Schuldenkrise nach Griechenland vereisten Mieter[881], die aufgrund dieser Umstände ihre Mietzahlung nicht vertragsgemäß vornehmen konnten.

Fraglich ist, warum das Risiko der wirtschaftlichen Leistungsunfähigkeit oder eine Krankheit überhaupt im Risikobereich des Vermieters liegen sollten. Diese Exkulpationsgrundlagen sind dem gewöhnlichen Lebensrisiko einer jeden Person zuzuordnen und sollten nicht kündigungsschützend wirken. Im Ergebnis trägt damit der Vermieter nicht nur das Ausfallrisiko, sondern auch das Risiko für die Begründung eines Mietausfalls.

Neben der Beurteilung der Anwendbarkeit des Kündigungstatbestandes, kann die Prognostizierbarkeit der Rechtsdurchsetzbarkeit das Forderungsmanagement vor nicht unerhebliche Anwendungsunsicherheiten stellen.

Es bleibt letztlich Aufgabe der richterlichen Rechtsfortbildung diesen Kündigungstatbestand, nicht durch „Überspannung der Anforderungen“[882], aber zumindest doch durch angemessene Voraussetzungen an den Entlastungsbeweis in seiner Existenz zu schützen.

Aber auch bei unverschuldeten Zahlungsrückständen muss der Mieter sich um die Übernahme durch eine öffentliche Stelle (z.B. Jobcenter oder

---

877 Statistisches Bundesamt, in: Statistik zur Überschuldung privater Personen 2015, S. 8.

878 LG Hannover BeckRS 2016, 110450, Rn. 12; Blank, in: Schmidt-Futterer, Mietrecht, § 543 Rn. 97; Schwab NZM 2019, 36 (43 ff.).

879 Milger NZM 2013, 553 (556).

880 AG Berlin-Schöneberg BeckRS 2017, 120644, Rn. 30 f.

881 AG München BeckRS 2017, 136119, Rn. 14.

882 BGH WuM 2016, 682 (685).

Sozialamt) bemühen. Andernfalls kann ihm ein Verschulden dennoch angerechnet werden.[883]

Ein Verschulden wird ausgeschlossen, wenn der Mieter schuldlos und irrtümlicherweise nicht von einer Zahlungspflicht ausgeht.[884] Demnach muss der Schuldner die Rechtslage sorgfältig prüfen, soweit erforderlich einen Rechtsrat einholen und die höchstrichterliche Rechtsprechung sorgfältig beachten.[885]

Dies impliziert strenge Maßstäbe, die bei der Prüfung eines möglichen Rechtsirrtums anzulegen sind.[886] In der Praxis ist damit die Exkulpation durch Verweis auf einen Rechtsirrtum nur bei einer lückenlosen Begründung und Beweisführung möglich.

Weiterhin fraglich ist das Verständnis einer nicht unerheblichen Pflichtverletzung im Rahmen des Zahlungsverzuges.

Zumindest nicht gegeben ist sie, wenn „der Rückstand eine Monatsmiete nicht übersteigt und zudem die Verzugsdauer weniger als einen Monat beträgt“[887]. Es wird jedoch eindringlich davor gewarnt im Umkehrschluss bei Erfüllung dieser Kriterien, und damit bei schwerwiegendere Vergehen als im zitierten Fall verhandelt, von einer Kündigungsrelevanz i.S.v. § 573 BGB auszugehen.[888]

Der BGH leitet aus der Berechtigung zur fristlosen Kündigung gem. § 543 Abs. 2 S. 1 Nr. 3 BGB, und der damit vorliegenden nicht unerheblichen Pflichtverletzung, ein berechtigtes Interesse i.S.v. § 573 Abs. 2 Nr. 1 BGB ab. Dies begründet der Senat in diesem Zusammenhang mit Rückgriff auf die Literatur[889].[890]

Demnach ist bei einem Zahlungsverzug auf das jeweilige Erheblichkeitskriterium des § 543 Abs. 2 S. 1 Nr. 3 BGB abzustellen. Sind die Tatbestandsvoraussetzungen der fristlosen Kündigung gegeben, so werden das Vorliegen eines berechtigten Interesses und das damit verbundenen Recht zur ordentlichen Kündigung

---

883 AG Reinbek ZMR 2015, 945 (945 f.).

884 BGH WuM 2007, 24 (24 ff.).

885 BGH WuM 2012, 323 (325); BGH WuM 2007, 24 (25).

886 BGH NJW 1983, 2318 (2321); BGH NJW 1974, 1903 (1904); Blank, in: Blank/Börstinghaus, Miete, § 543 Rn. 143; Häublein, in: MüKo, BGB II, Bd. 4, § 573 Rn. 63; Siegmund, in: Schach/Schultz/Schüller, BeckOK, Mietrecht, § 573 Rn. 13.

887 BGH openJur 2012, 130649, Rn. 24.

888 Meyer-Abich NZM 2017, 97 (102).

889 Weidenkaff, in: Palandt, § 573 Rn. 16; Blank, in: Schmidt-Futterer, Mietrecht, § 573 Rn. 26.

890 BGH WuM 2007, 24 (25).

angenommen.[891] Es wird auch ganz vereinzelnd von einer Wahl zwischen der fristlosen (§ 543 Abs. 2 Nr. 3 BGB) und fristgerechten Kündigung (§ 573 Abs. 2 Nr. 1 BGB) gesprochen.[892]

Das LG Berlin hingegen entschied, dass selbst bei Überschreitung der Grenzen nach § 543 Abs. 2 S. 1 Nr.3 BGB dennoch eine Erheblichkeitsprüfung sämtlicher Umstände im Sinne einer Kündigung gem. § 573 Abs. 2 Nr. 1 BGB zu erfolgen hat.[893] Abzustellen ist auf alle Umstände, die zur Beurteilung des rechtswidrigen schuldhaften Verhaltens gegenüber eines Vertragspartners heranzuziehen sind. Diesbezüglich erfolgt ein Verweis auf die Rechtsprechung des BAG[894].[895]

Beurteilungsrelevant ist demnach die Dauer des bisher beanstandungsfrei verlaufenden Mietverhältnisses[896], das Gewicht der Vertragsverletzung[897], die Wiederholungsgefahr[898] und der dem Mieter zu Last liegende Verschuldungsgrad[899].[900] Begünstigend berücksichtigt werden besondere persönliche Umstände des Mieters[901] oder ein pflichtwidriges Verhalten des Vermieters[902]. Für die Beurteilung der Erheblichkeit der Pflichtverletzung stehen im Vordergrund die absolute Höhe des Mietrückstandes und deren wirtschaftliche Bedeutung für den Vermieter.[903]

Anders als bei den exemplarischen Fallbeispielen der §§ 543 Abs.1, Abs. 2 Nr . 3, 569 Abs. 2 BGB, steht somit nicht das Verhältnis aus dem bestehenden Mietrückstand und der monatlich zu leistenden Miete in der Betrachtung, sondern die absolute Höhe des Mietrückstandes und dessen wirtschaftliche Bedeutung für den Vermieter.[904] Dies vermag jedoch nicht zu überzeugen. Angenommen es handelt sich um ein mittelständisches Wohnungsunternehmen, wird dieses eine

---

891 Weidenkaff, in: Palandt, § 573 Rn. 16; Blank, in: Schmidt-Futterer, Mietrecht, § 573 Rn. 26.
892 Blank, in: Blank/Börstinghaus, Miete, § 573 Rn. 22.
893 LG Berlin WuM 2017, 83 (85).
894 BAG openJur 2011, 96681, Rn. 28 ff.
895 LG Berlin WuM 2017, 83 (85).
896 BGH WuM 2016, 225 (226 f.).
897 BGH openJur 2012, 130649, Rn. 24.
898 BGH WuM 2016, 225 (226).
899 Blank WuM 2015, 416 (417, 420); BGH JurionRS 2007, 43984, Rn. 18.
900 LG Berlin WuM 2017, 83 (85).
901 BGH openJur 2011, 2182, Rn. 31.
902 Blank WuM 2015, 416 (420); BGH WuM 2014, 495 (497).
903 LG Berlin WuM 2017, 83 (83).
904 LG Berlin WuM 2017, 83 (83).

ordentliche Kündigung aufgrund ausbleibender Mietzahlung im Rahmen einer isolierten ordentlichen Kündigung nur schwerlich mit einer wirtschaftlichen Relevanz begründen können. Der Bezug auf die wirtschaftliche Bedeutung ist bereits deshalb fragwürdig, weil die Anwendbarkeit damit von Faktoren abhängig gemacht wird, die fernab der eigentlichen Vertragsstörung und damit außerhalb des einzelnen Sachverhaltes liegen. Letztlich wird auf das Verhältnis zwischen der jeweiligen Vertragsstörung und der wirtschaftlichen Stärke des Vermieters abgestellt. Je wirtschaftlich stärker der Vermieter ist, je unwahrscheinlicher ist damit die Anwendbarkeit. Dies würde einerseits zu einer Anwendungsbarriere des Tatbestandes der ordentlichen Kündigung führen, andererseits aber auch zu einer Ungleichbehandlung zwischen den gewerblichen und privaten Vermietern. Darüber hinaus interessant ist, dass im Rahmen der außerordentlichen Kündigung wirtschaftliche Interessen nicht unmittelbar betrachtungswürdig und beurteilungsrelevant sind, in Bezug auf die ordentliche Kündigung diesen jedoch ein entsprechendes Gewicht verliehen wird.

Weiterhin wird der zitierten Rechtsprechung nach unter anderem auf das Verhältnis zwischen der Dauer des Mietverhältnisses und der Mietrückstandshöhe abgestellt.[905] Für die ordentliche Beendigung eines Mietverhältnisses welches wenige Jahre besteht, kann ein dreistelliger Mietrückstand als geringfügig bewertet werden.[906]

Auch reicht ein Mietrückstand, welcher das Vielfache des eigentlich monatlich zu leistenden Zahlbetrages ausmacht, nicht zwingend aus. Das Überschreiten der Erheblichkeitskriterien nach § 569 Abs. 3 Nr. 1 BGB sind somit aussagelos.[907] Diese Kriterien werden nur bei einer Negativabgrenzung, demnach bei dem Unterschreiten einer solchen Grenze, für den Mieter begünstigend herangezogen.[908]

Weiterhin lässt das LG Berlin die Tatsache außer Acht, dass in der Rechtspraxis die ordentliche Kündigung regelmäßig hilfsweise neben der außerordentlichen Kündigung ausgesprochen wird. Dies führt dazu, dass eine fristlose Kündigung gerechtfertigt, eine fristgerechte jedoch nicht gerechtfertigt sein muss.

Im Rahmen der eigenen Überlegung erscheint bereits die Charakterisierung der außerordentlich fristlosen Kündigung als *ultima ratio* aus folgendem Grund inkonsequent. Wird die Rechtmäßigkeit der außerordentlich Kündigung

---

905 LG Berlin WuM 2017, 83 (86).

906 BGH openJur 2015, 8785, Rn. 6 ff.

907 LG Berlin WuM 2017, 83 (86).

908 BGH openJur 2012, 130649, Rn. 17 ff.; Milger NZM 2013, 553 (555).

angenommen und gleichzeitig im Rahmen der ordentlichen Kündigung abgelehnt, scheint die Erheblichkeit des Pflichtverstoßes im Hinblick auf das Tatbestandsmerkmal „bis zur sonstigen Beendigung des Mietverhältnisses nicht zugemutet werden kann" (§ 543 Abs. 1 S. 2 Ts. 2 Alt. 2 BGB) fragwürdig.

Eine fristlose Kündigung ist ausschließlich bei einer nicht unerheblichen Pflichtverletzung zu begründen. Ist diese Maßgabe erfüllt, sollte konsequenterweise auch der Tatbestand der ordentlichen Kündigung eröffnet sein. Ein Rückgriff auf den milderen Tatbestand der ordentlichen Kündigung, begründbar mit einer verlängerten Kündigungsfrist statt einer andernfalls anwendbaren Ziehfrist, ist unter anderem aus strategischen oder sozialen Aspekten denkbar und würde ausschließlich zu Gunsten des Mieters wirken. Demnach ist bei Vorliegen der Tatbestandsvoraussetzungen eines der benannten Beispiele gem. § 543 Abs. 2 S. 1 Nr. 3 BGB nach, ein berechtigtes Interesse i.S.v. § 573 Abs. 2 S. 1 BGB anzunehmen.

Liegen diese hingegen nicht vor, sind unter anderem die zuvor ausgeführten Kriterien des LG Berlins im Rahmen einer Erheblichkeitsprüfung heranzuziehen.

Klärungswürdig ist darüber hinaus die Frage der Heilungsmöglichkeit der ordentlichen Kündigung. Unterschieden wird dabei zwischen einer isolierten und einer hilfsweisen ordentlichen Kündigung.

Die Regelung nach § 569 Abs. 3 Nr. 2 BGB ist nicht anwendbar im Rahmen einer isolierten ordentlichen Kündigung.[909] Eine isolierte ordentliche Kündigung ist demnach nicht heilbar. Fraglich ist jedoch, ob die hilfsweise ordentliche Kündigung ebenso rückwirkend unwirksam wird, wenn das Nachholrecht gem. § 569 Abs. 3 Nr. 2 BGB durch den Schuldner genutzt wird. Bereits mit Urteil vom 16.02.2005 hat der BGH entschieden, dass die Zahlung der Mietrückstände innerhalb Nachholfrist der Durchsetzung der hilfsweisen ordentlichen Kündigung nicht entgegensteht.[910]

Offen bleiben konnte in der zuvor genannten Rechtssache die Frage nach der Notwendigkeit einer (qualifizierten) Abmahnung, da der Vermieter den Mieter bereits mehrfach abmahnte.[911] Mit Blick auf die Literatur ist jedoch von der Erforderlichkeit einer Abmahnung im Rahmen einer isolierten ordentlichen Kündigung auszugehen, da der Mieter somit vor dem Verlust des Wohnraumes

---

909 BGH openJur 2012, 130649, Rn. 32; BGH JurionRS 2007, 43984, Rn. 27; BGH openJur 2012, 58471, Rn. II2 2. c); Blank, in: Schmidt-Futterer, Mietrecht, § 573 Rn. 13a; Häublein, in: MüKo, BGB II, Bd. 4, § 543 Rn. 60.

910 BGH WuM 2005, 250 (250).

911 BGH WuM 2006, 193 (195).

bei weiterhin anhaltenden vertragswidrigen Zahlungsverhalten gewarnt werden soll.[912] Weiterhin unterstützt die Abmahnung, im Sinne von einer Aufforderung zur sofortigen Verhaltensänderung, hier die Funktionsweise des vorliegenden Konzeptes.

Rund zehn Jahre später beschäftigte sich der BGH erneut mit einer hilfsweise neben der fristlosen Kündigung ausgesprochenen ordentlichen Kündigung aufgrund eines Zahlungsverzuges.[913] Der Senat bestätigt die ständige Rechtsprechung[914] in Hinblick auf die Ablehnung der Heilungsmöglichkeit gem. § 569 Abs. 3 Nr. 2 BGB im Rahmen der ordentlichen Kündigung.[915] Eine analoge Anwendung wurde ebenso abgelehnt.[916]

Jene ständige Rechtsprechung führt der BGH in einem weiteren Fall an.[917]

Neben der umfassenden Heranziehung der Umstände des Einzelfalles zur Überprüfung des Vorliegens des berechtigten Interesses, bestätigt der BGH damit erneut, dass der Ausgleich sämtlich fälliger Mieten innerhalb der Schonfrist des § 569 Abs. 2 Nr. 2 BGB nicht zur Unwirksamkeit einer neben der außerordentlichen Kündigung ausgesprochenen ordentlichen Kündigung führt.[918]

Interessanterweise herrscht in der Praxis teilweise Unkenntnis darüber, dass die ordentliche Kündigung durch die Schonfristzahlung nicht berührt wird.[919]

Dieser Unkenntnis könnte das jüngste und medial präsentere Urteil des BGH[920] Abhilfe geschaffen haben. Jene Entscheidung wird einzelnachweislich unter anderem als Bestätigung der derzeitigen Rechtslage bewertet.[921]

Demnach macht der Vermieter durch eine hilfsweise ausgesprochene ordentliche Kündigung nicht nur deutlich, dass die fristlose Kündigung Vorrang haben soll, sondern auch, dass die ordentliche Kündigung in allen Fällen ihre Wirkung zeigen soll.[922] Dies umfasst damit auch jene Fälle in denen der Mietrückstand,

---

912 Häublein, in: MüKo, BGB II, Bd. 4, § 543 Rn. 58; Hinz, in: Dauner-Lieb/Langen, BGB, NomosKommentar, § 543 Rdn. 14.

913 BGH WuM 2015, 555 (555 f.).

914 BGH openJur 2012, 130649, Rn. 30 ff.; BGH WuM 2005, 250 (250).

915 BGH WuM 2015, 555 (558).

916 BGH WuM 2015, 555 (558).

917 BGH WuM 2016, 682 (683).

918 BGH WuM 2016, 682 (682); BGH openJur 2012, 130649, Rn. 30 ff.; LG Berlin WuM 2014, 676 (676).

919 Z. 310 ff. Anhang VI dieser Ausarbeitung.

920 BGH BeckRS 2018, 24134, 2. amtl. Ls.

921 Börstinghaus LMK 2018, 411605.

922 BGH BeckRS 2018, 24134, 2, Rn. 16.

unter anderem durch eine unverzügliche Aufrechnung des Mieters gem. § 543 Abs. 2 S. 3 BGB oder durch die Schonfristzahlung/Verpflichtung i.S.v. § 569 Abs. 3 Nr. 2 S. 1 BGB ausgeglichen und die fristlose Kündigung damit bereits rückwirkend unwirksam geworden ist. Dies ergibt sich nach dem BGH aus einer sachgerechten Auslegung gem. §§ 133, 157 BGB.[923]

Deutlich wird einzelnachweislich ebenso herausgestellt, dass es sich bei einer hilfsweise erklärten Kündigung nicht um eine zeitversetzt, sondern um eine zeitgleich ausgesprochene Kündigung handelt, die aber erst nachrangig geprüft werden soll.[924]

Kurzum ist eine Heilungsmöglichkeit durch Zahlung innerhalb der Schonfrist im Rahmen der ordentlichen Kündigung nicht gegeben. Für die Praxis bedeutet dies, dass der Vermieter an einer ordentlichen Kündigung festhalten kann, obwohl der Mietrückstand innerhalb der Schonfrist abgebaut worden ist. Auch ist das Festhalten an der ordentlichen Kündigung nicht rechtsmissbräuchlich.[925] Als einen Verstoß gegen § 242 BGB, und damit rechtsmissbräuchlich, ist das Festhalten an der ordentlichen Kündigung bei vollständiger Zahlung unmittelbar nach Zugang der Kündigung zu bewerten.[926] Diese Vorgehensweise würde jedoch ohnehin den Grundgedanken dieses Konzeptes widerstreben.

2. *Nichtleistung der Sicherheitsleistung*

Fragwürdig ist die eintretende Rechtsfolge, sofern sich der Vermieter bei einem Hinterlegungsverzug i.H.v. zwei monatlichen Grundmieten auf die ordentliche Kündigung gem. § 573 Abs. 2 Nr. 1 BGB stützt, statt von seinem außerordentlichen Kündigungsrecht gem. § 569 Abs. 2a BGB Gebrauch zu machen.

Zu klären ist dabei insbesondere, ob in diesem Kontext das Nachholrecht gem. § 569 Abs. 3 Nr. 2 S. 1 BGB anwendbar ist, wobei eine einschlägige höchstrichterliche Rechtsprechung bisweilen nicht existiert.

Die Zielsetzung gem. § 569 Abs. 2a BGB, eine „bessere Handhabe gegen einen Vertragspartner, der sich bereits zu Beginn des Mietverhältnisses seinen vertraglichen Zahlungsverpflichtungen entzieht“[927], könnte einer Anwendbarkeit des § 573 Abs. 2 Nr. 1 BGB entgegenstehen. Diesbezüglich ist ausschlaggebend, ob eine ordentliche Kündigung noch als probates Mittel im Sinne der vorgenannten

---

923 BGH BeckRS 2018, 24134, 2, Rn. 16 ff.

924 Börstinghaus LMK 2018, 411605.

925 BGH openJur 2012, 130649, Rn. 31 ff.

926 BGH BeckRS 2018, 24134, Rn. 43; Milger NZM 2013, 553 (555).

927 BT-Drcks. 17/10485, S. 25.

Zielsetzung anzusehen ist. Eine ordentliche Kündigung gem. § 573 Abs. 2 Nr. 1 BGB bietet dem Vermieter jedoch keinen kurzfristigen Schutz. Sobald der Vermieter die verlängerte Kündigungsfrist im Rahmen der ordentlichen Kündigung (gem. § 573 Abs. 2 Nr. 1 BGB) in Kauf nimmt, ist davon auszugehen, dass der Vermieter zumindest nicht dringend schutzbedürftig ist. Andernfalls hätte er sich auf die fristlose Kündigung gem. § 569 Abs. 2a BGB berufen. Mit dieser Grundlage hätte der Vermieter eine schnellere und bessere Handhabe gegen den bereits säumigen Mieter gehabt.

Aus diesem Grund wäre die Anwendbarkeit des § 573 Abs. 2 Nr. 1 BGB bei Eröffnung des Kündigungstatbestandes gem. § 569 Abs. 2 a BGB abzulehnen.

Bei der Regelung nach § 569 Abs. 2 a BGB handelt es sich jedoch, ebenso wie bei den Tatbeständen der ausbleibenden Mietzahlung gem. § 543 Abs. 2 S. 1 Nr. 3 BGB, um ein normatives Regelbeispiel. Ist demnach eines der Regelbeispiele gegeben, ist die Eröffnung des ordentlichen Kündigungstatbestandes anzunehmen.[928]

Weiterhin ist eine Verlängerung der Kündigungsfrist und der damit einhergehenden weniger dringenden Schutzbedürftigkeit des Vermieters unerheblich, da die Schutzbedürftigkeit keine eigenständige Tatbestandsvoraussetzung darstellt. Demnach sollte ein Verzug in Höhe der zweifachen Monatsmiete (gem. § 569 Abs. 2a S. 1 BGB) ausreichen.

Schlüssig und konsequent ist damit auch an dieser Stelle eine Eröffnung des ordentlichen Kündigungstatbestandes im Moment der Erfüllung der Tatbestandsvoraussetzungen der fristlosen Kündigung gem. § 569 Abs. 2a BGB. Dass die Nichtzahlung der Kaution zur ordentlichen Kündigung berechtigt, ist bereits durch ein Gericht erster Instanz bestätigt.[929] Diesbezüglich wird auf das Übersteigen des Hinterlegungsverzuges i.H.v. einer Monatsmiete (vgl. § 569 Abs. 3 Nr. 1 BGB) abgestellt.

Mangels ersichtlicher Praxisrelevanz kann die zur ordentlichen Kündigung berechtigende Verzugshöhe unterhalb der Grenze i.H.v. zwei Monatsmieten offen bleiben.

3. *Rückständige Betriebskostennachforderung*

Bei einer Nachforderung im Rahmen der Betriebskostenabrechnung handelt es sich um eine nicht periodisch wiederkehrende Zahlungsverpflichtung.[930] Gem.

---

928 3. Teil, F., II., 1. dieser Ausarbeitung.

929 AG Hamburg-Blankenese ZMR 2011, 884 (884).

930 AG Köln ZMR 2011, 804 (804 f.); OLG Koblenz WuM 1984, 2369 (2369 ff.).

§ 573 Abs. 2 Nr. 1 BGB existiert keine Beschränkung auf periodisch wiederkehrende Zahlungsverpflichtungen.[931]

Die Nachforderungen aus der Betriebskostenabrechnungen sind als Hauptleistungspflicht des Mieters zu charakterisieren[932], werden jedoch bei der Mietrückstandsberechnung i.S.v. § 543 Abs. 2 Nr. 3 BGB nicht berücksichtigt[933]. Bei der Schaffung des § 554 BGB a.F. wurde diese Möglichkeit der Kündigung schlicht nicht berücksichtigt.[934] Demnach ist es konsequent, dass dem Vermieter durch die Rechtsprechung eine entsprechende Handhabe gegen einen in diesem Zusammenhang säumigen Mietvertragspartner zugesprochen wird.

Zur Erfüllung des Erheblichkeitskriteriums ist eine bereits länger als einen Monat fällige und eine der Höhe nach mindestens einer Monatsmiete entsprechende Nachforderung als ausreichend anzusehen.[935] Mit Verweis auf einen Einzelnachweis ist jedoch zu beachten, dass es sich dabei um eine Untergrenze handelt und die Umstände des Einzelfalls bei der Gesamtabwägung zu berücksichtigen sind.[936] Fällig ist Nachforderung, wenn dem Mieter eine ordnungsgemäß begründete und nachprüfbare Abrechnung zugegangen und eine angemessene Prüffrist abgelaufen ist.

Darüber hinaus besteht die Möglichkeit, dass der Mieter sich in einem unverschuldeten Irrtum befindet. Ein Irrtum wird einzelnachweislich z.B. darin gesehen, dass der Mieter begründete Zweifel an der Abrechnung hat oder es fraglich ist, ob der Vermieter zur Umlage einer entsprechenden Kostenart berechtigt war.[937] Die Voraussetzungen des rechtmäßigen Vertrauens darauf sind jedoch derart hoch, dass nicht einmal im Rahmen eines oberlandesgerichtlichen Urteils zum Ausdruck gekommen sein darf, dass ein anderes Gericht oder der BGH ggf. eine andere Beurteilung des Sachverhaltes vorgenommen hätte.[938] In diesen

---

931 AG Berlin-Neukölln BeckRS 2013, 3494, Rn. II. 1. a.; Blank, in: Schmidt-Futterer, Mietrecht, § 573 Rn. 28; Blank, in: Blank/Börstinghaus, Miete, § 573 Rn. 25; OLG Koblenz NJW 1984, 2369 (2370).

932 Scheuch, in: Schulze/Dörner/Ebert/Hoeren/Kemper, BGB, § 535 Rn. 17; BGH; Zehelein, in: Bamberger/Roth/Hau/Poseck, BeckOK, BGB, § 535 Rn. 511; Z. 434 f. Anhang VI dieser Ausarbeitung.

933 OLG Koblenz WuM 1984, 2369 (2369 ff.).

934 OLG Koblenz WuM 1984, 2369 (2369 ff.).

935 LG Berlin GE 2016, 126; LG Kleve WuM 1996, 37 (37); Hinz, in: Klein-Blenkers/Heinemann/Ring, Miete – WEG – Nachbarschaftsrecht, § 573 Rn. 19.

936 Hinz WuM 2019, 673 (681).

937 Blank, in: Schmidt-Futterer, Mietrecht, § 573 Rn. 28.

938 BGH NJW 1983, 2318 (2321); BGH NJW 1974, 1903 (1904).

Fällen würde die Anwendbarkeit der ordentlichen Kündigung am Kriterium des Verschuldens scheitern. Einwände gegen die Betriebskostenabrechnung müssen gem. § 556 Abs. 3 BGB binnen zwölf Monaten nach Zustellung geltend gemacht werden. Dabei handelt es sich um eine materielle Ausschlussfrist. Einwendungen die in dieser Frist nicht geltend gemacht werden, sind ausgeschlossen.[939] Die Ausnahme bildet das Nichtvertretenmüssen des Verstreichens der Einwendungsfrist bei einer länger anhaltenden Krankheit.[940] Aus diesem Grund könnte es strategisch sinnvoll sein, das Recht der ordentlichen Kündigung frühestens nach Ablauf der Jahresfrist zu nutzen, da dem Vermieter ansonsten (unter Umständen höchst zweifelhafte) Widersprüche drohen, die andernfalls möglicherweise nicht erhoben worden wären und lediglich aufgrund mangelnder Liquidität erhoben worden sind.

Der Vollständigkeit halber wird auf das Erfordernis der Mahnung gem. § 286 Abs. 1 BGB hingewiesen.

Von einer hier kündigungsrelevanten Pflichtverletzung wird einzelnachweislich in jedem Fall ausgegangen, wenn der Vermieter über den Nachforderungsbetrag bereits einen Titel erwirkt hat, der Mieter diesen weder begleicht, noch eine Ratenzahlung anbietet und der Nachforderungsbetrag die zuvor ausgeführte Untergrenze übersteigt.[941]

4. *Unpünktliche Mietzahlung*

Abzugrenzen von der gänzlich ausbleibenden Mietzahlung ist der zu prüfende Kündigungstatbestand eines dauerhaft unpünktlichen Zahlungsverhaltens.

Grundsätzlich besteht die Möglichkeit einer ordentlichen Kündigung aufgrund fortlaufender unpünktlicher Mietzahlungen.[942] Eine Abmahnung dieser Pflichtverletzung ist im Zusammenhang mit der ordentlichen Kündigung nicht direkt gefordert, ist jedoch im Rahmen der Erheblichkeitsprüfung beurteilungsrelevant.[943] Analog gilt dieses auch für eine qualifizierte Abmahnung.[944]

---

939 LG Bochum ZMR 2005, 863 (863); Weidenkaff, in: Palandt, § 556 Rn. 13; Artz, in: Staudinger, BGB, § 556 Rn. 127 ff.

940 Wiederhold, in: Bamberger/Roth/Hau/Poseck, BeckOK, BGB, § 556 Rn. 71c.

941 Hinz WuM 2019, 673 (682).

942 OLG Oldenburg WuM 1991, 467 (468); Hinz, in: AnwaltKomm BGB, § 573 Rn. 17; Häublein ZMR 2005, 1 (6); Reick, in: Bamberger/Roth/Hau/Poseck, BeckOK, BGB, § 573 Rn. 30.

943 BGH JurionRS 2007, 43984, Rn. 13 ff.

944 BGH WuM 2006, 193 (195).

Hält die unpünktliche Mietzahlung gar über zwei Jahrzehnte an, könnte sogar eine stillschweigende Duldung dieser vorliegen. Eine nicht vorgenommene Abmahnung bekommt in der Art Bedeutung, dass diese hätte zumindest die Möglichkeit der positiven Veränderung des vertragswidrigen Zahlungsverhaltes ermöglichen können.[945]

Die Zustellung einer qualifizierten Abmahnung, nebst der Androhung der ordentlichen Kündigung, wird hier nicht nur aus Gründen der Rechtssicherheit empfohlen, sondern insbesondere um dem Mieter, nach den Grundsätzen dieses Konzeptes, auf sein Fehlverhalten hinzuweisen und ihn mit einem konsequenten Feedback zu unterstützen.

III. Konkurrenzverhältnis der Kündigungsgrundlagen

Unter der Annahme eines rechtlich durchschnittlich geschulten Anwenders, werden hier die konkreten Regelungsbeispiele der außerordentlich fristlosen Kündigung gem. § 543 Abs. 2 S. 1 Nr. 3 BGB als hinreichend konkret bzw. konkretisierbar bewertet. Insgesamt sind die verschiedenen gesetzlich typisierten Tatbestände rechtssicher anwendbar. Diese umfasst im Wesentlichen die Prognostizierbarkeit der Durchsetz- und Realisierbarkeit des Rechts. Die Transaktionskosten für die Anwendung dieser Regelungsbeispiele sind im hier gegebenen Kontext als eher gering zu bewerten.

Einzelnachweislich handelt es sich bei den gesetzlich typisierten Fällen nicht um Beispiele bei denen regelmäßig der Tatbestand der fristlosen Kündigung erfüllt ist (vgl. § 243 StGB), sondern es wird zutreffend von benannten und eigenständigen Kündigungsgründen gesprochen bei denen die Generalklausel nach Abs. 1 nicht mehr geprüft werden muss.[946]

Grundsätzlich sind die gesetzlich typisierten Fälle nebeneinander anwendbar. Streitig ist jedoch, ob neben einem benannten Beispiel nach § 543 Abs. 2 S. 1 Nr. 3 BGB auch der Auffangtatbestand gem. § 543 Abs. 1 S. 2 BGB anwendbar ist.[947] Es wird empfohlen sich im Zweifel auf beide Vorschriften zu stützen deren Voraussetzungen gegeben sind.[948]

945 BGH JurionRS 2007, 43984, Rn. 20 ff.

946 Kraemer NZM 2001, 553 (557 f.); ähnlich Wiederhold, in: Bamberger/Roth/Hau/Poseck, BeckOK, BGB, § 543 Rn. 7.

947 Kraemer NZM 2001, 553, (557 ff.); OLG Hamburg WuM 1978, 120 (120); a.A. OLG Koblenz NZM 1998, 229 (229).

948 Zürn, in: Hannemann/Wiegner, Mietrecht, § 28 Rn. 273.

Aufgrund der Eigenständigkeit der Kündigungsgrundlage nach Abs. 2 ist zumindest ein Rückgriff auf die Generalklausel nach Abs. 1 nicht möglich.[949]

Sind jedoch die Voraussetzungen für die Anwendung für eines der Regelbeispiele gem. § 543 Abs. 2 S. 1 Nr. 3 BGB gegeben, so ist bereits ein wichtiger Grund zur fristlosen Kündigung gegeben.[950] In diesem Fall ist keine weitere Prüfung des § 543 Abs. 1 S. 2 BGB notwendig. Diese abstraktere Prüfung ist dann vorzunehmen, wenn keines der konkret benannten Beispiele einschlägig ist.

Dies kann im Ergebnis dazu führen, dass z.B. die Kriterien einer außerordentlich fristlosen Kündigung gem. § 543 Abs. 2 S. 1 Nr. 3 BGB gegenüber einem dauerhaft unpünktlich zahlenden Mieter nicht erfüllt sind, die Voraussetzungen für die Kündigung aufgrund der Unzumutbarkeit der Vertragsfortsetzung i.S.d. Generalklausel gem. § 543 Abs. 1 S. 2 BGB aber durchaus gegeben sind.

Inhaltlich können rückständige Mietzahlungen und Verpflichtungen aus Sicherheitsleistungen nicht addiert werden.[951] Steht dem Vermieter in beiden Fällen der Höhe nach ein Recht zur fristlosen Kündigung zu, so wird einzelnachweislich empfohlen entweder beide Anspruchsgrundlagen in einem Kündigungsschreiben oder jedes Kündigungsschreiben mit der jeweiligen Anspruchsgrundlage für sich zu erstellen.[952] Um dem Mieter ganz konkret, und auf ein Fehlverhalten konzentriert, die eintretende Konsequenz mitzuteilen, wird hier die letztgenannte Variante empfohlen. Diese Konzentration soll den Mieter vor einer Überforderung schützen und ihm die sofortige Anpassung seines Zahlungsverhaltens erleichtern.

In einem solchen Fall stellt sich die Frage nach der strategisch sinnvollsten Kündigungstatbestandsanwendung. Grundsätzlich wird hier die vorrangige Anwendung der konkret benannten und bei Erfolgseintritt für das Soziale Forderungsmanagement unmittelbar ergebniswirksamen Regelbeispiele des § 543 Abs. 2 Nr. 3 BGB empfohlen. Dies gilt hier auch in der direkten Konkurrenz zum Kündigungstatbestand des § 569 Abs. 2a BGB. Wird stattdessen ausschließlich auf den letztgenannten Kündigungstatbestand zurückgegriffen, so könnte zwar die Sicherheitsleistung hinterlegt werden, die Mietzahlung aber weiterhin

---

949 Schach, in: Schach/Schultz/Schüller, BeckOK, BGB, § 433 Rn. 10; Bieber, in: MüKo, BGB II, Bd. 4, § 573 Rn. 16.

950 BGH WuM 2015, 152 (152).

951 BGH openJur 2010, 12031, Rn. 27; Blank, in: Schmidt-Futterer, Mietrecht, § 569 Rn. 32e; Wetekamp, in: Palandt, § 569 Rn. 19; Wetekamp, in: Blank, Festschrift, S. 459-462 f.

952 Blank, in: Blank/Börstinghaus, Miete, § 569 Rn. 41.

rückständig sein. Dies könnte sich lediglich nach Beendigung des Mietverhältnisses positiv auswirken. Mit Blick auf die Gefahr der Verwirkung des Rechts nach § 569 Abs. 2a BGB wird hier jedoch auch ein vollständiges Außerachtlassen des bestehenden Hinterlegungsverzuges nicht empfohlen.

Bestehen somit Rückstände aus der Hinterlegung der Sicherheitsleistung und der regelmäßigen Mietzahlung, wird hier zunächst die Anwendung und Konzentration auf die konkret benannten mietzahlungsabhängigen Regelbeispiele empfohlen.

Bei einer permanent unpünktlichen Mietzahlung und einem bestehenden Hinterlegungsverzug, bietet sich statt einer ausschließlichen Anwendbarkeitsprüfung i.S.v. § 543 Abs. 1 S. 2 BGB, die vorrangige Nutzung des konkret benannten Fallbeispiels nach § 569 Abs. 2a BGB an. Wird eine Abmahnung/Kündigung aufgrund des Hinterlegungsverzuges ausgesprochen, sollte jedoch parallel eine qualifizierte Abmahnung, nicht jedoch die Kündigung, im Zusammenhang mit der unpünktlichen Mietzahlung erfolgen. Diese Parallelität ermöglicht eine möglichst rechtsichere Handhabe. Aufgrund der erhöhten Rechtssicherheit und insbesondere Rechtsklarheit für den Schuldner, kann dieser zur Kooperation und Kommunikation im Sinne des vorliegenden Konzeptes angeleitet werden.

Einzelfallabhängig beachtet werden muss jedoch, dass die parallele Nutzung mehrerer Kündigungsgrundlagen nicht zur vollständigen Resignation des Mieters führt. Aufgrund dieser Gefahr wird die bedachte und sukzessive Anwendung derer empfohlen.

Im Sinne des frühestmöglichen Kündigungszeitpunktes wird hier zudem empfohlen die Anwendung der rechtssicher anwendbaren, und die unmittelbar ergebniswirksamen, Regelbeispiele nach § 543 Abs. 2 Nr. 3 BGB zu forcieren.

Nachrangig sollten grundsätzlich die Kündigungsmöglichkeiten des Auffangtatbestandes gem. § 543 Abs. 1S. 2 BGB und die des Hinterlegungsverzuges gem. § 569 Abs. 2a BGB angewendet werden.

Ein paralleler Rückgriff in der Form, dass die Kündigung über den rechtssicher anwendbaren Hinterlegungsverzug ausgesprochen und parallel eine qualifizierte Abmahnung (aufgrund der permanent unpünktlichen Mietzahlung) zugestellt wird, ist lediglich einzelfallabhängig aufgrund der vorangegangenen Argumentation zu empfehlen.

Wurde der Gefahr der Resignation trotz sukzessiver Anwendung nicht ausreichend entgegnet und werden demnach Anzeichen einer derartigen Situation festgestellt, ist der Kündigungsprozess zunächst zu unterbrechen und es wird hier der Versuch des Führens eines Forderungsgespräches empfohlen. Kann auch dieses keine Kooperation bewirken, ist auf externe Unterstützung (z.B. durch eine externe Schuldnerberatung) zurückzugreifen. Ist auch dieser

Rückgriff erfolglos wird die Fortsetzung des Kündigungsprozesses bis hin zur endgültigen Abwicklung des Mietverhältnisses empfohlen.

An dieser Stelle wird erneut die Wichtigkeit eines proaktiven Konzeptes deutlich. Eine permanente Kontrolle und zeitnahe Reaktion auf vertragswidrige Zahlungen können den Mieter vor einem nicht mehr beherrschbaren „Zahlungsstau" schützen.

Fraglich ist nunmehr das Anwendungsverhältnis der außerordentlichen zu den ordentlichen Kündigungsgründen. In Abgrenzung zu den typisierten Regelbeispielen gem. § 543 Abs. 2 S. 1 Nr. 3 BGB, sind gem. § 573 Abs. 2 Nr. 1 BGB keine überprüfbaren Schwellenwerte oder vergleichbar transparente Tatbestände statuiert.[953]

Die ordentliche Kündigung wird regelmäßig lediglich hilfsweise neben der außerordentlichen Kündigung ausgesprochen.[954] Diese gängige Praxis wird auch hier empfohlen, allerdings nicht mit der primären Absicht der Abwicklung des Mietverhältnisses[955], sondern vielmehr der besseren Handhabe des Mieters gegenüber, um somit weiterhin ein Zeichen der Aufforderung zur zukünftigen Kooperation und Vertragseinhaltung zu setzen.

Der Rückgriff auf die isolierte ordentliche Kündigung wird hier nur dann ausnahmsweise zur Anwendung im Sinne des frühestmöglichen Kündigungszeitpunktes empfohlen, wenn keine Anwendbarkeit der außerordentlichen Kündigung gegeben ist und dennoch eine Verhaltenskorrektur des Mieters herbeigeführt werden soll. Beispielhaft wird hier die Nachzahlung im Rahmen der Betriebskostenabrechnung angeführt.[956]

Die isolierte Anwendung der ordentlichen Kündigung gem. § 573 Abs. 2 Nr. 1 BGB ist weniger rechtssicher gegenüber den Regelbeispielen der fristlosen Kündigung und stark von Bewertungen des Instanzgerichtes abhängig.[957]

Eine Anwendung wird hier damit nur in Ausnahmefällen empfohlen, weil eine solche Vertragsstörung ohnehin regelmäßig von geringerem Ausmaß sein

---

953 3. Teil, F., II. dieser Ausarbeitung.

954 BGH JurionRS 2007, 43984, Rn. 27; BVerfG NZM 2018, 212 (212); Purwins, in: Hannemann/Wiegner, Mietrecht, § 28 Rn. 54; Hahn NZS 2017, 98 (98); Schön, Wenn ihr Mietvertrag fristlos gekündigt wird; o.V., Kündigung bei Zahlungsverzug abwenden und Mietrückstände heilen; o.V., Bei Mietschulden droht weiterhin doppelte Kündigung.

955 3. Teil, F., II. dieser Ausarbeitung.

956 3. Teil, F., II., 3. dieser Ausarbeitung.

957 3. Teil, F., I., 2. dieser Ausarbeitung; 3. Teil, F., II. dieser Ausarbeitung.

sollte. Ein außerordentlicher Kündigungstatbestand genießt damit im Sinne dieses Konzeptes einen Anwendungsvorrang.

IV. Anforderungen Kündigungsschreiben

Im Kontext des frühestmöglichen Kündigungszeitpunktes wird hier eine durch den Vermieter ausgesprochene außerordentliche oder ordentliche Kündigung angenommen.

Bei der Kündigung des Vermieters handelt es sich um eine einseitige, empfangsbedürftige Willenserklärung.[958] Das Kündigungsschreiben muss den Willen zur Vertragsbeendigung ausdrücken.[959] Zugleich müssen formale und inhaltliche (teilweise Wirksamkeits-) Erfordernisse eingehalten werden. Innerhalb den Gestaltungsempfehlungen des Kündigungsschreibens sollen darüber hinaus strategischen Besonderheiten des hiesigen Konzeptes berücksichtigt werden.

Im Gegensatz zum Vertragsschluss, der durchaus auch in mündlicher Form erfolgen kann[960], gibt es für den Vermieter eine Reihe von gesetzlichen Regelungen im Zusammenhang mit der Kündigung eines Wohnraumes zu beachten. Diese besonderen Vorschriften, als Teil des sozialen Mietrechts bezeichnet, dienen dem Schutz des Mieters.[961]

Gem. § 568 Abs. 1 BGB bedarf die Kündigung eines Mietverhältnisses der Schriftform. Diese ist eine zwingende Voraussetzung für das Wirksamwerden einer Kündigung.[962] Andernfalls ist die Kündigung (gem. § 125 S. 1 BGB) unwirksam.[963] Das Schriftformerfordernis soll vor Übereilung schützen und beinhaltet eine Warnfunktion für den Kündigenden.[964]

958 Bieber, in: MüKo, BGB II, Bd. 4, § 542 Rn. 9; Blank, in: Schmidt-Futterer, Mietrecht, § 542 Rn. 70; Wendtland, in: Bamberger/Roth/Hau/Poseck, BeckOK, BGB, § 133 Rn. 14.

959 BGH NZM 2001, 1077 (1077).

960 BGH NJW 2015, 2648 (2649).

961 Blank, in: Blank/Börstinghaus, Miete, § 568 Rn. 1; Häublein, in: MüKo, BGB II, Bd. 4, § 568 Rn. 1; Wöstmann, in: Bamberger/Roth/Hau/Poseck, BeckOK, BGB, § 568 Rn. 1.

962 Blank, in: Schmidt-Futterer, Mietrecht, § 568 Rn. 5; Bieber, in: MüKo, BGB II, Bd. 4, § 542 Rn. 14; Wöstmann, in: Bamberger/Roth/Hau/Poseck, BeckOK, BGB, § 568 Rn. 1.

963 Häublein, in: MüKo, BGB II, Bd. 4,, § 568 Rn. 9; Wöstmann, in: Bamberger/Roth/Hau/Poseck, BeckOK, BGB, § 568 Rn. 14; Blank, in: Schmidt-Futterer, Mietrecht, § 568 Rn. 17.

964 Häublein, in: MüKo, BGB II, Bd. 4, § 568 Rn. 1; Wöstmann, in: Bamberger/Roth/Hau/Poseck, BeckOK, BGB, § 568 Rn. 2; Blank, in: Blank/Börstinghaus, Miete, § 568 Rn. 4.

Weiterhin gilt die Schriftform für beide Vertragspartner gleichermaßen und ist unabdingbar.[965]

Nach § 126 BGB muss die Urkunde (Kündigung) vom Antragsteller (Vermieter) eigenhändig durch Namensunterschrift unterzeichnet werden. In Bezug auf den Kündigungsaufbau muss die Unterschrift den Kündigungstext abschließen.[966] Folglich sind Ergänzungen somit erneut zu unterschrieben.

Aus Sicht des Vermieters reicht es nicht aus, wenn der Vermieter (respektive Eigentümer) mit „der Hauseigentümer" unterschreibt. Eine Funktionsbezeichnung ist somit nicht ausreichend und hat die Unwirksamkeit zur Folge.[967] Es reicht aus, wenn der Name durch ein individuelles Schriftbild wiedergegeben ist.[968] Seitens des kündigenden Vermieters müssen die Vertretungsberechtigungen innerhalb des Unternehmens beachtet werden. Diese richten sich nach den gesetzlichen und gesellschaftsvertraglichen Regelungen. Neben dem Geschäftsführer kommt dabei regelmäßig der Prokurist (§ 48 ff. HGB) und der Handlungsbevollmächtigte (§ 54 Abs. 1 HGB) in Frage.

Bei der Kündigung durch einen Vertreter ist die Schriftform gewahrt, wenn er mit seinem Namen unterschreibt.[969]

Aus dem Kündigungsschreiben muss sich ergeben, dass derjenige als Vertreter des Kündigenden agiert.[970] Eine Kündigung im Sinne einer verdeckten Stellvertretung ist nicht zulässig.[971] Beispielsweise vertritt ein GmbH-Geschäftsführer die Gesellschaft gem. § 35 GmbHG. Die Regelung gem. § 35a Abs. 1 S. 1 GmbHG setzt einige Mindestangaben, unter anderem die Nennung der Geschäftsführer, als Inhalt auf Geschäftsbriefen voraus. Ein Verstoß gegen die notwendigen Angaben gem. § 35a Abs. 1 S. 1 GmbHG führt nicht zwingend zur Unwirksamkeit der

---

965 Blank, in: Schmidt-Futterer, Mietrecht, § 568 Rn. 5; Schultz, in: Schach/Schultz/Schüller, BeckOK, BGB, § 568 Rn. 5; Blank, in: Blank/Börstinghaus, Miete, § 568 Rn. 3.

966 BGH NJW 1991, 487 (487); Blank, in: Blank/Börstinghaus, Miete, § 568 Rn. 9 ff.; Schultz, in: Schach/Schultz/Schüller, BeckOK, BGB, § 568 Rn. 10.

967 Blank, in: Schmidt-Futterer, Mietrecht, § 568 Rn. 9; Einsele, in: MüKo, BGB I, Bd. 2, § 126 Rn. 16; Wöstmann, in: Bamberger/Roth/Hau/Poseck, BeckOK, BGB, § 568 Rn. 4.

968 LG Berlin BeckRS 2011, 24908, Rn. II.; Blank, in: Schmidt-Futterer, Mietrecht, § 568 Rn. 10; Einsele, in: MüKo, BGB I, Bd. 2, § 126 Rn. 17.

969 Blank, in: Blank/Börstinghaus, Miete, § 568 Rn. 12; Herrmann, in: Bamberger/Roth/Hau/Poseck, BeckOK, BGB, § 550 Rn. 7a; Häublein, in: MüKo, BGB II, Bd. 4, § 568 Rn. 6.

970 LG Düsseldorf DWW 1993, 20 (20); Häublein, in: MüKo, BGB II, Bd. 4, § 568 Rn. 6.

971 LG Köln BeckRS 1996, 10108, Rn. 2; Blank, in: Blank/Börstinghaus, Miete, § 542 Rn. 50; Wiederhold, in: Bamberger/Roth/Hau/Poseck, BeckOK, BGB, § 542 Rn. 37.

Kündigung. Die Missachtung dieses Formerfordernisses könnte jedoch dann ausschlaggeben für die Frage nach der Wirksamkeit der Kündigung sein, wenn ansonsten aus dem Kündigungsschreiben nicht zu entnehmen ist, dass es sich bei dem Unterzeichnenden um den Geschäftsführer und damit um die zur Vertretung berechtigte Person handelt.

Für den Mieter muss demnach klar nachvollziehbar sein, welche vertretungsberechtigte Person als Vertreter für den Vermieter agiert.[972]

Bedarf es laut dem Gesellschaftsvertrag nicht lediglich der Unterschrift des Geschäftsführers, sondern eines weiteren Vertretungsberechtigten (z.B. des Prokuristen), so besteht der kündigende Teil aus mehreren Personen, welche alle unterschreiben müssen.[973] Eine Stellvertretung bei der Unterschrift ist in dem Maße zulässig, dass die Vertretungsverhältnisse erkennbar sein müssen.[974]

An einer eigenhändigen Unterschrift fehlt es bei der Übermittlung per Telefax.[975] Auch die Übermittlung zur Fristwahrung wird zum Teil ausgeschlossen.[976]

Die folgenden inhaltlichen Anforderungen umfassen sowohl rechtlich unabdingbare, als auch optionale Bestandteile im Sinne dieses Konzeptes.

Nach § 568 Abs. 2 BGB soll der Vermieter den Mieter auf die Möglichkeit, Form und Frist des Widerspruchs gem. §§ 574 - 574b BGB rechtzeitig hinweisen. Dabei muss der Inhalt derart gestaltet sein, dass der Mieter vom wesentlichen Inhalt gem. §§ 574, 574b BGB Kenntnis erlangt.[977]

Der Hinweis der Widerspruchsmöglichkeit ist jedoch kein zwingender Bestandteil der Kündigung, sondern es genügt ein textlicher Hinweis auf einem Merkblatt oder gar eine mündliche Übermittlung.[978] Es muss jedoch ein zeitlicher Zusammenhang zwischen dem Kündigungs- und Hinweisschreiben

---

972 LG Düsseldorf DWW 1993, 20 (20); Wiederhold, in: Bamberger/Roth/Hau/Poseck, BeckOK, BGB, § 542 Rn. 37.

973 BGH NZM 2010, 82 (82); Blank, in: Blank/Börstinghaus, Miete, § 568 Rn. 13.

974 BGH NJW 2005, 2225 (2226f.); BGH NZM 2010, 82 (83); Blank, in: Blank/Börstinghaus, Miete, § 568 Rn. 13.

975 Sternel, in: Sternel, Mietrecht aktuell, Kap IV Rn. 43; Rolfs, in: Staudinger, BGB, § 568 Rn. 15.

976 Rolfs, in: Staudinger, BGB, § 568 Rn. 15; Haug, in: Emmerich/Sonnenschein, Miete, § 568 Rn. 6.

977 Häublein, in: MüKo, BGB II, Bd. 4, § 568 Rn. 10; Blank, in: Schmidt-Futterer, Mietrecht, § 568 Rn. 25; Lammel, in: Wohnraummietrecht, AnwaltKomm, § 568 Rn. 19.

978 Häublein, in: MüKo, BGB II, Bd. 4, § 568 Rn. 10; Blank, in: Schmidt-Futterer, Mietrecht, § 568 Rn. 25; Blank, in: Blank/Börstinghaus, Miete, § 568 Rn. 24.

bestehen.[979] Die Aufnahme innerhalb des Kündigungsschreibens empfiehlt sich jedoch aus Gründen der Beweisführung.[980]

Im Kündigungsschreiben sollte nicht lediglich die gesetzlichen Fundstellen aufgeführt[981], sondern darüber hinausgehend der wesentliche Inhalt wiedergegeben werden.

Ein verspäteter oder unterlassener Hinweis führt demnach nicht zur Unwirksamkeit der Kündigung, sondern verlängert die Widerspruchsfrist, sodass der Mieter gem. § 574b Abs. 2 S. 2 BGB den Widerspruch im ersten Termin des Räumungsstreites erklären kann.[982]

Die Form und Frist des Widerspruchs richtet sich nach § 574b BGB.

Demnach ist der Widerspruch schriftlich (Abs. 1 S. 1) und auf Verlangen des Vermieters (Abs. 1 S. 2) begründet zu erklären. Ohne jedoch ein Auskunftsanspruch zu erlangen, wird dem Vermieter demnach ermöglicht eine gewisse Klarheit bzgl. der Einlegung des Widerspruchs und dessen Begründung zu erlangen.[983]

Eine zum Nachteil dieser Schutzvorschrift eventuell geregelte Vereinbarung im Mietvertrag ist gem. § 574b Abs. 3 BGB unwirksam. In diesem Zusammenhang ist vereinzelnd z.B. das mietvertragliche Verlangen nach einer schriftlichen Begründung genannt.[984]

Die Regelung gem. § 574 Abs. 1 S. 1 BGB wird als „Kernbestandteil des sozialen Mietrechts“[985] bezeichnet. Weiterhin bietet diese Regelung, über den Ausdruck der Sozialbindung hinausgehend, auch einen Schutz für die Familie im Falle einer wirksamen Kündigung und der mit dem Verlust der Wohnung einhergehenden unzumutbaren Härte.[986]

---

979 Blank, in: Schmidt-Futterer, Mietrecht, § 568 Rn. 24; Wöstmann, in: Bamberger/Roth/Hau/Poseck, BeckOK, BGB, § 568 Rn. 13.

980 Häublein, in: MüKo, BGB II, Bd. 4, § 568 Rn. 10; Gramlich, in: Mietrecht, § 568 Rn. 17; Schultz, in: Schach/Schultz/Schüller, BeckOK, Mietrecht, § 568 Rn. 21.

981 Blank, in: Schmidt-Futterer, Mietrecht, § 568 Rn. 25; Gramlich, in: Mietrecht, § 568 Rn. 16 f.

982 Häublein, in: MüKo, BGB II, Bd. 4, § 568 Rn. 10; Gramlich, in: Mietrecht, § 568 Rn. 16; Blank, in: Blank/Börstinghaus, Miete, § 568 Rn. 24;

983 Häublein, in: MüKo, BGB II, Bd. 4, § 574b Rn. 1; Blank, in: Schmidt-Futterer, Mietrecht, § 574b Rn. 3; Hannappel, in: Bamberger/Roth/Hau/Poseck, BeckOK, BGB, § 574b Rn. 4.

984 Lammel, in: Wohnraummietrecht, AnwaltKomm, § 574 Rn. 15.

985 Häublein, in: MüKo, BGB II, Bd. 4, § 574 Rn. 1.

986 BGH NJW 1995, 1680 (1681).

In der bisherigen Praxis war die Bedeutung dieser Norm verschwindend gering, da die wirksame Kündigung des Vermieters eine hohe mietrechtliche Hürde unterlag.[987] Ganz vereinzelnd wird durch die „großzügigere Linie“ des BGH und der zunehmenden Anspannung der Wohnungsmärkte davon ausgegangen, dass die Sozialklausel an Bedeutung gewinnt.[988]

Nach § 569 Abs. 4 BGB ist der zur außerordentlichen Kündigung führende wichtige Grund im Kündigungsschreiben anzugeben. Dies gilt für sämtliche außerordentliche Wohnraumkündigungen.[989] Ebenso fixiert das Gesetz gem. § 573 Abs. 3 BGB auch einen Begründungszwang für die ordentliche Kündigung.[990] Es handelt sich dabei um eine rechtsähnliche Vorschrift.[991]

Eine Kündigung ohne Angaben von Gründen ist damit unwirksam.[992] Die Begründungspflicht ist jedoch hier ohnehin elementar, da der Vermieter aufgrund dieser, entsprechend dieses Konzeptes, zur fundierten Auseinandersetzung mit der Rechtslage angeleitet wird.[993]

Bei der ordentlichen Kündigung aufgrund eines Mietzahlungsverzuges liegt eine Verletzung der mietvertraglichen Pflichten vor. Kündigungen die auf einer Vertragsverletzung beruhen, müssen hinreichende genau beschreiben welches kündigungsrelevante Verhalten, zu welcher Zeit, an welchen Ort und welche näheren Umstände zur Kündigung geführt haben. Mit dem Verweis auf den Wortlaut der Norm, dem Willen des Gesetzgebers und der Gesetzessystematik, bedarf es dem BGH nach keiner vorangegangenen Abmahnung.[994] Bedeutung kann der Abmahnung jedoch dann zukommen, wenn diese der Pflichtverletzung das erforderliche Gewicht verleiht.[995] Befürwortend und den Grundgedanken

---

987 Schach, in: Kinne/Schach/Bieber, Miet- und Prozessrecht, § 574 Rn. 1; Lammel, in: Wohnraummietrecht, AnwaltKomm, § 574 Rn. 1; Häublein, in: MüKo, BGB II, Bd. 4, § 574 Rn. 1.

988 Häublein, in: MüKo, BGB II, Bd. 4, § 574 Rn. 1.

989 Häublein, in: MüKo, BGB II, Bd. 4, § 569 Rn. 46; Hinz, in: Dauner-Lieb/Langen, BGB, NomosKommentar, § 569 Rn. 9; Blank, in: Schmidt-Futterer, Mietrecht, § 569 Rn. 75 f.

990 Blank, in: Schmidt-Futterer, Mietrecht, § 573 Rn. 215a; Siegmund, in: Schach/Schultz/Schüller, BeckOK, BGB, § 573 Rn. 75a; Gramlich, in: Mietrecht, § 573 Rn. 43.

991 BVerfG WuM 1989, 483 (483 f.); BVerfG WuM 1995, 142 (142).

992 BT-Drucks. 14/4553, S. 66; Blank, in: Schmidt-Futterer, Mietrecht, § 573 Rn. 215a; Häublein, in: MüKo, BGB II, Bd. 4, § 573 Rn. 94.

993 BT-Drucks. VI/1549, S. 6 ff.; Hannappel, in: Bamberger/Roth/Hau/Poseck, BeckOK, BGB, § 573 Rn. 124.

994 BGH JurionRS 2007, 43984, Rn. 21 ff.

995 BGH JurionRS 2007, 43984, Rn. 28.

des Sozialen Forderungsmanagements zur Konkretisierung des Fehlverhaltens und Anleitung zum vertragskonformen Zahlungsverhalten entsprechend, wird vereinzelnd empfohlen, dass es nicht nur einer vorangegangenen Abmahnung bedarf, sondern sich vielmehr das abgemahnte vertragsverletzende Verhalten gleichartig wiederholt haben muss.[996]

An „diese Begründung sind jedoch keine zu hohen und übertrieben formalistischen Anforderungen zu stellen. Es soll dadurch lediglich sichergestellt sein, dass der Mieter erkennen kann, welcher Umstand zur fristlosen Kündigung geführt hat“[997].

Diese Maßgabe sollte sowohl für die fristlose, als auch für die ordentliche Kündigungsbegründung gelten, da die Anordnung einer Begründungspflicht lediglich dann sinnhaft ist, wenn der Gekündigte über Klarheit hinsichtlich seiner rechtlichen Position und der Möglichkeit der Verteidigung dessen hat.[998]

Hier in der Betrachtung stehen ausschließlich Zahlungsverzugskündigungen. In diesem Zusammenhang entschied der BGH, dass es für die formelle Wirksamkeit ausreicht, wenn bei klarer und einfacher Sachlage sowohl der Zahlungsverzug als Grund, als auch der Gesamtrückstand angeführt werden.[999] Demnach bedarf es keiner weiteren Angabe hinsichtlich der Zusammensetzung dieses Gesamtrückstandes. Nach einem weiteren Beschluss des BGH, gilt dies auch bei umfangreichen oder schwierig zu ermittelnden Mietrückständen.[1000] Demnach genügt es, dass „der Mieter anhand der Begründung des Kündigungsschreibens erkennen kann, von welchem Mietrückstand der Vermieter ausgeht und dass er diesen Rückstand als gesetzlichen Grund für die fristlose Kündigung wegen Zahlungsverzuges heranzieht […] und in eigener Verantwortung entscheiden kann, wie er darauf reagieren will“[1001]. Bei umfangreichen oder schwierig zu ermittelnden Mietrückständen wird jedoch eine monatsbezogene Auflistung der Mietrückstände und anschließende summenmäßige Addition gefordert.[1002]

Vorliegend geht es regelmäßig um einfache, klare und streitfreie Forderungssachverhalte, wonach mit Bezug auf die vorangegangenen Ausführungen eine Aufgliederung in der Regel entbehrlich ist. Dies ist insbesondere deshalb hier

---

996 Blank, in: Schmidt-Futterer, Mietrecht, § 573 Rn. 222; Häublein, in: MüKo, BGB II, Bd. 4, § 573 Rn. 58.
997 BT-Drucks. 14/5663, S. 82.
998 BT-Drucks. 14/5663, S. 82.
999 BGH WuM 2004, 97 (97).
1000 BGH WuM 2010, 484 (484).
1001 BGH WuM 2010, 484 (487).
1002 BGH WuM 2010, 484 (485).

anzunehmen, da der Mieter in der Regel problemlos in der Lage ist, die Berechtigung der Kündigung anhand eines einfachen Vergleiches der geschuldeten Miete mit der gezahlten Miete zu überprüfen.[1003]

Aus hiesiger Sicht kann sowohl die Aufgliederung, als auch die summenmäßige Addition sinnvoll sein. Ausschlaggebend sind die Höhe des Gesamtrückstandes und deren Zusammensetzung. Kann die Aufgliederung übersichtlich erfolgen, ist dies die transparentere Form der Forderungsdarstellung und hier favorisiert anzuwenden.

Da bereits der Zahlungsverzug als solches und die Mietrückstandshöhe ausreichend sind, ist die Bezugnahme auf den exakten Kündigungstatbestand gem. § 543 Abs. 2 S. 1 Nr. 3 BGB inhaltlich nicht notwendig.[1004]

Die Nennung des exakten Kündigungsgrundes ist zumindest dann obsolet, wenn „hierüber keine Unklarheit bestehen kann oder wenn der Zahlungsverzug den Tatbestand der beiden Alternativen [...] erfüllt"[1005].

Darüber hinaus hat eine fehlerhafte Berechnung des Mietrückstandes keinen Einfluss auf die formelle Wirksamkeit der Kündigung.[1006]

Etwas dezidierter ist jedoch die Begründungspflicht hinsichtlich der Kündigung aufgrund einer Zahlungsunpünktlichkeit. Diesbezüglich ist es erforderlich, dass der Vermieter die Zahlungseingänge der betreffenden Monate aufführt, damit der Mieter erkennt welche unter Verzug gezahlten Monate zur Begründung herangezogen worden sind.[1007]

Sowohl aus Gründen der Rechtssicherheit als auch aus Gründen der Funktionsweise dieses Konzeptes wird empfohlen die Kündigungsbegründung inhaltlich derart zu gestalten, dass dem Mieter sein Fehlverhalten bewusst wird und dieser somit Kenntnis erlangt auf welches konkrete Fehlverhalten sich die Kündigung bezieht.

Diese Transparenz über das kündigungsrelevante Verhalten soll dazu beitragen eine zukünftige Verhaltensänderung im Sinne einer vertragsgemäßen Mietzahlung herbeizuführen, sodass im Ergebnis hier eine über die Anforderungen der Rechtsprechung hinausgehende Darstellung empfohlen wird. Fernab der rechtlichen Anforderungen führt eine mangelhafte bzw. unzureichende Begründetheit, und fehlenden Handlungsaufforderung zur Zahlung des Mietrückstandes, ggf.

1003 BGH WuM 2004, 97 (98).

1004 BGH WuM 2004, 97 (97 f.); BGH WuM 2004, 489 (489).

1005 BGH WuM 2004, 97 (98).

1006 BGH WuM 2010, 484 (484).

1007 BGH WuM 2006, 193 (193); LG Berlin BeckRS 2010, 24121.

dazu, dass der Gekündigte eine vollkommende Blockadehaltung einnimmt, da er die Situation mangels Nachvollziehbarkeit des Handelns des Vermieters nicht ausreichend bewerten kann.

Die gleiche Gefahr besteht jedoch auch, wenn die Kündigungsbegründung inhaltlich derart umfangreich und verschachtelt aufgebaut ist, dass der Mieter weder die wesentlichen Gründe für die Kündigung, noch die Handlungsaufforderung zur Problemlösung erkennt.

Um daher die übergeordneten Ziele dieses Konzeptes zu erreichen, ist neben dem nachhaltigen Lerneffekt, in erster Linie die Unwirksamkeit der Kündigung durch Zahlung des Mietrückstandes maßgeblich. Zur Zielerreichung sollte bereits aus dem Kündigungsschreiben hervorgehen, wie die Kündigung geheilt werden kann.

Neben der Konkretisierung des Fehlverhaltens, ist damit ganz konkret aufzuzeigen wie er den Verlust der Wohnung vermieden werden kann.

Davon abzugrenzen ist ein Hinweis auf das bestehende Nachholrecht gem. § 569 Abs. 3 Nr. 2 S. 1 BGB. Eine etwaige Hinweispflicht besteht weder seitens des Gerichts, noch seitens des Vermieters. Aufgegriffen und befürwortend vertreten wird hier die Anmerkung, dass aus Sicht des Gerichts ein solcher Hinweis durchaus sachdienlich ist, sofern der Schuldner nicht anwaltlich vertreten wird.[1008] Eine zusätzliche Anführung dieses Nachholrechts würde die sofortige Zahlungsaufforderung jedoch unterlaufen. Aus diesem Grund wird hier empfohlen im Kündigungsschreibens auf einen entsprechenden Hinweis i.S.v. § 569 Abs. 3 Nr. 2 S. 1 BGB zu verzichten. Vielmehr sollte das Kündigungsschreiben einen unmissverständlichen Hinweis auf die Möglichkeit der Fortführung des Mietverhältnisses, unter der Voraussetzung der Zahlung des gesamten Mietrückstandes, enthalten. Letztlich soll dies dem Mieter eine Perspektive zur Erhaltung des Wohnraumes aufzeigen.

Eine grundsätzliche Unterscheidung des Begründungsniveaus zwischen der fristlosen und ordentlichen Kündigung wird hier bereits mit Blick auf die vorangegangene konzeptionelle Begründung nicht empfohlen. Zu beachten sind jedoch besondere rechtliche Anforderungen (z.B. das Mahnerfordernis) im Zusammenhang mit der ordentlichen Kündigung.

Die Kündigung ist vorliegend als Aufforderung zur Kooperation zu sehen, welche im Idealfall eine nachhaltige Kontaktaufnahme durch den Mieter folgen lässt. Zielsetzung ist eine gemeinsame Lösung des Zahlungskonfliktes zur Erhaltung des Wohnraumes.

1008 Blank, in: Schmidt-Futterer, Mietrecht, § 569 Rn. 38.

Letztlich existieren bei Erhalt des Kündigungsschreibens drei Handlungsalternativen des Schuldners. Entweder der Schuldner zahlt den gesamten Mietrückstand, alternativ dazu bleibt gänzlich eine Reaktion des Schluderns aus oder es tritt eine Mittelung der vorgenannten Handlungsalternativen ein. Bei dieser praxisnahen Handlungsalternative nimmt der gekündigte Mieter Kontakt mit dem Vermieter auf und teilt ihm mit, dass er den Mietrückstand abbauen möchte, dazu aber wirtschaftlich nicht unmittelbar in der Lage ist.

Mit dieser erzielten Kontaktherstellung beginnt die Kernarbeit des Sozialen Forderungsmanagements. Gemeinsam soll eine individuelle Strategie zur Lösung des Zahlungskonfliktes entwickelt werden.

Um die Wahrscheinlichkeit einer Kontaktaufnahme zu erhöhen und fernab der Frage nach der rechtlichen Notwendigkeit, sieht dieses Konzept die inhaltliche Einarbeitung eines Beratungsangebotes im Rahmen des Kündigungsschreibens vor.[1009] Dies erfolgt unabhängig davon, ob bereits ein separates Beratungsangebot vor Aussprache der Kündigung zugestellt worden ist. Zum Ausdruck kommt die weiterhin bestehende Kooperationsbereitschaft des Vermieters. Dies kann insbesondere bei Schuldnern dienlich sein, die in diesem Moment keine Zahlung leisten können, es jedoch gerne tun würden, aber ohne das Beratungsangebot in Form eines „Handreichens" die Situation als ausweglos werten und somit keinen Kontakt zum Vermieter suchen.

Inhaltlich wird im Rahmen des Beratungsangebotes kein Problemlösungsansatz angeboten. Im Vordergrund steht lediglich die Einladung zu einem persönlichen Beratungsgespräch. Die Aufgabe der Problemlösung bleibt weiterhin im Verantwortungsbereich des Schuldners, dieser ist jedoch lösungsorientiert zu unterstützen.

G. Klagebegehren

Ist die Ziehfrist verstrichen und sind sowohl sonstige Kontaktversuche als auch die ausgesprochene Kündigung ergebnis- und reaktionslos geblieben, so folgt die Eskalationsstufe der Klage.[1010]

Diese wird seitens eines Interviewpartners auch als *ultima ratio*[1011] bezeichnet und ist hier auch lediglich derart wahrzunehmen. Wurden demnach weder die Mietrückstände gezahlt bzw. eine anderweitige Vereinbarung zur Tilgung

1009 3. Teil, J. dieser Ausarbeitung.
1010 4. Teil, B. dieser Ausarbeitung.
1011 Z. 26 Anhang VI dieser Ausarbeitung.

der Schuld getroffen, noch die Wohnung herausgegeben, so ist gerichtlich der Antrag auf Herausgabe der Wohnung zu stellen.

Die Beweislast für die Behauptung der Zahlung der Miete trägt der Mieter.[1012]

Werden für die Klage mehrere Kündigungsgründe zu Grunde gelegt, ist Vorsicht geboten, da es sich dabei um eine unzulässige alternative Klagehäufung handeln kann. Diese liegt vor, wenn lediglich ein Antrag gestellt wird, dieser jedoch auf verschiedenen Klagebegründungen beruht.[1013]

Konkretisiert bedeutet dies, dass jede Kündigungserklärung und jeder Kündigungstatbestand einen eigenen Streitgegenstand darstellt. Nach dem AG Koblenz gilt dies auch, wenn die neue Kündigung auf dem gleichen Kündigungstatbestand begründet wird.[1014] Eine Räumungsklage ist damit unzulässig (vgl. § 253 Abs. 2 Nr. 2 ZPO), wenn diese alternativ auf eine von mehreren Kündigungen gestützt wird (alternative Klagebegründung). Stattdessen gibt es prozessual die Möglichkeit alle Kündigungen kumulativ oder eventualiter geltend zu machen.[1015] Gibt der Vermieter diesbezüglich keine Erklärung ab, geht das Gericht entweder von einer kumulativen Prüfung aus (wodurch sämtliche Kündigungen geprüft werden, obwohl eine ggf. offensichtlich greift) oder die Auslegung ergibt eine Eventualstellung der Anträge und das Gericht fragt notfalls i.S.v. § 139 ZPO nach, in welcher Reihenfolge der Kläger die prozessualen Ansprüche verfolgt.[1016]

Im vorliegenden Kontext liegt einer Kündigung regelmäßig ein streitfreier Mietrückstand zu Grunde. Um der Gefahr der unzulässigen alternativen Klagehäufung zu begegnen, ist daher vorzugsweise die Räumungsklage auf eine Kündigungserklärung zu stützen oder die eventualitere Geltendmachung zu nutzen.

Fraglich ist darüber hinaus, ob die Klage als eine verbundene Räumungs- und Zahlungsklage oder als eine isolierte Räumungsklage ausgestaltet werden sollte, wobei der Anspruch auf Räumung durch den Herausgabeanspruch zu vervollständigen ist.

Mit Blick auf die grundlegende Prozessgestaltung[1017] ist hier anzunehmen, dass die offenen Mietrückstände bisher nicht tituliert sind. Es stehen auf dieser

---

1012 BGH ZMR 1960, 301 (301).

1013 BGH GRUR 2013, 401 (401); 2011, BGH GRUR 2011, 1043 (1043); BGH GRUR 2011, 521 (521); Wiesmann WuM 2018, 795 (795).

1014 AG Koblenz WuM 2018, 795 (795).

1015 Saenger, in: Saenger, ZPO, § 260 Rn. 3 ff.; Becker-Eberhard, in: MüKo, ZPO II, Bd. 1, § 260 Rn. 8 f., 55; Musielak, in: Musielak/Voit, ZPO, § 304 Rn. 26 ff.

1016 Wiesmann WuM 2018, 795 (795); Becker-Eberhard, in: MüKo, ZPO II, Bd. 1, § 260 Rn. 22; Saenger, in: Saenger, ZPO, § 260 Rn. 15.

1017 4. Teil, B. dieser Ausarbeitung.

Eskalationsstufe der Abbau der bereits entstandenen und die Verhinderung neu entstehender Mietrückstände im Vordergrund.

Wird eine kombinierte Räumungs- und Zahlungsklage erhoben und ist ein Teil der Mietrückstände streitig, so kann es zur prozessualen Verzögerung der Räumung kommen, da es in diesen Fällen regelmäßig einer Beweisaufnahme (z.B. durch Sachverständigengutachten) bedarf.[1018] Nach dem AG Hamburg ist davon auszugehen, dass in streitigen Konstellationen nicht mit einer Erledigung innerhalb von sechs Monaten zu rechnen ist.[1019] Weiterhin wird danach in Fällen in denen das Minderungsrecht bereits vorgerichtlich streitig ist, häufig und zunehmend öfter, eine isolierte Klage auf Räumung und Zahlung erhoben.[1020] Dies begründet sich in der Unzulässigkeit des Erlass eines Teilurteils auf Räumung der Mietsache und der damit verbundenen prozessualen Verzögerungsgefahr.[1021]

Aus hiesiger Sicht stehen hier keine streitigen Mietforderungen im Blickpunkt, sondern vielmehr die „Einstellung der Zahlungen durch den Mieter aufgrund wirtschaftlich nicht mehr bestehender Leistungsfähigkeit“[1022]. In diesen Fällen in denen dann der Mieter nicht auf die Mahnung oder Kündigung reagiert, ist in der Regel von einem ausbleibenden Verteidigungswillen vor Gericht auszugehen und der Erlass eines Versäumnisurteils wahrscheinlich.[1023] Diesen Nachweis bestätigt die Einschätzung eines befragten Rechtsexperten, nach dem rund 90 % der Verfahren aufgrund eines Zahlungsverzuges durch ein Versäumnisurteil entschieden werden.[1024]

Unter Berücksichtigung dieser streitfreien Mietforderungen, ist die verbundene Räumungs- und Zahlungsklage mit Blick auf die geringe prozessuale Verzögerungsgefahr im Grunde ein probates Mittel.

Aus Gründen der Vorleistungspflicht (vgl. § 12 Abs. 1 S. 1 GKG) und des damit verbundenen Kostenrisikos des Vermieters[1025], sowie die drohende Kostenmehrbelastung des weiterhin untätigen Mieters aufgrund des wahrscheinlich durch Versäumnis obsiegenden Vermieters und der mit dieser Mehrbelastung

---

1018 Mersson, in: BeckOF, Formular 15.1.8., Rn. 14; AG Hamburg BeckRS 2016, 20102, Rn. 2) b); Meyer-Abich NZM 2019, 156 (156); Z. 525 f. Anhang VI dieser Ausarbeitung.
1019 AG Hamburg BeckRS 2016, 20102, Rn. 2) b).
1020 AG Hamburg BeckRS 2016, 20102, Rn. 2) b).
1021 BGH NJW-RR 2014, 1298 (1298).
1022 Meyer-Abich NJW 2017, 3429 (3429).
1023 Meyer-Abich NJW 2017, 3429 (3429).
1024 Z. 247 Anhang VI dieser Ausarbeitung.
1025 3. Teil, N. dieser Ausarbeitung.

(resultierend aus § 91 Abs. 1 S. 1 ZPO) einhergehenden steigenden Wahrscheinlichkeit der vollständigen Resignation des Mieters, ist hier der Blick auf den finanziellen Aspekt unerlässlich.

Beispielhaft wird eine Grundmiete i.H.v. 300 Euro und eine Dauer des Zahlungsverzugs i.H.v. fünf Monaten angenommen. Relevant für die Berechnung der Gerichtskosten ist der Streitwert i.S.v. § 3 Abs. 1 GKG. Der Streitwert ist eine Wertgebühr, welche sich nach § 34 GKG und der dem in neun Teile gegliederten Kostenverzeichnis der Anlage 1 zum GKG (§ 34 Abs. Abs. 2 GKG) beigefügten Gebührentabelle zur Ermittlung der Gerichtskosten richtet.[1026]

Der Streitwert einer verbundenen Räumungs- und Zahlungsklage besteht demnach aus dem einjährigen Entgelt (gem. § 41 Abs. 2 S. 1 GKG) zzgl. der Höhe des bestehenden Mietrückstandes. Dies ergibt hier bei einer verbundenen Räumungs- und Zahlungsklage einen Streitwert i.H.v. 5.100 Euro ((12 x 300 Euro) + (5 x 300)). Damit begründet dies Gerichtskosten i.H.v. (165,00 Euro (gem. Anlage 2) multipliziert mit der Gebühr i.H.v. 3,0 (gem. Kostenverzeichnisnummer 1210)) 495,00 Euro. Wird eine isolierte Räumungsklage eingereicht, ergibt diese aufgrund des geringeren Streitwertes i.H.v. 3.600 Euro, Gerichtskosten i.H.v. 381,00 Euro, welche damit 114,00 Euro niedriger sind.

Bezogen auf die Rechtsanwaltskosten, und unter der Annahme der jeweils der Höhe nach gleichwertigen Gebühr für das Verfahren und die Auslagen etc., liegen diese bei einem Streitwert von 5.100 Euro bei 1.076,95 Euro[1027] und bei einem Streitwert von 3.600 Euro bei 773,50 Euro[1028]. Dies ergibt bei einer verbundenen Klage um 303,45 Euro höhere Rechtsanwaltskosten. Insgesamt belaufen sich die Mehrkosten auf insgesamt 417,45 Euro (114,00 Euro + 303,45 Euro). Selbst im Falle des Klageverbundes, müsste anschließend noch ein gerichtliches Mahnverfahren zur Titulierung der zukünftig entstandenen Nutzungsentschädigungen bis zum Zeitpunkt der Räumungsvollstreckung einkalkuliert werden.

Eine Zahlungsklage kann auch zukünftig bis zur Räumung fällig werdenden Nutzungsentschädigungen enthalten.[1029] Dies ist dann der Fall, „wenn der Mieter einen Rückstand [...] in einer die Bruttomiete mehrfach übersteigenden

---

1026 Zimmermann, in: Binz/Dörndorfer/Zimmermann, GKG, FamGKG, JVEG, § 3 GKG Rn. 2, 6; Dorndörfer, in: Dorndörfer/Neie/Wendtland/Gerlach, BeckOK, Kostenrecht, § 3 Rn. 2.

1027 ROLAND ProzessFinanz AG, Prozesskostenrechner, Gegenstandswert/Streitwert: 5.100 Euro.

1028 ROLAND ProzessFinanz AG, Prozesskostenrechner, Gegenstandswert/Streitwert: 3.600 Euro.

1029 BGH NJW 2003, 1395 (1395).

Höhe hat auflassen lassen“[1030]. Dies wird im vorliegenden Kontext regelmäßig zu bejahen sein, jedoch ist ein solcher Antrag hier nicht zu empfehlen, da diesem zur Streitwertberechnung regelmäßig (i.S.v. § 41 Abs. 2 S. 2 GKG) zwölf Bruttomieten zu Grunde gelegt werden[1031]. In einfachgelagerten Ausnahmefällen, kann mit Verweis auf § 48 Abs. 1 GKG i.V.m. § 3 ZPO eine Abweichung auf sechs[1032] Bruttomieten erfolgen.

Einzelfallabhängig, jedoch regelmäßig unter finanziellen und prozesstaktischen Gesichtspunkten besser, ist die Isolierung des Räumungsanspruches und der davon losgelöste und daran anschließende Weg über das gerichtliche Mahnverfahren zur Titulierung der Zahlungsrückstände.[1033]

Fraglich bleibt, ob demnach überhaupt eine kombinierte Räumungs- und Zahlungsklage sinnvoll ist, wenn zukünftige Nutzungsentschädigungen ohnehin nicht eingeschlossen sind, sondern im Rahmen der Zahlungsklage nur bisher entstandene Mietrückstände berücksichtigt werden.

Bereits unter Beachtung der gesamten Prozesskosten und der damit verbundenen Vorleistungspflicht, sowie der nicht unerheblichen Belastung des Mieters im ersten Klagebegehren (was wiederum einen nachhaltigen Forderungsabbau zusätzlich erschwert und damit der vollständige Zahlungsausfall droht), wird hier eine Isolierung empfohlen. Wird damit ein gerichtliches Mahnverfahren, losgelöst von dem Räumungsanspruch, anberaumt, so stellt dies hier eine weitere optionale Eskalationsstufe dar.[1034] Dies führt zu einer sukzessiven Mehrbelastung des Mieters, welche die Gefahr einer vollständigen Resignation reduzieren soll. Trotz der hier in der Betrachtung stehender zumeist unstreitigen Forderungen, besteht ein Restrisiko der Prozessverzögerung durch ein Bestreiten der jeweiligen Forderung, dies kann auf diesem Wege ebenso ausgeschlossen werden. Die Räumungsklage mit einem Antrag auf Zahlung der zukünftigen Mieten zu verbinden, wird hier (aufgrund der zuvor ausgeführten Gefahr, dass der Streitwertberechnung 12 Bruttomieten zu Grunde gelegt werden) ausgeschlossen, sodass es nach der Räumung ohnehin der Durchführung eines gerichtlichen Mahnverfahrens bedarf.

1030 BGH BeckRS 2011, 15432, amt. Ls.

1031 OLG Hamburg NZM 2017, 475 (476); OLG Celle NJOZ 2014, 531 (531).

1032 OLG Hamburg BeckRS 2017, 121783. Rn. 2 ff; LG Hamburg BeckRS 2017, 121784, Rn. 4 ff.

1033 Meyer-Abich NJW 2017, 3429 (3429); Harz, in: Mes, Beck'sches Prozessformularbuch, Kap. II. B. 4, Rn. 6; Streyl, in: in: Schmidt-Futterer, Mietrecht, § 283a Rn. 10.

1034 4. Teil, B. dieser Ausarbeitung.

Bei einer Isolierung des Räumungsanspruches besteht weiterhin die Möglichkeit im Sinne des Prozesskostenrisikos auf die Titulierung der Mietrückstände zu verzichten, weil ggf. der Schuldner auf lange Sicht unpfändbar sein wird.

Auch bei vorliegendem Räumungstitel gilt hier weiterhin die absolute Zielsetzung der Wohnraumerhaltung. Unter der Annahme, dass das Vorliegen eines Räumungstitels, und der damit einhergehende unmittelbar drohende Wohnraumverlust, zur nachhaltigen Kooperation führt, dass z.B. eine Vollstreckungs- und Tilgungsabrede geschlossen wird, ist die Titulierung der Mietrückstände (angenommen es droht noch keine Verjährung) vorerst überflüssig, sodass das Prozesskostenrisiko des Vermieters und die Mehrbelastung des Mieters gesenkt werden.

Betreffend der Trennung des Klagebegehrens, wird hier im Ergebnis der Auffassung eines befragten Expertens[1035] gefolgt, womit hier aus den vorgenannten Gründen die Isolierung der Räumungsklage empfohlen wird.

H. Zahlung innerhalb der Schonfrist

Nachdem der Vermieter das Klagebegehren festgelegt und die entsprechende Klage durch Einreichung auf den Weg gebracht, stellt sich die Frage nach der Möglichkeit des Mieters die Räumung, trotz Rechtshängigkeit, noch vermeiden zu können.

Dazu sieht § 569 Abs. 3 Nr. 2 BGB eine Heilungsmöglichkeit vor.

Anwendbar ist diese Vorschrift lediglich in Bezug auf Wohnraummietverhältnisse.[1036] Die Anwendung durch den Mietschuldner ist hier erstrebenswert, da die vorrangige Zielsetzung weiterhin die Wohnraumerhaltung umfasst. Der Erfolg der Räumungsklage wird einzelnachweislich als unattraktiver[1037] gegenüber dem Ziel der Kündigungsheilung bezeichnet.

Diese Aussage bestätigt den hier verfolgten Grundsatz, dass jederzeit der Forderungsprozess durch den Mieter erfolgreich beendet werden kann.[1038]

Zum Schutze des Mieters besteht damit auch nach Rechtshängigkeit dieses Räumungsanspruches eine Heilungsmöglichkeit. Es wird auch von der sog. Schonfrist[1039] gesprochen. Bei dieser handelt es sich um eine Schutzvorschrift

1035 Z. 524 ff. Anhang VI dieser Ausarbeitung.

1036 Blank, in: Blank/Börstinghaus, Miete, § 568 Rn. 52; Theesfeld, in: Schach/Schultz/Schüller, BeckOK, Mietrecht, § 569 Rn. 77; Gramlich, in: Mietrecht, § 569 Rn. 1.

1037 Milder NZM 2013, 553 (558).

1038 2. Teil, E. dieser Ausarbeitung; 4. Teil, B. dieser Ausarbeitung.

1039 Blank, in: Palandt, § 5769 Rn. 37; Blank, in: Blank/Börstinghaus, Miete, § 569 Rn. 52; Häublein, in: MüKo, BGB II, Bd. 4, § 569 Rn. 44; BGH WuM 2016, 682 (682).

für den Mieter. Diese wird auch einzelnachweislich als „individual-schützende Komponente“[1040] bezeichnet. So wie der Vermieter hier die Vermeidung der Wohnungslosigkeit vorsieht, besteht ebenso ein im Rahmen der Gesetzgebung fixiertes öffentliches Interesse an der Vermeidung von Obdachlosigkeit[1041].

Bei dieser zweimonatigen Frist handelt es sich um eine erweiterte Schonfrist bzw. Maximalfrist. Der Begriff der Maximalfrist ist darauf zurückzuführen, dass die Rechtsfolgen dieser Regelung auch bei Zahlung vor Rechtshängigkeit des Räumungsanspruches eintreten.[1042]

Das Recht auf Zahlung des Mietrückstandes wird auch als Nachholrecht bezeichnet.[1043] Anwendbar ist dieses auch bei einer Kündigung aufgrund des Hinterlegungsverzuges gem. § 569 Abs. 2a BGB.[1044]

Durch die gesetzliche Fiktion ist die Beendigung des Mietverhältnisses damit nicht als lediglich „rückgängig gemacht“, sondern vielmehr als „rückwirkend [...] nicht eingetreten“ anzusehen.[1045]

Zur vorzeitigen Beendigung des Prozesses bietet sich die Möglichkeit der Klagerücknahme oder der Erledigungserklärung. Auch wenn eine einfache Klagerücknahme gem. § 296 ZPO die Senkung von Verfahrenskosten (vgl. Anlage 1 Nr. 1210 und Nr. 1211 zu § 3 Abs. 2 GKG) bewirkt, so hat der Vermieter als Kläger die Gerichtskosten (gem. § 269 Abs. 2 S. 2 ZPO) zu tragen.

Wird der Mietrückstand vollständig getilgt, so wird durch einen Interviewpartner empfohlen, die Streitbeendigung durch das Instrument der Erledigungserklärung i.S.v. § 91a Abs. 1 S. 1 ZPO vorzunehmen.[1046]

Damit löst sich der Vermieter von dem derzeit laufenden Prozess, ohne die mit der Klagerücknahme zwingend verknüpfte Kostentragungspflicht (§ 269 Abs. 3 S. 2 ZPO) in Kauf nehmen zu müssen.[1047]

1040 Harke WuM 2017, 241 (245).

1041 BT-Drucks. IV/806, S. 10; BT-Drcks. 14/4553, S. 64.

1042 KG WuM 1984, 93 (93 f.); LG Stuttgart, Az. 13 S 356/83, juris, Rn. 5.

1043 Blank, in: Blank/Börstinghaus, Miete, § 569 Rn. 52; Häublein, in: MüKo, BGB II, Bd. 4, § 569 Rn. 41; Theesfeld, in: Schach/Schultz/Schüller, BeckOK, Mietrecht, § 569 Rn. 75.

1044 3. Teil, F., I., 3. dieser Ausarbeitung.

1045 BGH BeckRS 2018, 24134, Rn. 24.

1046 Z. 517 ff. Anhang VI dieser Ausarbeitung.

1047 LG Kassel NJW-RR 1987, 788 (788); Clausing, in: Schoch/Schneider/Bier, Verwaltungsgerichtsordnung, Bd. I, § 92 Rn. 7; Schulz, in: MüKo, ZPO II, Bd. 1, § 91a Rn. 79.

Die Erklärung der Erledigung des Prozesses wird hier abhängig von der Prozessgestaltung durch den jeweiligen Prozessbevollmächtigten durchgeführt. Ob jedoch dieser oder der Beklagte selbst die Erledigung zuerst erklärt, kann offen bleiben.[1048] Regelmäßig wird eine Erledigung in Form eines Unterlassens vorliegen. Die Einwilligung ist anzunehmen, wenn seitens des Vermieters die Erledigung erklärt ist und der Beklagte dieser nicht widerspricht.[1049] Von einer Erledigungserklärung in Form eines schlüssigen Handelns wird ausgegangen, wenn der Kläger die Zahlung des Beklagten während des Rechtsstreites erklärt und nur noch beantragt, dem Gegner die Kosten aufzuerlegen.[1050]

Im Falle der übereinstimmenden Erledigungserklärung entscheidet das Gericht lediglich noch über die Kosten.[1051] Unter Berücksichtigung des bisherigen Sach- und Streitstandes erfolgt dies durch Beschluss gem. § 91a Abs. 1 S. 1 ZPO. Sofern die Kündigung demnach rechtmäßig war, was hier aufgrund der zumeist streitfrei vorliegenden Forderungen anzunehmen ist, trägt der Mieter die Kosten. Eine Entscheidung über die Kosten unterbleibt, wenn sich der Vermieter mit dem Mieter hinsichtlich des Tragens der Kosten einigt.[1052]

Einem Experten nach, ist der eigentliche Kern der Erledigungserklärung die Beantwortung der Frage nach der Kostenübernahme.[1053]

Gemäß der Erledigungserklärung bestehen die Rechte und Pflichten für die Dauer der Vereinbarung (und bei Erfolg auch darüber hinaus) nach den Regelungen des Mietvertrages fort. Mit Abgabe der Erledigungserklärung ergeht in der Hauptsache keine Entscheidung und die Rechtshängigkeit endet.

Sofern das Verfahren nicht mit einer übereinstimmenden Klärung hinsichtlich der Kostenträgerschaft vorzeitig beendet worden ist, stellt das Gericht die hypothetische und meist aufwendige Frage nach dem Kostenträger, sofern das Verfahren nicht durch diese Erledigung beendet worden wäre.[1054] Empfohlen

---

1048 Hüßtege, in: Thomas/Putzo, ZPO, § 91a Rn. 14; Gierl, in: Saenger, ZPO, § 91a Rn. 28; Flockenhaus, in: Musielak/Voit, ZPO, § 91a Rn. 12.

1049 Flockenhaus, in: Musielak/Voit, ZPO, § 91a, Rn. 13; Gierl, in: Saenger, ZPO, § 91a Rn. 64; Jaspersen, in: Vorwerk/Wolf, ZPO, BeckOK, § 91a Rn. 12.

1050 BGH NJW 1956, 1517 (1517); Flockenhaus, in: Musielak/Voit, ZPO, § 91a, Rn. 13.

1051 LG München I, SVR 2011, 388 (388); Flockenhaus, in: Musielak/Voit, ZPO, § 91a, Rn. 11, 17.

1052 KG BeckRS 2008, 07097; OLG Saarbrücken BeckRS 2013, 8492; Flockenhaus, in: Musielak/Voit, ZPO, § 91a, Rn. 20.

1053 Z. 232 f. Anhang II dieser Ausarbeitung.

1054 Schulz, in: MüKo, ZPO I, Bd. 1, § 91a Rn. 1; Jaspersen, in: Vorwerk/Wolf, ZPO, BeckOK, § 91a Rn. 31; Flockenhaus, in: Musielak/Voit, ZPO, § 91a, Rn. 23.

wird hier die Übernahme der Verfahrenskosten übereinstimmend im Rahmen der Erledigungserklärung zu regeln. So können „erhebliche richterliche Mühewaltungen“[1055] vermieden werden. Dies führt zur Kostenbegünstigung auf den einfachen Gebührensatz.[1056]

I. Rechtsfolgen

Ein Ausgleich des Mietrückstandes hat die Unwirksamkeit der Kündigung gem. § 569 Abs. 3 Nr. 2 BGB zur Folge. Diese entfaltet sich bei Befriedigung des Vermieters (Alt. 1) oder Zugang der Verpflichtungserklärung (Alt. 2) innerhalb der zweimonatigen Schonfrist.

Wird der Vermieter verspätet befriedigt oder geht die Verpflichtungserklärung verspätet zu, so ergibt sich daraus im Umkehrschluss das wirksame Fortbestehen der Kündigung.

Überwiegend wird vertreten, dass die Kündigungswirkungen im Falle des fristgerechten Ausgleichs des Mietrückstandes kraft gesetzlicher Fiktion rückwirkend entfallen, sodass das Mietverhältnis wiederauflebt und unverändert fortbesteht.[1057]

In rechtsdogmatischer Sicht wird ganz vereinzelnd auf eine Unwirksamkeit der Kündigung ab dem Zeitpunkt der Zahlung des Mietrückstandes (ex nunc) abgestellt.[1058]

Für eine rückwirkende Unwirksamkeit der Kündigung (ex tunc) spricht vor allem, dass das Kündigungsrecht (bezogen auf diese Kündigung) nicht mehr aufleben soll, wenn der Mieter erneut mit seiner Mietzahlung rückständig ist.[1059] Auch ist eine rückwirkende Unwirksamkeit wichtig für z.B. Kündigungsfristen, die von der Gesamtmietzeit abhängig sind.

Es müssen demnach die Tatbestandsvoraussetzungen für eine erneute Kündigung vorliegen. Wird dagegen eine Unwirksamkeit ab dem Zahlungszeitpunkt

---

1055 BT-Drucks. 12/6962, S. 70.

1056 OLG München MDR 1996, 209 (209); Foerste, in: Musielak/Voit, ZPO, § 269 Rn. 29.

1057 BGH NJW 1960, 2093 (2093); BGH openJur 2011, 10214, Rn. 21; Emmerich, in: Staudinger, BGB, § 569 Rn. 44; Herrlein, in: Herrlein/Kandelhard, Mietrecht § 569 BGB Rn. 22 ff.; Weidenkaff, in: Palandt, § 569 Rn. 16; Weber ZMR 1992, 41 (43); Blank, in: Blank/Börstinghaus, Miete, § 569 Rn. 70.

1058 O´ Sullivan ZMR 2002, 250 (250 ff.).

1059 LG Hamburg MDR 1977, 317 8317); LG Berlin GE 1992, 205; LG Berlin WuM 1997, 216 (216); LG Aachen WuM 1993, 348 (348); Grapetin, in: Bub/Treier, Handbuch der Geschäfts- und Wohnraummiete, Kap. IV Rn. 383.

angenommen, kann ein Aufleben der Kündigung argumentiert werden. Dieses spricht wiederum klar gegen den Schutzzweck der Norm, dem Schutz vor der drohenden Wohnungslosigkeit[1060]. Aus den vorgenannten Gründen wird hier eine rückwirkende Unwirksamkeit der Kündigung angenommen, wobei in beiden Fällen die Kündigungswirkungen bei Zahlung der Mietrückstände entfallen und das Mietverhältnis entsprechend der hiesigen Zielsetzung weiterhin fortbesteht.

II. Fristbeginn

Die Frist beginnt gem. §§ 253 Abs. 1 ZPO, 263 Abs. 1 ZPO mit Zustellung der Räumungsklage an den Mieter. Mit dieser tritt die Rechtshängigkeit des Räumungsanspruches ein.[1061] Relevant für die Zustellung sind die Regelungen gem. § 166 ff. ZPO. Die Fristberechnung richtet sich nach den Regelungen gem. §§ 187 Abs. 1, 188 Abs. 2 BGB und § 193 BGB. Zeitlicher Ausgangspunkt für die Fristberechnung ist damit der Eintritt der Rechtshängigkeit. Sofern ein Räumungsanspruch bereits anhängig ist und der Vermieter innerhalb dieser Anhängigkeit eine weitere Kündigung ausspricht, beginnt die Schonfrist erst mit Zustellung des gerichtlichen Schriftsatzes, der die Räumungsklage auch auf diese weitere Kündigung bezieht.[1062] Die Schonfrist beginnt damit erneut. Sehr praxisrelevant, jedoch lediglich einzelnachweislich herausgestellt ist, dass die Schonfrist, wie zuvor ausgeführt, mit der Zustellung und damit unabhängig der Kenntnis von der Zustellung der Klage beginnt.[1063] Praxisrelevant ist dies, da es regelmäßig im Zusammenhang mit einer bestehenden Mietschuldenproblematik nicht zu einer mieterseitigen Leerung des Briefkastens kommt.[1064] Dies wiederum kann auf psychologische (z.B. der Prokrastination)[1065] oder physische (z.B. ist der Mieter unbekannt verzogen) Gründe zurückzuführen sein. In diesen

---

1060 BT-Drucks.14/4553, S. 64; BGH WuM 2005, 250 (252); BGH openJur 2012, 130649, Rn. 32.

1061 Blank, in: Palandt, § 569 Rn. 38; Emmerich, in: Emmerich/Sonnenschein, Miete, § 569 Rn. 26; Blank, in: Blank/Börstinghaus, Miete, § 569 Rn. 63; Theesfeld, in: Schach/Schultz/Schüller, BeckOK, Mietrecht, § 569 Rn. 78.

1062 LG Mannheim WuM 1991, 687 (687); LG Gießen WuM 1994, 706 (706); LG Berlin, Az. 64 S 166/90, juris.

1063 Blank, in: Blank/Börstinghaus, Miete, § 569 Rn. 53.

1064 Beispielhaft für eine vergleichbare Problematik: Blank, in: Blank/Börstinghaus, Miete, § 556 Rn. 195.

1065 3. Teil, Q. dieser Ausarbeitung.

Fällen erlangt der Mieter keine Kenntnis von der Zustellung der Klageschrift gem. § 253 Abs. 1 ZPO.

III. Informationspflicht

Eine Informationspflicht hinsichtlich der Schonfrist besteht zwar seitens des Gerichtes nicht, sinnvoll ist dies jedoch gerade dann, wenn der Mieter nicht anwaltlich vertreten wird, da in diesem Fällen keine Befangenheit unterstellt werden kann.[1066]

Fernab der rechtlichen Notwendigkeit, wird hier ausdrücklich ein Hinweis auf die Möglichkeit der Heilung bei sofortigem Rückstandsausgleich empfohlen. Dazu wird auf das im Anhang befindliche Gestaltungbeispiel der Kündigung[1067] verwiesen. Der Hinweis auf die zweimonatige Heilungsfrist in Abhängigkeit der Rechtshängigkeit (§ 569 Abs. 3 Nr. 2 BGB), wird hier jedoch nicht empfohlen, da vertreten wird, dass die Nennung dieser derart langen Frist die Ernsthaftigkeit der Kündigung gefährdet und damit dem Mieter keine Unterstützung bei der Priorisierung bietet. Stattdessen ist in diesem Zusammenhang eine gerichtliche Hinweispflicht auf Möglichkeit der Heilung nach § 569 Abs. 3 Nr. 2 BGB wünschenswert.

IV. Zeitlicher Ablauf

Der zeitliche Ablauf wird im Wesentlichen von dem Beginn der Schonfrist bestimmt. Wie zuvor ausgeführt beginnt diese mit dem Eintritt der Rechtshängigkeit des Räumungsanspruches. Gem. § 261 Abs. 1 ZPO wird durch Klageerhebung die Rechtshängigkeit der Streitsache begründet. Zur Eintritt der Rechtshängigkeit bedarf es gem. §§ 253 Abs. 1, 261 Abs. 1 ZPO der Klagezustellung an den Beklagten. Vor Zustellung der Klage wird ein Gerichtskostenvorschuss verlangt. Einem Interviewpartner nach, kann durch die Zahlung innerhalb der Schonfrist, jedoch noch vor Rechtshängigkeit der Klage, damit die Entstehung zusätzlicher (vom Vermieter zu verauslagenden) Kosten vermieden werden, was zugleich der Zielsetzung des Sozialen Forderungsmanagements entspricht.[1068] Damit gemeint ist wohl das Kosteneinsparpotential durch das fehlende Bedürfnis einer begründeten Entscheidung nach § 269 Abs. 3 S. 3 ZPO, welches sich durch den

1066 OLG Hamburg WuM 1989, 139 (139); Blank, in: Palandt, § 569 Rn. 38; Blank, in: Blank/Börstinghaus, Miete, § 569 Rn. 53.

1067 Anhang IX dieser Ausarbeitung.

1068 Z. 267 ff. Anhang III dieser Ausarbeitung.

Wegfall des Klageanlasses vor Rechtshängigkeit und der damit verbundenen Möglichkeit der Klagerücknahme i.S.v. § 269 Abs. 3 S. 1 ZPO ergibt.[1069]

Bis zum ersten durch das zuständige Gericht angesetzten Verhandlungstermin, respektive der Entscheidung, kann es unter Umständen bereits zum Ablauf der Schonfrist gekommen sein. Findet jedoch der erste Verhandlungstag innerhalb der Schonfrist statt und erscheint der Beklagte nicht zu diesem, so kann der Kläger auch ein Versäumnisurteil i.S.v. § 331 Abs. 1 ZPO beantragen. Wird diesem Antrag stattgegeben, so wird dadurch nicht die Schonfrist vorzeitig beendet, sondern der Beklagte muss bei vollständiger Zahlung Einspruch gegen das Versäumnisurteil einlegen oder eine Klage zur Vollstreckungsabwehr gem. § 767 ZPO erheben.[1070]

Eine vorzeitige Beendigung des Verfahrens durch ein Versäumnisurteil oder sonstigen Urteilsbegründung ist demnach nicht möglich, da die Schonfrist weiterhin besteht. Diesem zeitlichen Aspekt ist hier in jedem Fall Rechnung zu tragen. Eine frühe Klageerhebung ist daher unerlässlich, da es ansonsten zu einem noch erheblicheren Verzögerungsschaden kommen kann. Diese frühzeitige Klageerhebung ist schon deshalb hier unproblematisch, da weiterhin eine erfolgreiche Beendigung des Räumungsprozesses möglich ist. Nachteilig für den Vermieter sind die zusätzlich zu verauslagenden und später durch den Mieter zu tragenden Verfahrenskosten.

V. Leistungsvoraussetzungen

Für die Entfaltung der Rechtsfolge der Unwirksamkeit, bedarf es der rechtzeitigen und vollständigen Zahlung innerhalb der Schonfrist. Die Frage nach den Anforderungen an die Vollständigkeit wurde bereits innerhalb der Rechtsprechungen beantwortet, wonach von einer Unwirksamkeit der Kündigung wegen Zahlungsverzuges (gem. § 543 Abs. 2S. 1 Nr. 3 BGB) nur bei vollständiger Zahlung der rückständigen Miete auszugehen ist. Dabei sind auch die nicht zur Begründung der Kündigung herangezogenen Mietrückstände auszugleichen.[1071] Neuerlich entstandene Mietschulden müssen demnach ebenso ausgeglichen

1069 Becker-Eberhard, in: MüKo, ZPO I, Bd. 2, § 269 Rn. 59 ff.; Bacher, in: Vorwerk/Wolf, ZPO, BeckOK, § 269 Rn. 2; Foerste, in: Musielak/Voit, ZPO, § 269 Rn. 29.

1070 LG Stuttgart DWW 2002, 340 (340).

1071 BGH JurionRS 1970, 11667, Rn. II. 4; BGH openJur 2010, 12031, Rn. 27; BGH WuM 2016, 658 (658); BGH NJW 2018, 939 (941 f.); LG München I WuM 1987, 153 (153); LG Hamburg WM 2001, 80 (80); AG Dortmund openJur 2011, 22841, Rn. 22.

werden. Diesbezüglich bilden die bereits verjährten und verwirkten Beträge eine Ausnahme.[1072]

Ein unvollständiger Ausgleich kann unter Berücksichtigung außergewöhnlicher Umstände bei einem verbleibenden geringfügigen Fehlbetrag als ausreichend hinsichtlich des Kriteriums der Vollständigkeit angesehen werden, um die Kündigung unwirksam werden zu lassen.[1073] An anderer Stelle wird das Festhalten an einer Kündigung als Verstoß gegen Treu und Glaube gesehen, wenn lediglich noch 1-2 % der monatlichen Miete offen stehen.[1074] Eine annähernde Zahlung des Rückstandes reicht jedenfalls nicht aus.[1075] Ohne rechtliche Wertung ist der vorgenannten Ansicht in der Form zuzustimmen, dass hier ein solch geringer Teil eines Mietrückstandes nicht das übergeordnete Ziel der Wohnraumerhaltung überlagert.

Vorliegend relevant sind lediglich die Forderungen aus der fälligen Miete und der Nutzungsentschädigung.[1076] Diese werden auch als Hauptleistung i.S.v. § 367 Abs. 1 BGB bezeichnet. Neben dieser sind auch die Nutzungsentschädigungen gem. § 546a Abs. 1 BGB zu zahlen, die nach Kündigung des Mietverhältnisses durch die Weiternutzung des Wohnraumes entstehen. Diese schuldet der Mieter statt der regelmäßigen Miete.[1077]

Nicht befriedigt werden muss der Vermieter in Bezug auf Ansprüchen aus Schadensersatz, Nachzahlungen aus der Betriebskostenabrechnung, Kostenerstattungsansprüche, Verfahrenskosten oder Verzugszinsen.[1078] Weiterhin wird vereinzelnd vertreten, dass unter der Vollständigkeit auch keine Kleinstbeträge zu verstehen sind, die nicht angemahnt worden sind.[1079] Mit Blick auf die zuvor angeführte ständige BGH-Rechtsprechung, welche sich lediglich auf die Miete

---

1072 Blank, in: Blank/Börstinghaus, Miete, § 569 Rn. 57; Emmerich, in: Staudinger, BGB, § 569 Rn. 42; Lützenkirchen in: Erman, BGB, § 569 Rn. 19; Wöstmann, in: Bamberger/Roth, BGB, § 569 Rn. 15.

1073 BGH openJur 2015, 8785, Rn. 5.

1074 Gramlich, in: Mietrecht, § 569 Rn. 14.

1075 BGH WuM 2016, 658 (658).

1076 BGH WuM 2016, 658 (658); BGH NJW 2018, 939 (941); BGH openJur 2010, 12031, Rn. 27; AG München JurBüro 1986, 245 (245); Blank, in: Palandt, § 543 Rn. 86; Zürn, in: Hannemann/Wiegner, Mietrecht, § 28 Rn. 334.

1077 BGH WuM 2016, 658 (658); BGH openJur 2010, 12031, Rn. 27; LG München I WuM 1987, 153 (153).

1078 BGH openJur 2010, 12031, Rn. 23 ff.

1079 Sternel, in: Sternel, Mietrecht aktuell, Kap. XII Rn. 153.

und die entsprechende Nutzungsentschädigung beschränkt, ist ein Ausschluss dieser Kleinstbeträge sehr wahrscheinlich.

Neben der Hauptleistung besteht zwar ein Anspruch auf Zahlung dieser nicht periodischen Zahlungen, aber diese bleiben bei der Frage nach der Vollständigkeit der Zahlung außer Betracht.[1080] Dies wird hier begrüßt, weil diese nicht periodischen Zahlungen regelmäßig Streitpotential bieten, die den Räumungsprozess erheblich verlängern könnten.

Im Zusammenhang mit der Erfüllung des Kriteriums der vollständigen Zahlung ist die Tilgungsreihenfolge entscheidend. Vorrangig ist gem. § 366 Abs. 1 BGB die durch den Schuldner durch Leistungsbestimmung festgelegte Tilgungsreihenfolge.

Im Folgenden müssen die Fälle einer vollständigen und unvollständigen Zahlung unterschieden werden. Fehlt es an einer ausdrücklichen Bestimmung der Leistung und ist diese auch anhand einer Auslegung nach dem objektiven Empfängerhorizont nicht möglich oder die vorgenommene Verrechnung (aufgrund fehlender Bestimmung der Tilgungsreihenfolge) wird seitens des Schuldners nicht gemäß § 119 BGB unverzüglich (§ 121 BGB) angefochten, so geht das Bestimmungsrecht nicht auf den Gläubiger über, sondern die Bestimmung erfolgt anhand von § 366 Abs. 2 BGB.[1081] Wird damit nur ein Teil der Forderungen gezahlt, und es erfolgte keine Leistungsbestimmung, so ist auf den Willen zur Leistung der Hauptpflicht des Mieters abzustellen, sofern die Zahlung zur Deckung der Hauptleistung ausreicht. Wohingegen andernfalls gem. § 367 Abs. 1 BGB die Verrechnung auf die Kosten, die Zinsen und zuletzt auf die Hauptleistung erfolgt.[1082] Darüber hinaus hat der Vermieter gem. § 367 Abs. 2 BGB das Recht die Annahme der Leistung abzulehnen, sofern der Mieter eine andere Verrechnung bestimmt. Dies ist einzelnachweislich beispielsweise der Fall, wenn der Mieter eine Zahlung vornimmt, diese aber nur zur Deckung der Miete bzw. der Nutzungsentschädigung und nicht auch zur Deckung sonstiger entstandener Kosten ausreicht.[1083] Durch Leistungsbestimmung sieht der Mieter diese Zahlung für die Tilgung der Hauptleistung vor.

1080 Häublein, in: MüKo, BGB II, Bd. 4, § 569 Rn. 31; Wetekamp, in: Blank, Festschrift, S. 459-462; Hinz, in: AnwaltKomm BGB, § 569 Rn. 48.

1081 OLG Nürnberg, BeckRS 2002, 30288219, Rn. 1. amtl. LS; OLG Düsseldorf NJOZ 2010, 2645 (2646).

1082 BGH NZM 2018, 444 (445); Weber ZMR 1992, 41 (47 ff.); Blank, in: Blank/Börstinghaus, Miete, § 569 Rn. 58; Blank, in: Schmidt-Futterer, Mietrecht, § 569 Rn. 40.

1083 Blank, in: Blank/Börstinghaus, Miete, § 569 Rn. 60.

Dies wiederum entspricht nicht der Tilgungsreihenfolge gem. § 367 Abs. 1 BGB. Demnach hat der Vermieter gem. § 367 Abs. 2 BGB die Möglichkeit der Zurückweisung. Macht der Vermieter Gebrauch von seinem Zurückweisungsrecht, wird ganz vereinzelnd ausgeführt, dass der Vermieter nicht erneut die Möglichkeit der Kündigung hat, auch wenn in Folge der Zurückweisung die Kündigungsvoraussetzungen erfüllt sind.[1084]

Dem Wortlaut gem. § 569 Abs. 3 S. 2 BGB nach tritt keine Erfüllung, gleichwohl aber die Rechtsfolge der Unwirksamkeit ein.[1085] Selbiges Ergebnis ist durch Literatur und Rechtsprechung bestätigt.[1086] Entgegen dieser Auffassung stellt die Mindermeinung auf eine vollständige Zahlung der Hauptleistung nebst Zinsen und Kosten ab.[1087]

Nach einem Einzelnachweis ist von einer Unwirksamkeit der Kündigung gem. § 569 Abs. 3 Nr. 2 S. 1 BGB auszugehen, da es sich bei dieser Regelung im Verhältnis zu § 367 Abs. 2 BGB um *lex specialis* handelt.[1088]

Weiterhin ist von einer vollständigen Zahlung innerhalb der Schonfrist auszugehen, da wie zuvor ausgeführt bei fehlender Leistungsbestimmung der Wille zur Tilgung der Hauptleistung unterstellt wird. Andernfalls steht dies dem Schutzgedanken der Schonfrist entgegen.

Unter Bezug auf das LG Bonn, ist auch eine Zahlung in Teilbeträgen möglich. Seitens des Gerichts wird darauf abgestellt, ob bis zum Ablauf der Schonfrist eine vollständige Tilgung der Schuld erfolgt.[1089]

Für weitere Verrechnungshinweise wird auf die sehr komplexen Leitsätze und ausführliche Urteilsbegründung des BGH im Zusammenhang mit einer Saldoklage verwiesen.[1090] Im Zwischenergebnis ist festzuhalten, dass zur Nutzung der Schonfrist die in der Kündigung enthaltenen Mieten zzgl. der im Nachgang

---

1084 Rave GE 2007, 628 (630); Häublein, in: MüKo, BGB II, Bd. 4, § 569 Rn. 42.

1085 Blank, in: Blank/Börstinghaus, Miete, § 569 Rn. 60; Blank, in: Palandt, § 569 Rn. 41; Häublein, in: MüKo, BGB II, Bd. 4, § 569 Rn. 42.

1086 BGH openJur 2010, 12031, Rn. 26 ff.; Weber ZMR 1992, 41 (41); Emmerich, in: Staudinger, BGB, § 569 Rn. 43 f.; Häublein, in: MüKo, BGB II, Bd. 4, § 569 Rn. 31, 32; Wetekamp, in: Blank, Festschrift, S. 459, 462; Hinz, in: AnwaltKomm BGB, § 569 Rn. 48; a.A. Schneider MDR 1991, 591 (591); Rave GE 2007, 628 (630); LG Bonn WuM 1992, 607 (607 f.).

1087 Schneider MDR 1991, 591 (591); Rave GE 2007, 628 (630). LG Berlin WuM 1997, 216 (216).

1088 Sternel WuM 2009, 699 (704).

1089 LG Bonn WuM 1992, 607 (607 f.).

1090 BGH NZM 2018, 444 (444 ff.).

entstehenden Nutzungsentschädigungen im Sinne einer vollständigen Befriedigung zu zahlen sind.

Bei der Prüfung der Rechtzeitigkeit kommt es auf eine rechtzeitige Leistungshandlung des Mieters an.[1091] Rechtzeitig ist die Leistungshandlung dann, wenn die Befriedigung bzw. die Verpflichtung der Befriedigung vor dem Ablauf der zwei Monate gegeben ist.

Fraglich ist was genau unter der rechtzeitigen Leistungshandlung des Mieters gem. § 569 Abs. 3 Nr. 2 S. 1 Alt. 1 BGB zu verstehen ist.

Dem Wortlaut nach könnte davon ausgegangen werden, dass eine Befriedigung den Zahlungseingang auf dem Konto des Vermieters voraussetzt. Dagegen spricht jedoch der systematische Bezug zu § 569 Abs. 3 Nr. 2 S. 1 Alt. 2 BGB. Diese Regelung spricht von der Verpflichtung zur Befriedigung. Dabei wird nicht auf den Leistungszeitpunkt, sondern auf den Verpflichtungszeitpunkt abgestellt.

Unter Berücksichtigung des BGH im Zusammenhang mit der Pünktlichkeit der Mietzahlung[1092] ist davon auszugehen, dass die Aufgabe der Überweisung innerhalb der Schonfrist für den Eintritt der Heilungswirkung ausreicht. Dies deckt sich mit der Literatur und Rechtsprechung. Danach muss nur die Anweisung der Banküberweisung bzw. die wirksame Verpflichtung der öffentlichen Stelle vor dem Zeitpunkt des Fristablaufes liegen.[1093]

Hier bedarf es ohnehin nicht der Entscheidung eines möglichen Meinungsstreites, da es in jedem Falle zu der hier zum Ziel gesetzten Befriedigung des Vermieters kommt.

Im Mietvertrag vereinbarte Rechtzeitigkeitsklauseln beziehen sich lediglich auf die laufende Mietzahlung und nicht auf jene Zahlung zur Nutzung der Schonfrist, obwohl diese Zahlung die monatlichen Zahlungen beinhalten kann.[1094] Ohne zusätzlich die hier vorliegenden konzeptionellen Grundgedanken als Argumentationsgrundlage zu nutzen, entspricht dies ohnehin nicht dem

---

1091 LG Berlin ZMR 1992, 394 (394); LG Hamburg BeckRS 1990, 30948225, Rn. 5; Blank, in: Palandt, § 569 Rn. 39; Blank, in: Schmidt-Futterer, Mietrecht, § 569 Rn. 39; Wöstmann, in: Bamberger/Roth, BGB, § 569 Rn. 18.

1092 BGH WuM 2017, 31 (31 ff.).

1093 KG WuM 2008, 411 (411), LG Heidelberg WuM 1995, 485 (485); LG Aachen WuM 1993, 348 (348); LG Arnsberg DWW 1991, 133 (133); LG Hamburg BeckRS 1990, 30948225; LG Stuttgart ZMR 1995, 470 (470); Wöstmann, in: Bamberger/Roth, BGB, § 569 Rn. 14; Lützenkirchen in: Erman, BGB, § 569 Rn. 20; Sternel, in: Sternel, Mietrecht aktuell, Kap. IV Rn. 419; Kinne, in: Kinne/Schach/Bieber, Miet- und Prozessrecht, § 569 Rn. 19; a.A. Emmerich, in: Staudinger, BGB, § 569 Rn. 42 a.

1094 LG Berlin BeckRS 1990, 30948225; LG Berlin ZMR 1992, 394 (394 ff.).

Sinn und Zweck der Norm, da diese Klausel eine dem Mieter gegenüber nachteilige Vereinbarung darstellt und damit gem. § 569 Abs. 5 S. 1 BGB unwirksam wäre.[1095]

Weiterhin sollte seitens des Vermieters eine unverschuldete Fristüberschreitung (z.B. bei einem Krankenhausaufenthalt) seitens des Mieters berücksichtigt werden, da vereinzelnd mit Verweis auf ein amtsgerichtliches Urteil[1096] die Durchsetzung des Räumungsanspruches gegen den Grundsatz von Treu und Glauben verstoßen kann.[1097]

VI. Leistungsarten

Die Kündigung wird gem. § 569 Abs. 3 Nr. 2 S. 1 BGB unwirksam, wenn der Vermieter (Alt. 1) rechtzeitig befriedigt oder eine öffentliche Stelle (Alt. 2) rechtzeitig zur Befriedigung verpflichtet wurde. Daneben kommt die Aufrechnung oder die Hinterlegung mit Rücknahmeverzicht in Betracht.[1098] Eine Aufrechnung ist auch mit einer Forderung, die erst nach Zugang der Kündigung fällig wird möglich.[1099]

Unter der persönlichen Leistung des Schuldners ist hier der Ausgleich des Mietrückstandes durch eigene finanzielle Mittel des Schuldners zu verstehen. Trotz fehlender ausdrücklicher Ausführung in der Literatur, aber aufgrund der Konzentration auf die bloße Befriedigung des Vermieters (vgl. § 569 Abs. 3 N r. 2 S. 1 Alt. 1 BGB)[1100], ist auch die Zahlung eines Dritten als Möglichkeit der Befriedigung anzunehmen. Gem. § 276 Abs. 1 BGB hat der Schuldner Vorsatz und Fahrlässigkeit zu vertreten. Nach dem LG Itzehoe gilt dies einzelnachweislich in diesem Kontext auch bei der Zahlung durch Dritte.[1101] Gleiches bestätigt der BGH im Zusammenhang mit der Verpflichtung einer öffentlichen Stelle.[1102]

1095 LG Berlin ZMR 1992, 394 (394 ff.); LG Hamburg BeckRS 1990, 30948225.

1096 AG Nürnberg WuM 1992, 433 (434).

1097 Blank, in: Schmidt-Futterer, Mietrecht, § 569 Rn. 39; Blank, in: Blank/Börstinghaus, Miete, § 569 Rn. 52.

1098 LG Aachen WuM 1989, 294 (294); Emmerich, in: Staudinger, BGB, § 569 Rn. 43a; Blank, in: Blank/Börstinghaus, Miete, § 569 Rn. 52; Blank, in: Schmidt-Futterer, Mietrecht, § 569 Rn. 37, 43 f.; Wöstmann, in: Bamberger/Roth, BGB, § 569 Rn. 16.

1099 BGH WuM 2011, 418 (418 ff.).

1100 BGH JurionRS 1970, 11667, Rn. II. 4; BGH openJur 2010, 12031, Rn. 27; BGH WuM 2016, 658 (658); BGH NJW 2018, 939 (941 f.); LG München I WuM 1987, 153 (153); LG Hamburg WM 2001, 80 (80); AG Dortmund openJur 2011, 22841, Rn. 22.

1101 LG Itzehoe MietRB 2016, 69 (69).

1102 BGH WuM 2015, 152 (152 ff.).

Aus diesem Grund kann sich der Schuldner bei einer fehlgeschlagenen Zahlung nicht exkulpieren.

Sofern die Leistung durch einen Dritten vorgenommen wird, ist auch hier die Erfüllungsabsicht durch eine entsprechende Tilgungsbestimmung zum Ausdruck zu bringen.[1103] Dies kann z.B. die Nennung des Mieternamens im Verwendungszweck der Banküberweisung sein.[1104]

Es kommt demnach nicht darauf an von wem die Zahlung geleistet worden ist, sondern lediglich, dass eine Zahlung vorgenommen worden ist, die der entsprechenden offenen Forderung zuzurechnen ist.

Eine Praxisrelevanz ist bestätigt, allerdings ist die persönliche Leistung nach Rechtshängigkeit der Räumungsklage „ganz selten".[1105]

Gem. § 569 Abs. 3 Nr. 2 Alt. 2 BGB hat der Mieter die Möglichkeit der Heilung durch die Verpflichtung einer öffentlichen Stelle zur Übernahme der Mietschulden. Diese Möglichkeit wird seitens eines Interviewpartners als „gutes System"[1106] bezeichnet. Der potentielle Schuldnerkreis beschränkt sich dabei regelmäßig auf die Transferleistungsbezieher.[1107]

Nach Schätzung eines Experten werden rund 20 % der anhängigen Räumungsklagen durch eine Übernahmeerklärung beendet.[1108]

Der zeitliche Aspekt bei der Verpflichtung einer öffentlichen Stelle hat eine hohe Bedeutung. Gelingt eine zeitlich schnelle Verpflichtung, noch vor Eintritt der Rechtshängigkeit, so kann dadurch die Entstehung von weiteren Gerichtskosten vermieden werden. Nach einem Experten erhöht dies wiederum die Übernahmewahrscheinlichkeit durch den Leistungsträger.[1109] Eine hier aufgestellte These lautet daher, dass je höher die Mietschulden steigen, je weiter sinkt die Übernahmewahrscheinlichkeit. Daher wird hier plädiert den Kunden zum frühzeitigen Stellen des Übernahmeantrages unterstützend anzuleiten.

Zielsetzung innerhalb dieser Eskalationsstufe ist damit hier die Verpflichtung der öffentlichen Stelle noch vor Eintritt der Rechtshängigkeit, spätestens jedoch bis zum Ablauf der Schonfrist.

1103 LG Itzehoe MietRB 2016, 69 (69).
1104 LG Itzehoe MietRB 2016, 69 (69).
1105 Z. 506 f. Anhang VI dieser Ausarbeitung.
1106 Z. 511 Anhang VI dieser Ausarbeitung.
1107 Z. 252 ff. Anhang III dieser Ausarbeitung.
1108 Z. 501 ff. Anhang VI dieser Ausarbeitung.
1109 Z. 278 ff. Anhang III dieser Ausarbeitung.

Nach einem Experten sollte die Übernahme idealerweise schon vor Klageerhebung stattfinden.[1110]

Grundsätzlich können öffentliche Stellen sämtliche Institutionen des öffentlichen Rechts sein. Damit sind dies z.B. Sozial- und Wohngeldämter, öffentlich-rechtliche Gebietskörperschaften, juristische Personen des öffentlichen Rechts oder öffentlich-rechtliche Anstalten.[1111]

Einem Interviewpartner nach kommt der Heilungsmöglichkeit durch Verpflichtung eines Leistungsträgers eine „hohe Bedeutung, gerade im Hinblick auf diejenigen, die schlicht und ergreifend nicht in der Lage sind, aus eigenen finanziellen Mitteln die Miete zu bezahlen" zu.[1112]

In der Praxis kommen für die Übernahme solcher Verpflichtungen regelmäßig die Sozialämter und Jobcenter in Frage.[1113]

Bei der Verpflichtungserklärung einer öffentlichen Stelle handelt es sich um eine zivilrechtliche Verpflichtung.[1114] Eine Zahlung wird nicht vorausgesetzt, sondern lediglich eine Verpflichtung zur Zahlung. Diese wird als ausreichend angesehen, da die Zahlungsfähigkeit und -willigkeit außer Frage stehen.[1115] Der Mieter übergibt diese Verpflichtung nicht an die öffentliche Stelle, sondern sie tritt zusätzlich als Gesamtschuldner für die bereits fälligen Forderungen ein. Sofern dennoch durch die öffentliche Stelle nicht gezahlt und damit diese zivilrechtliche Schuldmitübernahme[1116] nicht eingehalten wird, sind die Mietschulden im Rahmen eines Zivilprozesses einzufordern.[1117]

1110 Z. 284 ff. Anhang III dieser Ausarbeitung.

1111 Blank, in: Blank/Börstinghaus, Miete, § 569 Rn. 64; Wöstmann, in: Bamberger/Roth, BGB, § 569 Rn. 20; Theesfeld, in: Schach/Schultz/Schüller, BeckOK, Mietrecht, § 569 Rn. 80.

1112 Z. 207 Anhang II dieser Ausarbeitung.

1113 Kinne, in: Kinne/Schach/Bieber, Miet- und Prozessrecht, § 543 Rn. 1 ff.; Theesfeld, in: Schach/Schultz/Schüller, BeckOK, Mietrecht, § 569 Rn. 80; Gramlich, in: Mietrecht, § 569 Rn. 14; Zürn, in: Hannemann/Wiegner, Mietrecht, § 28 Rn. 339.

1114 BVerwG JurionRS 1993, 13165, Rn. 2; LG Berlin NZM 2000, 1188 (1188); BayObLG NJW 1995, 338 (339).

1115 Blank, in: Blank/Börstinghaus, Miete, § 569 Rn. 65; Wöstmann, in: Bamberger/Roth, BGB, § 569 Rn. 20; Theesfeld, in: Schach/Schultz/Schüller, BeckOK, Mietrecht, § 569 Rn. 80.

1116 BayObLG NJW 1995, 338 (338).

1117 BVerwG NJW 1994, 1169 (1994); LG Berlin GE 1999, GE 1999, 905 (905);Wetekamp, in: Blank, Festschrift, S. 459, 464; Wöstmann, in: Bamberger/Roth, BGB, § 569 Rn. 20.

Mittels der gesamtschuldnerischen Haftung steht die öffentliche Stelle dem Vermieter nun als (Mit-) Schuldner gegenüber. Demnach ist von einer höchstmöglichen Zahlungswahrscheinlichkeit auszugehen.

Eine Abgabe per Telefax scheint bereits rechtskonform.[1118] Diese Ansicht ist jedoch nicht unumstritten.[1119] Bereits aus Gründen der Beweisführung und Rechtssicherheit wird hier die Schriftform gem. § 126 BGB empfohlen. Entscheidend ist, dass diese Erklärung gegenüber dem Vermieter abgegeben wird und ihm während der Schonfrist zugeht.[1120] Eine Abgabe gegenüber dem Mieter, oder lediglich zur Kenntnisnahme für den Vermieter, reicht indes nicht aus.[1121] Wird die Erklärung, beispielsweise aus datenschutzrechtlichen Gründen, dem Mieter gegenüber abgegeben, so ist dieser für die rechtzeitige Weitergabe an den Vermieter verantwortlich. In dieser Konstellation tritt der Mieter als Erklärungsbote auf.

Letztlich wird hier zwar die Nutzung der Schriftform empfohlen, mangels eines ersichtlichen Formerfordernisses, sollte bereits die mündliche oder textliche Verpflichtung einer öffentlichen Stelle wirksam sein.

Für den Eintritt der Unwirksamkeit genügt bereits die Verpflichtung zur Zahlung der fälligen Hauptleistung.[1122] Teilweise übernimmt die öffentliche Stelle allerdings den Gesamtrückstand.[1123]

Lediglich vereinzelnd ausgeführt, aber im Sinne des Nachholrechts konsequent, ist eine Verpflichtung für zukünftige Mietforderungen dagegen nicht notwendig.[1124]

1118 AG Berlin-Wedding GE 1994, 1129 (1129); LG Dortmund ZMR 1993, 16 (16 f.); Häublein, in: MüKo, BGB II, Bd. 4, § 569 Rn. 31; Schach GE 1994, 487 (487); Wöstmann, in: Bamberger/Roth, BGB, § 569 Rn. 20.

1119 AG Berlin-Charlottenburg GE 1994, 55 (55); Lammel, in: Wohnraummietrecht, AnwaltKomm, § 569 Rn. 40.

1120 BayObLG NJW 1995, 338 (338); LG Berlin GE 1993, 157 (157); LG Dortmund ZMR 1993, 16 (17); LG Hamburg MDR 1977, 317 (317); Lützenkirchen, in: Lützenkirchen/Dickersbach, Mietrecht § 569, Rn. 134; Weidenkaff, in: Palandt, § 569b Rn. 20; Emmerich, in: Staudinger, BGB, § 569 Rn. 46; Wöstmann, in: Bamberger/Roth, BGB, § 569 Rn. 17; Wetekamp, in: Blank, Festschrift, S. 459, 464.

1121 Blank, in: Blank/Börstinghaus, Miete, § 569 Rn. 66; Wöstmann, in: Bamberger/Roth, BGB, § 569 Rn. 20; Häublein, in: MüKo, BGB II, Bd. 4, § 569 Rn. 41.

1122 3. Teil, H., V. dieser Ausarbeitung.

1123 Zürn, in: Hannemann/Wiegner, Mietrecht, § 28 Rn. 345.

1124 Blank, in: Blank/Börstinghaus, Miete, § 569 Rn. 67; Wöstmann, in: Bamberger/Roth, BGB, § 569 Rn. 20; Blank, in: Schmidt-Futterer, Mietrecht, § 569 Rn. 47.

Aus der Verpflichtungserklärung muss zweifelsfrei hervorgehen, welcher Rückstand übernommen wird.[1125] Ganz vereinzelnd wird vertreten, dass die Erklärung derart inhaltlich bestimmt sein muss, dass aus dieser zweifelsfrei hervorgeht, dass es sich um eine Abgabe im Zusammenhang mit § 569 Abs. 3 Nr. 2 S. 1 BGB handelt.[1126]

Es muss nicht nur die Bereitschaft hervorgehen, sondern die eigentliche Verpflichtung. Lediglich von einer Bereitschaft ist auszugehen, wenn Bedingungen an die Zahlung geknüpft sind und demnach lediglich eine bedingte Verpflichtung vorliegt.[1127] Die Verpflichtungserklärung wird auch als bedingungsfeindlich[1128] oder im Ergebnis gleichwertig bezeichnet[1129]. Eine Bedingung ist beispielsweise auch die Rücknahme der Räumungsklage durch den Vermieter.[1130] Einzelnachweislich thematisiert, widerstrebt dieser bedingungsfeindliche Charakter jedoch der Tatsache, dass häufig die hilfsweise ordentliche Kündigung neben der außerordentlichen Kündigung ausgesprochen wird[1131], die außerordentliche (entgegen der ordentlichen) heilbar i.S.v. § 569 Abs. 3 Nr. 2 S. 1 Alt. 2 BGB ist und es demnach i.S.v. § 22 Abs. 8 SGB II einer Schuldenübernahme unter der Bedingung der freiwilligen Fortsetzung bedarf.[1132] Einfachheitshalber wird hier der Vorschlag der vertraglichen Vereinbarung zwischen Mieter und Vermieter begrüßt.[1133] Aufgrund des andernfalls eingeschränkten Anwendungsbereiches[1134] des § 22 Abs. 8 SGB II, bedarf es hier einer Kooperation im sozialrechtlichen Dreiecksverhältnis, andernfalls droht die hilfsweise Kündigung dem hier zugrunde gelegten Ziel der Wohnraumerhaltung zu widerstreben.

Die Voraussetzungen einer möglichen Schuldübernahme bei drohender Wohnungslosigkeit regelt z.B. das Bundessozialhilfegesetz (BSHG). Anhand der nachfolgenden Ausführungen wird hier beispielhaft die Wichtigkeit dieser

---

1125 Blank, in: Blank/Börstinghaus, Miete, § 569 Rn. 67; Häublein, in: MüKo, BGB II, Bd. 4, § 569 Rn. 41; Wöstmann, in: Bamberger/Roth, BGB, § 569 Rn. 20.

1126 Blank, in: Blank/Börstinghaus, Miete, § 569 Rn. 67.

1127 LG München I NZM 2004, 66 (66); Wetekamp, in: Blank, Festschrift, S. 464 f.

1128 LG Berlin GE 1992, 385; LG Essen NJW-RR 1997, 395 (395); Zürn, in: Hannemann/Wiegner, Mietrecht, § 28 Rn. 339.

1129 Wöstmann, in: Bamberger/Roth, BGB, § 569 Rn. 20; Häublein, in: MüKo, BGB II, Bd. 4, § 569 Rn. 41; Zürn, in: Hannemann/Wiegner, Mietrecht, § 28 Rn. 339.

1130 AG Mannheim DWW 1984, 290 (290); Wetekamp, in: Blank, Festschrift, S. 459, 464.

1131 3. Teil, F., II. dieser Ausarbeitung.

1132 Hahn NZS 2017, 98 (100).

1133 Hahn NZS 2017, 98 (101).

1134 Hahn NZS 2017, 98 (102).

Befriedigungsmöglichkeit verdeutlicht. Voraussetzung für eine Verpflichtung ist eine entsprechende Erklärung i.S.v. § 15a BSHG. Diese Verpflichtungserklärung muss innerhalb der zweimonatigen Schonfrist zugehen.[1135] Gem. § 15a Abs. 1 S. 1 BSHG kann eine Hilfe zum Lebensunterhalt gewährt werden, wenn diese zur Sicherung der Unterkunft notwendig ist. Die entsprechenden Voraussetzungen ergeben sich gem. § 15a Abs. 1 S. 2 BSHG. Eine zu gewährende Hilfe muss gerechtfertigt und notwendig sein. Eine drohende Wohnungslosigkeit wird damit vorausgesetzt. Jene zu gewährende Hilfe soll gem. § 15a Abs. 1 S. 3 BSHG an den Vermieter oder Empfangsberechtigten gezahlt werden. Die Gewährung der Hilfe erfolgt dann gem. § 15a Abs.1 S. 4 BSHG in Form einer Beihilfe oder eines Darlehens. Sobald dem Gericht gem. § 15a Abs. 2 BSHG eine Räumungsklage zugeht, teilt das Gericht dem zuständigen örtlichen Träger der Sozialhilfe, oder der beauftragten Stelle, bestimmte Informationen zur Wahrnehmung der Hilfegewährung mit. Über diese Informationen nach Abs. 2 S. 1 hinausgehend, kann weiterhin gem. Abs. 2 S. 2 der Tag der Rechtshängigkeit mitgeteilt werden.

Der Blick auf diese Befriedigungsmöglichkeit des Vermieters verdeutlicht die Wichtigkeit einer möglichst frühzeitigen Klageerhebung. Mit dieser wird die Wahrscheinlichkeit deutlich gesteigert den Mieter (gem. § 15a BSHG) zur Erhaltung des Wohnraumes verhelfen zu können.

Vergleichbare und praxisrelevante Regelungen enthalten § 22 Abs. 8 SGB II und § 36 SGB XII.

Die Regelung gem. § 543 Abs. 2 Nr. 3 S. 3 BGB legt als Rechtsfolge die Unwirksamkeit fest, sofern der Mieter sich von seiner Schuld durch Aufrechnung befreien kann und unverzüglich nach der Kündigung die Aufrechnung erklärt.

Diese Aufrechnung setzt eine bereits fällige Gegenforderung voraus. Es reicht aus, dass die Forderung erst nach Zugang der Kündigung fällig wird.[1136] Die Aufrechnungserklärung muss vor Ablauf der Schonfrist zugehen.[1137] Maßgeblich ist dabei der Zugangszeitpunkt der Aufrechnungserklärung beim Vermieter.[1138]

1135 OLG Karlsruhe NJW-RR 1992, 63 (63 f.); OVG Münster BeckRS 2015, 49333, Rn. II; VG Gelsenkirchen BeckRS 2015, 54807; VG München BeckRS 2003, 28385, Rn. 14.

1136 Sternel, in: Sternel, Mietrecht aktuell, Kap. IV Rn. 415; Emmerich, in: Staudinger, BGB, § 569 Rn. 43; Lützenkirchen, in: Lützenkirchen/Dickersbach, Mietrecht § 569, Rn. 133; Mersson, in: BeckOF, Formular 15.1.8., Rn. 14.

1137 LG Aachen WuM 1989, 294 (294); Emmerich, in: Staudinger, BGB, § 569 Rn. 43; Wetekamp, in: Blank, Festschrift, S. 459, 463.

1138 Blank, in: Blank/Börstinghaus, Miete, § 569 Rn. 62; Wöstmann, in: Bamberger/Roth, BGB, § 569 Rn. 19; Blank, in: Schmidt-Futterer, Mietrecht, § 569 Rn. 43.

Ein praktisches Beispiel ist an dieser Stelle ein noch nicht ausgezahltes Guthaben aus der Betriebskostenabrechnung. Gem. § 389 BGB bewirkt die Aufrechnung, dass die Forderung als in dem Zeitpunkt erloschen gilt, in welchem sie zur Aufrechnung geeignet einander gegenübertritt. Demnach ist die Aufrechnung kein Fall der nachträglichen Erfüllung.[1139]

Diese Regelung ist konsequent, da auch der Mieter einen Anspruch auf Erfüllung seiner Gegenforderung hat. Sofern die Regelung nicht zur Unwirksamkeit der Kündigung führen würde, würde der Forderung des Vermieters andernfalls ein höheres Gewicht beigemessen.

Fraglich ist wie praxisrelevant die Erfüllung durch Aufrechnung hier tatsächlich ist, da an dieser Stelle davon ausgegangen wird, dass ein kündigender Vermieter beispielsweise ein Guthaben aus der Betriebskostenabrechnung bereits im Blick hat und auf die Kündigung vorerst verzichtet. Weiterhin ist die Wahrscheinlichkeit, dass ein kündigungsrelevanter Mietrückstand vorliegt und, dass es sich zeitgleich um ein mindestens der Höhe nach gleichwertiges Guthaben handelt, als eher gering einzuschätzen. Sofern es sich bei der Abrechnungsart um eine Istabrechnung handelt und die Mietrückstände aus dem betreffenden Abrechnungsjahr resultieren, erscheint dies noch unwahrscheinlicher, da die rückständigen Vorauszahlungen nicht berücksichtigt werden. Insgesamt ist die Praxisrelevanz der Erfüllung durch Aufrechnung daher als gering einzustufen.

VII. Auswirkung eines Insolvenzverfahrens

Fraglich ist, in wie weit die Heilungsmöglichkeit der Kündigung durch die Eröffnung des Insolvenzverfahrens des Mieters beeinflusst wird. Abzustellen dabei ist auf den Zustellungszeitpunkt der Kündigung. Ist bereits das Insolvenzverfahren über das Vermögen des Mieters eröffnet, so kann der Vermieter die Kündigung lediglich auf die nach dem Eröffnungsantrag fällig gewordenen Mieten stützen. Grundlage dieser Einschränkung ist die Kündigungssperre gem. § 112 Nr. 1 InsO.

Diese schließt Kündigungsgründe aus, die bereits zeitlich vor der Eröffnung des Insolvenzverfahrens begründet sind. Eine Ausnahme davon bildet eine durch den Insolvenzverwalter abgegebene Enthaftungserklärung gem. § 109 Abs. 1 S. 2 InsO. Mit Wirksamwerden dieser, sind rückständige Mieten mit Begründungszeitraum vor dem Antragszeitpunkt erneut kündigungsrelevant.[1140]

1139 Häublein, in: MüKo, BGB II, Bd. 4, § 569 Rn. 33; Wetekamp, in: Blank, Festschrift, S. 459, 465.

1140 3. Teil, M., II. dieser Ausarbeitung.

Liegt eine solche Enthaftungserklärung vor, so sind für die Heilung der Kündigung, nach Ablauf der Kündigungsfrist gem. § 109 Abs. 1 S. 1 InsO, alle rückständigen Mieten auszugleichen.

VIII. Ausschlussfrist gem. § 569 Abs. 3 Nr. 2 S. 2 BGB

Der Ausnahmetatbestand gem. § 569 Abs. 3 Nr. 2 S. 2 BGB beinhaltet eine Ausschlussfrist. Diese schließt die Rechtsfolge der Unwirksamkeit der Kündigung aus, sobald bereits innerhalb der letzten zwei Jahre eine gem. § 569 Abs. 3 Nr. 2 S. 1 BGB unwirksam gewordene Kündigung vorangegangen ist. Maßgeblich für die Berechnung des zweijährigen Zeitraumes ist der Zugang der Kündigung.[1141] Ist z.B. eine Kündigung am 01.04.2017 eingegangen und rückwirkend durch Befriedigung des Vermieters unwirksam geworden, so kann der Mieter eine erneute Kündigung nur dann heilen, wenn diese ab dem 02.04.2019 zugeht.

Damit soll verhindert werden, dass der Vermieter in kurzen Abständen immer wieder der Entstehung des Mietrückstandes, der Zahlung innerhalb der Schonfrist und letztlich der damit verbundenen Fortsetzung des Mietverhältnisses ausgesetzt ist, ohne diesen sich wiederholenden Prozess abbrechen zu können.[1142]

Für den Vermieter bedeutet ein dennoch freiwilliger Verzicht auf die Wohnungsräumung eine gleichzeitige Unanwendbarkeit des § 569 Abs. 3 Nr. 2 S. 2 BGB.[1143] Dies ist hier von besonderer Bedeutung, da weiterhin der Erhalt der Wohnung im Vordergrund steht und der Vermieter aufgrund dieser Zielsetzung regelmäßig auf die Geltendmachung der Ausschlussfrist verzichten wird. Auch gilt dies, wenn bereits ein Räumungstitel vorliegt und dieser lediglich vollstreckt werden müsste.[1144] Eine Fortsetzung des Mietverhältnisses bei nicht vollständigem Ausgleich des Rückstandes bewirkt gleiches.[1145] Im Ergebnis ist die Ausschlussfrist verwirkt.

1141 Blank, in: Blank/Börstinghaus, Miete, § 569 Rn. 72; Sternel, in: Sternel, Mietrecht aktuell, Kap. IV Rn. 425; Grapetin, in: Bub/Treier, Handbuch der Geschäfts- und Wohnraummiete, Kap. IV Rn. 383.

1142 BT-Drucks. 14/4553, S. 64; Blank, in: Blank/Börstinghaus, Miete, § 569 Rn. 72.

1143 LG Mannheim NJW 1974, 1713 (1713); LG Mannheim WuM 1988, 363 (363); LG Berlin WuM 1992, 607 (607); LG Berlin MDR 1992, 478 (479).

1144 LG Frankfurt WuM 1991, 34 (34); AG Berlin-Tiergarten GE 1994, 711 (711); AG Berlin-Charlottenburg GE 1994, 55 (55).

1145 LG Berlin GE 1987, 1051 (1051).

Ebenso relevant kann die Fallkonstellation sein, in welcher der Vermieter die Kündigung ausspricht, der Mieter binnen der Ziehfrist (i.H.v. mindestens einer Woche)[1146] die Wohnung nicht herausgibt und eine entsprechende Herausgabe gerichtlich nicht erzwungen wird. Dieses Verhalten des Vermieters führt ebenso zur Unanwendbarkeit der Ausschlussfrist.[1147]

Auch aus der Vereinbarung einer Ratenzahlung und der damit verbundenen Vertragsfortsetzung folgt die Unanwendbarkeit der Ausschlussfrist.[1148] Im Ergebnis ist im Einzelfall sorgfältig die Wirksamkeit der Ausschlussfrist zu prüfen. Dies ist vorliegend kaum relevant, da hier bereits konzeptionell aus der vollständigen Befriedigung des Vermieters die Vertragsfortsetzung folgt.

IX. Nachholrecht im Kontext der ordentlichen Kündigung

Gem. § 569 Abs. 3 Nr. 2 BGB ist die Rechtsfolge der Zahlung innerhalb der zweimonatigen Schonfrist die Unwirksamkeit der Kündigung. Dies wirft die Frage auf, welche Rechtsfolge eintritt, wenn der Vermieter außerordentlich fristlos (z.B. gem. § 543 Abs. 2 S. 1 Nr. 3 lit. a BGB) und zugleich hilfsweise ordentlich (z.B. gem. § 573 Abs. 2 Nr. 1 BGB) kündigt und es zur Befriedigung des Vermieters innerhalb der Schonfrist kommt.

Mit Blick auf die Gesetzessystematik stellt die Schonfrist eine Ergänzung von § 543 Abs. 2 S. 1 Nr. 3 BGB dar. Diese Regelung legt wiederum fest, was ein wichtiger Grund für eine außerordentliche Kündigung gem. § 543 Abs. 1 S. 1 BGB sein kann. Es wird demnach auf eine Regelung im Kontext der außerordentlich fristlosen Kündigung Bezug genommen.

Anhand der Gesetzessystematik könnte daher die Schonfrist ausschließlich für die fristlose Kündigung bestimmt sein. Das OLG Stuttgart[1149] und das OLG Karlsruhe[1150] haben jeweils die Anwendbarkeit der Schonfrist auf den Kontext der außerordentlichen Kündigung beschränkt.

Die analoge Anwendung des Nachholrechts gem. § 569 Abs. 3 Nr. 2 S. 1 BGB lehnt der überwiegende und gewichtige Teil der Rechtsprechung ab, sodass eine Heilung der Kündigung trotz Zahlung innerhalb der Schonfrist nicht in

1146 LG Berlin GE 1994, 707 (707).

1147 Emmerich, in: Staudinger, BGB, § 569 Rn. 50; Häublein, in: MüKo, BGB II, Bd. 4, § 569 Rn. 33; Lammel, in: Wohnraummietrecht, AnwaltKomm, § 569 Rn. 42.

1148 LG Stuttgart ZMR 1995, 470 (470).

1149 OLG Stuttgart WuM 1991, 526 (526 f.).

1150 OLG Karlsruhe WuM 1992, 517 (517 f.).

Betracht kommt.[1151] Der BGH führt diesbezüglich u.a. die fehlende Regelungslücke an.[1152]

Gem. § 573 Abs. 2 Nr. 1 BGB wird eine schuldhaft nicht unerhebliche Pflichtverletzung als Beispiel für das Vorliegen eines berechtigten Vermieterinteresses zur Beendigung des Mietverhältnisses angeführt. Hinsichtlich des Schutzniveaus ist jene Tatbestandsvoraussetzung als Abgrenzung zur außerordentlichen Kündigung zu sehen. Der Schutz des Mieters ist durch die Voraussetzung des Verschuldens der nicht unerheblichen Pflichtverletzung gewährleistet.[1153] Eine nachträgliche Zahlung ist verschuldensmindernd zu berücksichtigen.[1154] Weiterhin führt die Zahlung einzelnachweislich zur Unwirksamkeit, wenn der Mieter kurz nach Erhalt der Kündigung zahlt und es für den Verzug nachvollziehbare Gründe gibt.[1155] Gleiches gilt, wenn der Mieter die Miete nicht vorsätzlich zurückhält. Beispielhaft ist der unbemerkte Vermieterwechsels.[1156]

Entgegen dieser Auffassung wird seitens des LG Augsburg vertreten, dass der Mieter vor einer ordentlichen Kündigung genauso schützenswert ist wie vor einer außerordentlichen Kündigung.[1157] Gleiches bestätigt die Literatur.[1158] Zu diesem Ergebnis, lediglich abweichend mit dem Argument des Rechtsmissbrauchs gem. § 242 BGB, kommt auch das LG Berlin.[1159]

Darüber hinaus spricht ein Teil der Literatur sogar von einer zwingenden analogen Anwendung.[1160]

Der Schutz des Mieters sei demnach nicht alleine durch das Verschuldenserfordernis einer nicht unerheblichen Pflichtverletzung ausreichend gewährleistet

---

1151 BGH WuM 2005, 205 (205 ff); BGH WuM 2007, 24 (24 f.); BGH JurionRS 2007, 43984, Rn. 19, 27; BGH WuM 2012, 571 (572); KG WuM 2008, 411 (411 f.); OLG Stuttgart WuM 1991, 526 (526 f.); a.A. AG Pinnenberg ZMR 2003, 850 (850); Blank WuM 2005, 250, (252); Franke ZMR 1992, 81 (81); Häublein, in: MüKo, BGB II, Bd. 4, § 573 Rn. 60 ff.; Lützenkirchen in: Erman, BGB, § 569 Rn. 24; Hinz NZM 2010, 57 (68).

1152 BGH openJur 2012, 130649, Rn. 33.

1153 BGH WuM 2005, 205 (205).

1154 BGH WuM 2005, 205 (205); BGH WuM 2012, 571 (571); OLG Stuttgart WuM 1991, 526 (526).

1155 Milger NZM 2013, 553 (555).

1156 KG WuM 2008, 411 (411); Milger NZM 2013, 553 (555).

1157 LG Augsburg WuM 1987, 388 (388).

1158 Sternel, in: Sternel, Mietrecht aktuell, Kap. XI Rn. 28.

1159 LG Berlin, Az. 65 S 172/03, juris, Rn. 11.

1160 Blank WuM 2005, 250 (252); Scholl WuM 1993, 99 (99); Franke ZMR 1992, 81 (81); Häublein, in: MüKo, BGB II, Bd. 4, § 573 Rn. 60 ff.

und könnte historisch gesehen dem Grundgedanken des § 573 BGB widersprechen und sogar das Schutzrecht des Mieters ausschalten.[1161] Mit Rechtsstand vor dem 25.11.1971 war es dem Vermieter gem. § 556a BGB a.F. möglich, ohne einen besonderen Grund die Kündigung auszusprechen, es sei denn es lag ein Härtegrund vor. Mit Inkrafttreten der Kündigungsschutzänderung am 27.11.1971[1162], wurde im Rahmen des I. Wohnraumkündigungsschutzgesetzes (I. WKSchG) der Schutz des Mieters dahingehend gestärkt, dass gem. Art. 1 Abs. 1 I. WKSchG ein besonderes Interesse an der Beendigung des Mietverhältnisses vorliegen musste. Diese Normierung war die Grundlage der heutigen Vorschrift gem. § 573 Abs. 2 Nr. 1 BGB und enthielt bereits die heute noch geltende Tatbestandsvoraussetzung einer schuldhaft nicht unerheblichen Pflichtverletzung. Historisch gesehen diente diese Etablierung dahingehend dem Mieterschutz, dass der Mieter dem Vermieter bei einer Kündigung ohne besonderem Grund nicht mehr schutzlos gegenüberstand.

Die zuvor ausgeführte überwiegende Ablehnung der analogen Anwendung ist entscheidend hinsichtlich der Abgrenzung der Kündigungsgrundlagen. Das Schutzniveau einer ordentlichen Kündigung ist bereits durch die Kündigungsfristen gem. § 573c BGB entsprechend erhöht. Dem Mieter wird somit ausreichend Zeit für die Suche eines neuen Wohnraumes eingeräumt. Damit ist die Rechtsfolge milder zu bewerten als der Wohnraumverlust nach Ablauf der Ziehfrist im Falle einer außerordentlichen Kündigung. Aus Gründen der Gesetzessystematik, der überwiegend die analoge Anwendbarkeit ablehnende Haltung der Gerichtsbarkeiten und Rechtsliteratur, des Verschuldenserfordernisses und der notwendigen Ablehnung aus Differenzierungsgründen, wird hier die analoge Anwendbarkeit der Heilung gem. § 569 Abs. 3 Nr. 2 S. 1 BGB für die ordentliche Kündigung gem. § 573 Abs. 2 Nr. 1 BGB abgelehnt. Insbesondere durch das bereits vorhandene Schutzinstrument der von der Wohnraumüberlassung abhängigen Kündigungsfristen gem. § 573c Abs. 1 S. 2 BGB, wird hier kein Bedarf für die Herleitung eines weitergehenden Mieterschutzes gesehen. Die Ablehnung der analogen Anwendbarkeit ist hier jedoch nur dann von praktischer Bedeutung, wenn der Mieter die ordentliche Kündigung erhält, den kündigungsrelevanten Mietrückstand ausgleicht und der Vermieter, entgegen dieses Konzeptes, die Beendigung des Mietverhältnisses verfolgt.

1161 Blank, in: Schmidt-Futterer, Mietrecht, § 569 Rn. 65; Franke ZMR 1992, 81 (83).
1162 BGBl 1971 S. 1839.

I. Räumungsvollstreckung

Folgt auf eine ausgesprochene Kündigung weder eine nachhaltige Kontaktaufnahme zur Lösung des Zahlungsproblems, noch die Zahlung des Mietrückstandes, noch die Herausgabe der Mietsache, so ist hier mit dem gerichtlichen Antrag auf Herausgabe der Wohnung die nächste Eskalationsstufe einzuleiten.[1163] Dennoch gilt hier fortlaufend der Versuch der Kontaktherstellung zum Schuldner, da mit Blick auf die zuvor verwiesene Prozessgestaltung weiterhin die Zielsetzung der Wohnraumerhaltung verfolgt wird.[1164]

In der Klageschrift ist gem. §§ 276 Abs. 1 S. 1, 331 Abs. 3 S. 2 ZPO der Antrag auf Erlass eines Versäumnisurteils zu stellen. Nach Zustellung der Klageschrift an den Beklagten vergehen gem. § 276 Abs. 1 S. 1 ZPO zwei Wochen für die Anzeige der Verteidigungsbereitschaft. Verstreicht diese Frist, so kann gem. § 331 Abs. 3 S. 1 ZPO ein Versäumnisurteil erlassen werden. Mit Zustellung des Versäumnisurteils beginnt gem. § 339 Abs. 1 ZPO erneut der Ablauf einer Notfrist i.H.v. zwei Wochen. Wird auch diese nicht genutzt und liegt eine vollstreckbare Ausfertigung (Vollstreckungsklausel gem. § 724 Abs. 1 ZPO) des Versäumnisurteils vor, so ist dieses gem. § 708 Nr. 2 ZPO vorläufig vollstreckbar.

Nach Einschätzung eines befragten Expertens ergeht in 90 % der hier relevanten Sachverhalte ein Versäumnisurteil.[1165]

Die Zwangsvollstreckung wird durch den zuständigen Gerichtsvollzieher durchgeführt. Zwischen dem Tag der Zwangsräumung und dem Zustellungsdatum dieser Ankündigung, müssen gem. § 180 Nr. 2 S. 3 GVGA mindestens drei Wochen liegen. Bis zwei Wochen vor Ablauf dieser Frist kann der Schuldner gem. § 765a ZPO einen Antrag auf Räumungsschutz stellen.

Nach § 272 Abs. 4 ZPO besteht ein Vorrangs- und Beschleunigungsgebot für Räumungssachen. Mit der Zielsetzung den Vermieter, mangels Zurückbehaltungsrechts, nach Ausspruch der Kündigung vor einem Verzögerungsschaden durch das Auflaufen der Nutzungsentschädigungen zu bewahren, dient dies den Instanzgerichten insbesondere zur möglichst frühzeitigen Terminierung.[1166] Nach einem Experten werden z.B. Terminverlegungsanträge (argumentiert durch Terminkollisionen) abgelehnt, sobald diese nicht auf ebenfalls vorrangig

1163 4. Teil, B. dieser Ausarbeitung.
1164 4. Teil, B. dieser Ausarbeitung.
1165 Z. 244 ff. Anhang VI dieser Ausarbeitung.
1166 BT-Drucks. 17/11894, S. 24.

zu entscheidende Sachverhalte beruhen und bereits vor der Räumungssache terminiert worden sind.[1167]

Der zuvor dargestellte Ablauf ist lediglich als zeitliche Orientierungshilfe anzusehen, da der tatsächliche zeitliche Bedarf von weiteren Faktoren, wie z.B. der Dauer des Verfahrensablaufes oder der Arbeitsbelastung der Amtsgerichte[1168] und des Gerichtsvollziehers, abhängt. Damit unterliegt die tatsächliche Dauer der Abhängigkeit der zuständigen Gerichtsbarkeit.

In der Praxis vergehen mindestens rund drei bis vier Monate vom Kündigungszeitpunkt bis zur Zwangsräumung der Wohnung.[1169]

Hinsichtlich der Zwangsräumung sind zwei Vollstreckungsaufträge voneinander abzugrenzen. Dies ist der gewöhnliche gem. § 885 ZPO und der beschränkte Vollstreckungsauftrag gem. § 885a Abs. 1 ZPO.

Im Zusammenhang mit dem gewöhnlichen Vollstreckungsauftrag sind die Kosten für die eigentliche Räumung vergleichsweise gering, jedoch sind die Kosten für Spedition und Einlagerung um ein Vielfaches höher.[1170]

Um die Entstehung dieser Kosten zu vermeiden, ist die Möglichkeit der Beschränkung auf die reine Besitzverschaffung durch den Gerichtsvollzieher gesetzlich verankert worden.[1171]

Dieses Räumungsmodell, kodifiziert gem. § 885a ZPO[1172], ist ein Ergebnis der Rechtsprechung bzw. der gängigen Praxis, welches zum 01.05.2013 in Kraft getreten ist.[1173] Ziel dieses vereinfachten Modells ist die Vermeidung der Räumungskosten und die Konzentration auf die Herausgabe.[1174] Im Zeitpunkt der Zwangsvollstreckung erfolgt dabei lediglich der Austausch des

1167 Z. 266 ff. Anhang VI dieser Ausarbeitung.

1168 Z. 254 ff. Anhang VI dieser Ausarbeitung.

1169 Rave, in: 04/2014 Verbandsmagazin gdw, S. 13; Z. 237 ff. Anhang VI dieser Ausarbeitung.

1170 Schultes, in: Kindl/Meller-Hannich/Wolf, ZPO, § 940a Rn. 33; Wiegner, in: Hannemann/Wiegner, Mietrecht, § 39 ZPO Rn. 43; Schuschke NZM 2005, 681 (681 ff.).

1171 Börstinghaus, in: Börstinghaus/Eisenschmid, MietRÄndG, § 885a Rn. 28; Majer, Die Räumungsvollstreckung und ihre effektive Durchsetzung, S. 68; Knapp, Die Räumungsvollstreckung nach dem Berliner Modell, S. 20.

1172 BGBl. I S 434.

1173 Börstinghaus, in: Börstinghaus/Eisenschmid, MietRÄndG, § 885a Rn. 22; Gruber, in: MüKo, ZPO II, Bd. 2, § 885a Rn. 1, 44; Wiegner, in: Hannemann/Wiegner, Mietrecht, § 71 ZPO Rn. 13; Kießling, in: Saenger, ZPO, § 885a Rn. 1.

1174 Börstinghaus, in: Börstinghaus/Eisenschmid, MietRÄndG, § 885a Rn. 21; Pukall, in: Saenger, ZPO, § 885a Rn. 2; Gruber, in: MüKo, ZPO II, Bd. 2, § 885a Rn. 1, 3.

Wohnungsschlosses. Die Räumung der Mietsache obliegt dem Gläubiger. Bei der klassischen Räumung ist der Vermieter als Kostenschuldner (gem. § 13 Abs. 1 Nr. 1 GvKostG) und der daraus resultierenden Vorschusspflicht (gem. § 4 Abs. 1 S. 1 GvKostG) unterlegen.

Im Vorschuss sind die verursachten Kosten durch die Behandlung der beweglichen Gegenstände und die eigentlichen Kosten des Besitzwechsels enthalten. Bei Anwendung des § 885a Abs. 1 ZPO betragen die vorschusspflichtigen Geldleistungen ca. 300 - 400 Euro.[1175] Für die klassische Räumung hingegen bedarf es eines finanziellen Aufwandes von mehreren Tausend Euro.[1176] Anhand dieses Unterschiedes wird der nicht unerhebliche Kostenvorteil gegenüber der klassischen Variante deutlich. Aus diesem Grund wird dieses Modell auch als Kostensenkungsmodell[1177] oder als „Zwangsräumung ohne Räumung“[1178] bezeichnet.

Weiterhin ermöglicht die Anwendung des § 885a Abs. 1 ZPO dem Gerichtsvollzieher eine zeitnahe Räumungsvollstreckung, was sich wiederum im Vergleich zur Vollstreckung nach § 885 ZPO positiv auf die Begrenzung des Verzögerungsschadens auswirkt.

Im Ergebnis liegt ein immenses Kosteneinspar- und Schadensminderungspotential vor. Auch trägt der Mieter eine geringere wirtschaftliche Belastung, was wiederum dazu führt, dass die geringeren Forderungsbestände effizienter beigetrieben werden können, als jene die um ein Vielfaches höher ausfallen.

Aus diesen Gründen wird hier im Fall einer notwendig werdenden Zwangsvollstreckung die Anwendung des beschränkten Vollstreckungsauftrages gem. § 885a Abs. 1 ZPO empfohlen.

J. Beratungsangebot

Erkennt der Vermieter einen Beratungsbedarf, so ist es im vorliegenden Sinne, wenn der Vermieter aktiv auf den Mieter zugeht und ihm verdeutlicht, dass er ihm partnerschaftlich-beratend zur Seite steht. Zusammen mit einem kooperativen Verhalten des Mieters, stellt dies die Grundlage für die gemeinsame Erarbeitung individueller Lösungsansätze zur Erhaltung des Wohnraumes.

1175 Wiegner, in: Hannemann/Wiegner, Mietrecht, § 72 ZPO Rn. 11; BGH WuM 2006, 580 (580); Rumpel, Die Räumung nach dem Berliner Modell, S. 3; o.V. Wohnungsräumung- „Vorsicht bei Berliner Räumung“; Riecke NZM 2006 919 (919).

1176 Schuschke NZM 2005, 681 (681); Flatow NJW 2006, 1396 (1396).

1177 Schwieren, Die Kostenbelastung des Gläubigers bei der Räumungsvollstreckung, S. 46 ff.; Schuschke NZM 2005, 681 (681).

1178 Schuschke NZM 2006, 284 (284 ff.).

Das Beratungsangebot soll inhaltlich die Aufforderung zur mieterseitigen Aktivität im Sinne einer Kontaktaufnahme vermitteln.[1179] Trotz des Aussprechens der Kündigung liegt die Zielsetzung des Beratungsangebotes in der Signalisierung der weiterhin bestehenden Kooperationsbereitschaft zur Erhaltung des Wohnraumes. Damit dient das Beratungsangebot der Verhinderung des Abbruches der Kommunikation.

Mit § 4 Abs. 1 Wohnraumversorgungsgesetz Berlin[1180] ist das Beratungsangebot bereits, begrenzt auf den entsprechenden Anwendungsbereich, gesetzlich fixiert. Zielsetzung dessen ist offenkundig die Vermeidung eines Wohnraumverlustes aufgrund von Mietrückständen. Das Beratungsangebot soll zur Anwendung kommen, sofern ein Beratungsbedarf festgestellt wird. Von dem Vorliegen eines Beratungsbedarfs ist auszugehen, wenn dem Vermieter Indizien vorliegen, die darauf hindeuten, dass es sich bei dem aufgetretenen Zahlungsverzug nicht lediglich um einen kurzfristigen und einmaligen Mietrückstand, sondern um eine möglicherweise längerfristig auftretende Vertragsstörung handelt.

Eine längerfristige Vertragsstörung kann beispielsweise durch den Verlust des Arbeitsplatzes hervorgerufen werden.

Vorliegend kann das Beratungsangebot auch bereits vor Entstehung der ersten Mietschulden zur Anwendung kommen. Spätestens jedoch bei Erfüllung eines Kündigungstatbestandes wird das Vorliegen eines Beratungsbedürfnisses angenommen. Ein entsprechendes Beratungsangebot sollte hier zu diesem Zeitpunkt bereits vorliegen.

Ein Gestaltungsbeispiel befindet sich im Anhang dieser Ausarbeitung.[1181]

Handelt es sich um ein separates Beratungsschreiben, losgelöst von einer außerordentlich fristlosen Kündigung, sollte dies entsprechend bezeichnet sein.

Inhaltlich besteht das Beratungsangebot aus einer kurzen Gesprächseinladung mit der Nennung eines konkreten Terminvorschlages. Kann oder möchte der Mieter den genannten Termin nicht wahrnehmen, so würde es der Anstand des Mieters gebieten diesen zeitnah abzusagen. Diese psychologische Hemmschwelle kann die Wahrscheinlichkeit des Zustandekommens des Gespräches erhöhen.

Eine Konkretisierung des exakten Inhaltes des bevorstehenden Gespräches ist zu vermeiden. Dies birgt die Gefahr, dass der Mieter von der Wahrnehmung des Gespräches aus verschiedensten Gründen absieht. Hinsichtlich der zu

---

1179 Z. 132 ff. Anhang III dieser Ausarbeitung.

1180 Im Folgenden: WoVG Bln.

1181 Anhang VII dieser Ausarbeitung.

verwendenden Sprache wird auf die allgemeinen Hinweise zur Schuldnerkommunikation[1182] verwiesen.

Letztlich ist das Beratungsangebot derart zu formulieren, dass eine Reaktion des Mieters erwartet werden kann.[1183]

Es ist zwischen dem Beratungsangebot in Form eines separaten Anschreibens und in Form eines integrierten Bestandteiles des Kündigungsschreibens zu unterscheiden. Ist bereits der Tatbestand der Kündigung erfüllt, so ist auf ein integriertes Beratungsangebot im Rahmen der Kündigung zurückgegriffen. Empfehlenswert ist jedoch der Versand eines separaten Beratungsangebotes bereits vor dem Aussprechen der Kündigung.[1184] Effizient ist dabei eine Vorlaufzeit von mindestens einer Woche.[1185]

K. Kosten der Unterkunft und Heizung nach § 22 SGB II

Aus Art 1 Abs. 1 i.V.m. Art 20 Abs. 1 GG resultiert das Grundrecht auf Gewährleistung eines menschenwürdigen Existenzminimums im Sinne des Sozialstaatsprinzip.[1186]

Rund 5,4 Millionen Bedarfsgemeinschaften haben im März 2019 Transferleistungen als Kosten der Unterkunft und Heizung nach § 22 SGB II bezogen. Im Regelleistungsbezug zur Sicherung des Lebensunterhaltes nach § 20 SGB II standen rund 4,0 Millionen Bedarfsgemeinschaften.[1187]

Im Jahr 2015 wurden rund 16,1 Mrd. Euro für die Kosten der Unterkunft und Heizung im Rahmen des SGB II und SGB XII gezahlt.[1188] Insgesamt waren rund acht Prozent der Haushalte im Leistungsbezug.[1189]

Gem. § 2 SGB XII gilt der Subsidiaritätsgrundsatz der Sozialhilfe.[1190]

1182 2. Teil, F., II. dieser Ausarbeitung.

1183 Z. 132 ff. Anhang III dieser Ausarbeitung.

1184 Z. 148 ff. Anhang III dieser Ausarbeitung.

1185 Z. 148 Anhang III dieser Ausarbeitung.

1186 Bethge, in: Maunz unter anderem, BverfGG, § 90, Rn. 110; Hannes, in: Gagel, SGB II, § 20 Rn. 83; Herdegen, in: Maunz/Düring, GG, Bd. I, Art. 1 Rn. 121.

1187 Bundesagentur für Arbeit, in: Bedarfe, Zahlungen und Einkommen – März 2019.

1188 BT-Drucks. 18/13120, S. 123.

1189 BT-Drucks. 18/13120, S. 124.

1190 BVerfG BeckRS 2008, 37713, Rn. III. 1. b) cc); OVG Nordrhein-Westfalen BeckRS 9998, 85715; Wahrendorf, in: Grube/Wahrendorf, SGB XII, § 2 Rn. 1.

Im Dezember 2017 waren rund 6,1 Mio. Personen leistungsberechtigt nach dem SGB II.[1191] Die Zahl der Leistungsberechtigten nach dem SGB XII lag bei lediglich rund 1,1 Mio.[1192]

Gem. § 2 Abs. 1 SGB XII erhält derjenige keine Sozialhilfe, wer sich vor allem durch Einsatz seiner Arbeitskraft, seines Einkommens und seines Vermögens selbst helfen kann oder wer die erforderliche Leistung von anderen, insbesondere von Angehörigen oder von Trägern anderer Sozialleistungen, erhält. Dies entspricht dem Nachranggrundsatz und enthält die selbstverantwortete Verpflichtung seine eigenen Kräfte anzuspannen.[1193]

Gem. § 4 Abs. 1 S. 1 SGB XII arbeiten die Leistungsträger im Sinne des SGB XII und SGB II zusammen. Dies soll der Kooperation dienen und knüpft an die Leitnorm des § 86 SGB X an.[1194]

Eine inhaltlich vergleichbare, jedoch in Bezug auf den Aufbau differenzierende Regelung der Kosten der Unterkunft und Heizung gem. § 22 SGB II, findet sich in § 35 SGB XII.[1195]

Hinsichtlich der grundlegenden Maßstäbe der beiden Regelungen wird seitens der Rechtsprechung keine Unterscheidung vorgenommen.[1196]

Aufgrund der höheren Praxisrelevanz des SGB II wird hier auf weiterführende Ausführungen zum SGB XII bewusst verzichtet. Die höhere Praxisrelevanz wird hier insbesondere daran daraus hergeleitet, dass rund 78 % der sozialen Mindestsicherung in den Leistungsbezug nach dem SGB II fallen[1197] und demnach mittelständische Wohnungsunternehmen regelmäßig in Geschäftsbeziehungen mit diesen Leistungsbeziehern stehen.

Die sich aus einem Leistungsbezug ergebene Rechtsbeziehung zwischen Mieter, Vermieter und Leistungsträger ist einzelnachweislich auch als Spannungsverhältnis deklariert. In welchem der Vermieter zumeist ihm unbekannten

---

1191 Bundesagentur für Arbeit, in: Grundsicherung für Arbeitssuchende in Zahlen, S. 6.

1192 Statistisches Bundesamt, in: Pressemitteilung 114/18.

1193 SG Karlsruhe BeckRS 2014, 74558, Rn. 3; Wahrendorf, in: Grube/Wahrendorf, SGB XII, § 2 Rn. 1; Groth, in: Giesen/Kreikebohm/Rolfs/Udsching, BeckOK, SGB XII, § 2 Rn. 1.

1194 Wahrendorf, in: Grube/Wahrendorf, SGB XII, § 4 Rn. 4; Groth, in: Giesen/Kreikebohm/Rolfs/Udsching, BeckOK, SGB XII, § 4 Rn. 1 ff.

1195 Grube, in: Grube/Wahrendorf, SGB XII, § 35 Rn. 1; Flatow/Knickrehm WuM 2018, 465 (466).

1196 BSG BeckRS 2010, 71399, Rn. 14; BSG BeckRS 2011, 73683, Rn. 14.

1197 Statistisches Bundesamt, Anzahl der Empfänger von Leistungen der sozialen Mindestsicherung in Deutschland am Jahresende 2017 nach Leistungsart.

sozialrechtlichen Normierungen gegenübersteht.[1198] Das BSG spricht innerhalb dieses Dreiecksverhältnisses von „schwierig zu beantworteten Rechtsfragen“[1199].

Bei den Transferleistungsempfängern nach dem SGB II handelt es sich im vorliegenden Sinne um leistungsabhängige Geschäftspartner.[1200]

I. Zielsetzung der Rechtsvorschrift

Ein Mietverhältnis über Wohnraum wird gem. § 535 BGB zwischen dem Mieter und Vermieter geschlossen. Gem. § 535 Abs. 2 BGB verpflichtet sich der Mieter, dem Vermieter die vereinbarte Miete zu entrichten. Der Mieter ist demnach für die vertragsgemäße, und damit für die pünktliche und vollständige Mietzahlung, verantwortlich.

Anspruchsgegner für ein vertragswidriges Zahlungsverhaltens ist damit der Mieter. Nicht alle Mieter sind wirtschaftlich in der Lage die Kosten für ihre Wohnung selbst aufzubringen. Aufgabe nach § 1 SGB II, ist die Grundsicherung von Arbeitsuchenden. Zielsetzungen ist gem. § 1 Abs. 2 SGB II unter anderem die Stärkung der Eigenverantwortung von erwerbsfähigen Leistungsberechtigten und Personen, die mit ihnen in einer Bedarfsgemeinschaft leben. Weiterhin soll dazu beigetragen werden, dass diese Personen ihren Lebensunterhalt unabhängig von der Grundsicherung aus eigenen Mitteln und Kräften bestreiten können.

Für Leistungsberechtigte nach dem SGB II besteht gem. § 22 Abs. 1 S. 1 SGB II die Möglichkeit eines Antrages auf Anerkennung und Übernahme der Kosten der Unterkunft und Heizung. Die Unterkunft und Heizung gehören zum physischen Existenzminimum.[1201]

Durch die Übernahme nach § 22 SGB II soll der Erhalt des Wohnraumes geschützt werden.[1202] Zu diesem Zweck besteht ein subjektiv-öffentlicher Anspruch des Leistungsberechtigten gegenüber des Staates zur Übernahme des existenznotwendigen Bedarfes.[1203] Ein Anspruch auf Beschaffung von

---

1198 Flatow/Knickrehm WuM 2018, 465 (466).

1199 BSG BeckRS 2016, 121114, Rn. 15.

1200 3. Teil, A. dieser Ausarbeitung.

1201 BVerfG NJW 2010, 505 (505); LSG Berlin-Brandenburg BeckRS 2012, 73090, Rn. 2; SG Köln BeckRS 2015120854, Rn. 18.

1202 BT-Drucks. 14/5663, S- 67; Breitkreuz, in: Giesen/Kreikebohm/Rolfs/Udsching, BeckOK, SGB II, § 22 Rn. 1; Luik, in: Eicher/Luik, SGB II, § 22 Rn. 8 f.

1203 SG Dresden BeckRS 2013, 72070; Luik, in: Eicher/Luik, SGB II, § 22 Rn. 8; Schwabe, in: Gagel, SGB II, § 22 Rn. 18.

Wohnraum besteht jedoch nicht.[1204] Weiterhin sind die Leistungen mit einer Reihe von Pflichten (insbesondere sog. Mitwirkungspflichten) verbunden.[1205]

Auch eine Nichtleistung des Leistungsträgers hat nach dem BGH keine Auswirkung auf die Verantwortlichkeit des Mieters.[1206]

II. Begriffe der Unterkunft und Heizung

Hinsichtlich des Kostenbegriffes sind die Unterkunfts- und Heizungskosten zu differenzieren.

Unter einer Unterkunft im Sinne des SGB II ist jede Einrichtung die vor Unbilden des Wetters schützt und eine gewisse Privatsphäre gewährleisten zu verstehen, wodurch die hier im Fokus stehenden Wohnraummietverhältnisse nach § 535 BGB unproblematisch eingeschlossen sind.[1207]

Entscheidend, und damit überhaupt übernahmefähig, sind die Kosten der Unterkunft der vorrangig tatsächlich genutzten Unterkunft.[1208] Unter den Kosten der Unterkunft wird die Grundmiete zzgl. der kalten Betriebskosten (z.B. Wasser- oder Abfallgebühren) bzw. derjenigen Nebenkosten verstanden, die mietvertraglich vereinbart und seitens des Mieters nicht vom Mietverhältnis trennbar sind.[1209]

Damit die kalten Betriebskosten im Sinne der tatsächliche Aufwendungen nach § 22 Abs. 1 S. 1 SGB II übernahmefähig sind, müssen diese den umlagefähigen Kosten im Sinne des § 2 der BetrKV entsprechen. Andernfalls ergibt sich gem. § 556 Abs. 1 BGB die Unwirksamkeit dieser mietrechtlichen Vereinbarung, wonach eine sozialrechtliche Kostenübernahem nicht möglich ist.[1210]

1204 Breitkreuz, in: Giesen/Kreikebohm/Rolfs/Udsching, BeckOK, SGB II, § 22 Rn. 1, Lauterbach, in: Gagel, SGB II, § 22 Rn. 11.

1205 SG Landshut BeckRS 2010, 68656, Rn. 10, 32; SG Berlin BeckRS 2012, 70183, Tatbestand; Breitkreuz, in: Giesen/Kreikebohm/Rolfs/Udsching, BeckOK, SGB II, § 22 Rn. 1; Luik, in: Eicher/Luik, SGB II, § 5 Rn. 128 ff.

1206 BGH WuM 2015, 152 (153).

1207 Luik, in Eicher/Luik, SGB II, § 22 Rn. 35; Lauterbach, in: Gagel, SGB II, § 22 Rn. 10; Knickrehm, in: Knickrehm/Kreikebohm/Waltermann, Sozialrecht, § 22 SGB II Rn. 4; Breitkreuz, in: Giesen/Kreikebohm/Rolfs/Udsching, BeckOK, SGB II, § 22 Rn. 3.

1208 BSG BeckRS 2011, 69030, Rn. 15; LSG Berlin-Brandenburg BeckRS 2007, 40456, Gründe; LSG Mecklenburg-Vorpommern BeckRS 2008, 28880, 1. LS; LSG Niedersachsen-Bremen, BeckRS 2017, 100820, amtl. Ls.; LSG Bayern BeckRS 2011, 74093, amtl. LS; Luik, in: Eicher/Luik, SGB II, § 22 Rn. 44.

1209 Breitkreuz, in: Giesen/Kreikebohm/Rolfs/Udsching, BeckOK, SGB II, § 22 Rn. 4; Luik, in: Eicher/Luik, SGB II, § 22 Rn. 46.

1210 Flatow/Knickrehm WuM 2018, 465 (469).

Die Aufwendungen werden daher nur übernommen, wenn sie rechtlich und tatsächlich mit der Unterkunft verbunden sind. Sollen kalten Betriebskosten, welche nicht umlagefähig im Sinne der BetrKV sind, dennoch übernommen werden, handelt es sich nicht um Kosten der Unterkunft und Heizung und sind somit durch den Regelbedarf zu decken.[1211] Dieser Einzelnachweis entspricht der Rechtsprechung des BSG, welches auf die zuvor erwähnte rechtlich wirksame Verpflichtung abstellt.[1212]

Diese Kosten werden in der Summe als Bruttokaltmiete und unvermeidbare Kosten deklariert.[1213] Abgestellt wird auf die tatsächlichen Kosten, deren Höhe sich regelmäßig aus dem Mietvertrag ergibt.[1214]

Darüber hinaus gehört nach dem BSG auch die Nachzahlung aus der Betriebskostenabrechnung zum Bedarf im Fälligkeitsmonat.[1215]

Dabei wird unter den Kosten der Heizung alleine die Versorgung der Unterkunft mit Wärme verstanden.[1216] Übernommen werden damit die laufenden monatlichen Heizkostenvorauszahlungen.[1217] Diese sind abzugrenzen von den Vorauszahlungen auf die kalten Betriebskosten.[1218] Auch dabei wird auf die tatsächlichen Kosten abgestellt.[1219]

Die Haushaltsenergie gehört zum Bedarf gem. § 20 Abs. 1 S. 1 SGB II. Wird die Heißwasseraufbereitung mittels einer sog. dezentralen Warmwassererzeugung (z.B. durch einen Durchlauferhitzer) vorgenommen, so sind diese Bedarfe nicht durch die Leistungen der Kosten der Unterkunft und Heizung gem. § 22 SGB II abgedeckt. Zusätzlich zum Regelbedarf erfolgt daher gem.

1211 Flatow/Knickrehm WuM 2018, 465 (470).

1212 BSG NZM 2009, 446 (446); BSG NZM 2009, BeckRS 2009, 60197, Rn. 19.

1213 Breitkreuz, in: Giesen/Kreikebohm/Rolfs/Udsching, BeckOK, SGB II, § 22 Rn. 4; Flatow/Knickrehm WuM 2018, 465 (470).

1214 BGH NZM 2009, 446 (447); Luik, in: Eicher/Luik, SGB II, § 22 Rn. 46; Breitkreuz, in: Giesen/Kreikebohm/Rolfs/Udsching, BeckOK, SGB XII, § 22 Rn. 9.

1215 BSG NJOZ 2011, 1990 (1991); BSG NJOZ 2012, 1622 (1623); Lauterbach, in: Gagel, SGB II, § 22 Rn. 9; Bienert, in: Plagemann, Münchener Anwaltshandbuch, Sozialrecht, § 16 Rn. 252.

1216 Lauterbach, in: Gagel, SGB II, § 22 Rn. 24; Breitkreuz, in: Giesen/Kreikebohm/Rolfs/Udsching, BeckOK, SGB II, § 22 Rn. 6.

1217 Luik, in: Eicher/Luik, SGB II, § 22 Rn. 64; Lauterbach, in: Gagel, SGB II, § 22 Rn. 9; Bienert, in: Plagemann, Münchener Anwaltshandbuch, Sozialrecht, § 16 Rn. 252.

1218 Luik, in: Eicher/Luik, SGB II, § 22 Rn. 64; Lauterbach, in: Gagel, SGB II, § 22 Rn. 52.

1219 BSG NJOZ 2012, 1622 (1624); BSG NZS 2012, 471 (472); Luik, in: Eicher/Luik, SGB II, § 22 Rn. 64.

§ 21 Abs. 1 SGB II die Zahlung eines pauschalen Mehrbedarfs. Maßgeblich für deren Höhe sind damit die Leistungen nach § 20 SGB II, sowie die Prozentsätze nach § 21 Abs. 7 SGB II.[1220] Die Energie für die (dezentrale) Aufbereitung von Warmwasser fällt somit nicht unter den Heizkostenbegriff, ist jedoch systematisch und nach dem Gesetzgebers ausdrücklich dem Bedarf nach § 22 SGB II zugeordnet.[1221]

Sonstige Haushaltsenergie ist durch den Regelbedarf zur Sicherung des Lebensunterhalts nach § 20 Abs. 1 SGB II abgedeckt.[1222]

Dagegen sind Nachzahlungen aus der Heizkostenabrechnung als Heizkosten deklariert.[1223] Wie bei einer Nachzahlung bei den kalten Betriebskosten, werden die Kosten dem Bedarfsmonat der Fälligkeit zugerechnet.[1224] Frühestens mit Zustellung ist die Nachzahlung aus einer formell ordnungsgemäßen Betriebskostenabrechnung fällig.[1225]

Da es sich um zweckgebundene Leistungen nach § 22 SGB II handelt, soll das Guthaben dem Leistungsträger und nicht dem Leistungsberechtigten zugutekommen.[1226]

Berücksichtigt als Einkommens wird gem. § 22 Abs. 3 SGB II die Auszahlung des Guthabens im Zeitpunkt und damit im Bedarfsmonat des Zuflusses.[1227] Daraufhin erfolgt die bedarfsmindernde Direktanrechnung im Folgemonat, sodass sich die Leistungen im Folgemonat um den betreffenden Betrag vermindern.[1228] Bei einem hohen Guthaben aus der Betriebskostenabrechnung birgt

---

1220 Luik, in Eicher/Luik, SGb II, § 22 Rn. 68; Lauterbach, in: Gagel, SGB II, § 22 Rn. 27.

1221 Piepenstock jurisPR-SozR 7/2011, Anm. 1; Bienert, in: Plagemann, Münchener Anwaltshandbuch, Sozialrecht, § 16 Rn. 237.

1222 LSG Nordrhein-Westfalen BeckRS 2009, 61395, Rn. 1. a); Saitzek, in: Eicher/Luik, SGB II, § 20 Rn. 66; Breitkreuz, in: Giesen/Kreikebohm/Rolfs/Udsching, BeckOK, SGB II, § 20 Rn. 2.

1223 Breitkreuz, in: Giesen/Kreikebohm/Rolfs/Udsching, BeckOK, SGB II, § 22 Rn. 6; Luik, in: Eicher/Luik, SGb II, § 22 Rn. 66.

1224 BSG BeckRS 2008, 56387, Rn. 37; BSG openJur 2011, 95454, Rn. 18; BSG NJOZ 2011, 1990 (1991).

1225 BGH WuM 2005, 337 (338 f.); BGH WuM 2006, 200 (202 f.).

1226 BT-Drcks. 16/1696, S. 26 f.; Breitkreuz, in: Giesen/Kreikebohm/Rolfs/Udsching, BeckOK, SGB II, § 22 Rn. 8a; Luik, in: Eicher/Luik, SGB II, § 22 Rn. 169.

1227 LSG Hamburg, Az. L 4 AS 12/14, juris, Rn. 16; Luik, in: Eicher/Luik, SGB II, § 22 Rn. 174; Lauterbach, in: Gagel, SGB II, § 22 Rn. 94.

1228 LSG Berlin-Brandenburg, Az. L 25 B 1474/08 AS PKH, juris, Rn. 30; LSG Berlin-Brandenburg BeckRS 2011, 76334, Rn. II.; Lauterbach, in: Gagel, SGB II, § 22 Rn. 99, Luik, in Eicher/Luik, SGB II, § 22 Rn. 174.

dies die Gefahr, dass die Leistungen nach § 22 SGB II im Folgemonat bzw. in den Folgemonaten aufgrund dieser Anrechnung nicht geleistet werden. Wird das Guthaben an den Mieter ausgezahlt und möglicherweise nicht für die Miete aufgespart, droht unmittelbar der Mietzahlungsausfall. Alternativ dazu, kann der Leistungsträger das Abrechnungsguthaben über § 22 Abs. 3 SGB II i.V.m. § 48 Abs. 1 S. 2 Nr. 3 oder 4 SGB X zurückfordern.

III. Angemessenheit der Miete

Soweit die Kosten angemessen sind, werden nach § 22 Abs. 1 S. 1 SGB II die tatsächlichen Aufwendungen anerkannt. Trotz Prüfung der Angemessenheit, obliegt nach dem BSG die Verantwortung für den Unterkunftsbedarf innerhalb der Angemessenheit selbst zu sorgen, weiterhin bei dem jeweiligen Leistungsempfänger.[1229] Darüber hinausgehend ist die freie Entscheidungsgewalt, zur Wahl einer innerhalb der Angemessenheitsgrenze liegenden Wohnung herauszustellen.[1230]

Das Recht auf einen angemessenen Wohnraum ist als Teil der Existenzsicherung i.S.v. Art. 1 Abs. 1 i.V.m. Art. 20 Abs. 1 GG zusehen.[1231]

Einem Einzelnachweis zustimmend, sollen hier aus Sicht des Vermieters keine Mieterhöhungspotenziale und Mitnahmeeffekte erzielt werden.[1232] Bereits vor einer Vertragsanbahnung sind die jeweiligen marktgerechten Zielmieten unter Bezugnahme der Wohnungsmarktlage, der Angemessenheitsgrenzen und anderen Kriterien festzulegen.

Im Rahmen der abstrakten Angemessenheitsprüfung wird zunächst geprüft, ob die Kosten innerhalb der für den Vergleichsraum festgelegten Angemessenheitsgrenzen liegen. Die regional differenzierenden Angemessenheitsgrenzen sind auf die Heterogenität des deutschen Mietwohnungsmarktes zurückzuführen.[1233] Dabei wird auf die Grundmiete zzgl. der kalten Betriebskosten Bezug genommen.[1234] Die Bildung der Angemessenheitsgrenzen erfolgt seit der

---

1229 BSG WuM 2018, 792 (794).

1230 BSG WuM 2018, 792 (794).

1231 Flatow/Knickrehm WuM 2018, 465 (468); Bethge, in: Maunz unter anderem, BverfGG, § 90, Rn. 110; Hannes, in: Gagel, SGB II, § 20 Rn. 83; Herdegen, in: Maunz/Düring, GG, Bd. I, Art. 1 Rn. 121.

1232 Flatow/Knickrehm WuM 2018, 465 (477).

1233 BT-Drucks. 18/13120, S. 3.

1234 BSG BeckRS 2011, 69030, Rn. 12 ff; BSG, openJur 2011, 95761 Rn. 42; Lauterbach, in: Gagel, SGB II, § 22 Rn. 34.

Rechtsprechung des BSG vom 22.09.2009[1235] nach den dort festgelegten Kriterien eines schlüssigen Konzeptes. In der Folgezeit wurden die Voraussetzungen für dieses entsprechend schnell konkretisiert.[1236]

Gem. § 22a Abs. 1 SGB II können die Länder ihre Kommunen durch Gesetz ermächtigen oder verpflichten, durch Satzung zu bestimmen, in welcher Höhe Aufwendungen für die Kosten der Unterkunft und Heizung in ihrem Gebiet angemessen sind.

Ganz vereinzelnd haben die Bundesländer Gebrauch von dieser Möglichkeit gemacht. Beispielsweise statuiert § 4a Offensivgesetz Hessen für das Bundesland Hessen die Satzungsermächtigung zur Festlegung der Höhe der angemessenen Aufwendungen für Unterkunft und Heizung. Das Land Nordrhein-Westfalen hat von der Möglichkeit der Satzungsermächtigung des § 22a SGB II keinen Gebrauch gemacht. Die Verantwortung der Bestimmung der angemessenen Referenzmiete liegt somit im Verantwortungsbereich des jeweiligen Leistungsträgers. Beispielhaft wird hier auf das Konzept zur Feststellung der Angemessenheit von Unterkunftskosten im Märkischen Kreis[1237] verwiesen.

Nach § 22a Abs. 3 SGB II sollen mittels dieser Angemessenheitsgrenzen die Verhältnisse des einfachen Standards auf dem jeweiligen Wohnungsmarkt abgebildet werden. Ausgehend vom einfachen Standard, sollen die Mietobergrenzen bestimmt werden[1238] und dadurch (gem. § 22a Abs. 3 Nr. 1 – 4 SGB II) den Mietpreis vor einer erhöhenden Wirkung schützen, die Verfügbarkeit von Wohnungen mit einfachen Standards sichern, die Auswirkungen auf alle Anbietergruppen berücksichtigen und letztlich auch eine in sozialer Hinsicht ausgeglichene Bewohnerstruktur schaffen und erhalten.

Dabei handelt es sich nicht um den einfachsten, sondern den von der Wohnqualität höhergelagerten einfachen Standard.

Inhaltlich müssen gem. § 22b Abs. 1 S. 1 SGB II die angemessene Wohnfläche (Nr. 1) und die angemessenen Aufwendungen für die Unterkunft (Nr. 2) festgelegt werden.

Die Angemessenheitsgrenze ist nach § 22b Abs. 1 S. 3 SGB II definierbar im Sinne eines Quadratmeterhöchstpreises oder einer Gesamtangemessenheitsgrenze.

1235 BSG openJur 2011, 95539, Rn. 1 ff.

1236 BSG openJur 2011, 96140, Rn. 9; BSG, openJur 2011, 95539, Rn. 15 ff.

1237 Märkischer Kreis, Konzept zur Feststellung der Angemessenheit von Unterkunftskosten im Märkischen Kreis, S. 1 ff.

1238 BSG openJur 2011, 95539, Rn. 19; BSG BeckRS 2015, 124382, Rn. 15; Lauterbach, in: Gagel, SGB II, § 22 Rn. 47.

Für die Festlegung der Angemessenheitsgrenze muss nicht zwingend auf einen qualifizierten oder einfachen Mietspiegel nach den §§ 558c oder 558d BGB zurückgegriffen werden.[1239] Die Datenerhebung muss jedoch den Anforderungen des bereits erwähnten schlüssigen Konzeptes[1240] entsprechen. Dieses Konzept muss die hinreichende Gewähr dafür bieten, die aktuellen Verhältnisse des örtlichen Mietwohnungsmarktes abzubilden.[1241] Kostensteigerungen sind bei fortdauernder Deckelung durch eine entsprechende Dynamisierung der abstrakten Angemessenheit zu berücksichtigen und müssen dementsprechend angehoben werden.[1242]

Anhand dieser Angemessenheitsgrenzen des jeweiligen Wohnungsmarktes ist damit zunächst die abstrakte Angemessenheit zu überprüfen.

Darüber hinaus ist gem. § 22 Abs. 1 S. 3 SGB II im Rahmen der konkreten Angemessenheitsprüfung festzustellen, ob die Kosten den Besonderheiten des Einzelfalls entsprechen.[1243]

Die Prüfung der Angemessenheit ist abhängig von den aktuell für den jeweiligen Wohnungsmarkt geltenden Angemessenheitsgrenzen. Mittels dieser Grenzen werden damit die erstattungsfähigen Kosten begrenzt.[1244]

Bei dem Begriff der Angemessenheit handelt es sich um einen unbestimmten, und gerichtlich voll überprüfbaren, Rechtsbegriff.[1245]

Die abstrakte Angemessenheit knüpft an objektivierte Kriterien an. Damit ist diese abhängig von der Wohnfläche, dem Wohnstandard (insbesondere Lage und Ausstattung der Wohnung) und dem örtlichen Preisniveau.[1246] Zur

1239 BSG openJur 2011, 96140, Rn. 9; BSG BeckRS 2010, 65540, Rn. 22; BSG BeckRS 2007, 41020, Rn. 23.

1240 BSG openJur 2011, 96140, Rn. 9; BSG openJur 2011, 95539, Rn. 15 ff.

1241 BSG openJur 2011, 96140, Rn. 9.

1242 BSG BeckRS 2016, 67703, Rn. 5. Ls.

1243 Lauterbach, in: Gagel, SGB II, § 22 Rn. 33; Knickrehm, in: Knickrehm/Kreikebohm/Waltermann, Sozialrecht, § 22 SGB II Rn. 11; Luik, in: Eicher/Luik, SGB II, § 22 Rn. 108.

1244 BSG openJur 2011, 95539, Rn. 12.

1245 BSG NZS 2019, 625 (625); Luik, in Eicher/Luik, SGB II, § 22 Rn. 73; Lauterbach, in: Gagel, SGB II, § 22 Rn. 33; Breitkreuz, in: Giesen/Kreikebohm/Rolfs/Udsching, BeckOK, SGB II, § 22 Rn. 12.

1246 BSG NZS 2019, 625 (627); Lauterbach, in: Gagel, SGB II, § 22 Rn. 37 ff.; Knickrehm, in: Knickrehm/Kreikebohm/Waltermann, Sozialrecht, § 22 SGB II Rn. 10.

Bestimmung der Angemessenheit der Miete wird die sich aus der Rechtsprechung herausgebildete Produkttheorie herangezogen.[1247]

Danach wird bei der Prüfung der Angemessenheit auf die relativen Gesamtkosten der Wohnung abgestellt. Dies wiederum ist das Produkt aus einer angemessenen Wohnfläche multipliziert mit einer angemessenen Quadratmetermiete.[1248] Die angemessene Quadratmetermiete enthält die Grundmiete zzgl. der kalten Betriebskosten.[1249] Das Produkt aus einer angemessenen Wohnfläche und einer angemessenen Quadratmetermiete ergibt die maximale Miete und repräsentiert einen unteren Standard.[1250]

Für die angemessene Wohnfläche, in Abhängigkeit der Größe der Bedarfsgemeinschaft, werden Richtwerte festgelegt.

Unter Bezugnahme auf den Märkischen Kreis, wird für eine Person eine Wohnfläche von bis zu 50 m^2, nach dem dort angewendeten schlüssigen Konzept, als angemessen angesehen.[1251] Grundlage dessen sind nach der ständigen Rechtsprechung des BSG die landesrechtlichen Bestimmungen der Wohnraumförderung.[1252] Das zuvor ausgeführte Beispiel resultiert damit aus § 10 Wohnraumförderungsgesetz in Verbindung mit der landesrechtlichen Bestimmung nach dem Runderlass des nordrhein-westfälischen Ministeriums für Bauen und Verkehr (IV.5-619-1665/09) vom 12.12.2009.

Entscheidend ist die Mitgliederzahl der Bedarfsgemeinschaft und nicht die einfache Personenanzahl innerhalb der Wohnung.[1253]

Maßgeblich zur Bestimmung der angemessenen Unterkunftskosten ist der Wohnort als Referenzraum.[1254] Dadurch, dass die Produkttheorie jedoch auf die maximale Wohnungsmiete abstellt, kann im Einzelfall der Richtwert von 50 m^2 Wohnfläche überschritten werden. In einem solchen Fall liegt eine

---

1247 BSG BeckRS 2007, 41020, Rn. 16 ff.; BSG openJur 2011, 95761 Rn. 29; Luik, in: Eicher/Luik, SGB II, § 22 Rn. 78.

1248 BSG NZS 2019, 625 (627); BSG openJur 2011, 95539, Rn. 19; Lauterbach, in: Gagel, SGB II, § 22 Rn. 37.

1249 BSG openJur 2011, 27200 Rn. 15.

1250 BSG openJur 2013, 44659 Rn. 23.

1251 Märkischer Kreis, Konzept zur Feststellung der Angemessenheit von Unterkunftskosten im Märkischen Kreis, S. 10.

1252 BSG BeckRS 2007, 41020, Rn. 1. amtl. LS; BSG BeckRS 2011, 75423, Rn. 19.

1253 Breitkreuz, in: Giesen/Kreikebohm/Rolfs/Udsching, BeckOK, SGB II, § 22 Rn. 10; Luik, in Eicher/Luik, SGB II, § 22 Rn. 85.

1254 BSG openJur 2011, 95761 Rn. 33; BSG openJur 2011, 95539, Rn. 17; Luik, in Eicher/Luik, SGB II, § 22 Rn. 87.

unangemessene Wohnfläche vor, die jedoch aufgrund der Produkttheorie hinsichtlich der Angemessenheit der Unterkunftskosten unproblematisch ist. Die Heizkosten werden in Abhängigkeit des jeweiligen Heizspiegels geprüft.[1255] Sofern die Miete nach der Produktheorie als angemessen zu bewerten ist, sind die tatsächlichen Heizkosten zunächst zu übernehmen.[1256] Dies gilt, solange nicht besondere Umstände Anlass zur abweichenden Bewertung geben.[1257] Ist die Wohnfläche unangemessen, kann der Leistungsträger die Übernahme außergewöhnlich hoher Heizkosten nicht per se ablehnen, da die Angemessenheit der Heizkosten getrennt von der Angemessenheit der Kosten der Unterkunft geprüft werden muss.[1258] Vor einer Senkung auf das angemessene Maß ist jedoch der Zugang der Information über die maßgebliche Miethöhe entscheidend.[1259] Im Sinne einer Aufklärungs- und Warnfunktion wird dies regelmäßig mittels einer Kostensenkungsaufforderung vorgenommen.[1260]

Liegen die Werte der Grundmiete und Betriebskosten über der jeweilig geltenden Angemessenheitsgrenze, so werden innerhalb der konkreten Angemessenheit familiärer Umstände, gesundheitliche Aspekte und beispielsweise die konkrete Lage auf dem Wohnungsmarkt berücksichtigt, sodass dennoch eine vollständige Übernahme der Kosten der Unterkunft und Heizung möglich ist.[1261] Der Zubilligung eines höheren Bedarfs kommt in der Praxis keiner wesentlichen Bedeutung zu. Wenn überhaupt, dann handelt es sich einzelnachweislich ganz überwiegend um Fälle, in denen eine größere Wohnfläche über die abstrakte Angemessenheit hinausgehend zugebilligt wird.[1262] Aber selbst in den Fällen der objektiven Unmöglichkeit hinsichtlich des Findens einer Unterkunftsalternative, geht das BSG nur in seltenen Ausnahmefällen von einer Abweichung aus.[1263]

1255 BSG openJur 2011, 95454, Rn. 3. amtl. LS; BSG NJOZ 2010, 1405 (1405 f.); Luik, in Eicher/Luik, SGB II, § 22 Rn. 114.

1256 BSG BeckRS 2010, 65540, Rn. 26 f.; BSG BeckRS 2010, 65498, Rn. 17 ff.; Luik, in Eicher/Luik, SGB II, § 22 Rn. 114.

1257 BSG NJOZ 2010, 1405 (1405 ff.).

1258 BSG openJur 2011, 95454, Rn. 1. amtl. LS; BSG BeckRS 2009, 52327, Rn. 22; Luik, in: Eicher/Luik, SGB II, § 22 Rn. 113.

1259 BSG BeckRS 2007, 40873, 1. amtl. Ls.

1260 BSG BeckRS 2007, 40873, Rn. 29.

1261 Breitkreuz, in: Giesen/Kreikebohm/Rolfs/Udsching, BeckOK, SGB II, § 22 Rn. 11; Lauterbach, in: Gagel, SGB II, § 22 Rn. 59 ff.

1262 Lauterbach, in: Gagel, SGB II, § 22 Rn. 59.

1263 BSG NJW 2010, 699 (703).

Sind die Kosten unangemessen, so wird nicht die Leistung als Ganzes verwehrt, sondern der Leistungsträger hat gem. § 22 Abs. 1 S. 3 SGB II die Möglichkeit zur Reduzierung der Leistung auf den angemessenen Teil.

In diesem Fall hat der Mieter eine sog. Aufzahlung[1264] zu leisten. Ob es sich um eine angemessene Unterkunft handelt, wird im Rahmen des Bewilligungsentscheides, dessen Bindung sich gem. § 77 SGG auf die Art, Dauer und Höhe der Leistung bezieht, festgelegt.[1265] Die Angemessenheit ist eines der Begründungselemente in einem solchen Bescheid und entfaltet keine bindende Wirkung.[1266]

Durch Leistung einer Aufzahlung wird dem Mieter die Anmietung einer unangemessenen Wohnung ermöglicht. Eine solche Vermietung ist mit erheblichen wirtschaftlichen Risiken verbunden und wird aufgrund der nachfolgenden Begründungen hier nicht empfohlen.

Steht der Mieter noch nicht im Leistungsbezug, handelt jedoch in Kenntnis des zu erwartenden Leistungsbezuges, als auch in Kenntnis darüber, dass er eine deutlich unangemessene Wohnung anmietet, so handelt der Mieter nach Ansicht des BSG bösgläubig und hat keinen Anspruch auf Übernahme des unangemessenen Teils der Kosten.[1267]

Entstehen unangemessen hohe Kosten der Unterkunft und Heizung in einem laufenden Mietverhältnis, so sind diese gem. § 22 Abs. 1 S. 3 SGB II in der Regel für längstens sechs Monate zu übernehmen, es sei denn eine Kostensenkung ist unmöglich bzw. unzumutbar oder es liegt eine Ausnahmesituation gem. § 22 Abs. 1 S. 4 SGB II vor.[1268]

Unmöglich kann eine Kostensenkung aus tatsächlichen oder rechtlichen Gründen sein[1269]. Dies ist beispielsweise gegeben, wenn keine Unterkunftsalternative besteht. In diesen Ausnahmefällen gelten die Kosten der Unterkunft

---

1264 Breitkreuz, in: Giesen/Kreikebohm/Rolfs/Udsching, BeckOK, SGB II, § 22 Rn. 8; Breitkreuz, in: Giesen/Kreikebohm/Rolfs/Udsching, BeckOK, SGB II, § 22 Rn. 9.

1265 BSG NZM 2012, 876 (876); SG Karlsruhe BeckRS 2018, 5239, Rn. 9; LSG Bayern BeckRS 2009, 52372, Rn. I.; Breitkreuz, in: Giesen/Kreikebohm/Rolfs/Udsching, BeckOK, SGB II, § 22 Rn. 9.

1266 BSG openJur 2011, 95539, Rn. 29.

1267 BSG openJur 2011, 95572, Rn. 11.

1268 Luik, in: Eicher/Luik, SGB II, § 22 Rn. 132, Lauterbach, in: Gagel, SGB II, § 22 Rn. 65 ff.

1269 BSG NJW 2010, 699 (700 ff.); Lauterbach, in: Gagel, SGB II, § 22 Rn. 73, Breitkreuz, in: Giesen/Kreikebohm/Rolfs/Udsching, BeckOK, SGB II, § 22 Rn. 16.

und Heizung als angemessen und sind somit i.S.v. § 22 Abs. 1 S. 1 SGB II zu übernehmen.[1270]

Als in diesem Zusammenhang zunehmend relevant, wird hier auf die Thematik der Mietsteigerung aufgrund einer energetischen Sanierung (§ 559 BGB) und dem sich daraus ergebenden Spannungsverhältnisses verwiesen.[1271] Aus diesem Grund wird hier der Vorschlag der Festlegung von Bruttowarmmieten als Referenz zur Festlegung der Angemessenheitsgrenzen geteilt.[1272]

Ein Wohnungswechsel der grundsätzlich möglich ist, jedoch den Leistungsberechtigten unverhältnismäßig belastet, gilt als unzumutbar.[1273]

Diese Zumutbarkeitsregelung in Form einer „Sechsmonatsfrist"[1274] stellt einen zeitlich beschränkten Bestandsschutz dar.[1275]

Im Moment der Kenntnisnahme der Unangemessenheit, also in der Regel durch Zugang der Kostensenkungsaufforderung i.S.v. § 22 Abs. 1 S. 3 SGB II[1276], entsteht dem Mieter eine Obliegenheit zur Kostensenkung.[1277] Bei diesem Aufforderungsschreiben handelt es sich nicht um einen Verwaltungsakt, sondern um ein Informationsschreiben (mit Nennung des angemessenen Mietpreises)[1278] mit einer Aufklärungs- und Warnfunktion.[1279]

Der Leistungsträger kann im Falle von § 22 Abs. 1 S. 4 SGB II von einer Kostensenkungsaufforderung absehen, wenn die bei einem Wohnungswechsel zu erbringenden Leistungen unwirtschaftlich wären. Diese Ausnahme trägt den Grundsätzen der Wirtschaftlichkeit und Sparsamkeit Rechnung und verdeutlicht zugleich die Flexibilität des § 22 Abs. 1 S. 3 SGB II.[1280] Zu übernehmende

1270 BSG BeckRS 2007, 41020, Rn. 24; BVerwG NJW 1996, 3427 (3427 f.); LSG Baden-Württemberg BeckRS 2009, 63137; Lauterbach, in: Gagel, SGB II, § 22 Rn. 63.

1271 Flatow/Knickrehm WuM 2018, 465 (489 ff.); von Malottki info also 2012, 99 (107).

1272 von Malottki info also 2012, 99 (107).

1273 LSG Nordrhein-Westfalen BeckRS 2009, 60398, Rn. D; LSG Schleswig-Holstein NZS 2008, 383 (383); Lauterbach, in: Gagel, SGB II, § 22 Rn. 74; Breitkreuz, in: Giesen/Kreikebohm/Rolfs/Udsching, BeckOK, SGB II, § 22 Rn. 19.

1274 BSG NZS 2013, 751 (752 f.); BSG NZS 2009, 107 (108); Lauterbach, in: Gagel, SGB II, § 22 Rn. 78.

1275 Luik, in: Eicher/Luik, SGB II, § 22 Rn. 132, Lauterbach, in: Gagel, SGB II, § 22 Rn. 65.

1276 Luik, in: Eicher/Luik, SGB II, § 22 Rn. 149; Lauterbach, in: Gagel, SGB II, § 22 Rn. 68.

1277 BSG NZS 2009, 107 (108 ff.).

1278 BSG openJur 2011, 95572, Rn. 18.

1279 BeckRS 2016, 73358, 1. amtl. LS; Breitkreuz, in: Giesen/Kreikebohm/Rolfs/Udsching, BeckOK, SGB II, § 22 Rn. 14; Lauterbach, in: Gagel, SGB II, § 22 Rn. 68 f..

1280 LSG Baden-Württemberg BeckRS 2016, 67052, Rn. 52; SG Berlin BeckRS 2012, 70772, Rn. 2; SG Leipzig BeckRS 2009, 58341; Rn. II.; Luik, in: Eicher/Luik, SGB II, § 22 Rn. 151.

Wohnungsbeschaffungs- und Umzugskosten können den Wohnungswechsel unwirtschaftlich werden lassen, sodass eine Kostensenkungsaufforderung nach § 22 Abs. 1 S. 3 SGB II obsolet ist.[1281] Gleiches gilt, wenn absehbar ist, dass der Leistungsbezieher zukünftig aus dem Leistungsbezug ausscheidet.[1282]

Ist keiner der zuvor genannten Ausnahmetatbestände eröffnet, so erfolgt nach Ablauf des zeitlichen Bestandsschutzes die Reduzierung auf den angemessenen Teil der Kosten der Unterkunft und Heizung.[1283]

Ab dem Zeitpunkt der Kürzung der Bedarfe auf den angemessenen Teil, muss der Mieter den Differenzbetrag selbst aufbringen. Diese könnte er durch die Regelleistungen nach § 20 SGB II decken. Damit jedoch steht dem Mieter unter Umständen lediglich eine stark reduzierte Regelleistung zur Verfügung. Fraglich ist daher wie auf die Möglichkeit der Kostensenkung gem. § 22 Abs. 1 S. 3 SGB II zu reagieren ist.

Tritt diese Situation im laufenden Mietverhältnis ein, wird hier zunächst das Führen eines Forderungsgespräches empfohlen. Ggf. bestehen noch keine Mietrückstände, jedoch birgt die angespannte finanzielle Situation des Mieters eine erhöhte Mietausfallgefahr für die Zukunft. Es soll gemeinsam geprüft werden, ob die Wohnung dauerhaft wirtschaftlich zu halten ist oder ob ein Umzug im unternehmenseigenen Bestand wirtschaftlich sinnvoller ist. Um verschiedene Handlungsalternativen zusammenzutragen, ist darüber hinaus ein engmaschiger und datenschutzkonformer Kontakt zum Leistungsträger herzustellen.

Letztlich sollte das sozialrechtliche Modell der Senkungsaufforderung beim Vermieter bekannt und bereits antizipativ im Vermietungsprozess beachten werden. Zum vorgenannten Zeitpunkt besteht ein enger Kontakt zum zukünftigen Geschäftspartner. Besteht bereits ein Leistungsbezug oder lässt sich anhand der Lebensumstände des Interessenten ein eintretender künftiger Leistungsbezug vermuten, sollte der Vermieter die Angemessenheitsgrenzen bereits berücksichtigen.

Besteht bereits ein Leistungsbezug, ist innerhalb des Vermietungsprozesses die Prüfung und Zusicherung der Angemessenheit der Miete durch die Vorlage eines Mietangebotes bei dem jeweilig zuständigen Jobcenter vorzunehmen.[1284]

1281 BT-Drucks. 17/3404, S. 98; Luik, in: Eicher/Luik, SGB II, § 22 Rn. 152.

1282 BT-Drucks. 17/3404, S. 98.

1283 Breitkreuz, in: Giesen/Kreikebohm/Rolfs/Udsching, BeckOK, SGB II, § 22 Rn. 8; Lauterbach, in: Gagel, SGB II, § 22 Rn. 65.

1284 LSG Niedersachsen-Bremen info also 2012, 270 (270); LSG Nordrhein-Westfalen BeckRS 2016, 73125, Rn. 2; SG Dortmund BeckRS 2014, 72606, Rn. I.; Flatow NZM 2014, 841 (843).

Unter einer Zusicherung im sozialrechtlichen Sinne wird die Zusicherung gem. § 34 SGB X verstanden. Danach sichert die Behörde dem Mieter den Erlass eines bestimmten Verwaltungsakts zu einem späteren Zeitpunkt zu. Vorliegend ist dies ein Bewilligungsbescheid zur Übernahme der Kosten der Unterkunft und Heizung gem. § 22 SGB II. Diese Vorlage dient der Prüfung und zur Zusicherung gem. § 22 Abs. 4 S. 1 SGB II, ist jedoch nicht zwingende Voraussetzung zur Übernahme der neuen angemessenen Kosten.[1285] Nach § 22 Abs. 4 S. 2 SGB II hat der Antragssteller einen Anspruch auf Zustimmung, sofern die Kosten der neuen Unterkunft angemessen sind, eine Erforderlichkeit wird indes nicht mehr geprüft.[1286] Die Zusicherung bzw. das Mietangebot erfolgen gem. § 34 Abs. 1 S. 1 SGB X in schriftlicher Form.

IV. Erforderlichkeit des Umzuges

In Abgrenzung an die zuvor dargestellte, nunmehr obsolete Prüfung der Erforderlichkeit des Umzuges, ist im Folgenden der verbleibende Einfluss der Erforderlichkeit zu klären.

Neben der Angemessenheit der Kosten der Unterkunft und Heizung wird die Erforderlichkeit des Umzuges gem. § 22 Abs. 1 S. 2 SGB II vorausgesetzt, sofern sich die Kosten durch den Umzug erhöhen. Der Wortlaut der Angemessenheit soll die übernahmefähigen Kosten der Unterkunft und Heizung bei einem nicht erforderlichen Umzug auf die bisher angemessenen Kosten begrenzen.[1287] Dies beschränkt sich auf Umzüge innerhalb eines Vergleichsraums, welcher wiederum in erster Linie den Wohnort umfasst.[1288] Handelt es sich jedoch um einen nicht erforderlichen Umzug innerhalb des Vergleichsraums, werden die Leistungen weiterhin nur in Höhe der bis dahin zu tragenden Aufwendungen erbracht.[1289] Damit soll insbesondere die Ausschöpfung der

---

1285 BSG BeckRS 2007, 40873, Rn. 27; Lauterbach, in: Gagel, SGB II, § 22 Rn. 103; Breitkreuz, in: Giesen/Kreikebohm/Rolfs/Udsching, BeckOK, SGB II, § 22 Rn. 31.

1286 Knickrehm, in: Knickrehm/Kreikebohm/Waltermann, Sozialrecht, § 22 SGB II Rn. 32; Lauterbach, in: Gagel, SGB II, § 22 Rn. 105; Breitkreuz, in: Giesen/Kreikebohm/Rolfs/Udsching, BeckOK, SGB II, § 22 Rn. 20.

1287 BR-Drucks. 755/08, S. 83; BT-Drcks. 18/8041, 39 f.

1288 BSG NZM 2011, 252 (253 f.); Lauterbach, in: Gagel, SGB II, § 22 Rn. 45, 82 f.; Luik, in: Eicher/Luik, SGB II, § 22 Rn. 119.

1289 BSG NZM 2011, 252 (253); BSG BeckRS 2010, 74230, Rn. 14; Luik, in Eicher/Luik, SGB II, § 22 Rn. 116; Knickrehm, in: Knickrehm/Kreikebohm/Waltermann, Sozialrecht, § 22 SGB II Rn. 32.

jeweiligen Angemessenheitsgrenze vermieden werden.[1290] Bei der Erhöhung ist auf die tatsächlichen Aufwendungen und nicht auf die Angemessenheitsgrenzen abzustellen.[1291] Umzüge über den kommunalen Vergleichsraum hinaus, sind zur Wahrung der Freizügigkeit nach Art. 11 Abs. 1 GG nicht auf die Aufwendungen am bisherigen Wohnort begrenzt.[1292]

Die Erforderlichkeit ist weiterhin maßgeblich für die Wohnungsbeschaffungskosten und Umzugskosten nach § 22 Abs. 6 SGB II.[1293]

Erforderlich ist der Umzug jedenfalls dann, wenn das Jobcenter den Umzug fordert.[1294] Ein erforderlicher Umzug kann sich einzelnachweislich z.B. durch eine Scheidung, ein Entkommen aus einem negativen Umfeld[1295], einen Wohnungswechsel zur Eingliederung in Arbeit, gesundheitliche oder soziale Gründe[1296] begründen. Mit Blick auf eine Reihe einzelnachweislich aufgeführter beispielhafter Umzugsgründe[1297], ist von einem notwendigen Umzug auszugehen, wenn ein plausibler und nachvollziehbarer Grund einen Nichtleistungsempfänger ebenfalls zum Umzug bewegen würde.[1298] Ebenso darf sich der notwendige Umzug nach dem LSG Sachsen nicht auf eine zumutbare andere Weise beseitigen lassen.[1299] Die Möglichkeit der bloßen Feststellung der Erforderlichkeit des Umzuges existiert nicht, es bedarf des Vorliegens eines konkreten Mietangebotes.[1300]

Das SG Schleswig führt hier begrüßend aus, dass einzelfallabhängig die Prüfung der Erforderlichkeit zeitaufwendig sein kann und aus Sicht des Vermieters,

---

1290 BT-Drucks. 16/1410, 23.

1291 BSG BeckRS 2010, 74230, Rn. 16; LSG Berlin-Brandenburg BeckRS 2016, 66548, Entscheidungsgründe; LSGB Bayern BeckRS 2009, 53228, Rn. I.; Luik, in: Eicher/Luik, SGB II, § 22 Rn. 116 ff.

1292 BSG NZM 2011, 252 (252).

1293 BSG BeckRS 2011, 73297, Rn. 17; Lauterbach, in: Gagel, SGB II, § 22 Rn. 105; Knickrehm, in: Knickrehm/Kreikebohm/Waltermann, Sozialrecht, § 22 SGB II Rn. 43.

1294 BSG BeckRS 2010, 72281, Rn. 14; Luik, in: Eicher/Luik, SGB II, § 22 Rn. 120; Bienert, in: Plagemann, Münchener Anwaltshandbuch, Sozialrecht, § 16 Rn. 243;

1295 Breitkreuz, in: Giesen/Kreikebohm/Rolfs/Udsching, BeckOK, SGB II, § 22 Rn. 18, 21.

1296 BT-Drucks. 16/1410, 23.

1297 Luik, in: Eicher/Luik, SGB II, § 22 Rn. 234.

1298 LSG Sachsen BeckRS 2011, 69308; LSG Berlin-Brandenburg, Az. L 29 AS 1196/09 B ER, juris, Rn. 29; LSG Baden-Württemberg, Az. L 2 AS 302/09, juris, Rn. 21; Flatow/Knickrehm WuM 2018, 465 (476).

1299 LSG Sachsen BeckRS 2010, 70327, Rn. bb).

1300 BSG BeckRS 2011, 73297, Rn. 12 ff.; Breitkreuz, in: Giesen/Kreikebohm/Rolfs/Udsching, BeckOK, SGB II, § 22 Rn. 18.

welcher ein nachvollziehbares Interesse an der Vermietung der Wohnung besitzt, entspricht es der allgemeinen Lebenserfahrung, dass dieser nicht langfristig auf den Abschluss des Vertrages warten möchte.[1301] Dieser möchte die Wohnung zum nächstmöglichen Zeitpunkt (weiter-) vermieten. Eine möglichst frühzeitige Vorlage des Mietangebotes wird hier daher empfohlen.

V. Absetzung der Mietzahlung

Ein probates Mittel zur Zahlungssicherung könnte gem. § 22 Abs. 7 SGB II die Absetzung im Sinne einer Direktzahlung der Kosten der Unterkunft und Heizung an den Vermieter darstellen. Alternativ ist einzelnachweislich eine Abtretung des Leistungsanspruches gem. §§ 398 ff. BGB und die Schuldenübernahmeerklärung bzw. der Schuldbeitritt des Leistungsträgers in Betracht zu ziehen.[1302] Für eine Abtretung wird die Zustimmung der Behörde gem. § 53 Abs. 2 Nr. 2 SGB I vorausgesetzt. Diese sozialrechtliche Form der Leistungserbringung wird jedoch mangels Praxisrelevanz[1303] nicht weiter ausgeführt. Dies gilt ebenso für die zur Absetzung gem. § 22 Abs. 7 SGB II alternativ genannten Sicherungsformen. Dieses hier auf Transparenz, Rechtssicherheit und insbesondere Rechtsanwendbarkeit beruhende Konzept, wendet ausschließlich die sozialrechtlich fixierte Regelung des § 22 Abs. 7 SGB II an. Jene gesetzliche Fixierung wird ohnehin als die praktisch bedeutsamste Form der Sicherstellung des Geldflusses an den Vermieter bezeichnet.[1304]

Innerhalb dieses „sozialrechtlichen Dreiecksverhältnisses“[1305] erfolgt der Geldfluss demnach unmittelbar zwischen dem Leistungsträger und dem Vermieter. Einzelnachweislich ausgeführt kann die Absetzung insbesondere dienlich sein, um aufkommende Probleme erkennen und proaktiv, mittels der Kommunikation zwischen den Mietvertragspartnern, lösen zu können.[1306] Bei einer bestehenden Absetzung ist der Vermieter im Falle der ausbleibenden Zahlung zeitlich unmittelbar in der Lage auf den Mieter zur Mitwirkung gegenüber dem Leistungsträger einzuwirken.

Als Regelfall[1307] wird vereinzelnd die Auszahlung an den Leistungsempfänger und die daran anschließende Leistungsweiterleitung an den Vermieter

---

1301 SG Schleswig, openJur 2011, 92905, Rn. 13.
1302 Hahn NZM 2018, 177 (178).
1303 Flatow NZM 2014, 841 (844).
1304 Hahn NZM 2018, 177 (178).
1305 BGH NJW 2018, 1079 (1079 ff.); Hahn NZM 2018, 177 (178 f.).
1306 Flatow/Knickrehm WuM 2018, 465 (492).
1307 Hahn NZM 2018, 177 (178); Lauterbach, in: Gagel, SGB II, § 22 Rn. 18.

bezeichnet und zugleich die sich daraus ergebende Gefahr der Zweckentfremdung (möglicherweise durch die fehlende Organisationsfähigkeit oder den mangelnden Organisationswillen des Leistungsberechtigten) als Gründe für einen Zahlungsverzug angeführt.[1308]

§ 22 Abs. 7 SGB II stellt eine Anspruchsgrundlage für den Grundsicherungsträger zur Direktleistung an den Vermieter dar.[1309]

Bei dem Anspruch auf Übernahme der Kosten der Unterkunft und Heizung handelt es sich um einen Geldleistungsanspruch im Sinne der §§ 11 S. 1, 47 SGB I, der bei der Grundsicherung für Arbeitssuchende gem. § 42 Abs. 3 S. 1 SGB II durch Überweisung auf das im Antrag angegeben Konto erfüllt wird.[1310]

Im Rahmen des Feststellungsantrages (Anlage Kosten der Unterkunft und Heizung)[1311] kann sich der Leistungsberechtigte bereits zur Absetzung der Kosten der Unterkunft und Heizung an den Vermieter entscheiden. Es handelt sich dabei lediglich um eine Auszahlungsmodalität[1312].

Mit der Mietzahlung an den Vermieter erbringt der Leistungsträger eine Leistung an den Mieter.[1313] Damit wird durch die Direktzahlung der zweckgebundenen Leistung der Leistungsanspruch des Mieters erfüllt.[1314] Der Vermieter hat kein subjektives öffentliches Recht auf Direktzahlung der Miete an einen Dritten i.S.v. § 22 Abs. 7 SGB II.[1315] Ein Leistungsanspruch des Vermieters wird damit nicht begründet.[1316] Auch führt eine Leistungsgewährung nach § 22 Abs. 7 S. 4 SGB II nicht dazu, dass der Vermieter Anspruchsinhaber des Leistungsanspruches wird.[1317] Andernfalls würde § 22 Abs. 7 SGB II eine schriftliche Bestätigung für den Vermieter fixieren.[1318] Besteht eine Absetzung

1308 Hahn NZM 2018, 177 (178).

1309 Breitkreuz, in: Giesen/Kreikebohm/Rolfs/Udsching, BeckOK, SGB II, § 22 Rn. 27; Luik, in: Eicher/Luik, SGB II, § 22 Rn. 241.

1310 BGH NJW 2018, 1079 (1080); Hahn NZM 2018, 177 (178); Lauterbach, in: Gagel, SGB II, § 22 Rn. 18, 128.

1311 Bundesagentur für Arbeit, in: Feststellungsantrag, Anlage Kosten der Unterkunft und Heizung.

1312 BSG openJur 2013, 41756, Rn. 12.

1313 BGH NJW 2018, 1079 (1080); Bayrisches LSG openJur 2013, 6161, Rn. 35 ff.

1314 LSG NRW openJur 2011, 76521, Rn. 54; LSG Schleswig-Holstein BeckRS 2013, 68447; Bayrisches LSG openJur 2013, 6161, Rn. 35.

1315 Breitkreuz, in: Giesen/Kreikebohm/Rolfs/Udsching, BeckOK, SGB II, § 22 Rn. 28; Hahn NZM 2018, 177 (178).

1316 BSG WuM 2018, 792 (792); Bayrisches LSG openJur 2015, 13529, Rn. 22.

1317 BT-Drucks. 17/3404, S. 98.

1318 Bayrisches LSG openJur 2015, 13529, Rn. 39.

und bleibt die Mietzahlung aus, so kann der Vermieter damit den Leistungsträger nicht aufgrund der ausbleibenden Zahlung in Anspruch nehmen. Diese Auslegung entspricht der Gesetzesbegründung[1319].Seitens des Empfangsberechtigten werden damit keine Rechte oder Pflichten gegenüber dem Leistungsträger begründet.[1320] Darüber hinaus ist das Jobcenter nicht als Erfüllungsgehilfe des Mieters anzusehen.[1321] In einer jüngeren Entscheidung hat das BSG jedoch das geltende Recht mit der Rechtsfrage, ob die erhobene Leistungsklage des Vermieters nur auf die Auszahlung der bereits bewilligten Kosten der Unterkunft und Heizung gerichtet sei oder ob darüber hinaus auch Zahlungsansprüche gem. § 22 Abs. 7 S. 2 SGB II abzuleiten sind in Frage gestellt.[1322] Aufgrund der Zurückweisung durch einen absoluten Revisionsgrundes erfolgte keine Sachentscheidung.[1323]

Die Regelung nach § 22 Abs. 7 SGB II unterscheidet die freiwillige Direktzahlung nach auf Antrag des Leistungsberechtigten (S. 1) und die Direktzahlung aufgrund der Gefahr der zweckwidrigen Verwendung durch den Leistungsberechtigten (S. 2). Die unfreiwillige Absetzungsmöglichkeit soll den Leistungsberechtigten vor Obdachlosigkeit schützen und den Grundsatz des Sozialrechts, die Förderung der Eigenverantwortung, zurückstellen.[1324]

Nach § 22 Abs. 7 S. 1 SGB II sind auf Antrag des Leistungsberechtigten die Bedarfe der Kosten der Unterkunft und Heizung an den Vermieter zu leisten. Dies entspricht § 42 Abs. 3 S. 1 SGB II, der eine Zahlung auf das im Antrag[1325] angegebene Konto und nicht eine Zahlung auf das Konto des Antragsstellers fixiert.[1326]

Die ausdrückliche Regelung nach § 22 Abs. 7 S. 1 SGB II entspricht einzelnachweislich dem Grundsatz *volenti non fit iniuria*[1327] und wird ganz vereinzelnd als deklaratorisch bezeichnet.[1328]

1319 BT-Drucks. 17/3404, S. 98.

1320 BT-Drucks. 17/3404, S. 98; LSG Nordrhein-Westfalen BeckRS 2014, 68325; Lauterbach, in: Gagel, SGB II, § 22 Rn. 128; Luik, in: Eicher/Luik, SGB II, § 22 Rn. 241.

1321 BGH NJW 2009, 3781 (3781 ff.).

1322 BSG BeckRS 2016, 121114, Rn. 15.

1323 BSG BeckRS 2016, 121114, Rn. 16.

1324 BT-Drucks. 17/3404, S. 98 f.; Luik, in: Eicher/Luik, SGB II, § 22 Rn. 245; Knickrehm, in: Knickrehm/Kreikebohm/Waltermann, Sozialrecht, § 22 SGB II Rn. 46.

1325 Bundesagentur für Arbeit, in: Feststellungsantrag, Anlage Kosten der Unterkunft und Heizung.

1326 BGH NJW 2018, 1079 (1080); Hahn NZM 2018, 177 (178); Lauterbach, in: Gagel, SGB II, § 22 Rn. 128.

1327 Breitkreuz, in: Giesen/Kreikebohm/Rolfs/Udsching, BeckOK, SGB II, § 22 Rn. 28.

1328 Hahn NZM 2018, 177 (178).

Dem Wortlaut nach handelt es sich um einen Antrag an den Leistungsträger zur Direktleistung der Miete. Dazu bedarf es einer eindeutigen[1329] und formlosen Erklärung des Mieters.[1330]

Mit der Erklärung wird die Einwilligung der Rechtsfolge zur Absetzung der Mietzahlung nach § 22 Abs. 7 S. 1 SGB II durch den Leistungsbezieher abgegeben. Eine solche Erklärung muss gegenüber dem Leistungsträger abgegeben werden, eine formularmäßige Absetzungsvereinbarung im Rahmen des Mietvertrages kommt demnach nicht in Frage. Der Vermieter ist nicht antragsberechtigt.[1331] Ohnehin ist eine formularmäßige Vereinbarung aufgrund § 305c Abs. 1 BGB kritisch zu betrachten. Inhaltlich muss eindeutig erkennbar sein, was der Leistungsberechtigte möchte.[1332]

Die Regelung nach § 22 Abs. 7 S. 4 SGB II bestimmt, dass der Leistungsträger den Leistungsberechtigten über eine Direktzahlung der Leistung für die Unterkunft und Heizung an den Vermieter schriftlich zu unterrichten hat. Diese Unterrichtung ist als Annahme des Antrages in Form eines anfechtbaren Verwaltungsaktes zu definieren.[1333]

Unter Berücksichtigung des § 22 Abs. 7 S. 1 i.V.m. S. 4 SGB II, wäre die Anforderung einer ausschließlich textlichen (insbesondere in Form einer Email) oder konkludenten (durch Vornahme der Absetzung) Bestätigung praxisnäher. Der Verwaltungsaufwand könnte dadurch gesenkt werden.

Die Direktzahlung der Kosten der Unterkunft und Heizung kann der Höhe nach durch den Leistungsträger jederzeit durch eine Sanktion gekürzt oder eingestellt werden. Zugleich steht dem Leistungsträger jedoch auch bei rechtwidrig erteilter Direktzahlung kein Anspruch auf Erstattung der zuvor ausgezahlten Leistungen zu.[1334]

Durch die Veranlassung der Absetzung kann insbesondere der Gefahr der Zweckentfremdung im Sinne einer Risikobegrenzung entgegnet werden.

Auch bindet sich der Mieter in rechtlicher Hinsicht nicht dauerhaft an diese Absetzung, da diese jederzeit durch den Mieter widerrufbar ist.[1335] Der Widerruf

---

1329 SG Leipzig BeckRS 2010, 71996, Rn. II.

1330 Luik, in: Eicher/Luik, SGB II, § 22 Rn. 244; Flatow NZM 2014, 841 (844).

1331 Luik, in: Eicher/Luik, SGB II, § 22 Rn. 244; Breitkreuz, in: Giesen/Kreikebohm/Rolfs/Udsching, BeckOK, SGB II, § 22 Rn. 31.

1332 SG Leipzig BeckRS 2010, 71996.

1333 BSG openJur 2013, 41756, Rn. 12 ff.; Bayrisches LSG openJur 2015, 13529, Rn. 19 ff.; Luik, in: Eicher/Luik, SGB II, § 22 Rn. 228, 249.

1334 Bayrisches LSG openJur 2013, 6161, Rn. 43.

1335 Flatow NZM 2014, 841 (844); Luik, in: Eicher/Luik, SGB II, § 22 Rn. 244.

scheint jedoch mit Blick auf die Aussage innerhalb eines Experteninterviews selten zu sein.[1336]

Wird die Mietzahlung nicht freiwillig abgesetzt oder die Direktzahlung widerrufen, wird einzelnachweislich von einer nicht unsachgemäßen Benachteiligung des Vermieters gesprochen, da dieser durch die freie Wahl des Geschäftspartners das Insolvenzrisiko zu tragen hat.[1337] Das Argument der Vertragsfreiheit vermag an dieser Stelle nicht überzeugen, da die tatsächliche Mieterauswahl abhängig von der aktuellen Wohnungsmarktlage und der Marktstellung des Vermieters ist. Beispielsweise tragen regelmäßig schwerpunktmäßig regional tätige Wohnungsunternehmen eine soziale Verantwortung zur Wohnraumversorgung der breiten Bevölkerungsschicht. Zu befürworten ist jedoch, dass eine unterlassene Direktleistung nicht per se eine Benachteiligung des Vermieters darstellt.

Nach einer Expertenaussage ist zustimmend von einer Benachteiligung erst im Zeitmoment des Eintrittes eines Zahlungsverzuges auszugehen, der durch eine Direktleistung hätte verhindert werden könnte.[1338] Darüber hinaus wird als Voraussetzungen für ein effektives Arbeiten unter anderem die Absetzung der Mietzahlungsansprüche angeführt.[1339]

Eine innerhalb des Mietvertrags fixierte Absetzung hat rechtlich keine bindende Wirkung, da diese gem. § 22 Abs. 7 S. 1 SGB II unmittelbar bei der entsprechenden Behörde, beispielsweise im Zeitpunkt des ersten Leistungsantrages nach § 37 SGB II, beantragt werden muss.[1340]

Innerhalb der Absetzungserklärung stellt der Mieter den Antrag auf Direktleistung der Mietzahlung gem. § 22 Abs. 7 S. 1 SGB II. Neben des Antrages auf Direktzahlung der Miete, wird hier zeitgleich die Absicherung der Datenschutzkonformität der Kommunikation zwischen dem Vermieter und dem Leistungsträger[1341] empfohlen. Aufgrund der Verarbeitung personenbezogener Daten ist der sachliche Anwendungsbereich gem. Art. 2 Abs. 1 DS-GVO eröffnet. Aus diesem Grund muss die Absetzungserklärung ebenso dem Kopplungsverbot gem. Art. 7 Abs. 4 DS-GVO entsprechen. Auch dies spricht damit für eine Separierung.

1336 Z. 347 ff. Anhang III dieser Ausarbeitung.

1337 Breitkreuz, in: Giesen/Kreikebohm/Rolfs/Udsching, BeckOK, SGB II, § 22 Rn. 31.

1338 Z. 355 ff. Anhang III dieser Ausarbeitung.

1339 Z. 179 ff. Anhang IV dieser Ausarbeitung.

1340 Bayrisches LSG openJur 2015, 13529, Rn. 43, Luik, in: Eicher/Luik, SGB II, § 22 Rn. 244; Hahn NZM 2018, 177 (179); Knickrehm, in: Knickrehm/Kreikebohm/Waltermann, Sozialrecht, § 22 SGB II Rn. 45.

1341 3. Teil, P. dieser Ausarbeitung.

Zur Sicherung der regelmäßigen Mietzahlung wird hier die Hinführung des Mieters zur Realisierung der Absetzung der Mietzahlung empfohlen. Ganz vereinzelnd wird zustimmend ausgeführt, dass eine solche Absetzung insbesondere einen in Zahlungsschwierigkeiten befindlichen Mieter schützen kann, da unter anderem etwaige Zwangsvollstreckungen die Kosten der Unterkunft und Heizung nicht betreffen, sofern eine Direktleistung an den Vermieter erfolgt.[1342]

Bei der Abgabe der Absetzungserklärung wird zwischen zum Zeitpunkt des Mietvertragsabschluss im Leistungsbezug stehenden und zukünftig leistungsberechtigten Kunden differenziert.

Sofern der Mieter bereits bei Mietvertragsabschluss im Leistungsbezug nach dem SGB II steht, wird hier empfohlen bereits im Rahmen des Vertragsabschlusses auf die Abgabe der Absetzungserklärung hinzuwirken. In diesem Zusammenhang sind die Gegenargumente des „erhöhten Verwaltungsaufwandes und der geringen Chance auf die Bestätigung durch das Jobcenter“[1343] zu vernachlässigen. Dieser strategisch sinnvollste Abgabezeitpunkt begründet sich durch den in diesem Moment bestehenden engen Kontakt zum künftigen Vertragspartner. Weiterhin handelt es sich in diesem Moment um ein regelmäßig kooperatives und unbelastetes Verhältnis.

Ein entsprechendes Gestaltungsbeispiel für eine solche Erklärung befindet sich im Anhang dieser Ausarbeitung.[1344] Bestätigt wird diese Erklärung mittels einer Unterschrift des leistungsberechtigten Mieters. Der Vermieter agiert in diesem Zusammenhang lediglich als Bote. Damit soll eine sach- und fristgerechte Übermittlung an den Leistungsträger sichergestellt werden. Bei Mietern dessen Leistungsbezug erst im Laufe des Mietverhältnisses beginnt, wird die Realisierung der Direktleistung hier ebenso als zielführend erachtet.

Tritt der Vertragspartner während des Mietverhältnisses in den Leistungsbezug, erfolgt im Idealfall eine vom Mieter ausgehende Kommunikation. Dies ist Praxis jedoch regelmäßig nicht der Fall. Nach § 22 Abs. 1 S. 1 SGB II benötigt der Leistungsträger zur Prüfung der Angemessenheit jedoch die Angabe mietvertragsbezogener Daten. Auf Verlangen des Mieters, gibt der Vermieter diese regemäßig im Rahmen einer Mietbescheinigung an, sodass bereits in diesem Kontaktmoment auf die Abgabe einer Absetzungserklärung hinzuwirken ist.

Nach § 22 Abs. 7 S. 2 SGB II soll der Bedarf für Unterkunft und Heizung an den Vermieter gezahlt werden, wenn die zweckentsprechende

1342 Flatow/Knickrehm WuM 2018, 465 (478).

1343 Flatow NZM 2014, 841 (844).

1344 Anhang X dieser Ausarbeitung.

Verwendung durch die leistungsberechtigte Person nicht sichergestellt ist. Gem. § 22 Abs. 7 S. 3 Nr. 1 SGB II soll der Leistungsträger an den Vermieter leisten, wenn insbesondere Mietrückstände bestehen, die zu einer außerordentlichen Kündigung berechtigen. Dieser Tatbestand knüpft unmittelbar an den frühestmöglichen Kündigungszeitpunkt[1345] an. Weitere hier einschlägige Fallbeispiele können die nicht zweckentsprechende Mittelverwendung aufgrund krankheits- oder suchtbedingten Unvermögen (Nr. 2) und die Eintragung der leistungsberechtigten Person in das Schuldnerverzeichnis (Nr. 3) sein. Durch den Charakter einer nicht abschließenden Aufzählung sind darüber hinaus ebenso stark („gravierend")[1346] gewichtete Gründe, die eine Absetzung an den Vermieter rechtfertigen würden, denkbar. Die Vornahme dieser Absetzung liegt im Ermessen des Leistungsträgers.[1347]

Für eine möglichst großzügige Anwendung spricht, dass die Ermessensentscheidung bereits durch das „soll" intendiert ist und daher nur in atypischen Fällen abzulehnen ist.[1348] Die Vorschrift ist jedoch darüber hinaus aufgrund des Grundsatzes der Förderung der Eigenverantwortung (gem. § 1 Abs. 2 S. 1 SGB II) und des Grundrechts auf informationelle Selbstbestimmung restriktiv auszulegen.[1349] Weiterhin kontrahiert eine vorschnelle Absetzung die Zielsetzung der Eigenverantwortung.[1350]

Es stehen das persönliche Interesse des Leistungsempfängers an der eigenverantwortlichen Bedarfsdeckung (§ 20 Abs. 1 S. 3 SGB II) und das öffentliche Interesse an der Vermeidung von Mietschulden (§ 22 Abs. 8 S. 3 SGB II) gegenüber.[1351]

1345 3. Teil, F. dieser Ausarbeitung.

1346 Luik, in: Eicher/Luik, SGB II, § 22 Rn. 245.

1347 Breitkreuz, in: Giesen/Kreikebohm/Rolfs/Udsching, BeckOK, SGB II, § 22 Rn. 28; „geboten" Lauterbach, in: Gagel, SGB II, § 22 Rn. 130; „gebundenes Ermessen" Luik, in: Eicher/Luik, SGB II, § 22 Rn. 241.

1348 Hahn NZM 2018, 177 (180); Breitkreuz, in: Giesen/Kreikebohm/Rolfs/Udsching, BeckOK, SGB II, § 22 Rn. 31.

1349 LSG Baden-Württemberg, Az. L 12 AS 2016/11, juris, Rn. 19; LSG Berlin-Brandenburg BeckRS 2006, 42456, Rn. II. 2.; Luik, in Eicher/Luik, SGB II, § 22 Rn. 245; Knickrehm, in: Knickrehm/Kreikebohm/Waltermann, Sozialrecht, § 22 SGB II Rn. 45; Lauterbach, in: Gagel, SGB II, § 22 Rn. 130 f.

1350 BT-Drucks. 17/3404, S. 99.

1351 Breitkreuz, in: Giesen/Kreikebohm/Rolfs/Udsching, BeckOK, SGB II, § 22 Rn. 28; Knickrehm, in: Knickrehm/Kreikebohm/Waltermann, Sozialrecht, § 22 SGB II Rn. 45 f.

Mit Blick auf das erst genannte Regelbeispiel gewinnt der frühestmögliche Kündigungszeitpunkt erneut an Bedeutung. Dazu genügt bereits die Erfüllung eines Kündigungstatbestandes.[1352] Demgegenüber reicht einzelnachweislich eine drohende oder einmalig zweckwidrige Mittelverwendung nicht aus.[1353] Die Gefahr einer zukünftig zweckwidrigen Verwendung wird erst angenommen, wenn der Leistungsberechtigte bereits im Leistungsbezug der Kosten der Unterkunft und Heizung stand und diese entsprechend zweckwidrig verwendet hat.[1354]

Mit Blick auf die statistische Ursache für die Entstehung von Schulden[1355] wird deutlich, dass auch das Regelbeispiel nach § 22 Abs. 7 S. 3 Nr. 3 SGB II hier bedeutsam ist. Konkrete Anhaltspunkte für krankheits- oder suchtbedingtes Unvermögen zur zweckentsprechenden Mittelverwendung sind daher ebenfalls als Begründung für eine Absetzung praxisrelevant. Die Prokrastination wird als eine der Ursachen für die Entstehung von Mietschulden angeführt.[1356]

Abhängig der Charakterisierung der Prokrastination als einer Krankheit, könnte es sich damit entweder um einen Fall des Regelbeispiels nach Nr. 3 oder um einen gleichgewichtigen weiteren Grund handeln.

Darüber hinaus können gem. § 22 Abs. 7 S. 3 Nr. 4 SGB II konkrete Anhaltspunkte dafür, dass die im Schuldnerverzeichnis eingetragene leistungsberechtigte Person die Mittel nicht zweckentsprechend verwendet, für eine Absetzung ausreichen. Das Vorliegen eines konkreten Anhaltspunktes ist beispielsweise eine zurückliegende zweckwidrige Mittelverwendung.[1357] Das Schuldnerverzeichnis führt das zentrale Vollstreckungsgericht gem. § 882h Abs. 1 ZPO. Jenes könnte insbesondere im Zusammenhang mit einem vor oder in der Insolvenz befindlichen Schuldner relevant sein. Wird beispielsweise eine Bonitätsauskunft i.S.v. § 882f ZPO eingeholt, kann die Anzeige von Negativmerkmalen eine entsprechende Eintragung wiedergeben. Negativ wird z.B. die von Amts wegen zu erfolgende Eintragung der Nichtabgabe der Vermögensauskunft

1352 Lauterbach, in: Gagel, SGB II, § 22 Rn. 133; Knickrehm, in: Knickrehm/Kreikebohm/Waltermann, Sozialrecht, § 22 SGB II Rn. 46; Luik, in: Eicher/Luik, SGB II, § 22 Rn. 246.

1353 Luik, in Eicher/Luik, SGB II, § 22 Rn. 245.

1354 BT-Drucks. 15/1516, S. 57.

1355 Statistisches Bundesamt, in: Hauptauslöser für Überschuldungen.

1356 3. Teil, Q., V. dieser Ausarbeitung.

1357 Luik, in: Eicher/Luik, SGB II, § 22 Rn. 246; Lauterbach, in: Gagel, SGB II, § 22 Rn. 133; Knickrehm, in: Knickrehm/Kreikebohm/Waltermann, Sozialrecht, § 22 SGB II Rn. 46.

gem. § 882c Abs. 1 Nr. 1 ZPO vermerkt. Auch wird aufgeführt, sofern gem. § 882c Abs. 1 Nr. 2 ZPO die Vollstreckung nach Inhalten des Vermögensverzeichnisses nicht für eine vollständige Befriedigung des Gläubigers ausreicht.

Liegt die Erfüllung eines der vorgenannten Regelbeispiele vor, so ist der Transferleistungsträger in Kenntnis zu setzen. Zielsetzung ist die unmittelbare Absetzung i.S.v. § 22 Abs. 7 S. 2 SGB II. Fokussiert wird erneut der frühestmögliche Kündigungszeitpunkt, da dessen Erfüllung bereits zur Absetzung ausreicht.

VI. Übernahme sonstiger Leistungen

Neben den Leistungen für die Kosten der Unterkunft und Heizung ist der Leistungsbezieher möglicherweise anspruchsberechtigt hinsichtlich weiterer Leistungen gem. § 22 Abs. 6 SGB II.

Ein derartiger Anspruch kann die Wohnungsbeschaffungskosten, die Umzugskosten und die Übernahme der Mietkaution umfassen. Sind die Tatbestandsvoraussetzungen des gem. § 22 Abs. 6 S. 2 SGB II gegeben, so hat der Leistungsträger, sofern kein atypischer Ausnahmefall vorliegt, die Zusicherung i.S.v. § 34 SGB X zu erteilen und die Bedarfe anzuerkennen.[1358] Der Zusicherung bedarf es nicht, wenn eine fristgerechte Entscheidung durch den Transferleistungsträger treuwidrig verzögert wurde.[1359]

Die Zusicherung nach § 22 Abs. 6 S. 2 SGB II setzt nicht die Erforderlichkeit, sondern die Notwendigkeit des Umzuges voraus. Damit kann letztlich nur die Erforderlichkeit nach § 22 Abs. 1 S. 2 SGB II gemeint sein.[1360] Abzugrenzen von der Erforderlichkeit ist die Veranlassung des Umzuges durch den kommunalen Träger.[1361]

Handelt es sich bei der neuen Wohnung um eine kostenunangemessene Wohnung, so erfüllt dies weder die Voraussetzung der Veranlassung, noch die der Notwendigkeit.[1362]

Unter Wohnungsbeschaffungskosten subsumierbar sind unter anderen doppelten Mietaufwendungen. Dies ist z.B. der Fall, „wenn der Auszug aus der

1358 BeckRS 2010, 72281, Rn. 14 ff.; Breitkreuz, in: Giesen/Kreikebohm/Rolfs/Udsching, BeckOK, SGB II, § 22 Rn. 22; Lauterbach, in: Gagel, SGB II, § 22 Rn. 123.

1359 BSG, JurionRS 2010, 21726, Rn. 13.

1360 Breitkreuz, in: Giesen/Kreikebohm/Rolfs/Udsching, BeckOK, SGB II, § 22 Rn. 22, Lauterbach, in: Gagel, SGB II, § 22 Rn. 122.

1361 BeckRS 2010, 72281, Rn. 14; Lauterbach, in: Gagel, SGB II, § 22 Rn. 122; Bienert, in: Plagemann, Münchener Anwaltshandbuch, Sozialrecht, § 16 Rn. 249.

1362 BSG BeckRS 2014, 73507, Rn. 24 ff.

bisherigen Wohnung notwendig war und deswegen die Mietzeiträume wegen der Kündigungsfrist nicht nahtlos aufeinander abgestimmt werden konnten"[1363]. Überschneidungen sind seitens des Leistungsträgers zu vermeiden. Überschneidungen von einem Monat gelten diesbezüglich jedoch als kaum vermeidbar und sind als unproblematisch anzusehen.[1364]

Auch Umzugskosten werden als Bedarf nach § 22 Abs. 6 S. 1 SGB II anerkannt. Dies umfasst beispielsweise typische Umzugskosten wie die Transport- oder Einlagerungskosten.[1365]

Ebenso hat der Leistungsbezieher gem. § 22 Abs. 6 S. 1 SGB II die Möglichkeit zur Beantragung der darlehensmäßigen Übernahme der Sicherheitsleistung gem. § 22 Abs. 6 S. 3 SGB II. Hintergrund der Übernahme ist, dass die Kaution als Sicherungsmittel dient und im Regelfall an den Leistungsberechtigten zurückfließt.[1366] Berücksichtigt wird nach dem LSG Baden-Württemberg zudem, ob die für eine vorherige Wohnung gestellte Sicherheitsleistung verfügbar ist.[1367] Hier zu beachten ist, dass ein Mietvertrag erst nach Zusicherung des Leistungsträgers zu schließen ist. Das heißt im Vermietungsprozess ist dem Leistungsträger zunächst ein entsprechendes Mietangebot zur Prüfung vorzulegen. Andernfalls besteht die Gefahr, dass die Übernahme der Kaution nicht zugesichert wird, da die Notwendigkeit der Zusicherung für das Finden einer entsprechende Wohnung (vgl. § 22 Abs. 6 Alt. 2 SGB II) nicht mehr gegeben ist, da der Leistungsträger bereits ein Mietverhältnis eingegangen ist und ihm damit bereits eine Wohnung zur Verfügung steht.[1368]

Bei der Sicherheitsleistung i.S.v. § 551 BGB handelt es sich für den Mieter um eine nicht unerhebliche finanzielle Belastung zu Beginn eines Mietverhältnisses. Meist ist die Sicherheitsleistung des vorherigen Mietverhältnisses noch nicht ausbezahlt und die Hinterlegung für das neue Mietverhältnis wird bereits,

---

1363 LSG NRW, openJur 2011, 76533, Rn. 15.

1364 Breitkreuz, in: Giesen/Kreikebohm/Rolfs/Udsching, BeckOK, SGB II, § 22 Rn. 23; Lauterbach, in: Gagel, SGB II, § 22 Rn. 118.

1365 Lauterbach, in: Gagel, SGB II, § 22 Rn. 119; Knickrehm, in: Knickrehm/Kreikebohm/Waltermann, Sozialrecht, § 22 SGB II Rn. 41; Luik, in: Eicher/Luik, SGB II, § 22 Rn. 226.

1366 BT-Drucks. 16/688, S. 14.

1367 LSG Baden-Württemberg BeckRS 2010, 774431.

1368 Umkehrschluss aus BSG BeckRS 2010, 72281, Rn. 13; LSG Bayern BeckRS 2011, 70049, Rn. 15; Flatow/Knickrehm WuM 2018, 465 (476 f.); Luik, in Eicher/Luik, SGB II, § 22 Rn. 228 f.; Lauterbach, in: Gagel, SGB II, § 22 Rn. 103.

zumindest in Höhe eines Drittels der Gesamtsumme (vgl. § 551 Abs. 2 S. 2 BGB), gefordert.

Solange der Darlehensnehmer gem. § 42a Abs. 2 S. 1 SGB II Regelleistungen bezieht, erfolgt die Rückzahlung durch eine monatliche Aufrechnung i.H.v. zehn Prozent des Regelbedarfs. Diese beginnt ab dem Monat, der auf die Auszahlung folg.[1369] Bei Beendigung des Mietverhältnisses ist gem. § 42a Abs. 3 S. 1 SGB II der nicht getilgte Darlehensbetrag fällig.[1370]

Die Rückzahlungsmodalitäten des gewährten Darlehens beeinflussen den Vermieter nur mittelbar. Für den Vermieter ist lediglich wissenswert, dass der Mieter dieses Darlehen mittels der zuvor dargestellten Aufrechnung zurückzahlt und seine Liquidität dementsprechend belastet wird.

Durch Wohnungsbeschaffungs-, Renovierungs- und Erstausstattungskosten, zzgl. einer zu hinterlegenden Sicherheitsleistung wird der Mieter zu Beginn des Mietverhältnisses wirtschaftlich gefordert. Das Mietausfallrisiko in diesem Moment als „abstrakt“[1371] zu deklarieren erscheint hier praxisfern. Sofern darüber hinaus die Übernahme der sonstigen Kosten i.S.v. § 22 Abs. 6 SGB II abgelehnt wird, besteht insbesondere zu Beginn des Mietverhältnisses ein erhöhtes Forderungsausfallrisiko.

VII. Übernahme von Mietschulden

Die Möglichkeit der Schuldenübernahme durch das Jobcenter gem. § 22 Abs. 8 SGB II ist einzelnachweislich als häufiger Grund für die Tilgung offener Forderungen angeführt.[1372] Dieses Vorgehen bestätigt das eigentliche Ziel der Absicherung des Mietverhältnisses bei unabweisbaren Schulden.[1373]

Diese Regelung wird vereinzelnd auch als Ausnahme von dem Grundsatz des SGB II und SGB XII gesehen, der besagt, dass keine Schulden übernommen werden sollen.[1374]

Nach § 22 Abs. 8 S. 1 SGB II können Schulden übernommen werden, soweit dies zur Sicherung der Unterkunft oder zur Behebung einer vergleichbaren

1369 BSG NJW 2019, 1970 (1974); Luik, in: Eicher/Luik, SGB II, § 22 Rn. 240; Lauterbach, in: Gagel, SGB II, § 22 Rn. 125.

1370 BSG NJW 2019, 1970 (1972); Luik, in: Eicher/Luik, SGB II, § 22 Rn. 240; Lauterbach, in: Gagel, SGB II, § 22 Rn. 125.

1371 Flatow NZM 2014, 841 (844).

1372 Rave, in: 04/2014 Verbandsmagazin gdw, S. 13.

1373 BT-Drucks. 16/688, S. 14.

1374 Lauterbach, in: Gagel, SGB II, § 22 Rn. 135.

Notlage gerechtfertigt ist. Zur Übernahmefähigkeit der Mietschulden bedarf es noch keines bestehenden Leistungsbezuges, es genügt die entsprechende Anspruchsberechtigung nach dem SGB II.[1375]

Diese Regelung stellt dem Wortlaut nach eine „Kann-Entscheidung“ dar. Jenes Ermessens ist im Rahmen einer umfassenden Gesamtschau zur Beachtung der (besonderen) Umstände des Einzelfalles auszuüben.[1376] Zu dieser umfassenden Gesamtschau zählt neben der Verschuldensursache und -höhe auch eine Zukunftsprognose, ob die Schuldenübernahme langfristig zur Sicherung der Wohnung führt. Auch relevant ist es, ob besonders schutzbedürftige Personen, wie etwa Kinder oder körperlich eingeschränkte Menschen, Teil der Haushaltsgemeinschaft sind. Ebenfalls ausschlaggebend ist, ob es sich bei der Verschuldung um eine erstmalige oder erneute Situation handelt.[1377] Die Schuldenübernahmemöglichkeit scheidet damit aus, wenn diese nicht zur langfristigen Sicherung der bisherigen Unterkunft geeignet ist, da keine Aussicht auf eine erforderliche Verhaltensänderung besteht.[1378]

Unter Schulden werden in diesem Kontext alle Verbindlichkeiten des Hilfebedürftigen aus dem Mietverhältnis verstanden.[1379] Dies umfasst ausschließlich bereits entstandene Schulden.[1380]

In Abgrenzung zu § 22 Abs. 8 S. 1 SGB II, sollen nach S. 2 dieser Regelung die Mietschulden übernommen werden, wenn sonst eine Wohnungslosigkeit einzutreten droht.

1375 LSG Berlin-Brandenburg BeckRS 2009, 54195.

1376 BSG BeckRS 2011, 65326, Rn. 27; LSG Berlin-Brandenburg NZS 2017, 557; LSG Sachsen-Anhalt BeckRS 2011, 77171, Rn. II. 2. a) aa); SG Bremen BeckRS 2009, 69133, Rn. II. 1.; Lauterbach, in: Gagel, SGB II, § 22 Rn. 138; Breitkreuz, in: Giesen/Kreikebohm/Rolfs/Udsching, BeckOK, SGB II, § 22 Rn. 3.

1377 DV, Empfehlungen zur Übernahme von Mietschulden und Energiekostenrückständen im SGB II und SGB XII, S. 22.

1378 BSG BeckRS 2011, 65326, Rn. 23, 26; LSG Niedersachsen-Bremen, Az. L 7 AS 170/16 B ER, juris, 1. LS; LSG Sachsen-Anhalt BeckRS 2010, 67699, Rn. I; Piepenstock, in: Schlegel/Voelzke, juris PraxisKommentar SGB II, § 22 Rn. 244.

1379 Breitkreuz, in: Giesen/Kreikebohm/Rolfs/Udsching, BeckOK, SGB II, § 22 Rn. 30, Lauterbach, in: Gagel, SGB II, § 22 Rn. 135, Luik, in: Eicher/Luik, SGB II, § 22 Rn. 258.

1380 Lauterbach, in: Gagel, SGB II, § 22 Rn. 135, Luik, in: Eicher/Luik, SGB II, § 22 Rn. 256 ff.; LSG Berlin-Brandenburg BeckRS 2009, 65246.

Sind die Kosten der Unterkunft und Heizung unangemessen, soll eine Schuldenübernahme grundsätzlich ausscheiden, da eine solche Wohnung nicht langfristig erhalten werden soll.[1381]

Eine gegensätzliche Entscheidung spricht für die Übernahme der Mietschulden, unabhängig der Angemessenheit, bis zum Umzug in eine angemessene Wohnung und begründet die damit, dass alle Maßnahmen zur Sicherung der Unterkunft fiskalisch gesehen günstiger sind, als die Behebung einer eingetretenen Obdachlosigkeit.[1382]

Die Schuldenübernahme soll nach S. 4 dieser Regelung als Darlehen erfolgen. Eine Übernahme als Zuschuss kommt nur in Ausnahmefällen in Betracht.[1383] Für jede Schuldenübernahme bedarf es eines Antrages des Leistungsberechtigten.[1384]

Die Soll-Bestimmung nach § 22 Abs. 8 S. 2 SGB II deutet bereits durch eine differenzierte Begriffsverwendung auf eine Reduzierung des Ermessens hin. Nach dem BSG ist eine Schuldenübernahme lediglich in atypischen Fällen abzulehnen.[1385] Ein bloßes unwirtschaftliches Verhalten reicht nicht aus.[1386] Einzelnachweislich liegt ein atypischer Fall beispielsweise vor, wenn eine Hilfebedürftigkeit gezielt herbeigeführt und dies mit einem Antrag auf Schuldenübernahme verbunden worden ist.[1387] Nach § 22 Abs. 8 S. 2 SGB II sollen die Schulden übernommen werden, wenn dies gerechtfertigt und notwendig ist, weil andernfalls eine Wohnungslosigkeit einzutreten droht. Droht diese und ist demnach keine Alternativwohnung verfügbar, ist von einer Ermessensreduzierung auszugehen. Eine drohende Wohnungslosigkeit setzt voraus, dass eine Nichtübernahme eine mit sehr hoher Wahrscheinlichkeit eintretende Wohnungslosigkeit zur Folge hat und der Leistungsberechtigte darüber hinaus erhebliche Schwierigkeiten haben werde eine geeignete und angemessene Wohnung

---

1381 BSG 17.06.2010 BeckRS 2011, 65326, Rn. 25 ff.; BSG BeckRS 2011, 65326, Rn. 30; LSG Berlin-Brandenburg BeckRS 2009, 65246, Gründe; Lauterbach, in: Gagel, SGB II, § 22 Rn. 138; Knickrehm, in: Knickrehm/Kreikebohm/Waltermann, Sozialrecht, § 22 SGB II Rn. 47a.

1382 LSG Niedersachsen-Bremen BeckRS 2009, 61735.

1383 BSG BeckRS 2015, 65602 Rn. 17.

1384 BSG BeckRS 2015, 65602 Rn. 15.

1385 BSG BeckRS 2011, 65326, Rn. 33; LSG Berlin-Brandenburg BeckRS 2009, 54195, Rn. II.

1386 BSG BeckRS 2011, 65326, Rn. 33.

1387 DV, Empfehlungen zur Übernahme von Mietschulden und Energiekostenrückständen im SGB II und SGB XII, S. 23.

zu finden.[1388] Unerheblich ist, dass der Wohnungsmarkt als allgemein entspannt gilt oder es anderen Hilfebedürftigen regelmäßig gelingt einen Ersatzwohnraum zu finden.[1389] Neben der drohenden Wohnungslosigkeit darf darüber hinaus keine angemessene Ersatzwohnung vorhanden sein.[1390] Liegt dagegen eine konkret verfügbare, angemessene und anmietbare Wohnung vor, besteht keine drohende Wohnungslosigkeit.[1391]

Die Werthaltigkeit der Mietschulden ist letztlich an den Erhalt des Wohnraumes geknüpft. Dies verstärkt hier die Zielsetzung der Wohnraumerhaltung. Erst mit der Erhaltung des Wohnraumes weisen die Mietschulden noch eine gewisse Werthaltigkeit auf, welche unter zur Hilfenahme sozialrechtlichen Regelungen realisierbar sind. Überspitzt ausgedrückt, sind Mietschulden von wegziehenden Mietern sozialrechtlich gesehen, aufgrund dem Wegfall der drohenden Wohnungslosigkeit, lediglich „Schulden zweiter Klasse".

Auffällig ist, dass es dem Wortlaut nach bereits als ausreichend erscheint, dass eine Wohnungslosigkeit droht. Der Vermieter muss demnach noch nicht mal die Kündigung ausgesprochen haben. Es reicht die Androhung der Wohnungslosigkeit.[1392] Nach dem LSG Brandenburg genügt ebenso eine in Aussicht gestellte Kündigung.[1393] Dem LSG Berlin-Brandenburg nach, ist jedoch eine bloße Androhung oder bereits ausgesprochene Kündigung nicht ausreichend.[1394]

Grundsätzlich ist davon auszugehen, dass eine drohende Wohnungslosigkeit vorliegt, wenn der Mieter die Fortsetzung nicht mehr in der eigenen Hand hat, die Kündigung demnach ausgesprochen ist und die Räumungsklage ansteht.[1395] Dies bestätigt, dass das Aussprechen der Kündigung und der Ablauf der Ziehfrist

1388 BSG BeckRS 2011, 65326, Rn. 27 ff.; Lauterbach, in: Gagel, SGB II, § 22 Rn. 140; Knickrehm, in: Knickrehm/Kreikebohm/Waltermann, Sozialrecht, § 22 SGB II Rn. 47a.

1389 BSG BeckRS 2011, 65326, Rn. 30.

1390 BSG BeckRS 2011, 65326, Rn. 30; LSG Sachsen-Anhalt BeckRS 2016, 67068, 2. amtl. LS; Knickrehm, in: Knickrehm/Kreikebohm/Waltermann, Sozialrecht, § 22 SGB II Rn. 47a.

1391 BSG BeckRS 2011, 65326, Rn. 25 ff.; Krauß, in: Knickrehm/Kreikebohm/Waltermann, Sozialrecht, § 36 SGB XII Rn. 7.

1392 Breitkreuz, in: Giesen/Kreikebohm/Rolfs/Udsching, BeckOK, SGB II, § 22 Rn. 30; Krauß, in: Knickrehm/Kreikebohm/Waltermann, Sozialrecht, § 36 SGB XII Rn. 7.

1393 LSG Brandenburg BeckRS 2017, 127525, Rn. 3.

1394 LSG Berlin-Brandenburg BeckRS 2016, 69276, Rn. II.

1395 BVerfG BeckRS 2016, 45389, Rn. 5; LSG Nordrhein-Westfalen, BeckRS 2017, 101763, Rn. 24 ff.; LSG Baden-Württemberg, BeckRS 2016, 73453, Rn. 11 f.; LSG Sachsen BeckRS 2010, 70327, Rn. II. 3. bb) (1).

als ausreichend anzusehen ist.[1396] In Abgrenzung zur ordentlichen Kündigung geht das LSG Nordrhein-Westfalen ebenso bereits beim Vorliegen einer außerordentlichen Kündigung von einer drohenden Wohnungslosigkeit aus.[1397] Zuvor wurde von einer drohenden Wohnungslosigkeit erst ab Zustellung einer Räumungsklage[1398] ausgegangen. Das LG Berlin ging im Forderungsprozess zeitlich noch weiter und stellte die drohende Wohnungslosigkeit erst mit Ankündigung der Räumung im Wege der Zwangsvollstreckung[1399] fest.

Nach dem LSG Nordrhein-Westfalen, unter Verweis auf weitere Rechtsprechungen, sei es einem Betroffenen nicht zuzumuten „eine Kündigung hinzunehmen, eine Räumungsklage abzuwarten und auf die nachfolgende Beseitigung der Kündigung zu hoffen“[1400].

Unter zusätzlicher Beachtung der bundesverfassungsgerichtlichen Rechtsprechung, ist damit ein Abstellen auf den Zeitpunkt der Zustellung der Räumungsklage nicht anzunehmen. Dabei wird dieser Zeitpunkt als starr und verspätet bezeichnet, welcher wiederum zu einer erheblichen Beeinträchtigung der Rechtsstellung des Mieters und damit zur Überspannung der Anforderungen führt.[1401] Die Frage ob bereits die bloße Androhung oder das Aussprechen der Kündigung als ausreichend im Sinne einer drohenden Wohnungslosigkeit anzusehen ist, bleibt jedoch weiterhin unbeantwortet.

Im äußersten Zweifel erfüllt die hier im Sinne des frühestmöglichen Kündigungszeitpunktes auszusprechende Kündigung zwar (noch) nicht die Voraussetzung der konkret drohende Wohnungslosigkeit, doch sie ist zumindest als unerlässlich erster Schritt zur Erfüllung dieser Voraussetzung anzusehen und demnach von außerordentlicher Bedeutung. Aufgrund der erst spätestens mit der Zustellung der Räumungsklage erfüllbaren drohenden Wohnungslosigkeit[1402], ist daher eine zeitliche Straffung dieses Prozesses wichtig.

Bei der Klärung der Frage, ob eine drohende Wohnungslosigkeit vorliegt, wird es letztlich auf die konkreten Umstände des Einzelfalles und ebenso auf die derzeit zuständige Gerichtsbarkeit ankommen.

1396 SG Dresden BeckRS 2009, 34688, amtl. Ls.; Luik, in: Eicher/Luik, SGB II, § 22 Rn. 262

1397 LSG Nordrhein-Westfalen, Az. L 7 AS 231/15 B ER, juris, Rn. 5; LSG Nordrhein-Westfalen infoalso 2015, 216 (216, 219).

1398 LSG Nordrhein-Westfalen, Az. L 12 AS 352/12 B ER, juris, Rn. 23.

1399 LSG Berlin-Brandenburg BeckRS 2011, 67903, Gründe.

1400 LSG Nordrhein-Westfalen infoalso 2015, 216 (219).

1401 BVerfG NZM 2018, 212 (212).

1402 BVerfG NZM 2018, 212 (212).

Anzumerken ist, dass durch die Schuldenübernahme lediglich die außerordentliche Kündigung unwirksam wird. Eine hilfsweise ordentliche Kündigung hat weiterhin Bestand.[1403] Auf die Durchsetzung der ordentlichen Kündigung muss der Vermieter im Sinne von § 242 BGB auch dann nicht verzichten, wenn die Schuldenübernahme seitens des Leistungsträgers angeboten wird.[1404] Der Anwendungsbereich des § 22 Abs. 8 SGB II wird als eingeschränkt bezeichnet[1405] und das Jobcenter sollte einem hier zu unterstützenden Einzelnachweis nach, auf die Rücknahme der ordentlichen Kündigung hinwirken[1406]. Aus diesem Grund ist weiter ausgeführt, dass die Möglichkeit der Schuldenübernahme seitens des Leistungsträgers als Verhandlungsmasse gegenüber dem Vermieter für eine dauerhafte Fortführung des Mietverhältnisses zu verstehen ist.[1407]

Gibt der Vermieter keine entsprechende Rücknahmeerklärung hinsichtlich der ordentlichen Kündigung ab, dient die Übernahme des Mietrückstands lediglich der Befriedigung der Ansprüche des Vermieters und ist nach Ansicht des LSG Nordrhein-Westfalen, mit Verweis auf eine andere Rechtsprechung des gleichen Gerichts[1408], nicht zweckentsprechend.[1409]

In der Durchsetzbarkeit der ordentlichen Kündigung, trotzt Heilung der außerordentlichen Kündigung, wird hier keine Beschränkung des § 22 Abs. 8 SGB II gesehen, da die ordentliche Kündigung lediglich aus Rechtssicherheitserwägungen als hilfsweise Kündigung ausgesprochen wird. Dementsprechend hat der Vermieter hier regelmäßig bei einer in Aussicht gestellten völliger Mietzahlungsbefriedigung kein Interesse mehr an der Durchsetzung der ordentlichen Kündigung und steht der Mietschuldenübernahme, unter der Bedingung der Rücknahme der ordentlichen Kündigung, aufgeschlossen gegenüber bzw. kündigt dies mit Blick auf das im Anhang befindliche Gestaltungsbeispiel der Kündigung[1410] bereits an.

Diesbezüglich wird begrüßend ausgeführt, dass gerade nicht pauschal angenommen werden kann, dass der Verlust der Wohnung in dieser Lage noch sicher abgewendet werden kann[1411] und es demnach einer Kooperation im Dreiecksverhältnis bedarf.

1403 BGH openJur 2012, 130649, Rn. 25 ff.
1404 LG Berlin, Az. 65 S 66/18, juris, 2. Ls.
1405 Luik, in: Eicher/Luik, SGB II, § 22 Rn. 253.
1406 Luik, in: Eicher/Luik, SGB II, § 22 Rn. 262.
1407 Luik, in: Eicher/Luik, SGB II, § 22 Rn. 261 f.
1408 LSG Nordrhein-Westfalen infoalso 2015, 216 (220).
1409 LSG Nordrhein-Westfalen BeckRS 2016, 67667, Rn. 6.
1410 Anhang IX dieser Ausarbeitung.
1411 BVerfG NZM 2018, 212 (212).

Die Begrifflichkeit der Verhandlungsmasse[1412] wird hier aufgrund der bestehenden Zahlungspflicht kritisch hinterfragt. Aus hiesiger Sicht bedarf es keiner Verhandlung, da die Wohnraumerhaltung hier eines der Hauptziele ist und diese an den Ausgleich des Mietrückstandes geknüpft ist. Die Durchsetzung einer ordentlichen Kündigung ist hier regelmäßig nicht von Interesse, da das absolute Ziel der Wohnraumerhaltung gilt.

Dieses Instrument der Schuldenübernahme ist hier von großer Bedeutung, da es für einen hilfebedürftigen Schuldner ohnehin nur erschwert möglich ist ein entsprechendes Darlehen einer Bank oder eine Vorleistung innerhalb der Familie/des Bekanntenkreises zu erhalten.

Besteht zwischen dem Vermieter und Leistungsträger keine datenschutzkonforme Kooperationsgrundlage, sollten zunächst die Mietvertragspartner zum Abbau der entstandenen Mietschulden nach einer gemeinsamen Lösung suchen und zugleich der Mieter dazu angeleitet werden, mit dem Leistungsträger zur Erörterung der Handlungsmöglichkeiten nach § 22 Abs. 8 SGB II Kontakt aufzunehmen.

VIII. Sanktionierbarkeit der Transferleistungen

Hier zu beachten ist, dass die Transferleistungen der Kosten der Unterkunft und Heizung gem. § 22 SGB II und die Regelleistung gem. § 20 SGB II sanktionsfähig sind. Der Auszahlungsbetrag kann damit unter Umständen in einer nicht vertragsgemäßen Höhe ausfallen. Diese Kürzung der Leistungen ist gem. § 31a SGB II die Rechtsfolge einer Pflichtverletzung i.S.v. § 31 SGB II.

Beispielhaft für eine Pflichtverletzung ist das Nichtantreten einer zumutbaren Maßnahme für die Eingliederung in Arbeit gem. § 31 Abs. 1 Nr. 3 SGB II. An diesen Tatbestand anknüpfend, können beispielsweise die Kosten der Unterkunft und Heizung der Höhe nach vollständig gem. § 31a Abs. 2 S. 1 SGB II eingestellt werden, wenn es sich dabei um einen erwerbsfähigen Leistungsberechtigten, der das 25. Lebensjahr noch nicht vollendet hat, handelt. Für erwerbsfähige Leistungsberechtigte, die das 25. Lebensjahr bereits vollendet haben, ist dagegen zunächst einmal die Regelleistung mit einer Kürzung i.H.v. 30 % (gem. § 31a Abs. 1 S. 1 SGB II) sanktionsfähig. Eine solche außerordentliche Leistungsminderung ist jedoch nur zumutbar, wenn in einem Fall außergewöhnlicher Härte von der Sanktion abgesehen werden kann und die Minderung nicht unabhängig von der Mitwirkung der Betroffenen starr andauert.[1413]

1412 Luik, in: Eicher/Luik, SGB II, § 22 Rn. 253.

1413 BverfG, 1 BvL 7/16, juris, Rn. 159.

Eine Minderung um 60 % (gem. § 31a Abs. 1 S. 2 SGB II) bei der ersten wiederholten Verletzung einer Mitwirkungspflicht nach § 31 Abs. 1 SGB II, ist insbesondere mit Blick auf mangelnde tragfähige Erkenntnisse zur Eignung und Erforderlichkeit einer Sanktion verfassungswidrig.[1414]

Konsequent und im Ergebnis gleich, gilt dies für eine mögliche vollständige Kürzung gem. § 31a Abs. 1 S. 3 SGB II.[1415] Ausnahmsweise kommt ein vollständiger Leistungsentzug jedoch in Betracht, sofern Leistungsberechtigte es selbst in der Hand haben durch Aufnahme einer ihnen angebotenen zumutbaren Arbeit (§ 31 Abs. 1 Satz 1 Nr. 2 SGB II) ihre menschenwürdige Existenz tatsächlich und unmittelbar durch die Erzielung von Einkommen selbst zu sichern.[1416] Sind diese jedoch mit Blick auf die besonderen Umstände des Einzelfalles ungeeignet, ist (i.S.v. § 31 Abs. 1 S. 1 SGB II) die Prüfung eines wichtigen Grundes für die Unterlassung der Mitwirkungspflicht vorzunehmen und die drohenden Sanktionen damit aufzufangen.[1417]

Nach der jüngsten Entscheidung des BVerfG, obliegt dem Gesetzgeber nunmehr die Neuregelung der anwendbaren Sanktionen bei einer Mitwirkungspflichtverletzung nach § 31 Abs. 1 SGB II.[1418]

Ein Leistungsempfänger ist gem. §§ 60 ff. SGB I zur Mitwirkung verpflichtet. Dem Grundsatz nach sind die Mitwirkungspflichten im verfassungsrechtlichen Sinne geeignet, das legitime Ziel der Rückkehr in Erwerbsarbeit zu erreichen.[1419] Wird der Regelbedarf, entgegen dem vorgenannten Grundsatz, dennoch um mindestens 60 % gemindert, sollen[1420] nach § 31a Abs. 3 S.3 SGB II die Leistungen für die Kosten der Unterkunft und Heizung direkt an den Vermieter gezahlt werden.[1421] Dies soll der Gefahr der zweckwidrigen Mittelverwendung entgegentreten.[1422]

Diese Regelung ist allerdings unbefriedigend, wenn der Leistungsberechtigte in einer Bedarfsgemeinschaft lebt, da regelmäßig die Kosten der Unterkunft und Heizung innerhalb der Gemeinschaft aufgeteilt und gemeinsam an den

1414 BverfG, 1 BvL 7/16, juris, Rn. 189.
1415 BverfG, 1 BvL 7/16, juris, Rn. 208.
1416 BverfG, 1 BvL 7/16, juris, Rn. 209.
1417 BverfG, 1 BvL 7/16, juris, Rn. 142 f.
1418 BverfG, 1 BvL 7/16, juris, Rn. 224.
1419 BverfG, 1 BvL 7/16, juris, Rn. 142.
1420 Bundesagentur für Arbeit, Zweites Buch Sozialgesetzbuch – SGB II - Fachliche Weisungen, Ziff. 31.54.
1421 BverfG, 1 BvL 7/16, juris, Rn. 42.
1422 BT-Drucks. 17/3404, S. 112.

Vermieter gezahlt werden. Aus diesem Grund sollen die Jobcenter in einem derart gelagerten Fall die Genehmigung der anderen Mitglieder zur Direktleistung i.S.v. § 22 Abs. 7 S. 1 SGB II einholen.[1423] Einzelnachweislich soll dies den Vermieter zustimmend vor einem Mehraufwand schützen. Dieser entsteht, wenn die Mieten in Teilleistungen gezahlt werden.[1424]

Eine Sanktionierung, Versagung oder Entzug der Transferleistungen erhöht unweigerlich das Mietausfallrisiko. Sofern diese Ausfälle nicht durch eigene finanzielle Mittel des Mieters ausgeglichen werden können, stellt dies mittelbar eine Mietausfallgrundlage dar. Damit kann es trotz Angemessenheit und Absetzung der Kosten der Unterkunft und Heizung zum Ausbleiben der Mietzahlung kommen. Insofern ist das Mietausfallrisiko lediglich bedingt zu reduzieren.

Im Ergebnis führt die jüngste bundesverfassungsgerichtliche Entscheidung jedoch ohnehin dazu, dass Sanktionen i.H.v. mindestens 60 % die Ausnahme bilden, da diese dem Grundsatz nach verfassungswidrig sind.[1425] Weiterhin werden auf der ersten Stufe zunächst, und mit Blick auf die vorgenannte Begründung damit regelmäßig abschließend, 30 % des Regelbedarfs sanktioniert[1426]. Die Sanktionsfähigkeit der Kosten der Unterkunft nimmt damit mittelbar ab, sodass damit die Sanktionsgefahr der Kosten der Unterkunft erheblich gesenkt.

Maßgeblich ist nach wie vor die Zuverlässigkeit und Mitwirkungsbereitschaft des potentiellen/zukünftigen Mietvertragspartners. Dies ist bereits im Zeitpunkt der Vermietungsentscheidung zu berücksichtigen. Werden dort beispielsweise die benötigten Unterlagen nur unvollständig bereitgestellt, so birgt dies die Gefahr eines ähnlichen Verhaltens gegenüber des Leistungsträgers und steigert damit unweigerlich das Mietausfallrisiko aufgrund von drohenden Sanktionierungen.

IX. Würdigung der gesetzlichen Regelung

Die Thematik des Umganges mit Transferleistungsbeziehern ist bei regional tätigen Wohnungsunternehmen äußerst praxisrelevant, da diese bereits aus der

1423 Lauterbach, in: Gagel, SGB II, § 31a Rn. 27 f.; Bundesagentur für Arbeit, Zweites Buch Sozialgesetzbuch – SGB II - Fachliche Weisungen, Ziff. 31.54.

1424 Bundesagentur für Arbeit, Zweites Buch Sozialgesetzbuch – SGB II - Fachliche Weisungen, Ziff. 31.54.

1425 BverfG, 1 BvL 7/16, juris, Rn. 189 ff.

1426 Bundesagentur für Arbeit, Zweites Buch Sozialgesetzbuch – SGB II - Fachliche Weisungen, Ziff. 31.28.

Historie heraus[1427] regelmäßig die Wohnraumversorgung für eine breite Bevölkerungsschicht gewährleisten.

Die sozialrechtliche Ausgestaltung des § 22 SGB II ist damit hier bedeutsam und punktuell kritikwürdig.

Bei der bedarfsmindernden Direktanrechnung im Rahmen der Erstattung eines Guthabens aus der Betriebskostenabrechnung liegt eine *systemwidrige Abweichung*[1428] vom Zuflussprinzip vor, da gem. § 22 Abs. 3 SGB II die Gutschrift ausschließlich ab Beginn dem nächsten Monats der Rückzahlung erfolgen darf.[1429] Sozialrechtlich angerechnet wird das Guthaben demnach erst im Folgemonat. Für die Auszahlung des Guthabens maßgeblich ist die Realisierbarkeit der Forderung.[1430] Grundsätzlich ist bereits ein bloßes Betriebskostenabrechnungsguthaben anrechenbar.[1431] Für die Realisierung einer einmaligen Forderung, wie z.B. die Erstattung des Abrechnungsguthabens, hat das Jobcenter den Leistungsberechtigten bei der Durchsetzung seines Rechts zu unterstützen.[1432] Weiterhin dürfen an die Realisierbarkeit keine überhöhten Anforderungen gestellt werden.[1433] Diese müssen aber dennoch so hoch sein, dass ein Zusammenwirken zwischen Vermieter und Mieter nicht zulasten des Leistungsträgers geht.[1434] Dies ist beispielsweise der Fall, wenn die Mietvertragspartner sich über eine anderweitige Verrechnung des Guthabens einig sind und dem Jobcenter diese Aufrechnung melden. Rechtlich zu beachten ist jedoch, dass das BSG die Unpfändbarkeit des Betriebskostenguthabens bejaht hat.[1435] Dieses führt aus, dass eine Pfändung nicht dazu führen darf, dass durch die Zwangsvollstreckung privater Gläubiger die erforderlichen Mittel entzogen werden, die der Staat andernfalls wieder zur Verfügung stellen müsse.[1436] Auch der BGH bestätigt im Ergebnis, dass die Sozialleistungen nicht zur Schuldentilgung dienen sollen.[1437]

1427 2. Teil, A. dieser Ausarbeitung.

1428 Hildebrandt, in: Zeitpunkt der bedarfsmindernden Direktanrechnung.

1429 LSG Berlin-Brandenburg, Az. L 25 B 1474/08 AS PKH, juris, Rn. 30; LSG Berlin-Brandenburg BeckRS 2011, 76334, Rn. II.; Lauterbach, in: Gagel, SGB II, § 22 Rn. 99, Luik, in Eicher/Luik, SGB II, § 22 Rn. 174.

1430 BSG NZM 2013, 390 (390 ff.); BSG JurionRS 2015, 21897, Rn. 13 ff.

1431 BSG NZM 2013, 390 (391 ff.).

1432 BSG BeckRS 2012, 68728, Rn. 17.

1433 BSG NZM 2013, 390 (393).

1434 BSG NZM 2013, 390 (391 f.)

1435 BSG NZM 2013, 386 (386).

1436 BSG NZM 2013, 386 (387).

1437 BGH WuM 2013, 692 (692 f.).

Damit liegt eine Unpfändbarkeit des Betriebskostenguthabens vor. Gem. § 394 BGB folgt daraus ein unmittelbares Aufrechnungsverbot.[1438]

Einzelnachweislich wird kritisch hinterfragt, ob die Gleichsetzung der Begriff der Gutschrift und die Anrechnung durch Aufrechnung, als Mitteilung i.S.v. § 556 Abs. 3 BGB, tatsächlich gewollt ist und somit das Aufrechnungs- und Pfändungsverbot in beiden Fällen gelten soll.[1439]

Begrüßt werden hier die in diesem Zusammenhang herausgestellten Aspekte, dass die Verrechnung zwar in erster Linie die Mietschulden des Vermieters tilgt und damit zur Privilegierung dieser Schuldenart (entsprechend der Verankerung nach § 22 Abs. 8 SGB II) beiträgt, dies aber regelmäßig auch die Hilfebedürftigkeit und den Unterkunftsbedarf deckt.[1440]

Lediglich einzelnachweislich ausgeführt, aber in der Praxis regelmäßig problematisch ist, dass dem Vermieter oftmals weder ein bestehender Leistungsbezug, noch die entsprechende sozialrechtliche Rechtsprechung, bekannt ist.[1441] Kommt es zur Aufrechnung des Abrechnungsguthabens, droht ein sozialrechtlicher Streit über die Anrechnung und der daraus folgenden Kürzung der Leistungen im Folgemonat. Es wird daher dem Leistungsberechtigten empfohlen „sich gegen Zugriffe auf sein Betriebskostenguthaben zur Wehr zu setzen“[1442].

Sofern im Auszahlungszeitpunkt etwaige Mietschulden bestehen, ist dieser Empfehlung hier in dieser Form nicht zu entsprechen. Hier wird dagegen empfohlen, dass entstandene Guthaben als Moment zur Kontaktaufnahme mit dem Schuldner zu nutzen. Eine kontaktlose und bloße Auszahlung des Guthabens wird der Problematik der bestehenden Mietforderungen nicht gerecht. Sofern der Schuldner nicht Teilnehmer des SEPA-Lastschriftverfahrens ist, bedarf es ohnehin zur Auszahlung des Guthabens der Nennung der Kontoinformation. Der Schuldnerkontakt sollte als Forderungsgespräch zur Lösung der bereits bestehenden Zahlungsrückstände dienen. Um ein solches Forderungsgespräch zu realisieren, wird hier eine sachverhaltsabhängige rechtlich vertretbare Zurückhaltung des Auszahlungsbetrages bis zur Kontaktherstellung empfohlen.

1438 LSG Niedersachsen-Bremen BeckRS 2016, 68619; LSG Berlin-Brandenburg BeckRS 2014, 71353; SG Dresden BeckRS 2013, 75005; Flatow NJW 2013, 2802 (2804); Hahn NZS 2015, 531 (533 f.).

1439 Hahn NZS 2015, 531 (531 ff.).

1440 Hahn NZS 2015, 531 (537).

1441 Flatow/Knickrehm WuM 2018, 465 (483).

1442 Flatow/Knickrehm WuM 2018, 465 (483).

Aber auch wenn (noch) keine Mietschulden bestehen, kann die bedarfsmindernde Direktanrechnung dazu führen, dass dem Leistungsempfänger ein möglicherweise hohes Guthaben ausgezahlt wird, welches der Leistungsträger im Folgemonat anrechnet und in der Folge zur Reduzierung der Kosten der Unterkunft und Heizung führt. In Abhängigkeit zum Abrechnungsguthaben, kann dies zu einer vollständigen Reduzierung der Leistung führen. Trotz einer bestehenden Absetzung der Mietzahlung, werden im Folgemonat die Kosten der Unterkunft und Heizung nicht an den Vermieter ausbezahlt. Durch die unmittelbare Verfügung über das erstatte und angerechnete Guthaben, erhöht sich die Gefahr einer nicht zweckentsprechenden Mittelverwendung. Regelmäßig besteht die Gefahr, dass der Leistungsempfänger inhaltlich oder sprachlich nicht versteht, dass die vormals monatelange Absetzung nun aufgrund dieses Guthabens zeitweise unterbrochen worden ist und darüber hinaus seinerseits, dass ihm nun verfügbare, zweckbestimmte Guthaben zur Zahlung der Miete im Folgemonat vorzuhalten ist.

Sofern dieser Mietausfall eine kündigungsrelevante Miethöhe erreicht, kann dies die Erhaltung des Wohnraumes gefährden. Dies wiederum kann in besonders prekären Sachverhalten sogar dazu führen, dass der Leistungsträger die Mietschulden i.S.v. § 22 Abs. 8 S. 2 SGB II darlehensweise übernehmen soll. Besser ist demnach der vermieterseitige Einbehalt des Guthabens, die entsprechende Kenntnisweitergabe an den Leistungsträger, die verwaltungsinterne Verrechnung mit zukünftigen Mietzahlungen und die Aufrechterhaltung der Absetzung. Trotz eines möglicherweise höheren Verwaltungsaufwandes ist dies hier, neben der wohl bürokratisch aufwendigeren Auszahlung an den Leistungsträger, die einzige zielorientierte Umgangsweise mit der Entstehung eines Betriebskostenabrechnungsguthabens.

Darüber hinaus ist fraglich, ob die Unterscheidung der Absetzung gem. § 22 Abs. 7 SGB II in eine Kann- (S. 1) und in eine Sollbestimmung (S.2) rechtlich und wirtschaftlich sinnvoll ist.

Befürwortet wird hier die Differenzierung unter der Beachtung der Grundsätze der Förderung der Eigenverantwortung und der informationellen Selbstbestimmung[1443]. Der Leistungsberechtigte selbst entscheidet, ob er zukünftig als eine Art Treuhänder die Miete selbstbestimmt, verantwortungsbewusst

1443 BT-Drucks. 17/3404, S. 99; LSG Baden-Württemberg, Az. L 12 AS 2016/11, juris, Rn. 19; LSG Berlin-Brandenburg BeckRS 2006, 42456, Rn. II. 2.; Luik, in: Eicher/Luik, SGB II, § 22 Rn. 245; Knickrehm, in: Knickrehm/Kreikebohm/Waltermann, Sozialrecht, § 22 SGB II Rn. 45; Lauterbach, in: Gagel, SGB II, § 22 Rn. 130 f.

und damit vertragskonform an den Vermieter weitergeben möchte. Kommt er seiner mietvertraglichen Zahlungspflicht nicht nach und ist damit der Erhalt der Wohnung gefährdet, so soll diese durch die Absetzung der Kosten der Unterkunft und Heizung an den Vermieter gewährleistet werden (S. 2). Gegen ein solch umfangreiches Ermessen spricht jedoch der zweckbestimmte Charakter der Kosten der Unterkunft und Heizung. Der Mieter ist vielmehr zur zweckbestimmten Mittelverwendung verpflichtet. Einzelfallabhängig stellt der Mieter aufgrund mangelnder Priorisierung der Mietzahlung, ein Risiko in der Zahlungskette dar und gefährdet somit den Erhalt seines Wohnraumes. Vor dieser drohenden Gefahr sind neben den Mietvertragspartner ebenso die Steuerzahler als mittelbare Transferleistungsgeber zu schützen.

Zustimmend wird insbesondere den Mietern eine Überforderung zugesprochen, bei denen die Kosten der Unterkunft und Heizung nicht im Rahmen der Absetzung geleistet werden.[1444]

Trotz Anerkennung und grundsätzlichen Befürwortung dieser Regelungen als Teil der „steuerfinanzierten Fürsorgeleistungen“[1445], wird hier aus den vorgenannten Gründen der rechtlichen Würdigung eines „vernünftigen Mittelmaß“[1446] widersprochen.

Mindestens sollte ein seitens des Mieters auf Absetzung der Kosten der Unterkunft und Heizung gestellter Antrag regelmäßig im Sinne eines gebundenen Ermessens stattgegeben werden.[1447] Demnach wird hier aus Gründen der Klarheit und Anwendbarkeit die ausdrückliche Fixierung der freiwilligen Absetzung gem. § 22 Abs. 7 S. 1 SGB II vorgeschlagen.

Als echte Alternative wird die rechtliche Ausgestaltung nach der Funktionsweise eines Opt-Out-Modells vorgeschlagen. Demnach soll die Mietzahlung grundsätzlich direkt an den Vermieter vorgenommen und erst auf Antrag des Leistungsempfängers an diesen selbst geleistet werden. Dieser Antrag muss keinem Begründungszwang unterliegen und würde insbesondere den Grundgedanken der Eigenverantwortung entsprechen.

Der Gang hin zu einem Opt-Out-Modell wird im Rahmen eines Experteninterviews bereits eindeutig mietrechtlich befürwortet.[1448] Begründet wird dies damit, dass sich die Betroffenen bei dem Prinzip des Förderns und Forderns

1444 Z. 65 f. Anhang I dieser Ausarbeitung.
1445 BT-Drucks. 15/1749, S. 31; BT-Drucks. 15/1516, S. 56.
1446 Z. 310 Anhang II dieser Ausarbeitung.
1447 Z. 330 ff. Anhang III dieser Ausarbeitung.
1448 Z. 580 f. Anhang VI dieser Ausarbeitung.

teilweise überfordert fühlen und damit nicht umgehen können.[1449] Daran knüpft das Problem der Selbststeuerung im Rahmen der Prokrastination an.[1450] Weiterhin ist Bezug auf die regelmäßige Zweckentfremdung und der damit einhergehenden Gefahr des Wohnungsverlustes zu nehmen.[1451] Als paradox erscheint ohnehin in diesem Zusammenhang der Sinn und Zweck der Wohnraumerhaltung durch staatliche Mittel, der durch die mögliche Zweckentfremdung unterlaufen wird.[1452]

Diese rechtliche Ausgestaltung stellt zudem eine Risikobegrenzung für den Vermieter dar. Diese ist interessensgerecht, da eine Vermietung an einen Leistungsempfänger, trotzt Leistungszusicherung, mit einem erhöhten Risiko aufgrund der Sanktionierbarkeit der Leistung und des ohnehin erhöhtem Ausfallrisiko aufgrund mangelndem pfändbaren Einkommen im Falle eines Zahlungsverzuges einhergeht.

Kritisiert wird hier weiterhin, dass i.S.v. § 22 Abs. 8 S. 2 SGB II für die Übernahme der Mietschulden nicht von einer drohender Wohnungslosigkeit ausgegangen wird, wenn eine Alternativwohnung zur Verfügung steht[1453]. Dies bedeutet, dass bei Verfügbarkeit einer Alternativwohnung, der Schuldner hinsichtlich des Umzuges in eine neue Wohnung unterstützt wird, statt die Wohnung durch Übernahme der Mietschulden zu halten und der mietvertraglichen Pflicht zur Zahlung der Miete nachzukommen. Dies wiederum begründet wirtschaftliche Schäden durch Mietausfälle und Wohnungswechselkosten auf Seiten des ehemaligen Wohnungsgebers. Das übergeordnete Ziel sollte daher die Erhaltung der derzeitigen (angemessenen) Wohnung, trotz verfügbarer Alternativwohnung, sein. Andernfalls wird das unwirtschaftliche bzw. sanktionsfähige Verhalten des Schuldners bekräftigt. Darüber hinaus widerstrebt dies dem Ziel der sinnvollen Mittelverwendung[1454].

Daran anknüpfend ist hier die Verpflichtung des kommunalen Trägers zur Zusicherung nach § 22 Abs. 4 S. 2 SGB II kritisch zu betrachten. Diese knüpft ausschließlich an die Angemessenheit der Aufwendungen, statt ebenso ausdrücklich an die Erforderlichkeit des Umzuges. Jene ist lediglich bei einem zukünftigen

---

1449 Z. 581 ff. Anhang VI dieser Ausarbeitung.
1450 3. Teil, Q., IV., 3. dieser Ausarbeitung.
1451 Z. 585 ff. Anhang VI dieser Ausarbeitung.
1452 Z. 590 f. Anhang VI dieser Ausarbeitung.
1453 3. Teil, K., VII. dieser Ausarbeitung.
1454 3. Teil, K., VIII. dieser Ausarbeitung.

Übersteigen der bisherigen Aufwendungen i.S.v. § 22 Abs. 1 S. 2 SGB II prüfungsrelevant.[1455]

Kosten der Unterkunft und Heizung werden nur im Rahmen der tatsächlich genutzten Wohnung übernommen.[1456] Mit dem tatsächlichen Auszug, werden die Leistungen der Kosten der Unterkunft und Heizung der vorangegangenen Wohnung damit eingestellt. Fraglich ist aus welchen Gründen nicht bereits bei Angemessenheitsprüfung, nicht auch auf den Aspekt der tatsächlichen Erforderlichkeit Bezug genommen wird. In diesem Zusammenhang ist beispielsweise mindestens die Prüfung der ordnungsgemäßen Beendigung des bisherigen Mietverhältnisses zu fordern. Entstehen Mietrückstände durch einen vorzeitigen Auszug, fehlt es an der drohenden Wohnungslosigkeit und die entstandene Mietrückstände werden nicht i.S.v. § 22 Abs. 8 SGB II übernommen.[1457] Im Kontext des § 22 SGB II ist damit lediglich eine in Besitz des Mieters befindliche Wohnung von entsprechender Bedeutung. Um den Schutz des Wohnungsgebers zu erhöhen, ist z.B. eine Versagung des Umzuges, sofern der Umzug auf Wunsch des Leistungsberechtigten mit gleichzeitig (unstreitig) bestehenden Mietrückständen erfolgt, möglich. Zielsetzung und Voraussetzung sollte die vertragsgerechte Abwicklung des Mietverhältnisses sein. Dies entspricht den Grundsätzen der Stärkung der Eigenverantwortung, sowie denen des Förderns und Forderns.

Weiterhin kritisch wird hier die Ablehnung der Mietschuldenübernahme bei unangemessenen Kosten der Unterkunft und Heizung[1458] gesehen. In diesem Zusammenhang ist auf die grundsätzliche Schuldenübernahme zur Vermeidung der Obdachlosigkeit abzustellen und zudem das fiskalpolitische Argument des LSG Niedersachsen-Bremen herauszustellen.[1459]

Insgesamt bietet die Vermietung an Transferleistungsbezieher sowohl Chancen als auch nicht unerhebliche wirtschaftliche Risiken. Mit der ausschließlichen Betrachtung des Mietausfallrisikos ist die Absetzung insbesondere aufgrund der Sanktionsfähigkeit lediglich bedingt als „sicher“ einzustufen. Das

---

1455 3. Teil, K., IV. dieser Ausarbeitung.

1456 BSG BeckRS 2011, 69030, Rn. 15; LSG Berlin-Brandenburg BeckRS 2007, 40456, Gründe; LSG Mecklenburg-Vorpommern BeckRS 2008, 28880, 1. LS; LSG Niedersachsen-Bremen, BeckRS 2017, 100820, amtl. Ls.; LSG Bayern BeckRS 2011, 74093, amtl. LS; Luik, in: Eicher/Luik, SGB II, § 22 Rn. 44.

1457 LSG Sachsen-Anhalt BeckRS 2013, 66997, 1. amtl. LS; Lauterbach, in: Gagel, SGB II, § 22 Rn. 136; Luik, in: Eicher/Luik, SGB II, § 22 Rn. 269;

1458 BT-Drucks. 17/3404, S. 98 f.; Luik, in: Eicher/Luik, SGB II, § 22 Rn. 245; Knickrehm, in: Knickrehm/Kreikebohm/Waltermann, Sozialrecht, § 22 SGB II Rn. 46.

1459 LSG Niedersachsen-Bremen BeckRS 2009, 61735.

Spannungsverhältnis, bestehend aus den sozial- und zivilrechtlichen Regelungen, ist zustimmend als „struktureller Nachteil“[1460] in Bezug auf das Risiko des Forderungsausfalls zu bezeichnen.

Durch die Wahl eines kooperativen und zuverlässigen Geschäftspartners kann das Mietausfallrisiko erheblich gesenkt werden. Eine intensive Kommunikation und Kooperation soll insbesondere innerhalb dieses Spannungsfeldes für Entlastung und Nachhaltigkeit sorgen.

L. Weitere Schuldenbereinigungsmaßnahmen

I. Die Rolle der Ratenzahlungsvereinbarung

Unter der Voraussetzung der vertragsgemäßen Mietzahlung, ist die absolute Zielsetzung dieses Konzeptes die Erhaltung des Wohnraumes. Die Funktionsweise der Ratenzahlung besteht darin, dass die Fälligkeit der Schuld hinausgeschoben und die Forderung in bestimmter Weise gestundet wird.[1461] Es handelt sich bei der Ratenzahlung um eine Tilgung durch Teilleistungen.[1462] Dabei kann auch für eine unstreitig bestehende Zahlungsschuld eine Teilzahlung (in Form eines Teilschuldenerlasses) gewährt werden.[1463] Dies ist insbesondere in einer Konkurrenzsituation mit anderen Gläubigern als entscheidender Anreiz zur Durchsetzung zu nutzen. Letztlich ist dies mit einem Vergleich, also einem gegenseitigen Nachgeben, zu vergleichen.[1464] Die Nutzung der Ratenzahlungsvereinbarung stellt ein probates Mittel zur Behebung wirtschaftlich begründeter Zahlungsschwierigkeiten, unter zeitgleicher Verbesserung der Kooperation zwischen den Mietvertragspartner, dar.

Dabei wirkt die Berechnung von Verzugszinsen forderungserhöhend und wird für nicht mit den Grundgedanken des Sozialen Forderungsmanagements im Einklang stehend bewertet.

Dem Mieter ist zu signalisieren, dass er bei einer Zahlungsschwierigkeit nicht resignieren, sondern auf den kompromissbereiten und kooperativen Vermieter zugehen soll.[1465] Diese vorgenannten Vermietereigenschaften bedeuten jedoch

1460 Flatow NZM 2014, 841 (849).
1461 KG BeckRS 2009, 23574.
1462 BGH NJW 2016, 876 (876).
1463 KG BeckRS 2009, 23574.
1464 Z. 599 Anhang VI dieser Ausarbeitung.
1465 Z. 617 ff. Anhang VI dieser Ausarbeitung.

nicht, dass der Abschluss einer Ratenzahlungsvereinbarung zur Selbstverständlichkeit werden sollte.

Vorrangig ist die Lösungsmöglichkeit im Umfeld und Einfluss- bzw. Verantwortungsbereich des Schuldners zu suchen. Die Vereinbarung einer Ratenzahlung ist nicht als erste Möglichkeit zur Problemlösung in Betracht zu ziehen.

Die Signalwirkung „mit dem Vermieter kann ich sprechen"[1466] ist positiv und zu befürworten, jedoch ist der Grad sehr schmal zur abzugrenzenden Haltung „der Vermieter vereinbart sowieso eine Ratenzahlung". Dies spiegelt auch der angefügte Interviewverlauf wieder, welcher die hier vertretende Ansicht als „überraschend"[1467] im Kontext des Sozialen Forderungsmanagements bewertet.[1468] Die zurückhaltende Anwendung der Ratenzahlungsvereinbarung begründet sich hier insbesondere mit der Zielsetzung, dass dem Vertragspartner die Verantwortung zur vertragsgemäßen Mietzahlung bewusst wird und sich demnach eine zukünftige Verhaltensänderung einstellt.

Das offensive und bedingungslose Eingehen einer Ratenzahlungsvereinbarung kann andernfalls ein entsprechendes Bild suggerieren, welches innerhalb der Mieterschaft zu einer Art Missbrauch der Kooperationsbereitschaft führen kann, da der Mieter in der Folge bei jeder Zahlungsschwierigkeit vorrangig die Lösung der Inanspruchnahme einer entsprechenden Vereinbarung sucht. Dies widerspricht der Wichtigkeit der vertragsgemäßen Mietzahlung und der Vermieter bietet mit dem Verzicht auf die Berechnung von Zinsen mehr Leistungen als ein Kreditinstitut.[1469]

Vergleichbar ist diese Haltung mit einem *invitatio ad offenrendum* hinsichtlich einer Ratenzahlungsvereinbarung. Mit dieser Haltung wird nicht die gewünschte Kompromissbereitschaft, sondern die darüber hinausgehende Konsequenzlosigkeit des Vermieters suggeriert, sodass die Gefahr des Verlustes der Ernsthaftigkeit droht. Dies führt letztlich dazu, dass der Mieter zuerst Verbindlichkeiten konkurrierender Gläubiger tilgt, bevor der dann beabsichtigt die Mietzahlung in Raten zu leisten. Durch die vermittelte Ernsthaftig- und Wichtigkeit der vertragsgemäßen Mietzahlung ist mittelbar erkennbar, dass hier für den Mieter eine Unterstützungsleistung zur korrekten Priorisierung der Mietzahlung im Vordergrund der zurückhaltenden Anwendungsempfehlung steht.

1466 Z. 612 Anhang VI dieser Ausarbeitung.
1467 Z. 598 Anhang VI dieser Ausarbeitung.
1468 Z. 592 ff. Anhang VI dieser Ausarbeitung.
1469 Z. 609 f. Anhang VI dieser Ausarbeitung.

Weiterhin wird hier die Verabschiedung der Grundsätzlichkeit empfohlen. Weder ist grundsätzlich eine Ratenzahlung zu vereinbaren, noch ist grundsätzlich eine Bitte nach einer Ratenzahlung abzulehnen. Es wird eine einzelfallabhängige Betrachtung empfohlen, die sich vorkategorisieren lässt.

Für die einzelfallabhängige Anwendung spricht, dass vereinzelnd davon ausgegangen wird, dass z.B. das Ablehnen einer vom Mieter unverzüglich angebotenen Ratenzahlung bei einer fristlosen Kündigung wegen nicht beglichener Betriebskostennachforderungen gegen die Unzumutbarkeit der Vertragsdurchführung i.S.v. § 543 Abs. 1 S. 2 BGB spricht.[1470]

Ausdrücklich an dieser Stelle herausgestellt werden soll, dass eine Ratenzahlungsvereinbarung weder einem rechtskräftigen Feststellungsurteil i.S.v. § 218 Abs. 1 BGB a.F. gleichsteht, noch die rechtskräftige Feststellung des Anspruchs i.S.d § 197 Abs. 1 Nr. 3 BGB ersetzt.[1471] Weiterhin beginnt ab Vertragsschluss erneut die (dreijährige) Verjährungsfrist i.S.v. § 212 Abs. 1 Nr. 1 BGB.[1472]

Unabhängig der nachfolgenden Differenzierung kann, sofern die erfolgreiche Durchführbarkeit entsprechenden Zweifel unterliegt, die Vereinbarung einer Ratenzahlungsvereinbarung an die Voraussetzung des Abschlusses einer sog. Rettungsbürgschaft[1473] geknüpft werden, um bei Nichteinhaltung der Ratenzahlungsvereinbarung die Werthaltigkeit der Forderung zu sichern.

1. *Erfüllung eines Kündigungstatbestandes*

Liegen die Voraussetzungen einer Kündigung vor, so wird zunächst das Aussprechen der Kündigung im Sinne des frühestmöglichen Kündigungszeitpunktes empfohlen. Diese wirkt nicht nur kooperationsauffordernd, sondern dient darüber hinaus, im Falle der Nichteinhaltung der Ratenzahlungsvereinbarung, als rechtlicher Anker zur Durchsetzung der Kündigung.

In der weiteren Betrachtung erfolgt nunmehr die Abgrenzung nach dem jeweiligen Stand des Kündigungsprozesses.

Sofern demnach die Kündigung ausgesprochen und ein Antrag auf Räumung noch nicht gestellt worden ist, ist im Einzelfall die Sinnhaftigkeit der Anwendbarkeit einer Ratenzahlungsvereinbarung zur Tilgung des Mietrückstandes zu prüfen. Unter Berücksichtigung der Umstände des Einzelfalles ist diese Nutzung nur dann empfehlenswert, wenn der Vertragspartner sich kooperativ zeigt und

---

1470 Blank, in: Schmidt-Futterer, Mietrecht, § 543 Rn. 185; Hinz WuM 2019, 673 (680).

1471 KG BeckRS 2009, 23574.

1472 KG BeckRS 2009, 23574.

1473 3. Teil, L., II. dieser Ausarbeitung.

dies im Verlauf des bisherigen Mietverhältnisses bestätigt hat. Sind demnach die Erfahrungen gegenüber dem Vertragspartner überwiegend negativ behaftet, sodass die Einhaltung einer Ratenzahlungsvereinbarung erheblich angezweifelt wird, ist auf die Vereinbarung einer Ratenzahlung zu verzichten. Diese Zweifel lassen sich einzelfallabhängig durch in der Vergangenheit liegende erfolglose Forderungsmaßnahmen begründen.

Eine grundsätzliche Nichtanwendung der Ratenzahlungsvereinbarung wird hier nicht empfohlen, jedoch sollte die Bejahung der Nutzung einer höheren Hürde unterliegen.

Sofern es sich bereits um ein laufendes Räumungsverfahren handelt und noch kein Räumungstitel vorliegt, ist die Nutzung einer Ratenzahlungsvereinbarung nur bedingt zu empfehlen. Dies ist nur dann der Fall, wenn die Einhaltung der Ratenzahlung als höchstwahrscheinlich gilt und eine Erledigungserklärung nach § 91a Abs. 1 S. 1 ZPO zugleich zur vorzeitigen Beendigung führt. Neben dem Risiko der Nichteinhaltung der Ratenzahlungsvereinbarung, besteht ein erhöhter Aufwand bei der Erstellung der Erledigungserklärung. Sofern anzunehmen ist, dass der Rechtsstreit auch ohne vorzeitige Beendigung durch Erledigung i.S.v. § 91a Abs. 1 ZPO zu Gunsten des Vermieters entschieden worden wäre, nutzt dieser Aufwand in erster Linie dem Mieter durch die vorzeitige Beendigung und damit der Senkung der Verfahrenskosten.[1474]

Damit ist die Nutzung einer Ratenzahlungsvereinbarung im laufenden Räumungsverfahren (bis zur Titulierung) einzelfallabhängig zu entscheiden. Entscheidet sich das Forderungsmanagement gegen den Abschluss einer Ratenzahlungsvereinbarung, wird weiterhin darauf hingewiesen, dass auf Teilleistungen des Mieters entsprechend ablehnend zu reagieren ist.[1475] Andernfalls droht die Verwirkung des Kündigungsrechts und mittelbar die Akzeptanz einer Ratenzahlung. Eine derartige Ablehnungsentscheidung ist hier in wirtschaftlicher Sicht unter Berücksichtigung der Höhe der Teilleistung zu treffen.

Wird der Mietrückstand nach Rechtshängigkeit, also nach Zustellung der Klage an den Mieter gem. § 261 ZPO, vollständig ausgeglichen, so ist die Nutzung der Erledigungserklärung zur vorzeitigen Beendigung des Verfahrens wirtschaftlich sinnvoll.

Eine restriktivere Ausrichtung dieses Konzeptes umfasst die grundsätzliche Ablehnung einer derartigen Ratenzahlungsvereinbarung bzw. Erledigungserklärung im laufenden Räumungsverfahren bis zum Zeitpunkt der Titulierung.[1476]

1474 3. Teil, H. dieser Ausarbeitung.

1475 3. Teil, F., I., 5. dieser Ausarbeitung.

1476 Rave, in: 04/2014 Verbandsmagazin gdw, S. 13.

Während des Räumungsverfahrens wird dabei dem Schuldner geraten den vollständigen Mietrückstand durch die Beantragung eines Darlehens (Jobcenter/Sozialamt) oder einer Leihe aus dem Privatumfeld auszugleichen. Bei dieser restriktiveren Ausrichtung ist erst nach einer Titulierung eine entsprechende Ratenzahlungsvereinbarung zu treffen, sodass der Vermieter bei Nichteinhaltung auf die Räumungsvollstreckung aus dem Räumungstitel zurückgreifen kann.

Für eine solche Ausrichtung spricht, dass bereits nach Zugang der Kündigung und vor Erhebung der Räumungsklage die Möglichkeit zur Vereinbarung einer Ratenzahlung bestand. Wird diese befürwortet und wird der gesamte Mietrückstand nach Klageerhebung und vor der Titulierung gezahlt, ist hier zur Kostensenkung des Mieters, ebenfalls auf die Erledigungserklärung zurückzugreifen.

2. *Nichterfüllung eines Kündigungstatbestandes*

Ist kein Kündigungstatbestand erfüllt, so ist hier der Anwendungsbereich einer Ratenzahlungsvereinbarung tendenziell weiter gefasst, da sich die Forderungssache auf einem niedrigen Eskalationsniveau befindet.

Sofern eine sofortige und vollständige Befriedigung durch den Mieter wirtschaftlich nicht möglich ist, dieser sich jedoch kooperativ zeigt, ist der Abschluss einer Ratenzahlungsvereinbarung in Betracht zu ziehen.

Der Abschluss einer Ratenzahlungsvereinbarung sollte jedoch nicht die Regel, sondern die Ausnahme darstellen. Aus diesem Grund ist an dieser Stelle eine erhöhte Zurückhaltung bei dem Aufzeigen der Möglichkeit des Abschlusses einer Ratenzahlungsvereinbarung geboten. Vielmehr sind erst jegliche Handlungsmöglichkeiten im Verantwortungsbereich des Schuldners zur Aufbringung des Fehlbetrages zu prüfen, sodass hier dem Abschluss einer Ratenzahlungsvereinbarung zunächst ablehnend gegenüberzustehen ist. Zielsetzung ist, dass nicht die eigentliche Verantwortung zur vertragsgemäßen Mietzahlung zur alleinigen Verantwortung des Vermieters wird. Insofern soll der Vermieter lediglich als kooperativer Unterstützer agieren. Erst in letzter Konsequenz ist demnach die Ratenzahlungsvereinbarung als Problemlösungsmöglichkeit heranzuziehen.

Wird eine Ratenzahlungsvereinbarung abgeschlossen, die der Mieter jedoch nicht vereinbarungsgemäß einhält, wird hier die konsequente Beitreibung des aus der Ratenzahlungsvereinbarung geschuldeten Betrages, regelmäßig im Wege des gerichtlichen Mahnverfahrens, empfohlen. Andernfalls droht in der Außenwirkung die Bedeutung des Abschlusses einer derartigen Vereinbarung abzunehmen.

Die Einleitung des gerichtlichen Mahnverfahrens kann darüber hinaus zur Vorbereitung einer Kündigung aufgrund der endgültigen Erfüllungsverweigerung[1477] genutzt werden.

Zahlt der Mieter nach Einleitung des gerichtlichen Mahnverfahrens lediglich die Hauptforderung und nicht die entstandenen Gerichtskosten (und legt er keinen Widerspruch ein), so ist ein entsprechender Antrag auf Erlass eines Vollstreckungsbescheides zu stellen. In diesem Zusammenhang ist die Zahlung der Hauptforderung nach § 699 Abs. 1 ZPO anzugeben. Der Vollstreckungsbescheid umfasst dann lediglich die noch nicht gezahlten Kosten. Zieht der Vermieter dagegen den Mahnantrag ohne eine entsprechende Antragsstellung nach § 269 Abs. 3 S. 3 ZPO zurück, so sind die entstandenen Kosten durch den Vermieter i.S.v. § 269 Abs. 3 S. 2 ZPO zu tragen. Aus diesem Grund wird hier von einem vorzeitigen Rückzug des Mahnantrages abgeraten.

Erfolgt weiterhin keine Zahlung, so ist der auf den zuvor verwiesenen Kündigungstatbestand der endgültigen Erfüllungsverweigerung zu nutzen.

3. *Inhaltliche Gestaltung der Ratenzahlungsvereinbarung*

Der Abschluss einer Ratenzahlungsvereinbarung unterliegt keinem besonderen Formerfordernis. Bereits aufgrund einer möglicherweise im weiteren Forderungsprozess notwendig werdenden Beweisführung, wird die Einhaltung der Schriftform empfohlen.

Inhaltlich erfolgt zunächst die Nennung des Vermieters als Gläubigers und des Mieters als Schuldners. Weiterhin sind die Gesamtforderung und deren Zusammensetzung entsprechend ihrer Bestandteile anzuführen.

Zielführend kann auch die Aufnahme einer Präambel oder eines Vereinbarungszwecks sein. Je individueller dieser ausgestaltet ist, je deutlicher wird die durch den Vermieter gewährleistete Einzelfallgerechtigkeit. Insbesondere für den Schuldner kann deutlich werden, dass ihm der Vermieter kooperativ zur Seite steht. Weiterhin kann eine solche Zweckbestimmung bei einer möglichen Auslegung nach §§ 133, 157 BGB herangezogen werden.[1478]

Sollen die rückständigen Mietzahlungen i.S.v. § 288 Abs. 1 BGB verzinst werden, so ist dies inhaltlich aufzunehmen. Das vorliegende Managementkonzept zielt auf die Vermeidung bzw. den Abbau von Mietforderungen unter gleichzeitigem Erhalt des Wohnraumes. Eine Verzinsung ist nur dann strategisch sinnvoll,

---

1477 3. Teil, I., 1., b) dieser Ausarbeitung.

1478 KG BeckRS 2009, 23574.

wenn diese zweckdienlich ist. Durch die Berechnung von Verzugszinsen wird der Forderungsbestand jedoch erhöht und der Mieter zugleich wirtschaftlich zusätzlich belastet. Diese Mehrbelastung vermittelt zugleich einen Sanktionscharakter. Dieser ist weder vereinbar mit den Grundsätzen des Sozialen Forderungsmanagements, noch wird hier der Berechnung eine immense Hebelwirkung bzw. ein nachhaltiger Lerneffekt beigemessen. Lediglich bei sog. „Dauerschuldnern“ könnte eine Verzinsung der offenen Forderungen einen lehrreichen Charakter haben. Die Frage der Verzinsung ist unternehmensabhängig zu beantworten, wird hier jedoch dem Grundsatz nach verneint.

Zentraler Bestandteil sollte die inhaltliche Konkretisierung der Zahlungsmodalitäten sein. Diesbezüglich sind die Fälligkeiten der einzelnen Raten und deren Höhe zu bestimmten. Grundsätzlich sollten die Raten sehr konkret und eng getaktet sein.[1479]

Darüber hinaus wird die Aufnahme einer sog. Verfallklausel[1480] empfohlen. Bei Nichteinhaltung der Vereinbarung (z.B. bei Nichtzahlung von zwei aufeinanderfolgenden Raten) bestimmt diese die daraus entstehende Rechtsfolge der sofortigen Fälligkeit der Restforderung. Dies entspricht der Empfehlung[1481] des Zeigens einer Konsequenz bei der Nichteinhaltung der Vereinbarung.

Zur Verdeutlichung der Wichtigkeit der Einhaltung der Ratenzahlungsvereinbarung wird hier die Aufnahme eines Hinweises auf die Einleitung des gerichtlichen Mahnverfahrens bei Nichteinhaltung empfohlen.

Zur Tilgungsreihenfolge ist auf § 367 Abs. 1 BGB zu verweisen.

Ebenfalls hier ein probates Mittel zur Forderungsbeitreibung kann ein bedingter Teilzahlungserlass sein. Dieser beinhaltet den Teilerlass einer unstreitig bestehenden Forderung, sofern die Ratenzahlungsvereinbarung vereinbarungsgemäß eingehalten worden ist. Für den Vermieter könnte damit eine Möglichkeit bestehen sich gegen die konkurrierenden Gläubiger durchzusetzen. Diese besteht insbesondere dann, wenn zukünftig die Eröffnung eines Verbraucherinsolvenzverfahrens droht. In diesem Zusammenhang wird jedoch auf das kalkulatorische Anfechtungsrisiko nach § 133 Abs. 1 S. 1 InsO hingewiesen.

Obsolet ist dagegen ein (deklaratorisches) Schuldanerkenntnis. Dieses umfasst einen Verzicht auf alle bekannten und für möglich erachteten Einwendungen im Zeitpunkt der Abgabe.[1482] Die im Rahmen dieser Ausarbeitung

---

1479 Z. 614 Anhang VI dieser Ausarbeitung.

1480 BGH WuM 2009, 739 (740); KG BeckRS 2009, 23574, 1. amtl LS; Mietrecht.org, in: Haben Mieter das Recht zur Ratenzahlung bei Mietschulden?.

1481 Z. 614 ff. Anhang VI dieser Ausarbeitung.

1482 BGH JurionRS 1974, 11964, Rn. 13 f.; BGH openJur 2011, 11087, Rn. 5 ff.

behandelten Forderungen sind regelmäßig dem Grunde nach unstreitig. Darauf lässt u.a. die absolut überwiegende Anzahl der Versäumnisurteile[1483] im Rahmen der Räumungsklage schließen. Sinnhaft kann das Schuldanerkenntnis bei einem Streit über das Bestehen eines Mietmangels sein. Auch die daraus sich ergebende Rechtsfolge des Neubeginnes der Verjährung (gem. § 212 Abs. 1 Nr. 1 BGB) ist für das Soziale Forderungsmanagement nicht von Interesse. Ist die Forderung innerhalb der Regelverjährung nicht ausgeglichen, wurde das gerichtliche Mahnverfahren als weitere Eskalationsstufe bereits eingeleitet.

II. Rettungsbürgschaft

Wurde das Mietverhältnis im Sinne des frühestmöglichen Kündigungszeitpunktes gekündigt, besteht die Möglichkeit des Abschlusses eines Bürgschaftsvertrages im Sinne einer sog. Rettungsbürgschaft.

Diese wird „von einem Dritten zur Abwendung einer drohenden Kündigung wegen Zahlungsverzuges gewährt“[1484]. Innerhalb dieses Vertrages erklärt sich der Bürge des Schuldners als eine Art „Retter“ verbindlich zur Übernahme dem Mieter obliegender Pflichten zur Erhaltung des Wohnraumes. Ziel ist es, dass der Bürge für die bereits offenen bzw. die zukünftig möglicherweise entstehenden Mietforderungen aufkommt und der Vermieter somit keine weiteren Rechte aus der Kündigung herleiten muss.

Der Bürge erklärt den Verzicht auf die Einrede der Vorausklage gem. § 773 BGB, sowie den Verzicht auf das Hinterlegungsrecht. Charakteristisch handelt es sich bei diesem Bürgschaftsvertrag um eine selbstschuldnerische, unwiderrufliche und unbefristete Bürgschaft auf erstes Anfordern für die Erfüllung dem Mieter aus dem jeweiligen Mietverhältnis obliegenden Pflichten.[1485]

Anders als die Bürgschaft als Mietsicherheit, welche die Haftung als Mietsicherheit i.S.v. § 551 Abs. 1 BGB auf drei Nettokaltmieten begrenzt, gilt diese wertmäßige Begrenzung für die Rettungsbürgschaft nicht.[1486]

Ob der der Schuldner zur Vorbringung eines Bürgen zum Abschluss einer Rettungsbürgschaft angehalten worden ist oder diesen unaufgeforderter beigebracht hat, ist nach dem BGH nicht relevant.[1487]

1483 3. Teil, G. dieser Ausarbeitung.

1484 BGH NJW 2013, 1876 (1876).

1485 Blank, in: Schmidt-Futterer, Mietrecht, § 551 Rn. 16; Habersack, in: MüKo, BGB VI, Bd. 2, § 765 Rn. 98 ff.; Rohe, in: Bamberger/Roth/Hau/Poseck, BeckOK, BGB, § 765 Rn. 109 ff.

1486 BGH NJW 2013, 1876 (1876).

1487 BGH NJW 2013, 1876 (1877).

Die vorgenannte Begrenzung der Mietsicherheit i.S.v. § 551 Abs. 1 BGB ist insbesondere mit dem Schutz des Mieters vor der Erschwerung des Abschlusses eines Mietvertrages zu begründen.[1488]

Vereinbar mit dem Schutzzweck der Norm ist dem BGH nach jedoch eine nicht wertmäßig begrenzte Bürgschaft, als Sicherheitsleistung i.S.v. § 551 Abs. 1 BGB, wenn es sich bei den Bürgen um die Eltern des Mietvertragspartners handelt und die Bürgschaft an Stelle einer eigenen Anmietung der Eltern zugesichert worden ist.[1489]

Inhaltlich sollte sich die Haftung des Bürgen (gem. § 765 Abs. 1 BGB) auf sämtliche Forderungen aus dem Mietverhältnis und aus einer möglichen Abwicklung dessen beziehen. Eine zeitliche oder betragsmäßige Begrenzung erfolgt nicht. Bei Abschluss der Rettungsbürgschaft ist dem Bürgen der Rechtsakt der mietzahlungsbedingten Kündigung bzw. die Erfüllung der Kündigungsvoraussetzungen bereits bekannt. Dies sollte inhaltlich ausdrücklich aufgenommen und schriftlich durch den Bürgen bestätigt werden.

Im Ergebnis kann hier gegenüber dem Schuldner einzelfallabhängig der Abschluss einer Rettungsbürgschaft gefordert werden, sofern sonstige Maßnahmen zur Erhaltung des Wohnraumes nicht anwendbar sind bzw. deren erfolgreiche Durchsetzung zweifelhaft erscheint.

III. Vollstreckungs- und Tilgungsabrede

Liegt dem Vermieter ein vollstreckbarer Räumungstitel vor oder wurde der Räumungstermin bereits bekanntgegeben, zeigt der Mieter sich kooperativ und zahlungsfähig und -bereit, so besteht mittels des Abschlusses einer entsprechenden Vollstreckungs- und Tilgungsabrede (seitens des BGH auch als Stundungs- oder Stillhalteabrede bezeichnet)[1490] weiterhin die Möglichkeit der vorzeitigen erfolgreichen Forderungsprozessbeendigung.

Zielsetzung ist insbesondere der Schutz des bereits vorhandenen Räumungstitels, sowie die Verhinderung der Zwangsvollstreckung[1491].

Die konkrete Gefahr für den Vermieter ist, dass ein Räumungstitel auf Beitreiben des Gerichtsvollziehers für „unbrauchbar“ i.S.v. § 766 Abs. 2 ZPO erklärt wird.[1492] Einzelnachweislich können dabei zwei Fallgruppen unterschieden

---

1488 BT-Drucks. 9/2079, S. 10.

1489 BGH NJW 1990, 2380 (2380).

1490 BGH NJW 2016, 876 (876).

1491 OLG Koblenz DGVZ 85, 168 (170); LG Bonn DGVZ 2006, 62 (63).

1492 OLG Hamm NJW 1982, 341 (341); AG Recklinghausen BeckRS 2018, 31829, Rn. 9; Flatow, jurisPR-MietR 5/2019 Anm. 5.

werden.[1493] Materiell-rechtlich ist die Räumung nach § 242 BGB unzulässig, wenn der Räumungstitel verwirkt ist, weil er über lange Zeit nicht ausgeübt worden ist und der Mieter darauf vertrauen durfte, dass er nicht geräumt wird[1494] oder der Mieter mittels des vorliegenden Titels zur Zahlung nicht titulierter Forderungen genötigt wird[1495].

Die Befugnis des Gerichtsvollziehers und auch die genaue Rechtsfolge werden einzelnachweislich als noch nicht eindeutig geklärt beschrieben.[1496] Unter Anwendung dieses Konzeptes sollte die drohende Verwirkung des Räumungstitels, aufgrund eines rechtsmissbräuchlichen Verhaltens i.S.v. § 242 BGB, ohnehin ausschließlich theoretischer Natur sein, da es sich im Regelfall weiterhin um ein kooperatives und auf die Erhaltung des Wohnraumes gerichtetes Mietverhältnis handelt und der erstrittene Titel nicht als Druckmittel, sondern vielmehr als Aufforderung zur Kooperation genutzt wird. Mit Bezug auf einen Sachverhalt der vor dem AG Recklinghausen[1497] verhandelt wurde, steht die viermalige Erteilung des Zwangsvollstreckungsauftrages innerhalb eines Zeitraumes von 2,5 Jahren nicht im Einklang dieses Konzeptes.

Ein Tilgungsplan stellt einen Grund für die Einstellung der Zwangsvollstreckung gem. § 775 Nr. 4 ZPO dar[1498] und verhindert zugleich, bei rechtzeitiger Vereinbarung, die Eintragung in das Schuldnerverzeichnis gem. § 882c Abs. 1 ZPO[1499]. Rechtzeitig im letztgenannten Sinne ist die Stundungsabrede, wenn diese schon im Zeitpunkt besteht, in dem erstmals die Erfüllungen der Tatbestandsvoraussetzungen des § 882c Abs. 1 ZPO in Betracht kommt.[1500] Zu beachten ist jedoch, dass der Tilgungsplan zwar einen Grund für die Einstellung der Zwangsvollstreckung, jedoch keinen vollstreckbaren Titel darstellt und das bloße Vorliegen nicht zur Einstellung der Zwangsvollstreckung durch den Gerichtsvollzieher ausreicht. Es ist nicht die Aufgabe des Vollstreckungsorgans, sondern die des Prozessgerichtes (im Rahmen von § 767 ZPO), zu prüfen, ob „die Parteien im Schuldenbereinigungsplan den ursprünglichen Titel aufrechterhalten oder aufgehoben haben oder die Zwangsvollstreckung aus ihm

1493 Flatow, jurisPR-MietR 5/2019 Anm. 5.

1494 LG Itzehoe, Az. 1 T 88/93, juris, Rn. 2; AG Frankfurt DGVZ 1987, 127 (127); AG Kronach DGVZ 2005, 187 (187); AG Hamburg-Blankenese ZMR 2006, 783 (783).

1495 LG Darmstadt DGVZ 1993, 154 (154); AG Dorsten DGVZ 2007, 142 (142).

1496 Flatow, jurisPR-MietR 5/2019 Anm. 5.

1497 AG Recklinghausen BeckRS 2018, 31829, Rn. 10.

1498 BGH NJW-RR 2017, 511 (512).

1499 BGH NJW 2016, 876 (876).

1500 BGH NJW 2016, 876 (877).

beschränkt oder eingestellt haben".[1501] Liegt ein Tilgungsplan im Sinne dieses Konzeptes vor, sind sämtliche Zwangsvollstreckungen einzustellen, sodass auch dieses theoretische Problem nicht bestehen darf.

Regelmäßig handelt es sich hier um ein vom Vermieter vorgeschlagenen Vertragswerk. In diesem Falle ist dieser somit Verwender und die einzelnen Bestimmungen fallen zum Schutze der anderen Partei vor rechtsgeschäftlichen Gestaltungsmacht des Verwenders unter die AGB-Kontrolle gem. § 305 Abs. 1 S. 1 BGB.[1502] Der Mieter soll im Wege der Inhaltkontrolle vor der einseitigen Gestaltungsmacht, zum Ziele eines angemessenen Ausgleiches der beiderseitigen Interessen, geschützt werden.[1503]

Darüber hinaus handelt es sich bei der vorliegenden Vollstreckungs- und Tilgungsabrede sehr wahrscheinlich um einen Verbrauchervertrag i.S.v. § 310 Ab. 3 BGB, sodass selbst die hier nur zur einmaligen Verwendung vorformulierten Klauseln der Inhaltskontrolle unterfallen.

Da der Vermieter Verwender diese Abrede ist, ist es auch unerheblich, dass der Vermieter diese ggf. gar nicht gestaltet hat.[1504] Verbleibende Zweifel gehen ohnehin zu Lasten des Vermieters, weil dieser insoweit beweisbelastet ist.[1505]

Im Ergebnis ist aller Voraussicht nach von einer Überprüfung im Rahmen der Inhaltskontrolle auszugehen.

Wird eine Klausel als unwirksam i.S.v. § 306 Abs. 1 BGB bewertet, so kommt es zur Schließung der daraus möglicherweise entstandenen Lücke nach Maßgabe des § 306 Abs. 2 BGB.

Inhaltlich werden Zahlungsbedingungenen vereinbart, die den Erhalt des Wohnraumes und zugleich die Tilgung der Schuld herbeiführen sollen.

Hier gilt es eine auf Kooperation basierende einvernehmliche Lösung für diese komplexe Situation zu schaffen. Dazu wird hier die Einarbeitung einer entsprechenden Präambel mit einer kurzen Sachverhaltsbeschreibung, die Herstellung eines Bezuges zum rechtskräftigen Urteil, die Nennung des möglicherweise bereits bestehenden Räumungstermins, sowie die Darstellung des Willens des Schuldners zur Tilgung des Zahlungsrückstandes empfohlen.

1501 BGH NJOZ 2012, 462 (463).

1502 BGH NJW 1995, 2034 (2036).

1503 BT-Drucks. 7/3919, S. 13; Schmidt, in: Bamberger/Roth/Hau/Poseck, BeckOK, BGB, § 307 Rn. 1; Schmidt NJW 2011, 3329 (3329 f.).

1504 BGH NJW 1988, 558 (559).

1505 BGH NJW 1992, 2160 (2160).

Eines der Kernelemente ist die Tilgungsvereinbarung. Im Rahmen der Verfallregelung werden feste Termine und Fristen geschaffen durch deren Nichteinhaltung bestimmt Rechtswirkungen in Form von auflösenden und aufschiebenden Bedingungen ausgelöst werden.[1506]

Bereits aus Gründen der Transparenz i.S.v. § 307 Abs. 1 S. 2 BGB, soll die Ratenzahlungsvereinbarung die gesamte Forderungssumme, aufgegliedert in ihre verschiedenen Bestandteile, enthalten. Eine unklare Klausel ist jedoch nur dann gem. § 307 Abs. 1 S. 2 BGB unwirksam, wenn aus der Unklarheit eine unangemessene Benachteiligung des Vertragspartners folgt.[1507]

Darüber hinaus sind die Tilgungshöhe und der Tilgungszeitpunkt als wesentliche Elemente aufzuführen. Bei der Bestimmung der Tilgungshöhe sind hier die Gesamtsumme des Zahlungsrückstandes und die wirtschaftlichen Verhältnisse des Schuldners zu berücksichtigen. Zu den wirtschaftlichen Verhältnissen ist auch die Höhe der parallel zu leistenden regelmäßigen Mietzahlung zu berücksichtigen. Dies ist nicht nur wesentlich zur erfolgversprechenderen Durchführung der Tilgungsvereinbarung, sondern auch zur nachhaltigen Sicherung der zukünftigen Mietzahlungen.

Zielsetzung ist, dass die Vereinbarung, aus bilanziellen Gründen, noch im laufenden Geschäftsjahr erfolgreich durchgeführt werden kann. Ist dies aus wirtschaftlichen Gründen des Mieters nicht möglich, wird hier angeraten die maximale Durchführungsdauer zumindest auf ein Jahr zu begrenzen. Im Rahmen eines Experteninterviews wird auf die drohende bilanzielle Hürden und die Gefahr, dass das „schwebende" Mietverhältnis wieder in ein bestehendes Mietverhältnis übergeht hingewiesen.[1508]

Der Tilgungszeitpunkt ist an die wirtschaftlichen Verhältnisse des Schuldners anzupassen, sodass dieser möglichst nah am Zugangszeitpunkt der Einnahmen liegt und damit die Wahrscheinlichkeit der zielgerichteten Verwendung am höchsten ist. Der Tilgungszeitpunkt muss dabei nicht zwingend mit dem Zeitpunkt der laufenden Mietzahlung zusammenfallen.

Handelt es sich bei Schuldner um einen Transferleistungsempfänger i.S.d. SGB II, so entscheidet dieser nach § 20 Abs. 1 S. 4 SGB II eigenverantwortlich über die Verwendung seiner Regelleistung und die Abrede sollte bereits derart inhaltlich gestaltet sein, dass der Schuldner den Leistungsträger ermächtigt den

---

1506 BGH WuM 2009, 739 (741).

1507 BT-Drucks. 14/7052, S. 18, 188; BGH NJW 1984, 2404 (2405); OLG Karlsruhe NJW 2016, 2670 (2670).

1508 Z. 542 ff. Anhang VI dieser Ausarbeitung.

Tilgungsbetrag als Teilbetrag der Regelleistung an den Vermieter in Absetzung zu bringen.

Darüber hinaus ist festgehalten, dass der Mieter sowohl die laufende Miete mietvertragsgemäß, als auch die Tilgungsraten vereinbarungsgemäß zu leisten hat.

Eine solche Vereinbarung ersetzt keine Titulierung[1509], weshalb die nicht titulierten Forderungen weiterhin der Regelverjährung i.S.v. §§ 195, 199 BGB[1510] unterliegen. Zum Schutze der Verjährung bietet sich die Möglichkeit bereits titulierte von nicht titulierten Forderungen abzugrenzen und die Verrechnung zunächst auf die nicht titulierten Forderungen zu beschränken. Wie bereits zuvor ausgeführt, müssen die Belange des Schuldners in angemessener Weise berücksichtigt werden. Mangels einschlägiger Rechtsprechung, wird hier insbesondere unter Berücksichtigung der damit vermeidbaren Kosten der Titulierung von einer angemessenen Berücksichtigung der Belange des Mieters ausgegangen.

Der Vermieter versichert dem Mieter im Gegenzug nicht aus dem Räumungstitel zu vollstrecken, sofern die zuvor getroffenen Zahlungsvereinbarungen entsprechend eingehalten werden.

Die Rechte und Pflichten aus dem Mietverhältnis bleiben von dieser Individualabrede unberührt und bestehen weiterhin unverändert fort. Ausdrücklich ist auch die stillschweigende Verlängerung des Mietverhältnisses i.S.v. § 545 BGB auszuschließen.

Wird die Tilgungsvereinbarung inhaltlich nicht eingehalten, so tritt im Sinne der Verfallregelung die Rechtsfolge der Unwirksamkeit ein. Dies bedeutet, dass der Mieter durch den Eintritt der auflösende Bedingung (§ 158 Abs. 2 BGB) so gestellt wird, als hätte es diese Abrede niemals gegeben. Der Vermieter lässt in diesem Fall die Vollstreckung i.S.v. § 796 Abs. 1 ZPO wieder durch den Gerichtsvollzieher aufnehmen.

Für die Unwirksamkeit dieser Abrede ist an einen einfachen Verzug (z.B. i.H.v. 10 Tagen) anzuknüpfen. Darüber hinaus kann sich die Ausgestaltung an § 543 Abs. 2 Nr. 3 BGB orientieren. Befindet sich der Mieter danach mit zwei oder mehr Tilgungsraten (sei es mit zwei aufeinanderfolgenden oder in Summe) in Verzug, so tritt durch den Eintritt der auflösenden Bedingungen der frühere Rechtszustand ein.

1509 BGH NJOZ 2012, 462 (463).

1510 Blank, in: Schmidt-Futterer, Mietrecht, § 551 Rn. 104a; Bruns, in: Hannemann/Wiegner, Mietrecht, § 26 Rn. 125; Schneider, in: Hannemann/Wiegner, Mietrecht, § 32 Rn. 4; Emmerich, in: Staudinger, BGB, § 535 Rn. 84a.

Innerhalb der Schlussbestimmung ist die Entscheidung über den Kostenträger dieser Abrede aufzuführen. Nicht ausreichend ist nach dem LG Kassel eine nicht näher bestimmte Vergütung oder Bearbeitungsgebühr.[1511]

Insgesamt ist die Sinnhaftigkeit der Anwendung einzelfallabhängig (ggf. im Rahmen eines Forderungsgespräches) zu prüfen.[1512]

Das Risiko des Abredeverfalls drückt sich durch eine weitere Verzögerung des Räumungsprozesses und einem damit verbundenen Anstieg der Mietrückstände aus. Die Chance liegt dagegen in der Erreichung des absoluten Zieles der Wohnraumerhaltung.

Die grundsätzliche Praxisrelevanz einer solchen Vereinbarung ist jedoch zu bejahen. Zur Erhaltung des Wohnraumes kann diese bis zum Tag der Räumung (und teilweise auch darüber hinaus) jederzeit dienlich sein.[1513] Dies entspricht den vorliegenden Grundgedanken des Konzeptes und wird auch als Soziales Forderungsmanagement „hoch zwei“[1514] bezeichnet. Begründet wird diese Bezeichnung insbesondere damit, dass nicht nur eine Kündigung ausgesprochen, sondern bereits ein Räumungstitel erwirkt wurde und der Vermieter sich trotz der sofortigen Möglichkeit der Vertragsbeendigung als kooperativ und gesprächsbereit zeigt.[1515]

IV. Verrechnung der Sicherheitsleistung bei Beendigung

Während mit Hilfe des Hinterlegungsverzug gem. § 569 Abs. 2a BGB im Rahmen des frühestmöglichen Kündigungszeitpunktes eine indirekte Ergebnisverbesserung herbeigeführt werden kann, besteht bei Beendigung des Mietverhältnisses mit der Möglichkeit der Verrechnung der Sicherheitsleistung eine direkte Befriedigungsmöglichkeit des Vermieters.

Nach der aktuellsten BGH-Rechtsprechung muss der Vermieter nach Beendigung (innerhalb angemessener, nicht allgemein bestimmbarer Frist) erklären, ob und welche er aus dem Mietverhältnis stammenden Forderungen von der hinterlegten Sicherheitsleistung in Abzug bringen möchte.[1516]

1511 LG Kassel BeckRS 2007, 10209, Rn. 14.
1512 Z. 332 ff. Anhang II dieser Ausarbeitung.
1513 Z. 370 f. Anhang III dieser Ausarbeitung.
1514 Z. 540 Anhang VI dieser Ausarbeitung.
1515 Z. 539 ff. Anhang VI dieser Ausarbeitung.
1516 BGH openJur 2019, 30043, Rn. 25.

Für die noch ausstehende Betriebskostenabrechnung darf dabei ein angemessener Teil bis zum Ablauf der ihm zustehenden Abrechnungsfrist einbehalten werden.[1517]

Der Anspruch auf Rückzahlung der Sicherheitsleistung entsteht im Zeitpunkt des Zuganges der Abrechnung des Vermieters.[1518] Die Abrechnungserklärung kann ausdrücklich oder konkludent erfolgen.[1519]

Der Vermieter kann damit seine Forderungen gegen die Forderung des Mieters auf Rückzahlung der Kaution aufrechnen.[1520] Eine solche Aufrechnungsmöglichkeit gilt sowohl für unstreitig, als auch streitig bestehende Mietforderungen.[1521]

Vorliegend handelt es sich regelmäßig um unstreitig bestehende Mietforderungen.

Bei Beendigung des Mietverhältnisses wird hier empfohlen die Aufrechnung mit noch bestehenden Mietforderungen und/oder den Sicherheitseinbehalt für die noch zu erstellende Betriebskostenabrechnung zu erklären. Dies kann z.B. im Wohnungsendabnahmeprotokoll oder einer daran anschließenden separaten (ausdrücklichen oder konkludenten) Erklärung erfolgen.

M. Im Kontext der Verbraucherinsolvenz

Eine drohende oder eingetretene Privatinsolvenz des Mieters beeinflusst nicht die grundlegenden Zielsetzungen des Mietschuldenabbaus und der Wohnraumerhaltung des Sozialen Forderungsmanagements. Ohnehin hat diese prekäre Situation auch nicht zwangsläufig den Ausfall der Mietzahlung zur Folge.[1522] In jedem Falle ist jedoch die Mietzahlung sicherzustellen und das Mietverhältnis zu stabilisieren.[1523] Wirkt der Mieter nicht mit und greifen auch die übrigen Prozesse des hiesigen Forderungsmanagements zur absoluten Zielerreichung der Wohnraumerhaltung nicht, wird hier, in Anlehnung an eine Expertenaussage[1524], die schnellstmögliche Abwicklung des Mietverhältnisses zur Schadensminderung vertreten.

1517 BGH openJur 2011, 12340, Rn. 20 ff.
1518 BGH openJur 2019, 30043, Rn. 29; BGH NJW 1987, 2372 (2372).
1519 BGH openJur 2019, 30043, Rn. 26b.
1520 BGH openJur 2019, 30043, Rn. 30.
1521 BGH openJur 2019, 30043, Rn. 32.
1522 Z. 402 ff. Anhang III dieser Ausarbeitung.
1523 Z. 413 ff. Anhang III dieser Ausarbeitung.
1524 Z. 410 ff. Anhang III dieser Ausarbeitung.

In Deutschland wurden im Jahr 2018 ca. 68.600 Verbraucherinsolvenzen eröffnet. Im Vorjahresvergleich entspricht dies einem Rückgang i.H.v. 4,7 %.[1525]

Mit rund 20 %[1526] ist die Arbeitslosigkeit die häufigste Ursache für eine Überschuldung. Statistisch gesehen nimmt die Gefahr der Überschuldung innerhalb der verschiedenen Altersklassen zu.[1527]

Auffallend ist, dass die Mietschulden überschuldeter Personen statistisch gesehen am häufigsten durch eine unwirtschaftliche Haushaltsführung und dann erst durch die Arbeitslosigkeit entstehen.[1528] Hier wird die Bedeutung des proaktiven Elementes der Wahl des richtigen Geschäftspartners deutlich, da unterstellt werden muss, dass sich diese Schwäche bereits negativ bei der Suche einer den eigenen wirtschaftlichen Verhältnissen entsprechenden Wohnung auswirken kann.

Verbindlichkeiten bei Kreditinstituten bilden die größte Position in der Schuldenaufstellung.[1529] Der größte Anteil der Konsumausgaben fällt mit ca. 35 % auf den Bereich Wohnen, Energie und Wohnungsinstandhaltung.[1530] Dies entspricht monatlichen Ausgaben i.H.v. durchschnittlich 897 Euro.[1531]

Letztlich ist der Vermieter damit regelmäßig als Insolvenzgläubiger im Verbraucherinsolvenzverfahren beteiligt. Ist er mangels bestehender Mietschulden unbeteiligt, so muss er sich dennoch mit der Frage des strategischen Umganges mit einem in der Verbraucherinsolvenz befindlichen Geschäftspartner auseinandersetzen.

Die Zielsetzung eines Insolvenzverfahrens (i.S.v. § 1 InsO) ist die gemeinschaftliche Befriedigung der Gläubiger nach dem Grundsatz der Gleichbehandlung der Insolvenzgläubiger[1532]. Danach soll das Vermögen möglichst gerecht

---

1525 Statistisches Bundesamt, Anzahl der Verbraucherinsolvenzen in Deutschland von 1999 bis 2018.

1526 Statistisches Bundesamt, in: Ursachen von Überschuldung in Deutschland im Jahre 2019; Statistisches Bundesamt, in: Statistik zur Überschuldung privater Personen 2018, S. 8.

1527 Statistisches Bundesamt, in: Statistik zur Überschuldung privater Personen 2018, S. 9.

1528 Statistisches Bundesamt, in: Statistik zur Überschuldung privater Personen 2018, S. 12.

1529 Statistisches Bundesamt, in: Statistik zur Überschuldung privater Personen 2018, S. 12 f.

1530 Statistisches Bundesamt, in: Wirtschaftsrechnungen 2017, S. 18.

1531 Statistisches Bundesamt, in: Wirtschaftsrechnungen 2017, S. 18.

1532 Häsemeyer, in: Insolvenzrecht, Rn. 2.17 ff.; Pape, in: Hirte/Vallender, Insolvenzordnung, § 1 Rn. 1; Henckel, in: Jaeger/Henckel/Gerhardt, Insolvenzordnung, Bd. 1, § 38 Rn. 3.

verwertet und an die Gläubiger verteilt werden. Der redliche Schuldner kann sich i.S.v. § 1 S. 2 InsO von seinen restlichen Schulden befreien. Davon umfasst sind alle Forderungen der Insolvenzgläubiger, auch die derjenigen die diese nicht zur Tabelle angemeldet haben.[1533]

Einzelnachweislich wird hervorgehoben, dass das Insolvenzrecht, mit Einführung der Verbraucherinsolvenz und der damit verbundenen Möglichkeit der Restschuldbefreiung, in der heutigen Form nunmehr auch soziale Aufgaben übernimmt.[1534] An anderer Stellt wird inhaltlich konkretisiert, dass insbesondere junge Menschen bei Versagung der Restschuldbefreiung häufig bis zum Ende ihres Lebens der Rechtsverfolgung durch ihrer Gläubiger ausgesetzt seien.[1535]

In den Gesetzesmaterialien wird ausgeführt, dass es zugleich ein soziales und freiheitliches Anliegen ist, dem redlichen Schuldners nach der Durchführung eine Insolvenzverfahrens leichter eine endgültige Schuldenbereinigung zu ermöglichen.[1536] Im Rahmen eines späteren Gesetzesentwurfes wird u.a. auf die Überschuldungssituation und deren Auswirkung für den Schuldner und dessen gesamter Familie Bezug genommen.[1537]

Ziel des Schuldners wird regelmäßig die möglichst zeitnahe Entschuldung sein, sodass im Vordergrund einer Verbraucherinsolvenz, entgegen der Unternehmensinsolvenz, regelmäßig eben nicht die Durchführung des Insolvenzverfahrens und die gleichmäßige Befriedigung der Gläubiger steht, sondern vielmehr die bloße erfolgreiche Restschuldbefreiung.[1538]

Entsprechend wird das vorgeschaltete Insolvenzverfahren als obligatorische Voraussetzung und einen aus gesetzgeberischer Sicht für notwendig erachteten Zwischenschritt bezeichnet.[1539]

Die Tatbestandsvoraussetzungen des § 305 Abs. 1 InsO gliedern das Verfahren der Schuldenbereinigung in verschiedene Phasen und haben somit eine verfahrensleitende Funktion. Die Phasen beinhalten den Versuch der außergerichtlichen Einigung, das gerichtliche Schuldenbereinigungsverfahren, das Insolvenzverfahren und das Planinsolvenzverfahren.

1533 BGH openJur 2011, 13566, Rn. 20.

1534 Schmidt, in: Schmidt, Hamburger Kommentar zum Insolvenzrecht, § 1 Rn. 3.

1535 Pape, in: Hirte/Vallender, Insolvenzordnung, § 1 Rn. 15.

1536 BT-Drucks. 12/2443, S. 81.

1537 BT-Drucks. 14/5680 S. 11.

1538 Schmerbach, in: Wimmer, FK-InsO, § 1 Rn. 20; Schmerbach, in: Wimmer, FK-InsO, § 11 Rn. 13; Pape, in: Hirte/Vallender, Insolvenzordnung, § 1 Rn. 15 f.

1539 Schmidt, in: Schmidt, Hamburger Kommentar zum Insolvenzrecht, § 1 Rn. 3, 35.

Allen voran bedarf es des Versuches der außergerichtlichen Schuldenbereinigung gem. § 305 Abs. 1 Nr. 1 InsO. Um den Einigungsversuch im Sinne eines „ersthaften Bemühens“[1540] belegen zu können, bietet sich bereits zu diesem Zeitpunkt die Erstellung des Schuldenbereinigungsplans i.S.v. § 305 Abs. 1 Nr. 4 InsO.[1541] Dieser wird auch als „Leitfaden zur außergerichtlichen Einigung“[1542] bezeichnet, dessen rechtliche Wirkung der eines außergerichtlichen Vergleichs i.S.v. § 779 Abs. 1 ZPO gleicht.[1543]

Scheitert der außergerichtliche Einigungsversuch, so kann der Schuldner im Rahmen des gerichtlichen Schuldenbereinigungsverfahrens einen entsprechenden Eröffnungsantrag stellen.[1544] Nach § 305a InsO ist der Versuch gescheitert, wenn einer der Gläubiger die Zwangsvollstreckung einleitet.

Im Rahmen des Eröffnungsantrages bedarf es der Erfüllung der Tatbestandsvoraussetzungen des § 305 Abs. 1 Nr. 1-4 InsO. Bereits zu diesem Zeitpunkt bedarf es gem. § 305 Abs. 1 Nr. 2 Alt. 1. InsO i.V.m. § 287 InsO eines Antrages auf Erteilung der Restschuldbefreiung.

Für die Erstellung des Forderungsverzeichnisses (gem. § 305 Abs. 1 Nr. 3 InsO) kann der Schuldner auf die Mitwirkungspflicht der Gläubiger gem. § 305 Abs. 2 S. 2, 3 InsO zurückgreifen.

Das gerichtliche Schuldenbereinigungsverfahren ist nur dann erfolgreich, wenn der Schuldenbereinigungsplan i.S.v. § 305 Abs. 1 Nr. 4 InsO geeignet ist und damit die Möglichkeit bietet eine angemessene Schuldenbereinigung herbeizuführen. Dabei prüft das Gericht im Rahmen des § 306 Abs. 1 InsO, ob die Durchführung des Schuldenbereinigungsplanes Aussicht auf Erfolg hätte.

1540 Wenzel, in: Kübler/Prütting/Bork, Insolvenzordnung, § 305 Rn. 6; Vallender, in: Hirte/Vallender, Insolvenzordnung, § 305 Rn. 65 ff.; Häsemeyer, in: Insolvenzrecht, Rn. 29, Ritter, in: Schmidt, Hamburger Kommentar zum Insolvenzrecht, § 305 Rn. 6.

1541 Vuia, in: MüKo, InsO, Bd. 3, § 305 Rn. 33 f.; Sternal, in: Hirte/Vallender, Insolvenzordnung, § 305 Rn. 12 f.; Schön, in: Schuldenfrei in drei Jahren.

1542 BT-Drucks. 12/7303, S. 272.

1543 BGH NJOZ 2012, 462 (462); Lackmann, in: Musielak/Voit, ZPO, § 774 Rn. 3; Sternal, in: Hirte/Vallender, Insolvenzordnung, § 305 Rn. 26.

1544 Sternal, in: Hirte/Vallender, Insolvenzordnung, § 305 Rn. 6; Vuia, in: MüKo, InsO, Bd. 3, § 305 Rn. 24; Ritter, in: Schmidt, Hamburger Kommentar zum Insolvenzrecht, § 305 Rn. 8.

Inhaltlich sind in diesem Plan regelmäßig Stundungen und anteilige Forderungsverzichte enthalten.[1545]

Sofern Aussicht auf Erfolg zur Durchführung des Schuldenbereinigungsplanes besteht, stellt das Gericht den Gläubigern gem. § 307 Abs. 1 InsO den Schuldenbereinigungsplan und die Vermögensübersichten des Schuldners zu. Nach § 307 Abs. 2 S. 1 InsO gilt eine ausbleibende Rückmeldung eines Gläubigers als Zustimmung zum Schuldenbereinigungsplan (sog. Zustimmungsfiktion).[1546]

Dies ist bereits einer der wesentlichen Unterschiede zum außergerichtlichen Einigungsversuch. Dort bedarf es der direkten Zustimmung. Bei lediglich einer Einwendung ist das Verfahren über den Eröffnungsantrag gem. § 311 InsO wiederaufzunehmen.[1547] Im Erfolgsfalle gelten die Anträge auf Eröffnung des Insolvenzverfahrens und der Restschuldbefreiung damit gem. § 308 Abs. 2 InsO als zurückgenommen (sog. Rücknahmefiktion).[1548] Gem. § 308 Abs. 1 S. 2 InsO hat der Beschluss die Wirkung eines Vergleiches i.S.v. § 794 Abs. 1 Nr. 1 ZPO.

Nach § 306 Abs. 1 S. 3 InsO kann sich der Schuldner bereits im Rahmen des Eröffnungsantrages damit einverstanden erklären, dass das gerichtliche Schuldenbereinigungsverfahren nicht durchgeführt werden soll. Grundlage des Schuldners könnte sein, dass er den Gläubigern keine Zahlungen anbietet und damit der Schuldenbereinigungsplan nicht angenommen werden kann.[1549] Dies ist regelmäßig bei Verbraucherinsolvenzen mangels Liquidität und des damit vorliegenden Nullplans der Fall. Es wird dabei zwischen einem statischen und flexiblen Nullplan unterschieden. Statisch ist dieser, wenn die Gläubiger unabhängig von der zukünftigen Entwicklung der wirtschaftlichen Verhältnisse des Schuldners vollständig auf ihre Forderungen verzichten. Flexible Nullpläne sehen dagegen Zahlungsverpflichtungen bei Verbesserung der Einkommenssituation

---

1545 Ritter, in: Schmidt, Hamburger Kommentar zum Insolvenzrecht, § 305 Rn. 26; Vuia, in: MüKo, InsO, Bd. 3, § 305 Rn. 20 f.; Sternal, in: Hirte/Vallender, Insolvenzordnung, § 305 Rn. 20 ff.

1546 LG Berlin ZVI 2002, 12 (14), Ritter, in: Schmidt, Hamburger Kommentar zum Insolvenzrecht, § 307 Rn. 8.

1547 Ott/Vuia, in: Schmidt, Hamburger Kommentar zum Insolvenzrecht, § 308 Rn. 6; Wenzel, in: Kübler/Prütting/Bork, Insolvenzordnung, § 308 Rn. 1.

1548 Ritter, in: Schmidt, Hamburger Kommentar zum Insolvenzrecht, § 308 Rn. 7; Sternal, in: Hirte/Vallender, Insolvenzordnung, § 308 Rn. 30; Vuia, in: MüKo, InsO, Bd. 3, § 308 Rn. 13.

1549 Ritter, in: Schmidt, Hamburger Kommentar zum Insolvenzrecht, § 311 Rn. 3; Sternal, in: Hirte/Vallender, Insolvenzordnung, § 306 Rn. 17 ff.

vor.[1550] Liegt ein Nullplan (die Zulässigkeit eines solchen Nullplanes im Schuldenbereinigungsplanverfahren ist seitens des BGH bestätigt)[1551] vor, eröffnet das Insolvenzgericht regelmäßig das Insolvenzverfahren und es wird kein Versuch eines gerichtlichen Schuldenbereinigungsverfahrens durchgeführt.[1552]

Nach Verzicht oder Scheitern des gerichtlichen Schuldenbereinigungsverfahrens kommt es, im Sinne einer Verfahrensfortsetzung von Amts wegen, zur Wiederaufnahme des Verfahrens über den Eröffnungsantrag gem. § 311 InsO. Die Normierung des § 311 InsO führt unmittelbar zu einer Entscheidung über die Eröffnung des vereinfachten Insolvenzverfahren.[1553]

Zur Eröffnung des Insolvenzverfahrens bedarf es gem. § 16 InsO eines Eröffnungsgrundes. Im Rahmen einer Verbraucherinsolvenz kommt dabei die Zahlungsunfähigkeit (gem. § 17 InsO) und die drohende Zahlungsunfähigkeit (gem. § 18 InsO) in Betracht. Zahlungsunfähig wird eine natürliche Person, wenn diese gem. § 17 Abs. 2 S. 1 InsO nicht in der Lage ist ihre fälligen Zahlungsverpflichtungen zu erfüllen.

Nach den Gesetzesmaterialien sind vorübergehende Zahlungsstockungen und ganz geringfügige Liquiditätslücken davon abzugrenzen.[1554] Eine Zahlungsunfähigkeit liegt dem BGH nach vor, wenn der Schuldner 10 % seiner fälligen Gesamtverbindlichkeiten länger als drei Wochen nicht erfüllen kann.[1555]

Da regelmäßig bereits die Zahlungsunfähigkeit eingetreten ist, spielt in der Praxis die drohende Zahlungsunfähigkeit eine untergeordnete Rolle.[1556]

Darüber hinaus müssen die Verfahrenskosten gedeckt sein, da andernfalls das Verfahren gem. § 26 Abs. 1 S. 1 InsO mangels Masse abgewiesen wird.[1557] Eine

---

1550 Sternal, in: Hirte/Vallender, Insolvenzordnung, § 309 Rn. 74, § 305 Rn. 115 ff.; Buck, in: Braun, InsO und EuInsVO, § 305 InsO Rn. 14; Stephan, in: Schmidt, Insolvenzordnung, § 305 Rn. 9; Vuia, in: MüKo, InsO, Bd. 3, § 305 Rn. 65; AG Göttingen NZI 1999, 468 (468).

1551 BGH NZI 2014, 34 (34).

1552 Ott/Vuia, in: MüKo, InsO III, § 311, Rn. 14; Ritter, in: Schmidt, Hamburger Kommentar zum Insolvenzrecht, § 311 Rn. 3; Schmidt, Privatinsolvenz, § 3 Rn. 47.

1553 Ritter, in: Schmidt, Hamburger Kommentar zum Insolvenzrecht, § 310 Rn. 2; Vuia, in: MüKo, InsO, Bd. 3, § 311 Rn. 9.

1554 BT-Drucks. 12/2443, S. 114.

1555 BGH JurionRS 2005, 17914, Rn. 5 ff.

1556 Ritter, in: Schmidt, Hamburger Kommentar zum Insolvenzrecht, § 18 Rn. 2; Vuia, in: MüKo, InsO, Bd. 3, § 311 Rn. 10.

1557 Ritter, in: Schmidt, Hamburger Kommentar zum Insolvenzrecht, § 310 Rn. 2; Sternal, in: Hirte/Vallender, Insolvenzordnung, § 311 Rn. 15; Vuia, in: MüKo, InsO, Bd. 3, § 311 Rn. 14.

derartige Ablehnung kann durch die Zahlung eines entsprechenden Vorschusses i.S.v. § 26 Abs. 3-4 InsO oder durch eine Stundung gem. § 4a InsO vermieden werden.

In Deutschland wurden im Jahr 2016 lediglich 282 Verfahren mangels Masse abgelehnt.[1558]

Eine Abweisung mangels Masse hat für den Schuldner die negative Rechtsfolge der Eintragung in das Schuldnerverzeichnis gem. § 26 Abs. 2 InsO.

Ist der Antrag zulässig, so folgt das Eröffnungsverfahren. Zur Eröffnung des Insolvenzverfahrens ergeht nach § 27 Abs. 1 InsO ein Eröffnungsbeschluss.

Hält das Insolvenzgericht diesen Antrag für zulässig, so stellt das Gericht per Beschluss fest, dass der Restschuldbefreiung stattgegeben wird, wenn die Voraussetzungen des § 295 InsO und keine Versagungsgründe nach §§ 290, 297 – 298 InsO vorliegen.

Die Regelzeit beträgt gem. § 287 Abs. 2 InsO sechs Jahre. Mit der Gesetzesänderung[1559] zum 01.07.2014 trat die Reform der Restschuldbefreiung in Kraft. Schuldner deren Verfahren danach beantragt worden sind, haben die Möglichkeit die Beantragung unter Verkürzung der Abtretungsfrist (oder Wohlverhaltensphase)[1560] vorzunehmen.

Der Antrag auf Verkürzung der Restschuldbefreiung ist gem. § 300 Abs. 1 S. 2 InsO geregelt. Für die Verkürzung der Restschuldbefreiung bedarf es grundsätzlich der Begleichung der Gerichtskosten. Es kommt dabei keine Stundung in Betracht, sondern es wird die vollständige Deckung der Verfahrenskosten vorausgesetzt.[1561]

Nach drei Jahren besteht gem. § 300 Abs. 1 Nr. 2 InsO die Möglichkeit der Beantragung der vorzeitigen Restschuldbefreiung, wenn mindestens 35 % der Insolvenzforderungen ausgeglichen werden konnten. Dies wird auch als quotale Befriedigung oder Mindestbefriedigungsquote bezeichnet.[1562] Dieser 35-prozentigen Befriedigungsquote ist kaum praktische Relevanz beizumessen.[1563]

1558 Statistisches Bundesamt, in: Verbraucherinsolvenzen nach Jahren.

1559 Gesetz zur Verkürzung des Restschuldbefreiungsverfahrens und zur Stärkung der Gläubigerrechte.

1560 BGH VuR 2013, 388 (388); BAG NZA 2010, 300 (300); BGH NJW-Spezial 2009, 614 (614).

1561 Streck, in: Schmidt, Hamburger Kommentar zum Insolvenzrecht, § 300 Rn. 5; Stephan, in: MüKo, InsO, Bd. 3, § 300 Rn. 3; Römermann, in: Nerlich/Römermann, InsO, § 300 Rn. 15.

1562 BT-Drucks. 17/13535, S. 30; Streck, in: Schmidt, Hamburger Kommentar zum Insolvenzrecht, § 300 Rn. 7; Sternal, in: Hirte/Vallender, Insolvenzordnung, § 300 Rn. 17.

1563 Ritter ZVI 2013, 135 (135); Kranzusch ZInsO 2012, 2169 (2178).

Gelingt eine vorzeitige Beendigung nach § 300 Abs. 1 Nr. 2 InsO demnach nicht, besteht gem. § 300 Abs. 1 Nr. 3 InsO wiederum nach fünf Jahren die Möglichkeit der Beantragung der Restschuldbefreiung, sofern die Masse zur Deckung der Verfahrenskosten ausreicht.

Aus Sicht des Gesetzgebers soll diese „second chance“ den Anreiz zur Realisierung der Restschuldbefreiung nach fünf Jahren bekräftigen.[1564]

Die Voraussetzungen zur vorzeitigen Erteilung der Restschuldbefreiung sind damit äußerst gering. Daher kommt dieser Normierung einzelnachweislich eine erhebliche Praxisrelevanz zu.[1565]

Im Hinblick der Versagung der Restschuldbefreiung existiert eine Reihe von Versagungsgründen. Differenziert werden die Anspruchsgrundlagen gem. § 290 Abs. 1 InsO und §§ 295, 296 InsO.

Gesetzessystematisch ist die Restschuldbefreiung als Regelfall und die Versagung dieser als Ausnahmetatbestand charakterisierbar.[1566] Die erstgenannte Anspruchsgrundlage setzt eine Pflichtverletzung voraus, die bis zum Schlusstermin begangen worden ist. Die Regelungen nach §§ 295, 296 InsO setzt die Nichterfüllung der Obliegenheiten in der Wohlverhaltensperiode voraus. Weiterhin ist die Gleichbehandlung der Gläubiger i.S.v. § 294 Abs. 2 InsO zu beachten. Demnach sind jegliche Sonderabkommen, bei denen einem Gläubiger ein Sondervorteil verschafft wird, nichtig.[1567]

Beispielhaft für das Forderungsmanagement ist das Abschließen einer Ratenzahlungsvereinbarung, welche zur Benachteiligung der anderen Gläubiger führt. Eine solche Vereinbarung ist nichtig und löst einen Rückzahlungsanspruch aus.[1568]

Gem. § 290 Abs. 2 InsO kann der Gläubiger die Versagung der Restschuldbefreiung bis zum Schlusstermin oder bis zur Entscheidung nach § 211 InsO beantragen. Die Entscheidung über die Versagung der Restschuldbefreiung erfolgt

---

1564 BT-Drucks. 17/11268, S. 30.

1565 Frind ZInsO 2013, 1448 (1456).

1566 Schmidt, in: Schmidt, Hamburger Kommentar zum Insolvenzrecht, § 1 Rn. 36; Ehlers DStR 2010, 170 (174).

1567 Sternal, in: Hirte/Vallender, Insolvenzordnung, § 294 Rn. 23; Stephan, in: MüKo, InsO, Bd. 3, § 294 Rn. 49 f.; Römermann, in: Nerlich/Römermann, InsO, § 294 Rn. 13.

1568 Sternal, in: Hirte/Vallender, Insolvenzordnung, § 294 Rn. 28 ff.; Stephan, in: MüKo, InsO, Bd. 3, § 294 Rn. 49 f.; Römermann, in: Nerlich/Römermann, InsO, § 294 Rn. 16.

i.S.v. § 290 Abs. 2 InsO erst im Schlusstermin. Eine Möglichkeit der vorzeitigen Entscheidung, ist aus Gründen der Justizentlastung nicht geschaffen worden.[1569]

Antragsberechtigt auf Grundlage des § 290 Abs. 1 Nr. 1 – 7 InsO sind Gläubiger die ihre Forderung angemeldet haben.[1570] Bei der vorgenannten Regelung handelt es sich um eine abschließende Aufzählung.[1571] Einzelnachweislich wird explizit ausgeführt, dass Straftaten außerhalb dieses Kataloges (z.B. Betrug oder Untreue) daher nicht zur Versagung führen.[1572]

Praxisrelevant kann die nicht vorausgesetzte unmittelbare Betroffenheit des Gläubigers sein. Danach muss der Gläubiger nicht von dem unredlichen Verhalten direkt betroffen sein, um entsprechend antragsberechtigt zu sein. Ziel ist die Sanktionierung des unredlichen Verhaltens.[1573]

Ob es sich bei dem Verhalten des Schuldners um ein unredliches Verhalten handelt, muss im Einzelfall geprüft werden. Beispielhaft sind die unterlassene Abführung eines pfändbaren Einkommens gem. Nr. 5[1574], die Nichtanzeige von Vermögen insbesondere von (Neben-) Einkünften gem. Nr. 5[1575] oder die Ausgaben für Luxusaufwendungen gem. Nr. 4[1576] der vorgenannten Regelung zu nennen. Nach dem BGH sind davon ganz unwesentliche Verstöße gegen ein redliches Verhalten abzugrenzen.[1577]

Neben diesen Versagungsgründen existieren noch die Obliegenheiten bzw. Pflichten (gem. § 295 InsO) des Schuldners während der Wohlverhaltensphase. Diese umfasst gem. § 295 Abs. 1 S. 1 InsO den Zeitraum zwischen der Aufhebung des Insolvenzverfahrens und der Abtretungsfrist (vgl. § 296 Abs. 1 S. 1

1569 BT-Drucks. 17/11268, S. 27.

1570 BGH openJur 2014, 27186, Rn. 14 ff.; AG Hamburg-Mitte openJur 2011, 14277, Rn. 15; Stephan, in: MüKo, InsO, Bd. 3, § 290 Rn. 22 ff.; Sternal, in: Hirte/Vallender, Insolvenzordnung, § 290 Rn. 6 ff.

1571 Streck, in: Schmidt, Hamburger Kommentar zum Insolvenzrecht, § 290 Rn. 15; Sternal, in: Hirte/Vallender, Insolvenzordnung, § 290 Rn. 3; Römermann, in: Nerlich/Römermann, InsO, § 290 Rn. 3.

1572 Schmidt, in: Schmidt, Hamburger Kommentar zum Insolvenzrecht, § 1 Rn. 38.

1573 BGH JurionRS 2007, 12242, Rn. 3; OLG Celle, ZInsO 2000, 457; Wenzel, in: Kübler/Prütting/Bork, Insolvenzordnung, § 290 Rn. 3.

1574 BGH openJur 2013, 34026, Rn. 8; BGH openJur 2012, 68284, Rn. 3 ff.; BGH openJur 2011, 5923, Rn. 14 ff.

1575 BGH JurionRS 2015, 21916, Rn. 8 ff.; LG Verden ZVI 2006, 469 (469 f.); LG Mönchengladbach openJur 2011, 25383, Rn. 25 ff.

1576 Streck, in: Schmidt, Hamburger Kommentar zum Insolvenzrecht, § 290 Rn. 27; Sternal, in: Hirte/Vallender, Insolvenzordnung, § 290 Rn. 70.

1577 BGH openJur 2012, 57887, Rn. 12.

Hs. 1 InsO).[1578] Somit sind Handlungen, die in den Zeitraum vor Abschluss des Insolvenzverfahrens fallen, lediglich nach § 290 InsO sanktionsfähig. Bei § 295 Abs. 1 S. 1 InsO handelt es sich um eine abschließende Aufzählung von Regelungsbeispielen.[1579]

Unter Bezug auf einen Einzelnachweis hält sich die Meinung, dass Schuldner innerhalb der Abtretungsfrist keine neuen Schulden begründen dürfen und die Gläubiger somit einen Antrag auf Versagung der Restschuldbefreiung stellen dürfen.[1580] Ist der jeweilige Gläubiger anspruchsberechtigt, kann ein entsprechender Versagungsantrag gestellt werden. Das Begründen neuer Schulden fällt jedoch nicht per se unter eine der Obliegenheiten nach § 295 Abs. 1 InsO, womit es sich bei der Entstehung neuer Schulden nicht zwingend um ein sanktionsfähiges Verhalten handelt.

Einzelnachweislich wird von dem Recht des Gläubigers auf Antrag der Versagung der Restschuldbefreiung lediglich in drei Prozent der Sachverhalte Gebrauch gemacht.[1581]

Anwendung könnte ebenso das Insolvenzplanverfahren als das möglicherweise zeiteffizienteste Mittel zur Entschuldung finden.

Bei diesem unter gerichtlicher Aufsicht durchzuführenden Insolvenzplanverfahren müssen die Gläubiger nicht einstimmig zustimmen (vgl. § 244 Abs. 1 InsO).[1582] Anreiz zur Anwendung bietet diese Alternative zum regulären Insolvenzverfahren den Gläubigern jedoch nur, wenn diese wirtschaftlich besser gestellt werden würden. Grundvoraussetzung ist damit die Verfügung über finanzielle Mittel.

Nach dem BGH handelt es sich dabei um ein insolvenzrechtliches Modell mit dem die Gläubiger gemeinsam ihre Befriedigung aus dem Schuldnervermögen organisieren.[1583] Der Gesetzgeber bezeichnet das Verfahren als einen materiellrechtlichen Vertrag.[1584]

1578 Stephan, in: MüKo, InsO, Bd. 3, § 295 Rn. 20; Streck, in: Schmidt, Hamburger Kommentar zum Insolvenzrecht, § 295 Rn. 1; Römermann, in: Nerlich/Römermann, InsO, § 295 Rn. 4.

1579 Sternal, in: Hirte/Vallender, Insolvenzordnung, § 295 Rn. 5; Stephan, in: MüKo, InsO, Bd. 3, § 295 Rn. 19.

1580 o.V., Keine neuen Schulden in der Wohlverhaltensphase machen.

1581 Schmidt, in: Schmidt, Hamburger Kommentar zum Insolvenzrecht, § 1 Rn. 39.

1582 Eidenmüller, in: MüKo, InsO, Bd. 3, Vorbem. zu §§ 217 bis 269 Rn. 14; Ludwig, in: Braun, InsO und EuInsVO, § 1 Rn. 8; Lüer/Streit, in: Hirte/Vallender, Insolvenzordnung, Vorbem. zu §§ 217 bis 269 Rn. 1.

1583 BGH openJur 2011, 13072, Rn. 15.

1584 BT-Drucks. 12/2443, S. 91.

Die rechtlichen Grundlagen für das Insolvenzplanverfahren sind gem. §§ 217 – 234 InsO gesetzlich fixiert.

Schwerpunktmäßig finden diese Vorschriften bei Sanierungsplänen, als Alternative zur Regelinsolvenz, und zur Unternehmenserhaltung Anwendung.[1585] Seit dem 01.07.2014 kommen diese auch bei Verbraucherinsolvenzverfahren zur Anwendung. Hinsichtlich des zeitlichen Anwendungsbereiches (gem. § 103h EGInsO) sind alle Verfahren umfasst, die bis dato noch nicht abgeschlossen waren.

Kern dieses Verfahrens ist der Insolvenzplan i.S.v. § 217 InsO. Dieser kann bereits nach § 218 Abs. 1 S. 2 InsO bei Antrag auf Eröffnung des Insolvenzverfahrens eingereicht werden. Der Grundgedanke der Privatautonomie (vgl. § 217 S. 1 InsO) ist jedoch nicht uneingeschränkt zu sehen. Die wesentlichen insolvenzrechtlichen Normierungen sind zu beachten.[1586] Die inhaltlichen Anforderungen richten sich nach §§ 219 ff. InsO.

Nach Einreichen des Insolvenzplanes steht dem Gericht ein Zurückweisungsrecht gem. § 231 Abs. 1 InsO zu. Dabei prüft das Gericht materiell-rechtlich insbesondere ob ein eventuell vorliegender Mangel (beispielsweise aufgrund nicht eingehaltener insolvenzrechtlicher Vorschriften) behebbar wäre (Nr. 1), der Plan Aussicht auf Annahme und Bestätigung hätte (Nr. 2) und ob der Plan unerfüllbar wäre (Nr. 3).

Gem. § 244 Abs. 1 Nr. 1 und 2 InsO werden die einfache Mehrheit der Gläubiger und die einfache Mehrheit bezogen auf die Insolvenzforderung als notwendige Zustimmung gefordert. Passives Abstimmungsverhalten ist nicht von Bedeutung und entscheidend ist lediglich die einfache Mehrheit unter den abgegebenen Stimmen.[1587] Zuletzt bedarf es (nach § 248 Abs. 1 InsO) der Beurteilung (vgl. § 252 Abs. 1 InsO) des Insolvenzgerichts. Der Beschluss bestätigt oder versagt den Insolvenzplan.

Untersucht wird der zielführendste Umgang mit einem kurz vor dem notwendig werdenden Antrag auf Insolvenzeröffnung stehenden oder einem bereits innerhalb des Insolvenzverfahrens befindlichen Schuldner.

1585 Thies, in: Schmidt, Hamburger Kommentar zum Insolvenzrecht, Vorbem. zu §§ 217 ff. Rn. 4; Lüer/Streit, in: Hirte/Vallender, Insolvenzordnung, Vorbem. zu § 217 Rn. 1.

1586 Thies, in: Schmidt, Hamburger Kommentar zum Insolvenzrecht, Vorbem. zu §§ 217 ff. Rn. 2; Lüer/Streit, in: Hirte/Vallender, Insolvenzordnung, Vorbem. zu § 217 Rn. 91; Eidenmüller, in: MüKo, InsO, Bd. 3, § 217 Rn. 96.

1587 BT-Drcks. 12/2443, S. 208.

Die zuvor dargestellten Möglichkeiten bieten dem Mieter die Möglichkeit der systematisierten Entschuldung, deren Zeitdauer insbesondere von der Art der Schuldenbereinigung abhängig ist. Diese wird wiederum von einigen Faktoren wie z.B. die verfügbaren und in den Prozess einbringbaren finanziellen Mittel, der Gläubigerbereitschaft oder der Kooperationsbereitschaft des Schuldners beeinflusst.

Für die Abgabe entsprechender Handlungsempfehlungen wird die Differenzierung der Phasen vor und nach dem Antrag auf Eröffnung des Insolvenzverfahrens gem. § 305 Abs. 1 InsO vorgenommen. Diese Abgrenzung wird auch als Teilung des Mietvertrages aufgrund der Regelungen gem. § 108 Abs. 1, 3 InsO bezeichnet.[1588]

I. Zahlungsschwierigkeiten vor dem Eröffnungsantrag

Zunächst erfolgt die Klärung des Umgangs von bereits in Zahlungsschwierigkeiten, jedoch zeitlich noch vor dem Antrag auf Eröffnung des Insolvenzverfahrens, befindlichen Mietern.

Hier wird auf die empfohlene gesonderte Betrachtung dieser Mietverhältnisse im Sinne einer fallgruppenbezogene Priorisierung[1589] verwiesen.

Regelmäßig geht dem Insolvenzverfahren ein außergerichtliches Schuldenbereinigungsverfahren (gem. § 305 Abs. 1 Nr. 1 InsO) voraus.[1590] Im Zuge dessen wird der Gläubiger um die Aufstellung der derzeit bestehenden Mietschulden gebeten. Diese Schuldenstandsabfrage muss als eindeutiges Anzeichen auf die baldige Antragsstellung gewertet werden. Aus diesem Grund wird hier empfohlen das Mieterkonto erneut, entsprechend der vorgenannten Priorisierung, im Hinblick auf den frühestmöglichen Kündigungszeitpunkt zu prüfen.

Bei Eröffnung eines Kündigungstatbestandes wird hier die Nutzung dessen dringend empfohlen. Diese Empfehlung findet einzelnachweislich Bestätigung.[1591]

Für die Identifizierung eines in Zahlungsschwierigkeiten befindlichen Mieters können vollständige oder teilweise ausbleibende Mietzahlungen herangezogen werden. Diesbezüglich ist es wichtig bei Kontaktaufnahme mit dem Mieter ein umfängliches Bild bzgl. der finanziellen Situation des Mieters zu erhalten. Je

---

1588 Jacoby, Insolvenz des Wohnraummieters: Die Enthaftungserklärung nach § 109 Abs. 1 S. 2 InsO, S. 5.

1589 3. Teil dieser Ausarbeitung.

1590 3. Teil, M. dieser Ausarbeitung.

1591 Börstinghaus NWB 2018, 2784 (2791).

umfänglicher diese Informationen vorliegen, je genauer kann die Notwendigkeit der Antragsstellung prognostiziert werden.

Sofern diese Mietschulden bis zur Antragsstellung des Insolvenzverfahrens nicht abgebaut werden konnten, droht eine lediglich quotenmäßige Befriedigung dieser Insolvenzforderungen.

Regelmäßig steht der Mieter bei einer drohenden Insolvenz nicht ausschließlich dem Vermieter als Schuldner gegenüber, sondern zugleich mehreren Gläubigern. Statistisch gesehen stehen über 50 % der überschuldeten Personen jeweils 5 - 19 Gläubigern gegenüber.[1592] Dabei entsteht eine konkurrierende Situation zwischen den Gläubigern und deren Forderungsmanagementsysteme.[1593]

Einer der größten Konkurrenten sind in diesem Zusammenhang die Kreditinstitute.[1594] Der entscheidende Vorteil des Vermieters ist die Wichtigkeit des Wohnraumes. Zur Unterstützung der Zahlungspriorisierung gilt es dem Mieter aufzuzeigen, dass eine Obdachlosigkeit droht, sofern die Mietschulden nicht abgebaut werden.

In Vorausschau auf ein drohendes Insolvenzverfahren ist die Zielsetzung an dieser Stelle ein möglichst großer Abbau der Mietschulden bis zum Antrag auf Eröffnung des Insolvenzverfahrens. Trotz drohender Insolvenzgefahr arbeitet das Soziale Forderungsmanagement auch hier mit den Kernelementen der Kooperation und Kommunikation. Damit verbunden ist auch die Nutzung des frühestmöglichen Kündigungszeitpunktes.

Zu beachten sind jedoch die Anfechtungstatbestände der §§ 130 – 146 InsO. Als erste Orientierungshilfe ist zu empfehlen, dass je kürzer der zeitliche Abstand zwischen dem Eröffnungsantrages und der vorgenommenen Rechtshandlung ist, je höher ist das Anfechtungsrisiko.

Unter anderem kommt eine drohende Insolvenzanfechtung selbst bei kongruenter Deckung gem. § 130 InsO in Betracht. Demnach kann z.B. der Abbau von Mietschulden bis zu drei Monaten vor dem Zeitpunkt des Eröffnungsantrages anfechtbar sein. Dies setzt gem. § 130 Abs. 1 S. 1 Nr. 1 InsO voraus, dass eine Zahlungsunfähigkeit vorlag und der Gläubiger diese kannte. Gleiches gilt gem. § 130 Abs. 1 S. 2 Nr. 2 InsO, wenn der Abbau der Mietschulden nach Antragsstellung vorgenommen wurde und dem Gläubiger diese oder eine entsprechende Zahlungsunfähigkeit bekannt war.

1592 Statistisches Bundesamt, in: Statistik zur Überschuldung privater Personen 2018, S. 10.

1593 2. Teil, G. dieser Ausarbeitung.

1594 2. Teil, G. dieser Ausarbeitung.

Eine vorsätzliche Gläubigerbenachteiligung stellt gem. § 133 Abs. 1 InsO ebenso eine anfechtbare Rechtshandlung dar. Ab Vornahme ist diese gem. § 133 Abs. 2 InsO bis zu vier Jahren anfechtbar. Dies setzt gem. § 133 Abs. 1 S. 1 InsO die Kenntnis des Vermieters über den Vorsatz der Benachteiligung weiterer Gläubiger voraus. Die Kenntnis wird gem. § 133 Abs. 1 S. 2 InsO vermutet, wenn dem Vermieter die drohende Zahlungsunfähigkeit und die zeitgleiche Benachteiligung eines anderen Gläubigers bekannt waren. Im Ergebnis liegen somit eine Verkürzung der Masse und eine objektive Gläubigerbenachteiligung vor.[1595]

Vorsätzlich ist eine Gläubigerbenachteiligung dann, „wenn der Schuldner bei Vornahme der Rechtshandlung die Benachteiligung der Gläubiger im Allgemeinen als Erfolg seiner Rechtshandlung gewollt oder als mutmaßliche Folge [...] erkannt und gebilligt hat"[1596]. Ein Schuldner der zahlungsunfähig ist und seine Zahlungsunfähigkeit kennt handelt in der Regel mit Benachteiligungsvorsatz. Denn der Schuldner weiß, dass er mit seinem vorhandenen Vermögen nicht alle Gläubiger befriedigen kann.[1597] Gem. § 17 Abs. 2 S. 1 InsO wird eine Zahlungsunfähigkeit des Schuldners angenommen, wenn der Schuldner seine Zahlung eingestellt hat. Dies wiederum ist aus der Gesamtschau der Beweisanzeichen abzuleiten.[1598] In diesem Fall ist die Feststellung der Zahlungsfähigkeit mittels des Aufstellens einer Liquiditätsbilanz entbehrlich.[1599]

Mit Blick auf die Möglichkeit der Insolvenzanfechtung besteht für den Vermieter hier eine Gefahr der Rückforderung bereits abgebauter Mietrückstände.

Der Vermieter verfügt regelmäßig nur über begrenzte Informationen bzgl. der Ursache der Entstehung der Mietrückstände. Die Abgrenzung einer Zahlungsunwilligkeit von einer tatsächlichen Zahlungsunfähigkeit ist damit nur erschwert möglich und zugleich nicht Aufgabe des Forderungsmanagements. Sofern dem Vermieter weder eine drohende Zahlungsunfähigkeit bekannt war oder er diese hätte erkennen müssen, handelt dieser gutgläubig und das Rückforderungsrisiko wird entsprechend begrenzt. Im Einzelfall sollen eine interne Risikoabschätzung und eine daraus abzuleitende Entscheidung über die Annahme oder Verweigerung der Zahlung erfolgen.

1595 BGH openJur 2016, 16, Rn. 14.

1596 BGH openJur 2016, 16, Rn. 22.

1597 BGH openJur 2011, 117876, Rn. 18 f.; BGH openJur 2013, 2909, Rn. 22; BGH openJur 2013, 290, Rn. 17.

1598 BGH openJur 2016, 16, Rn. 25.

1599 BGH openJur 2015, 5941, Rn. 25; BGH openJur 2015, 10164, Rn. 18.

Darüber hinaus ist hier äußerst fraglich, ob eine Rückforderung überhaupt als Risiko zu bewerten ist, da die Ablehnung der Zahlung wirtschaftlich ohnehin zu keinem besseren Ergebnis führt.

Im Hinblick auf den frühestmöglichen Kündigungszeitpunkt besteht nach § 112 Nr. 1 InsO eine Kündigungssperre für einen in Verzug befindlichen Schuldner, dessen Mietrückstände vor dem Eröffnungsantrag begründet worden sind. Ab dem Zeitpunkt des Antrages auf Eröffnung des Insolvenzverfahrens besteht damit grundsätzlich ein Kündigungsschutz für den Mieter. Über das Anfechtungsrisiko hinaus, stellt damit der Eröffnungsantrag das höchste Rechtsrisiko für den Vermieter dar.

Bedeutsam ist, dass nicht nur Kündigungen unzulässig sind, die vollständig mit vor dem Eröffnungsantrag entstandenen Mietrückständen begründet worden sind, sondern auch solche, die Mietrückstände teilweise aus dem Zeitraum vor und teilweise aus dem Zeitraum nach dem Antrag auf Eröffnung des Insolvenzverfahrens zur Begründung heranziehen.[1600] Einzelnachweislich wird explizit ausgeführt, dass sofern der Eröffnungsantrag gestellt und die vermieterseitige Kündigung noch nicht zugestellt worden ist, der Vermieter erst (erneut) kündigen kann, wenn ein Kündigungstatbestand auf Grundlage von Mietrückständen eröffnet ist, welche nach dem Antragsmoment entstanden sind.[1601] Dies wird jedoch dadurch bestätigt, dass die Kündigungssperre bei nach dem Eröffnungsantrag entstandenen Mietrückstände nicht greift.[1602] Im Rahmen eines Experteninterviews wird der Aspekt der Kündigungssperre zustimmend als Argument für die Umsetzung des frühestmöglichen Kündigungszeitpunktes angeführt.[1603] An dieser Stelle wird auf die Ausnahme im Rahmen der Enthaftungserklärung nach § 109 Abs. 1 S. 2 InsO verwiesen.[1604] Hinsichtlich des Wegfalls der Sperrwirkung wird auf eine übersichtliche Streitdarstellung verwiesen.[1605]

1600 Blank, in: Blank/Börstinghaus, Miete, § 542 Rn. 153; zur Nieden NZI 2018, 465 (466); Karsten, in: Schmidt, Insolvenzordnung, § 112 Rn. 15 f.; Hinz NZM 2014, 137 (148).

1601 Börstinghaus NWB 2018, 2784 (2791).

1602 BT-Drucks. 12/2443, S. 148; BGH openJur 2010, 6403, Rn. 55 ff.; BGH NZI 2008, 295 (296).

1603 Z. 118 ff. Anhang VI dieser Ausarbeitung.

1604 3. Teil, H., VII. dieser Ausarbeitung.

1605 Hinz NZM 2014, 137 (149 f.).

Bei der Kündigungssperre nach § 112 InsO handelt es sich gem. § 119 InsO um eine unabdingbare Regelung. Auch die Vereinbarung einer Auflösungsklausel im Insolvenzfall ist unwirksam.[1606]

Das Aussprechen der Kündigung vor dem Zeitpunkt Eröffnungsantrages hat innerhalb dieser Konstellation einerseits den Zweck des Aufzeigens der negativen Konsequenzen, andererseits soll damit die Rechtswirkung der Kündigungssperre gem. § 112 InsO verhindert werden.

Letztlich kann der Vermieter mit einer frühzeitigen Nutzung seines Kündigungsrechts jener Sperrung entgehen. In der Literatur wird teilweise vermutet, dass dadurch der Vermieter schneller von seinem Kündigungsrecht Gebrauch machen könnte.[1607] Diese einzelnachweislich als Gefahr für den Mieter deklarierte Vermutung[1608] führt im Sinne des Sozialen Forderungsmanagements zur legitimen Stärkung der Vermieterposition, schließlich besteht neben dem nahezu vollständigen Forderungsausfalls auch das Risiko des Eintritts einer Kündigungssperre. Nach dem Antrag auf Eröffnung des Insolvenzverfahrens neu entstandene Mietrückstände können eine rechtmäßige Kündigung begründen.[1609]

Im Sinne einer Schadensminimierung ist der frühestmögliche Kündigungszeitpunkt zu nutzen. Die Kündigung als eine empfangsbedürftige Willenserklärung unter Abwesenden wird i.S.v. § 130 Abs. 1 S. 1 BGB wirksam, wenn sie dem Mieter zugeht. Diese muss jedoch nicht nur vor der Verfahrenseröffnung abgegeben werden, sondern darüber hinaus auch zugehen. Andernfalls ist diese unwirksam.[1610] Maßgeblich ist demnach der Zeitpunkt des Kündigungszuganges.[1611]

1606 BGH NZI 2014, 25 (26); Pohlmann-Weide/Ahrendt, in: Schmidt, Hamburger Kommentar zum Insolvenzrecht, § 112 Rn. 15; Berberich, in: Fridgen/Geiwitz/Göpfert, BeckOK, InsO, § 112 Rn. 20.

1607 Kroth, in: Braun, InsO und EuInsVO, § 112 InsO Rn. 2; Eckert, in: MüKo, InsO, Bd. 2, § 112 Rn. 1; a.A. Jacoby, in: Jaeger unter anderem, Insolvenzordnung, § 112 Rn. 5.

1608 Balthasar, in: Nerlich/Römermann, InsO, § 112 Rn. 18.

1609 BGH openJur 2010, 6403, Rn. 55; BGH WuM 2005, 401 (403); Umkehrschluss aus BGH openJur 2015, 12633, Rn. 39.

1610 BGH NJW 1958, 1286 (1288); Wegener, in: Hirte/Vallender, Insolvenzordnung, § 112 Rn. 8; Vuia, in: MüKo, InsO, Bd. 2, § 81, Rn. 11; Börstinghaus NWB 2018, 2784 (2791).

1611 J. F. Hoffmann, in: MüKo InsO, Bd. 2, § 112 Rn. 20; Pohlmann-Weide, in: Schmidt, Hamburger Kommentar zum Insolvenzrecht, § 112 Rn. 7, Blank, in: Schmidt-Futterer, Mietrecht, § 542 Rn. 138.

Die Kündigung gilt auch gegen den im Nachgang bestellten Insolvenzverwalter.[1612] Im Sinne des Nachholrechts bestehen damit letztlich die gleichen Heilungsmöglichkeiten wie bei einem ebenfalls gekündigten, jedoch nicht insolvenzbedrohten Mieter.[1613] Dieser Schritt dient als rechtlicher Anker und stellt somit eine Grundsicherung des Vermieters dar, um bei einem unkooperativen Verhalten des Schuldners das Mietverhältnis abwickeln zu können.

Weiterhin wird der bereits angeführten Literaturansicht[1614] entgegnet, dass bezweifelt werden kann, dass ein durchschnittliches Wohnungsunternehmen die rechtlichen Konsequenzen des § 112 InsO kennt und darüber hinaus noch sein Kündigungsverhalten daraufhin ausrichtet. Die Bezeichnung als Gefahr scheint an dieser Stelle fragwürdig und ist aus Sicht des Vermieters vielmehr als Chance anzusehen.

Gerade in Fällen einer drohenden Zahlungsunfähigkeit sollte bereits frühzeitig der Kontakt zum Schuldner gesucht werden. Für dieses Kontaktgesuch bietet sich das Führen eines Forderungsgespräches, welches im Rahmen des Beratungsangebotes proaktiv anzubieten ist.

II. Zahlungsschwierigkeiten nach dem Eröffnungsantrag

Nachfolgend wird der in Zahlungsschwierigkeiten befindlicher Mieter ab dem Zeitpunkt der Beantragung der Verfahrenseröffnung betrachtet.

Zur Information hinsichtlich des Standes des Insolvenzverfahrens wird hier die Nutzung des leicht und schnell zugänglichen Justizportals des Bundes und der Länder[1615] empfohlen.

Neben den eröffneten Insolvenzverfahren werden auch die sonstigen Bekanntmachungen, wie der Antrag auf Restschuldbefreiung und der entsprechenden Fristsetzung für die Gläubiger, öffentlich bekanntgemacht.

Unter anderem kann die Kenntnis über die Ablehnung des Eröffnungsantrages mangels Masse (gem. § 26 Abs. 1 S. 1 InsO) für den Vermieter von

1612 Hoffmann, in: MüKo, InsO, Bd. 2, § 112 Rn. 20; Wegener, in: Hirte/Vallender, Insolvenzordnung, § 112 Rn. 8; Blank, in: Schmidt-Futterer, Mietrecht, § 542 Rn. 138; Blank, in: Blank/Börstinghaus, Miete, § 535 Rn. 216.

1613 3. Teil, H. dieser Ausarbeitung.

1614 Balthasar, in: Nerlich/Römermann, InsO, § 112 Rn. 18.

1615 MJ NRW, Insolvenzbekanntmachungen.

Bedeutung sein, da daraufhin die Mietrückstände eine erneute Kündigungsrelevanz entfalten.[1616]

Grundsätzlich besteht mit der Antragsstellung auf Eröffnung des Insolvenzverfahrens eine Kündigungssperre i.S.v. § 112 Nr. 1 InsO.

Die Vornahme von Zwangsvollstreckungsmaßnahmen für Insolvenzgläubiger ist gem. § 294 Abs. 1 InsO während der Wohlverhaltensphase aus Gründen der Gläubigergleichbehandlung untersagt.[1617] Das Verbot gilt sowohl für die Insolvenzgläubiger, als auch für diejenigen Gläubiger, die ihre Forderung nicht zur Tabelle angemeldet haben.[1618]

Weiterhin möglich ist die Titulierung einer Forderung. Eine solche Titulierung wird als vorbereitende Maßnahme gewertet.[1619]

Sind bereits immense Mietrückstände entstanden und der Vermieter hat noch keine Kenntnis von einer bevorstehenden Insolvenz, bietet sich nach Aussage eines interviewten Expertens die Nutzung einer entsprechenden Bonitätsabfrage vor Titulierung der Mietrückstände.[1620] Ist diese negativ, sollte die Nutzung des frühestmöglichen Kündigungszeitpunktes priorisiert werden. Andernfalls droht die Kündigungssperre gem. § 112 Nr. 1 InsO einer möglichen Kündigung entgegenzustehen.

Parallel ist zu prüfen, ob die Titulierung sinnhaft ist. Zweifelhaft ist dies in Fällen, in denen bereits titulierte Mietforderungen vorliegen, da im Rahmen des Insolvenzverfahrens ohnehin lediglich mit einer quotenmäßigen Befriedigung zu rechnen ist. Im Sinne des Prozesskostenrisikos schützt dies den Vermieter vor zusätzlich zu verauslagenden Kosten.[1621]

1616 Hoffmann, in: MüKo, InsO II, § 112 Rn. 22; Wegener, in: Hirte/Vallender, Insolvenzordnung, § 112 Rn. 50; Jacoby, in: Jaeger/Henckel/Gerhardt, Insolvenzordnung, Bd. 3, § 112 Rn. 57.

1617 Streck, in: Schmidt, Hamburger Kommentar zum Insolvenzrecht, § 294 Rn. 1; Stephan, in: MüKo, InsO, Bd. 3, § 294 Rn. 26; Sternal, in: Hirte/Vallender, Insolvenzordnung, § 294 Rn. 9 ff.

1618 BGH openJur 2011, 10424, Rn. 7 ff.; Ahrens, in: Wimmer, Frankfurter Kommentar zur Insolvenzordnung, § 294 Rn. 8; Ehricke, in: MüKo, InsO II, § 294 Rn. 5; Sternal, in: Hirte/Vallender, Insolvenzordnung, § 294 Rn. 5.

1619 Streck, in: Schmidt, Hamburger Kommentar zum Insolvenzrecht, § 294 Rn. 7; Sternal, in: Hirte/Vallender, Insolvenzordnung, § 294 Rn. 11; Stephan, in: MüKo, InsO, Bd. 3, § 294 Rn. 27.

1620 Z. 409 f. Anhang III dieser Ausarbeitung.

1621 3. Teil, N. dieser Ausarbeitung.

Nach § 108 Abs. 1 S. 1 InsO besteht das Mietverhältnis in der Insolvenz mit Wirkung für die Masse fort. Der Insolvenzverwalter soll einzelfallabhängig entscheiden können, zu welchem Zeitpunkt er welche wesentlichen Verträge kündigt. Die Verbindlichkeiten werden ab Verfahrenseröffnung zu Masseverbindlichkeiten.[1622]

Somit sind Mietschulden, die vor dem Eröffnungszeitpunkt begründet wurden, Insolvenzforderungen i.S.v. § 108 Abs. 3 InsO. Nach dem BGH entsteht eine Mietforderung gem. § 163 BGB aufschiebend befristet zum Anfangstermin des jeweiligen Zeitraumes der Nutzungsüberlassung.[1623] Fällt der Eröffnungszeitpunkt beispielsweise auf den zweiten eines Monats, ist dieser Monat noch als Insolvenzforderung anzusehen.[1624]

Damit sind Ansprüche, die ab dem auf den Monat der Eröffnung folgenden Zeitraum entstehen, als Masseverbindlichkeiten i.S.v. § 55 Abs. 1 Nr. 2 Alt. 2 InsO charakterisierbar.

Der Vollständigkeit halber muss in Bezug auf Nachforderungen aus der Betriebskostenabrechnung differenziert werden, wann diese jeweils entstanden sind. Handelt es sich um Nachforderungen, welche vollständig vor Eröffnung des Insolvenzverfahrens begründet wurden, so sind diese dem BGH nach als Insolvenzforderungen gem. §§ 38, 108 Abs. 3 InsO anzusehen.[1625] Diese sind mittels der Anmeldung zur Tabelle gem. § 174 Abs. 1 InsO geltend zu machen.[1626]

Ist die Betriebskostenabrechnung noch nicht erstellt und damit noch nicht fällig, steht dies einer Anmeldung zur Tabelle nicht entgegen. Im Sinne des § 45 InsO sind noch nicht bestimmte Forderungen zu schätzen.[1627] Dementsprechend gilt, dass sofern die Abrechnungsperiode vor dem Zeitpunkt der Eröffnung des Insolvenzverfahrens endet, es sich um (einfache) Insolvenzforderungen handelt.[1628] Der BGH begründet u.a., dass mit der Einordnung als Insolvenzforderung der Charakter der Insolvenzordnung gewahrt wird „weil er während des Insolvenzverfahrens insoweit nicht persönlich in Anspruch genommen werden

1622 Jacoby, in: Jaeger/Henckel/Gerhardt, Insolvenzordnung, Bd. 3, § 108 Rn. 12; Hoffmann, in: MüKo, InsO, Bd. 2, § 108 Rn. 157 ff.; Lwowski/Peters, in: in: MüKo, InsO, Bd. 1, § 35 Rn. 461; Wegener, in: Hirte/Vallender, Insolvenzordnung, § 108 Rn. 17.

1623 BGH JurionRS 2007, 36134, Rn. 8 ff.

1624 AG Tempelhof-Kreuzberg ZInsO 2012, 1137 (1137 f.); Rosenmüller ZInsO 2012, 1110 (1110).

1625 BGH openJur 2011, 1327, Rn. 7 ff.

1626 BGH openJur 2011, 91918, Rn. 15.

1627 BGH openJur 2011, 91918, Rn. 16 f.

1628 BGH openJur 2011, 91918, Rn. 17.

kann und eine später zu seinen Gunsten erteilte Restschuldbefreiung auch diese Forderung umfasst“[1629] Als entscheidend wird der Entstehungszeitpunkt des Abrechnungsanspruches, demnach hier der Ablauf der Abrechnungsperiode, eingeordnet.[1630] Dieses Abgrenzungsmerkmal wird jedoch, mit Bezug auf die alternative Abgrenzung anhand der Fälligkeit, als umstritten bezeichnet.[1631] Liegt das Ende der Abrechnungsperiode vor dem Zeitpunkt der Insolvenzeröffnung, ist die Nachforderung demnach als einfach Insolvenzforderung einzuordnen (vgl. § 108 Abs. 3 InsO). Sofern jedoch die Abrechnungsperiode nach der Verfahrenseröffnung endet, handelt es sich bei der Nachforderung um eine Masseforderung.[1632].

Regelmäßig wird jedoch das Insolvenzverfahren während einer aktuellen Abrechnungsperiode eröffnet, sodass eine Abgrenzung notwendig ist. Bis zum Eröffnungszeitpunktes handelt es sich dabei bei einem Abrechnungsguthaben um Insolvenzforderungen, ab dem Eröffnungszeitpunktes dagegen um Masseforderungen.[1633] Masseforderungen werden aus der Insolvenzmasse gem. §§ 35 Abs. 1, 53 InsO bedient.

Mit Verfahrenseröffnung sind die Nebenkosten wie bei einem Mieterwechsel abzurechnen.[1634] In der Praxis wird es sich damit nahezu immer um eine Mischung aus einer Insolvenz- und einer Masseforderung handeln, wodurch dem Vermieter ganz vereinzelnd die Vornahme einer Zwischenablesung zur Abgrenzung der verbrauchsabhängigen Betriebskosten empfohlen wird.[1635] Einzelnachweislich ist „in der Insolvenz des Mieters eine getrennte Abrechnung für die Zeit bis zur Verfahrenseröffnung und für die Zeit danach vorzunehmen“, womit offenkundig eine vermieterseitige Pflicht zur Abgrenzung gemeint ist.[1636]

1629 BGH openJur 2011, 91918, Rn. 21.

1630 Jacoby, in: Jaeger/Henckel/Gerhardt, Insolvenzordnung, Bd. 3, § 108 Rn. 124; Wegener, in: Hirte/Vallender, Insolvenzordnung, § 108 Rn. 22; Flatow NZM 2011, 607 (612 f.).

1631 Hoffmann, in: MüKo, InsO, Bd. 2, § 108 Rn. 88.

1632 Jacoby, in: Jaeger/Henckel/Gerhardt, Insolvenzordnung, Bd. 3, § 108 Rn. 124; Eckert, in: MüKo, InsO, Bd. 2, § 108 Rn. 69; Flatow NZM 2011, 607 (612 f.).

1633 BGH openJur 2011, 10093, Rn. 20; Wegener, in: Hirte/Vallender, Insolvenzordnung, § 108 Rn. 22.

1634 Eckert, in: MüKo, InsO, Bd. 2, § 108 Rn. 91; Wegener, in: Hirte/Vallender, Insolvenzordnung, § 108 Rn. 22; Flatow NZM 2011, 607 (613).

1635 Gerber, Die Insolvenz des Mieters, S. 9.

1636 Streyl, in: in: Schmidt-Futterer, Mietrecht, § 566 Rn. 116.

Es ist jedoch anzuzweifeln, dass dies in der Verwaltungspraxis umsetzbar ist. Der erhöhte Verwaltungsaufwand und die notwendige zeitnahe Kenntnis über des Eröffnungszeitpunkt stehen dem entgegen. Mit der Eröffnung (genauer im Zeitpunkt des Erlasses des Eröffnungsbeschlusses)[1637] eines Insolvenzverfahrens, gehen die Verwaltungs- und Verfügungsbefugnisse des Schuldners hinsichtlich des zur Insolvenzmasse gehörende Vermögen des Schuldners (gem. § 80 Abs. 1 InsO) auf den Insolvenzverwalter über.[1638]

Für eine Kündigung durch den Vermieter sind (aufgrund der Kündigungssperre gem. § 112 Nr. 1 InsO) vorerst die Mietrückstände bis zum Zeitpunkt des Antrages auf Eröffnung des Insolvenzverfahrens nicht zu berücksichtigen.[1639]

Ein Kündigungsrecht bzgl. der Wohnung des Schuldners besteht für den Insolvenzverwalter nach § 109 Abs. 1 S. 2 InsO nicht. Dies dient der Achtung des besonderen Schutzes der persönlichen Wohnung des Schuldners nach Art. 13 GG und der Wohnung als Lebensmittelpunkt.[1640]

Jene Erklärung nach § 109 Abs. 1 S. 2 InsO wird auch als Enthaftungserklärung[1641] (bzw. Freigabeerklärung)[1642] bezeichnet.

Ein Sonderkündigungsrecht für den Vermieter besteht ebenso nicht. Kündigungsberechtigt bleibt weiterhin nur der Insolvenzschuldner nach den §§ 535 ff. BGB.

Der Insolvenzverwalter hat mit der Regelung nach § 109 Abs. 1 S. 2 InsO damit die Möglichkeit, zum Schutze der Insolvenzmasse, das Mietverhältnis aus der Masse freizugeben.[1643]

1637 BGH openJur 2012, 58085, Rn. 12 ff.

1638 BGH openJur 2014, 11681, Rn. 14; Kuleisa, in: Schmidt, Hamburger Kommentar zum Insolvenzrecht, § 80 Rn. 3.

1639 3. Teil, M., I. dieser Ausarbeitung.

1640 Pohlmann-Weide, in: Schmidt, Hamburger Kommentar zum Insolvenzrecht, § 109 Rn. 21; Wegener, in: Hirte/Vallender, Insolvenzordnung, § 109 Rn. 19.

1641 Wegener, in: Hirte/Vallender, Insolvenzordnung, § 109 Rn. 14; Pohlmann-Weide, in: Schmidt, Hamburger Kommentar zum Insolvenzrecht, § 109 Rn. 24; Eckert/Hoffmann, in: MüKo, InsO, Bd. 2, § 109 Rn. 53 ff.

1642 BGH openJur 2015, 12633, Rn. 27; BGH openJur 2011, 91918, Rn. 20; AG Duisburg NZI 2010, 905 (905).

1643 Pohlmann-Weide, in: Schmidt, Hamburger Kommentar zum Insolvenzrecht, § 109 Rn. 22 f.; Wegener, in: Hirte/Vallender, Insolvenzordnung, § 109 Rn. 26; Berberich, in: Fridgen/Geiwitz/Göpfert, BeckOK, InsO, § 109 Rn. 2.

Mit Einführung der Enthaftungserklärung wollte der Gesetzgeber den Erhalt der Wohnung sichern, aber zugleich sicherstellen, dass die Masse nicht mehr für neu entstandene Mietschulden haftet.[1644]

Sinn und Zweck der Enthaftungserklärung ist die Enthaftung der Masse herbeizuführen, der sie durch den in § 108 Abs. 1 InsO angeordneten Fortbestand des Mietverhältnisses ausgesetzt ist.[1645]

Wird seitens des Insolvenzverwalters die Enthaftungserklärung ausgesprochen (wobei einzelnachweislich sogar aus Gründen der andernfalls unnötigen Massebelastung von einer Pflicht zur Abgabe ausgegangen wird)[1646], so ist die Wohnraummiete des Schuldners bis zum mit Ablauf der Kündigungsfrist nach § 109 Abs. 1 S. 1 InsO aus der Masse zu bedienen.[1647] Bei Abgabe der Enthaftungserklärung besteht das Mietverhältnis damit zumindest bis zum Ablauf der Kündigungsfrist fort und wirkt innerhalb dieser Frist für und gegen die Insolvenzmasse.[1648] Die Miete für den Wohnraum ist nach dem Zeitpunkt der Verfahrenseröffnung aus der Massen zu bezahlen.[1649] Es handelt sich dabei um Masseverbindlichkeiten gem. § 55 Abs. 1 Nr. 2 Alt. 2 InsO.[1650] Ansprüchen die aus dem Zeitraum vor Eröffnung der Insolvenz stammen, sind gem. § 108 Abs. 3 InsO bloße Insolvenzforderungen nach § 38 InsO.[1651]

Weiterhin gehen die Verwaltungs- und Verfügungsbefugnis hinsichtlich des Mietverhältnisses mit Wirksamwerden der Enthaftungserklärung in vollen Umfang auf den Schuldner über[1652] und das Mietverhältnis fällt vollständig in die Verwaltungs- und Verfügungsmasse des Mieters zurück[1653].

Der BGH hat die Frage nach der Nutzungsberechtigung über die Verwaltungs- und Verfügungsbefugnis jedoch vorerst[1654] offengelassen und erst mit den folgenden Urteilen vom 09.04.2014[1655] und vom

---

1644 BT-Drucks. 14/5680, S. 27.

1645 BGH openJur 2011, 91918, Rn. 20.

1646 Trams NJW-Spezial 2017, 597 (597).

1647 BGH openJur 2012, 53656, Rn. 13.

1648 BGH openJur 2012, 53656, Rn. 15 ff.

1649 BGH openJur 2012, 53656, Rn. 12.

1650 BGH openJur 2012, 53656, Rn. 12.

1651 BGH openJur 2010, 9618, Rn. 11; Umkehrschluss aus BGH openJur 2012, 53656, Rn. 12; Trams NJW-Spezial 2017, 597 (597); Hefermehl, in: MüKo, InsO, Bd. 1, § 55 Rn. 150.

1652 BGH openJur 2014, 11681, Rn. 20.

1653 BGH openJur 2014, 11681, Rn. 11.

1654 BGH NJW 2012, 2270 (2273).

1655 BGH openJur 2014, 10486, Rn. 11.

22.05.2014[1656] beantwortet. Dies hatte im letztgenannten Fall zur Folge, dass ein Guthaben aus der Betriebskostenabrechnung seitens der Insolvenzverwalterin vom Vermieter nicht herausverlangt werden durfte, da sie aufgrund des Wirksamwerdens der Enthaftungserklärung keine Verwaltungs- und Verfügungsbefugnis (und damit keine Prozessführungsbefugnis) mehr innehatte.[1657]

Weiterhin beschäftigte sich der BGH mit der hier kontextnahen Frage, ob der Vermieter eine außerordentliche fristlose Kündigung wegen Zahlungsverzug, bei Abgabe der Enthaftungserklärung durch den Insolvenzverwalter, auch auf vor Insolvenzantragstellung aufgelaufene Mietrückstände stützen kann.[1658] Insbesondere führte der Senat an, dass der Mieter die Kündigungsfolgen durch Zahlung der Mietrückstände (i.S.v. § 569 Abs. 3 Nr. 2 S. 1 BGB) aus seinem pfändungsfreien Vermögen abwenden könne und auch eine Befriedigung der Mietschulden durch eine öffentliche Stelle (gem. § 569 Abs. 3 Nr. 2 BGB) weiterhin möglich sei.[1659] Dadurch, dass § 109 Abs. 1 S. 2 InsO keine Vorschrift des sozialen Mietrechts ist, sei auch das Gegenargument hinsichtlich des Normzwecks des § 109 Abs. 1 S. 2 InsO (der Schutz vor der Obdachlosigkeit eines in die Insolvenz gefallenen Mieters) nicht zu berücksichtigen.[1660]

Im Ergebnis entschied der BGH, unter Verweis auf zwei frühere und bereits hier zitierte Urteile[1661], dass durch die Enthaftungserklärung (gem. § 109 Abs. 1 S. 2 InsO) die Verwaltungs- und Verfügungsbefugnisse wieder auf den Schuldner übergehen[1662], die Kündigungssperre gem. § 112 Nr. 1 InsO entfällt[1663] und eine Kündigung auch auf Mietrückstände aus dem Zeitraum vor der Antragsstellung auf Eröffnung des Insolvenzverfahrens gestützt werden kann.[1664]

Ohne die Enthaftungserklärung des Insolvenzverwalters sind die vor dem Eröffnungsantrag begründeten Mietschulden nicht kündigungsrelevant i.S.v. § 112 Nr. 1 InsO. Gibt der Insolvenzverwalter somit die Enthaftungserklärung gem. § 109 Abs. 1 S. 2 InsO ab und ist die entsprechende Kündigungsfrist gem. § 109 Abs. 1 S. 1 InsO abgelaufen, so entfalten Mietrückstände mit Begründung

1656 BGH openJur 2014, 11681, Rn. 20.
1657 BGH openJur 2014, 11681, Rn. 29.
1658 BGH openJur 2015, 12633, Rn. 8; 20 ff.
1659 BGH openJur 2015, 12633, Rn. 23.
1660 BGH openJur 2015, 12633, Rn. 23.
1661 BGH openJur 2014, 10486, Rn. 16 ff.; BGH openJur 2014, 11681, 1. amtl. Ls.
1662 BGH openJur 2015, 12633, Rn. 20 ff.
1663 BGH openJur 2015, 12633, Rn. 31 ff.
1664 BGH openJur 2015, 12633, Rn. 25 ff.

vor dem Antrag auf Eröffnung des Insolvenzverfahrens erneut eine entsprechende Kündigungsrelevanz.

Als Resümee aus dem zuvor zitierten Urteil wird einzelnachweislich der Schutz der Insolvenzmasse und nicht der des vertragswidrig zahlenden Schuldners vor dem Verlust des Wohnraumes genannt und die Frage aufgeworfen, wie viele Vermieter tatsächlich von ihrem Kündigungsrecht nach dem Wirksamwerden der Enthaftungserklärung Gebrauch machen werden.[1665]

Sind die Verwaltungs- und Verfügungsbefugnisse noch nicht wieder auf den Schuldner übergegangen, so wird hinsichtlich des korrekten Kündigungsempfängers einerseits vertreten, dass diese gegenüber dem Schuldner abzugeben ist[1666], ebenso wird jedoch vertreten, dass diese gegenüber des Insolvenzverwalters abzugeben ist.[1667] Mangels Relevanz der Streitentscheidung, und aus Gründen der Rechtssicherheit, sollte eine vermieterseitige Kündigung bis zum Ablauf der Frist gem. § 109 Abs. 1 S. 1 InsO gegenüber beiden Parteien abgegeben werden.

Konnten die Mietschulden vor dem Antrag auf Eröffnung des Insolvenzverfahrens nicht abgebaut werden, so sind diese mit Blick auf die vorangegangenen Ausführungen als Insolvenzschulden i.S.v. § 174 Abs. 1 InsO beim Insolvenzverwalter zur Insolvenztabelle anzumelden. Die Feststellung der Anmeldung zur Tabelle stellt einen vollstreckbaren Titel i.S.v. § 178 Abs. 3 InsO dar. Wird das Insolvenzverfahren aufgebhoben und die Restschuldbefreiung nicht erteilt, so kann der Vermieter die Zwangsvollstreckung (gem. §§ 200, 201 Abs. 1 InsO) aus dem vollstreckbaren Tabellenauszug betreiben.

Als Insolvenzforderung ausgenommen sind Forderungen aus vorsätzlich begangener unerlaubter Handlungen gem. § 302 Nr. 1 InsO. Vorliegend kann dies ein bei Neuvermietung verschwiegener Antrag auf Eröffnung des Insolvenzverfahrens sein. Voraussetzung ist das die unerlaubte Handlung vorsätzlich begangen worden ist.[1668] Der Tatbestand des Vorsatzes muss sich auch auf die Schadensfolge beziehen.[1669] Bei dem Vorliegen eines möglichen

---

1665 Cymutta NZI 2015, 816 (816).

1666 BGH openJur 2014, 11681, Rn. 21; BGH openJur 2014, 10486, Rn. 18; Marotzke, in: Schmidt, Hamburger Kommentar zum Insolvenzrecht, § 109 Rn. 17; Jacoby, in: Jaeger/Henckel/Gerhardt, Insolvenzordnung, Bd. 3, § 109 Rn. 52 f.

1667 Flatow NZM 2011, 607 (607, 610, 613); Eckert ZVI 2006, 133 (137).

1668 Streck, in: Schmidt, Hamburger Kommentar zum Insolvenzrecht, § 302 Rn. 2; Stephan, in: MüKo, InsO, Bd. 3, § 302 Rn. 11 ff.; Sternal, in: Hirte/Vallender, Insolvenzordnung, § 306 Rn. 6.

1669 BGH JurionRS 2007, 34198, Rn.8 f.; BGH openJur 2011, 13286, Rn. 27 ff.

Eingehungsbetruges (gem. § 263 StGB) sollten damit regelmäßig die Vorsatzanforderungen zu bejahen sein.[1670]

Auch wenn regelmäßig nur eine quotenmäßige Befriedigung des Vermieters zu erwarten ist, werden mit der Anmeldung der Forderung strategische Aspekte verfolgt.

In Bezug auf das gerichtliche Schuldenbereinigungsverfahren gilt im Rahmen der Aufforderung zur Stellungnahme zum Schuldenbereinigungsplan eine ausbleibende Rückmeldung als Zustimmung. Bei der Aufforderung zur Stellungnahme zum Insolvenzplan im Insolvenzplanverfahren ist unter anderem eine einfache Stimmenmehrheit (gem. § 244 Abs. 1 InsO) notwendig.[1671] Stimmberechtigt sind jedoch nur die Insolvenzgläubiger. Aufgrund des ohnehin überschaubaren Aufwandes zur Forderungsanmeldung, spricht neben der Stimmberechtigung eine zudem zumindest quotenmäßige Befriedigungsmöglichkeit für eine entsprechende Anmeldung.[1672] Einflussreicher kann jedoch vielmehr die Regelung nach § 290 Abs. 1 S. 1 InsO sein. Demnach kann die Versagung der Restschuldbefreiung nur von Insolvenzgläubigern (der seine Forderung angemeldet hat) beantragt werden.[1673] Im Umkehrschluss bedeutet dies, dass mit ausbleibender Anmeldung auch keine Möglichkeit zur Beantragung der Versagung der Restschuldbefreiung gegeben ist. Die Möglichkeit des Versagungsantrages besteht im gesamten Verlauf des Verbraucherinsolvenzverfahrens.[1674] Aufgrund der Wichtigkeit der Restschuldbefreiung hat der Vermieter eine hier nicht zu unterschätzende Möglichkeit zur Realisierung eines kooperativen Schuldnerverhaltens. Diese Einflussnahme kann eine ähnliche Wirkung wie das Kernelement des frühestmöglichen Kündigungszeitpunkts entfalten. Es stellt kein Druck- oder Repressionsmittel dar, sondern soll vielmehr als Aufforderung zur Kooperation dienen, sofern einer der Versagungstatbestände durch ein entsprechendes Fehlverhalten erfüllt sein könnte und sich der Schuldner bisher nicht kooperativ verhält. Mit einem gegenüber dem Mieter in Aussicht gestellten Versagungsantrag ist dieser nicht einzuschüchtern, sondern zur Mitwirkung für eine gemeinsame Lösungsfindung aufzufordern. Eine Anmeldung zur Tabelle wird hier, entgegen anderer Ansicht[1675], damit empfohlen.

1670 Sternal, in: Hirte/Vallender, Insolvenzordnung, § 306 Rn. 11.

1671 3. Teil, M. dieser Ausarbeitung.

1672 Z. 369 ff. Anhang II dieser Ausarbeitung.

1673 3. Teil, M. dieser Ausarbeitung; 3. Teil M., II. dieser Ausarbeitung.

1674 3. Teil, M. dieser Ausarbeitung.

1675 Z. 422 ff. Anhang III dieser Ausarbeitung.

Insgesamt kann der Vermieter auch nach dem durch den Schuldner gestellten Eröffnungsantrag einen Einfluss auf den Mietschuldner und dessen Zahlungsverhalten nehmen. Entscheidend dabei ist einmal mehr das Herausstellen der Wichtigkeit der Mietzahlung zur Erhaltung des Wohnraumes. Hier zustimmend wird insgesamt von dem Vermieter ein zügiges Handeln oder besonnenes Zuwarten verlangt.[1676]

III. Behandlung der Sicherheitsleistung in der Insolvenz

Ziel der Sicherheitsleistung ist die Sicherung mietvertraglicher Ansprüche wie insbesondere der Mietzahlung.[1677] Bei Hinterlegung der Sicherheitsleistung entsteht ein Rückzahlungsanspruch des Schuldners in Form einer aufschiebenden Bedingung.[1678]

Grundsätzlich hat die Masse einen Anspruch auf Rückzahlung der Kaution.[1679] Der Vermieter kann jedoch die Einbeziehung der Kaution in die Insolvenzmasse mit dem weiterhin bestehenden Sicherungsbedürfnis des Mietverhältnisses ablehnend begründen und zukünftig ausstehende Mieten oder sonstige Forderungen mit ihr verrechnen.[1680] Der Vermieter kann die Kaution damit zur bloßen Sicherung der Befriedigung seiner Ansprüche nutzen. Diesbezüglich ist es unbedeutend, ob diese aus Zeiten vor oder nach der Insolvenzeröffnung resultieren.[1681]

Ein Anspruch auf Wiederauffüllung der Kaution besteht indes einzelnachweislich nur für den Teil, der nicht durch die Begleichung von Insolvenzforderungen aufgebraucht worden ist.[1682]

Besteht bei Beendigung des Mietverhältnisses ein positiver Saldo zu Gunsten des Insolvenzschuldners, erlangt der Insolvenzverwalter in diesem Moment die Verfügungsberechtigung über die Sicherheitsleistung und diese wird der

1676 Dahl NZM 2008, 585 (593).

1677 BGH WuM 2017, 296 (297).

1678 BGH WuM 2017, 296 (297).

1679 BGH NJW-RR 2019, 586 (587); Eckert, in: MüKo, InsO II, § 108 Rn. 81; Pohlmann-Weide, in: Schmidt, Hamburger Kommentar zum Insolvenzrecht, § 108 Rn. 20.

1680 OLG Köln openJur 2011, 20237, Rn. 37 ff.; Eckert, in: MüKo, InsO II, § 108 Rn. 102.

1681 OLG Hamburg openJur 2013, 304, Rn. 20; OLG Köln openJur 2011, 20237, Rn. 53 ff.; Flatow NZM 2011, 607 (618).

1682 Pohlmann-Weide/Ahrendt ZVI 2013, 374 (374).

Insolvenzmasse hinzugezogen, sodass der Anspruch des Insolvenzgläubigers auf Rückzahlung in diesem Moment ausscheidet.[1683]

Frei vom Insolvenzbeschlag sind insbesondere diejenigen mietvertraglichen Forderungen des Schuldners, die nach Wirksamwerden der Enthaftungserklärung entstehen. Die Mietkaution unterliegt zwar einer aufschiebenden Bedingung, jedoch entfaltet der Rückzahlungsanspruch erst bei Erfüllung der mietvertraglichen Pflichten seinen endgültigen Wert, sodass die Kaution bei der Erfüllung der mietvertraglichen Pflichten nicht von der Insolvenz befangen und an den Schuldner auszuzahlen ist. Ein Anspruch der Masse besteht damit nicht.[1684]

N. Prozesskostenrisiko

Für die Herstellung der Kostengerechtigkeit, unabhängig des Grundes des Unterliegens, muss nach § 91 Abs. 1 ZPO die unterliegende Partei insbesondere die dem Gegner erwachsenen Kosten nach der Kostenerstattungspflicht erstatten.[1685] Dies bedeutet, dass der Mieter im Falle eines Unterliegens, die dem Vermieter erwachsenen Kosten erstatten muss, sofern diese zur Rechtsverfolgung oder Rechtsverteidigung notwendig waren. Unter Heranziehung einer allgemeinen Definition, stellt die Gefahr des Unterliegens und der damit entstehenden Kostenerstattungspflicht gem. § 91 Abs. 1 S. 1 ZPO somit das eigentliche Prozesskostenrisiko dar.[1686] Hier stehen regelmäßig keine dem Grunde nach streitigen Mietforderungen im Fokus, womit ein Obsiegen regelmäßig wahrscheinlich ist.

Letztlich ist das Prozessrisiko des Vermieters hinsichtlich eines dem Mieter gerichtlichen Unterliegens auf ein kalkulatorisches (Rest-) Risiko begrenzt. Dennoch muss der Vermieter in der Rolle des Klägers die entsprechenden Kosten im Sinne des Gerichtskostenvorschusses gem. § 12 Abs. 1 S. 1 GKG verauslagen. Gerade bei finanzschwachen bzw. unpfändbaren Schuldnern ist das Risiko, trotz bestehender Ersatzpflicht, des Forderungsausfalles regelmäßig hoch. Erweist sich die Beitreibung als erfolglos, sind nicht nur die ohnehin offenen Mietforderungen, sondern auch die bereits verauslagten ersatzpflichtigen Prozesskosten als nicht mehr werthaltig bilanziell bereinigt werden.[1687] Das

1683 BGH WuM 2017, 296 (297); Pohlmann-Weide, in: Schmidt, Hamburger Kommentar zum Insolvenzrecht, § 109 Rn. 3; Flatow NZM 2011, 607 (607 ff.).

1684 BGH WuM 2017, 296 (297).

1685 Flockenhaus, in: Musielak/Voit, ZPO, § 91 Rn. 1; Jaspersen, in: Vorwerk/Wolf, ZPO, BeckOK, § 91 Rn. 1; Gierl, in: Saenger, ZPO, § 91 Rn. 2.

1686 Prozesskostenrisiko, in: lexeakt.de.

1687 3. Teil, S. dieser Ausarbeitung.

Prozesskostenrisiko beschreibt vorliegend demnach die erfolglose Beitreibung der verauslagten Kosten. Damit ist hier das eigentliche Verständnis des Prozesskostenrisikos aufzubrechen.

Für eine Risikobegrenzung bedarf es, trotz der Erstattungspflicht gem. § 91 Abs. 1 ZPO, der Senkung der zu verauslagenden Kosten. Eine Senkung umfasst hier die Einsparungen gerichtlicher und außergerichtlicher Kosten.

Hinsichtlich der Gerichtskosten gilt das Gerichtskostengesetz i.S.v. § 1 Abs. 1 lit. a GKG. Zur Senkung der Gerichtskosten kann beispielsweise ein möglichst gering gehaltener Streitwert dienen. Diesbezüglich wird auf die Ausführungen im Rahmen des Klagebegehrens im Zusammenhang mit der kombinierten oder isolierten Räumungsklage verwiesen.[1688] Das Kostensenkungspotential hinsichtlich der Gerichtskosten ist hier als begrenzt zu bewerten, womit der Fokus auf die Senkung der außergerichtlichen Kosten fällt.

Unter Beachtung der Kriterien nach § 14 Abs. 1 S. 1-3 RVG, können die außergerichtlichen Kosten durch die Vereinbarung einer Rahmengebühr begrenzt werden. Eine solche Vereinbarung dient hier der Senkung der zu verauslagenden Kosten. Zeitgleich lässt die Kostentransparenz eine entsprechende Risikoabschätzung im Sinne eines Legal Risk Managements zu. Darüber hinaus ist die Höhe der außergerichtlichen Kosten maßgeblich von der Forderungsprozessgestaltung abhängig.

Im Kern geht es um die Frage, welche Prozesse unternehmensintern abgebildet werden können bzw. welche Prozessschritte durch einen externen Anwalt kostenwirksam vorzunehmen sind. Im Sinne eines mittelständischen Wohnungsunternehmens wird hier sowohl das Fehlen eines Syndikusanwaltes, als auch die Möglichkeit des Rückgriffs auf ausreichend rechtlich geschultes Personal zur Abbildung des gesamtheitlichen gerichtlichen Forderungsprozesses unterstellt.

Trotz dieser strukturabhängigen Herausforderung, soll hier zur Risikobegrenzung eine möglichst weiterreichende betriebsinterne Abwicklung des Forderungsprozesses avisiert werden. Eine anwaltliche Übernahme soll hier frühestens mit dem gerichtlichen Mahnverfahren, besser jedoch erst mit Einleitung der Räumungsklage stattfinden.

Nach § 91 Abs. 1 ZPO sind lediglich notwendige Kosten zur Rechtsverfolgung (oder Rechtsverteidigung) erstattungsfähig. Nach dem LG Gießen ist es für einen Großvermieter regelmäßig weder zweckmäßig noch erforderlich einen Rechtsanwalt einzuschalten, der eine Kündigung wegen Zahlungsverzug in Form eines

1688 3. Teil, G. dieser Ausarbeitung.

weitestgehend standardisierten (Textbaustein-) Schreibens erstellt.[1689] Der BGH sieht nicht nur keine Bedenken gegen das Aussprechen einer fristlosen Kündigung (aufgrund des Zahlungsverzuges) durch kaufmännisch geschultes Personal (statt durch Beauftragung eines Rechtsanwaltes), sondern vielmehr unter Verweis auf die Schadensminderungspflicht (gem. § 254 Abs. 2 BGB) eine Pflicht.[1690] Sofern die Haftung nach Grund und Höhe klar ist und aus Sicht des Geschädigten keinerlei Zweifel an der Ersatzpflicht des Schädigers besteht, ist von einem „einfach gelagerten Schadensfall" auszugehen.[1691] Anders ausgedrückt umfasst dies Aufgaben, die unter zumutbaren Eigenaufwand durch den Vermieter ausführbar sind.[1692] Dementsprechend wird von einem gewerblich tätigen Gläubiger zustimmend angenommen, dass er Tätigkeiten wie etwa die Erstellung von Zahlungsaufforderungen, Herstellung von Telefonkontakte, Durchführung von Lastschriften/Hausbesuchen und das Aufstellen von Tilgungspläne selbst erbringen kann.[1693] Eine allgemeingültige Abgrenzungsformel existiert jedoch nicht. Abgestellt wird einzelfallbezogen auf die Erforderlich- und Zweckmäßigkeit nach der Verkehrsanschauung.[1694]

Der Vermieter ist damit lediglich dann berechtigt Schadensersatz zu verlangen, wenn es sich um solche Aufwendungen handelt, die zur Wahrung und Durchsetzung seiner Rechte erforderlich und zweckmäßig waren.[1695]

Da es sich hier regelmäßig um rechtlich einfach gelagerte Pflichtverstöße im Rahmen des Zahlungsverhaltens handelt, ist aufgrund der Schadensminderungspflicht von einer betriebsinternen, nicht ersatzfähigen Abwicklung Forderungsprozesses auszugehen. Dies ist insbesondere mit Blick auf den BGH[1696] zu vertreten, nach welchem es für die Begründung einer Kündigung (entsprechend weiterer BGH-Rechtsprechungen[1697]) ausreicht, wenn der Vermieter den Zahlungsverzug als Kündigungsgrund benennt und die rückständige Miete der Höhe nach beziffert.[1698] Verlangt der Vermieter dennoch einen Schadensersatz, so ist ein Rückforderungsanspruch gem. § 812 Abs. 1 S. 1, 1. Fall BGB zu prüfen.

1689 LG Gießen NJW-RR 2010, 810 (810).
1690 BGH WuM 2010, 740 (740).
1691 BGH WuM 2010, 740 (740).
1692 Streyl WuM 2012, 475 (477).
1693 Streyl WuM 2012, 475 (477).
1694 Streyl WuM 2012, 475 (477); LG Dortmund BeckRS 2010, 17785.
1695 BGH WuM 1986, 1056 (1057 f.).
1696 BGH WuM 2010, 740 (740).
1697 BGH WuM 2004, 97 (97); BGH WuM 2010, 484 (484).
1698 Bub/von der Osten FD-MietR 2010, 309880.

Ausgenommen sind derart komplexe Forderungssachverhalte, welche objektiv (beispielsweise aufgrund eines Mangels an geschäftlicher Erfahrung) nicht selbst bewältigt werden können.[1699]

Die Aufwendungen für den betriebsinternen Kündigungsprozess sind somit regelmäßig nicht ersatzfähige Kosten des Vermieters und fallen damit nicht unter den Begriff des Prozesskostenrisikos, sondern sind unter den betrieblichen Aufwand des Forderungsmanagements subsumierbar.

Zur Festlegung der innerbetrieblichen Prozesse des Sozialen Forderungsmanagements gilt daher, dass Aufgaben in Sinne von „üblichen Eigenbemühungen"[1700] intern durchgeführt werden sollten. Dies entsprach bereits zuvor gängiger Praxis.[1701]

Eine alternative Beauftragung eines Rechtsanwaltes kann auch aus Haftungsgründen geschehen. Bei Fehlberatung kann dann ein Ersatzanspruch an den Rechtsbeistand weitergegeben werden.[1702]

Die Auslagerung von Prozessen ist hier nicht nur mangels Kostenersatzpflicht i.S.v. § 91 Abs. 1 ZPO abzulehnen, sondern auch deshalb, weil die Bemühungen zur Einziehung der Forderungen in den Risikobereich[1703] des Gläubigers fallen und hier vielmehr als Chance, statt eines Risikos, deklariert werden.

Darüber hinaus ist keine Quelle ersichtlich, die ein Outsourcing des Forderungsmanagements an ein Inkassounternehmen (respektive an einen Rechtsbeistand) aus Effizienzgründen befürwortet. Ein Effizienzvergleich ausschließlich aufgrund einer Befriedigungsquote wird nicht empfohlen, da lediglich die Beitreibung gleichartiger Forderungen auf der gleichen Art und Weise vergleichbar ist.[1704]

Eine frühzeitige externe Weitergabe widerspricht zudem den Grundpostulaten der Kommunikation und Kooperation dieses Konzeptes.

Prozesse wie das telefonische Forderungsmanagement, das Führen von Forderungsgesprächen oder das (außergerichtliche) Mahn- und Kündigungswesen sind damit als Kernelemente betriebsintern abzuwickeln[1705].

1699 BGH WuM 2010, 740 (740).
1700 BGH JurionRS 1995, 15667, Rn. 10.
1701 Börstinghaus jurisPR-BGHZivilR 2/2011 Anm. 5.
1702 Streyl WuM 2012, 475 (476).
1703 BGH openJur 2011, 5358, Rn. 12; Lipp NJW 1992, 1913 (1913 f.).
1704 Streyl WuM 2012, 475 (477).
1705 4. Teil, B. dieser Ausarbeitung.

O. Verjährung

Sowohl die Mietforderungen, als auch die Forderungen aus der Betriebskostenabrechnung unterliegen der dreijährigen Regelverjährung nach §§ 195, 199 BGB.[1706] Bedeutsam ist, dass es sich bei Mietforderungen um Vermögensgegenstände handelt, deren werthaltige Sicherung für ein Wohnungsunternehmen existenziell wichtig ist. Die Forderungssicherung ist hier als Kernaufgabe anzusehen.

Insbesondere unter der Berücksichtigung einer, hier so vertretenen, zurückhaltenden Anwendung des gerichtlichen Mahnverfahrens ist nach einer Expertenmeinung die Zunahme der Verjährungsgefahr festzustellen.[1707] Die Verjährungsgefahr betreffend der Ersatzansprüche im Zusammenhang mit der Rückgabe der Mietsache (gem. § 548 BGB) finden an dieser Stelle lediglich Erwähnung.

Mit Verjährungseintritt wird dem Schuldner (gem. § 214 Abs. 1 BGB) die Möglichkeit des Gebrauchs seines Leistungsverweigerungsrechts eingeräumt. Der Forderungsanspruch gegenüber dem Mieter ist damit einredebehaftet. Um dies zu vermeiden hat das Forderungsmanagement demnach eine bedeutsame Überwachungsfunktion.

Die dreijährige Regelverjährung beginnt (gem. § 199 Abs. 1 Nr. 1 BGB) mit Schluss des Geschäftsjahres in dem der Anspruch entstanden ist. Mit einer Titulierung der Forderung verjährt diese erst (gem. § 197 Abs. 1 Nr. 3 BGB) nach Ablauf von 30 Jahren.

Regelmäßig werden Mietforderungen im Rahmen des gerichtlichen Mahnverfahrens gesichert. Zur Hemmung der Verjährung genügt bereits (gem. § 204 Abs. 1 Nr. 3 BGB) die Zustellung des Mahnbescheides. Alternativ dazu besteht die Möglichkeit der Titulierung im Klageverfahren. Diesbezüglich ist die Hemmung der Verjährung bereits im Zeitpunkt der Klageerhebung (gem. § 204 Abs. 1 Nr. 1 BGB) möglich.

Ohne eine Systematisierung des Forderungsbestandes besteht die Gefahr der Verjährung. Unter der Notwendigkeit der Systematisierung des Forderungsbestandes wird hier ein systematisierter Prozess zur Abwehr der Verjährungsgefahr verstanden. Diesbezüglich sollte jeder Einzelfall, spätestens kurz vor Ablauf

---

1706 Blank, in: Schmidt-Futterer, Mietrecht, § 551 Rn. 104a; Bruns, in: Hannemann/Wiegner, Mietrecht, § 26 Rn. 125; Schneider, in: Hannemann/Wiegner, Mietrecht, § 32 Rn. 4; Emmerich, in: Staudinger, BGB, § 535 Rn. 84a.

1707 Z. 141 ff. Anhang VI dieser Ausarbeitung.

der dreijährigen Verjährungsfrist auf eine wirtschaftlich sinnhafte Titulierung zur Sicherung der Forderung geprüft werden. Dies bedeutet, dass jede notwendige Titulierung zur Sicherung einer Forderung im Verhältnis zu den entstehenden Titulierungskosten zu betrachten ist. Die Verauslagung birgt die Gefahr, dass andernfalls jene ersatzpflichtigen Kosten ebenfalls mangels Werthaltigkeit ausfallen. Dies führt nicht nur zur Erhöhung der uneinbringlichen Forderungen, sondern insbesondere zur unmittelbaren (und unnötigen) wirtschaftlichen Belastung. Eine pauschale Sicherung aller Forderungen wird hier daher nicht empfohlen. Es ist in jedem Einzelfall die Forderungshöhe, die Höhe der zu verauslagenden Kosten und die Wahrscheinlichkeit einer erfolgreichen Forderungsbeitreibung zur Entscheidungsfindung heranzuziehen.

Die Frage der Wirtschaftlichkeit wird hier mit einer beispielhaft formalisierten Entscheidungshilfe beantwortet.

Wenn die prognostizierte Erfolgsquote binnen der nächsten 30 Jahre (in Prozent) multipliziert mit der Forderungshöhe (in Euro) größer/ gleich der Kosten der Titulierung (in Euro) multipliziert mit dem Faktor 1,5 ist, dann ist die Titulierung zur Forderungssicherung hier wirtschaftlich vertretbar. Die Faktorisierung stellt sicher, dass die Kosten nicht den prognostizierten Erfolgsbetrag übersteigen. Diese Entscheidungshilfe kann sowohl auf die bestehende Gesamtforderung, als auch auf einzelne Teilforderungen angewendet werden. Der angesetzte Faktor ist einzelfallabhängig anzupassen.

Entscheidet sich der Vermieter gegen eine entsprechende Sicherung, bedeutet dies mit Eintritt der Verjährung nicht den automatisierten und endgültigen Verlust der Forderung. Vielmehr muss der Mieter erst die Einrede der Verjährung geltend machen und damit die Zahlung der einredebehafteten Forderung verweigern. Erfolgt trotz Verjährungseintritt die Zahlung durch den Schuldner, besteht gem. § 214 Abs. 2 S. 1 BGB kein Rückerstattungsanspruch.

Im Umkehrschluss bedeutet dies, dass trotz Verjährungseintritt eine rechtmäßige Begleichung der Schuld (aus Unwissenheit i.S.v. § 214 Abs. 2 S. 1 BGB oder moralischen Aspekten) möglich ist. Handelt es sich bei der verjährten Schuld um eine Forderung aus einem bereits beendeten Mietverhältnis und möchte der Schuldner ein neues Mietverhältnis eingehen, so ist es aus Gläubigersicht rechtlich unproblematisch zunächst den Ausgleich der (verjährten) Altschuld zu fordern. Sofern anzunehmen ist, dass es sich nicht um eine erhebliche Marktstärke des Vermieters handelt, der Mieter nicht aus wichtigen Gründen auf die Wohnung angewiesen ist und somit die Grenzen der Vertragsfreiheit überschritten werden, ist ein möglicherweise entgegenstehender Kontrahierungs- oder Abschlusszwang nicht ersichtlich.[1708]

P. Die Beachtung der Datenschutz-Grundverordnung

Das Spannungsverhältnis zwischen soziologisch- und ökonomischen Chancen der Kommunikation und Kooperation innerhalb des Dreiecksverhältnisses, bestehend aus dem Vermieter, Mieter und Leistungsträger, auf der einen Seite und der Schutz personenbezogener Daten auf der anderen Seite, wird durch die DS-GVO forciert.

§ 35 Abs. 1 S. 1 SGB I statuiert ein gesetzliches Verbot der Verarbeitung von Sozialdaten unter dem Erlaubnisvorbehalt der DS-GVO und trägt damit Art. 288 Abs. 2 AEUV Rechnung.[1709]

Statt die Datenverarbeitung in dieser Form zu verhindern, zielt die DS-GVO vielmehr auf die Erreichung eines angemessenen Ausgleichs zwischen der Datensouveränität des Einzelnen auf der einen Seite und den wirtschaftlichen Interessen an der Nutzung der personenbezogenen Daten auf der anderen Seite.[1710]

Der Vermieter hat entgegen anderer Vertragspartner, kein Interesse an der Realisierung des ökonomischen Wertes in Form eines Verkaufes der personenbezogenen Daten. Vielmehr möchte der Vermieter diese lediglich als Unterstützung zur Erfüllung des Mietvertrages nutzen.

Damit ist der Vermieter von Leistungsgebern abzugrenzen, die ihre Leistungen im Sinne einer „Kostenloskultur"[1711] gegen die Möglichkeit des Verkaufes der personenbezogenen Daten anbieten.

Um hier eine rechtmäßige Funktionsweise zu gewährleisten, ist ein datenschutzkonformer Umgang mit personenbezogenen Daten der Geschäftspartner entscheidend. Dabei ist zur Gewährleistung der Funktionalität dieses Konzeptes insbesondere die Kommunikation und Kooperation mit dem jeweiligen Leistungsträger datenschutzrechtlich abzusichern.

1708 Häublein, in: MüKo, BGB II, Bd. 4, § 535 Rn. 6; H.-W. Eckert, in: Bamberger/Roth/Hau/Poseck, BeckOK, BGB, § 145 Rn. 9 ff.

1709 Gutzler, in: Giesen/Kreikebohm/Rolfs/Udsching, BeckOK, Sozialrecht § 35 SGB I Rn. 25; Greiner, in: Knickrehm/Kreikebohm/Waltermann, Kommentar zum Sozialrecht, § 35 Rn. 1; Bieresborn NZS 2017, 887 (890).

1710 Ernst, in: Paal/Pauly, DS-GVO-BDSG, Art. 1 Rn. 1; Spindler/Dalby, in: Spindler/Schuster, Recht der elektronischen Medien, Art. 1 Rn. 3; Krüger ZRP 2016, 190 (190).

1711 Frenzel, in: Paal/Pauly, DS-GVO-BDSG, Art. 7 Rn. 21; Wolff, in: Schantz/Wolff, Das neue Datenschutzrecht, Rn. 473; Wandtke MMR 2017, 6 (9).

Nach Art. 2 Abs. 1 DS-GVO erstreckt sich der Anwendungsbereich auf die ganz oder teilweise automatisierte Verarbeitung personenbezogener Daten sowie für die nichtautomatisierte Verarbeitung personenbezogener Daten, die in einem Dateisystem gespeichert sind oder gespeichert werden sollen.

Mangels Angaben zum Normadressat, ist der Vermieter und das Jobcenter (als eine öffentliche Stelle i.S.v. § 1 Abs. 1 S. 1 BDSG) auch an die DS-GVO, soweit nicht in einem anderen Gesetz Abweichendes geregelt ist, gebunden. Damit kommt der DS-GVO im nationalen Recht ein Geltungsvorrang zu.[1712] Dies bedeutet, dass dort wo die DS-GVO entsprechende Öffnungsklauseln enthält, der nationale Gesetzgeber eigene Regelungen treffen bzw. beibehalten kann.[1713] Entsprechende sozialrechtliche Öffnungsklauseln sind z.B. in Art. 6 Abs. 2, 3 und Art. 9 Abs. 2 lit. b, j DS-GVO zu finden.[1714] Gem. § 1 Abs. 2 BDSG haben bundesrechtliche Vorschriften Vorrang. Damit vorrangig anwendbar sind die Regelungen gem. § 35 SGB I, 67 ff. SGB X. Das BDSG ist subsidiär anwendbar.[1715] Mit den Regelungen nach §§ 35 SGB I, 67 ff. SGB X hat der nationale Gesetzgeber die Öffnungsklauseln genutzt und die vorgenannten spezifische Anforderungen für die Verarbeitung (sowie sonstige Maßnahmen) i.S.v. Art. 6 Abs. 2 DS-GVO beibehalten und entsprechend redaktionell/ inhaltlich (siehe z.B. § 67 Abs. 1,2 SGB X und §§ 81 ff. SGB X) an die DS-GVO angepasst.

National für das Sozialgeheimnis grundlegend ist § 35 Abs. 1 S. 1 SGB I.[1716] Zu den dort genannten Stellen gehören unter anderem die hier in der Betrachtung stehenden Jobcenter.[1717] Verdeutlicht wird das Sozialgeheimnis durch die

1712 Ernst, in: Paal/Pauly, DS-GVO-BDSG, Art. 2 Rn. 2; Gola, Datenschutz-Grundverordnung, Art. 2 Rn. 4; Mrozynski, SGB I, Sozialgesetzbuch Allgemeiner Teil, § 35 Rn. 4.

1713 Mrozynski, SGB I, Sozialgesetzbuch Allgemeiner Teil, § 35 Rn. 7; Frenzel, in: Paal/Pauly, DS-GVO-BDSG, Art. 6 Rn. 2; Roßnagel, in: Simitis/Hornung/Spiecker gen. Döhmann, Datenschutzrecht, Art. 6 Abs. 2 Rn. 16 ff.

1714 Greiner, in: Knickrehm/Kreikebohm/Waltermann, Kommentar zum Sozialrecht, § 35 Rn. 2; Mrozynski, SGB I, Sozialgesetzbuch Allgemeiner Teil, § 35 Rn. 7.

1715 Mrozynski, SGB I, Sozialgesetzbuch Allgemeiner Teil, § 35 Rn. 5; Gola/Reif, in: Gola/Heckmann, Bundesdatenschutzgesetz, § 1 Rn. 11.

1716 Mrozynski, SGB I, Sozialgesetzbuch Allgemeiner Teil, § 35 Rn. 3; Greiner, in: Knickrehm/Kreikebohm/Waltermann, Kommentar zum Sozialrecht, § 35 Rn. 13; Schifferdecker, in: Körner/Leitherer/Mutschler/Rolfs, Kasseler Kommentar Sozialversicherungsrecht, § 35 Rn. 2.

1717 Bieresborn, in: von Wulffen/Schütze, SGB X, § 67 Rn. 10; Gutzler, in: Rolfs/Giesen/Kreikebohm/Udsching, BeckOK, Sozialrecht § 35 SGB I Rn. 30.

§§ 67 ff. SGB X. Gem. § 67 Abs. 1 SGB X gelten die §§ 67 ff. SGB X ergänzend zu Art. 4 DS-GVO. Für die Definition der Sozialdaten erfolgt gem. § 67 Abs. 2 S. 1 Hs. 1 SGB X ein Verweis auf Art. 4 Nr. 1 DS-GVO.

Zuständig für die Erhebung, Verarbeitung und Nutzung der Sozialdaten gem. §§ 67 ff. SGB X, ist das Jobcenter als gemeinsame Einrichtung gem. § 50 Abs. 2 SGB II.

Wird nunmehr das kooperative Dreiecksverhältnis zwischen dem Vermieter, Mieter und Leistungsträger betrachtet, ergibt sich ein komplexes datenschutzrechtliches Gefüge. Im Verhältnis zwischen Vermieter und Mieter sind die Regelungen der DS-GVO anwendbar, wohingegen durch die vorgenannten Öffnungsklausel der DS-GVO zwischen dem Mieter (im Sinne des Leistungsempfängers) und dem Leistungsträger, insbesondere die nationalen sozialrechtlichen Regelungen gem. §§ 35 Abs. 1 SGB I, 67 ff. SGB X zu beachten sind.

Im Rahmen der Kommunikation zwischen dem Vermieter und Leistungsträger ist hier nunmehr ein in beide Richtungen stattfindender datenschutzkonformer Austausch dieser jeweils erhobenen Daten zu gewährleisten.

Nachfolgend in der Betrachtung steht eine datenschutzrechtliche Konformität im Sinne der DS-GVO, wobei im Rahmen der im Anhang VIII dieser Ausarbeitung befindlichen Datenschutzerklärung die jeweiligen spezifischen sozialrechtlichen Regelungen ebenso Beachtung finden.

Die Entscheidung zur konzentrierten Betrachtung der DS-GVO erfolgt einerseits aus Gründen der Aktualität, aber insbesondere aus dem Grund, dass für die im Zentrum der Betrachtung stehende Einwilligung des Mieters, mangels Regelungen gem. §§ 67a, 67b SGB X, die Regelungen nach der DS-GVO maßgebend sind[1718].

Nach Art. 1 Abs. 1 DS-GVO sollen die personenbezogenen Daten und deren freier Verkehr geschützt werden. Dieser Schutz soll jedoch nicht zu einer Einschränkung oder gar Unterbindung des freien Verkehrs führen.[1719] Der Grundsatz des freien Verkehrs personenbezogener Daten gilt damit weiterhin.

Das Recht auf Schutz personenbezogener Daten hat einen grundrechtlichen Charakter (vgl. Art. 1 Abs. 2 DS-GVO) und ist im Sinne von Erwägungsgrund

---

1718 Greiner, in: Knickrehm/Kreikebohm/Waltermann, Kommentar zum Sozialrecht, § 35 Rn. 4; Hoffmann NZS 2017, 807 (807 ff.); Bieresborn NZS 2017, 926 (926 ff.).

1719 Ernst, in: Paal/Pauly, DS-GVO-BDSG, Art. 1 Rn. 1; Zerdick, in: Ehmann/Selmayr, DS-GVO, Art. 1 Rn. 9 ff.; Schantz, in: Wolff/Brink, Datenschutzrecht, BeckOK, Art. 1 Rn. 2 f.

(im Folgenden: ErwGr) 1 der DS-GVO auf Ebene des Primärrechts europarechtlich durch Art. 8 GRC und Art. 16 AEUV geschützt.[1720]

Inhaltlich steht bei der Kommunikation und Kooperation mit dem Leistungsträger insbesondere der Austausch personenbezogener Daten wie beispielsweise des aktuellen Aufenthaltes, die Höhe eines bestehenden Mietrückstandes, die telefonische Erreichbarkeit, das Betriebskostenabrechnungsergebnis, eine ggf. bestehende Sanktion und die aktuell erreichte Stufe innerhalb des Forderungsprozesses im Vordergrund.

Diese Kommunikation dient der Erhaltung des Wohnraumes und der damit einhergehenden Erfüllung der Bedingung der vertragsgemäßen Mietzahlung, sowie der Senkung des bürokratischen Aufwandes auf Seiten des Leistungsträgers. Die verarbeiteten Daten könnte der Leistungsträger ohnehin durch sozialrechtliche Grundlagen gegenüber dem Leistungsempfänger anfordern. Demnach hat der Leistungsträger keinen Zugang zu ihm sonst unzugänglichen Daten. Lediglich könnte die Weiterverarbeitung der Daten den gesamten Aufwand beiderseitig senken und den Prozess somit zum Vorteil des Kunden zielorientierter und effektiver gestalten. Es steht die gemeinsame Durchführung und Aufrechterhaltung des Mietverhältnisses im Vordergrund. Diese Kooperation wird demnach in erster Linie zu Gunsten des Mietvertragspartners eingegangen. Der Vermieter profitiert unmittelbar von der vertragsgemäßen und somit störungsfreien Fortführung des Mietverhältnisses und einer sich daraus ergebenen Planungssicherheit. Mittelbar profitiert der allgemeine Steuerzahler von dieser Kooperation, da die langfristige Erhaltung des Wohnraumes vor der Entstehung weiterer Wohnbeschaffungskosten o.Ä. (vgl. § 22 Abs. 8 SGB II) schützt. Dies entspricht dem Grundsatz i.S.v. ErwGr 4 S. 1 DS-GVO, wonach die Verarbeitung personenbezogener Daten im Dienste der Menschheit steht.

Gem. Art. 4 Nr. 1 DS-GVO umfasst der Begriff der personengezogenen Daten alle Informationen die sich auf die identifizierte oder identifizierbare natürliche Person beziehen. Diese ist mit der bestimmten oder bestimmbaren Person gleichzusetzen.[1721]

1720 Franzen, in: Gallner/Franzen/Oetker, DS-GVO, Art. 1 Rn. 2; Buchner, in: Kühling/Buchner, DS-GVO BDSG, Art. 1 Rn. 9 ff.; Ernst, in: Paal/Pauly, DS-GVO BDSG, Art. 1 Rn. 5 f.

1721 Ernst, in: Paal/Pauly, DS-GVO-BDSG, Art. 4 Rn. 3; Klabunde, in: Ehmann/Selmayr, DS-GVO, Art. 4 Rn. 15; Klar/Kühling, in: Kühling/Buchner, DS-GVO BDSG, Art. 4 Rn. 2.

In diesem Zusammenhang kann es sich um persönliche oder sachliche Angaben handeln. Handelt es sich bei dem monatlichen Einkommen oder der Kreditwürdigkeit um sachliche Angaben, so ist der Name oder der Familienstand den persönlichen Angaben zuzuordnen.[1722] Auch sind persönliche Einschätzungen oder Urteile, unabhängig des Wahrheitsgehaltes, als Informationen datenschutzrechtlich geschützt.[1723] Auch geschützt ist die Kombination, Anpassung oder Veränderung, welche die Verknüpfung von verschiedenen Daten umfasst.[1724] Darüber hinaus ist auch ein Datenabgleich europarechtlich geschützt.[1725] Mit Verweis auf ErwGr 50 DS-GVO gilt als Auffangtatbestand die Verwendung personenbezogener Daten.[1726]

Vorliegend werden im Rahmen des Datenaustausches zwischen dem Leistungsträger und dem Vermieter regelmäßig persönliche und sachliche Daten, betreffend der im Leistungsbezug stehende Person, ausgetauscht oder zumindest abgeglichen. Damit gehen regelmäßig auch die zuvor angeführten persönlichen Einschätzungen des Vermieters oder des Leistungsträgers (z.B. hinsichtlich der Zuverlässigkeit einer Person) einher.

Abhängig von den bereits vorliegenden Daten, wird ebenso eine Verknüpfung auf der jeweiligen Kooperationsseite erfolgen.

Umfasst vom sachlichen Anwendungsbereich der DS-GVO ist zunächst gem. Art. 2 Abs. 1 DS-GVO die ganz oder teilweise automatisierte Verarbeitung personenbezogener Daten.

Innerhalb des vorliegenden Kontextes wird regelmäßig eine wohnungswirtschaftliche Software zur Verwaltung des Eigenbestandes eingesetzt. Dabei wird

---

1722 Ernst, in: Paal/Pauly, DS-GVO-BDSG, Art. 4 Rn. 14; Klar/Kühling, in: Kühling/Buchner, DS-GVO BDSG, Art. 4 Rn. 8 ff.; Gola, Datenschutz-Grundverordnung, Art. 4 Rn. 5 ff.

1723 Klabunde, in: Ehmann/Selmayr, DS-GVO, Art. 4 Rn. 9; Gola, Datenschutz-Grundverordnung, Art. 4 Rn. 13; Arming/Rothkegel, in: Taeger/Gabel, DSGVO BDSG, Art. 4 Rn. 6.

1724 Schild, in: Wolff/Brink, BeckOK, Datenschutzrecht, Art. 4 Rn. 44; Arming/Rothkegel, in: Taeger/Gabel, DS-GVO BDSG, Art. 4 Rn. 13; Ernst, in: Paal/Pauly, DS-GVO BDSG, Art. 4 Rn. 32.

1725 Schild, in: Wolff/Brink, BeckOK, Datenschutzrecht, Art. 4 Rn. 52; Ernst, in: Paal/Pauly, DS-GVO BDSG, Art. 4 Rn. 31; Arming/Rothkegel, in: Taeger/Gabel, DSGVO BDSG, Art. 4 Rn. 91.

1726 Schild, in: Wolff/Brink, BeckOK, Datenschutzrecht, Art. 4 Rn. 48; Ernst, in: Paal/Pauly, DS-GVO-BDSG, Art. 4 Rn. 29; Arming/Rothkegel, in: Taeger/Gabel, DSGVO BDSG, Art. 4 Rn. 81.

es sich in diesem Rahmen um zumindest eine teilweise automatisierte Datenverarbeitung handeln. Diese ist abzugrenzen von der ganz automatisierten Datenverarbeitung.[1727] Fraglich ist jedoch, ob der mündliche, textliche oder schriftliche Austausch von personenbezogenen mit dem Leistungsträger in den sachlichen Anwendungsbereich der DS-GVO fällt.

Neben der ganz oder teilweise automatisierten Verarbeitung bezieht Art. 2 Abs. 1 DS-GVO auch die nichtautomatisierte Verarbeitung personenbezogener Daten ein, die in einem Dateisystem gespeichert sind oder gespeichert werden sollen. Die nichtautomatisierte Verarbeitung bezieht sich auf den analogen (insbesondere Papier-) Bereich.[1728]

Nach ErwGr 15 S. 2 DS-GVO soll neben der automatisierten gleichermaßen die manuelle Verarbeitung personenbezogener Daten geschützt werden, sofern diese Daten in einem Dateisystem gespeichert sind oder gespeichert werden sollen. Der Begriff des Dateisystems wird gem. Art. 4 Nr. 6 DS-GVO definiert und umfasst letztlich jede Sammlung personenbezogener Daten, die gleichartig aufgebaut, nach bestimmten Merkmalen zugänglich sind und ausgewertet werden können (vgl. Art. 2c DSRL). Entspricht ein Dateisystem nicht dieser Definition, so soll diese Akte nach ErwGr 15 DS-GVO nicht in den Anwendungsbereich der DS-GVO fallen.[1729]

Der Wortlaut „gespeichert werden sollen" ist weit auszulegen, es genügt bereits die Aussicht, dass die Daten in ein Dateisystem aufgenommen werden sollen.[1730]

Bei der Kommunikation zwischen dem Mitarbeiter des Forderungsmanagements und dem Mitarbeiter des Leistungsträgers werden die zuvor auf der jeweiligen Seite elektronisch gespeicherten personenbezogenen Daten durch den Sachbearbeiter manuell ausgelesen und mündlich, textlich oder schriftlich an den Kooperationspartner weitergegeben. Zweck der Weitergabe wird regelmäßig der Abgleich und die Speicherung in einem Dateisystem sein.

1727 Ernst, in: Paal/Pauly, DS-GVO-BDSG, Art. 2 Rn. 6; Zerdick, in: Ehmann/Selmayr, DS-GVO, Art. 2 Rn. 3; Arming/Rothkegel, in: Taeger/Gabel, DSGVO BDSG, Art. 4 Rn. 146 f.

1728 Ernst, in: Paal/Pauly, DS-GVO-BDSG, Art. 2 Rn. 7; Zerdick, in: Ehmann/Selmayr, DS-GVO, Art. 2 Rn. 3; Schmidt, in: Taenger/Gabel, DSGVO BDSG, Art. 2 Rn. 11.

1729 Ernst, in: Paal/Pauly, DS-GVO-BDSG, Art. 2 Rn. 8 f.; Zerdick, in: Ehmann/Selmayr, DS-GVO, Art. 2 Rn. 3.

1730 Ernst, in: Paal/Pauly, DS-GVO-BDSG, Art. 2 Rn. 10; Schmidt, in: Taenger/Gabel, DSGVO BDSG, Art. 2 Rn. 8; Roßnagel, in: Simitis/Hornung/Spiecker gen. Döhmann, Datenschutzrecht, Art. 2 Rn. 13.

Damit muss wird hier die Voraussetzung „gespeichert werden sollen" als gegeben angenommen. Da es sich bei der anschließenden Verwaltung dieser Daten regelmäßig nicht um eine herkömmliche Akten-, sondern um eine elektronische Ablage innerhalb der Verwaltungssoftware handeln wird, stellt das Eingeben der Daten einen händischen Zwischenschritt innerhalb eines teilweise automatisierten Verfahren dar.[1731]

Die Begriffsbestimmung der Verarbeitung nach Art. 4 Nr. 2 DS-GVO und des BDSG umfasst letztlich jeglichen Umgang mit personenbezogenen Daten.[1732]

Fraglich ist jedoch in welcher konkreten Form einer Datenverarbeitung in Bezug auf den Austausch personenbezogener Daten zwischen dem Vermieter und dem Leistungsträger stattfindet.

Fragt einer der Kooperationspartner bestimmte personenbezogene Daten konkret bei dem anderen ab, so liegt bereits in diesem Schritt eine Form der Datenerhebung vor.[1733] Werden diese Daten in der Folge erfasst oder gespeichert, ist auch dies ein datenschutzrechtlich geschützter Vorgang. Abzugrenzen davon ist das bloße Memorieren im menschlichen Gehirn.[1734] Bei einem Datenabgleich wird es weiterhin regelmäßig zu einer Anpassung im Sinne einer Korrektur der gespeicherten Daten kommen.[1735]

Darüber hinaus können personenbezogene Daten von externen Datenbanken abgefragt werden.[1736]

1731 Ernst, in: Paal/Pauly, DS-GVO-BDSG, Art. 2 Rn. 6; Roßnagel, in: Simitis/Hornung/Spiecker gen. Döhmann, Datenschutzrecht, Art. 2 Rn. 14 ff.

1732 Ernst, in: Paal/Pauly, DS-GVO-BDSG, Art. 1 Rn. 3; Schild, in: Wolff/Brink, BeckOK, Datenschutzrecht, Art. 4 Rn. 32; Klabunde, in: Ehmann/Selmayr, DS-GVO, Art. 4 Rn. 23.

1733 Ernst, in: Paal/Pauly, DS-GVO-BDSG, Art. 4 Rn. 23; Schild, in: Wolff/Brink, BeckOK, Datenschutzrecht, Art. 4 Rn. 35 ff.; Roßnagel, in: Simitis/Hornung/Spiecker gen. Döhmann, Datenschutzrecht, Art. 4 Rn. 23.

1734 Ernst, in: Paal/Pauly, DS-GVO-BDSG, Art. 4 Rn. 24 f.; Schild, in: Wolff/Brink, BeckOK, Datenschutzrecht, Art. 4 Rn. 42.

1735 Ernst, in: Paal/Pauly, DS-GVO-BDSG, Art. 4 Rn. 27, Schild, in: Wolff/Brink, BeckOK, Datenschutzrecht, Art. 4 Rn. 44 ff.; Roßnagel, in: Simitis/Hornung/Spiecker gen. Döhmann, Datenschutzrecht, Art. 4 Rn. 20.

1736 Ernst, in: Paal/Pauly, DS-GVO-BDSG, Art. 4 Rn. 28, Schild, in: Wolff/Brink, BeckOK, Datenschutzrecht, Art. 4 Rn. 47.

Als Auffangtatbestand dient letztlich der Begriff der Verwendung. Dabei werden alle Arten des zweckgerichteten Gebrauchs oder der internen Nutzung von Daten erfasst.[1737]

Noch dezidierter wird teilweise die Offenlegung und Übermittlung an Dritte abgegrenzt.[1738]

Dabei korrespondiert die Offenlegung mit der Auslese und Abfrage. Die Übermittlung von Daten beinhaltet die Bekanntgabe gespeicherter oder durch Datenverarbeitung gewonnener Daten an einen Dritten.[1739] Bezogen auf den vorliegenden Kontext umfasst dies die Weitergabe der zuvor erhobenen personenbezogenen Daten an den Kooperationspartner.

Voraussetzung für den Charakter einer Übermittlung ist, dass das Bereithalten durch ein zweckgerichtetes Handeln erfolgt.[1740]

Der Definition der Übermittlung nach, wird die Weitergabe von personenbezogenen Daten zwischen den Kooperationspartnern rechtlich regelmäßig als eine solche zu bewerten sein.

Im Ergebnis ist der hier betrachtete Datenaustausch regelmäßig unter einen Datenverarbeitungsvorgang i.S.v. Art. 1 Abs. 1 DS-GVO, respektive der jeweiligen sozialdatenrechtlichen Vorschrift gem. § 67 ff. SGB X, subsumierbar.

I. Grundsätze der Verarbeitung personenbezogener Daten

Zielsetzung dieser Betrachtung ist die Schaffung einer Grundlage, damit personenbezogene Daten eben nicht gesetzeswidrig ohne Wissens des Mieters erhoben werden und somit dem Grundsatz nach Art. 5 Abs. 1 lit. a DS-GVO Beachtung geschenkt wird.[1741]

1737 Ernst, in: Paal/Pauly, DS-GVO-BDSG, Art. 4 Rn. 29; Schild, in: Wolff/Brink, BeckOK, Datenschutzrecht, Art. 4 Rn. 48; Ernst, in: Paal/Pauly, DS-GVO-BDSG, Art. 4 Rn. 29; Arming/Rothkegel, in: Taeger/Gabel, DSGVO BDSG, Art. 4 Rn. 81.

1738 Schild, in: Wolff/Brink, BeckOK, Datenschutzrecht, Art. 4 Rn. 49 ff.; Roßnagel, in: Simitis/Hornung/Spiecker gen. Döhmann, Datenschutzrecht, Art. 4 Rn. 25 f.

1739 Schild, in: Wolff/Brink, BeckOK, Datenschutzrecht, Art. 4 Rn. 49; Roßnagel, in: Simitis/Hornung/Spiecker gen. Döhmann, Datenschutzrecht, Art. 4 Rn. 26.

1740 Schild, in: Wolff/Brink, BeckOK, Datenschutzrecht, Art. 4 Rn. 50; Roßnagel, in: Simitis/Hornung/Spiecker gen. Döhmann, Datenschutzrecht, Art. 4 Rn. 26.

1741 Seifert, in: Simitis/Hornung/Spiecker gen. Döhmann, Datenschutzrecht, Art. 88 Rn. 97.

Art. 5 Abs. 1 DS-GVO legt allgemein gehaltene und konkretisierungsbedürftige Grundsätze zur Verarbeitung personenbezogener Daten fest.[1742] Diese werden auch als Grundbedingungen oder Grundprinzipien jeder Datenverarbeitung[1743] bezeichnet.

Demnach müssen personenbezogene Daten gem. Art. 5 Abs. 1 lit. a DS-GVO auf rechtmäßige Weise verarbeitet werden. Dazu bedarf es i.S.v. Art. 8 Abs. 2 S. 1 GRC der Einwilligung der betroffenen Person oder einer entsprechenden gesetzliche Rechtsgrundlage.[1744] Daran anknüpfend legt Art. 6 Abs. 1 DS-GVO die dafür in Frage kommenden Legitimationsgründe fest.[1745]

Darüber hinaus bedarf es, in Anlehnung an Art. 8 Abs. 2 S. 1 GRC, gem. Art. 5 Abs. 1 lit. a DS-GVO einer Verarbeitung nach Treu und Glaube. Dieser Grundsatz der fairen Behandlung ist als Rücksichtnahmepflicht zu verstehen.[1746] Darunter ist z.B. die Verpflichtung des Verantwortlichen, der betroffenen Person die Ausübung ihrer Rechte nicht zu erschweren subsumierbar.[1747]

Weiterhin gehört der Schutz vor unklaren Verarbeitungsvorgängen dazu.[1748] Es gilt der Vorrang der offenen und direkten Datenerhebung bei der betroffenen Person.[1749] Der Grundsatz der Transparenz gem. Art. 5 Abs. 1 lit. a DS-GVO

1742 Schantz, in: Wolff/Brink, BeckOK, Datenschutzrecht, Art. 5 Rn. 2; Heberlein, in: Ehmann/Selmayr, DS-GVO, Art. 5 Rn. 1; Spindler/Dalby, in: Spindler/Schuster, Recht der elektronischen Medien, Art. 5 Rn. 1 f.

1743 Heberlein, in: Ehmann/Selmayr, DS-GVO, Art. 5 Rn. 1; Spindler/Dalby, in: Spindler/Schuster, Recht der elektronischen Medien, Art. 5 Rn. 1.

1744 Schantz, in: Wolff/Brink, BeckOK, Datenschutzrecht, Art. 5 Rn. 5; Heberlein, in: Ehmann/Selmayr, DS-GVO, Art. 5 Rn. 8; Spindler/Dalby, in: Spindler/Schuster, Recht der elektronischen Medien, Art. 5 Rn. 4.

1745 Heberlein, in: Ehmann/Selmayr, DS-GVO, Art. 6 Rn. 1; Spindler/Dalby, in: Spindler/Schuster, Recht der elektronischen Medien, Art. 6 Rn. 1; Buchner/Petri, in: Kühling/Buchner, DS-GVO/BDSG, Art. 6 Rn. 1.

1746 Schantz, in: Wolff/Brink, BeckOK, Datenschutzrecht, Art. 5 Rn. 8; Ernst, in: Paal/Pauly, DS-GVO-BDSG, Art. 5 Rn. 18 ff.; Herbst, in: Kühling/Buchner, DS-GVO/BDSG, Art. 5 Rn. 13 f.

1747 Schantz, in: Wolff/Brink, BeckOK, Datenschutzrecht, Art. 5 Rn. 8; Spindler/Dalby, in: Spindler/Schuster, Recht der elektronischen Medien, Art. 5 Rn. 6.

1748 Albrecht/Jotzo, Das neue Datenschutzrecht der EU, Teil 2 Rn. 3; Spindler/Dalby, in: Spindler/Schuster, Recht der elektronischen Medien, Art. 5 Rn. 6; Herbst, in: Kühling/Buchner, DS-GVO/BDSG, Art. 5 Rn. 18 f.

1749 Schantz, in: Wolff/Brink, BeckOK, Datenschutzrecht, Art. 5 Rn. 9; Herbst, in: Kühling/Buchner, DS-GVo BDSG, Art. 5 Rn. 18 f.

verlangt darüber hinaus, dass die betroffene Person die Datenerhebung nachvollziehen können muss.[1750]

Nach ErwGr 39 S. 2 DS-GVO umfasst das Transparenzgebot ebenso die zukünftigen Datenerhebungen. Demnach soll Transparenz bzgl. der Daten die zum gegenwärtigen, aber auch zu einem späteren Zeitpunkt erhoben, verwendet, eingesehen oder anderweitig verarbeitet werden, bestehen. Zur Erfüllung des Transparenzgebotes sollen i.S.v. ErwGr 39 S. 3 DS-GVO alle Informationen und Mitteilungen zur Verarbeitung der personenbezogenen Daten leicht zugänglich und verständlich und in klarer und einfacher Sprache abgefasst werden.

Darüber hinaus sind Ausprägungen des Transparenzgebotes die Informationspflicht über die Verarbeitung deren Umstände (Art. 13, 14 DS-GVO), das Auskunftsrecht (Art. 15 DS-GVO), die Benachrichtigung des Betroffenen bei Datenschutzverstößen (Art. 34 DS-GVO) und die Bekanntgabe des betrieblichen und behördlichen Datenschutzbeauftragten (Art. 37 Abs. 7 DS-GVO).[1751]

Als „Grundstein des Datenschutzrechts“[1752] wird die Zweckbindung gem. Art. 5 Abs. 1 lit. b DS-GVO bezeichnet. Der Grundsatz gem. Art. 5 Abs. 1 lit. b Hs. 1 DS-GVO umfasst dabei die Zweckfestlegung und Zweckbindung.[1753] Unter der Zweckfestlegung wird, wie bereits in Art. 8 Abs. 2 S. 1 GRC statuiert, die Vorgabe verstanden, dass personenbezogene Daten nur für festgelegte Zwecke verarbeitet werden dürfen.[1754] Eine rechtmäßige Weiterverarbeitung ist lediglich unter der Voraussetzung eines bestehenden Erlaubnistatbestandes, der den Verantwortlichen dazu befugt, die bei ihm vorhandenen Daten einem anderen als dem ursprünglichen Erhebungszweck weiterzuverarbeiten, möglich.[1755]

1750 Schantz, in: Wolff/Brink, BeckOK, Datenschutzrecht, Art. 5 Rn. 11; Heberlein, in: Ehmann/Selmayr, DS-GVO, Art. 5 Rn. 12; Herbst, in: Kühling/Buchner, DS-GVO/BDSG, Art. 5 Rn. 18.

1751 Heberlein, in: Ehmann/Selmayr, DS-GVO, Art. 5 Rn. 12; Ernst, in: Paal/Pauly, DS-GVO-BDSG, Art. 88 Rn. 14; Schantz, in: Wolff/Brink, BeckOK, Datenschutzrecht, Art. 26 Rn. 28.

1752 Schantz, in: Wolff/Brink, BeckOK, Datenschutzrecht, Art. 5 Rn. 12.

1753 Schantz, in: Wolff/Brink, BeckOK, Datenschutzrecht, Art. 5 Rn. 12; Herbst, in: Kühling/Buchner, DS-GVO/BDSG, Art. 5 Rn. 27.

1754 Schantz, in: Wolff/Brink, BeckOK, Datenschutzrecht, Art. 5 Rn. 13; Heberlein, in: Ehmann/Selmayr, DS-GVO, Art. 5 Rn. 13; Herbst, in: Kühling/Buchner, DS-GVO/BDSG, Art. 5 Rn. 21.

1755 Herbst, in: Kühling/Buchner, DS-GVO/BDSG, Art. 5 Rn. 24; Roßnagel, in: Simitis/Hornung/Spiecker gen. Döhmann, Datenschutzrecht, Art. 5 Rn. 73; Spindler/Dalby, in: Spindler/Schuster, Recht der elektronischen Medien, Art. 5 Rn. 9.

Insbesondere im vorliegenden Kontext könnte es sich um eine Weiterverarbeitung der ursprünglich zu einem anderen Zweck erhobenen Daten handeln, da die ursprüngliche Datenerhebung auf den Zweck der Mietvertragsdurchführung gerichtet ist und die hier betrachtete Kooperation eine „verbesserte/optimierte" Vertragsdurchführung, und damit einen im Ergebnis abweichenden, möglicherweise zustimmungsbedürftigen Zweck, verfolgt.

Zur Realisierung einer Zweckbindung muss der Zweck gem. Art 5 Abs. 1 lit. b Hs. 1 DS-GVO festgelegt, eindeutig und legitim sein.[1756]

Darüber hinaus dient der festgelegte Zweck unter anderem als Ausgangspunkt für die Prüfung der Erforderlichkeit der Verarbeitung oder der Rechtmäßigkeit der Verarbeitung i.S.v. Art. 6 Abs. 1 DS-GVO.[1757] Bereits um der Informationspflicht nach Art. 13, 14 DS-GVO gerecht zu werden, ist die Festlegung des Zwecks vor der Erhebung notwendig.[1758]

Die Fixierung des Zwecks stellt zugleich eine gewisse Hinweis- und Warnfunktion für den Betroffenen dar.[1759]

Unter Heranziehung der Sprachfassungen anderer Mitgliedsstaaten wird unter dem Merkmal der Eindeutigkeit (gem. Art. 5 Abs. 1 lit. b Hs. 1 DS-GVO) auch die Notwendigkeit des Erklärens verstanden, weshalb sich der Verantwortliche hinsichtlich des Zwecks zu erklären hat.[1760] Der Verarbeitungszweck muss weiterhin legitim sein. Als legitim gilt ein Zweck, wenn er mit der Rechtsordnung insgesamt im Einklang steht.[1761] Zur Erfüllung der Rechenschaftspflicht

---

1756 Frenzel, in: Paal/Pauly, DS-GVO/BDSG, Art. 5 Rn. 26; Roßnagel, in: Simitis/Hornung/Spiecker gen. Döhmann, Datenschutzrecht, Art. 5 Rn. 73 ff.; Spindler/Dalby, in: Spindler/Schuster, Recht der elektronischen Medien, Art. 5 Rn. 8.

1757 Schantz, in: Wolff/Brink, BeckOK, Datenschutzrecht, Art. 5 Rn. 13; Heberlein, in: Ehmann/Selmayr, DS-GVO, Art. 5 Rn. 15, Frenzel, in: Paal/Pauly, DS-GVO/BDSG, Art. 5 Rn. 23.

1758 Heberlein, in: Ehmann/Selmayr, DS-GVO, Art. 5 Rn. 13 f.; Spindler/Dalby, in: Spindler/Schuster, Recht der elektronischen Medien, Art. 5 Rn. 9.

1759 Härting NJW 2015, 3284 (3286); Spindler/Dalby, in: Spindler/Schuster, Recht der elektronischen Medien, Art. 5 Rn. 9; Voigt, in: Taeger/Gabel, DSGVO BDSG, Art. 5 Rn. 24.

1760 Heberlein, in: Ehmann/Selmayr, DS-GVO, Art. 5 Rn. 14; Voigt, in: Taeger/Gabel, DSGVO BDSG, Art. 5 Rn. 24; Nink, in: Spindler/Schuster, Recht der elektronischen Medien, Art. 24 Rn. 11; Monreal ZD 2016, 507 (509).

1761 European Commission, Article 29 Data Protection Working Party, Working Paper 203, S. 19 f.; Frenzel, in: Paal/Pauly, DS-GVO/BDSG, Art. 5 Rn. 26 ff.

gem. Art. 5 Abs. 2 DS-GVO wird die schriftliche Fixierung des Erhebungszwecks empfohlen.[1762]

Weiterhin darf nach Art. 5 Abs. 1 lit. b DS-GVO die Datenverarbeitung nicht in einer mit dem Zweck nicht zu vereinbarenden Weise erfolgen. In diesem Zusammenhang wird auch ganz vereinzelnd von einer „Informationssperre“[1763] gesprochen. Durch die Möglichkeit der anderweitigen Datenverarbeitung besteht aus Sicht der Europäischen Kommission eine zusätzliche Flexibilität.[1764] Die Erhebung ist jedoch an den Erhebungskontext bzw. Primärzweck gekoppelt[1765] und dadurch mittelbar begrenzt. Es ist auch von einer „strengen Zweckbindung“[1766] die Rede.

Zur Prüfung, ob der Zweck einer Weiterverarbeitung mit dem Erhebungszweck vereinbar ist, konkretisiert Art. 6 Abs. 4 DS-GVO entsprechende Rechtmäßigkeitsvoraussetzungen.[1767]

ErwGr 50 S. 6 DS-GVO konkretisiert die Frage nach der Feststellbarkeit, ob ein Zweck der Weiterverarbeitung mit dem Zweck, für den die personenbezogenen Daten ursprünglich erhoben wurden, vereinbar ist.

Anders ausgedrückt müsste die betroffene Person bereits im damaligen Zeitpunkt der Erhebung, die Zwecke der Weiterverarbeitung in den eigentlichen Erhebungszweck „hineinlesen“ hätte können und damit den Zweck der Erhebung eindeutig sowohl vorhersehen, als auch bestimmen hätte können.[1768]

Gem. Art. 5 Abs. 2 DSGVO ist der Verantwortliche für die Einhaltung der nach Abs. 1 genannten Prinzipien und der damit einhergehenden Nachweisführung

1762 Schantz, in: Wolff/Brink, BeckOK, Datenschutzrecht, Art. 5 Rn. 14; Frenzel, in: Paal/Pauly, DS-GVO/BDSG, Art. 5 Rn. 27.

1763 Frenzel, in: Paal/Pauly, DS-GVO/BDSG, Art. 5 Rn. 23.

1764 European Commission, Article 29 Data Protection Working Party, Working Paper 203, S. 21.

1765 Heberlein, in: Ehmann/Selmayr, DS-GVO, Art. 5 Rn. 16; Albrecht/Jotzo, Das neue Datenschutzrecht der EU, Teil 3 Rn. 53; Frenzel, in: Paal/Pauly, DS-GVO/BDSG, Art. 5 Rn. 30.

1766 Albrecht/Jotzo, Das neue Datenschutzrecht der EU, Teil 2 Rn. 5.

1767 Dammann ZD 2016, 307 (312); Schantz NJW 2016, 1841 (1844), Frenzel, in: Paal/Pauly, DS-GVO/BDSG, Art. 6 Rn. 1.

1768 Bygrave Data Privacy Law 2016, 153 (153, 156); Heberlein, in: Ehmann/Selmayr, DS-GVO, Art. 5 Rn. 13 f.; Schantz, in: Wolff/Brink, BeckOK, Datenschutzrecht, Art. 5 Rn. 408 ff.

verantwortlich.[1769] Die damit begründeten Darlegungs- und Beweislast beinhaltet eine Umkehrung in dem Sinne, dass nicht die betroffene Person oder die Aufsichtsbehörde einen Verstoß gegen die DS-GVO nachweisen müssen, sondern der Verantwortliche eine datenschutzkonforme Verarbeitung darzulegen hat.[1770]

Dementsprechend ist die nach Art. 24 DS-GVO öffentlich-rechtliche Nachweispflicht gegenüber den Aufsichtsbehörden statuiert, wodurch die Behörde demnach das Recht auf Einsicht verschiedener Dokumente (beispielsweise die Einwilligung i.S.v. Art. 7 Abs. 1 DS-GVO) besitzt.[1771]

Nach Art. 5 Abs. 1 lit. c DS-GVO gilt der Grundsatz der Datenminimierung. Demnach müssen die Daten für den verfolgten Zweck erheblich, die Verarbeitung auf den verfolgten Zweck und das dafür notwendige Maß begrenzt und dem Zweck angemessen sein.[1772]

Der in diesem Kontext ohnehin anzusetzende Maßstab der Richtigkeit findet sich in Art. 5 Abs. 1 lit. d DS-GVO. Demnach müssen die Informationen sachlich richtig und, falls erforderlich, auf dem aktuellsten Stand sein.[1773]

Ergänzt wird dies durch den Berichtigungsanspruch der betroffenen Person gem. Art. 16 DS-GVO.

Die Datenspeicherung ist jedoch nicht nur durch den Verarbeitungszweck begrenzt, sondern es gilt darüber hinaus der Grundsatz der Speicherbegrenzung gem. Art. 5 Abs. 1 lit. e DS-GVO. Dieser konkretisiert den Grundsatz der Datensparsamkeit in zeitlicher Hinsicht und verbietet eine Speicherung der personenbezogenen Daten länger als es nach dem Zweck notwendig wäre[1774].

1769 Spindler/Dalby, in: Spindler/Schuster, Recht der elektronischen Medien, Art. 5 Rn. 16; Schantz, in: Wolff/Brink, BeckOK, Datenschutzrecht, Art. 5 Rn. 39; Frenzel, in: Paal/Pauly, DS-GVO/BDSG, Art. 5 Rn. 50.

1770 Heberlein, in: Ehmann/Selmayr, DS-GVO, Art. 5 Rn. 32; Frenzel, in: Paal/Pauly, DS-GVO/BDSG, Art. 5 Rn. 30

1771 Hoeren MMR 2018, 637 (638); Frenzel, in: Paal/Pauly, DS-GVO/BDSG, Art. 5 Rn. 52.

1772 Schantz, in: Wolff/Brink, BeckOK, Datenschutzrecht, Art. 5 Rn. 24 ff.; Heberlein, in: Ehmann/Selmayr, DS-GVO, Art. 5 Rn. 22; Frenzel, in: Paal/Pauly, DS-GVO/BDSG, Art. 5 Rn. 34 ff.

1773 Heberlein, in: Ehmann/Selmayr, DS-GVO, Art. 5 Rn. 24, Frenzel, in: Paal/Pauly, DS-GVO/BDSG, Art. 5 Rn. 39 ff.; Herbst, in: Kühling/Buchner, DS-GVO/BDSG, Art. 5 Rn. 60 ff.

1774 Heberlein, in: Ehmann/Selmayr, DS-GVO, Art. 5 Rn. 25; Herbst, in: Kühling/Buchner, DS-GVO/BDSG, Art. 5 Rn. 64; Roßnagel, in: Simitis/Hornung/Spiecker gen. Döhmann, Datenschutzrecht, Art. 5 Abs. 2 Rn. 154.

Nach ErwGr 39 S. 8 DS-GVO ist die Speicherdauer „unbedingt auf das erforderliche Mindestmaß" zu beschränken.

Der letzte Grundsatz der Verarbeitung personenbezogener Daten beinhaltet gem. Art. 5 Abs. 1 lit. f DS-GVO die Integrität und Vertraulichkeit der Daten. Nach diesem Grundsatz ist bei der Datenverarbeitung eine angemessene Sicherheit der personenbezogenen Daten zu gewährleisten.[1775] Im vorliegenden Kontext ist insbesondere der Schutz der Vertraulichkeit vor unbefugter Kenntnisnahme und damit der unbefugten (Weiter-)Verarbeitung personenbezogener Daten maßgebend.[1776]

Ein Kooperationsverhältnis zwischen Vermieter und Leistungsträger muss sich im Ergebnis insbesondere an der Einhaltung der Grundsätze nach Art. 5 DS-GVO messen lassen.

II. Die Rechtmäßigkeit der Datenverarbeitung

Zur rechtmäßigen Verarbeitung personenbezogener Daten im Rahmen des Kooperationsverhältnisses bedarf es, über der Beachtung der Grundsätze nach Art. 5 DS-GVO hinaus, des Vorliegens einer der Rechtsgründe gem. Art. 6 DS-GVO. Dies ist unabhängig davon, ob die Datenverarbeitung durch ein Unternehmen, eine private Stelle, eine Behörde oder eine sonstige öffentliche Einrichtung erfolgt.[1777]

Bei nach Art. 6 DS-GVO handelt es sich um ein Verbot mit Erlaubnisvorbehalt.[1778] Die Norm wird als zentrale bzw. grundlegende Vorschrift zur Zulässigkeit der Verarbeitung personenbezogener Daten bezeichnet.[1779]

Nach Art. 6 Abs. 1 DS-GVO ist die Verarbeitung personenbezogener Daten nur rechtmäßig, wenn mindestens eine der Bedingungen nach lit. a - f erfüllt ist.[1780]

1775 Heberlein, in: Ehmann/Selmayr, DS-GVO, Art. 5 Rn. 28; Frenzel, in: Paal/Pauly, DS-GVO/BDSG, Art. 5 Rn. 46 f.; Herbst, in: Kühling/Buchner, DS-GVO/BDSG, Art. 5 Rn. 72.

1776 Schantz, in: Wolff/Brink, BeckOK, Datenschutzrecht, Art. 5 Rn. 35; Herbst, in: Kühling/Buchner, DS-GVO/BDSG, Art. 5 Rn. 74.

1777 EuGH EuZW 2012, 37 (37).

1778 Heberlein, in: Ehmann/Selmayr, DS-GVO, Art. 6 Rn. 1; Frenzel, in: Paal/Pauly, Ds-GVO/BDSG, Art. 6 Rn. 1; Pötters, in: Gola, Datenschutz-Grundverordnung, Art. 5 Rn. 6.

1779 Frenzel, in: Paal/Pauly, DS-GVO-BDSG, Art. 6 Rn. 1; Heberlein, in: Ehmann/Selmayr, DS-GVO, Art. 6 Rn. 1.

1780 Heberlein, in: Ehmann/Selmayr, DS-GVO, Art. 6 Rn. 4; Buchner/Petri, in: Kühling/Buchner, DS-GVO/BDSG, Art. 6 Rn. 13; Wolff, in: Schantz/Wolff, Das neue Datenschutzrecht, Rn. 475.

Ist eine Verarbeitung nicht rechtmäßig, kann dies gem. Art. 83 Abs. 6 lit. a DS-GVO mit einer Geldbuße von bis zu 20 Millionen Euro, respektive mit vier Prozent des gesamten weltweiten Jahresumsatzes, sanktioniert werden.[1781]

Zu klären ist, welcher Rechtmäßigkeitstatbestand gem. Art. 6 Abs. 1 S. 1 DS-GVO für die Legitimation dieses Kooperationsverhältnisses in Frage kommt.

Grundsätzliche sind die einzelnen Voraussetzungen weit gefasst und sollen einen Rechtsrahmen für die Verarbeitung personenbezogener Daten schaffen.[1782]

In Bezug auf die Einwilligung ist der Vorbehalt der Erforderlichkeit nicht anwendbar (vgl. Art. 6 Abs. 1 S. 1 lit. a und b-f DS-GVO.[1783]

Für Anwendung einer der anderen Rechtmäßigkeitstatbestände, ist demnach der Vorbehalt der Erforderlichkeit zu beachten.

Ausgangspunkt bei der Prüfung der Erforderlichkeit ist der festgelegte Verwendungszweck.[1784] Letztlich ist damit die Frage zu beantworten, welche Daten die verarbeitende Stelle wirklich benötigt um eine bestimmte Aufgabe, entsprechend dem festgelegten Zweck, vollständig und in rechtmäßiger Weise wahrzunehmen. Erforderlich ist die Verarbeitung, wenn ohne diese eine Aufgabenerfüllung nicht möglich wäre.[1785]

Die hier im Fokus stehende Aufgabe ist die vertragsgemäße Zahlung der monatlichen Miete. Diese Aufgabenerfüllung ist hier sicherlich auch ohne eine entsprechende Kommunikation zwischen dem Vermieter und Leistungsträger möglich, weshalb bezugnehmend auf die übrigen Zulässigkeitstatbestände die Legitimation dieses Kooperationsverhältnisses bereits an dem Vorbehalt der Erforderlichkeit scheitert.

Als möglicherweise hier anwendbare Rechtmäßigkeitsgrundlage bleibt damit die Einwilligung der betroffenen Person gem. Art. 6 Abs. 1 S. 1 lit. a DS-GVO prüfungswürdig.

1781 Albers/Veit, in: Wolff/Brink, BeckOK, Datenschutzrecht, Art. 6 Rn. 5; Heberlein, in: Ehmann/Selmayr, DS-GVO, Art. 6 Rn. 62 f.; Franzel, in: Paal/Pauly, DS-GVO/BDSG, Art. 6 Rn. 2.

1782 Albers/Veit, in: Wolff/Brink, BeckOK, Datenschutzrecht, Art. 6 Rn. 12; Franzel, in: Paal/Pauly, DS-GVO/BDSG, Art. 6 Rn. 28.

1783 Albers/Veit, in: Wolff/Brink, BeckOK, Datenschutzrecht, Art. 6 Rn. 16; Spindler/Dalby, in: Spindler/Schuster, Recht der elektronischen Medien, Art. 6 Rn. 4.

1784 Albers/Veit, in: Wolff/Brink, BeckOK, Datenschutzrecht, Art. 6 Rn. 17; Schulz, in: Gola, Datenschutz-Grundverordnung, Art. 6 Rn. 37.

1785 Albers/Veit, in: Wolff/Brink, BeckOK, Datenschutzrecht, Art. 6 Rn. 17; Reimer, in: Sydow, Europäische Datenschutzrundverordnung, Art. 6 Rn. 58; Schulz, in: Gola, Datenschutz-Grundverordnung, Art. 6 Rn. 37 ff.

Dieses Rechtsinstitut ist den sozialdatenschutzrechtlichen Regelungen (vgl. beispielsweise § 67a SGB X) nicht bekannt.[1786] Damit ist auch keine spezifische nationale Bestimmung i.S.v. Art. 6 Abs. 2 DS-GVO vorhanden. Gem. § 35 Abs. 2 S. 1 SGB X sind die sozialrechtlichen Regelungen bzgl. des Sozialdatenschutzes abschließend, es sei denn es gilt gem. S. 2 unmittelbar die DS-GVO. Dies bedeutet, dass im Rahmen einer Einwilligung nicht nur dem Vermieter, sondern auch dem Jobcenter eine Rechtmäßigkeitsgrundlage zur Verfügung steht, auf welche hier grundsätzlich zurückgegriffen werden könnte.

Neben einem allseitig höheren Verwaltungsaufwand, könnte eine ausbleibende Kooperation zwischen den Kooperationspartnern ebenso zu einem höheren Mietausfallrisiko und damit zur Entstehung der Gefahr des Wohnraumverlustes führen. Je nach Sachverhaltskonstellation ermöglicht eine bestehende Kooperation und Kommunikation die Erarbeitung von effizient und nachhaltig greifenden Handlungsmöglichkeiten.

Insbesondere bei bereits bestehenden Mietrückständen bietet sich eine zielführende Kommunikation zur Behebung dieses Missstandes an. Bestehen bereits Mietrückstände die der Höhe nach kündigungsrelevant sind, kann eine rechtmäßige Kooperation im erstrebenswerten Fall die Erhaltung des Wohnraumes ermöglichen. In diesem Zusammenhang ist hier z.B. die Wichtigkeit der Kenntnis einer drohenden Wohnungslosigkeit als Grundlage des § 22 Abs. 8 SGB II anzuführen.[1787]

Demnach ist die Schaffung einer rechtmäßigen Kommunikationsgrundlage zwischen Vermieter und Leistungsträger erstrebenswert im Sinne des Sozialen Forderungsmanagements.

Prüfungswürdig ist hier lediglich die Rechtmäßigkeitsvoraussetzung der Einwilligung gem. Art 6 Abs. 1 S. 1 lit. a DS-GVO.

Bei dieser Einwilligung handelt es sich um eine privatautonome Entscheidung des Betroffenen. Diese wird auch als das „zentrale Scharnier des privaten Datenschutzrechts“[1788] bezeichnet. Sie ist einerseits eine privatautonome Entscheidung als Ausdruck der Freiheit und des Schutzinteresses der geschützten Person und andererseits eine Form der Rücksichtnahme auf die Grundrechte und Interessen der Datenverarbeiter.[1789]

1786 3. Teil, P. dieser Ausarbeitung.

1787 3. Teil, K., VII. dieser Ausarbeitung.

1788 Albers/Veit, in: Wolff/Brink, BeckOK, Datenschutzrecht, Art. 6 Rn. 19.

1789 Masing NJW 2012, 2305 (2307); Albers/Veit, in: Wolff/Brink, BeckOK, Datenschutzrecht, Art. 6 Rn. 14, 19; Spindler/Dalby, in: Spindler/Schuster, Recht der elektronischen Medien, Art. 6 Rn. 4.

Die Einwilligung gilt demnach als Ausdruck informeller Selbstbestimmung.[1790] Der Begriff der Einwilligung wird in Art. 4 Nr. 11 DS-GVO definiert. Darüber hinaus sind die weiteren, auch als eigentlich selbstverständlich[1791] bezeichneten, Bedingungen des Art. 7 DS-GVO zu beachten.

Bei der Einwilligung handelt es sich i.S.v. Art. 4 Nr. 11 DS-GVO um eine Willenserklärung mit der der Betroffene sich einverstanden mit dem Eintritt der Rechtsfolge der Verarbeitung der personenbezogenen Daten erklärt.

Vorliegend umfasst der Zweck die zuvor entweder im Rahmen des Mietvertrages oder aufgrund des Leistungsbezuges erhobenen personenbezogenen Daten in der Art weiterzuverarbeiten, dass diese zwischen den beiden Kooperationspartnern ausgetauscht, jeweils verwendet und gespeichert werden dürfen, um eine ordnungsgemäße und effiziente Mietvertragsdurchführung zu gewährleisten.

Vorliegend abzugrenzen ist eine Weiterverarbeitung i.S.v. Art. 6 Abs. 4 DS-GVO bei der damit eine Kompatibilitätsprüfung notwendig ist und einer Weiterverarbeitung, die auf der expliziten Einwilligung der betroffenen Person basiert.[1792] Ein Ergebnis zu Gunsten der Rechtmäßigkeit der Datenverarbeitung im Rahmen der Kompatibilitätsprüfung (ohne eine Einwilligung des Mieters) anhand der Prüfungskriterien (gem. Art. 6 Abs. 4 lit. a-e DS-GVO) ist hier äußerst zweifelhaft, bedarf jedoch keiner abschließenden Bewertung, da hier aus Gründen der Transparenz (nicht nur im Sinne der DS-GVO, sondern auch im Sinne des Sozialen Forderungsmanagements) und Rechtssicherheit, eine explizite Einwilligung als Rechtsgrundlage favorisiert wird. Demnach muss die Weiterverarbeitung i.S.v. ErwGr 50 DS-GVO nicht mit den ursprünglichen Zwecken vereinbar sein.

Die Einwilligung muss derart bestimmt/transparent sein, dass sie den Zweck der Weiterverarbeitung klar erkennen lässt.[1793] Andernfalls müsste eine Abhängigkeitsbeziehung zwischen den Verarbeitungsvorgängen, der

---

1790 Roßnagel/Pfitzmann/Garstka, Modernisierung des Datenschutzrechts, S. 7, 72.

1791 Buchner DuD 2016, 155 (158).

1792 Heberlein, in: Ehmann/Selmayr, DS-GVO, Art. 5 Rn. 16, 48 f.; Frenzel, in: Paal/Pauly, DS-GVO/BDSG, Art. 6 Rn. 48 ff.; Mester, in: Taeger/Gabler, DSGVO-BDSG, Art. 6 Rn. 147 f.

1793 Schantz, in: Wolff/Brink, BeckOK, Datenschutzrecht, Art. 5 Rn. 22; Heberlein, in: Ehmann/Selmayr, DS-GVO, Art. 6 Rn. 8; Frenzel, in: Paal/Pauly, DS-GVO/BDSG, Art. 6 Rn. 11.

Aufgabenerfüllung und dem Abhängigkeitsgrad, mit dem die jeweilige Stelle auf den jeweiligen Verarbeitungsvorgang angewiesen ist, ermittelt und festgestellt werden.[1794]

Eine zeitliche Begrenzung der erteilten Einwilligung ist nicht ersichtlich.[1795]

Nach Art. 4 Nr.-11 DS-GVO bedarf es der Freiwilligkeit der Einwilligung. ErwGr 43 S. 1 DS-GVO vermittelt am Beispiel der Behörde als Datenverarbeiter, dass eine Einwilligung bei einem bestehenden Ungleichgewicht zwischen Datenverarbeiter und dem Betroffenen aufgrund mangelnder Freiwilligkeit ausscheidet. Die Freiwilligkeit wird unter anderem als prägende Voraussetzung für die Wirksamkeit der Einwilligung bezeichnet, muss freiwillig abgegeben und nicht erschlichen worden sein.[1796]

Weiterhin soll es nach S. 2 Alt. 2 des ErwGr an einer gültigen Rechtsgrundlage fehlen, wenn die Erfüllung eines Vertrages, einschließlich der Erbringung einer Dienstleistung, von der Einwilligung abhängig ist, obwohl diese Einwilligung nicht erforderlich ist.

Da der Mietvertragsabschluss keine derartige Zustimmung erfordert, wird eine Einwilligung damit wohl nicht als freiwillig im Sinne von ErwGr 43 S. 2 Alt. 2 DS-GVO gelten, wenn der Abschluss eines Mietvertrages von einer vorherigen Zustimmung gem. Art. 6 Abs. 1 S. 1 lit. a DS-GVO abhängig gemacht wird.

Konsequent setzt demnach auch die freiwillige Willensbekundung im Sinne des ErwGr 42 S. 5 DS-GVO voraus, dass eine Person eine echte und freie Wahl hat. Die Erfüllung des Kriteriums der Freiwilligkeit ist hier vorliegend als die größte datenschutzrechtliche Herausforderung zu bewerten.

Sowohl in der Prozessgestaltung, als auch im Rahmen der inhaltlichen Gestaltung ist deutlichst herauszustellen, dass ein Mietvertragsabschluss nicht an die Einwilligung geknüpft ist und demnach ausschließlich auf Freiwilligkeit des zukünftigen Mietvertragspartners basiert. Hinsichtlich der Prozessgestaltung bietet sich somit das Vorziehen der Mietvertragsunterschrift vor der Einwilligung zur Schaffung einer rechtmäßigen Kommunikationsvoraussetzungen,

---

1794 Albers/Veit, in: Wolff/Brink, BeckOK, Datenschutzrecht, Art. 6 Rn. 16; Schulz, in: Gola, Datenschutz-Grundverordnung, Art. 6 Rn. 37 ff.

1795 Frenzel, in: Paal/Pauly, DS-GVO/BDSG, Art. 6 Rn. 11; Conrad/Hausen, in: Auer-Reinsdorff/Conrad, Handbuch IT- und Datenschutzrecht, § 36 Rn. 194; Schulz, in: Gola, Datenschutz-Grundverordnung, Art. 6 Rn. 26.

1796 Krohm ZD 2016, 368 (369); Ernst ZD 2017, 110 (111 ff.); v.d. Bussche, in: v.d. Bussche/Voigt, Konzerndatenschutz, Kap. 3 Rn. 20.

sodass ein Freiwilligkeitscharakter eher angenommen werden kann, als wenn die Vertragsunterschrift in einem unmittelbaren zeitlichen und sachlichen Zusammenhang mit der Einwilligung erfolgt.

Wird ein angespannter Wohnungsmarkt (beispielsweise in Anlehnung an § 556d Abs. 1 BGB) oder ein Verlangen des Vermieters zur Einwilligung einer solchen Vereinbarung im Rahmen dieses Mietvertrages unterstellt, kann dies zu einem Ungleichgewicht vergleichbar mit ErwGr 43 S. 1 DS-GVO führen. Auch ist die Freiwilligkeit der Einwilligung beim Vorliegen einer monopolartigen Angebotslage zweifelhaft.[1797] Bezogen auf den vorliegenden Kontext liegt diese vor, wenn der Vermieter einen signifikanten Marktanteil innehat und die Vermietung der Wohnung in Abhängigkeit von der Einwilligung in die vorliegende Datenschutzerklärung vornimmt. Letztlich ist der Freiwilligkeitscharakter demnach ebenso von den jeweiligen marktwirtschaftlichen Umständen abhängig, welche im Einzelfall diesen in Frage stellen können.

Eine solche freiwillige und separate Einwilligung ist als erstrebenswert und förderlich im Sinne des Sozialen Forderungsmanagements zu charakterisieren und soll eine effektive Zusammenarbeit innerhalb des Dreiecksverhältnisses ermöglichen.

Für ein Gestaltungsbeispiel in Anlehnung an die inhaltlichen Mindestanforderungen, unter anderem nach Maßgabe der Artikel-29-Datenschutzgruppe[1798], wird hier auf den Anhang VIII verwiesen.

Eine grundsätzliche Bezugnahme innerhalb des Mietvertrages wäre ohnehin nur mittels einer aufschiebenden Bedingung im Sinne von § 158 Abs. 1 BGB möglich, da im Zeitpunkt des Vertragsschlusses noch kein Leistungsbezug bestehen muss. Besteht dieser bereits, so wären in diesem Zusammenhang sowohl das Kopplungsverbot gem. Art. 7 Abs. 4 DS-GVO, als auch die AGB-Konformität gem. §§ 305 ff. BGB als mögliche rechtliche Schranken zu prüfen.

Weiterhin könnte die Einbindung der Datenschutzerklärung in das eigentliche Mietvertragswerk, welche ganz vereinzelnd für rechtlich vertretbar gehalten wird[1799], dazu führen, dass dieses zu umfangreich würde und demnach ein durchschnittlicher Betroffener damit nicht in der Lage wäre den Inhalt mit

---

1797 Ernst ZD 2017, 110 (112); v.d. Bussche, in: v.d. Bussche/Voigt, Konzerndatenschutz, Kap. 3 Rn. 20.

1798 Artikel-29-Datenschutzgruppe, Leitlinien in Bezug auf die Einwilligung gemäß Verordnung 2016/679, WP 259 rev.01, S. 15 ff.

1799 Klement, in: Simitis/Hornung/Spiecker gen. Döhmann, Datenschutzrecht, Art. 7 Rn. 6, 36.

vertretbarem Aufwand zur Kenntnis zu nehmen und letztlich davon auszugehen ist, dass die Datenschutzhinweise nicht gelesen worden sind.[1800]

Zum gleichen Ergebnis, unter anderem mangels Transparenz, könnte die Einbindung der Einwilligung in die AGB des Mietvertrages führen.[1801]

Bei einer Separierung der als formularvertraglich charakterisierbaren Einwilligung, muss diese auch einer möglichen AGB-Kontrolle standhalten. Die Prüfungsmaßstäbe der DS-GVO und der AGB-Kontrolle werden als im Ergebnis gleichwertig beschrieben, sodass eine Einwilligung, die gegen AGB-Recht verstößt, zugleich nicht mit dem Datenschutz nach der DS-GVO vereinbar ist.[1802] Als Beispiel wird in diesem Zusammenhang auf die Maßstäbe der Informiertheit, Freiwilligkeit und Unmissverständlichkeit gem. Art. 4 Nr. 11 DS-GVO verwiesen, die ebenso im Rahmen der AGB-Kontrolle prüfungsrelevant sind.[1803]

Als Beispiel wird hier die unangemessene Benachteiligung i.S.v. § 307 Abs. 1 BGB angeführt. Diese wird vorliegend nicht bejaht, da die Einwilligung in keinem Fall hier ersichtlichen Fall zu Ungunsten des Mietvertragspartners wirkt und demnach der Verwender nicht durch einseitige Vertragsgestaltung missbräuchlich eigene Interessen auf Kosten seines Vertragspartners durchzusetzen versucht.[1804]

Liegt nach dem AGB-Recht beispielsweise eine unangemessene Benachteiligung vor, weil der Lizenznehmer im Rahmen des Lizenzaudits zur Zustimmung der Verarbeitung von personenbezogenen Daten (entgegen datenschutzrechtlicher Bestimmungen) gezwungen wird[1805], sollte hier nicht nur ein AGB-Verstoß, sondern auch ein Verstoß gegen die DS-GVO im Rahmen des Maßstabes der Freiwilligkeit i.S.v. Art. 7 Abs. 4 DS-GVO, ErwGr 32 der DS-GVO wahrscheinlich sein, wenn es sich beispielsweise in Anbetracht aller Umstände um ein klares Ungleichgewicht handelt[1806].

Ausgehend von keinerlei hier mietvertraglich oder sozialrechtlich ersichtlichen Nachteilen für die einwilligende Person und einer Prozessgestaltung, die

1800 Ernst ZD 2017, 110 (113); Klement, in: Simitis/Hornung/Spiecker gen. Döhmann, Datenschutzrecht, Art. 7 Rn. 75.

1801 Wendehorst/ Graf v. Westphalen NJW 2016, 3745 (3745); Ernst ZD 2017, 110 (113); Tinnefeld/Conrad ZD 2018, 391 (392).

1802 Wendehorst/ Graf v. Westphalen NJW 2016, 3745 (3749).

1803 Wendehorst/ Graf v. Westphalen NJW 2016, 3745 (3749).

1804 BGH NJW 1997, 3022 (3032); BGH NJW 2001, 2331 (2331); H. Schmidt, in: Bamberger/Roth/Hau/Poseck, BeckOK, BGB, § 307 Rn. 29.

1805 Moos CR 2006, 797 (801).

1806 Buchner/Kühling, in: Kühling/Buchner, DS-GVO/BDSG, Art. 7 Rn. 42 ff.

eine derartige Datenschutzerklärung erst im Nachgang an den Mietvertrag zur freiwilligen Einwilligung i.S.v. Art. 6 Abs. 1 S. 1 lit. a DS-GVO einbezieht, ist kein Verstoß gegen eine zwanglose Einwilligung i.S.v. ErwGr 43 DS-GVO ersichtlich.

Zur Wirksamkeit bedarf es i.S.v. Art. 6 Abs. 1 S. 1 lit. a DS-GVO der informierten Einwilligung. Dies bedeutet, dass der betroffenen Person bewusst ist, welche Daten zu welchem Zweck und von wem verarbeitet werden.[1807] Andernfalls ist die Einwilligung unwirksam gem. Art. 7 Abs. 2 S. 2 DS-GVO und kann keine Rechtsgrundlage zur beabsichtigten Verarbeitung darstellen.[1808]

Innerhalb der Datenschutzerklärung ist demnach zunächst einmal der übergeordnete Zweck, die Grundlage zur Kooperation und Kommunikation innerhalb des Dreiecksverhältnisses, inhaltlich und sprachlich verständlich aufzuführen. Auch die Zielsetzung der Sicherstellung des vertragsgemäßen Verlaufs des Mietverhältnisses ist inhaltlich aufzunehmen.

Um eine informierte Einwilligung sicherzustellen, sind die wesentlichen Kommunikationsinhalte aufzuführen. Inhaltlich ist daher unter anderem aufzuführen, dass zwischen dem Vermieter und Leistungsträger ein Austausch über die Höhe der derzeit fälligen Miete, das Ergebnis der Betriebskostenabrechnung, die Zahlungsmodalitäten, einen ggf. bestehender Mietrückstand, den aktuellen Aufenthalt oder die Erörterung der Möglichkeit zur Schuldenübernahme im Sinne von § 22 Abs. 8 SGB II stattfinden kann. Diese Aufzählung sollte möglichst vollumfänglich und abschließend sein.

Neben der Gewährleistung eines möglichst hohen Transparenzniveaus, wird mit dieser detaillierten Beschreibung dem Zweckbindungsgrundsatz gem. Art 5 Abs. 1 lit. b DS-GVO Rechnung getragen.

Im Zeitpunkt der Einholung muss demnach jeder Zweck eindeutig festgelegt und bestimmt sein. Der Mieter muss inhaltlich vollumfänglich[1809] informiert sein oder zumindest mindestens über die notwendigen Informationen vor Beginn der Datenerhebung verfügen[1810]. Eine pauschale Einwilligung (beispielsweise „zur Gewährleistung eines störungsfreien Mietverhältnisses") ist aufgrund

1807 Heberlein, in: Ehmann/Selmayr, DS-GVO, Art. 6 Rn. 8; Ernst ZD 2017, 110 (113); Klement, in: Simitis/Hornung/Spiecker gen. Döhmann, Datenschutzrecht, Art. 7 Abs. 2 Rn. 73.

1808 Heberlein, in: Ehmann/Selmayr, DS-GVO, Art. 6 Rn. 8; Ernst ZD 2017, 110 (112 f.); Buchner/Kühling in: Kühling/Buchner, DS-GVO/BDSG, Art. 7 Rn. 21.

1809 Ernst ZD 2017, 110 (113).

1810 Buchner/Kühling in: Kühling/Buchner, DS-GVO/BDSG, Art. 7 Rn. 59.

der nicht erkennbaren Tragweite möglicherweise unwirksam, zumindest aber rechtlich zweifelhaft.[1811]

Dem Einwilligenden muss demnach deutlich werden, welche personenbezogenen Daten zu welchem Zweck weitergegeben/ ausgetauscht werden könnten.[1812] Dazu sollte die Datenschutzerklärung gem. Art. 12 Abs. 1 S. 1 DS-GVO, und in Anlehnung an Art. 7 Abs. 2 S. 1 DS-GVO, ErwGr. 42 S. 3 DS-GVO, in einer klaren und einfachen Sprache formuliert sein. Eine verständliche Sprache ist eine Sprache, die eindeutig ist und ohne interpretationsoffene Formulierungen auskommt.[1813] Die Regelung nach Art. 12 Abs. 1 S. 1 DS-GVO soll einen effektiven Rechtsschutz gewährleisten und stellt zugleich die Grundlage der Datensouveränität dar.[1814]

Einzelnachweislich wird festgehalten, dass je tiefer der Eingriff in das Persönlichkeitsrecht erfolgt, je genauer ist der Zweck der Nutzung oder die Weitergabe zu beschreiben.[1815]

Inhaltlich muss der Verantwortliche die betroffene Person gem. Art. 7 Abs. 3 S. 3 DS-GVO vor Abgabe der Einwilligung über ihr Widerrufsrecht gem. Art. 7 Abs. 3 S. 1 DS-GVO in Kenntnis setzen.[1816]

Die Einwilligung muss gem. Art. 7 Abs. 3 S. 1 DS-GVO jederzeit ohne Angaben von Gründen und zumindest auf gleichem Wege wie die Erteilung widerrufen werden können.

Die Wirkung des Widerrufs entfaltet sich gem. Art. 7 Abs. 3 S. 2 DS-GVO *ex nunc*. Daraus folgt, dass die Rechtmäßigkeit der bis zum Widerruf erfolgten Verarbeitung unberührt bleibt.[1817]

1811 Heberlein, in: Ehmann/Selmayr, DS-GVO, Art. 6 Rn. 9; Buchner/Kühling in: Kühling/Buchner, DS-GVO/BDSG, Art. 7 Rn. 59; 61 ff.; Ernst ZD 2017, 110 (113).

1812 Ernst ZD 2017, 110 (113); Heberlein, in: Ehmann/Selmayr, DS-GVO, Art. 6 Rn. 8; Buchner/Kühling in: Kühling/Buchner, DS-GVO/BDSG, Art. 7 Rn. 63.

1813 Heckmann/Paschke, in: Ehmann/Selmayr, DS-GVO, Art. 12 Rn. 17; Ernst ZD 2017, 110 (113); Buchner/Kühling in: Kühling/Buchner, DS-GVO/BDSG, Art. 7 Rn. 60.

1814 Krüger ZRP 2016, 190 (190 ff.); Heckmann/Paschke, in: Ehmann/Selmayr, DS-GVO, Art. 12 Rn. 1; Buchner/Kühling in: Kühling/Buchner, DS-GVO/BDSG, Art. 7 Rn. 34.

1815 Ernst ZD 2017, 110 (113).

1816 Albers/Veit, in: Wolff/Brink, BeckOK, Datenschutzrecht, Art. 6 Rn. 25; Heckmann/Paschke, in: Ehmann/Selmayr, DS-GVO, Art. 7 Rn. 88.

1817 Heckmann/Paschke, in: Ehmann/Selmayr, DS-GVO, Art. 7 Rn. 87; Stemmer, in: Wolff/Brink, BeckOK, Datenschutzrecht, Art. 7 Rn. 89; Buchner/Kühling in: Kühling/Buchner, DS-GVO/BDSG, Art. 7 Rn. 36.

Fehlt es an einer Widerrufsbelehrung, scheint dies die vollständige Unwirksamkeit der Einwilligung zur Folge zu haben.[1818] Fraglich ist lediglich, warum Art. 7 Abs. 2 S. 2 DS-GVO eine Rechtsfolge und Art. 7 Abs. 3 DS-GVO nicht ebenso eine entsprechende Rechtsfolge enthält. Aus Gründen der Rechtssicherheit wird in diesem Fall hier von der vollständigen Unwirksamkeit der Einwilligungserklärung ausgegangen.

Demnach sollte zwingend auch eine in einer klaren und einfachen Sprache gefasste Widerrufsbelehrung Inhalt der Datenschutzerklärung sein.

In Anlehnung an ErwGr 42 S. 5 DS-GVO, soll nicht nur eine Belehrung über die Möglichkeit des Widerrufs erfolgen, sondern auch explizit ausgeführt werden, dass die betroffene Person auch die Möglichkeit der Ablehnung dieser Einwilligung hat.

Aufgrund der gemeinsamen Zielsetzung der ordnungsgemäßen Vertragsdurchführung sollte, sofern diese Zielsetzung entsprechend vermittelt worden ist, eine ausbleibende Einwilligung die absolute Ausnahme darstellen. Ausschlaggebend dafür ist jedoch nicht nur die schriftliche Formulierung, sondern insbesondere die Vermittlung dieses Angebotes im Rahmen der verschiedenen Gespräche zwischen den Mietvertragspartnern.

Weiterhin kann eine freiwillige Einwilligung zweifelhaft aufgrund eines möglicherweise bestehenden Abhängigkeitsverhältnisses sein. Dies ist anzunehmen, insofern dem Mieter Nachteile entstehen, wenn er die Einwilligung in diese Datenverarbeitung nicht vornimmt.[1819] Dazu kann bereits die Ankündigung von Nachteilen ausreichen.[1820] Ebenso kann eine Überrumpelungslage die rechtliche Konsequenz der Unwirksamkeit der Einwilligung herbeiführen.[1821] Dies entspricht dem Inhalt der zwanglosen Einwilligung des ErwGr 43 DS-GVO.

Nach Art. 4 Nr. 11 DS-GVO muss die Willensbekundung freiwillig, in informierter Weise und unmissverständlich durch Erklärung oder eine eindeutig bestätigende Handlung erfolgen. Demnach muss die betroffene Person nicht ausdrücklich oder schriftlich einwilligen. Eine konkludente Handlung ist

1818 Plath, in: DS-GVO/BDSG, Art. 7 Rn. 11; Klement, in: Simitis/Hornung/Spiecker gen. Döhmann, Datenschutzrecht, Art. 7 Abs. 2 Rn. 94 f.

1819 Ernst ZD 2017, 110 (111 f.); Buchner/Kühling in: Kühling/Buchner, DS-GVO/BDSG, Art. 7 Rn. 42 ff.

1820 Ernst ZD 2017, 110 (112); Frenzel, in: Paal/Pauly, DS-GVO/BDSG, Art. 4 Rn. 75 f.

1821 Ernst ZD 2017, 110 (112); a.A. Ingold, in: Sydow, Europäische Datenschutzrundverordnung, Art. 7 Rn. 27 f.

ausreichend.[1822] Möchte der Mieter beispielsweise, dass der Vermieter aufgrund bestehender Mietrückstände mit dem Leistungsträger in Kontakt tritt, so ist dies als schlüssiges Handeln subsumierbar und eine ausdrückliche Einwilligung in die Datenverarbeitung ist damit obsolet.

Die Abkehr von der Schriftform wird hier grundsätzlich befürwortet, da diese zustimmend nichts darüber aussagt, ob die einwilligende Person tatsächlich informiert ist.[1823] Neben der Beweisfunktion wird der Schriftform jedoch auch eine Warnfunktion zugesprochen, die dazu beitragen soll, dass dem Betroffenen die Tragweite seines Einverständnisses bewusst wird.[1824] Durch die schriftliche Einwilligung kann hier zudem die Wichtigkeit der vertragsgemäßen Mietzahlung betont werden, da innerhalb der Datenschutzerklärung die unpünktliche bzw. unvollständige Mietzahlung als Kommunikationsgegenstand zwischen dem Vermieter und Leistungsträger inhaltlich aufgenommen werden kann und dieser Inhalt durch eine Unterschrift zu bestätigen ist. Dies hat einen symbolischen Wichtigkeitscharakter. Neben dem bloßen Lesen der Datenschutzerklärung, wird hier die daran anschließende mündliche Erläuterung durch einen Mitarbeiter des Wohnungsunternehmens empfohlen. Damit ist sichergestellt, dass die wesentlichen Inhalte vermittelt worden sind. Aufgrund dessen, und in Anlehnung an § 4a BDSG, ist daher eine schriftliche Einwilligung zu empfehlen. Wird diese nicht favorisiert, sollte jedoch unter Berücksichtigung des ErwGr 32 DS-GVO zumindest die Textform genutzt werden. Diese wird im vorgenannten ErwGr explizit angeführt. Der Widerruf sollte gem. Art. 7 Abs. 3 S. 1 DS-GVO zumindest auf dem gleichen Wege wie die Erteilung erfolgte zu widerrufen sein. Wird die schriftliche Einwilligung favorisiert, ist hier aus Gründen der Rechtssicherheit die Textform des Widerrufes bereits als ausreichend anzusehen.

Die Datenschutzerklärung ist damit zusammenfassend aufgrund des bestehenden Kopplungsverbotes gem. Art. 7 Abs. 4 DS-GVO, aus Gründen der Beweisführung gem. Art. 7 Abs. 1 DS-GVO und zur Gewährleistung des Freiwilligkeitscharakters als separates Dokument im Nachgang des Mietvertragsschlusses in den Prozess des Sozialen Forderungsmanagements einzubinden.

1822 Frenzel, in: Paal/Pauly, DS-GVO/BDSG, Art. 6 Rn. 11; Buchner/Kühling in: Kühling/Buchner, DS-GVO/BDSG, Art. 7 Rn. 27; Ernst ZD 2017, 110 (114); Krohm ZD 2016, 368 (371).

1823 Heckmann/Paschke, in: Ehmann/Selmayr, DS-GVO, Art. 7 Rn. 35.

1824 Krohm ZD 2016, 368 (368 f.); OLG Karlsruhe ZD 2017; Buchner/Kühling in: Kühling/Buchner, DS-GVO/BDSG, Art. 7 Rn. 27.

Nach ErwGr 42 S. 4 der DS-GVO soll die Einwilligungserklärung keine missbräuchlichen Klauseln enthalten. Damit wird die Geltung der AGB-Kontrolle entsprechend hervorgehoben.[1825]

In den Entscheidungen vom 11.11.2009 und 25.10.2012 hat der BGH die Regelungen des alten BDSG zum alleinigen Maßstab der inhaltlichen Regelungen erklärt und dies damit begründet, dass eine Abweichung vom dispositiven Gesetzesrecht (§ 307 Abs. 3 S. 1 BGB) fehle.[1826] In Anlehnung daran bleibt abzuwarten, ob die DS-GVO zukünftig damit ebenfalls als alleiniger Maßstab der Inhaltskontrolle herangezogen werden kann.

Neben einer AGB-Kontrolle kann auch eine wettbewerbsrechtliche Missbrauchskontrolle eine Beschränkung darstellen. Einzelnachweislich wird insbesondere die Gefahr der Monopolstellung zur Beschränkung der Datensouveränität gesehen.[1827]

Unter Beachtung der Umstände des konkreten Sachverhaltes, wird jedoch vorausgesetzt, dass der Verantwortliche der einzige Anbieter einer Leistung ist, der Kunde damit faktisch keine Wahl hat, und als Gegenleistung für seine Leistung die Einwilligung in die Verarbeitung verlangt.[1828] Im Kern steht dabei nicht mehr die Freiwilligkeit in Frage, sondern eine ggf. bestehende marktbeherrschende Stellung, die der Verantwortliche missbraucht.[1829] In diesem Fall steht der gesamte Vertrag in der Betrachtung und ist nach den durchgreifenden Maßstäben des Art. 102 AEUV und des § 19 GWB zu prüfen.

Bei der hier betrachteten Unternehmensgröße wird regelmäßig die marktbeherrschende Stellung zu verneinen sein. Selbst wenn diese durch eine regional beschränkte Geschäftstätigkeit und einer damit einhergehenden Marktmacht zu bejahen wäre, ist die Einwilligung in die Datenverarbeitung nach dem vorliegenden Konzept nicht an den Abschluss eines Mietvertrages geknüpft. Die Freiwilligkeit nach der DS-GVO und die wettbewerbsrechtliche Freiheit sind somit nicht eingeschränkt.

Vorliegend bildet die Einwilligung (gem. Art. 6 Abs. 1 S. 1 lit. a DS-GVO) die Rechtsmäßigkeitsgrundlage zur Datenweiterverarbeitung. Formal und

---

1825 Wendehorst/Graf v. Westphalen NJW 2016, 3745 (3748); Hacker ZfPW 2019, 148 (187 ff.).

1826 BGH NJW 2010, 864 (865); BGH NJW 2013, 2683 (2684).

1827 Krüger ZRP 2016, 190 (192).

1828 Frenzel, in: Paal/Pauly, DS-GVO-BDSG, Art. 7 Rn. 21; Krüger ZRP 2016, 190 (191); Herfurth ZD 2018, 514 (518).

1829 Frenzel, in: Paal/Pauly, DS-GVO-BDSG, Art. 7 Rn. 21; Herfurth ZD 2018, 514 (518); Schulz, in: Gola, Datenschutz-Grundverordnung, Art. 7 Rn. 21 ff.

inhaltlich muss sich diese insbesondere an den Grundsätzen der Transparenz und Freiwilligkeit messen lassen.

III. Informationspflichten gem. Art. 13, 14 DS-GVO

Nach ErwGr 60 S. 1 DS-GVO machen es die Grundsätze einer fairen und transparenten Verarbeitung erforderlich, dass die betroffene Person über die Existenz des Verarbeitungsvorgangs und ihre Zwecke unterrichtet wird. Nur mit dem Wissen über eine Verarbeitung kann ein entsprechendes Transparenzniveau und eine Souveränität des Betroffenen erreicht werden.[1830]

Art. 13, 14 DS-GVO, auch als Initiativrechte bezeichnet[1831], haben eine zentrale Bedeutung für die Ausübung der Betroffenenrechte.[1832]

Beide Regelungen stehen nebeneinander und begründen kein Rangverhältnis zwischen einer Datenerhebung bei der betroffenen Person oder einer anderen Datenerhebung. Den ausdrücklichen Grundsatz der Direkterhebung gem. § 4 Abs. 2 BDSG a.F. kennt die DS-GVO nicht.[1833] Allerdings wird ein prinzipieller Vorrang teilweise unmittelbar aus der Direkterhebung gem. Art. 6 und Art. 8 GRC bzw. aus dem Recht auf die informationelle Selbstbestimmung und mittelbar aus den Grundsätzen der Transparenz und des Treu und Glaubens abgeleitet.[1834]

Während Art. 13 DS-GVO die Fälle abbildet in dem die personenbezogenen Daten direkt bei der betroffenen Personen erhoben werden, deckt Art. 14 DS-GVO die Fälle ab, in denen die Daten nicht bei der betroffenen Person erhoben werden, eine Normkonkurrenz besteht damit nicht.[1835]

1830 Eisenschmid WuM 2019, 353 (354); Franck, in: Gola, Datenschutz-Grundverordnung, Art. 12 Rn. 1 ff.; Heckmann/Paschke, in: Ehmann/Selmayr, DS-GVO, Art. 12 Rn. 1.

1831 Franck, in: Gola, Datenschutz-Grundverordnung, Art. 12 Rn. 2.

1832 Knyrim, in: Ehmann/Selmayr, DS-GVO, Art. 14 Rn. 1; Schmidt-Wudy, in: Wolff/Brink, BeckOK, Datenschutzrecht, Art. 13 Rn. 2; Franck, in: Gola, Datenschutz-Grundverordnung, Art. 12 Rn. 4.

1833 Sydow, in: Sydow, Europäische Datenschutzrundverordnung, Art. 5 Rn. 63; Wolff, in: Wolff/Brink, BeckOK, Datenschutzrecht, Syst. A Rn. 8; Wolff, in: Schatz/Wolff, Das neue Datenschutzrecht, Rn. 456.

1834 Bäcker, in: Kühling/Buchner, DS-GVO/BDSG, Art. 13 Rn. 3; Wolff, in: Wolff/Brink, BeckOK, Datenschutzrecht, Syst. A Rn. 8; Wolff, in: Schatz/Wolff, Das neue Datenschutzrecht, Rn. 456.

1835 Knyrim, in: Ehmann/Selmayr, DS-GVO, Art. 14 Rn. 2; Dix, in: Simitis/Hornung/Spiecker gen. Döhmann, Datenschutzrecht, Art. 13 Rn. 1; Nink, in: Spindler/Schuster, Recht der elektronischen Medien, Art. 14 Rn. 1; Schmidt-Wudy, in: Wolff/Brink, BeckOK, Datenschutzrecht, Art. 13 Rn. 12.

Im Zusammenhang mit Art. 14 DS-GVO wird auch von einem „strukturellen Auffangtatbestand" gesprochen.[1836]

Bezogen auf den vorliegenden Kontext erhält der Vermieter (und umgekehrt) die Daten damit i.S.v. Art. 14 DS-GVO von dem Jobcenter und damit von einem anderen Verantwortlichen.

Dieser Fall wird als „einer der sensibelsten Bereiche der Datenerhebung"[1837] bezeichnet, da die eigentliche Form der Datenerhebung außerhalb des Einfluss- und Kenntnisbereiches des Betroffenen stattfindet und zugleich zu den fehleranfälligsten Formen zählt.[1838] Die ErwGr 60, 61 DS-GVO verdeutlichen die fundamentale Bedeutung von Art. 14 DS-GVO.[1839]

Da regelmäßig eine wechselseitige Datenverarbeitung zwischen den Kooperationspartnern stattfinden wird und diese personenbezogenen Daten regelmäßig sowohl unmittelbar bei der betroffenen Person, als auch mittelbar durch die Weitergabe erhoben werden sollen, ist für die Anwendung der jeweiligen Informationspflicht zunächst auf den Ort der Datenerhebung abzustellen.

Bei der ursprünglichen Erhebung werden die Daten auf der jeweiligen Seite des Kooperationspartners direkt bei der betroffenen Person erhoben. Dieser Vorgang löst eine Informationsverpflichtung nach Art. 13 DS-GVO aus und beinhaltet vorliegenden insbesondere die Abfrage persönlicher Daten wie das Geburtsdatum, den Wohnort oder den Familienstand. Eine Befreiung des Leistungsträgers von der Informationspflicht nach § 82 Abs. 1 Nr. 1 SGB X kommt nicht in Betracht, da die betroffene Person im Zeitpunkt der Datenerhebung nicht mit dem Vermieter als möglicher zukünftiger Empfänger der Daten rechnen konnte.[1840] Die jeweilige Informationsverpflichtung des Vermieters und des Leistungsträgers ergibt sich aus Art. 13 Abs. 3 DS-GVO.

Für eine wechselseitige und datenschutzkonforme Kooperation ist damit auch auf Seiten des Transferleistungsträgers der entsprechenden Informationsverpflichtung gem. Art. 13 DS-GVO nachzukommen. Andernfalls ist lediglich

---

1836 Ingold, in: Sydow, Europäische Datenschutzrundverordnung, Art. 14 Rn. 8.

1837 Knyrim, in: Ehmann/Selmayr, DS-GVO, Art. 14 Rn. 2.

1838 Ehmann/Helfrich, EG-Datenschutzrichtlinie, S. 165.

1839 Schmidt-Wudy, in: Wolff/Brink, BeckOK, Datenschutzrecht, Art. 14 Rn. 2; Paal, in: Paal/Pauly, DS-GVO/BDSG, Art. 14 Rn. 4.

1840 Kipker/Pollmann, in: Specht/Mantz, Handbuch Europäisches und deutsches Datenschutzrecht, § 26 Rn. 71; Westphal, in: Rolfs/Giesen/Kreikebohm/Udsching, BeckOK, Sozialrecht § 82 SGB X Rn. 6; Bieresborn, in: Forgó/Helfrich/Schneider, Betrieblicher Datenschutz Kap. 4 Rn. 125.

die Erhebung auf Seitens des Vermieters und Weitergabe an den Leistungsträger (und nicht umgekehrt) rechtlich abgesichert.

Nach Art. 13 Abs. 1 DS-GVO müssen diese Informationen im Zeitpunkt der Datenerhebung an die betroffene Personen gegeben werden.[1841] Genauer handelt es sich dabei um den spätesten Zeitpunkt, da bereits ab dem Zeitpunkt der Datenerhebung die Betroffenen Auskunft darüber verlangen können, ob die erhobenen Daten gespeichert wurden oder was mit diesen geschehen ist.[1842]

Nach Ansicht der Artikel-29-Datenschutzgruppe soll zwischen der Informationsgabe und der Verarbeitung eine in Abhängigkeit der Eingriffsintensität angemessene Frist liegen.[1843]

Dies wird regelmäßig vorliegend keine hohe Hürde darstellen, da die Einwilligung zwar losgelöst, aber in zeitlicher Nähe zum Abschluss des Mietvertrages eingeholt wird.

Die Informationspflicht beinhalten die im vorliegenden Kontext einschlägigen Daten gem. Art. 13 Abs. 1 lit. a-f DS-GVO.

Im Sinne von Art. 13 Abs. 3 DS-GVO hat der Vermieter als verantwortliche Person die Pflicht die betroffene Person erneut zu informieren.[1844]

Über den anderen Zweck der Weiterverarbeitung, hier im Sinne der Kommunikation mit dem Jobcenter, muss der Vermieter informieren und alle anderen maßgeblichen Informationen gemäß Art. 13 Abs. 2 DS-GVO zur Verfügung stellen. Daraus wird abgeleitet, dass es zu einem zeitlichen Auseinanderfall, wie vorliegend der Fall, der Informationen nach Abs. 1 und 2 bei der Ersterhebung (im Zeitpunkt des Mietvertragsabschlusses) und der späteren Weiterverarbeitung nach Abs. 3 kommen kann und demnach nicht schon im Zeitpunkt der Ersterhebung über die zukünftige Weiterverarbeitung informiert werden muss.[1845]

1841 Paal/Hennemann, in: Paal/Pauly, DS-GVO/BDSG, Art. 13 Rn. 12; Franck, in: Gola, Datenschutz-Grundverordnung, Art. 13 Rn. 36; Knyrim, in: Ehmann/Selmayr, DS-GVO, Art. 13 Rn. 10.

1842 Knyrim, in: Ehmann/Selmayr, DS-GVO, Art. 13 Rn. 10 f.; Franck, in: Gola, Datenschutz-Grundverordnung, Art. 13 Rn. 36; Knyrim, in: Ehmann/Selmayr, DS-GVO, Art. 13 Rn. 10.

1843 Artikel-29-Datenschutzgruppe, Leitlinien für Transparenz gemäß Verordnung 2016/679, WP 260 rev.01, S. 24.

1844 Paal/Hennemann, in: Paal/Pauly, DS-GVO/BDSG, Art. 13 Rn. 33; Knyrim, in: Ehmann/Selmayr, DS-GVO, Art. 13 Rn. 66; Dix, in: Simitis/Hornung/Spiecker gen. Döhmann, Datenschutzrecht, Art. 13 Rn. 20.

1845 Knyrim, in: Ehmann/Selmayr, DS-GVO, Art. 13 Rn. 66.

Die Informationspflicht nach Art. 13 Abs. 1 DS-GVO wird auch als „Pflichtinformation“[1846] bezeichnet. Fraglich ist jedoch, ob die weiteren Informationen nach Abs. 2 damit lediglich situationsabhängig zu geben sind.[1847] Dagegen spricht beispielsweise die Haltung der Artikel-29-Datenschutzgruppe. Demnach sind die Informationen immer zu geben, ein Wahlrecht bestehe nicht.[1848] Aber auch die Literatur geht vereinzelnd davon aus, dass die Pflichten nach Abs. 1 und Abs. 2 gleichermaßen zu erfüllen sind.[1849] Insbesondere für eine situationsabhängige Informationserteilung spricht jedoch ErwGr 60 S. 2 DS-GVO. Demnach sollen jene Informationen unter Berücksichtigung der besonderen Umstände und Rahmenbedingungen gegeben werden, die eine faire und transparente Verarbeitung gewährleisten. Die Entscheidung welche Informationen dazu benötigt werden, obliegt der verantwortlichen Person i.S.v. Art. 4 Nr. 7 DS-GVO.[1850]

Es handelt sich im Kontext des Art. 13 Abs. 3 DS-GVO um eine Weiterverarbeitung der personenbezogenen Daten. Dies bedeutet, dass die Informationen gem. Art. 13 Abs. 2 DS-GVO bereits im Rahmen des Mietvertragsabschlusses vermittelt worden sind. Konsequent wäre demnach vielmehr eine Ergänzung bzw. ein Bezug auf die bereits übermittelten Informationen. Dies schützt die betroffene Person insbesondere gegen eine Informationsüberflutung/Informationsmüdigkeit aufgrund des Erhalts zu vieler Datenschutzhinweisen und lässt eine Fokussierung auf die wesentlichen Inhalte (unter anderem dem Zweck der Weiterverarbeitung) zu.

Durch die Annahme des Vorliegens eines fakultativen Elements und vergleichbarer Argumente wird dies im Ergebnis bestätigt.[1851]

Insbesondere jedoch der Aufbau der Norm scheint eine differenzierte Gewichtung der Informationskategorien zu beabsichtigen. Auch das Wort „zusätzlich“ gem. Art. 13 Abs. 2 S. 1 DS-GVO bestätigt diese Annahme. Ebenso dafür spricht,

---

1846 Schantz NJW 2016, 1841 (1845).

1847 Knyrim, in: Ehmann/Selmayr, DS-GVO, Art. 13 Rn. 29; Dix, in: Simitis/Hornung/Spiecker gen. Döhmann, Datenschutzrecht, Art. 13 Rn. 21.

1848 European Commission, Article 29 Data Protection, Working Paper 260, S. 14.

1849 Bäcker, in: Kühling/Buchner, DS-GVO/BDSG, Art. 13 Rn. 20; Dix, in: Simitis/Hornung/Spiecker gen. Döhmann, Datenschutzrecht, Art. 13 Rn. 21.

1850 Knyrim, in: Ehmann/Selmayr, DS-GVO, Art. 13 Rn. 29; Bäcker, in: Kühling/Buchner, DS-GVO/BDSG, Art. 13 Rn. 18; Paal/Hennemann, in: Paal/Pauly, DS-GVO/BDSG, Art. 13 Rn. 23.

1851 Gola, in: Gola, Datenschutz-Grundverordnung, Art. 13 Rn. 5; Veil ZD 2015, 347 (350); Kamlah, in: Plath, BDSG/DS-GVO, Art. 13 Rn. 16 f.

dass Art. 13 Abs. 3 DS-GVO lediglich fordert „alle anderen maßgeblichen Informationen gemäß Absatz 2 zur Verfügung“ zu stellen.

Mit Rücksicht auf den ErwGr 60 S. 2 DS-GVO und insbesondere dem Aufbau der Norm, werden im Folgenden die Informationskategorien des Art. 13 Abs. 2 S. 1 DS-GVO als situationsabhängig zu erteilende Informationen zur Gewährleistung einer fairen und transparenten Datenverarbeitung charakterisiert.

Neben dem bereits ausgeführten anderen Zweck der Verarbeitung, muss der Verantwortliche demnach die maßgeblichen Informationen nach Art. 13 Abs. 2 lit. a–g DS-GVO zur Verfügung stellen.

Handelt es sich jedoch um Daten, welche ursprünglich durch den Leistungsträger erhoben und innerhalb der Kooperation weitergegeben worden sind, so könnten im Rahmen dieses sensiblen Bereiches ebenso die Informationspflichten nach Art. 14 DS-GVO zu beachten sein.

Insbesondere die von Art. 13 DS-GVO abweichende Regelung gem. Art. 14 Abs. 1 lit. d DS-GVO scheint erläuterungsbedürftig. Demnach wird die Angabe der Kategorien der verarbeiteten personenbezogenen Daten gefordert. Diese Information ist i.S.v. Art. 13 DS-GVO nicht gefordert, da dort die Datenerhebung unmittelbar bei der betroffenen Person vorgenommen wird und die Erhebung damit transparent ist.[1852]

Damit lösen sämtliche Daten, die nicht der direkten Erhebung i.S.v. Art. 13 DS-GVO entstammen, eine Informationsverpflichtung nach Art. 14 DS-GVO aus.[1853] Im vorliegenden Kontext sind dies z.B. Informationen bzgl. des Leistungsbezuges oder bestehender sozialrechtlicher Sanktionen. Diese stammen nicht aus der direkten Erhebung, sondern aus der Kommunikation zwischen dem Vermieter und dem Leistungsträger.

Im Grunde ist die betroffene Person nun seitens des Vermieters über die Erhebung dieser Daten i.S.v. Art. 14 DS-GVO zu informieren.

Gem. Art. 14 Abs. 5 lit. a DS-GVO ist dies jedoch obsolet, sofern die betroffene Person bereits über die Informationen verfügt.

1852 Knyrim, in: Ehmann/Selmayr, DS-GVO, Art. 14 Rn. 28; Franck, in: Gola, Datenschutz-Grundverordnung, Art. 14 Rn. 7; Bäcker, in: Kühling/Buchner, DS-GVO/BDSG, Art. 14 Rn. 17.

1853 Knyrim, in: Ehmann/Selmayr, DS-GVO, Art. 14 Rn. 28; Franck, in: Gola, Datenschutz-Grundverordnung, Art. 14 Rn. 2; Nink, in: Spindler/Schuster, Recht der elektronischen Medien, Art. 14 Rn. 1.

Art. 14 Abs. 1 DS-GVO ergänzt das „wenn und soweit" in Art. 13 Abs. 4 DS-GVO. Diese Regelungen sind inhaltlich identisch. Das „soweit" impliziert, dass die Informationen nach Abs. 1-3 sowohl im Gesamten als auch lediglich teilweise, in Abhängigkeit von dem Informationsstand der betroffenen Person, entfallen können.[1854] Auch der Blick auf die englische Sprachfassung („when and insofar"[1855]) und die französische Sprachfassung („et dans la mesure"[1856]) ergeben dem Wortlaut nach keine andere Auslegung.

Die Auslegung dieses Ausnahmetatbestandes erfolgt in Anlehnung an Art. 13 Abs. 4 DS-GVO.[1857]

Demnach umfasst jedoch die Formulierung „soweit", dass die betroffene Person bereits über die Informationen verfügt (vgl. ErwGr 62 S. 1 DS-GVO), die dem Katalog des Art. 13 DS-GVO entsprechen, nunmehr dennoch alle Informationen zu geben sind.[1858]

Diese Interpretation entspricht der strengstmöglichen Leseart und vereinzelnd wird argumentiert, dass diese die Regelung nach Art. 13 Abs. 4 DS-GVO mehr oder weniger aushebelt.[1859] Weiterhin widerspricht diese Leseart zum einen der Gefahr der Informationsüberflutung/Informationsmüdigkeit der betroffenen Person und zum anderen würde dies für den Informierenden einen nicht unerheblichen Mehraufwand bedeuten.[1860]

Vereinzelnd wird ausgeführt, dass eine erneut notwendig werdende Informationsgabe der Bedeutung des Tatbestandes der Datenübermittlung zuwiderlaufen würde, da der Empfänger der Daten die ermittelten Daten erhebt, eine neue Informationspflicht nach Art. 13 Abs. 1 lit. e oder Abs. 3 DS-GVO entsteht und die betroffene Person über erneut die gleichen Informationen, die sie mindestens teilweise schon kennt, nochmals informiert werden müsste.[1861] Im

---

1854 Knyrim, in: Ehmann/Selmayr, DS-GVO, Art. 14 Rn. 42; Ingold, in: Sydow, Europäische Datenschutzrundverordnung, Art. 14 Rn. 11, Art. 13 Rn. 10 f.

1855 Official Journal of the European Union, EGULATION (EU) 2016/679 OF THE EUROPEAN PARLIAMENT AND OF THE COUNCIL, S. 41.

1856 Journal officiel de l'Union européenne, RÈGLEMENT (UE) 2016/679 DU PARLEMENT EUROPÉEN ET DU CONSEIL, S. 41.

1857 Bäcker, in: Kühling/Buchner, DS-GVO/BDSG, Art. 14 Rn. 52; Ingold, in: Sydow, Europäische Datenschutzrundverordnung, Art. 14 Rn. 8.

1858 European Commission, Article 29 Data Protection, Working Paper 260, S. 28.

1859 Knyrim, in: Ehmann/Selmayr, DS-GVO, Art. 13 Rn. 68.

1860 Knyrim, in: Ehmann/Selmayr, DS-GVO, Art. 13 Rn. 68; Ingold, in: Sydow, Europäische Datenschutzrundverordnung, Art. 14 Rn. 11, Art. 13 Rn. 10 f.; Paal/Hennemann, in: Paal/Pauly, DS-GVO/BDSG, Art. 14 Rn. 40.

1861 Bäcker, in: Kühling/Buchner, DS-GVO/BDSG, Art. 14 Rn. 52.

vorliegenden Kontext wäre eine erneut entstehende Informationsverpflichtung bürokratisch nur sehr aufwendig umsetzbar und würde dem Mieter den Blick für die wesentlichen Informationen und Angaben versperren.

Grundsätzlich wäre der Vermieter als Empfänger der Daten gem. Art. 14 Abs. 1, 2 DS-GVO zur entsprechenden Informationsgabe verpflichtet. Jedoch besteht bereits eine Informationspflicht des Übermittelnden gem. Art. 13 Abs. 1 lit. e bzw. Abs. 3 DS-GVO, wonach davon auszugehen ist, dass der Betroffene zumindest einen Teil der gebotenen Informationen bereits kennt.

Insbesondere weil die Rechtsmäßigkeitsvoraussetzung[1862] und der Art. 13 DS-GVO eine hinreichende Informiertheit antizipieren, soll diese Ausnahme vor allem Datenerhebungen erfassen, die auf Basis einer Einwilligung, wie vorliegend der Fall, erfolgen.[1863]

Dieser Argumentation ist hier insbesondere mit Hinweis auf die Gefahr der drohenden Informationsüberflutung zu folgen. Die Weitergabe von überflüssigen bzw. bereits vorliegenden Informationen schränkt, ähnlich wie im Kontext einer AGB i.S.v. § 307 Abs. 1 S. 2 BGB, die Transparenz ein, was wiederum bestimmt nicht Sinn und Zweck der Vorschrift sein soll.

Der Verantwortliche selbst muss jedoch sicherstellen, ob er sich auf den Ausnahmetatbestand nach Abs. 5 lit. a berufen kann.[1864] Darüber hinaus wird einzelnachweislich die Pflicht der verantwortlichen Person zur Dokumentation des Grundes für die Unterlassung der Informationsgabe gesehen.[1865]

Werden die Daten i.S.v. Art. 14 DS-GVO nicht beim Vermieter erhoben, so müsste dieser somit sicherstellen, dass die betroffene Person bereits über die entsprechenden Informationen verfügt. Eine Verletzung der Informationspflicht auf Basis der Einwilligung, kann zur Unwirksamkeit der Einwilligung aufgrund einer unzureichenden Informiertheit führen.[1866] Obwohl der verantwortlichen

1862 Ingold, in: Sydow, Europäische Datenschutzrundverordnung, Art. 7 Rn. 34 ff.

1863 Ingold, in: Sydow, Europäische Datenschutzrundverordnung, Art. 14 Rn. 11, Art. 13 Rn. 10.

1864 Artikel-29-Datenschutzgruppe, Leitlinien für Transparenz gemäß Verordnung 2016/679, WP 260 rev.01, S. 27; Dix, in: Simitis/Hornung/Spiecker gen. Döhmann, Datenschutzrecht, Art. 14 Rn. 19 f.; Schmidt-Wudy, in: Wolff/Brink, BeckOK, Datenschutzrecht, Art. 14 Rn. 93 f.; Mester, in: Taeger/Gabler, DSGVO-BDSG, Art. 14 Rn. 20.

1865 Mantz/Marosi, in: Specht/Mantz, Handbuch Europäisches und deutsches Datenschutzrecht, § 3 Rn. 115.

1866 Bäcker, in: Kühling/Buchner, DS-GVO/BDSG, Art. 13 Rn. 66; a.A. Albrecht/Jotzo, Das neue Datenschutzrecht der EU, Teil 3 Rn. 41.

Person ein „gewisser Entscheidungsspielraum“[1867] bei der Beurteilung der bereitzustellenden maßgeblichen Informationen zugesprochen wird, erscheint eine praxistaugliche Einhaltung dieser hier als hoch einzustufenden europarechtlichen Maßgabe gem. Art. 14 Abs. 5 lit. a DS-GVO sehr schwer. Gleichzeitig erscheint diese Maßgabe im Kontext eines Kooperationsverhältnisses zur vertragsgemäßen Durchführung eines Mietverhältnisses und mit gleichzeitigem Blick auf Art. 14 Abs. 5 lit. b S. 1 Hs. 1 Alt. 2 DS-GVO und den ErwGr 62 DS-GVO nicht zweckgemäß.

Nach dem Willen des Gesetzgebers liegt ein unverhältnismäßiger Aufwand nach Hs. 2 insbesondere für die Verarbeitung für im öffentlichen Interesse liegende Archivzwecke vor. In diesem Ausnahmetatbestand steht das öffentliche Interesse im Zentrum zur Begründung. Ein Datenaustausch im Rahmen der Kooperation zur vertragsgemäßen Durchführung des Mietverhältnisses, mit der damit einhergehenden obersten Priorität der Wohnraumerhaltung, ist hier als ressourcenschonend im Sinne aller Steuerzahler zu bezeichnen und damit zweifelsohne ebenso im öffentlichen Interesse. Dem öffentlichen Interesse überwiegend, und dementsprechend zu gewichten, steht hier der Schutz des persönlichen Interesses des Mieters an einer dauerhaften Wohnraumerhaltung im Vordergrund.

Unter Bezug auf ein Praxisbeispiel der Artikel-29-Arbeitsgruppe[1868], werden darüber hinaus einzelnachweislich auch Fälle in denen die Verwirklichung der Verarbeitungsziele unmöglich gemacht oder ernsthaft beeinträchtigt werden (vgl. § 33 Abs. 2 S. 1 Nr. 7 lit. b BDSG a.F.) von der Informationserteilungspflicht im Sinne der Unmöglichkeit ausgenommen.[1869]

Von einer Unmöglichkeit oder zumindest einer ernsthaften Beeinträchtigung ist vorliegend aufgrund des hiesigen Verwaltungs- und Koordinationsaufwandes auszugehen.

Zudem hat grundsätzlich eine Abwägung zwischen dem Aufwand der verantwortlichen Person und dem Informationsinteresses der betroffenen Person stattzufinden.[1870]

1867 Artikel-29-Datenschutzgruppe, Leitlinien für Transparenz gemäß Verordnung 2016/679, WP 260 rev.01, S. 28.

1868 Artikel-29-Datenschutzgruppe, Leitlinien zu automatisierten Entscheidungen im Einzelfall einschließlich Profiling für die Zwecke der Verordnung 2016/679, WP 251 rev.01, S. 28.

1869 Franck, in: Gola, Datenschutz-Grundverordnung, Art. 14 Rn. 25.

1870 Dix, in: Simitis/Hornung/Spiecker gen. Döhmann, Datenschutzrecht, Art. 14 Rn. 22; Ingold, in: Sydow, Europäische Datenschutzgrundverordnung, Art. 11 DSRL Rn. 14; Dammann, in: Simitis, Bundesdatenschutzgesetz, Art. 11 DSRL Rn. 5.

Eine erneute Informationsverpflichtung scheint jedoch nicht im Interesse der betroffenen Person, da dies dem Grundgedanken dieser Kooperationsvereinbarung, einer ordnungsgemäßen Vertragsdurchführung und damit der Unterstützung der betroffenen Person, widerstreben würde. Der damit verbundene Verwaltungs- und Koordinationsaufwand würde die Effizienz der Kooperationsvereinbarung zunichtemachen bzw. stark einschränken. Weiterhin hat der Mieter bereits mit der Einwilligung in die Datenschutzerklärung dem Vermieter und dem Leistungsträger einen entsprechenden Vertrauensvorschuss gegeben, welcher ausschließlich zu seinen Gunsten, der ordnungsgemäßen Vertragsdurchführung, genutzt werden soll. Mangels negativer Auswirkungen auf den Mieter, wird hier ebenso kein ausgeprägtes Informationsinteresse der betroffenen Person gesehen. Regelmäßig wird das Interesse des Mieters an der ordnungsgemäßen Vertragsdurchführung dem Informationsinteresse stark überwiegen.

In der Gesamtschau überwiegt, mit besonderem Blick auf die Informationspflicht, das Interesse an einer effizienten Durchführbarkeit deutlich die Schutzbedürftigkeit des Mieters hinsichtlich seiner Informiertheit i.S.v. Art. 14 DS-GVO. Sollte ein Geschäftspartner, entgegen der Regel, nicht einverstanden mit der Datenverarbeitung sein, da er aus seiner Sicht über unzureichende Informationen der Datenverarbeitung verfügt, so steht es ihm frei diese Einwilligung nicht zu erteilen bzw. jederzeit zu widerrufen.

Insgesamt wird hier die Vereinbarkeit eines solchen Kooperationsverhältnisses, basierend auf der Einwilligung i.S.v. Art. 6 Abs. 1 S. 1 lit. a DS-GVO, mit den Vorgaben i.S.v. Art. 13, 14 DS-GVO vertreten. Damit ist festzuhalten, dass grundsätzlich eine datenschutzkonforme Verarbeitung personenbezogener Daten innerhalb des Kooperationsverhältnisses zwischen Vermieter und Transferleistungsträgers möglich ist, deren Umsetzung jedoch nicht zuletzt von der Bereitschaft der Leistungssachbearbeiter abhängt.[1871]

Q. Psychologischer Erklärungsansatz

I. Einleitung

Regelmäßig wird die Aufgabe der Mietzahlung aufgeschoben und das Geld zwischenzeitlich anderweitig verwendet. Damit droht eine Zweckentfremdung.[1872] Der Schuldner ist überfordert[1873] und Schamgefühle[1874] können die Folge sein.

1871 Z. 86 ff. Anhang I dieser Ausarbeitung.

1872 Hahn NZM 2018, 177 (178).

1873 Z. 58 Anhang VI dieser Ausarbeitung.

1874 Z. 61 ff. Anhang VI dieser Ausarbeitung.

Fraglich ist, warum sich einige Menschen derart verhalten und somit die Erhaltung ihres Wohnraumes gefährden.

Mit der Bewertung menschlichen Verhaltens beschäftigt sich die der klassischen Ökonomie gegenüberstehende Verhaltensökonomie.[1875]

Die Untersuchung und Erklärung der Entscheidungsfindung ist Gegenstand der psychologischen Entscheidungsforschung.[1876] Auf dem inzwischen eigenständigen Gebiet der deskriptiven Entscheidungsforschung (Behavioral Decision Research) wird das tatsächliche menschliche Entscheidungsverhalten beschrieben, ökonomische Annahmen aufgegriffen und auf Gültigkeit geprüft.[1877] Dieser auf die frühen 1950er Jahren zurückzuführende Forschungsbereich basiert im Kern auf der Literatur von Edwards, Simon und Kahneman.[1878]

Zum Zweck der Modellbildung unterlagen ökonomische Theorien und Modelle dem Homo Oeconomicus, einem permanent rational handelnden Menschenbild. Angenommen wird unter anderem eine permanent nutzenmaximierende Verhaltensweise.[1879]

Unter anderem auf den Gebieten des Schuld-[1880], sowie Kapitalmarktrechts[1881] und in Bezug auf ein besseres Verständnis der richterlichen Urteilsfindung[1882] findet das Verhaltensmodell des Homo Oeconomicus bereits seit einigen Jahren Beachtung.

Zielsetzung des „rational choice“[1883] ist die Darlegung von Realfolgen von Rechtsnormen. Dieser Ansatz galt bereits im Jahr 2005 einzelnachweislich als dominierend für die rechtswissenschaftliche Forschung in den USA.[1884] In

1875 Beck, in: Behavioral Economics – Eine Einführung, S. 1.

1876 Pfister/Jungermann/Fischer, Die Psychologie der Entscheidung, S. 6.

1877 Pfister/Jungermann/Fischer, Die Psychologie der Entscheidung, S. 6.

1878 Edwards Psychological Bulletin 1954, 380 (380 ff.); Edwards Annual Review of Psychology 1961, 473; Simon Quarterly Journal of Economics 1955, 99 (99 ff.); Simon Psychological Review 1956, 129 (129 ff.); Kahneman American Economic Review 2003, 1449 (1449 ff.).

1879 Posner Standford Law Review 1998, 1551 (1553); Kirchgässner JZ 1991, 104 (106 ff.); Steinback/Lachenmaier NJW 2014, 2086 (2087); Fezer, in: Fezer/Büscher/Obergfell, UWG, Rn. 422; Beck, in: Behavioral Economics – Eine Einführung, S. 1, 8 f.

1880 Eidenmüller JZ 2005, 216 (216 ff.).

1881 Klöhn, in: Der Beitrag der Verhaltensökonomie (Behavioral Economics) zum Handels- und Wirtschaftsrecht 2011, 83 (83).

1882 Steinback/Lachenmaier NJW 2014, 2086 (2087).

1883 Posner Standford Law Review 1998, 1551 (1551 ff.); Kirchgässner JZ 1991, 104 (105).

1884 Eidenmüller JZ 2005, 216 (217).

gleichem Umfang wurde der Homo Oeconomicus als ein Angebot an die Rechtswissenschaft bezeichnet.[1885]

Gegenstand des Behavioral Economics (auch „junge Lehre der Verhaltensökonomie“ genannt)[1886] ist unter anderem der Vergleich des Homo Oeconomicus mit dem tatsächlichen wirtschaftlichen Handeln.[1887] Es handelt sich dabei um eine Laborforschung.[1888]

Insbesondere werden die modellbedingten Schwächen (beispielsweise die beschränkte Informationsaufnahme und -verarbeitung, das nicht permanent rationale Entscheidungsverhalten, sowie das durchgehend unterstellte eigennützige Verhalten) kritisch betrachtet.[1889] Auch umfassendere Kritik in der z.B. von einer Beschneidung des Individualismus[1890] die Rede ist, existiert.

Die literarische Grundlage im Rahmen der Entscheidungsfindung bildet die Prospekt-Theorie[1891]. Es wird auch von der Wiedervereinigung der Psychologie und Ökonomie gesprochen.[1892]

Von der Grundannahme abweichendes Verhalten resultiert aus der eher begrenzten Kapazität des kognitiven Systems bzw. einer nicht vollumfänglichen Nutzung.[1893] Im Ergebnis gleich wird Behavioral Economics auch als Angriff auf den nutenmaximierenden Ansatz bezeichnet, welcher vergisst, dass Entscheider kognitive Grenzen haben.[1894]

Das Ende der 1960er Jahre wird mit Verweis[1895], als die „kognitiven Wende“[1896] bezeichnet. Diese Bezeichnung soll verdeutlichen, dass Menschen

---

1885 Kirchgässner JZ 1991, 104 (111).

1886 Wiedemann/Wank JZ 2013, 340 (340).

1887 Pfister/Jungermann/Fischer, Die Psychologie der Entscheidung, S. 9; Steinback/Lachenmaier NJW 2014, 2086 (2087); Hattwick Journal of Business and Psychology 1989, 141 (143).

1888 McChesney Supreme Court Economic Review 2014, 43 (48).

1889 Eidenmüller JZ 2005, 216 (218 ff.); Beck, in: Behavioral Economics – Eine Einführung, S. 101 ff.; Wiedemann/Wank JZ 2013, 340 (340).

1890 Bearbeiter, in: Fezer/Büscher/Obergfell, UWG, Rn. 422.

1891 Kahneman/Tversky Econometrica 1979, 263 (263 ff.); Kahneman/Tversky Scientific American 1982, 160 (160 ff.).

1892 Camerer Proceedings of the National Academy of Science 1999, 10575 (10575).

1893 Simon Economic Analysis and Public Policy 1982, 478 (478 ff.); Cohen/Dickens The American Economics Review 2002, 335 (335 f.).

1894 Reeves, Behavioral Antitrust: Unanswered Questions on the Horizon, S. 2.

1895 Neisser, Cognitiv Psychology, S. 1 ff.

1896 Goldstein, Cognitive Psychologie: Connceting Mind, Research, and Everyday Experience, S. 15.

nunmehr als informationsverarbeitendes System angesehen wurden und damit beispielsweise Kenntnis über Alternativhandlung und deren Folgen hatten.[1897]

Eine Entscheidung setzt Wissen und Motivation voraus und ist oft abhängig von (nicht vorhersehbaren)[1898] Emotionen. Primär sind jedoch die subjektive Bewertungen der gegebenen Alternativen und die Wahl einer dieser.[1899]

Bedeutsam bei der Entscheidungsfindung ist die Abwägung der verschiedenen Alternativen. In dieser Phase des sog. Trade-offs werden Attribute der jeweiligen Alternative mit Attributen der konkurrierenden Alternative verglichen.[1900] Handelt es sich um multiattribute Optionen, wird eine Entscheidungsfindung umso schwieriger. Ein Resultat kann der Versuch sein die Entscheidung gänzlich zu vermeiden.[1901] Auch können unter anderem „kognitive Launen"[1902] die Entscheidungsfindung entgegen der Annahme des Home Oeconomicus beeinflussen. Aus Gründen der Erkenntnisse der kognitionspsychologischen Forschung bedurfte es der Anpassung des Grundmodells an das tatsächliche Handeln des Entscheiders.[1903]

Herausfordernd sind Entscheidungen, die eine sog. negative Korrelation erzeugen. Dies sind Entscheidungen bei denen der Entscheider für einen Vorteil einen zwingenden Nachteil in einem anderen Attribut hinnehmen muss.[1904] Diese Abwägung wird als wesentliche Ursache für Entscheidungsschwierigkeiten gesehen.[1905]

Vorliegend ist dies z.B. der Verzicht auf den Kauf eines neuen Notebooks zu Gunsten der Mietzahlung bzw. der Wohnraumerhaltung.

Der mit der negativ korrelierenden Entscheidung einhergehende Entscheidungskonflikt, kann zu einer Entscheidungsvermeidung und damit zu einem aufschiebenden Verhalten führen.[1906]

1897 Beck, in: Behavioral Economics – Eine Einführung, S. 7.
1898 Cohen/Dickens The American Economics Review 2002, 335 (336).
1899 Pfister/Jungermann/Fischer, Die Psychologie der Entscheidung, S. 7.
1900 Pfister/Jungermann/Fischer, Die Psychologie der Entscheidung, S. 104.
1901 Pfister/Jungermann/Fischer, Die Psychologie der Entscheidung, S. 104.
1902 Posner Standford Law Review 1998, 1551 (1553).
1903 Eidenmüller JZ 2005, 216 (216).
1904 Pfister/Jungermann/Fischer, Die Psychologie der Entscheidung, S. 104.
1905 Baron/Weber, in: Weber/Baron/Loomes, Cambridge University Press, 2001, 347 (347 ff.).
1906 Steel Psychological Bulletin 2007, 65 (65 ff.); Passig/Lobo, Dinge geregelt kriegen – ohne einen Funken Selbstdisziplin, S. 15 ff.

Entschieden werden kann ein Entscheidungskonflikt durch eine dominante Alternative. Dominant ist eine Alternative, wenn diese auf allen Attributen nicht schlechter, mindestens jedoch hinsichtlich eines Attributes besser als die der konkurrierenden Alternative ist.[1907]

Im vorliegenden Konzept wird dazu der frühestmögliche Kündigungszeitpunkt und das Herausstellen der Wichtigkeit der Mietzahlung zur Erhaltung des Wohnraumes genutzt.

Abzugrenzen von der aufschiebenden Mietzahlung aufgrund eines Entscheidungskonfliktes ist die Zahlungsunfähigkeit aufgrund von Armut[1908]. Dieser unter anderem politisch bedingten Ursache kann das vorliegende Konzept jedoch nur bedingt entgegenwirken, da die (vollständige) Mietzahlung trotzt entsprechender Priorisierung dennoch gefährdet ist.

Jedoch sollte die Armut als Restriktion einbezogen werden, da diese den Handlungsraum bildet in dem die Handlungsalternativen liegen.[1909] Es ist wichtig, dass einerseits der Entscheider seine Restriktionen kennt und lernt mit diesen umzugehen.[1910] Andererseits ist es jedoch auch für das Forderungsmanagement essentiell diese Restriktion zu kennen, um geeignete einzelfallabhängige Maßnahmen einleiten zu können.

Unter der Heranziehung des psychologischen Erklärungsansatzes der Prokrastination soll das krankhafte und aufschiebende Verdrängungsverhalten erklärt werden.

Abzugrenzen von einem krankhaften ist jedoch das einfache und situative Aufschieben, welches viele Menschen kennen.[1911] So werden z.B. fehlende Organisationsfähigkeit oder mangelnder Organisationswille als Begründung für die Entstehung von Mietschulden angeführt.[1912] Diese Gründe können sowohl als gewöhnliches menschliches, aber je nach Ausprägung und Intensivität, auch als dauerhaft krankhaftes Verhalten charakterisiert werden.

Bisher konnte kein psychologischer Erklärungsansatz für die Entstehung von Mietschulden gefunden werden.

1907 Pfister/Jungermann/Fischer, Die Psychologie der Entscheidung, S. 84.

1908 Z. 376 Anhang I dieser Ausarbeitung.

1909 Kirchgässner JZ 1991, 104 (106).

1910 Epstein The University of Chicago Law Review 2006, 111 (113).

1911 Rist, in: Wilms/Ballaschke/Kirsch PiD 2011, 217 (218); Z. 249 ff. Anhang VI dieser Ausarbeitung.

1912 Hahn NZM 2018, 177 (178).

Im Folgenden soll erstmalig die Prokrastination als eine mögliche Ursache für die Entstehung von Mietschulden herangezogen werden. Darüber hinaus soll durch Schaffung einer dominanten und sich im Entscheidungskonflikt durchsetzenden Alternative die Funktionalität des vorliegenden Konzeptes begründet werden.

II. Begriffserklärung

Der Begriff der Prokrastination lässt sich vom lateinischen *procrastinatio* (Aufschub) ableiten.[1913] Allgemein wird die Prokrastination heute als ein habituelles, chronisches Aufschieben von Aufgaben verstanden.[1914] Davon abzugrenzen ist das genannte situative Aufschieben von Aufgaben.

Aufgeschoben werden kann die Erledigung von Aufgaben sowohl in der Art, dass diese nicht begonnen werden, als auch in der Art, dass begonnene Aufgaben nicht zu Ende geführt werden.[1915]

Prokrastination wird als pathologisch bzw. krankhaft betrachtet und dementsprechend auch als pathologisches Aufschieben bezeichnet, wenn anstehende Aufgaben nicht planvoll aufgeschoben werden.[1916] Darunter subsumierbar ist der Fall, wenn die bereits für einen bestimmten Zeitpunkt geplante Erledigung von Aufgaben zu diesem Zeitpunkt oder kurz vorher verschoben wird, auch wenn dies keinen erkennbar guten Grund und negative Folgen hat.[1917]

Nicht jedes Aufschieben von Aufgaben ist problematisch oder kann als pathologisch bewertet werden. Ein situatives Aufschiebeverhalten wird nahezu jede Person kennen. Als wesentlicher Unterschied wird die Grenze zum Handeln angeführt.[1918]

Es kann beispielsweise sein, dass die Aufschiebung einer Aufgabe aufgrund eines zeitlich späteren Informationszuflusses sinnvoller ist.[1919]

1913 Langenscheidt, Latein-Deutsch Übersetzung für „procastinatio".

1914 Rist/Pedersen/Höcker/Engberding PiD 2011, 217 (218); Kempin, Überwinden Sie Ihren inneren Schweinehund; Kowitz, Wenn chronisches Aufschieben zur Krankheit wird; o.V., Prokrastination – so überwindest du sie.

1915 Diaz-Morals/Ferrari/Diaz The Journal of Social Psychology 2006, 629 (629 ff.).

1916 Höcker/Engberding/Rist, Prokrastination. Ein Manual zur Behandlung des pathologischen Aufschiebens, S. 9 ff.

1917 Steel Psychological Bullentin 2007, Vol. 133, N. 1, 65 (66).

1918 Z. 251 ff. Anhang VI dieser Ausarbeitung.

1919 Anderson Psychological Bulletin 2003, Vol. 129, No. 1, 139 (140).

In der Literatur wird, zusätzlich zur Bezeichnung der pathologischen Prokrastination, von einer dysfunktionalen Prokrastination gesprochen. Diese dysfunktionale Prokrastination liegt vor, wenn das aufschiebende Verhalten eine negative Konsequenz nach sich zieht.[1920]

Es handelt sich bei der dysfunktionalen Prokrastination also nicht um eine andere Art der Prokrastination, sondern die Dysfunktionalität erläutert die Negativität der Konsequenzen und grenzt damit eine positive Form der Prokrastination ab.

Freiwillig aufgeschoben, werden unter anderem notwendige oder persönliche wichtige Tätigkeiten, obwohl die negativen Konsequenzen bekannt sind, welche die positiven Effekte des Aufschiebens übertreffen.[1921]

Als erster Bezug auf den hier vorliegenden Kontext handelt es sich bei der negativen Konsequenz der Prokrastination um die ausbleibende Mietzahlung und der damit verbundenen (mietrechtlichen) Konsequenz(en). Dies bedeutet, dass von dem Vorliegen einer dysfunktionalen Prokrastination ausgegangen werden kann, wenn die ausbleibende Mietzahlung (aufschiebenden Verhaltens) negative Konsequenzen nach sich zieht. Mit Blick auf den prozessualen Ablauf des Sozialen Forderungsmanagements liegt damit spätestens mit Aussprache der Kündigung eine negative Konsequenz vor. Jedoch kann bereits jeder eintretende Zahlungsverzug eine negative Konsequenz entfalten, da dieser zur Begründung von Verzugszinsen, Einleitung des gerichtlichen Mahnverfahrens oder zur Begründung eine außerordentliche Kündigung aufgrund (mehrfach) verspäteter Mietzahlung führen kann. Eine eigentlich für die nächsten Tage geplant vorzunehmende Mietzahlung, welche dann aus unerklärlichen Gründen auf unbestimmte Zeit verschoben wird, erfüllt damit die Begründung einer dysfunktionalen Prokrastination.

Wird dagegen die Mietzahlung aufgeschoben, weil die Miete zunächst aufgrund eines möglichen Mietmangels zurückbehalten wird, so liegt kein grundloses Aufschieben und damit auch kein prokrastinierendes Verhalten vor. Auch abzugrenzen ist ein aufschiebendes Verhalten aufgrund von Armut. In diesem Fall ist die Begründung für die Entstehung der Mietschulden lediglich mittelbar in der Prokrastination zu sehen, da die Armut ein aufschiebendes Verhalten erst in dem Moment provoziert, in dem der Mieter mangels Liquidität eine Priorisierung der Gläubigerbedienung vornehmen muss.

1920 Ferrari/Johnson/McCown, Procrastination and Task Aviodance, S. 2; Ferrari/Olivetti Journal of Research in Personality 1994, Vol. 28, 87 (87 ff.).

1921 Gerholz/Klingsieck HSW 2013, 122 (124).

III. Forschungsstand

Bei der Thematik der Prokrastination handelt es sich um einen Erklärungsansatz, der im deutschsprachigen Raum zum aktuellen Zeitpunkt noch immer ein Randthema in der wissenschaftlichen Psychologie zu sein scheint. Derzeit ist kaum deutschsprachige Literatur zu finden. Die spärliche Literatur besteht zu meist aus Ratgeberliteratur. Wissenschaftlich fundierte Literatur ist fast ausschließlich in englischer Sprache zu finden. Diese aus der vorliegenden Forschungsarbeit gewonnenen, jedoch nicht empirisch belegbaren, Eindrücke, lassen sich lediglich anhand der in diesem Kapitel zugrunde gelegten Literatur belegen.

Für die Zeit vor der Jahrtausendwende lassen sich zwei Autoren bzw. Autorengruppen identifizieren, die sich besonders stark darum bemüht haben, das Konzept der Prokrastination stärker in das öffentliche Bewusstsein und in die psychologische Diskussion einzubringen. Bei dem ersten dieser beiden Autoren handelt es sich um William J. Knaus[1922]. Der zweite dieser Autoren ist Joseph R. Ferrari, der im Verlauf der 90er-Jahre systematische Forschung über Prokrastination betrieb und eine Reihe von Aufsätzen über seine Forschungsergebnisse[1923] in psychologischer Fachliteratur veröffentlicht hat.

Im Ergebnis ist es immer noch eine überschaubare Zahl von Psychologen, die sich auf wissenschaftliche Weise mit dem Phänomen der Prokrastination forschend auseinandersetzen. Betrachtet man beispielsweise die Literaturliste, die in einer Metaanalyse[1924] der Forschung über Prokrastination und der theoretischen Konzeptionen von Prokrastination zugrunde gelegt wurde, so stellt man fest, dass sie zwar recht umfangreich ist, aber sich für sehr viele Autoren Mehrfacheinträge finden. So ist beispielsweise Joseph R. Ferrari allein oder zusammen mit Kollegen insgesamt 35-mal in dieser Literaturliste vertreten und auf Clarry H. Lay allein oder gemeinsam mit Kollegen entfallen 17 Einträge. Eine

1922 Knaus Journal of Social Behavior and Personality 2000, Vol. 15, 153 (153 ff.).

1923 Ferrari Personality and Individual Differences 1994, Vol. 17, 673 (673 ff.); Ferrari Journal of Psychopathology and Behavioral Assessment 1992, Vol. 14, 97 (97 ff.); Ferrari Psychopathology and Behavioral Assessment 1991, Vol. 68, 455 (455 ff.); Ferrari/Beck Education 1998, Vol. 118, 529 (529 ff.); Ferrari/Emmons Personality and Individual Differences 1994, Vol. 17, 539 (539 ff.); Ferrari/McCown Journal of Clinical Psychology 1994, Vol. 50, 162 (162 ff.); Ferrari/Olivetti Journal of Research in Personality 1994, Vol. 28, 87 (87 ff.).

1924 Steel Psychological Bullentin 2007, Vol. 133, N. 1, 65 (65 ff.).

Reihe weiterer Autoren ist in der Literaturliste mit zwei, drei oder vier Einträgen vertreten.

Das Thema Prokrastination ist in der deutschsprachigen Literatur häufig in einem spezifischen Bereich zu finden.

Wissenschaftler berichten im Jahre 2006, "in den letzten Jahren ist zwar international zunehmend [...] zur Prokrastination geforscht worden, nicht aber in Deutschland und nicht in Unternehmen. Fast 90 % der Untersuchungen stammen aus dem englischsprachigen Raum, und von diesen befassen sich wiederum 90 % mit akademischer Prokrastination, d.h. dem Aufschiebeverhalten bei Studierenden".[1925] Und noch im Jahr 2012 wird festgehalten, dass „der Schwerpunkt der Prokrastinationsforschung eindeutig auf der akademischen Prokrastination"[1926] liegt.

Zusammenfassend wir das Thema der Prokrastination eher oberflächig und zu meist in englischsprachiger Literatur behandelt. Im deutschsprachigen Raum scheint damit das Thema noch immer ein Randthema zu sein. Einzig im spezifischen Bereich der akademischen Prokrastination scheint eine breitere wissenschaftliche Betätigung stattzufinden.

Bezogen auf den vorliegenden Kontext ist kein Bezug zur Prokrastination zu finden. Dies schließt sowohl Fachliteratur, als auch nicht fachlich qualifizierte Literatur ein. Ein entsprechender Bezug wird hier demnach erstmals hergestellt.

IV. Theoretische Grundlagen zur Prokrastination

Zwingend erforderlich für die Herstellung eines wissenschaftlichen Bezuges zwischen dem Sozialen Forderungsmanagement und dem Phänomen der Prokrastination ist zunächst einmal die Vermittlung von theoretischen Grundlagen, wobei punktuell bereits eine Verbindung hergestellt wird.

1. Prokrastination als Persönlichkeitsmerkmal bzw. Verhaltensdisposition

Einen theoretischen Zugang zur Prokrastination stellt die differentielle Psychologie dar. Diese befasst sich mit unterschiedlichen psychologischen Eigenschaften der Menschen. Hier wird Prokrastination als eine Art sekundäre Persönlichkeitseigenschaft („trait procrastination") aufgefasst.[1927] Eine

---

1925 Rist/Engberding/Patzelt/Beißner Fachbeiträge Personalführung 2006, Vol. 6, 64 (64).

1926 Klingsieck/Fries Diagnostica 2012, Vol. 58, 182 (182).

1927 Schouwenburg/Lay Personality and Individual Differences 1995, Vol. 18, 481 (481).

sekundäre Persönlichkeitseigenschaft ist Prokrastination deshalb, weil davon ausgegangen wird, dass sie eine Persönlichkeitseigenschaft ist, die wiederum im Zusammenhang mit anderen, grundlegenderen oder vorher existierenden, primären Persönlichkeitseigenschaften steht oder eine auf der Grundlage der primären Persönlichkeitseigenschaften erworbene Eigenschaft ist. Deshalb wird "trait procrastination" auch als eine Verhaltensdisposition aufgefasst, von der vermutet wird, dass sie in einem systematischen Zusammenhang mit primären Persönlichkeitsmerkmalen steht, von denen es abhängt, wie sich eine Person typischerweise verhält, denkt und fühlt.[1928] Ob und wie Prokrastination mit anderen Persönlichkeitsmerkmalen zusammenhängt, ist eine Frage, die nur durch die empirische Forschung beantwortet werden kann.

Um den vermuteten Zusammenhang zu erörtern, wird hier ein Modell der Persönlichkeitsforschung, das sog. Big-Five-Modell, in Verbindung gebracht. Der Name dieses Modells deutet schon an, dass in diesem Modell fünf Dimensionen der Persönlichkeit unterschieden werden. Bei diesen Dimensionen handelt es sich um Neurotizismus, Extraversion, Offenheit für neue Erfahrungen, Gewissenhaftigkeit und Verträglichkeit.[1929]

Neurotizismus gibt das Ausmaß wieder, inwieweit eine Person negative Gefühle erlebt. Extraversion beschreibt das Ausmaß nach dem Wunsch nach positiven Emotionen durch soziale Interaktion und Aktivität. Offenheit für neue Erfahrungen sagt aus, wie eine Person neue Ideen aufnimmt. Die Gewissenhaftigkeit beschreibt, wie stark der Leistungswille, die Zuverlässigkeit und die Selbstkontrolle einer Person ist. Zuletzt beschreibt die Verträglichkeit das Ausmaß inwieweit eine Person bereit ist, anderen Personen entgegenzukommen und zu vertrauen bereit ist.[1930]

Das Prokrastination mit dem zuvor ausgeführtem Big-Five-Modell in Verbindung zu bringen ist, liegt bereits darin begründet, dass Prokrastination zeitlich stabil ist. Es handelt sich nicht um ein lediglich kurzfristig auftretendes Phänomen.[1931] Vielmehr ist die Prokrastination als ein eigenständiges Persönlichkeitsmerkmal anzusehen. Dies deckt sich mit der Aussage, dass es oftmals die gleichen Personen sind, bei denen Mietschulden entstehen.[1932]

1928 McGewon/Putwain/Simpson/Boffey/Markham/Vince Learning and Individual Differences 2014, Vol. 32, 278 (278 ff.).

1929 McCrae/Costa Journal of Personality and Social Psychology 1987, Vol. 52, 81 (81 ff.).

1930 Karatas Anthropologist 2015, Vol. 20, 243 (244).

1931 Steel Psychological Bullentin 2007, Vol. 133, N. 1, 65 (67).

1932 Z. 463 f. Anhang III dieser Ausarbeitung.

Es wird argumentiert, dass Personen Aufgaben umso eher aufschieben, je mehr diese sie emotional oder zeitlich belasten. Die Mietzahlung als Grundlage der Existenzsicherung[1933] kann unzweifelhaft eine emotionale Belastung darstellen. Dies hat wiederum zur Folge, dass Personen, die sich relativ schnell belastet fühlen oder stressanfällig sind, eher ein aufschiebendes Verhalten aufweisen, als Personen die weniger stressanfällig sind. Mit Stress werden negative Gefühle bezeichnet. Das Ausmaß dieses negativen Empfindens wird wiederum durch das zuvor angeführte Persönlichkeitsmerkmal Neurotizismus abgebildet. Dadurch, dass eine Person negative Gefühle erlebt, ist zu erwarten, dass Neurotizismus und Prokrastination in einer positiven Kausalität zueinanderstehen.[1934]

Die empirische Forschung hat weiterhin ergeben, dass Prokrastination mit Neurotizismus, aber noch stärker mit Gewissenhaftigkeit, zusammenhängt.[1935] Dies bedeutet damit, dass die Ausprägung des Leistungswillens, der Zuverlässigkeit und der Selbstkontrolle unmittelbare Auswirkungen auf die Gefahr einer Prokrastination haben. Sind diese Persönlichkeitsmerkmale schwach ausgebildet, besteht die erhöhte Gefahr einer Prokrastination.

2. *Prokrastination aus erwartungsnutzentheoretischer bzw. zeitabhängiger Sicht*

Bei dem Ansatz aus werterwartungstheoretischer Sicht stehen die Aufgabe und der erwartete Nutzen bei deren Erledigung im Fokus.[1936]

Die nachfolgende Betrachtung erfolgt auf Grundlage der jungen Verhaltensökonomie und nimmt daher einen nicht ausschließlich kognitiv richtigen und nutzenmaximierenden Entscheider an.[1937]

Wenn Personen Aufgaben (respektive Entscheidungen) aufschieben, weil sie sie aus verschiedensten Gründen (beispielsweise Langeweile oder Bewältigungsangst) belastend finden, dann verweist dies auf die Bedeutung der Merkmale, die einer Aufgabe von einer Person zugeschrieben wird. Dies muss nicht unmittelbar mit der Persönlichkeit einer Person zusammenhängen. Auch wenn es möglicherweise (mittelbar) mit der Persönlichkeit einer Person zu tun hat,

---

1933 2. Teil, E. dieser Ausarbeitung.

1934 Steel Psychological Bullentin 2007, Vol. 133, N. 1, 68.

1935 Karatas Anthropologist 2015, Vol. 20, 243 (245); Höcker/Engberding/Rist, Prokrastination. Ein Manual zur Behandlung des pathologischen Aufschiebens, S. 14 ff.

1936 Diefenbach, in: Brock/Junge/Diefenbach/Keller/Villanyi, Soziologische Paradigmen nach Talcott Parsons: Eine Einführung, S. 246.

1937 3. Teil., Q., I. dieser Ausarbeitung.

welche Aufgaben sie wie wahrnimmt. Letztlich ist jedoch die Aufgabe als solche entscheidend.

Ausgangspunkt der Überlegungen zur Prokrastination aus der vorliegenden Sicht ist wie eine Person eine Aufgabe im Vergleich mit anderen Aufgaben wahrnimmt. Damit wird die Bedeutung einer Aufgabe durch den für die Person zu erwartenden Wert bestimmt.

Die Werterwartungstheorie geht davon aus, dass für die Wahl einer Handlung zunächst die Wahrnehmung und Interpretation einer Handlungssituation durch eine Person wichtig ist, denn die Wahrnehmung und Interpretation der subjektiven Situation entscheidet darüber, welche Handlungsmöglichkeiten für eine Person überhaupt in Frage kommen.[1938] Sobald die möglichen Handlungsalternativen identifiziert sind, wird für jede prognostiziert, welche Konsequenzen sie für die einzelne Person zur Folge haben würde. Der Betreffende wird jeder Konsequenz einen bestimmten Nutzenwert beimessen, sodass dieser positiv oder negativ sein kann. Bei einem negativen Nutzen wird von den Kosten einer Handlungskonsequenz gesprochen.[1939]

Die Kosten der Handlungskonsequenzen ergeben sich vorliegend aus der Nichtzahlung der monatlichen Miete. Konkretisiert umfasst dies die außerordentliche fristlose Kündigung der Wohnung, den daraus möglicherweise resultierenden Wohnungsverlust, den Verlust von Sozialkontakten oder den Eigentumsverlust.[1940]

Ob jedoch eine Handlungskonsequenz eintritt, ist in diesem Stadium noch unsicher, daher erfolgt für jede Handlungskonsequenz wiederum die Ermittlung der Eintrittswahrscheinlichkeit. Dies wird auch als Eintrittswahrscheinlichkeiten für eine Handlungskonsequenz bezeichnet.[1941] An dieser Stelle liegt die Herausforderung des Vermieters, da die Eintrittswahrscheinlichkeit hinsichtlich des Verlustes der Wohnung zunächst als nicht sehr hoch eingeschätzt werden könnte, da ein Zugriff auf die Wohnung lediglich, bedingt unter anderem durch das Schutzniveau des Grundrechts, unter Inkaufnahme eines erheblichen zeitlichen Versatzes möglich ist.

1938 Pintrich, in: Boekaerts/Pintrich/Zeidner, Handbook of Self-Regulation, S. 425 f.

1939 Diefenbach, in: Brock/Junge/Diefenbach/Keller/Villanyi, Soziologische Paradigmen nach Talcott Parsons: Eine Einführung, S. 246.

1940 Z. 291 ff. Anhang I dieser Ausarbeitung.

1941 Diefenbach, in: Brock/Junge/Diefenbach/Keller/Villanyi, Soziologische Paradigmen nach Talcott Parsons: Eine Einführung, S. 246.

Andere Gläubiger wie z.B. der Handyanbieter, können ihre Leistung direkt einstellen. Gleiches gilt für die täglichen Einkäufe. Es wird in diesem Zusammenhang auf die psychologische Distanz im Rahmen der defizitären Selbststeuerung verwiesen.[1942]

Ohne Geld an der Supermarktkasse, wird der Schuldner das Produkt nicht kaufen können. Diese Konsequenzen spürt der Mieter im Gegensatz zu einem möglicherweise weit in der Zukunft liegenden drohenden Wohnungsverlust direkt.[1943]

Aus diesem Grund gewinnt die Verdeutlichung der Gefahr des Wohnraumverlustes im Sinne des frühestmöglichen Kündigungszeitpunktes erheblich an Bedeutung.

Die Rational Choice Theorie nimmt, ähnlich wie der Homo Oeconomicus, einen rational handelnden Menschen an.[1944] Der subjektiv erwartete Gesamtnutzen einer Handlungsalternative besteht demnach aus der Summe der Nutzenwerte (welche die betreffende Person dieser Handlungsalternative in Bezug auf die Zielerreichung beimisst) multipliziert mit der subjektiv bestimmten Eintrittswahrscheinlichkeit.[1945]

Die Person wird dann die Handlungsalternative mit dem für sie am höchsten zu erwartenden Gesamtnutzen wählen.[1946]

Anders ausgedrückt, kann die Stärke einer Handlungsalternative anhand der subjektiven Wichtigkeit und anhand der Eintrittswahrscheinlichkeit dieser Handlungsalternative ermittelt werden.[1947]

Bei diesem Modell wird auf die Abbildung bestimmter Abhängigkeiten verzichtet. Dies soll den Entscheidungsprozess im Rahmen des Modells vereinfachen.[1948]

1942 3. Teil, Q., IV., 3. dieser Ausarbeitung.

1943 Z. 165 ff. Anhang VI dieser Ausarbeitung.

1944 Diefenbach, in: Brock/Junge/Diefenbach/Keller/Villanyi, Soziologische Paradigmen nach Talcott Parsons: Eine Einführung, S. 239 f.

1945 Diefenbach, in: Brock/Junge/Diefenbach/Keller/Villanyi, Soziologische Paradigmen nach Talcott Parsons: Eine Einführung, S. 246; Beck, in: Behavioral Economics – Eine Einführung, S. 103.

1946 Diefenbach, in: Brock/Junge/Diefenbach/Keller/Villanyi, Soziologische Paradigmen nach Talcott Parsons: Eine Einführung, S. 246.

1947 Schouwenburg/Groenewoud Personality and Individual Difference 2001, Vol. 30, 229 (230).

1948 Tversky/Kahneman Heuristics and Biases 1974, Vol. 185, 1124 (1124 ff.).

Unter Berücksichtigung der Prospekt-Theorie ist jedoch ein Blick auf die Editierphase der Entscheidung[1949] unerlässlich. Diese stellt zugleich einen der wesentlichen Unterschiede zur Erwartungsnutzentheorie und dem darin angenommenen Homo Oeconomicus dar.[1950]

In dieser Phase erfolgt eine Art Vorsortierung der Handlungsalternativen. Zunächst einmal wird angenommen, dass der Entscheider die Alternativen mit seinen Referenzpunkten vergleicht, um Abweichungen als wahrscheinlichen Gewinn oder Verlust bewerten zu können. Weiterhin werden Entscheidungen mit einem gleichen zu erwartenden Nutzen und der gleichen Eintrittswahrscheinlichkeit addiert. Sichere Komponenten der Alternativen werden herausgerechnet und Merkmale, die sich unterhalb der Alternativen gleichen, vernachlässigt. Weiterhin werden unrunde Erwartungsnutzen und Wahrscheinlichkeiten ab- oder aufgerundet. Alternativen, die im negativen Sinne von allen anderen dominiert wird, wird ausgeschlossen.[1951]

Weiterhin kann der Besitztumseffekt[1952] im vorliegenden Kontext eine bedeutende Rolle spielen, da nach diesem der derzeit im Besitz befindlichen Wohnung ein höherer Wert beigemessen.

Anschließend erfolgt die Bewertungsphase. In dieser werden zunächst jeder Alternative ein subjektiver Wert und ein Wahrscheinlichkeitsgewicht beigemessen. Dabei relevant sind die Eintrittswahrscheinlichkeit und das subjektive Entscheidungsgewicht. Insgesamt ergibt sich damit ein subjektiver Gesamterwartungsnutzen, der von einem Erwartungsnutzen abweichen kann. Ausschlaggebend sind im Ergebnis damit insbesondere der subjektive Nutzen der einer Alternative beigemessen wird, die Abweichung vom Referenzpunkt (bezogen auf das Gesamtvermögen umfasst diese nicht zwingend den absoluten Wert), die Gewichtsfunktion mit ihrer der Eintrittswahrscheinlichkeit und dem subjektiven Entscheidungsgewicht.[1953] Die Gewichtsfunktion weist damit jeder Eintrittswahrscheinlichkeit eine entsprechende Bedeutung für den Nutzen der betreffenden Alternative bei.[1954]

1949 Kahneman/Tversky Econometrica 1979, 263 (263 ff.).

1950 Beck, in: Behavioral Economics – Eine Einführung, S. 127.

1951 Kahneman/Tversky Econometrica 1979, 263 (263 ff.).

1952 Thaler Journal of Economic Behavior & Organization 1980, 39 (39 ff.); Kahneman/Snell Insights in decision making 1995, 295 (295 ff.); Pfister/Jungermann/Fischer, Die Psychologie der Entscheidung, S. 55 ff.; Beck, in: Behavioral Economics – Eine Einführung, S. 170 ff.

1953 Beck, in: Behavioral Economics – Eine Einführung, S. 127 f.

1954 Beck, in: Behavioral Economics – Eine Einführung, S. 133.

Im Ergebnis kann dies dazu führen, dass der Entscheider den Verlust eines Euros, anders als den Gewinn eines Euros bewertet.[1955] Verlusten wird in diesem Rahmen ein höheres Gewicht beigemessen.[1956]

Nach der Prospekt-Theorie sind somit nicht absolute Werte, sondern Abweichungen von den Referenzpunkten (z.B. das Gesamtvermögen) entscheidend.

Präferenzen für Handlungsalternativen sind nicht konstant, sondern zeitabhängig.[1957]

Aus dieser Annahme heraus werden mit Hilfe verschiedener Modelle Erwartungen darüber herausgebildet, unter welchen Bedingungen zu erwarten ist, dass Prokrastination als Verhaltensweise gezeigt wird. Eine der Annahmen ist, dass Prokrastination dadurch hervorgerufen wird, dass man einer Person zusätzliche Handlungsalternativen bietet, denn es ist möglich, dass eine Person eine Aufgabe sofort erledigen würde, wenn es die einzige Aufgabe wäre, die sie zu erledigen hat.[1958] Die monatliche Mietzahlung ist jedoch nicht die einzige vorzunehmende Zahlung.

Letztlich wird die Prokrastination dadurch hervorgerufen, dass der betreffenden Person eine Handlungsalternative geboten wird.

Weiterhin wird angenommen, dass Personen Aufgaben, die wichtig sind, eher aufschieben als Aufgaben, die weniger wichtig sind. Dies setzt voraus, dass mehrere Handlungsalternativen vorliegen.[1959]

Dies wird damit begründet, dass hinsichtlich wichtigeren Aufgaben auch zumeist mehr Anstrengungen oder Zeit investiert werden muss, als bei weniger wichtigen. Dadurch sind die Transaktionskosten in Form von Anstrengung oder (Zeit-/)Aufwand bei der Erledigung von wichtigeren Aufgaben höher.[1960] Dies wird im Rahmen einer Studie mit einem Praxisbeispiel untermauert.[1961]

Auch wird angeführt, dass viele Arbeiten oder Aufgaben existieren, die gar nicht zeitgleich erledigt werden können. Personen gehen mit solchen Aufgaben häufig so um, dass sie sie vorläufig oder teilweise bearbeiten und sich vornehmen, sie später zu perfektionieren bzw. zu vervollständigen.[1962] In diesem Kontext beinhaltet Prokrastination damit nicht lediglich ein Aufschieben von

---

1955 Beck, in: Behavioral Economics – Eine Einführung, S. 128.
1956 Beck, in: Behavioral Economics – Eine Einführung, S. 132.
1957 O'Donoghue/Rabin The Quarterly Journal of Economics 2001, Vol. 116, 121 (125).
1958 O'Donoghue/Rabin The Quarterly Journal of Economics 2001, Vol. 116, 121 (149).
1959 O'Donoghue/Rabin The Quarterly Journal of Economics 2001, Vol. 116, 121 (124).
1960 O'Donoghue/Rabin The Quarterly Journal of Economics 2001, Vol. 116, 121 (143).
1961 O'Donoghue/Rabin The Quarterly Journal of Economics 2001, Vol. 116, 121 (148).
1962 O'Donoghue/Rabin The Quarterly Journal of Economics 2001, Vol. 116, 121 (150).

Aufgaben. Vielmehr handelt es sich um ein partielles Bearbeiten von Aufgaben, die aber niemals zu einem Abschluss gebracht werden. Beispielhaft ist hier der Perfektionismus als mögliche Ursache anzuführen, der zu dem zuvor beschriebenen Verhalten führen kann.[1963]

Im Ergebnis führt aber auch dies nicht zur Erledigung der Aufgaben.

Diese Annahmen im Rahmen dieses Modells unterliegen keinen systematischen empirischen Untersuchungen. Es liegen jedoch Forschungsergebnisse vor, die mit den vorgenannten Annahmen übereinstimmen. So wurde in Untersuchung, auf der Basis von Angaben von 147 Studienanfängern, festgestellt, dass Studenten, die Aufgaben spät beginnen oder nicht zu Ende bringen, die in der Zukunft liegende erwartende Nutzen stärker diskontieren als Studenten, die ihre Aufgaben zeitig beginnen.[1964] Unter einer zeitlichen Diskontierung wird verstanden, dass unter der Annahme von zwei zu erwartenden Nutzen, diejenige Handlungsalternative gewählt wird, welche den früher erreichbaren Nutzen beinhaltet.[1965] Umso weiter der Realisierungszeitpunkt in der Zukunft liegt, umso geringer wird der Nutzen dieser Handlungsalternative. Die Abnahme des Nutzens, steht in Abhängigkeit zur zeitlichen Distanz zur Nutzenrealisierung.[1966] Dies könnte begründen, warum sich viele Personen eher mit unwichtigen kurzfristig zu erledigenden Aufgaben, als mit schwierigen und langfristig zu erledigenden Aufgaben beschäftigen.[1967]

Kontextbezogen bedeutet dies, dass ein Schuldner der Mietzahlung einen entsprechenden Wert beimessen muss, damit er diese regelmäßig vornimmt. Die Wichtigkeit wird von den Betroffenen demnach falsch eingeschätzt, sodass zunächst Alternativhandlungen (z.B. der Kauf einer Waschmaschine oder eines Autos) vorgenommen werden.[1968] Um in diesem Dilemma die Wichtigkeit der Mietzahlung herauszustellen, ist nach dem vorliegenden Konzept im Rahmen des frühestmöglichen Kündigungszeitpunktes der Verlust der Wohnung als mögliche eintretende Konsequenz aufzuzeigen. Geschieht dies nicht, werden die Alternativhandlungen weiterhin aufgrund der mangelnden Wertbeimessung fokussiert. Dies bestätigt den Status-quo-Bias im Rahmen der Prospekt-Theorie.

1963 Klein, Prokrastination Grundlagen.

1964 Schouwenburg/Groenewoud Personality and Individual Difference 2001, Vol. 30, 229 (239).

1965 Pfister/Jungermann/Fischer, Die Psychologie der Entscheidung, S. 65 ff.

1966 Koch/Kleinmann European Journal of Work and Organizational Psychology 2002, Vol. 11, 199 (199 ff.).

1967 Morgenroth, Zeit und Handeln: Psychologie der Zeitbewältigung, S. 57.

1968 Z. 74 ff. Anhang I dieser Ausarbeitung.

Nach diesem scheuen Menschen Veränderungen.[1969] Mit Blick auf den drohenden Wohnungsverlust, wird diesem Verlust eine höhere Bedeutung beigemessen, als der Entscheider mit dem Kauf eines Fernsehers gewinnen könnte. Somit begründet diese Verlustaversion sowohl die zuvor ausgeführte Prospekt-Theorie, als auch die grundlegende Wirkungsweise des frühestmöglichen Kündigungszeitpunktes.

3. *Prokrastination als Ergebnis defizitärer Selbststeuerungsfähigkeit*

Neben den bisher betrachteten Erklärungsansätzen wird die Prokrastination weiterhin anhand einer defizitären Selbststeuerungsunfähigkeit begründet.

Möglicherweise weist die Dysfunktionalität der Prokrastination darauf hin, dass die Personen, die sie zeigen, bei gleich hoher Motivation und gleicher oder ähnlicher zeitlicher Diskontierung größere Schwierigkeiten haben, ihre Pläne in die Tat umzusetzen als andere Personen. Es wird auch von einem Ausdruck eines Willensproblems gesprochen.[1970]

Betroffene mit einer hohen Prokrastinationstendenz weisen vor allem Schwierigkeiten bei der Intentionsimplementierung und -realisierung auf.[1971]

Bei der begrenzten Willenskraft, diese Annahme kennt der Homo Oeconomicus nicht, vertagen Menschen Entscheidungen bzw. entscheiden anders, obwohl ihnen die langfristigen Folgen bewusst sind.[1972]

Es kann auch von einer geringeren Selbststeuerungsfähigkeit gesprochen werden. Dafür spricht, dass nicht der Wille alleine genügt, um ein Handlungsziel derart verbindlich werden zu lassen, dass es auch aktiv bestrebt wird erreicht zu werden.[1973]

Die Grundlage ist zwar eine Motivationstendenz, welche jedoch alleine für eine Erreichung eines bestimmten Ziels nicht ausreichend ist. Hinzu kommen Anreize und persönliche Bewertungen, welche die Handlungsabsicht erst bilden müssen. In diesem Zusammenhang wird vereinzelnd von der Bildung einer Zielintention gesprochen.[1974] Maßgeblich ist die Aktivierung oder Deaktivierung

---

1969 Beck, in: Behavioral Economics – Eine Einführung, S. 163.

1970 Dewitte/Lens International Journal of Educational Research 2000, Vol. 33, 733 (733).

1971 Gerholz/Klingsieck HSW 2013, 122 (124).

1972 Beck, in: Behavioral Economics – Eine Einführung, S. 3.

1973 Heckenhausen/Heckenhausen, Motivation und Handeln, S. 1 ff.

1974 Heckenhausen/Heckenhausen, Motivation und Handeln, S. 1 ff.; Höcker/Engberding/Rist, Prokrastination. Ein Manual zur Behandlung des pathologischen Aufschiebens, S. 26.

dieser, da ansonsten eine Zielerreichung unmöglich ist.[1975] Ohne eine Zielintention (beispielsweise der Wohnraumerhaltung), würde der Handlungsprozess jederzeit durch einen anderen Einfluss (beispielsweise eine stärkere Motivationstendenz) unterbrochen.[1976] Dies bedeutet, dass die stärkere Motivationstendenz für eine andere Zielerreichung sofort den eigentlichen Handlungsprozess beenden lassen und sich der stärkeren Intention hingeben würde. Ohne die Zielintention würde es demnach an der Zielfokussierung und der Möglichkeit der Zielerreichung fehlen.

Ein erfolgreicher Handlungsprozess benötigt demnach sowohl eine Motivationstendenz, als auch die Bildung einer Handlungsabsicht in Form einer Intention. Für die Bildung der Intention ist wiederum die Zielintention maßgeblich. Ohne die Aktivierung oder Deaktivierung einer Zielintention ist ein geordnetes Handeln unmöglich.[1977]

Wichtig kann ebenso die Berücksichtigung der psychologischen Distanz[1978] sein. Diese meint, dass langfristige Ziele eher abstrakt und kurzfristige eher konkret sind. Der Referenzpunkt befindet sich jedoch im aktuellen Zeitpunkt und kann somit zum Planungsfehlschuss führen, da die Zeit zur Ausführung unterschätzt wird.

Ebenso können das Lust- und Realitätsprinzip[1979] die Entscheidung massiv beeinflussen. Das Lustprinzip möchte unmittelbare Befriedigung, wohin gegen das Realitätsprinzip versucht die sofortige Befriedigung der Lust zu unterbinden. Bei mangelnder Willensstärke und Selbstkontrolle wird einfachen Lustempfindungen nachgegangen und der längerfristige Fokus verloren. Damit ist die Präferenz vom Zeitpunkt der Entscheidung abhängig.[1980]

Im Ergebnis gleich ist der „out of control“[1981] bei dem vorrübergehende Faktoren die langfristigen Ziele vergessen lassen. Als Lösung wird die Stärkung der Selbstkontrolle angeführt.[1982]

Es ist herauszustellen, an welchen Stellen im Handlungsprozess die Selbstregulierung in Verbindung mit der Prokrastination nicht hinreichend funktioniert.

1975 Heckenhausen/Heckenhausen, Motivation und Handeln, S. 1 ff.

1976 Heckenhausen/Heckenhausen, Motivation und Handeln, S. 1 ff.

1977 Heckenhausen/Heckenhausen, Motivation und Handeln, S. 1 ff.

1978 Trope/Liberman Psychological Review 2003, 403 (403 ff.).

1979 Freud, Formulierungen über die zwei Prinzipien des psychischen Geschehens.

1980 Pfister/Jungermann/Fischer, Die Psychologie der Entscheidung, S. 71.

1981 Loewenstein Organizational Behavior and Human Decision Processes 1996, 272 (272 ff.).

1982 Elster, Ulysses and the sirens: Studies in rationality and irrationality, S. 112 ff.

Es existieren verschiedene Modelle (beispielweise die Image-Theorie[1983]) zur Darstellung des Entscheidungsverhaltens. Im Folgenden wird Bezug auf das Rubikonmodell[1984], welches sich in Vier-Phasen der Zielverfolgung untergliedert[1985], genommen. Dieses beschreibt die Aufgaben, die eine Person erfolgreich erledigen muss um in die nächste Phase zu gelangen.[1986]

In der ersten Phase, der Phase des Wünschens bzw. des Abwägens[1987], beschäftigen sich die Betroffenen mit der Abwägung zwischen den verschiedenen Handlungsmöglichkeiten. Es fällt diesen Menschen schwer, die entsprechende Handlungsmöglichkeit für die relevante Tätigkeit zu wählen. Dies begründet sich vor allem durch eine mangelnde Bedürfniswahrnehmung bzw. eine mangelnde Zielvorstellung. Auch zwanghafte Persönlichkeitsstörungen können die Suche nach anderen alternativen Handlungsmöglichkeiten begründen. Damit schließt der Ansatz der defizitären Selbststeuerungsfähigkeit den zuvor betrachteten Ansatz der Prokrastination als Persönlichkeitsmerkmal nicht aus.

Im Ergebnis führt dieses Verhalten zu einem dauerhaften Aufschub des Handlungsentschlusses.

Neben dem dauerhaften Aufschub kann der Handlungsentschluss auch gänzlich verpasst werden. Der Betroffene kommt damit nicht in die Phase des Entschlusses.[1988]

Es wird ausführlich die Abwägung von Kosten und Nutzen alternativer Handlungsmöglichkeiten für die erste Phase beschrieben.[1989] Auch in dieser Phase wird damit die Entscheidung bzw. der Wunsch nach einer Handlungsalternative

---

1983 Beach, Image theory: Decisions making in personal and organizational contexts, S. 1 ff.

1984 Heckhausen/Gollwitzer Motivation and Emotion 1987, 101 (101 ff.); Gollwitzer Motivation, Volition und Handlung 1995, 531, (531 ff.).

1985 Gollwitzer Motivation, Volition und Handlung 1995, 531, (531 ff.); Achtziger/Gollwitzer, Rubikonmodell der Handlungsphasen; Höcker/Engberding/Rist, Prokrastination. Ein Manual zur Behandlung des pathologischen Aufschiebens, S. 26.

1986 Gollwitzer Motivation, Volition und Handlung 1995, 531, (532 f.); Achtziger/Gollwitzer, Rubikonmodell der Handlungsphasen; Höcker/Engberding/Rist, Prokrastination. Ein Manual zur Behandlung des pathologischen Aufschiebens, S. 26.

1987 Gollwitzer Motivation, Volition und Handlung 1995, 531, (534); Achtziger/Gollwitzer, Rubikonmodell der Handlungsphasen; 3. Teil, Q., IV., 2. dieser Ausarbeitung.

1988 Gollwitzer Motivation, Volition und Handlung 1995, 531, (534); Höcker/Engberding/Rist, Prokrastination. Ein Manual zur Behandlung des pathologischen Aufschiebens, S. 28.

1989 Gollwitzer, in: Higgins/Sorrentino, The handbook of motivation and cognition: Foundations of social behavior, S. 56.

durch alternative Handlungstendenzen gestört. Damit lässt sich die Erklärung von Prokrastination als Ergebnis defizitärer Selbststeuerungsfähigkeit auch vereinbaren mit der Betrachtung der Prokrastination aus werterwartungstheoretischer Sicht, da nach diesem Ansatz ebenfalls die Wahl der Handlungsmöglichkeit durch alternative Handlungstendenzen gestört wird.

In der zweiten Phase, der Phase des Planens und des Wollens, muss die Absicht aufrechterhalten und die Planung- oder Handlung vorbereitet werden.[1990] Dabei besteht die Gefahr, dass sich der Prokrastinierer entweder zu detailliert oder zu oberflächlich mit der Planung auseinandersetzt. Es kann sogar so weit gehen, dass die Planung selbst zur Alternativtätigkeit wird.[1991]

Die dritte Phase ist die Phase des Tuns oder des Ausführens. In dieser Phase sind die Aufgaben die Ausführung, das Durchhalten und ggf. die Korrektur der Handlung.[1992]

Die Gefahr in dieser Phase stellt eine mangelnde Emotions- und Impulskontrolle dar.[1993] Dies wiederum kann eine Art Ablenkung bedeuten, wodurch die Ausführung gestört werden kann. Eine solche Ablenkung kann durch innere oder äußere Störungen, durch konkurrierende Handlungstendenzen, Schwierigkeiten oder gar Langeweile geschehen. Der Betroffene würde somit schnell aufgeben.[1994]

Die vierte Phase beinhaltet die Ergebnisbewertung. Dabei ist die Aufgabe eine Bewertung der eigentlichen Handlung und des Handlungsergebnisses. Zugleich

---

1990 Gollwitzer Motivation, Volition und Handlung 1995, 531, (534 f.); Höcker/Engberding/Rist, Prokrastination. Ein Manual zur Behandlung des pathologischen Aufschiebens, S. 26; Achtziger/Gollwitzer, Rubikonmodell der Handlungsphasen.

1991 Höcker/Engberding/Rist, Prokrastination. Ein Manual zur Behandlung des pathologischen Aufschiebens, S. 29.

1992 Gollwitzer Motivation, Volition und Handlung 1995, 531, (535); Achtziger/Gollwitzer, Rubikonmodell der Handlungsphasen; Höcker/Engberding/Rist, Prokrastination. Ein Manual zur Behandlung des pathologischen Aufschiebens, S. 26.

1993 Gollwitzer Motivation, Volition und Handlung 1995, 531, (535); Höcker/Engberding/Rist, Prokrastination. Ein Manual zur Behandlung des pathologischen Aufschiebens, S. 29.

1994 Gollwitzer Motivation, Volition und Handlung 1995, 531, (535); Höcker/Engberding/Rist, Prokrastination. Ein Manual zur Behandlung des pathologischen Aufschiebens, S. 29.

wird das Ergebnis mit dem Ziel verglichen. Die Zielabsicht wird durch das Erreichen des Ziels deaktiviert.[1995] Es folgt demnach ein Soll-Ist-Abgleich.

Mit Bezug auf die vierte Phase wird darauf hingewiesen, dass Prokrastinierer das Handlungsergebnis in beschönigter Weise wahrnehmen und deshalb nicht hinreichend kritisch mit der eigenen Art der Bewältigung von Aufgaben sind.[1996] Aus diesem Grund entwickeln sich die Betroffenen nicht weiter und bleiben auch zukünftig unter ihren Möglichkeiten. Somit kann ein Prokrastinierer aus vergangenen Situationen nicht lernen.[1997] Es mangelt an der Selbstreflektion.

V. Schlussfolgerung für das Soziale Forderungsmanagement

Bereits früh wurde darauf verwiesen, dass es nicht genügt eine Verhaltensweise, nämlich das Aufschieben von Aufgaben, als Prokrastination zu bezeichnen und sie als mehr oder weniger problematisch und behandlungsbedürftig einzustufen.[1998] Die Bewertung der Verhaltensweise als problematisch legt es nahe nach Präventions- oder Interventionsmöglichkeiten zu suchen. Diese wiederum sind nicht erfolgversprechend, wenn sie nicht auf Erkenntnissen über die Ursachen, die Entwicklung oder die Bedingungen der als problematisch betrachteten Verhaltensweise beruhen. Es muss deshalb einerseits angegeben werden, welche Erwartungen vorliegen und andererseits ob und ggf. wie Prokrastination mit anderen Verhaltensweisen oder Persönlichkeitsfaktoren zusammenhängt bzw. von Umweltbedingungen beeinflusst wird. Auf Grundlage dieser theoretischen Erwartungen können dann empirische Überprüfungen vorgenommen werden, welche wiederum Aufschluss über Ursachen, Entwicklungen oder Bedingungen von Prokrastination geben können.

Projiziert auf vorangegangene Ausführungen, bildet das Soziale Forderungsmanagement die Präventions- bzw. Interventionsmöglichkeiten in Bezug auf die Entstehung oder den Abbau von Mietschulden bis hin zur Vermeidung der Wohnungslosigkeit des Mieters.

1995 Gollwitzer Motivation, Volition und Handlung 1995, 531, (535 f.); Achtziger/Gollwitzer, Rubikonmodell der Handlungsphasen; Höcker/Engberding/Rist, Prokrastination. Ein Manual zur Behandlung des pathologischen Aufschiebens, S. 26.

1996 Gollwitzer Motivation, Volition und Handlung 1995, 531, (535 f.); Höcker/Engberding/Rist, Prokrastination. Ein Manual zur Behandlung des pathologischen Aufschiebens, S. 29.

1997 Van Eerde An International Review 2000, Vol. 49, 372 (376).

1998 Lay Journal of Research in Personality 1986, Vol. 20, 474 (492).

Bei dem psychologischen Ansatz der Prokrastination handelt es sich nicht um den alleinigen Grund für die Entstehung von Mietschulden. Er wird im Rahmen eines Experteninterviews aber zumindest als einer der wichtigsten Gründe angeführt.[1999]

Ausschlaggebend für das vorliegende Managementkonzept ist jedoch, dass es sich um einen durch den Vermieter beeinflussbaren Grund handelt. Im Gegensatz dazu können z.B. politisch bedingte Gründe wie die Armut[2000] nicht unmittelbar vermieterseitig beeinflusst bzw. beseitigt werden.

Oftmals sind es die gleichen Mieter, deren monatliche Zahlungen ausbleiben.[2001] Bei der Prokrastination kann der Vermieter durch entsprechende Maßnahmen Einfluss auf das Verhalten des Betroffenen nehmen. Die Mietzahlung steht meist in einer konkurrierenden Position zu anderen Handlungsalternativen.[2002] Eine entsprechende Wertbeimessung nutzt der Durchsetzung gegenüber einer konkurrierenden Alternativhandlung. In diesem Zusammenhang ist ebenso eine zeitlich schnelle Reaktion des Vermieters vorteilhaft, da andernfalls die Wahrscheinlichkeit steigt, dass die Alternativhandlung bereits vorgenommen worden ist und somit die Mietzahlung mangels wirtschaftlicher Leistungsfähigkeit aufgeschoben wird.

Aufgegriffen wird an dieser Stelle die Zielsetzung der Schaffung einer dominanten Alternative[2003] zur Klärung des Entscheidungskonfliktes.

Unter Nutzung des frühestmöglichen Kündigungszeitpunktes bekommt der Prokrastinierer deutlichst aufgezeigt, welche negativen Konsequenzen sein Verhalten hat, wenn er dies nicht sofort umkehrt. Mit diesem Aufzeigen wird dem Betroffenen ermöglicht die Alternative der Kündigungsheilung i.S.v. § 569 Abs. 3 Nr. 2 BGB als dominante Alternative wahrzunehmen und mit deren Hilfe die Entscheidungssituation zu Gunsten der Mietzahlung zu gewinnen.

Spätestens im Zeitpunkt eines zur Kündigung berechtigten Mietrückstandes ist damit die Wichtigkeit der Mietzahlung durch das Aussprechen der Kündigung herauszustellen.[2004]

Maßgeblich ist insbesondere, dass das Kündigungsschreiben eine konkrete Handlungsaufforderung zur Erhaltung des Wohnraumes beinhaltet.[2005] Dem

---

1999 Z. 370 ff. Anhang I dieser Ausarbeitung.
2000 Z. 376 Anhang I dieser Ausarbeitung.
2001 Z. 463 f. Anhang III dieser Ausarbeitung.
2002 Z. 149 ff. Anhang I dieser Ausarbeitung.
2003 3. Teil, Q., I. dieser Ausarbeitung.
2004 Z. 132 ff. Anhang I dieser Ausarbeitung.
2005 3. Teil, F., IV. dieser Ausarbeitung; Anhang IX dieser Ausarbeitung.

Mieter muss erkennbar sein, was er tun muss, um die Wohnung zu erhalten. Dies ist insbesondere bei negativ korrelierenden Entscheidungen[2006] wichtig. Regelmäßig wird die Entscheidung zu Gunsten der Mietzahlung mit dem Nachteil der ausbleibenden Konsumbefriedigung konkurrieren.

Mit diesem Ansatz wird zugleich der psychologischen Distanz[2007] Rechnung getragen, da die zuvor sehr abstrakte Gefahr nun konkretisiert wird. Dieses aufschiebende Verhalten ist auch charakteristisch für einen Prokrastinierer. Für die Entstehung von Mietschulden ist das Verständnis eines chronischen Aufschiebens damit zutreffend sein. Ursächlich kann eine Überforderung und eine damit einhergehende mangelnde Priorisierung sein, da der drohende Wohnraumverlust meist weit in der Zukunft (im Sinne der psychologischen Distanz) liegt und aufgrund dessen der Mietzahlung nicht der entsprechende Wert im Sinne einer Werterwartung[2008] beigemessen wird. Mit dem Ansatz der psychologischen Distanz begründbar, neigen Prokrastinierer dazu Dinge die noch weit in der Zukunft liegen (beispielsweise eine drohende Kündigung) erst einmal aufzuschieben.[2009]

Da der jetzigen Wohnung ein höherer Wert beigemessen wird und der Verlust dieser droht, ist mit dem Aufzeigen des drohenden Wohnungsverlustes zudem der Besitztumseffekt[2010] zu nutzen. Mit der Ankündigung des Wohnungsverlustes soll dem Entscheider geholfen werden seine Prioritäten entsprechend anzupassen, um letztlich die Mietzahlung, entgegen anderer Alternativzahlungen, vorzunehmen und die Wohnung zu erhalten.

Mittels einer zudem auf das rechtlich und inhaltlich notwendigste gestalteten Kündigungserklärung wird zudem eine Entscheidungsparalyse[2011] verhindert, welche andernfalls ebenso ein aufschiebendes Entscheidungsverhalten bewirken könnte. Gleiches gilt für das Beratungsangebot[2012].

Gerade mit Hilfe der zuvor ausgeführten theoretischen Grundlagen lässt sich zunächst einmal das Verhalten der betroffenen Person besser erklären und wird dem Vermieter bei der Entwicklung von praxisnahen und effizienten Handlungsalternativen zur Lösung des Zahlungskonfliktes helfen.

2006 3. Teil, Q., I. dieser Ausarbeitung.
2007 3. Teil, Q., IV., 3. dieser Ausarbeitung.
2008 3. Teil, Q., IV., 2. dieser Ausarbeitung.
2009 Z. 308 ff. Anhang I dieser Ausarbeitung.
2010 3. Teil, Q., IV., 2. dieser Ausarbeitung.
2011 2. Teil, F., II., 1. dieser Ausarbeitung.
2012 3. Teil, J. dieser Ausarbeitung.

Weiterhin wird ein theoretischer Begründungsansatz für die Funktionalität dieses Managementsystems angeführt.

Fraglich ist weiterhin, warum es überhaupt dazu kommt, dass der Schuldner verschiedenen Handlungsalternativen entsprechende Werterwartungen beimessen muss. Dies wird im vorliegenden Kontext regelmäßig damit zu tun haben, dass vielen Schuldner nicht über ausreichende finanzielle Mittel verfügen, um alle ihrer Gläubiger zu bedienen. Dies bestätigt die Armut als mutmaßlich häufigster Grund für finanzielle Schwierigkeiten.[2013] Aufgrund mangelnden kognitiven Entscheidungsvermögens wird es jedoch regelmäßig ebenso zu finanziell-verschwenderischem Verhalten aufgrund des Kampfes zwischen dem Lust- und Realitätsprinzip[2014] kommen.

Demnach ist es möglich, dass Schuldner häufig finanziell überbelastet sind, in der Folge ein prokrastinierendes oder ein der Prokrastination ähnliches Verhalten aufweisen und dies regelmäßig zur Fehlpriorisierung oder einer gänzlich ausbleibenden Priorisierung führt, sodass die Zahlungen nach dem Zufallsprinzip geleistet werden.

Zielsetzung des Sozialen Forderungsmanagements ist die Verhinderung des Aufschiebens der Mietzahlung. Dazu bedarf es einer klaren und deutlichen Fokussierung auf die vertragsgemäße Mietzahlung. Dieser als restriktiv erscheinende Ansatz, ist vielmehr als Hilfestellung charakterisierbar.

Durch eine intensive Kooperation und Kommunikation zwischen den Mietvertragspartnern, soll der Mieter permanent begleitet werden. Der Vermieter agiert demnach als Unterstützer für den Mieter.[2015] Wie bereits zuvor ausgeführt, handelt es sich bei der Prokrastination um kein zeitweiliges psychologisches Problem, sondern um eine dauerhafte Störung.[2016] Kommt der Vermieter daher an seine fachlichen oder zeitlichen Grenzen, so ist seinerseits ein entsprechender Dienstleister einzubeziehen.[2017]

Die Effektivität des Sozialen Forderungsmanagements ist in diesem Bereich nicht an der dauerhaften Verhaltensänderung in Form der dauerhaft pünktlichen und vollständigen Mietzahlung zu messen. Das Forderungsmanagement ist vielmehr als dauerhafter Unterstützer eines Prokrastinierers zu sehen. Die Zielsetzung sollte daher nicht die dauerhafte Verhaltensänderung, sondern eine

---

2013 Z. 376 Anhang I dieser Ausarbeitung.

2014 3. Teil, Q., IV., 3. dieser Ausarbeitung.

2015 Z. 70 ff. Z. 271f., Z. 280 ff. Anhang I dieser Ausarbeitung.

2016 Z. 213 ff. Anhang I dieser Ausarbeitung.

2017 Z. 88 ff. Anhang I dieser Ausarbeitung.

für den Vermieter hinreichend vertragsgemäße Mietzahlung sein. Das Verhalten des Schuldners ist bis zu einem gewissen Grad als krankhaftes bzw. krankheitsähnliches Verhalten zu akzeptieren.

Als hinreichend vertragsgemäß ist hier eine Mietzahlung zu bewerten, wenn diese zumindest derart pünktlich und vollständig ist, dass kein Tatbestand eröffnet ist, der die Voraussetzung einer fristlosen Kündigung i.S.v. § 543 Abs. 2 S. 1 Nr. 3 lit. a BGB erfüllt. Die Aufgabe des Sozialen Forderungsmanagements umfasst hier eine dauerhafte Verhaltenskorrektur und hat danach nicht die Aufgabe der Heilung der psychologischen Störung, sondern soll dem Mieter vielmehr eine soziale Unterstützung zur Erhaltung des Wohnraumes anbieten.

Zur Findung eines entsprechenden Lösungsansatzes, ist es jedoch wichtig ein unter Umständen prokrastinierendes Verhalten erkennen und einordnen zu können.

Bereits im Vermietungsprozess sollten erste Präventionsmaßnahmen getroffen werden. Dies umfasst beispielsweise die Anbindung des Mieters an das SEPA-Lastschriftverfahren[2018] oder die Vereinbarung eines ggf. von der gesetzlichen Fälligkeit der Mietzahlung abweichenden Zeitpunktes der Mietzahlung[2019]. Diese Basismaßnahmen können den Mieter bereits zu Beginn des Mietverhältnisses unterstützen.

Entstehen im Verlauf des Mietverhältnisses Mietrückstände, so ist eine schnelle Reaktion des Vermieters gefordert. Es empfiehlt sich, unabhängig des Entstehungsgrundes, ein schnelles und aktives Zugehen auf den Mieter. Mit der Entstehung sollten erste Maßnahmen, wie z.B. das telefonische Forderungsmanagement[2020], eingeleitet werden.[2021] Eine entsprechende Fokussierung auf die Mietzahlung und der Vermittlung des Handlungsnutzens der Mietzahlung, sind hier besonders wichtig.

Wird die Mietzahlung regelmäßig aufgeschoben, bietet sich die Vereinbarung eines ersten Forderungsgespräches. Gesprächsort kann sowohl das Büro des Vermieters, als auch die Wohnung des Schuldners sein. Grundlegende Zielsetzung ist die Erörterung von Handlungsalternativen zur Lösung des Zahlungsproblems. Darüber hinaus ist die Unterstützungsbereitschaft des Vermieters zu vermitteln und eine nachhaltige Kommunikation und Kooperation aufzubauen.

2018 3. Teil, A. dieser Ausarbeitung; C. dieser Ausarbeitung.

2019 3. Teil, C. dieser Ausarbeitung.

2020 Z. 141 ff. Anhang IV dieser Ausarbeitung; 2. Teil, F., II., 1. dieser Ausarbeitung.

2021 3. Teil, D. dieser Ausarbeitung; 3. Teil, F., II., 1. dieser Ausarbeitung; 4. Teil, B. dieser Ausarbeitung.

Die Betroffenen schätzen sich u.a. als handlungsunfähig ein, da sie nicht daran glauben, dass sie durch eine gewisse Planung diese Handlung vornehmen können.[2022]

Ein möglicher Prokrastinierer ist permanent und konsequent auf sein Fehlverhalten hinzuweisen. Es handelt sich um einen ständigen Lenkungsprozess. Letztlich dient der Vermieter als Anleitung zur regelmäßigen und vollständigen Mietzahlung und ersetzt damit die mangelnde Entscheidungsfähigkeit des Mieters. Dabei unterstützend zur Verbesserung der Selbstregulation der Betroffenen wirkt die explizite Formulierung von Handlungs- oder Implementierungsintentionen[2023]. In diesem Zusammenhang ist insbesondere auf die richtige Sprache hinzuweisen.[2024] Der Betroffene muss die Sprache akustisch und inhaltlich verstehen können.[2025] Maßgeblich ist daher die richtige Schuldnerkommunikation[2026], welche erneut eine Entscheidungsparalyse verhindern soll[2027].

In der Praxis kann z.B. mit der festen Planung des Tagesablaufes dem Problem der Prokrastination entgegnet werden.[2028] Dem Prokrastinierer ist eine exakte Aufgabe zu erteilen. Diese könnte beispielsweise beinhalten, dass er an jedem ersten Tag eines jeden Monats, seine Mietzahlung um 12 Uhr mittags vorzunehmen hat, um die Wohnung dauerhaft erhalten zu können. Die Mietzahlung kann auch an monatliche Ereignisse bzw. Vorhaben des Mieters geknüpft werden. Ebenso kann den Mieter eine automatisierte Mail oder ein postalisches Anschreiben des Vermieters an die anstehende Mietzahlung erinnern. Eine solche Feedbackschleife wird auch bei von der Prokrastination betroffenen Studierenden empfohlen.[2029]

Die kreative Integration von verschiedenen Handlungstendenzen (wie z.B. das gemeinsame Lernen, wenn jemand einerseits Lernen möchte, andererseits mit Freunden zusammen sein möchte) kann ebenso erfolgsversprechend sein.[2030] Bezogen auf die vorliegende Thematik, kann dem Mieter z.B. die Aufgabe erteilt werden, dass er die Mietzahlung zusammen mit einem Freund vornimmt. Eine

---

2022 Z. 217 ff. Anhang I dieser Ausarbeitung.

2023 3. Teil, Q., IV., 3. dieser Ausarbeitung.

2024 Gollwitzer/Brandstaetter Journal of Personality and Social Psychology 1997, Vol. 73, 186 (186 ff.).

2025 Z. 16 ff., Z. 140 ff. Anhang I dieser Ausarbeitung; 3. Teil, F., II., 1. dieser Ausarbeitung.

2026 3. Teil, F., II., 1. dieser Ausarbeitung.

2027 2. Teil, F., II., 1. dieser Ausarbeitung.

2028 Dietz/Hofer/Fries Journal of Educational Psychology 2007, Vol. 77, 893 (893 ff.).

2029 Gerholz/Klingsieck HSW 2013, 122 (127).

2030 Gollwitzer American Psychologist 1999, Vol. 54, 493 (494).

solche Maßnahme könnte vor allem dann wirkungsvoll sein, wenn es sich dabei um einen Freund handelt, der das Verhalten des Betroffenen einschätzen kann und diesem bestmöglich helfen möchte.

Wird eine Kündigung gegenüber einem Prokrastinierer, oder einem Schuldner, der ein vergleichbares Verhalten aufweist, ausgesprochen, so ist dieser Forderungssache im Sinne einer fallgruppenbezogenen Priorisierung[2031] eine übergeordnete Priorität zuzuordnen.

Neben einer unzureichenden Fokussierung, existieren ebenso Verhaltensmuster wie eine Gleichgültigkeit bzw. eine „fundamentale Sorglosigkeit“[2032] oder Leichtsinnigkeit. Es stehen für den Betroffenen andere Dinge im Vordergrund.[2033] Auch diese Krankheitsbilder können auf eine Form der Prokrastination hindeuten.

Auch das soziale Umfeld des Betroffenen ist wichtig. Steht der Mieter lediglich mit anderen Personen in Kontakt, für den einen Zahlungsverzug als selbstverständlich angesehen wird, so wertet der Betroffene sein eigenes Verhalten nicht als Fehlverhalten.[2034]

Dem Betroffenen ist demnach die Wichtigkeit der Mietzahlung anhand des Aufzeigens der möglichen negativen Konsequenz des Wohnraumverlustes im Sinn eines negativen Kostennutzens darzulegen.[2035] Dies kann, ergänzend zur Kündigung, mit der in einem Gespräch zu stellenden Frage, ob der Mieter wirklich die Wohnung verlieren möchte, vorgenommen werden.[2036] Das Aufzeigen des möglichen Wohnungsverlustes hat gerade unter dem Aspekt der werterwartungstheoretischen Sicht[2037] einen hohen Stellenwert. Dem Mieter muss die Wichtigkeit bzw. Notwendigkeit zur vertragsgemäßen Mietzahlung zur Erhaltung des Wohnraumes bewusst werden. Erst dann kann der Betroffene der Mietzahlung einen Wert/ Nutzen beimessen und diese entsprechenden priorisieren.[2038]

Ebenso problematisch ist die defizitären Selbststeuerung[2039] durch das Setzen falscher Relevanzen und dem daraus resultierenden Treffen falscher

2031 3. Teil dieser Ausarbeitung.
2032 Z. 383 Anhang I dieser Ausarbeitung.
2033 Z. 238 ff., Z. 308 ff. Anhang I dieser Ausarbeitung.
2034 Z. 357 ff. Anhang I dieser Ausarbeitung.
2035 3. Teil, Q., IV., 2. dieser Ausarbeitung.
2036 Z: 459 ff. Anhang III dieser Ausarbeitung.
2037 3. Teil, Q., IV., 2. dieser Ausarbeitung.
2038 Z. 196 ff., Z. 267 ff., Z. 323 ff. Anhang I dieser Ausarbeitung.
2039 3. Teil., Q., IV., 3. dieser Ausarbeitung.

Entscheidungen.[2040] In diesem Zusammenhang kann es sein, dass die Mietzahlung aufgeschoben wird, weil der Mieter zu meist fremdbestimmt ist und sich gar nicht in der Lage sieht die Zahlungshandlung vorzunehmen. Die Person widmet sich nicht dieser Handlung, da sie der Ansicht ist, diese nicht bewältigen zu können.[2041]

Dieses Hintergrundwissen soll dem Verständnis für die Handlung des Schuldners und damit der Erarbeitung entsprechender Maßnahmen innerhalb des Sozialen Forderungsmanagements dienen. Die Bestimmung des Krankheitsbildes (insbesondere der Abgrenzung zur Suchterkrankung)[2042] ist nicht Aufgabe des Vermieters. Es gilt die Konzentration auf die Lösung, nicht auf das Problem. Aus diesem Grund ist es vorliegend nicht wichtig, ob es sich tatsächlich um ein krankhaftes oder lediglich krankheitsähnliches Verhalten handelt.

Im Rahmen dieser juristischen Ausarbeitung ist erstmals die Prokrastination als mögliche Begründung für die Entstehung von Mietschulden angeführt. Neben er Prokrastination kommen weitere Gründe wie z.B. die Erwerbslosigkeit, Scheidung, Trennung[2043] oder die Armut[2044] in Betracht. Auch kommen weitere krankheitsbedingte Ursachen oder die bloße Unfähigkeit zur wirtschaftlichen Entscheidungsfähigkeit in Betracht.

Die Verbindung zwischen dem Krankheitsbilder Prokrastination und die Ursache für die Entstehung von Mietschulden sind bisher vollständig unerforscht. In der Ersteinschätzung wird die Heranziehung als „sehr gut“[2045] und damit „sehr zutreffend“[2046] gewertet.

R. Bezug zur Corporate Social Responsibility

Eine Verknüpfung zwischen dem finanziellen Erfolg eines Unternehmens und der Wahrnehmung sozialer Verantwortung galt bisher als widersprüchlich.[2047]

2040 Z. 148 ff., Z. 196 ff. Anhang I dieser Ausarbeitung.

2041 Z. 197 ff. Anhang I dieser Ausarbeitung.

2042 Z. 330 ff. Anhang I dieser Ausarbeitung.

2043 Z. 219 ff. Anhang I dieser Ausarbeitung.

2044 Z. 376 Anhang I dieser Ausarbeitung.

2045 Z. 456 Anhang III dieser Ausarbeitung.

2046 Z. 463 f. Anhang III, Z. 176 Anhang VI dieser Ausarbeitung.

2047 Schmidpeter/Schneider, in: Verantwortungsvolle Unternehmensführung in Theorie und Praxis, S. VII; Suchanek/Lin-Hi, in: Heidebrink/Hirsch, Verantwortung als marktwirtschaftliches Prinzip, S. 71 ff.; Ruter, Soziale Verantwortung ist ein Erfolgsfaktor im Wettbewerb.

Im Sinne des CSR ist eine entsprechende Unternehmensstrategie nur dann erfolgreich, wenn eine positive Verknüpfung der gesellschaftlichen Verantwortung mit dem Kerngeschäft der Gesellschaft in Form eines verantwortungsbewussten Wirtschaftens gelingt.[2048]

Eine einheitliche Definition des CSR-Begriffes existiert nicht.[2049] Als Basis dienen die CSR-Definitionen der Europäischen Kommission aus dem Jahre 2001. Diese umfassen die wechselseitigen Interaktionen des Unternehmens mit ihren Stakeholdern auf freiwilliger Basis in Sozialen- und Umweltbelangen.[2050] Im Jahr 2002 wurde die Definition dahingehend ergänzt, dass es sich um eine Art Unternehmensmanagement handelt, welches über das Kerngeschäft eines Unternehmens hinausgeht.[2051] Weiterhin bestätigt die Europäische Kommission, dass es sich bei CSR um freiwilliges Engagement, und damit um eine „Übererfüllung" von rechtlichen bzw. vertraglichen Verpflichtungen handelt.[2052]

Im Kern beinhaltet das Verständnis des CSR das freiwillige Zusammenspiel von sozialen und ökonomischen Prozessen, welches auf eine breite Masse abgestimmt ist.[2053]

Das CSR wird auch als ein strategisches gesellschaftliches Engagement bezeichnet, welches eine Unterstützung bei der Erreichung von übergeordneten Unternehmensziele leistet und dadurch wiederum bei der Lösung von gesellschaftlichen Problemstellungen unterstützt.[2054]

2048 Schmidpeter/Schneider, in: Verantwortungsvolle Unternehmensführung in Theorie und Praxis, S. VII; Spießhofer, in: Krieger/Schneider, Handbuch Managerhaftung, Risikobereich und Haftung: Corporate Social Responsibility (CSR) und Menschenrechtsverletzungen, Rn. 39.2; Suchanek/Lin-Hi, in: Heidebrink/Hirsch, Verantwortung als marktwirtschaftliches Prinzip, S. 91.

2049 Schmidpeter/Schneider, in: Verantwortungsvolle Unternehmensführung in Theorie und Praxis, S. 40; Spießhofer, in: Krieger/Schneider, Handbuch Managerhaftung, Risikobereich und Haftung: Corporate Social Responsibility (CSR) und Menschenrechtsverletzungen, Rn. 39.3 f.; Fleischer AG 2017, 509 (509).

2050 KOM, Europäische Rahmenbedingungen für die soziale Verantwortung der Unternehmen, S. 7 f.

2051 KOM, Mitteilung der Kommission betreffend die soziale Verantwortung der Unternehmen: ein Unternehmensbeitrag zur nachhaltigen Entwicklung, S. 6.

2052 European Multistakeholder Forum on CSR 2004, final results & recommendations, S. 3.

2053 Baumgarth/ Binckebanck, CSR-Markenmanagement-Markenmodell und Best-Practice-Fälle am Beispiel der Bau- und Immobilienwirtschaft, S. 6.

2054 Schmidpeter/Schneider, in: Verantwortungsvolle Unternehmensführung in Theorie und Praxis, S. 35; Mülbert AG 2009, 766 (772 f.).

Zur Einordnung des Sozialen Forderungsmanagement in den Kontext des CSR, wird im Folgenden punktuell auf das sog. CSR-Reifegradmodell von CSR 1.0 zu CSR 3.0[2055] Bezug genommen. In Abgrenzung zum CSR 0.0 und 1.0, welche sich mit passiver gesellschaftlicher Verantwortung und lediglich kurzfristiger Positivierung der Außendarstellung beschäftigen, ist unter dem CSR 2.0 ein integriertes und zukunftsgerichtetes Managementkonzept mit Führungs- und Gestaltungsauftrag der obersten Leitung innerhalb des Kerngeschäfts zu verstehen, welches geprägt durch einen direkten Einfluss auf die Wettbewerbsfähigkeit des Unternehmens wird.[2056]

Das Kerngeschäft eines Wohnungsunternehmens ist die Bewirtschaftung des Eigenbestandes. Durch die Vermarktung der Wohnung wird ein künftig fälliger Mietpreis vereinbart. Das Forderungsmanagement knüpft daran an, trägt Sorge für die Vereinnahmung des vereinbarten Mietzinses und ist damit als ein ergebniswirksamer Teil des Kerngeschäftes zu definieren.[2057]

CSR 2.0 beschäftigt sich innerhalb der nachhaltigen Ursachenbekämpfung mit der zukunftsbezogenen Ausrichtung, basiert auf dem Grundgedanken des Vertrauens und hat die Schaffung eines gesellschaftlichen Mehrwertes, sowie einen wechselseitigen Nutzen auf Unternehmensebene zum Ziel.[2058]

Der gesellschaftliche Mehrwert ist hier insbesondere in der Erhaltung des Wohnraumes, trotz zeitweise bestehender Zahlungsschwierigkeiten, zu sehen, da dies in erster Linie den Erhalt der Wohnung, aber auch den Verbleib innerhalb des gewohnten sozialen Umfeldes ermöglicht. Die Unterstützung eines in Zahlungsschwierigkeiten geratenen Schuldners stellt zweifelsohne einen gesellschaftlichen Nutzen dar. Ebenso wirkt sich der Abbau der Mietschulden unmittelbar positiv auf das Unternehmensergebnis aus. Übergeordnete Zielsetzung ist die Vermeidung der Entstehung von Mietschulden bzw. der nachhaltige Abbau dieser. Das Konzept greift bereits frühzeitig und damit präventiv bei der Auswahl des Geschäftspartners ein. Ebenso steht die zukunftsgerichtete Problemlösung statt eine langwierige vergangenheitsbezogene Ursachenforschung im Fokus. Insbesondere um eine Kooperation zwischen den Vertragsparteien realisieren

2055 Schmidpeter/Schneider, in: Verantwortungsvolle Unternehmensführung in Theorie und Praxis, S. 28 ff.

2056 Schmidpeter/Schneider, in: Verantwortungsvolle Unternehmensführung in Theorie und Praxis, S. 32 ff.

2057 Z. 53 ff. Anhang IV dieser Ausarbeitung; 3. Teil, S. dieser Ausarbeitung.

2058 Schmidpeter/Schneider, in: Verantwortungsvolle Unternehmensführung in Theorie und Praxis, S. 35 ff.

zu können, ist eine nachhaltige Vertrauensbildung, unter anderem durch eine entsprechende Schuldnerkommunikation[2059], unerlässlich.

Weiterhin handelt es sich um ein sog. dialektisches Verantwortungsmanagement, wonach alle Unternehmensprozesse mit der Verantwortungswahrnehmung des Unternehmens verbunden sind und die Unternehmensleitung als Initiator, der CSR-Beauftragte als Organisator und Moderator und jeder einzelne Mitarbeiter als Umsetzer beschrieben werden.[2060]

Mit der Zielsetzung der Wohnraumerhaltung übernimmt das vorliegende Managementkonzept per se eine hohe Verantwortung. Die explizite Verantwortungsreichweite ist unmittelbar mit dem Unternehmenszweck bzw. der Eigentümerstruktur verbunden. Städtische, kommunale oder landeseigene Unternehmen können (bzw. müssen beispielsweise gem. § 4 Abs. 1 WoVG Bln) der Wohnraumerhaltung einen anderen (nicht zwingend höher zu bewertenden) Stellenwert beimessen, als beispielsweise Unternehmen privater Gesellschafter.

Das hiesige Konzept ist nach Ansicht eines Interviewpartners von jedem Mitarbeiter[2061] zu verinnerlichen und aktiv zu leben. Es bedarf einer gesonderten Aufmerksamkeit für diese Thematik.[2062] Entsprechend eines Expertens, wird hier die Zielsetzung der Etablierung als ganzheitliche Unternehmensaufgabe avisiert.[2063]

Der Träger der zentrale Umsetzung- und Ergebnisverantwortung sollte entsprechende Rechtskenntnisse vorweisen können.[2064] Dies umfasst insbesondere Kenntnisse im Miet-, Sozial-, Insolvenz- und im Zivilprozessrecht. Weiterhin müssen ihm die Gesamtprozesse und Entwicklungen im Unternehmen bekannt sein.[2065] Das Aufgabengebiet ist daher zutreffend als „interdisziplinär“[2066] zu bezeichnen. Die Umsetzung eines solchen Konzeptes erfolgt nicht alleine durch den Forderungsmanager bzw. der fachlich zuständige Abteilung. Vielmehr ist es eine Kooperation aller Abteilungen.[2067] Die fängt bei der Geschäftsführung an, geht weiter über das Forderungsmanagement bis hin zu jedem Mitarbeiter,

2059 2. Teil, F., II., 1. dieser Ausarbeitung.
2060 Schmidpeter/Schneider, in: Verantwortungsvolle Unternehmensführung in Theorie und Praxis, S. 36.
2061 Z. 283 Anhang VI dieser Ausarbeitung.
2062 Z. 61 ff. Anhang III dieser Ausarbeitung.
2063 Z. 472 ff. Anhang III dieser Ausarbeitung.
2064 Z. 529 ff. Anhang III dieser Ausarbeitung.
2065 Z. 476 ff. Anhang III dieser Ausarbeitung.
2066 Z. 481 Anhang III dieser Ausarbeitung.
2067 Z. 481 f. Anhang III dieser Ausarbeitung.

der mit dem Mieter in Kontakt steht.[2068] Letztlich bedarf es der Mitarbeit sämtlicher Arbeitnehmer.[2069] Zutreffend ist das hiesige Konzept demnach als eine ganzheitliche Unternehmensaufgabe anzusehen.[2070] Dieses ist in die Unternehmensphilosophie zu integrieren. Unter einer Unternehmensphilosophie wird einzelnachweislich eine zentrale übergeordnete Konzeption für die Führung und Ausrichtung eines Unternehmens verstanden.[2071] Eine davon nach dem Wortlaut abweichende Definition sieht, in Anlehnung an den Begriff der Unternehmenspolitik, darin eine „Auseinandersetzung mit den Wertvorstellungen und Interessen aller an der Unternehmung beteiligten oder von ihrer Handlung betroffenen Gruppen, sowie die permanente Pflege tragfähiger Beziehungen zu diesen Gruppen"[2072]. Damit bezieht sich dieses Verständnis auf das Verhältnis zwischen dem Unternehmen und den im Umfeld befindlichen Interessengruppen.[2073]

Der zuvor zitierten Definition nach, gibt die Unternehmensphilosophie den Mitarbeitern ein Zusammengehörigkeitsgefühl und eine entsprechende Orientierung bei ihrem täglichen Handeln.[2074]

Letztlich müssen einheitliche Standards geschaffen bzw. Abläufe etabliert werden, an denen sich alle Mitarbeiter des Wohnungsunternehmens orientieren können, um entsprechend handlungsfähig zu sein. Stimmt die Ausrichtung des Managements mit dem Verhalten der Mitarbeiter nicht überein, liegt ein sog. (Umsetzungs-) Gap[2075] vor.

Abzugrenzen vom CSR 2.0 ist das wirtschafts- und gesellschaftspolitisch global antizipierende, gestaltende und auf eine ganzheitliche gesellschaftliche Verantwortung ausgerichtete CSR 3.0.[2076] Das Soziale Forderungsmanagement sieht sich nicht als Träger ganzheitlicher gesellschaftlicher Verantwortung, sondern soll unterstützen, der gegenüber dem Mietvertragspartner und seiner Familie freiwillig übernommenen Sozialverantwortung gerecht zu werden.

2068 Z. 281 Anhang VI dieser Ausarbeitung.

2069 Z. 395 f. Anhang II dieser Ausarbeitung.

2070 Z. 184 ff., Z. 284 ff. Anhang I, Z. 281 ff. Anhang VI, Z. 653 ff. Anhang VI dieser Ausarbeitung.

2071 Unternehmensphilosophie, in: Wirtschaftslexikon Wirtschaft und Schule.

2072 Ulrich/Fluri, Management, S. 77.

2073 Welge, in: Welge/Al-Laham/Eulerich, Strategisches Management, S. 103.

2074 Unternehmensphilosophie, in: Wirtschaftslexikon Wirtschaft und Schule.

2075 Baumgarth/ Binckebanck, CSR-Markenmanagement-Markenmodell und Best-Practice-Fälle am Beispiel der Bau-und Immobilienwirtschaft, S. 10.

2076 Schmidpeter/Schneider, in: Verantwortungsvolle Unternehmensführung in Theorie und Praxis, S. 37 f.

Einfluss wird damit auf einen regelmäßig regional stark begrenzten Wohnungsmarkt genommen. Im Ergebnis ist das vorliegende Managementkonzept als CSR 2.0 charakterisierbar.

Insbesondere die Eigentümerstruktur sowie der Führungsstil und die Wertvorstellung der Geschäftsführung, bestimmen das Maß der wahrzunehmenden sozialen Verantwortung eines Unternehmens.[2077] Letztlich ist die Ausrichtung von sämtlichen direkten und indirekten auf die Unternehmensführung Einfluss nehmenden Faktoren abhängig.[2078] Besteht beispielsweise eine städtische Beteiligung (ggf. in Form einer Mehrheitsbeteiligung), so ist das Forderungsmanagement ggf. differenzierter ausgerichtet als das eines Unternehmens, an dem ausschließlich private gewinnorientierte Gesellschafter beteiligt sind. Mit Wegfall der Gemeinnützigkeit der Wohnungsunternehmen sind jedoch weiterhin kommunalpolitische bzw. gemeinnützige Ziele in den Satzungen der Unternehmen enthalten.[2079] Hier ebenso für das Forderungsmanagement zutreffend, wird das CSR auch als Bestandteil einer guten Unternehmensführung zur langfristigen Steigerung der Wettbewerbsfähigkeit bezeichnet.[2080]

Auch rechtliche Rahmenbedingungen sind bei der Ausrichtung des Forderungsmanagements zu beachten. Beispielsweise sind landeseigene Wohnungsunternehmen in Berlin (gem. § 1 Abs. 1 WoG Bln) zur Wahrnehmung der Wohnungsmarkt- und Versorgungsaufgabe verpflichtet.

Das hiesige Forderungsmanagement kann darüber hinaus Teil eines Unternehmensleitbildes sein. Dieses schärft das Unternehmensprofil und gibt den Mitarbeitern eine entsprechende (Ziel-) Richtung vor, um wiederum sicherzustellen, dass gemeinsame, abteilungsübergreifende und langfristig angelegte unternehmerische Ziele erreicht werden. Einem Einzelnachweis nach, stellt ein Leitbild unternehmensinterne „Leitplanken" dar, welche zur endogenen und exogenen Harmonisierung, und damit zur langfristigen Unternehmenserhaltung und zur Verbundenheit mit dem Unternehmensumfeld, beitragen.[2081]

In diesem Zusammenhang ist insbesondere die Vertrauensbildung zwischen dem Kunden und dem Unternehmen maßgeblich.[2082] Durch den avisierten

---

2077 Unternehmensphilosophie, in: Wirtschaftslexikon Wirtschaft und Schule.

2078 von der Lieth ZWE 2012, 150 (151).

2079 Hermes/Feigl, in: Schulte/Bone-Winkel/Thomas, Handbuch Immobilien-Investition, S. 214.

2080 Eufinger EuZW 2015, 424 (428).

2081 von der Lieth ZWE 2012, 150 (151, 156).

2082 von der Lieth ZWE 2012, 150 (156).

nachhaltigen Mietschuldenabbau mittels der proaktiven und auf den Grundpostulaten der Kommunikation und Kooperation basierenden Forderungselemente, ermöglicht die begrenzte Übernahme sozialer Verantwortung die Steigerung der Wirtschaftlichkeit. In welchem Maße jedoch die Ausrichtung konform des CSR-Grundgedanken ist, hängt insbesondere von den vorgenannten beeinflussenden Faktoren ab.

S. Bilanzielle Bewertung von Mietforderungen

Für die im Rahmen des Jahresabschlusses durchzuführenden Abschlussarbeiten stehen zur Bewertung der Forderungen im Wesentlichen zwei verschiedene, miteinander kombinierbare, Bewertungsverfahren zur Verfügung.[2083]

Nach § 252 Abs. 1 Nr. 3 HGB sind Schulden und Vermögensgegenstände zum Abschlussstichtag unter Berücksichtigung ihrer jeweiligen Risiken ihrer Realisierung vorrangig einzeln zu bewerten.[2084]

Es wird diesbezüglich zwischen uneinbringlichen, zweifelhaften und latent zweifelhaften Forderungen unterschieden.[2085]

Bei einer uneinbringlichen Forderung stehen sichere rechtliche oder faktische Gründe, wie beispielsweise der Abschluss eines Insolvenzverfahrens in Höhe der nicht gedeckten Quote, der Durchsetzung der Forderung gegenüber. Diese sind direkt abzuschreiben.[2086]

Drohen dagegen Zahlungsausfälle des Schuldners mit einer gewissen Wahrscheinlichkeit, liegen zweifelhafte Forderungen vor. Diese sind im Rahmen der Einzelwertberichtigung, unter Berücksichtigung der individuellen Umstände, mit ihrem wahrscheinlichen Wert anzusetzen.[2087] Die Einzelwertberichtigung ergibt sich rechnerisch aus der Differenz zwischen dem Buchwert der Forderung und dem Barwert aller zukünftig zu erwartenden Forderungen.[2088] Im

---

2083 Heynitz/Jörg BC 2003, 97 (97); Sauer, ABC HaBi-StBi, BeckOK, Wertberichtigung; Winnefeld, Bilanz-Handbuch, Rn. 1230 ff.; Senatsverwaltung für Finanzen Berlin BC 2015, 474 (474).

2084 Winnefeld, Bilanz-Handbuch, Rn. 1228; Winkeljohann/Büssow, in: Grottel/Schmidt/Schubert/Winkeljohann. Bilanz-Kommentar, BeckOK, § 252 Rn. 22 ff.

2085 Winnefeld, Bilanz-Handbuch, Rn. 1228; Schubert/Berberich, in: Grottel/Schmidt/Schubert/Winkeljohann. Bilanz-Kommentar, BeckOK, § 253 Rn. 567 f.

2086 Winnefeld, Bilanz-Handbuch, Rn. 1229; BFH DStR 2003, 2060 (2061).

2087 Winnefeld, Bilanz-Handbuch, Rn. 1230; BFH DStR 2003, 2060 (2061); Grottel/Schmidt/Schubert/Winkeljohann. Bilanz-Kommentar, BeckOK, § 252 Rn. 27.

2088 Heynitz/Jörg BC 2003, 97 (98).

vorliegenden Kontext sind insbesondere Forderungen gegenüber eines in Zahlungsschwierigkeiten geratenen Schuldners relevant. Ein Indiz zur notwendig werdenden Forderungsabschreibung kann beispielsweise eine gerichtliche Durchsetzung nach einem mehrfach erfolglosen Mahnverfahren sein.[2089] Auch eine erkennbare Überschuldung und insbesondere die damit verbundene Insolvenzgefahr sind bei der Einzelbewertung, im Sinne des Niederstwertprinzips, zu berücksichtigen.[2090]

Buchhalterisch werden derartige Forderungen von dem übrigen Forderungsbestand durch die Buchung auf das Konto der zweifelhaften Forderungen abgesondert. Am Abschlussstichtag sind dann wiederum Abschreibungen auf die jeweilige Forderung vorzunehmen.[2091] Bei dieser Bewertung kommt dem Ermessen des Kaufmannes eine besondere Bedeutung zu.[2092] Die Schätzung des Ausfallrisikos muss dabei auf objektiven Kriterien beruhen.[2093] Durch die Bewertungsschwierigkeit kann, so lange die Verhältnisse gleich geblieben sind, die betriebliche Erfahrung der Vergangenheit zur Beurteilung herangezogen werden.[2094]

Liegen größere Forderungsbestände vor, was bei Wohnungsunternehmen regelmäßig anzunehmen ist, enthalten diese erfahrungsgemäß Forderungen, deren Ausfallrisiko bis zur Jahresabschlusserstellung nicht bekannt ist.[2095]

Der Zahlungseingang nach dem Bilanzstichtag stellt eine wertaufhellende Tatsache dar und ist, sofern bereits bekannt, im Zeitpunkt der Abschlusserstellung zu berücksichtigen.[2096]

Nach der Ausbuchung der uneinbringlichen und Einzelwertberichtigung der zweifelhaften Forderungen, ist dem Ausfallrisiko dieser latent zweifelhaften Forderungen unter Hinzunahme der Pauschalwertberichtigung Rechnung zu tragen.[2097] Diese soll das allgemeine Kreditrisiko (insbesondere für eine Gruppe von relativ kleinen Forderungen)[2098] im Sinne des Delkredere

---

2089 Winnefeld, Bilanz-Handbuch, Rn. 1230.

2090 Senatsverwaltung für Finanzen Berlin BC 2015, 474 (474); BFH DStR 2003, 2060 (2061); Winnefeld, Bilanz-Handbuch, Rn. 1228; Heynitz/Jörg BC 2003, 97 (98).

2091 Winnefeld, Bilanz-Handbuch, Rn. 1230.

2092 BFH DStR 2003, 2060 (2061 f.).

2093 BFH DStR 2003, 2060 (2061 f.); Winnefeld, Bilanz-Handbuch, Rn. 1230.

2094 BFH BeckRS 1998, 30013355.

2095 Winnefeld, Bilanz-Handbuch, Rn. 1231.

2096 BFH DStR 2003, 2060 (2061 f.).

2097 Winnefeld, Bilanz-Handbuch, Rn. 1231; Heynitz/Jörg BC 2003, 97 (98 f.).

2098 Heynitz/Jörg BC 2003, 97 (99).

abdecken.[2099]

Nach § 253 Abs. 3 S. 1 HGB muss die Bewertung auf einer vernünftigen kaufmännischen Beurteilung beruhen.

Im Grundsatz gilt nach § 252 Abs. 1 Nr. 3 HGB die Einzelwertberichtigung. Seitens des BFH[2100] und des EuGH[2101] ist die Bildung von pauschalierten Bewertungen als Abweichung anerkannt.

Die Ermittlung der Pauschalwertberichtigung muss damit objektiv nachvollziehbar sein.[2102] Dies ist gegeben, wenn diese auf der statistischen Grundlage früherer Geschäftsjahre (des sog. betrieblichen Erfahrungssatzes), unter Berücksichtigung besonderer Umstände des jeweiligen zu bewertenden Geschäftsjahres, beruhen.[2103]

Nach den Grundsätzen zur Rationalisierung der Betriebsprüfung mit Erlass des Finanzministeriums Nordrhein-Westfalen vom 13.6.1995, S-1502 - 4 - V C 5, wird eine Nichtbeanstandungsgrenze i.H.v. ein Prozent der Bemessungsgrundlage des relevanten Umsatzes angeführt.[2104] Dies bedeutet, dass dieser Wert im Rahmen einer Betriebsprüfung als nicht zu beanstanden gilt. Aus diesem Grund wird diese Grenze auch als steuerliche Nichtaufgriffsgrenze bezeichnet.[2105] Dieser Grenze folgen „viele mittelständische Unternehmen widerspruchslos in einer Art vorauseilendem Gehorsam"[2106]. Will der Kaufmann der Höhe nach über diesen Prozentsatz hinaus eine pauschalierte Wertberichtigung vornehmen, ist dafür die Anführung besonderer Berechnungsgrundlagen (z.B. anhand der Risikostruktur)[2107] notwendig.[2108] Lassen die Erkenntnisse des betrieblichen Erfahrungssatzes einen höheren Ansatz zu, ist dies entsprechend anzuführen.

2099 Senatsverwaltung für Finanzen Berlin BC 2015, 474 (474), Heynitz/Jörg BC 2003, 97 (100).

2100 BFH JurionRS 1981, 10471, Rn. 7 ff.

2101 EuGH BStBl II 04, 144, Rz. 119.

2102 Winnefeld, Bilanz-Handbuch, Rn. 1231.

2103 Winnefeld, Bilanz-Handbuch, Rn. 1231, Senatsverwaltung für Finanzen Berlin BC 2015, 474 (475).

2104 ebenso Senatsverwaltung für Finanzen Berlin BC 2015, 474 (475); Heynitz/Jörg BC 2003, 97 (100); Schubert/Berberich, in: Grottel/Schmidt/Schubert/Winkeljohann. Bilanz-Kommentar, BeckOK, § 253 Rn. 585.

2105 Pfleger, Bilanzielle Gestaltungsmöglichkeiten bei den Forderungen, Kap. 3.3.

2106 Pfleger, Bilanzielle Gestaltungsmöglichkeiten bei den Forderungen, Kap. 3.3.

2107 Heynitz/Jörg BC 2003, 97 (99).

2108 Senatsverwaltung für Finanzen Berlin BC 2015, 474 (475).

Seitens der Rechtsprechung und Gesetzgebung wurde diese Bewertungsmethoden (betriebliche Erfahrungssatz und die Nichtbeanstandungsgrenze) bisher rechtlich nicht beanstandet, vielmehr ist der Kaufmann in der Wahl zwischen den verschiedenen Ansatzmethoden grundsätzlich frei.[2109]

In der Praxis häufig verwendete Verfahren ist das gemischte Verfahren aus der Einzel- und Pauschalwertberichtigung.[2110] Im Ergebnis ist damit zunächst die Einzelwertberechtigung zu berücksichtigen und zusätzlich die ermittelte Pauschalwertberechtigung in Abzug zu bringen.[2111]

Zu beachten ist die Einhaltung der Bewertungsstetigkeit gem. § 252 Abs. 1 Nr. 6 HGB. Dies betrifft gem. § 246 Abs. 3 S. 1 HGB auch die Ansatzmethoden.

Buchhalterisch wird die Wertberichtigung im Wege der direkten Abschreibung mit der Buchung „Abschreibung an Forderungen an zweifelhafte Forderungen" vorgenommen.

Die Wertberichtigungen werden auf einem entsprechenden Konto gesammelt und am Bilanzstichtag über das Bestandskonto mit der Buchung „zweifelhafte Forderungen an Forderungen" abgeschlossen.[2112] In der Praxis wird die Buchung auf das Konto der Wertberichtigung regelmäßig nur im Zeitpunkt der Eröffnungs- und Schlussbilanzerstellung vorgenommen. Ist der Bestand der zweifelhaften Forderungen höher als der übrige Forderungsbestand, ist eine ergebnismindernde Buchung, andernfalls eine ergebniserhöhende, um den jeweiligen Differenzbetrag vorzunehmen.[2113]

Neben der Erfüllung handels- und steuerrechtlicher Voraussetzungen, dient eine zeitnahe und den tatsächlichen Wertverhältnissen entsprechende Darstellung, insbesondere der Fokussierung der Forderungen entsprechend ihrer Werthaltigkeit. Der grundsätzliche Vorrang der Einzelwertberichtigung gem. § 252 Abs. 3 Nr. 3 HGB, als Ausprägung des Vorsichtsprinzips[2114], ist hier im Sinne dieses Forderungsmanagements.

2109 BFH BeckRS 1958, 21000389; Heynitz/Jörg BC 2003, 97 (100).

2110 Sauer, ABC HaBi-StBi, BeckOK, Wertberichtigung; Wildt, Bewertungen von Forderungen aus Lieferungen und Leistungen, Kap. Gemischte Bewertung (Einzelwert- und Pauschalwertberichtigung).

2111 Heynitz/Jörg BC 2003, 97 (99 f.); Schubert/Berberich, in: Grottel/Schmidt/Schubert/Winkeljohann. Bilanz-Kommentar, BeckOK, § 253 Rn. 579.

2112 Winnefeld, Bilanz-Handbuch, Rn. 1232.

2113 Winnefeld, Bilanz-Handbuch, Rn. 1232.

2114 Winkeljohann/Büssow, in: Grottel/Schmidt/Schubert/Winkeljohann. Bilanz-Kommentar, BeckOK, § 252 Rn. 22.

Zu untersuchen sind hier die bilanzpolitischen Gestaltungsmöglichkeiten. Die Pauschalwertberichtigung wirkt sich im ersten Jahr der Bildung ergebnismindern und damit gewinnbelastend aus. In den Folgejahren bleibt diese erfolgsneutral und wirkt sich erst bei Auflösung positiv auf das Betriebsergebnis aus. Der Kontenabschluss erfolgt, ebenso wie die Einzelwertberichtigung, über die Gewinn- und Verlustrechnung. Dies bedeutet, dass bilanzpolitisch die Bildung einer Pauschalwertberichtigung gerade in wirtschaftlich besseren Zeiten vorteilhaft sein kann, um in wirtschaftlich schlechteren Zeiten eine Verbesserung des Betriebsergebnisses zu erzielen. Die Bildung der Pauschalwertberichtigung ist an die zuvor ausgeführten Voraussetzungen geknüpft, sodass diese der Höhe nach nicht frei gestaltbar ist. Insgesamt kann der Kaufmann unter Anwendung der Pauschalwertberichtigung unmittelbar (sowohl gewinnverbessernd, als auch gewinnverschlechternd) bilanzpolitisch gestaltend wirken.

Unter Einhaltung der Grundsätze ordnungsgemäßer Buchführung, kann auch eine gestaltende Anwendung mittels der Bildung einer Einzelwertberichtigung in Betracht kommen.

In wirtschaftlich starken Jahren kann die Bildung der Einzelwertberichtigung großzügiger (nach kaufmännischer Vorsicht) vorgenommen werden. Somit wird das Betriebsergebnis vor Steuern unmittelbar über den aufwandserhöhenden Eingriff, und damit über die Gewinn- und Verlustrechnung, gesenkt. Die Steuerbelastung sinkt damit zunächst. Zu beachten ist jedoch, dass Zugänge auf bereits wertberichtigte Forderungen als außerordentliche periodenfremde Erträge im Jahr des Zuflusses versteuert werden.

Umgekehrt ist ein Verzicht auf die Bildung der Einzelwertberichtigung, aufgrund der Einhaltung des Niederstwertprinzips, kaum möglich. Liegt dem Kaufmann die Kenntnis eines Ausfallrisikos vor, so ist diese Forderung, entsprechend der Höhe des Ausfallrisikos nach, zu wertberichtigen.

Statt ergebnisverbessernde Maßnahmen, wie etwa die Erhöhung der Verkaufszahlen vor dem Bilanzstichtag[2115], führt im vorliegenden Kontext die erfolgreiche Beitreibungen offener Mietforderungen kurz vor dem Bilanzstichtag eine Ergebnisverbesserung herbei. Dies ist z.B. durch die kurzfristige Intensivierung des Forderungsmanagements zu erreichen.

Im Ergebnis ist die Einzelwertberichtigung als Hauptinstrument zur bilanziellen Gestaltung anzusehen.[2116] Daneben kann die Pauschalwertberichtigung als ein zusätzliches Gestaltungsinstrument genutzt werden.

2115 Pfleger, Bilanzielle Gestaltungsmöglichkeiten bei den Forderungen, Kap. 2.

2116 Z. 431 ff. Anhang III dieser Ausarbeitung.

Nicht weiter ausgeführt, jedoch an dieser Stelle zu empfehlen, ist die Umsetzung einer unternehmensinternen Ausbuchungsrichtlinie[2117].

Im Grundsatz wird hier jedoch die Sicherung der Werthaltigkeit der Forderungen durch Nutzung des Sozialen Forderungsmanagementsystems, als die effizienteste Möglichkeit zur unmittelbaren positiven Einflussnahme auf das Betriebsergebnis, angenommen.

2117 Z. 433 ff Anhang III dieser Ausarbeitung.

4. Teil: Ergebnis

A. Legaldefinition Soziales Forderungsmanagement

Unter der Bezeichnung des Sozialen Forderungsmanagements wird ein in der Wohnungswirtschaft strukturiert anwendbares, auf den Grundelementen der Kooperation und Kommunikation basierendes, proaktiv agierendes und ganzheitlich ausgestaltetes Mietforderungsmanagement verstanden.

Das Eskalationsniveau des Forderungsprozesses steigt im Zeitverlauf sukzessive. Nicht nur der Abbau bereits entstandener Mietschulden steht im Fokus, sondern das Soziale Forderungsmanagement möchte bereits die Entstehung etwaiger Mietschulden verhindern. Die absolute Zielsetzung dieser Unternehmensaufgabe liegt in der Wohnraumerhaltung. Unabhängig vom Eskalationsniveau ist der Forderungsprozess jederzeit unter der Bedingung des Mietschuldenabbaus bzw. der Erarbeitung eines gemeinsamen und konkreten Mietschuldenbereinigungsplanes erfolgreich beendbar.

Die absolute Zielsetzung der Wohnraumerhaltung, unter der Erfüllung der vorgenannten Bedingungen, soll die Effizienz des Forderungsmanagements dadurch steigern, dass Mietschulden in einem bestehenden Wohnraummietverhältnis, aufgrund des überragenden persönlichen Interesses an der Erhaltung des Lebensmittelpunktes, regelmäßig werthaltiger sind als im Rahmen eines bereits beendeten.

In Abgrenzung zu einengenden Prozessansätzen wird zur gemeinsamen Zielerreichung ein kooperativer Umgang zwischen den Mietvertragspartnern gepflegt.

Die Anwendung des frühestmöglichen Kündigungszeitpunktes als ein restriktives Prozesselement, dient mittels des Aufzeigens der Notwendigkeit einer vertragsgemäßen Mietzahlung, der Aufforderung der Kooperation, und damit mithin der Anbahnung eines kooperativen Verhältnisses zur gemeinsamen Zielerreichung. Dieser Umgang dient der Entwicklung gemeinsamer Lösungsstrategien unter Beachtung der persönlichen und wirtschaftlichen Verhältnisse des Mietvertragspartners.

In Abgrenzung restriktiv geprägter Forderungssysteme, beginnt der Prozess des Sozialen Forderungsmanagements bereits proaktiv bei der Auswahl des geeigneten Geschäftspartners. Dieses Prozesselement bestimmt bereits maßgeblich die tatsächliche Werthaltigkeit der möglicherweise entstehenden Mietforderung.

Das Soziale Forderungsmanagement ist auch als ein mediativer Forderungsansatz zu bezeichnen.

B. Prozessgestaltung Soziales Forderungsmanagement

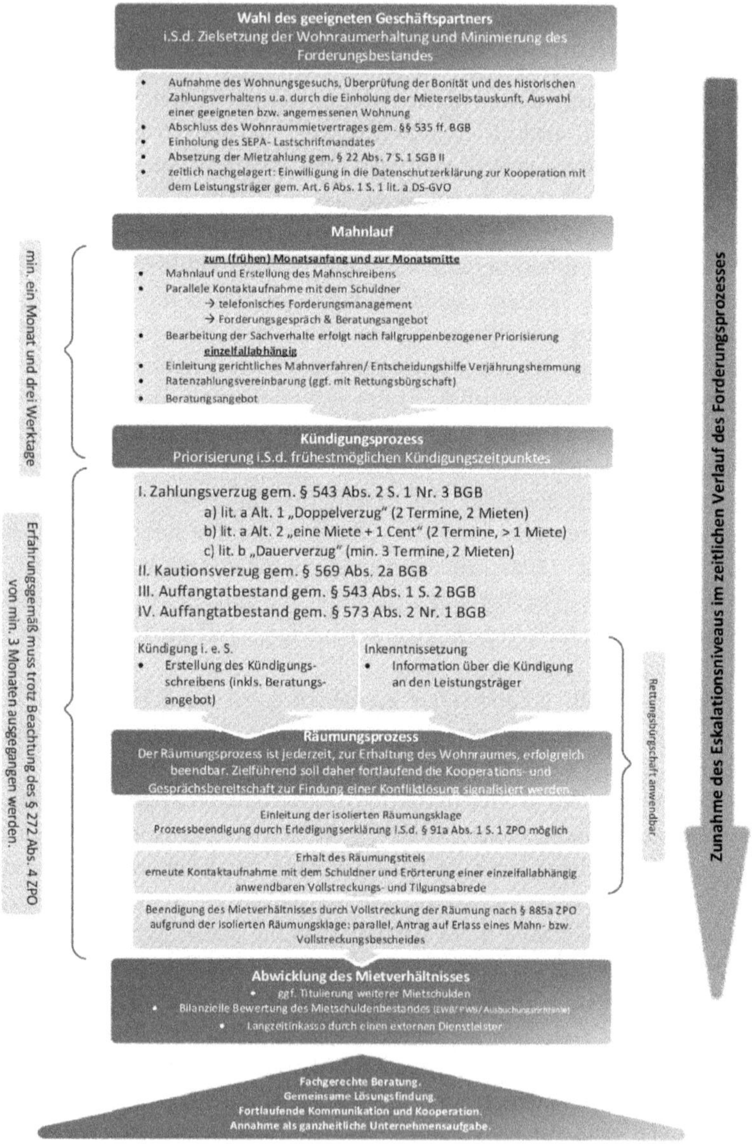

C. Zusammenfassende Thesen

I. Thesen der grundsätzlichen Konzeptausrichtung

1. Das Forderungsmanagement eines Wohnungsunternehmens ist eines der wichtigsten Kernbereiche.[2118] Eine Verbesserung in diesem Bereich ist unmittelbar ergebniswirksam.[2119]
2. Der Sozialbegriff des vorliegenden Managementkonzepts wird insbesondere durch das vom Eskalationsniveau unabhängige Ziel der Wohnraumerhaltung und der dazu angewendeten Kommunikations- und Kooperationselemente charakterisiert.[2120]
3. Das Soziale Forderungsmanagement nutzt den sozialverträglichen Umgang zur Effizienzsteigerung.[2121]
4. Der Forderungsprozess ist jederzeit, unter der Erfüllung der Bedingung des Mietschuldenabbaus, erfolgreich zur Wohnraumerhaltung beendbar.[2122]
5. Das Soziale Forderungsmanagement ist nicht nur reaktiv, sondern beugt bereits proaktiv der Entstehung von Mietschulden vor.[2123] Die Wahl des geeigneten Geschäftspartners ist dabei bereits der erste Prozessschritt.[2124] Gegenüber einem Leistungsbezieher wird die Vermietung einer im Sinne von § 22 SGB II kostenunangemessenen Wohnung abgelehnt.[2125]

2118 2. Teil, B., II. dieser Ausarbeitung.

2119 3. Teil, F., I., 1., a), aa) dieser Ausarbeitung; 3. Teil, R. dieser Ausarbeitung; 3. Teil, S. dieser Ausarbeitung; Z. 53 ff. Anhang IV dieser Ausarbeitung.

2120 2. Teil, F., II. dieser Ausarbeitung; 4. Teil, A. dieser Ausarbeitung.

2121 2. Teil, F., II. dieser Ausarbeitung; 4. Teil, A. dieser Ausarbeitung.

2122 2. Teil, E. dieser Ausarbeitung; 4. Teil, B. dieser Ausarbeitung.

2123 2. Teil, A. dieser Ausarbeitung; 2. Teil, C. dieser Ausarbeitung; 2. Teil, F., 1. dieser Ausarbeitung; 3. Teil, A. dieser Ausarbeitung; 3. Teil, B. dieser Ausarbeitung; 3. Teil, F., I., 5. dieser Ausarbeitung; 3. Teil, K., V. dieser Ausarbeitung; 4. Teil, A. dieser Ausarbeitung; 4. Teil, B. dieser Ausarbeitung.

2124 3. Teil, B. dieser Ausarbeitung; 4. Teil, A. dieser Ausarbeitung; 4. Teil, B. dieser Ausarbeitung.

2125 3. Teil, A. dieser Ausarbeitung; 3. Teil, K., III. dieser Ausarbeitung; 4. Teil, A. dieser Ausarbeitung.

6. Ziel des Sozialen Forderungsmanagements ist die möglichst weitreichende unternehmensinterne Abwicklung der verschiedenen Forderungsprozessschritte.[2126]
7. Der Vermieter versteht sich hier als Unterstützer der den säumigen Mieter mit einem geeigneten Maß an Härte zur Kooperation auffordert, um diesem im Nachgang permanent, einzelfallbezogen, lösungsorientiert und damit partnerschaftlich unterstützend zur Seite zu stehen.[2127]
8. Notwendige Grundvoraussetzung im Rahmen des Sozialen Forderungsmanagement ist eine intensive und fortlaufende Personalentwicklung, welche insbesondere die Vermittlung relevanter Rechtskenntnisse in den Bereichen des Miet-, Sozial-, Insolvenzrechts beinhaltet.[2128] Darüber hinaus wird die allgemeine Sensibilisierung der möglichen Ursachen für die Entstehung von Mietschulden, wie etwa der Prokrastination[2129], empfohlen. Zielsetzung dieser Sensibilisierung ist jedoch nicht die langwierige und zeitintensive Ursachenforschung im Einzelfall, sondern diese soll vielmehr ein entsprechendes Grundverständnis für die Ursache der Entstehung von Mietschulden vermitteln.[2130]
9. Es gilt innerhalb des Dreiecksverhältnisses zwischen dem Mieter, Vermieter und Leistungsträger die existierenden Kooperationsbarrieren abzubauen.[2131]
10. Unter anderem zur Vermeidung von unternehmensinternen Interessenskonflikten, sollte die übergeordnete und Prozess- und Ergebnisverantwortung ein rechtlich geschulter Forderungsmanager (wie etwa ein Wirtschaftsjurist), unter der Funktionsbezeichnung des Leiters des Kaufmännischen Immobilienmanagements, tragen.[2132]

2126 2. Teil, E. dieser Ausarbeitung; 2. Teil, F., II., 2. dieser Ausarbeitung; 4. Teil, A. dieser Ausarbeitung; 4. Teil, B. dieser Ausarbeitung.

2127 2. Teil, F., II. dieser Ausarbeitung; 3. Teil, F. dieser Ausarbeitung; 3. Teil, F., III. dieser Ausarbeitung; 3. Teil, F., IV. dieser Ausarbeitung; 3. Teil, Q., V. dieser Ausarbeitung; 4. Teil, A. dieser Ausarbeitung.

2128 3. Teil, B. dieser Ausarbeitung; 3. Teil, R. dieser Ausarbeitung.

2129 3. Teil, Q., dieser Ausarbeitung.

2130 3. Teil, F., II., 2. dieser Ausarbeitung; 2. Teil, F., II., 3. dieser Ausarbeitung; 2. Teil, F., IV. dieser Ausarbeitung; 3. Teil, Q., I. dieser Ausarbeitung; 3. Teil, Q., V. dieser Ausarbeitung; 3. Teil, R. dieser Ausarbeitung.

2131 3. Teil, F., II., 2 dieser Ausarbeitung.

2132 3. Teil, B. dieser Ausarbeitung.

II. Thesen der Forderungsprozessgestaltung

11. Für den gesamten Forderungsprozess gelten eine zeitliche und inhaltliche Straffung, sowie eine im Zeitverlauf permanente und fortlaufende Profilschärfung unter der Nutzung der Aspekte der Kommunikation und Kooperation.[2133]
12. Trotz möglichst weitreichender Flexibilisierung des Forderungsprozesses wird die Schaffung von wiederkehrenden Prozessschritten und Abläufen empfohlen, da dies dem Mitarbeiter und dem Kunden ein Höchstmaß an Rechtssicherheit, Transparenz und Handlungsfähigkeit gewährleistet und signalisiert.[2134]
13. Die Wahl des geeigneten Geschäftspartners bestimmt bereits die Qualität einer zukünftig möglicherweise entstehenden Mietforderung und nimmt damit unmittelbar Einfluss auf die Effizienz des Gesamtkonzeptes. Es erfolgt ein Aufbruch des bisherigen Forderungsmanagementverständnisses.[2135]
14. Entscheidend für die Effizienz des Sozialen Forderungsmanagements ist insbesondere die Reaktionszeit. Je niedriger der Mietrückstand (noch) ist, desto mehr Problemlösungsmöglichkeiten sind dem Grundsatz nach vorhanden.[2136]
15. Handelt es sich bei dem zukünftigen Mieter um einen Leistungsempfänger, so ist die Absetzung der Mietzahlung i.S.v. § 22 Abs. 8 S. 1 SGB II, beispielsweise mittels der hier erstellen Vorlage[2137], zu avisieren.[2138]
16. Ein geeigneter Geschäftspartner muss sich nicht nur unter wirtschaftlichen Gesichtspunkten für die gewünschte Wohnung bewähren, sondern er sollte sich insbesondere bereits im Erstkontakt kooperativ und zuverlässig verhalten.[2139]

2133 3. Teil dieser Ausarbeitung; 3. Teil, F. dieser Ausarbeitung; 3. Teil, K., VII. dieser Ausarbeitung; 4. Teil, A. dieser Ausarbeitung; 4. Teil, B. dieser Ausarbeitung.

2134 3. Teil dieser Ausarbeitung.

2135 3. Teil, A. dieser Ausarbeitung.

2136 3. Teil dieser Ausarbeitung; 3. Teil, D. dieser Ausarbeitung.

2137 Anhang X dieser Ausarbeitung.

2138 3. Teil, A. dieser Ausarbeitung; 3. Teil, K., V. dieser Ausarbeitung; 4. Teil, B. dieser Ausarbeitung.

2139 3. Teil, A. dieser Ausarbeitung; 3. Teil, F., II., 2. dieser Ausarbeitung; 3. Teil, K., VIII. dieser Ausarbeitung; 3. Teil, K., IX. dieser Ausarbeitung.

17. Zur Basisabsicherung ist mietvertragsrechtlich eine maximale Sicherheitsleistung i.S.v. § 551 Abs. 1 BGB zu vereinbaren. Die Sicherheitsleistung kann grds. mit unstreitigen Forderungen während und mit streitigen Forderungen nach Beendigung des Mietverhältnisses verrechnet werden. Eine Verrechnung während des Mietverhältnisses wird vorliegend abgelehnt.[2140]
18. Es wird die Änderung des Wortlautes gem. § 551 Abs. 2 BGB empfohlen. Der Wortlaut der Zahlung sollte durch den Leistungsbegriff ersetzt werden.[2141]
19. Als Sicherungsmittel zur vertragsgemäßen Mietzahlung ist ein SEPA-Lastschriftmandat bereits im Zeitpinkt des Mietvertragsschlusses einzuholen.[2142] Die Ankündigungsfrist sollte von der vierzehntägigen Maximalfrist auf acht Tage verkürzt werden.[2143]
20. Entstehen Mietrückstände, werden diese solange angemahnt bis die Eröffnung eines Kündigungstatbestandes gegeben ist.
    Es wird die Durchführung eines sehr zeitnahen Mahnlauf zu Beginn und eines weiteren Mahnlaufs zur Monatsmitte eines jeden Monats empfohlen. Wobei die Durchführung eines dritten monatlichen Mahnlaufes mangels weiterer Effizienz abgelehnt wird.[2144]
21. Eine Ursachenforschung hinsichtlich der Entstehung der jeweiligen Mietschuld wird nur empfohlen, wenn diese wiederum der Problemlösung dient. Es gilt die permanente Fokussierung der Lösung.[2145]
22. Die Möglichkeit der Barzahlung ist aufrechtzuerhalten, um jenen persönlichen Kontaktmoment mit einem säumigen Mieter für das Führen eines Forderungsgespräches nutzen zu können.[2146]
23. Wird ein Mietvertrag mit einem Transferleistungsempfänger abgeschlossen, so ist bereits im Zeitpunkt des Mietvertragsschlusses eine entsprechende Vereinbarung (im Sinne der Einwilligung gem. Art. 6 S. 1 lit. a DS-GVO) zur datenschutzkonformen Kommunikation mit dem Transferleistungsträger[2147]

2140 3. Teil, F., I., 3. Dieser Ausarbeitung.
2141 3. Teil, F., I., 3. Dieser Ausarbeitung.
2142 3. Teil, A. dieser Ausarbeitung; 4. Teil, B. dieser Ausarbeitung.
2143 3. Teil, C. dieser Ausarbeitung.
2144 3. Teil, D. dieser Ausarbeitung; 4. Teil, B. dieser Ausarbeitung.
2145 2. Teil, IV. dieser Ausarbeitung; 2. Teil, F., II., 2. dieser Ausarbeitung; 2. Teil, F., II., 3. dieser Ausarbeitung; 3. Teil, F., IV. dieser Ausarbeitung; 3. Teil, Q., V. dieser Ausarbeitung; 3. Teil, R. dieser Ausarbeitung.
2146 3. Teil, C. dieser Ausarbeitung.
2147 Anhang VIII dieser Ausarbeitung.

abzuschließen.[2148]

24. Im Sozialen Forderungsmanagement gilt dem Grundsatz nach der Vorrang der außergerichtlichen Forderungsbeitreibung.[2149]
25. Die Anwendung des gerichtlichen Mahnverfahrens gem. §§ 688 ff. ZPO wird sehr zurückhaltend und lediglich einzelfallabhängig empfohlen.[2150] Entsteht ein Mietrückstand wird dieser solange außergerichtlich angemahnt bis der ein Tatbestand der fristlosen Kündigung eröffnet ist.[2151] Dies dient insbesondere der Minimierung des Prozesskostenrisikos[2152].[2153]
26. Der frühestmögliche Kündigungszeitpunkt ist eines der Kernelemente des Sozialen Forderungsmanagements.[2154] Die Unterlassung der Kündigung sollte einer hohen Hürde unterliegen.[2155]
27. Der frühestmögliche Kündigungszeitpunkt ist lediglich auf den ersten Blick ein repressives oder einengendes, auf dem zweiten Blick jedoch vielmehr ein unterstützendes Prozesselement, welches unmittelbar der nachhaltigen und frühzeitigen Kontaktaufnahme mit dem Schuldner und einer daran anschließenden gemeinsamen Lösungsfindung im Zahlungskonflikt zur Erhaltung des Wohnraumes dient.[2156]
28. Als Kündigungsmöglichkeiten im Sinne des frühestmöglichen Kündigungszeitpunktes kommen die Tatbestände der fristlosen Kündigungen gem. § 543 Abs. 2 S. 1 Nr. 3 BGB (Doppel- und Dauerverzug, sowie „zwei Mieten aus mehr als zwei Terminen“), § 569 Abs. 2a S. 1 BGB (Hinterlegungsverzug) und der Tatbestand i.S.v. § 543 Abs. 1 S. 2 BGB (ständig unpünktliche Mietzahlung) in Betracht.[2157] Als praxisrelevanter Tatbestand der ordentlichen Kündigung gem. § 573 Abs. 2 Nr. 1 BGB wird insbesondere der

---

2148 2. Teil, A. dieser Ausarbeitung; 3. Teil, P. dieser Ausarbeitung; 4. Teil, B. dieser Ausarbeitung.

2149 2. Teil, E. 4. dieser Ausarbeitung; Teil, B. dieser Ausarbeitung.

2150 2. Teil, E. dieser Ausarbeitung; 3. Teil, E. dieser Ausarbeitung; 4. Teil, B. dieser Ausarbeitung.

2151 3. Teil, D. dieser Ausarbeitung.

2152 3. Teil, N. dieser Ausarbeitung.

2153 2. Teil, E. dieser Ausarbeitung.

2154 1. Teil, C. dieser Ausarbeitung; 2. Teil, F., II., 2. dieser Ausarbeitung; 3. Teil, F. dieser Ausarbeitung.

2155 3. Teil, F. dieser Ausarbeitung.

2156 2. Teil, F., II., 2. dieser Ausarbeitung; 3. Teil, F. dieser Ausarbeitung; 3. Teil, F., III. dieser Ausarbeitung; 3. Teil, F., IV. dieser Ausarbeitung; 4. Teil, A. dieser Ausarbeitung.

2157 3. Teil, F., I. dieser Ausarbeitung; 4. Teil, B. dieser Ausarbeitung.

Zahlungsverzug im Rahmen der Nachforderung aus der Betriebskostenabrechnung angeführt.[2158]

29. Es wird aus Gründen der Anwendungstransparenz und Rechtssicherheit die vorrangige Nutzung der konkret benannten Regelbeispiele gem. § 543 Abs. 2 S. 1 Nr. 3 BGB und gem. § 569 Abs. 2a BGB gegenüber dem Auffangtatbestand gem. § 543 Abs. 1 S. 2 BGB empfohlen. Die Nutzung des § 569 Abs. 2a BGB, als indirekt ergebniswirksamer Kündigungstatbestand, ist gegenüber derer die eine direkte Ergebnisverbesserung bewirken zurückzustellen.[2159]
30. Die Regelbeispiele gem. § 543 Abs. 2 S. 1 Nr. 3 BGB bilden praxisrelevante Sachverhalte ab und sind hinreichend konkretisiert dargestellt.[2160]
31. Ein dauerhaft unpünktlich zahlender Mieter verhält sich vertragswidrig und schädigend. Mit einem konkreten Formulierungsentwurf[2161] erfolgt der Vorschlag zur Erweiterung des § 543 Abs. 2 S. 1 Nr. 3 BGB um die ausdrückliche Fixierung des Kündigungstatbestandes der unpünktlichen Mietzahlung.[2162]
32. Der Hinterlegungsverzug der Sicherheitsleistung gem. § 569 Abs. 2a S. 1 BGB, ist ebenso konzeptionell relevant im Sinne des frühestmöglichen Kündigungszeitpunktes wie etwa die Mietzahlungsverzugstatbestände.[2163]
33. Auch die Möglichkeit der ordentlichen Kündigung des Mietverhältnisses aufgrund vertragswidriger Mietzahlung oder rückständiger Betriebskostennachforderung gem. § 573 Abs. 2 S. 1 Nr. 3 BGB ist im Sinne des frühestmöglichen Kündigungszeitpunktes zu nutzen.[2164]
34. Zur Kostenreduzierung gilt nach Aussprache der Kündigung die Zielsetzung der Verfahrensbeendigung vor Eintritt der Rechtshängigkeit der Klage.[2165]

2158 3. Teil, F., II., 3. dieser Ausarbeitung.
2159 3. Teil, F. dieser Ausarbeitung; 3. Teil, F., III. dieser Ausarbeitung; 4. Teil, B. dieser Ausarbeitung.
2160 2. Teil, F., II., 3. dieser Ausarbeitung; 3. Teil, F., III. dieser Ausarbeitung.
2161 Anhang V dieser Ausarbeitung.
2162 3. Teil, F., I., 1., a) dieser Ausarbeitung.
2163 3. Teil, F., I., 3. dieser Ausarbeitung; 3. Teil, F., III. dieser Ausarbeitung; 4. Teil, B. dieser Ausarbeitung.
2164 3. Teil, F., II. dieser Ausarbeitung; 3. Teil, F., III. dieser Ausarbeitung.
2165 3. Teil, H., VI. dieser Ausarbeitung.

35. Das Prozesskostenrisiko im wohnungswirtschaftlichen Forderungsmanagement beziffert überwiegend das Risiko der Beitreibung der bereits verauslagten Kosten und weicht damit von dem eigentlichen Prozesskostenrisikoverständnis ab.[2166]
36. Steht der Mietschuldner im Leistungsbezug nach dem SGB II, stellt die Schuldenübernahmemöglichkeit nach § 22 Abs. 8 SGB II eine effektive und gängige Schuldenabbaumöglichkeit dar. Alternativ ist die Verpflichtung der öffentlichen Stelle gem. § 569 Abs. 3 Nr. 2 BGB zu avisieren.[2167]
37. Eine Straffung des Forderungsprozesses, und die damit zunehmend drohenden Wohnungslosigkeit, unterstützt den Mieter bei der Beantragung der darlehensmäßen Übernahme der Mietschulden i.S.v. § 22 Abs. 8 SGB II.[2168]
38. Forderungen in einem bestehenden Mietverhältnis sind dem Grundsatz nach werthaltiger als die im Rahmen eines bereits beendeten. Bei Transferleistungsempfängern wirkt sich dies aufgrund sozialrechtlicher Normierungen noch gewichtiger aus. Die Werthaltigkeit der Mietschulden von Transferleistungsempfängern ist damit abhängig von der Fortsetzung des Mietverhältnisses.[2169]
39. Die Absetzung der Kosten der Unterkunft und Heizung an den Vermieter (i.S.v. § 22 Abs. 7 S. 1 SGB II) dient einer Art Basisabsicherung, bietet jedoch aufgrund der Sanktionierbarkeit der Transferleistungen lediglich bei einem zuverlässigen Geschäftspartner eine entsprechende Sicherheit.[2170]
40. Es wird in erster Linie dafür plädiert die Absetzung der Mietzahlung i.S.v. § 22 Abs. 7 S. 1 SGB II als ein sog. Opt-Out-Modell auszugestalten. Nachrangig ist alternativ zumindest die ausdrückliche gesetzliche Fixierung der freiwilligen Absetzung gesetzlich aufzunehmen.[2171]
41. Die Rettungsbürgschaft stellt ein der Höhe nach vollumfängliches Sicherungsmittel dar und dient insbesondere als sinnvolle Ergänzung des Abschlusses einer Ratenzahlungsvereinbarung.
    Eine Bürgschaft ist nur dann als höherwertiges Sicherungsmittel im Vergleich zur Sicherheitsleistung nach § 551 Abs. 1 BGB anzusehen, wenn es

2166 3. Teil, N. dieser Ausarbeitung.

2167 3. Teil, H. dieser Ausarbeitung; 3. Teil, K., VII dieser Ausarbeitung.

2168 3. Teil, F. dieser Ausarbeitung; 3. Teil, K., VII dieser Ausarbeitung; 3. Teil, K., IX. dieser Ausarbeitung.

2169 3. Teil, K., IX. dieser Ausarbeitung; 4. Teil, A. dieser Ausarbeitung.

2170 3. Teil, K., V. dieser Ausarbeitung; 3. Teil, A. dieser Ausarbeitung.

2171 3. Teil, K., IX dieser Ausarbeitung.

sich bei den Bürgen um die Eltern des Mietvertragspartners handelt und die Sicherung als Vermietungsvoraussetzung charakterisiert ist.[2172]

42. Die Nutzung des frühestmöglichen Kündigungszeitpunktes geht der Vereinbarung einer Ratenzahlung vor. Eine überwiegend im Erstkontakt ablehnende Haltung gegenüber dem Abschluss einer Ratenzahlungsvereinbarung, belässt die Verantwortung zur Findung einer Zahlungskonfliktlösung beim säumigen Mieter und fördert den sofortigen und vollständigen Forderungsabbau.[2173]
43. Unter strategischen Gesichtspunkten ist die Isolierung des Räumungsanspruches und der anschließende Weg über das gerichtliche Mahnverfahren, zur Titulierung der Zahlungsrückstände, sinnvoller im Sinne des Sozialen Forderungsmanagement als eine verbundene Räumungs- und Zahlungsklage.[2174]
44. Die Anwendung einer Vollstreckungs- und Tilgungsabrede sichert den Wohnungserhalt bei bereits erwirktem Räumungstitel und nunmehr bestehender Kooperationsbereitschaft des Mieters.[2175]
45. Das Beratungsangebot, nach hier erstellter Vorlage[2176], soll den Mieter aktivieren und zugleich die bestehende Kooperationsbereitschaft des Vermieters zur gemeinsamen Lösungsfindung vermitteln. Dieses ist bereits bei ersten Indizien auf eine mögliche Mietschuldenentstehung, etwa durch eine entstandene Arbeitslosigkeit, und spätestens jedoch vor oder mit dem Aussprechen der Kündigung und im weiteren Verlauf zu nutzen.[2177]
46. Forderungen gegenüber Mietern, die offensichtlich insolvenzgefährdet sind bzw. die bereits den Antrag auf Eröffnung eines Insolvenzverfahrens gestellt haben, sind durch Nutzung der fallgruppenbezogenen Priorisierung entsprechend priorisiert zu bearbeiten.[2178]
47. Im Hinblick auf die Kündigungssperre nach § 112 Nr. 1 InsO ist im Falle einer möglicherweise bevorstehenden Verbraucherinsolvenz der frühestmögliche Kündigungszeitpunkt separat und priorisiert zu prüfen. Die

2172 3. Teil, L., I. dieser Ausarbeitung; 3. Teil, L., II. dieser Ausarbeitung.
2173 3. Teil, I. dieser Ausarbeitung; 3. Teil, L., I., 1. dieser Ausarbeitung.
2174 3. Teil, G. dieser Ausarbeitung; 4. Teil, B. dieser Ausarbeitung.
2175 3. Teil, I., III. dieser Ausarbeitung.
2176 Anhang VII dieser Ausarbeitung.
2177 3. Teil, F., IV. dieser Ausarbeitung; 3. Teil, J. dieser Ausarbeitung; 4. Teil, B. dieser Ausarbeitung.
2178 3. Teil. M., I. dieser Ausarbeitung.

Regelung gem. § 108 Abs. 1, 3 InsO trennt das Mietverhältnis und die jeweiligen Forderungsmaßnahmen.[2179]

48. Mietschulden die ab dem Zeitpunkt der Verfahrenseröffnung entstehen sind Masseverbindlichkeiten gem. § 55 Abs. 1 Nr. 2 Alt. 2 InsO. Ansprüche die aus dem Zeitraum vor der Eröffnung der Insolvenz stammen sind Insolvenzforderungen gem. § 108 Abs. 3 InsO. Eine Nachforderung aus der Betriebskostenabrechnung ist, ihrer Abgrenzungsbedürftigkeit geschuldet, ist regemäßig eine Mischform.[2180]
49. Mit dem Wirksamwerden der Enthaftungserklärung nach § 109 Abs. 1 S. 2 InsO entfalten die bereits vor Insolvenzantragstellung aufgelaufenen Mietrückstände eine erneute Kündigungsrelevanz im Sinne des frühestmöglichen Kündigungszeitpunktes. Kam es bis zu diesem Zeitpunkt zu keiner nachhaltigen Kooperation, ist die Kündigung im Sinne einer Schadensminimierung auszusprechen und das Mietverhältnis schnellstmöglich abzuwickeln.[2181]
50. Die Anmeldung zur Insolvenztabelle i.S.v. § 174 Abs. 1 S. 1 InsO wird aus wirtschaftlichen und strategischen Gründen stets empfohlen. Die mit der Regelung nach § 290 Abs. 1 S. 1 InsO verbundenen Einwirkungsmöglichkeit, ist ein gewichtigerer Grund zur Forderungsanmeldung als eine mögliche quotenmäßige Befriedigung.[2182]
51. Die Hinzuziehung der Kaution zur Insolvenzmasse ist bei einem bestehenden Mietverhältnis mit dem weiterhin bestehenden Sicherungsbedürfnis ablehnend zu begründen.[2183]
52. Die aufgrund der Anfechtungstatbestände gem. §§ 130 – 146 InsO für den Vermieter als Gefahr zu deklarierende Möglichkeit der Rückforderung, sollte das Forderungsmanagement nicht von der gutgläubigen Vereinnahmung von Mietschulden abhalten.[2184]
53. In dem der Vermieter eine den einschlägigen Regelungen der DS-GVO entsprechende und damit insbesondere freiwillige und klar formulierte Zustimmung zur Verarbeitung personenbezogener Daten einholt, stellt er die

2179 3. Teil, H., VII. dieser Ausarbeitung; 3. Teil, M., I. dieser Ausarbeitung; 3. Teil, M., II. dieser Ausarbeitung.

2180 3. Teil, M., II. dieser Ausarbeitung.

2181 3. Teil, M., II. dieser Ausarbeitung.

2182 3. Teil, M., II. dieser Ausarbeitung.

2183 3. Teil, M., III. dieser Ausarbeitung.

2184 3. Teil, M., I. dieser Ausarbeitung.

Kooperation zwischen dem Vermieter und Leistungsträger durch die Nutzung der hier erarbeiteten Vorlage[2185] auf eine datenschutzkonforme Basis. Die Einwilligung des Betroffenen (gem. Art. 6 Abs. 1 S. 1 lit. a DS-GVO) stellt die einzige Möglichkeit zur datenschutzkonformen Erhebung und Verarbeitung von personenbezogenen Daten dar, damit diese eben nicht hinter dem Rücken des Betroffenen zwischen dem Vermieter und Leistungsträger stattfindet.[2186]

54. Die Einzelwertberichtigung ist das Hauptinstrument der Forderungsbewertung. Bilanzgestalterisch kann ebenso die Pauschalwertberichtigung genutzt werden.[2187]
55. Die Forderungssicherung gegen den Eintritt der Verjährung ist ein Kernelement des Forderungsmanagements. Zur Beurteilung der wirtschaftlichen Sinnhaftigkeit der Sicherung, dient die entwickelte und formalisierte Entscheidungshilfe.
    Wenn die prognostizierte Erfolgsquote binnen der nächsten 30 Jahre (in Prozent) multipliziert mit der Forderungshöhe (in Euro) größer/ gleich der Kosten der Titulierung (in Euro) multipliziert mit dem Faktor 1,5 ist, dann ist die Titulierung zur Forderungssicherung hier wirtschaftlich vertretbar.[2188]
56. Ist das Mietverhältnis beendet und konnten die Mietrückstände nicht abgebaut werden, so ist die offene Forderung an ein externes Inkassounternehmen zur Langzeitüberwachung abzugeben. Dies verhindert die Bindung weiterer personeller Kapazitäten für bereits abgewickelten, und demnach nicht mehr priorisiert zu betrachtende, Mietverhältnisse und deren weiterhin bestehenden Mietforderungen.[2189]

III. Thesen der Psychologie

57. Erstmalig wird der psychologische Erklärungsansatz der Prokrastination zur Begründung für die Entstehung von Mietschulden angeführt.[2190]
58. Die Funktionalität des Sozialen Forderungsmanagement ist anhand des psychologischen Entscheidungsverhaltens dargelegt.[2191]

2185 Anhang VIII dieser Ausarbeitung.
2186 3. Teil, P. dieser Ausarbeitung.
2187 3. Teil, S. dieser Ausarbeitung.
2188 3. Teil, O. dieser Ausarbeitung.
2189 2. Teil, C., III. dieser Ausarbeitung; 4. Teil, B. dieser Ausarbeitung.
2190 1. Teil, B. dieser Ausarbeitung; 3. Teil, Q., I. dieser Ausarbeitung.
2191 3. Teil, Q., I. dieser Ausarbeitung; 3. Teil, Q., V. dieser Ausarbeitung.

59. Der frühestmögliche Kündigungszeitpunkt schafft die Bildung einer dominanten Entscheidungsalternative, sodass der Entscheider (unter Umständen ein Prokrastinierer), aufgrund einer nunmehr vorhandenen Wertbeimessung, zur Zahlung des Mietrückstandes und damit zur Heilung der Kündigung i.S.v. § 569 Abs. 3 Nr. 2 BGB angeleitet wird.[2192]
60. Der Umgang mit einem Prokrastinierer bedeutet für das Soziale Forderungsmanagement eine permanente Verhaltenskorrektur.[2193]

IV. Thesen des Gesamtkonzeptes

61. Bei dem Sozialen Forderungsmanagement handelt es sich um das einzig bekannte, konzeptionell ausgestaltete und anwendbare Mietforderungsmanagement in der Wohnungswirtschaft.[2194]
62. Dieses Managementkonzept ist als eine ganzheitliche Unternehmensaufgabe anzusehen, es bedarf der Existenz einer unterstützenden Unternehmensphilosophie.[2195]
63. Als ein vollumfängliches sowie schlüssiges Konzept, verschreibt sich das Soziale Forderungsmanagement der Abbildung sämtlich relevanter Rechtsnormen sowie des zur Umsetzung und Anwendung benötigten Inhaltes.[2196]
64. Unter Bezugnahme auf ein CSR-Reifegradmodell, ist das Soziale Forderungsmanagement als CSR 2.0 zu bewerten. Dieses basiert auf dem freiwilligen Zusammenspiel von sozialen und ökonomischen Prozessen und ist als integriertes und zukunftsgerichtetes Managementkonzept mit Führungs- und Gestaltungsauftrag zur Sicherung der Wettbewerbsfähigkeit zu charakterisieren. Die tatsächliche Ausgestaltung hängt von beeinflussenden Faktoren ab.[2197]
65. Die vorliegende Ausarbeitung etabliert im Ergebnis eine Legaldefinition und schafft damit ein allgemeingültiges Verständnis des Sozialen Forderungsmanagements in der Wohnungswirtschaft.[2198]
66. Dieses Konzept erlaubt dem Wohnungsunternehmen eine einzigartige, handbuch- und leitfadenartige sowie individuell anpassbare Umsetzung

2192 3. Teil, Q., I. dieser Ausarbeitung; 3. Teil, Q., V. dieser Ausarbeitung.
2193 3. Teil, Q., V. dieser Ausarbeitung.
2194 2. Teil, C., I. dieser Ausarbeitung; 2. Teil, C., II. dieser Ausarbeitung.
2195 3. Teil, R. dieser Ausarbeitung; 4. Teil, A. dieser Ausarbeitung.
2196 1. Teil, A. dieser Ausarbeitung; 1. Teil, C. dieser Ausarbeitung.
2197 3. Teil, R. dieser Ausarbeitung.
2198 4. Teil, A. dieser Ausarbeitung; 4. Teil, B. dieser Ausarbeitung.

eines Forderungsmanagements, welches durch feste Arbeitsabläufe und Strukturen eine einheitliche Prozessgestaltung mit einer entsprechenden Qualitätssicherung sicherstellt.[2199]

67. Dieses Forderungsmanagementkonzept wird als das einzig wirtschaftlich sinnvolle Mietforderungsmanagement bewertet, welches vollständig im Einklang mit unserer Verfassung und unserem Wertesystem steht.[2200]
68. Zur Sicherung der Werthaltigkeit der Forderungen ist das Soziale Forderungsmanagementkonzept anzuwenden.[2201]
69. Das Soziale Forderungsmanagementkonzept möchte zur Professionalisierung der Wohnungswirtschaft, einer Branche deren Bruttoschöpfungswert mehr als das Dreifache der Automobilindustrie beträgt[2202], beitragen.[2203]
70. Es obliegt dem ordentlichen Kaufmann in der Immobilienwirtschaft genauso, wie nach dem Konzept des Sozialen Forderungsmanagements, vorzugehen.[2204]

2199 3. Teil dieser Ausarbeitung; 3. Teil, F. dieser Ausarbeitung.
2200 Z. 548 ff. Anhang III dieser Ausarbeitung.
2201 3. Teil, S. dieser Ausarbeitung.
2202 2. Teil, B., I. dieser Ausarbeitung.
2203 1. Teil, A. dieser Ausarbeitung.
2204 Z. 113 f. Anhang I dieser Ausarbeitung.

Literaturverzeichnis

Albrecht, Philipp/Jotzo, Florian: Das neue Datenschutzrecht der EU (zit.: Albrecht/Jotzo, Das neue Datenschutzrecht der EU, Teil Rn.)

Anderson, Christopher J.: The Psychology of Doing Nothing: Forms of Decision Avoidance Result From Reason and Emotion, in: Psychological Bulletin 2003, Vol. 129, No. 1, S. 139-167 (zit.: Anderson Psychological Bulletin 2003, Vol. 129, No. 1, 139)

Arbeitskreis für Insolvenzwesen/Köln e.V.: Kölner Schrift zur Insolvenzordnung 3. Aufl., Bonn 2009 (zit.: Bearbeiter, in: Arbeitskreis für Insolvenzwesen Köln e.V., Kölner Schrift zur Insolvenzordnung, S. Rn.)

Auer-Reinsdorff, Astrid/Conrad, Isabell (Hrsg.): IT- und Datenschutzrecht Handbuch 3. Aufl., München 2019 (zit.: Bearbeiter, in: Auer-Reinsdorff/Conrad, Handbuch IT- und Datenschutzrecht, § Rn.)

Bamberger, Heinz Georg/Roth, Herbert/Hau, Wolfgang/Poseck, Roman (Hrsg.): Bürgerliches Gesetzbuch Beck´scher Online Kommentar 46. Aufl., München 2018 (zit.: Bearbeiter, in: Bamberger/Roth/Hau/Poseck, BeckOK, BGB, § Rn.)

Bamberger, Heinz Georg/Roth, Herbert (Hrsg.): Kommentar Bürgerliches Gesetzbuch 4. Aufl., München 2018 (zit.: Bearbeiter, in: Bamberger/Roth, BGB, § Rn.)

Baron, Jonathan/Weber, Elke/Loomes, Graham (Hrsg.): Conflict and tradeoffs in decision making, in: Cambridge University Press, 2001, S. 347-361 (zit.: Bearbeiter in: Weber/Baron/Loomes, Cambridge University Press, 2001, 347)

Baumann, Frank/Doukoff, Norman (Hrsg.): Prozess Beck'sche Online-Formulare 40. Aufl., München 2019 (zit.: Bearbeiter, in: BeckOF, Formular, Rn.)

Baumbach, Adolf/Hopt, Klaus Jürgen (Hrsg.): Handelsgesetzbuch Beck'sche Kurzkommentare 38. Aufl., München 2018 (zit.: Bearbeiter, in: Baumbach/Hopt, Handelsgesetzbuch, Kap, Rn.)

Baumbach, Adolf/Lauterbach, Wolfgang/Albers, Jan/Hartmann, Peter (Hrsg.): Zivilprozessordnung, Kommentar 76. Aufl., München 2018 (zit.: Baumbach/Lauterbach/Albers/Hartmann, ZPO, § Rn.)

Baumgarth, Carsten/Binckebanck, Lars: CSR-Markenmanagement-Markenmodell und Best- Practice-Fälle am Beispiel der Bau-und Immobilienwirtschaft, in: Working Papers of the Insitute of Management Berlin at the Berlin School of Economics and Law, No. 62 Berlin 2011 (zit.: Baumgarth/Binckebanck, CSR-Markenmanagement-Markenmodell und Best-Practice-Fälle am Beispiel der Bau-und Immobilienwirtschaft, S.)

Beach, Ley Roy (Hrsg.): Image theory: Decisions making in personal and organizational ((organi=zational))contexts New Jersey 1990 (zit.: Beach, Image theory: Decisions making in personal and organizational contexts, S.)

Beck, Hanno: Bahaviorl Economics – Eine Einführung Wiesbaden 2014 (zit.: Beck, in: Bahaviorl Economics – Eine Einführung, S.)

Beuerle, Iris/Petter, Sabine: Sozialmanagement in Wohnungsunternehmen Hamburg 2007 (zit.: Beuerle/Petter, Sozialmanagement in Wohnungsunternehmen, S.)

Bertrand, Marianne/Mullainathan, Sendhil/Shafir, Eldar: A Behavioral-Economics View of Poverty, in: The American Economic Review, Vol. 94, No. 2, S. 419- 423. (zit.: Bertrand/Mullainathan/Shafir The American Economic Review 2004, 419)

Besecke, Anja/Enbergs, Claus: Professionele Wohnungsunternehmen und soziales En- gagement, Duett oder Dissonanz – Das Beispiel Berlin, in: Graue Reihe des Instituts für Stadt und RegionalplanungTechnische Universität Berlin, Heft 11 Berlin 2008 (zit.: Besecke/Enbergs, Professionelle Wohnungsunternehmen und soziales Engagement, S.)

Bieresborn, Dirk: Sozialdatenschutz nach Inkrafttreten der EU-Datenschutzgrundverordnung – Anpassungen des nationalen Sozialdatenschutzes an das europäische Recht, in: Neue Zeitschrift für Sozialrecht 2017, S. 887-892 (zit.: Bieresborn NZS 2017, 887)

Binz, Josef/Dörndorfer, Josef/Zimmermann, Walter (Hrsg.): Gerichtskostengsetz, Gesetz über Gerichtskosten in Fa- miliensachen, Justizvergütungs- und entschädigungsge- setz und weitere kostenrechtliche Vorschriften Kommentar 4. Aufl., München 2019 (zit.: Bearbeiter, in: Binz/Dörndprfer/Zimmermann, GKG, FamGKG, JVEG, § Rn.)

Blank, Hubert/Börstinghaus, Ulf P. (Hrsg.): Miete Kommentar 5. Aufl., München 2017 (zit.: Bearbeiter in: Blank/Börstinghaus, Miete, § Rn.)

Blank, Hubert: Anmerkung zum Urteil des BGH, 27.09.2017, VIII ZR 193/16, in: Wohnungswirtschaft- und Mietrecht 2017, S. 644-648 (zit.: Blank WuM 2017, 644)

ders.: Anmerkung zum Urteil des BGH, 15.04.2015, VIII ZR 281/13, in: Wohnungswirtschaft- und Mietrecht 2015, S. 416-421 (zit.: Blank WuM 2015, 416)

ders.: Anmerkung zum Urteil des LG Würzburg, 10.07.2013, 42 S 406/13, in: Wohnungswirtschaft- und Mietrecht 2014, S. 548-549 (zit.: Blank WuM 2014, 548)

ders.: Die ordentliche Kündigung bei Zahlungsverzug des Mieters, in: Neue Zeitschrift Mietrecht 2014, S. 104-107 (zit.: Blank NZM 2014, 104) ders.: Anmerkung zum Urteil des BGH, 11.07.2012, VIII ZR 138/11, in: Wohnungswirtschaft- und Mietrecht 2012, S. 499-502 (zit.: Blank WuM 2012, 499)

ders.: Anmerkung zum Urteil des BGH, 16.02.2005, VIII ZR 6/04, in: Wohnungswirtschaft- und Mietrecht 2005, S. 250-253 (zit.: Blank WuM 2005, 250)

ders.: Theorie und Praxis des Miet- und Wohnungseigentumsrechts, Festschrift für Hubert Blank München 2006 (zit.: Bearbeiter, in: Blank, Festschrift, S.)

Bleicher, Knut: Das Konzept Integriertes Management, Visionen, Missionen, Programme, in: St. Galler Management-Konzept, Bd. 1 7. Aufl. 2004, Frankfurt/New York (Bleicher, in: Das Konzept Integriertes Management, St. Galler Management-Konzept, S.)

ders.: Normatives Management: Politik, Verfassung und Philosophie des Unternehmens Frankfurt 1994 (zit.: Bleicher, Normatives Management: Politik, Verfassung und Philosophie des Unternehmens, S.)

Boekaerts, Monique/Pintrich, Paul/Zeidner, Moshe (Hrsg.): Handbook of Self-Regulation San Diego 2000. (zit.: Bearbeiter, in: Boekaerts/Pintrich/Zeidner, Handbook of Self-Regulation, S.)

Börstinghaus, Ulf/Eisenschmid Norbert (Hrsg.): Arbeitskommentar Mietrechtsänderungsgesetz Berlin 2013 (zit.: Bearbeiter, in: Börstinghaus/Eisenschmid, MietRÄndG, § Rn.)

Börstinghaus, Ulf: Anmerkung zum BGH-Urteil VIII ZR 231/17 v. 19.09.2018, in: Lindenmaier-Möhring – Kommentierte BGH-Rechtsprechung, 2018, 411605 (zit.: Börstinghaus LMK 2018, 411605)

ders.: Die fristlose Vermieterkündigung bei Mietrückständen des Mieters, in: Neue-Wirtschafts-Briefe 2018, S. 2784-2793 (zit.: Börstinghaus NWB 2018, 2784)

ders.: Die Entwicklung des Mietrechts seit der Mietrechtsreform 2001, in: Neue Zeitschrift Mietrecht 2018 S. 297-315 (zit.: Börstinghaus NZM 2018, 297)

ders.: BGH: Voraussetzungen für eine ordentliche Kündigung eines Wohnraummietverhältnisses wegen Zahlungsverzuges, in: Fachdienst Zivildienst – LKM 2013, 341709. (zit.: Börstinghaus LKM 2013, 341709)

ders.: Anmerkung zum BGH-Urteil VIII ZR 271/09 v. 06.10.2010, in: juris Praxisreporte, BGH, Zivilrecht, 2/2011, Anmerkung 5. (zit.: Börstinghaus jurisPR-BGHZivilR 2/2011 Anm. 5)

Bub, Wolf-Rüdiger/Kraemer, Hans-Jörg (Hrsg.): Handbuch der Geschäfts- und Wohnraummiete. 4. Aufl. München 2014 (zit.: Bearbeiter, in: Bub/Treier, Handbuch der Geschäfts- und Wohnraummiete, Kap. Rn.)

Bub, Wolf-Rüdiger/von der Osten, Christian: AG Hamburg-Bergedorf: Keine fristlose Kündigung aufgrund offener Betriebskostenabrechnung,

Urteilsanmerkung, in: Fachdienst Miet- und Wohnungseigentumsrecht 2013, 348194 (zit.: Bub/von der Osten FD-MietR 2013, 348194)

dies.: BGH: Keine Erstattung der Rechtsanwaltskosten für die Kündigung durch einen gewerblichen Großvermieter, in: Fachdienst Miet- und Wohnungseigentumsrecht 2010, 309880 (zit.: Bub/von der Osten FD-MietR 2010, 309880)

Buchner, Benedikt: Grundsätze und Rechtmäßigkeit der Datenverarbeitung unter der DS-GVO, in: Datenschutz und Datensicherheit 2016, S. 155-158 (zit.: Buchner DuD 2016, 155)

Braun, Eberhard (Hrsg.): Insolvenzordnung und Europäische Insolvenzverordnung, Kommentar 7. Aufl., München 2017 (zit.: Bearbeiter, in: Braun, InsO und EuInsVO, § Rn.)

Brock, Ditmar/Junge, Matthias/Diefenbach, Heike/Keller, Reiner/Villanyi, Dirk (Hrsg.): Soziologische Paradigmen nach Talcott Parsons: Eine Einführung Wiesbaden 2009 (zit.: Bearbeiter, in: Brock/Junge/Diefenbach/Kel- ler/Villanyi, Soziologische Paradigmen nach Talcott Parsons: Eine Einführung, S.)

Bruns, Patrick: Anmerkung zum BGH, Urteil vom 5.10.2016 – VIII ZR 222/15, in: Neue Juristische Wochenschrift 2017 S. 1600 (zit.: Bruns NJW 2017, 1600)

Bydlinski, Franz: Juristische Methodenlehre und Rechtsbegriff Wien 1982 (zit.: Bydlinski, Juristische Methodenlehre und Rechtsbegriff, S.)

ders.: Fundamentale Rechtsgrundsätze – Zur rechtsethischen Verfassung der Sozietät Wien 2015 (Bydlinski, in: Fundamentale Rechtsgrundsätze, S.)

Bygrave, Lee A.: An International Perspective, in: Data Privacy Law 2016, S. 153-155 (zit.: Bygrave Data Privacy Law 2016, 153)

Camerer, Collin: Behavioral Economics: Reunifying psychology and economics, in: Proceedings of the National Academy of Science 1999, S. 10575-10577 (zit.: Camerer Proceedings of the National Academy of Science 1999, 10575)

Cohen, Jessica/Dickens, William: A Foundation for Behavioral Economics, in: The American Economic Review, Vol. 92, No. 2, 2002, S. 335-338 (zit.: Cohen/Dickens The American Economics Review 2002, 335)

Cymutta, Claudia: Anmerkung zum BGH-Urteil vom 17.06.2015, VIII ZR 19/14, in: Neue Zeitschrift für Insolvenz- und Sanierungsrecht 2015, S. 816. (zit.: Cymutta NZI 2015, 816)

ders.: Neues zum Lastschriftwiderruf in Insolvenzverfahren, in: Deutsche Wohnungswirtschaft 2010, S. 368-370. (zit.: Cymutta DWW 2010, 368)

Dahl, Michael: Im Überblick: Der Mieter in der Insolvenz, in: Neue Zeitschrift für Miet- und Wohnungsrecht 2008, S. 585-593. (zit.: Dahl NZM 2008, 585)

Dauner-Lieb, Barbara/Langen, Werner (Hrsg.): Bürgerliches Gesetzbuch, Schuldrecht NomosKommentar Band 2/1, 3. Aufl., Bonn 2016 (zit.: Bearbeiter, in: Dauner-Lieb/Langen, BGB, NomosKommentar, § Rn.)

Dammann, Urlich: Erfolge und Defizite der EU-Datenschutzgrundverordnung, Erwarteter Fortschritt, Schwächen und überraschende Innovationen, in: Zeitschrift für Datenschutz 2016, S. 307-314 (zit.: Dammann ZD 2016, 307)

Derleder, Peter: Im Überblick: Die Sicherung des Vermieters durch Barkaution, Bürgschaft, Verpfändung, Sicherungsabtretung und Schuldübernahme; in: Neue Zeitschrift Mietrecht 2006, S. 601-909 (zit.: Derleder NZM 2006, 901)

Detjen, Joachim: Die Werteordnung des Grundgesetzes Wiesbaden 2009 (zit.: Detjen, in: Die Werteordnung des Grundgesetzes, S.)

Dewitte, Siegfried/Lens, Willy: Exploring Volitional Problems in Procrastinators, in: International Journal of Educational Research 2000, Vol. 33, S. 733-750 (zit.: Dewitte/Lens International Journal of Educational Research 2000, Vol. 33, 733)

Diaz-Morals, Juan Francisco/Ferrari, Joseph R./Diaz, Doris Argumedo Karem: Procrastination and Demographic Characteristics in Spanish Adults: Further Evidence, in: The Journal of Social Psychology, Volume 146, 2006 – Issue 5, S. 629-633 (zit.: Diaz-Morals/Ferrari/Diaz The Journal of Social Psychology 2006, 629)

Dietz, Franziska/Hofer, Manfred/Fries, Stefan (Hrsg.): Individual values, learning routines and academic pro crastination, in: Journal of Educational Psychology 2007, Vol. 77, S. 893–906 (zit.: Dietz/Hofer/Fries Journal of Educational Psychology 2007, Vol. 77, 893)

Dorndörfer, Josef/Neie, Jens/Wendtland, Holger/Gerlach, Karl-Heinz (Hrsg.): Kostenrecht Beck´scher Online Kommentar 27. Aufl., München 2019 (zit.: Bearbeiter, in: Dorndörfer/Neie/Wendtland/Gerlach, BeckOK, Kostenrecht, § Rn.)

Eckert, Hans-Georg: Die Schuldnerwohnung im Verbraucherinsolvenzverfahren, in: Zeitschrift für Verbraucher- und Privatinsolvenzrecht 2006, S. 133-142 (zit.: Eckert ZVI 2006, 133)

Edwards, William: The theory of decision making, in: Psychological Bulletin ((Bul=letin))1954, S. 380-417 (zit.: Edwards Psychological Bulletin 1954, 380)

ders.: Behavioral decision theory, in: Annual Review of Psychology 1961, S. 473–498 (zit.: Edwards Annual Review of Psychology 1961, 473)

Eggers, Thorsten/Engelbrecht, Arne: Kooperation – Gründe und Typologisierung Heidelberg 2005 (zit.: Eggers/Engelbrecht, Kooperation – Gründe und Typologisierung, S.)

Ehlers, Harald: Das Wichtigste zum Restschuldbefreiungsverfahren, in: Deutsches Steuerrecht 2010, S. 170-177 (zit.: Ehlers DStR 2010, 170)

Ehmann, Eugen/Helfrich, Marcus (Hrsg.): EG-Datenschutzrichtlinie Kommentar

München 1999 (zit.: Ehmann/Helfrich, EG-Datenschutzrichtlinie, S.)

Ehmann, Eugen/Selmayr, Martin (Hrsg.): Datenschutz-Grundverordnung Kommentar 2. Aufl., München 2018 (zit.: Bearbeiter, in: Ehmann/Selmayr, DS-GVO, Art. Rn.)

Eicher, Wolfgang/Luik, Steffen (Hrsg.): SGB II Kommentar 4. Aufl., München 2017 (zit.: Bearbeiter, in: Eicher/Luik, SGB II, § Rn.)

Eidenmüller, Horst: Der homo oeconomicus und das Schuldrecht: Herausforderungen durch Behavioral Law and Economics, in: JuristenZeitung 2005, S. 216-224 (zit.: Eidenmüller JZ 2005, 216)

Eisenschmid, Norbert: Informationspflichten nach der DS-GVO, in: Wohnungswirtschaft und Mietrecht 2019, S. 353-364 (zit.: Eisenschmid WuM 2019, 353)

ders.: Das Mietrechtsreformgesetz, in: Wohnungswirtschaft- und Mietrecht 2001, (S. 215-221) (zit.: Eisenschmid WuM 2001, 215)

Elster, John: Ulysses and the sirens: Studies in rationality and irrationality, in: Cambridge Unversity Press 1979 (zit.: Elster, Ulysses and the sirens: Studies in rationality and irrationality, S.)

Emmerich, Volker/Sonnenschein, Jürgen (Hrsg.): Miete Handkommentar 11. Aufl., Berlin 2014 (zit.: Bearbeiter, in: Emmerich/Sonnenschein, Miete, § Rn.)

Epping, Volker/Hillgruber, Christian (Hrsg.): Grundgesetz Beck'scher Online-Kommentar 41. Edition, München 2019 (zit.: Bearbeiter, in: Epping/Hillgruber, BeckOK, GG, Art. Rn.)

Epstein, Richard A.: Behavioral Economics: Human Errors and Market Corrections, in: The University of Chicago Law Review 2006, S. 111-132. (zit.: Epstein The University of Chicago Law Review 2006, 111)

Erman: Bürgerliches Gesetzbuch Kommentar 15. Aufl. Köln 2017 (zit.: Bearbeiter, in: Erman, BGB, § Rn.)

Ernst, Stefan: Die Einwilligung nach der Datenschutzgrundverordnung, in: Zeitschrift für Datenschutz 2017, S. 110-114 (zit.: Ernst ZD 2017, 110)

Eufinger, Alexander: Die neue CSR-Richtlinie – Erhöhung der Unternehmenstransparenz in Sozial- und Umweltbelangen, in: Die Europäische Zeitschrift für Wirtschaftsrecht (EuZW) 2015, S. 424-428 (zit.: Eufinger EuZW 2015, 424)

Feigl, Patricia: Zielgruppenbestimmung von Mietern – Eine Analyse der Wohnungsbedürfnisse auf Basis von Nutzungserwartungen Köln 2008 (zit.: Feigl, in: Zielgruppenbestimmung von Mietern, S.)

Ferrari, Joseph R.: Dysfunctional procrastination and its relationship with self-esteem, interpersonal dependency, and self-defeating behaviors, in: Personality and Individual Differences 1994, Vol. 17, S. 673-679 (zit.: Ferrari Personality and Individual Differences 1994, Vol. 17, 673)

ders.: Psychometric Validation of Two Procrastination Inventories for Adults: Arousal and Avoidance Measures, in: Journal of Psychopathology and Behavioral Assessment 1992, Vol. 14, S. 97-110 (zit.: Ferrari Journal of Psychopathology and Behavioral Assessment 1992, Vol. 14, 97)

ders.: Compulsive Procrastination: Some Self-reported Characteristics, in: Psychological Reports 1991, Vol. 68, S. 455-458 (zit.: Ferrari Psychopathology and Behavioral Assessment 1991, Vol. 68, 455)

Ferrari, Joseph R./Beck, Brett L.: Affective Responses Before and After Fraudulent Ex- cuses by Academic Procrustrinators, in: Education 1998, Vol. 118, S. 529-537 (zit.: Ferrari/Beck Education 1998, Vol. 118, 529)

Fridgen, Alexander/Geiwitz, Arndt/Göpfert, Burkard (Hrsg.): Insolvenzordnung Beck´scher Online Kommentar 16. Edition, München 2019 (zit.: Bearbeiter, in: Fridgen/Geiwitz/Göpfert, BeckOK, InsO, § Rn.)

Ferrari, Joseph R./Emmons, Robert A.: Procrastination as Revenge: Do People Report Using Delays as a Strategy for Vengeance?, in: Personality and Individual Differences 1994, Vol. 17, S. 539-544. (zit.: Ferrari/Emmons Personality and Individual Differences 1994, Vol. 17, 539)

Ferrari, Joseph R./McCown, William G.: Procrastination Tendencies among Obsessive-Compul- sieves and Their Relatives, in: Journal of Clinical Psychology 1994, Vol. 50, S. 162-167 (zit.: Ferrari/McCown Journal of Clinical Psychology 1994, Vol. 50, 162)

Ferrari, Joseph R./Olivetti, Michael J.: Parental Authority and the Development of Female Dysfunctional Procrastination, in: Journal of Research in Personality 1994, Vol. 28, S. 87-100 (zit.: Ferrari/Olivetti Journal of Research in Personality 1994, Vol. 28, 87)

Ferrari, Joseph R./Johnson, Judith L./McCown, William G.: Procrastination and Task Aviodance New York 1995 (zit.: Ferrari/Johnson/McCown, Procrastination and Task Aviodance, S.)

Fezer, Karl-Heinz/Büscher, Wolfgang/Obergfell, Eva Ines (Hrsg.): Lauterkeitsrecht: UWG Kommentar 3. Aufl., München 2016 (zit.: Bearbeiter, in: Fezer/Büscher/Obergfell, UWG, Rn.)

Fischer, Gero: Die Bürgschaft auf erstes Anfordern als formularmäßige Mietsicherheit, in: Neue Zeitschrift Mietrecht 2003, S. 497-501 (zit.: Fischer NZM 2003, 497)

Flatow, Beate/Knickrehm, Sabine: Mietrecht im Spannungsfeld der Interessen, in: Wohn- ungswirtschaft-und Mietrecht, 2018, S. 465-492 (zit.: Flatow/Knickrehm WuM 2018, 465)

Flatow, Beate: Missbräuchlicher Einsatz eines Räumungstitels als Druckmittel für Zahlungen, in: juris Praxisreport 5/2019, Anmerkung 5. (zit.: Flatow jurisPR-MietR 5/2019 Anm. 5)

ders.: Das Mietverhältnis im Spannungsfeld von Sozial- und Zivilrecht bei Empfang von Grundsicherungsleistungen, in: Neue Zeitschrift für Miet- und Wohnungsrecht 2014, S. 841-849 (zit.: Flatow NZM 2014, 841)

ders.: Unpfändbarkeit von Betriebskostenguthaben bei ALG II-Bezug durch den Mieter, in: Neue Juristische Wochenschrift 2013, S. 2802-2804 (zit.: Flatow NJW 2013, 2802)

ders.: Der Einfluss des Verbraucherinsolvenzverfahrens auf das Mietverhältnis, in: Neue Zeitschrift für Miet- und Wohnungsrecht 2011, S. 607-619 (zit.: Flatow NZM 2011, 607)

ders.: Auswirkungen der EnEv 2007/2009 auf Miet-, Kauf-, und Werkverträge, in: Neue Juristische Wochenschrift 2008, S. 2886-2891 (zit.: Flatow, in: NJW 2008, 2886)

ders.: Räumungsvollstreckung ohne Räumung? - Vermieterpfandrecht als „Kostenbremse", in: Neue Juristische Wochenschrift 2006, S. 1396-1399 (zit.: Flatow NJW 2006, 1396)

Fleischer, Holger: Corporate Social Responsibility, Vermessung eines Forschungsfeldes aus rechtlicher Sicht, in: Die Aktiengesellschaft 2017, S. 509-525 (zit.: Fleischer AG 2017, 509)

Franke, Herbert: Zahlungsverzug und ordentliche Kündigung, in: Zeitschrift für Miet- und Raumrecht 1992, S. 81-85 (zit.: Franke ZMR 1992, 81)

Frind, Frank: Praxisprobleme des reformierten Privatinsolvenzverfahrens – Zur praktischen umsetzung von „Eingangsentscheidung" und Verkürzung der Restschuldbefreiungserteilungszeit, in: Zeitschrift für das gesamte Insolvenz- und Sanierungsrecht 2013, S. 1448-1458 (zit.: Frind ZInsO 2013, 1448)

Freud, Sigmund (Hrsg.): Formulierungen über die zwei Prinzipien des psychischen Geschehens, in: Gesammelte Werke Band 8 London 1943 (zit.: Freud, Formulierungen über die zwei Prinzipien des psychischen Geschehens)

Forgó, Nikolaus/Helfrich, Marcus/Schneider, Jochen (Hrsg.): Betrieblicher Datenschutz Rechtshandbuch 3. Aufl., München 2019 (zit.: Bearbeiter, in: Forgó/Helfrich/Schneider, Betrieblicher Datenschutz, Kap. Rn.)

Fundenberg, Drew: Advancing beyond "Advances in Behavioral Economics", in: Journal of Economic Literature, 2006, S. 694-711 (zit.: Fudenberg Journal of Economic Literature 2006, 694)

Gagel, Alexander: SGB II/SGB III Kommentar 74. EL, München 2019 (zit.: Bearbeiter, in: Gagel, SGB II, § Rn.)

Gallner, Inke/Franzen, Martin/Oetker, Hartmut (Hrsg.): Der Kommentar zum europäischen Arbeitsrecht 2. Aufl., München 2018 (zit.: Bearbeiter, in; Gallner/Franzen/Oetker, DS-GVO, Art. Rn.)

GdW Bundesverband deutscher/Unternehmen e.V.: Erläuterungen zur Rechnungslegung der Wohnungs- und Immobilienunternehmen 3. Aufl., Freiburg 2017. (zit.: GdW, Erläuterungen zur Rechnungslegung der Wohnungsunternehmen, S.)

Gerring, Richard J./Zimbardo, Philip G.: Psychologie 18. Aufl., München 2016 (zit.: Gerring/Zimbardo, in: Psychologie, S.)

Geldmacher, Günther: Die Kaution im Miet- und Pachtverhältnis (I) – Teil 11 – Gerichtliche Spruchpraxis Juni 2007 bis Dezember 2010, in: Fachzeitschrift Deutsche Wohnungswirtschaft 2001, S. 122-128 (zit.: Geldmacher DWW 2001, 122)

ders.: Die Kaution im Miet- und Pachtverhältnis – Teil 6 – Gerichtliche Spruchpraxis Juni 2001 bis Mai 2002, in: Fachzeitschrift Deutsche Wohnungswirtschaft 2001, S. 178-191 (zit.: Geldmacher DWW 2001, 178)

Gerholz, Karl-Heinz/Klingsieck, Katrin: Embloyability und Prokastination aus einer hochschul- didaktischen Perspektive, in: Das Hochschulwesen 2013, S. 122-128. (zit.: Gerholz/Klingsieck HSW 2013, 122)

Giesen, Richard/Kreikebohm, Ralf/Rolfs, Christian/Udsching, Peter (Hrsg.): Sozialgesetzbuch Beck´scher Online Kommentar 54. Edition, München 2019 (zit.: Bearbeiter, in: Giesen/Kreikebohm/Rolfs/Udsching, BeckOK, Sozialrecht, § Rn.)

dies.: Sozialgesetzbuch Zweites Buch Beck´scher Online Kommentar 43. Edition, München 2016 (zit.: Bearbeiter, in: Giesen/Kreikebohm/Rolfs/Udsching, BeckOK, SGB II, § Rn.)

dies.: Sozialgesetzbuch Zwölftes Buch Beck´scher Online Kommentar 54. Edition, München 2019 (zit.: Bearbeiter, in: Giesen/Kreikebohm/Rolfs/Udsching, BeckOK, SGB XII, § Rn.)

Gola, Peter (Hrsg.): Datenschutz-Grundverordnung: DS-GVO, Kommentar 2. Aufl., München 2018 (zit.: Bearbeiter, in: Gola, Datenschutz-Grundverordnung, Art. Rn.)

Gola, Peter/Heckmann, Dirk (Hrsg.): Bundesdatenschutzgesetz Kommentar 13. Aufl., München 2019 (zit.: Bearbeiter, in: Gola/Heckmann, Bundesdatenschutzgesetz, § Rn.)

Goldstein, Bruce (Hrsg.): Cognitive Psychologie: Connceting Mind, Research, and Everyday Experience 2. Aufl., 2008 Belmont (Goldstein, Cognitive Psychologie: Connceting Mind, Research, and Everyday Experience, S.)

Gollwitzer, Mario: Implementation intentions: Strong effects of simple plans, in: American Psychologist 1999, Vol. 54, S. 493-503 (zit.: Gollwitzer American Psychologist 1999, Vol. 54, 493)

Gollwitzer, Mario/Brandstaetter, Veronika: Implementation intentions and effective goal pursuit, in: Journal of Personality and Social Psychology 1997, Vol. 73, S. 186-199 (zit.: Gollwitzer/Brandstaetter Journal of Personality and Social Psychology 1997, Vol. 73, 186)

Gollwitzer, Peter Max: Das Rubikonmodell der Handlungsphasen, in: Motivation, Volition und Handlung 1995, (S. 531-582) (zit.: Gollwitzer Motivation, Volition und Handlung 1995, 531)

Gramlich, Bernhadt: Mietrecht, in: Beck´sche Kompakt-Kommentare 13. Aufl. München 2015 (zit.: Gramlich, in: Mietrecht, § Rn.)

Grottel, Bernd/Schmidt, Stefan/Schubert, Wolfgang/Winkeljohann, Norbert (Hrsg.): Bilanz-Kommentar Beck´scher Online Kommentar 11. Aufl., München 2018 (zit.: Bearbeiter, in: Grottel/Schmidt/Schubert/Winkeljohann. Bilanz-Kommentar, BeckOK, § Rn.)

Grube, Christian/Wahrendorf, Volker (Hrsg.): SGB XII, Sozialhilfe mit Asylbewerberleistungsgesetz Kommentar 6. Aufl., München 2018 (zit.: Bearbeiter, in: Grube/Wahrendorf, SGB XII, § Rn.)

Hacker, Philipp: Daten als Gegenleistung: Rechtsgeschäfte im Spannungsfeld von DS-GVO und allgemeinem Vertragsrecht, in: Zeitschrift für die gesamte Privatwissenschaft 2019, S. 148-197 (zit.: Hacker ZfPW 2019, 148)

Haerendel, Ulrike: Wohnungspolitik im Nationalsozialismus, in: Zeitschrift für Sozialreform 1999, S. 843-879. (zit.: Haerendel ZSR 1999, 843)

Hahn, Erik: Die Zahlung der laufenden Miete durch den Grundsicherungsträger, Neue Zeitschrift Mietrecht 2018, S. 177-185 (zit.: Hahn NZM 2018, 177)

ders.: Das Verhältnis von § 569 Abs. 3 Nr. 2 S. 1 BGB zur ordentlichen Vermieterkündigung und dessen Auswirkung auf die Schuldenübernahme nach § 22 Abs. 8 SGB II, in: Neue Zeitschrift für Sozialrecht 2017, S. 98-102 (zit.: Hahn NZS 2017, 98)

ders.: Die (unzulässige) Aufrechnung gegen Betriebskostenguthaben von SGB-II-Leistungsempfängern, in: Neue Zeitschrift für Sozialrecht 2015, S. 531-538 (zit.: Hahn NZS 2015, 531)

Härting, Niko: Zweckbindung und Zweckänderung im Datenschutzrecht, in: Neue Juristische Wochenschrift 2015, S. 3284-3288 (zit.: Härting NJW 2015, 3284)

Häublein, Martin: Die fristlose Kündigung im Mietrecht nach Miet- und Schuldrechtsreform, in: Zeitschrift Miet- und Raumrecht 2005, S. 1-8 (zit.: Häublein ZMR 2005, 1)

Hannemann, Thomas/Wiegner, Michael (Hrsg.): Mietrecht Münchener Anwaltshandbuch 4. Aufl., München 2014 (zit.: Bearbeiter, in: Hannemann/Wiegner, Mietrecht, § Rn.)

Harke, Jan Dirk: Verbrauch von Kündigungsrechten im Mietrecht, in: Wohnungswirtschaft- und Mietrecht 2017, S. 241-246 (zit.: Harke WuM 2017, 241)

Hattwick, Richard E.: Behavioral Economics: An Overview, in: Journal of Business and Psychology, 1989, S. 141-154 (zit.: Hattwick Journal of Business and Psychology 1989, 141)

Heidebrink, Lufger/Hirsch, Alfred (Hrsg.): Verantwortung als marktwirtschaftliches Prinzip, Zum Verhältnis von Moral und Ökonomie, New York, 2008 (zit.: Bearbeiter, in: Heidebrink/Hirsch, Verantwortung als marktwirtschaftliches Prinzip, S.)

Heckenhausen, Jutta/Heckenhausen, Heinz (Hrsg.): Motivation und Handeln 5. Aufl., Berlin 2018 (zit.: Heckenhausen/Heckenhausen, Motivation und Handeln, S.)

Heckhausen, Heinz/Gollwitzer, Peter Max: Thought contents and cognitive functioning in motivati- onal versus volitional states of mind, in: Motivation and Emotion 1987, S. 101-120 (zit.: Heckhausen/Gollwitzer Motivation and Emotion 1987, 101)

Herfurth, Constantin: Interessensabwägung nach Art. 6 Abs. 1 lit. f DS-GVO, in: Zeitschrift für Datenschutz 2018, S. 514-519 (zit.: Herfurth ZD 2018, 514)

Herrlein, Jürgen/Kandelhard, Roland (Hrsg.): Mietrecht Praxiskommentar 4. Aufl. Bonn 2010 (zit.: Bearbeiter, in: Herrlein/Kandelhard, Mietrecht, § Rn.)

Heynitz, Harald/Jörg, Ralf: Wertberichtigungen auf Forderungen nach IAS/IFRS und HGB, in: Zeitschrift für Bilanzierung, Rechnungswesen & Controlling 2003, S. 97-101 (zit.: Heynitz/Jörg BC 2003, 97)

Häsemeyer, Ludwig (Hrsg.): Insolvenzrecht 4. Aufl., Köln 2007 (zit.: Häsemeyer, in: Insolvenzrecht, Rn.)

Hinterhuber, Hans (Hrsg.): Strategische Unternehmensführung Band I, 6. Aufl., Berlin 1996 (zit.: Hinterbuber, Strategische Unternehmensführung, Bd. 1, S.)

Hinz, Werner: Kündigung des Mietverhältnisses wegen nicht beglichener Betriebskostennachforderungen, in: Wohnungswirtschaft und Mietrecht 2019, S. 673-683 (zit.: Hinz WuM 2019, 673)

ders.: Mietverhältnis in der Insolvenz, in: Neue Zeitschrift für Miet- und Wohnungsrecht 2014, S. 137-152 (zit.: Hinz NZM 2014, 137)

ders.: Kündigung des Mietverhältnisses bei Verletzung von Pflichten aus der Betriebskostenabrede, in: Neue Zeitschrift für Miet- und Wohnungsrecht 2010, S. 57-70 (zit.: Hinz NZM 2010, 57)

Higgins, E.Torry/Sorrentino, Richard.M. (Hrsg.): The handbook of motivation and cognition: Founda tions of social behavior 2. Aufl., New York 1990 (zit.: Bearbeiter, in: Higgins/Sorrentino, The handbook of motivation and cognition: Foundations of social behavior, S.)

Hirsch, Christian: § 543 Abs. 1 BGB Kündigung aus wichtigem Grund wegen „Plichtverletzung", in: Wohnungswirtschaft- und Mietrecht, 2006 (S. 418-425) (zit.: Hirsch WuM 2016, 418)

Hirte, Heribert/Vallender, Heinz (Hrsg.): Insolvenzordnung Kommentar 15. Aufl., München 2019 (zit.: Bearbeiter, in: Hirte/Vallender, Insolvenzordnung, § Rn.)

Höcker, Anna/Engberding, Margarita/Rist, Fred (Hrsg.): Prokrastination. Ein Manual zur Behandlung des patho- logischen Aufschiebens Göttingen 2013 (zit.: Höcker/Engberding/Rist, Prokrastination. Ein Manual zur Behandlung des pathologischen Aufschiebens, S.)

Hoehren, Thomas: Fake News? Art. 5 DS-GVO und die Umkehrung der Beweislast, in: MultliMedia und Recht 2018, S. 637-638 (zit.: Hoeren MMR 2018, 637)

Hoffmann, Birgit: Einwilligung der betroffenen Person als Legitimationsgrundlage eines datenverarbeitenden Vorgangs im Sozialrecht nach dem Inkrafttreten der DSGVO, in: Neue Zeitschrift für Sozialrecht 2017, S. 807-812 (zit.: Hoffmann NZS 2017, 807)

Jacoby, Florian: Insolvenz des Wohnraummieters: Die Enthaftungserklärung nach § 109 Abs. 1 S. 2 InsO Bielefeld 2016 (zit.: Jacoby, Insolvenz des Wohnraummieters: Die Enthaftungserklärung nach § 109 Abs. 1 S. 2 InsO, S.)

Jarass, Hans D./Pieroth, Bodo (Hrsg.): Grundgesetz für die Bundesrepublik Deutschland, Kommentar 14. Aufl., München 2016 (zit.: Bearbeiter, in: Jarass/Pieroth, GG, Art. Rn.)

Jaeger, Ernst/Henckel, Wolfram/Gerdardt, Walter (Hrsg.): Insolvenzordnung, Band 1 Großkommentar Berlin 2004 (zit.: Bearbeiter, in: Jaeger/Henckel/Gerhardt, Insolvenzordnung, Bd. 1, § Rn.)

dies.: Insolvenzordnung, Band 3 Großkommentar Berlin 2014 (zit.: Bearbeiter, in Jaeger/Henckel/Gerhardt, Insolvenzordnung, Bd. 3, § Rn.)

Junker, Walter: Verrechnung von Miet- und Wohngeldzahlungen, in: Der MietRechtsBerater 2004, S. 150 (zit.: Junker MietRB 2004, 150)

Kahneman, Daniel: Maps of bounded rationality: psychology for behavioral economics, in: American Economic Review 2003, S. 1449–1475 (zit.: Kahneman American Economic Review 2003, 1449)

Kahneman, Daniel/Snell, Jackie: Predicting utility, in: Insights in decision making 1995, S. 295-310 (zit.: Kahneman/Snell Insights in decision making 1995, 295)

Kahneman, Daniel/Tversky, Amos: Prospect Theory: An Analysis of Decision under Risk, in: Econometrica, 1979, S. 263-291 (zit.: Kahneman/Tversky Econometrica 1979, 263)

dies.: The psychology of preferences, in: Scientific American 1982, S. 160-173 (zit.: Kahneman/Tversky Scientific American 1982, 160)

dies.: Choices, Values, and Frames New York 2000 (zit.: Kahneman/Tversky, Choices, Values, and Frames, S.)

Karatas, Hakan: Correlation among Academic Procrastination, Personality Traits, and Academic Achievement, in: Anthropologist 2015, Vol. 20, S. 243-255 (zit.: Karatas Anthropologist 2015, Vol. 20, 243)

Kämpf-Dern, Annette/Pnür, Andreas (Hrsg.): Grundkonzept des Immobilienmanagements. Ein Vor- schlag zur Strukturierung der immobilienwirtschaftlichen Managementaufgaben. Arbeitspapiere zur immobilienwirtschaftlichen Forschung und Praxis Bd. Nr. 14, Darmstadt 2009 (zit.: Kämpf-Dern/Pfnür, Ein Vorschlag zur Strukturierung der immobilienwirtschaftlichen Managementaufgaben, S.)

Kießling, Erik: Die Kaution im Miet- und Pachtvertrag, in: JuristenZeitung 2004, S. 1146-1155 (zit.: Kießling JZ 2004, 1146)

Kindl, Johann/Meller-Hannich, Caroline/Wolf, Hans-Joachim (Hrsg.): Gesamtes Recht der Zwangsvollstreckung, Kommentar 3. Aufl., München 2016 (zit.: Bearbeiter, in: Kindl/Meller-Hannich/Wolf, ZPO, § Rn.)

Kinne, Harald/Schach, Klaus/Bieber, Hans-Jürgen (Hrsg.): Miet- und Prozessrecht, Kommentar 7. Aufl. München 2013 (zit.: Bearbeiter, in: Kinne/Schach/Bieber, Miet- und Prozessrecht, § Rn.)

Kippes, Stephan/Sailer, Uwe (Hrsg.): Immobilienmanagement: Handbuch für professionelle Immobilienbetreuung und Vermögensverwaltung Stuttgart (unter anderem) 2005 (zit.: Kippes/Sailer, Immobilienmanagement, S.)

Kirchgässner, Gebhard: Führt der homo oeconomicus das Recht in die Irre?, in: JuristenZeitung 1991, S. 104-111. (zit.: Kirchgässner JZ 1991, 104)

Klein-Blenkers, Friedirch/Heinemann, Jörn/Ring, Gerhard (Hrsg.): Miete – WEG – Nachbarschaftsrecht Kommentar Baden-Baden 2016 (zit.: Bearbeiter, in: Klein-Blenkers/Heinemann/Ring, Miete – WEG – Nachbarschaftsrecht, § Rn.)

Klöhn, Lars: Der Beitrag der Verhaltensökonomik im Kapitalmarktrecht, in: Fleischer, Holger/Zimmer Daniel (Hrsg.), Der Beitrag der Verhaltensökonomie (Behavioral Economics) zum Handels- und Wirtschaftsrecht 2011, S. 83-99 (zit.: Klöhn, in: Der Beitrag der Verhaltensökonomie (Behavioral Economics) zum Handels- und Wirtschaftsrecht 2011, 83)

Klingsieck, Katrin Birte/Fries, Stefan: Allgemeine Prokrastintion: Entwicklung und Validie- rung einer deutschsprachigen Kurzskala der General Procrastination Scale (Lay, 1986), in: Diagnostica 2012, Vol. 58, S. 182-193 (zit.: Klingsieck/Fries Diagnostica 2012, Vol. 58, 182)

Knapp, Marvin: Die Räumungsvollstreckung nach dem Berliner Modell Berlin 2009 (zit.: Knapp, Die Räumungsvollstreckung nach dem Berliner Modell, S.)

Knaus, William J.: Procrastination, Blame, and Change, in: Journal of Social Behavior and Personality 2000, Vol. 15, S. 153-166 (zit.: Knaus Journal of Social Behavior and Personality 2000, Vol. 15, 153)

Knickrehm, Sabine/Kreikebohm, Ralf/Waltermann, Raimund (Hrsg.): Kommentar zum Sozialrecht 6. Aufl., München 2019 (zit.: Bearbeiter, in: Knickrehm/Kreikebohm/Waltermann, Sozialrecht, § Rn.

Koch, Christopher John/Kleinmann, Martin: A stitch in time saves nine: Behavioural decisionma- king explanations for time management problems, in: European Journal of Work and Organizational Psychology 2002, Vol. 11, S. 199-217 (zit.: Koch/Kleinmann European Journal of Work and Organizational Psychology 2002, Vol. 11, 199)

Körner, Anne/Leitherer, Stephan/Mutschler, Bernd/Rolfs, Christian (Hrsg.): Sozialversicherungsrecht Kasseler Kommentar 105. Aufl., München 2019 (zit.: Bearbeiter, in: KassKomm, § Rn.)

Körner, Anne/Leitherer, Stephan/Mutschler, Bernd/Rolfs, Chrisitan (Hrsg.): Sozialversicherungsrecht Kasseler Kommentar 105. EL, München 2019 (zit.: Bearbeiter, in: Körner/Leitherer/Mutschler/Rolfs, Kasseler Kommentar, Sozialversicherungsrecht, § Rn.)

Kraemer, Hans-Jörg: Die Kündigung aus wichtigem Grund nach altem und neuen Recht, in: Wohnungswirtschaft- und Mietrecht 2001, S. 163-171 (zit.: Kraemer WuM 2001, 163)

ders.: Kaution und Mietbürgschaft nach der Mietrechtsreform, in: Neue Zeitschrift Mietrecht 2001, S. 737-742 (zit.: Kraemer NZM 2001, 737)

ders.: Die Kündigung aus wichtigem Grund nach altem und neuem Mietrecht, in: Neue Zeitschrift Mietrecht 2001, S. 553-563 (zit.: Kraemer NZM 2001, 553)

Kranzusch, Peter: Zur Reform des Insolvenzrechts im Bereich Restschuldbefreiung laut Regierungsentwurf, in: Zeitschrift für das gesamte Insolvenz- und Sanierungsrecht 2012, S. 2169-2179 (zit.: Kranzusch ZInsO 2012, 2169)

Krieger, Gerd/Schmitt, Uwe H. (Hrsg.): Handbuch Managerhaftung, Risikobereich und Haf- tung: Corporate Social Responsibility (CSR) und Menschenrechtsverletzungen 3. Aufl., Köln 2017 (zit.: Bearbeiter, in: Handbuch

Managerhaftung, Risikobereich und Haftung: Corporate Social Responsibility (CSR) und Menschenrechtsverletzungen, Rn.)

Krüger, Phillip-L.: Datensouveränität und Digitalisierung, in: Zeitschrift für Rechtspolitik 2016, S. 190-192 (zit.: Krüger ZRP 2016, 190)

Krohm, Niclas: Abschied vom Schriftformgebot der Einwilligung, Lösungsvorschläge und künftige Anforderungen Zeitschrift für Datenschutz 2016, S. 368-373 (zit.: Krohm ZD 2016, 368)

Kühling, Jürgen/: Datenschutz-Grundverordnung, Bundesdatenschutzge-

Buchner, Benedikt (Hrsg.): setz 2. Aufl., München 2018 (zit.: Bearbeiter, in: Kühling/Buchner, DS-GVO/BDSG, Art. Rn.)

Kübler, Bruno M./Prütting, Hanns/Bork, Reinhard (Hrsg.): Insolvenzordnung Kommentar 73. Aktualisierung, Köln 2017. (zit.: Bearbeiter, in: Kübler/Prütting/Bork, Insolvenzordnung, § Rn.)

Lammel, Siegbert (Hrsg.): Wohnraummietrecht, in: AnwaltKommentar 3. Aufl. München 2006 (zit.: Lammel, in: Wohnraummietrecht, AnwaltKomm, § Rn.)

Lay, Clarry: At Last, My Research Article on Procrastination, in: Journal of Research in Personality 1986, Vol. 20, S. 474-495 (zit.: Lay Journal of Research in Personality 1986, Vol. 20, 474)

Lipp, Martin: Eigene Mühewaltung bei außergerichtlicher Rechtsverfolgung - ersatzfähige Einbuße oder Nachteil im eigenverantwortlichen Pflichtenkreis des Betroffenen?, in: Neue Juristische Wochenschrift 1992, S. 1913-1922 (zit.: Lipp NJW 1992, 1913)

Lorenz, Stephan: Zahlungsverzug und Verschulden, in: Wohnungswirtschaft und Mietrecht 2013, S. 202-209 (zit.: Lorenz WuM 2013, 202)

Loewenstein, George: Out of control: visceral influences on behavior, in: Organizational Behavior and Human Decision Processes 1996, S. 272-292 (zit.: Loewenstein Organizational Behavior and Human Decision Processes 1996, 272)

Lützenkirchen, Klaus: Neue Mietrechtspraxis Köln 2001 (zit.: Lützenkirchen, Neue Mietrechtspraxis, Rn.)

Lützenkirchen, Klaus/Dickersbach, Marc (Hrsg.): Mietrecht Kommentar 2. Aufl., Köln 2015 (zit.: Bearbeiter, in: Lützenkirchen/Dickersbach, Mietrecht, § Rn.)

Maunz, Theodor/Düring, Günter: Grundgesetz Kommentar 87. EL, München 2019 (zit.: Bearbeiter, in: Maunz/Düring, GG, Bd., Art. Rn.)

Maslow, Abraham H.: Motivation und Persönlichkeit 14. Aufl., Berlin 1981 (zit.: Maslow, in: Motivation und Persönlichkeit, S.)

Masing, Johannes: Herausforderungen des Datenschutzes, in: Neue Juristische Wochenschrift 2012, S. 2305-2311 (zit.: Masing NJW 2012, 2305)

Matje (Hrsg.), Andreas: Unternehmensbilder als Führungsinstrument Wiesbaden 1996 (zit.: Matje, Unternehmensbilder als Führungsinstrument, S.)

Maunz, Theodor: Bundesverfassungsgerichtsgesetz, Kommentar 56. EL, München 2019 (zit.: Bearbeiter, in: Maunz unter anderem, BVerfGG, § Rn.)

Majer, Christian Friedrich: Die Räumungsvollstreckung und ihre effektive Durchsetzung Tübingen 2012. (zit.: Majer, Die Räumungsvollstreckung und ihre effektive Durchsetzung, S.)

Mayrzedt, Hans/Geiger, Norbert/Klett, Eckhard/Beyerle, Thomas (Hrsg.): Internationales Immobilienmanagement, Handbuch für Praxis Aus-und Weiterbildung München 2007 (zit.: Mayrzedt/Geiger/Klett/Beyerle, Internationales Immobilienmanagement, S.)

McChesney, Fred S.: BehavioralEconomics: Old Wine in Irrelevant New Bottles?, in: Supreme Court Economic Review 2014, S. 43-76: (zit.: McChesney Supreme Court Economic Review 2014, 43)

McCrae, Robert R./Costa, Paul T.: Validation of the Five-Factor Model of Personality across Instruments and Observers, in: Journal of Personality and Social Psychology 1987, Vol. 52, S. 81-90 (zit.: McCrae/Costa Journal of Personality and Social Psychology 1987, Vol. 52, 81)

McGewon, Sarah/Putwain, David/Simpson, Emma Geijer/Boffey, Elizabeth/ Markham, Jessica/: Predictors of Adolescents Academic Motivation: Personality, Self-efficacy and Adolescents Characteristics, in: Learning and Individual Differences 2014, Vol. 32, S. 278–286 (zit.: McGewon/Putwain/ Simpson/Boffey/Mark

Vince, Adrienne: ham/Vince, Learning and Individual Differences 2014, Vol. 32, 278)

Mes, Peter (Hrsg.): Beck'sches Prozessformularbuch 14. Aufl., München 2019 (zit.: Bearbeiter, in: Mes, Beck'sches Prozessformularbuch, Kap.)

Meyer-Abich, Matthias: Typische Fehler von Vermietern und Rechtsanwälten im Rechtsstreit, in: Neue Juristische Wochenschrift, Neue Zeitschrift für Miet- und Wohnungsrecht 2019, S. 156-161 (zit.: Meyer-Abich NZM 2019, 156)

ders.: Typische Fallstricke des Mietprozesses – Kostenrisiken der Räumungsklage, in Neue Juristische Wochenschrift, 2017, S. 3429-3432 (zit.: Meyer-Abich NJW 2017, 3429)

ders.: Kündigungsrecht im Wandel – Entwicklungslinien in der höchstrichterlichen Rechtsprechung zu den einzelnen Kündigungstatbeständen, in: Neue Zeitschrift für Miet- und Wohnungsrecht 2017, S. 97-104 (zit.: Mayer-Abich NZM 2017, 97)

Milger, Karin: Wertungswidersprüche zwischen fristloser und ordentlicher Kündigung wegen Zahlungsverzug?, in: Neue Zeitschrift Mietrecht 2013, S. 553-558 (zit.: Milger NZM 2013, 553)

Miller, Alex (Hrsg.): Strategic management. 3. Aufl., Boston 1998 (zit.: Bearbeiter, in: Miller, Strategic management, S.)

Monreal, Manfred: Weiterverarbeitung nach einer Zweckänderung in der DS-GVO, in: Zeitschrift für Datenschutz 2016, S. 507-512 (zit.: Monreal ZD 2016, 507)

Mülbert, Peter O.: Soziale Verantwortung von Unternehmen im Gesellschaftsrecht, in: Die Aktiengesellschaft 2009, S. 766-774 (zit.: Mülbert AG 2009, 766)

Münchener Kommentar zum/Bürgerlichen Gesetzbuch: Bürgerliches Gesetzbuch I Kommentar Bd. 2, 8. Aufl., München 2019 (zit.: Bearbeiter, in: MüKo, BGB I, Bd. 2, § Rn.)

ders.: Bürgerliches Gesetzbuch II Kommentar Bd. 4, 7. Aufl., München 2016 (zit.: Bearbeiter, in: MüKo, BGB II, Bd. 4, § Rn.)

ders.: Bürgerliches Gesetzbuch II Kommentar Bd. 6, 7. Aufl., München 2018 (zit.: Bearbeiter, in: MüKo, BGB II, Bd. 6, § Rn.)

ders.: Bürgerliches Gesetzbuch III Kommentar Bd. 7, 7. Aufl., München 2017 (zit.: Bearbeiter, in: MüKo, BGB III, Bd. 7, § Rn.)

Münchener Kommentar zur/Insolvenzordnung: Insolvenzordnung Kommentar Bd. 3, 4. Aufl., München 2020 (zit.: Bearbeiter, in: MüKo, InsO, Bd. 3, § Rn.)

ders.: Insolvenzordnung Kommentar Bd. 2, 4. Aufl., München 2019 (zit.: Bearbeiter, in: MüKo, InsO, Bd. 2, § Rn.)

Münchener Kommentar zur/Zivilprozessordnung: Zivilprozessordnung I Kommentar Bd. 2, 5. Aufl., München 2016. (zit.: Bearbeiter, in: MüKo, ZPO I, Bd. 2, § Rn.)

ders.: Zivilprozessordnung II Kommentar Bd. 2, 5. Aufl., München 2016. (zit.: Bearbeiter, in: MüKo, ZPO II, Bd. 2, § Rn.)

Münchener Kommentar zur/Insolvenzordnung: Insolvenzordnung II Kommentar Bd. 2, 3. Aufl., München 2016 (zit.: Bearbeiter, in: MüKo, InsO II, § Rn.)

ders.: Insolvenzordnung III Kommentar Bd. 3, 3. Aufl., München 2014 (zit.: Bearbeiter, in: MüKo, InsO III, § Rn.)

Murfeld, Egon (Hrsg.): Spezielle Betriebswirtschaftslehre der Immobilienwirtschaft 7. Aufl., Freiburg 2014 (zit.: Bearbeiter, in: Spezielle Betriebswirtschaftslehre der Immobilienwirtschaft, S.)

Musielak, Hans-Joachim/Voit, Wolfgang (Hrsg.): Zivilprozessordnung Kommentar 15. Aufl., München 2018 (zit.: Bearbeiter, in: Musielak/Voit, ZPO, § Rn.)

Moos, Flemming: Softwarelizenz-Audits, in: Computer und Recht 2006, S. 797-801 (zit.: Moos CR 2006, 797)

Morgenroth, Olaf (Hrsg.): Zeit und Handeln: Psychologie der Zeitbewältigung. Stuttgart 2007 (zit.: Morgenroth, Zeit und Handeln: Psychologie der Zeitbewältigung, S.)

Mrozynski, Peter (Hrsg.): SGB I, Sozialgesetzbuch Allgemeiner Teil Kommentar: 6. Aufl., München 2019 (zit.: Mrozynski, SGB I, Sozialgesetzbuch Allgemeiner Teil, § Rn.)

Nierwetberg, Rüdiger: Verzug des Mieters „über mehr als zwei Termine" nach § 554 Abs. 1 Nr. 2 BGB, in: Neue Juristische Wochenschrift 1991, S. 1804-1805 (zit.: Nierwetberg NJW 1991, 1804)

Neisser, Ulrich: Cognitive Psychology New York 1967 (zit.: Neisser, Cognitiv Psychology, S.)

Nerlich, Jörg/Römermann, Volker (Hrsg.): Insolvenzordnung Kommentar 39. EL, München 2018 (zit.: Bearbeiter, in: Nerlich/Römermann, InsO, § 112 Rn.)

Niemann, Benedikt: Analyse und Messung des Zusammenhangs von Vertrauen und Performance in F & E-Kooperationen Wiesbaden 2013 (zit.: Niemann, Analyse und Messung des Zusammenhangs von Vertrauen und Performance in F & E-Kooperationen, S.)

Obermüller, Manfred/Kuder, Karen: SEPA-Lastschriften in der Insolvenz nach dem neuen Recht der Zahlungsdienste, in Zeitschrift für Wirtschaftsrecht 2010, S. 349-358) (zit.: Obermüller/Kuder ZIP 2010, 349)

O'Donoghue, Ted/Rabin, Matthew: Choice and Procrastination, in: The Quarterly Journal of Economics 2001, Vol. 116, S. 121-160 (zit.: O'Donoghue/Rabin The Quarterly Journal of Economics 2001, Vol. 116, 121)

Paal, Boris P./Pauly, Daniel A. (Hrsg.): Datenschutz-Grundverordnung-Bundesdatenschutzge- setz Kommentar 2. Aufl., München 2018 (zit.: Bearbeiter, in: Paal/Pauly, DS-GVO-BDSG, Art. Rn.)

Palandt: Bürgerliches Gesetzbuch Kommentar 77. Aufl., München 2018 (zit.: Bearbeiter, in: Palandt, § Rn.)

Passig, Kathrin/Lobo, Sascha (Hrsg.): Dinge geregelt kriegen - ohne einen Funken Selbstdis-ziplin 3. Aufl., Berlin 2012 (Passig/Lobo, Dinge geregelt kriegen – ohne einen Funken Selbstdisziplin, S.)

Piepenstock, Karola: Überblick über die Reform des SGB II-Leistungsrechts, in: juris Praxisreport Sozialrecht 7/2011 (zit.: Piepenstock jurisPR-SozR 7/2011, Anm.)

Posner, Richard: Rational Choice, Behavioral Economics, and the Law, in: Standford Law Review, Vol. 50, No. 5, 1998, S. 1551-1575 (zit.: Posner Standford Law Review 1998, 1551)

Riecke, Olaf: „Geiz ist geil" oder: Ein „zeitgeistiges", aber trügerisches Motto bei der Räumungsvollstreckung?, in: Neue Zeitschrift für Miet- und Wohnungsrecht 2006, S. 919-921 (zit.: Riecke NZM 2006, 919 S.)

Pfister, Hans-Rüdiger/Jungermann, Helmut/Fischer. Katrin (Hrsg.): Die Psychologie der Entscheidung – Eine Einführung 4. Aufl., Berlin 2017 (zit.: Pfister/Jungermann/Fischer, Die Psychologie der Entscheidung, S.)

Plath, Kai-Uwe (Hrsg.): Kommentar zum BDSG und zur DS-GVO sowie den Datenschutzbestimmungen des TMG und TKG 3. Aufl., Berlin 2018 (zit.: Plath, in: DS-GVO/BDSG, Art. Rn.)

Pohlmann-Weide, Astrid/Ahrendt, Achim: § 109 InsO: Die Mietwohnung des Schuldners in der Insolvenz, in: Zeitschrift für Verbraucher- und Privat-Insolvenzrecht 2013, S. 374-382 (zit.: Pohlmann-Weide/Ahrendt ZVI 2013, 374)

Rave, Nele: Heilung innerhalb der Schonfrist, in: Grundeigentum 2007, S. 628-632 (zit.: Rave GE 2007, 628)

Rist, Fred/Engberding, Margarita/Patzelt, Julia/Beißner, Julia: Prokrastination als verbreitete Arbeitsstörung: "Aber morgen fange ich richtig an!", in: Fachbeiträge Perso- nalführung 2006, Vol. 6, S. 64-78 (zit.: Rist/Engberding/Patzelt/Beißner Fachbeiträge Personalführung 2006, Vol. 6, 64)

Rist, Fred/Pedersen, Anya/Höcker, Anna/Engberding, Margarita: Pathologisches Aufschieben und die Aufmerksamkeits- defizit-/Hyperaktivitätsstörung, in: Psychotherapie im Dialog 2011, S. 217-223. (zit.: Rist/Pedersen/Höcker/Engberding PiD 2011, 217)

Ritter, Matthias: Die neue 25 %-Quote zur Verkürzung der Restschuldbefreiungsphase – geht die Reform ins Leere?, in: Zeitschrift für Verbraucher- und Privat- Insolvenzrecht 2013, S. 135-137 (zit.: Ritter ZVI 2013, 135)

Rodemann, Christian: „Erfüllungsgefährdung" und „Erfüllungsverweigerung"– Anmerkung zu BGH-Urteil 14. Juni 2012 AktenzeichenVII ZR 148/10, in: Zeitschrift für deutsches und internationales Bau- und Vergaberecht 2012, S. 627,630 (zit.: Rodemann ZfBR 2012, 627)

Roquette, Hermann (Hrsg.): Mieterschutzgesetz Kommentar Berlin und München 1956 (zit.: Roquette, in: Mieterschutzgesetz, § Rn.)

Rosenmüller, Christoph: Zur Qulität von Mietzingsforderungen bei Verfahrenseröffnung am Monatsersten, in: Zeitschrift für das gesamte Insolvenz- und Sanierungsrecht 2012, S. 1110 (zit.: Rosenmüller ZInsO 2012, 1110)

Saenger, Ingo (Hrsg.): Zivilprozessordnung Kommentar 7. Aufl., Baden-Baden 2017 (zit.: Bearbeiter, in: Saenger, ZPO, § Rn.)

Sauer, Otto: Rechtsprechungs-ABC Handels- und Steuerbilanz Beck´scher Online Kommentar München 2018 (zit.: Sauer, ABC HaBi-StBi, BeckOK, Wertberichtigung)

Schach, Klaus: Der Einsatz von Telefax im Rechtsverkehr, in: Grundeigentum 1994, S. 487-491. (zit.: Schach GE 1994, 487)

Schach, Klaus/Schultz, Michael/Schüller, Peter (Hrsg.): Mietrecht Beck´scher Online Kommentar 12. Edition, München 2018 (zit.: Bearbeiter, in: Schach/Schultz/Schüller, BeckOK, Mietrecht, § Rn.)

Schantz, Peter: Der Datenschutz-Grundverordnung – Beginn einer neuen Zeitrechnung im Datenschutzrecht, in: Neue Juristische Wochenschrift 2016, S. 1841-1847 (zit.: Schantz NJW 2016, 1841)

Schantz, Peter/Wolff, Heinrich Amadeus: Das neue Datenschutzrecht München 2017 (zit.: Bearbeiter, in: Schatz/Wolff, Das neue Datenschutzrecht, Rn.)

Schlegel, Rainer/Voelzke, Thomas (Hrsg.): Sozialgesetzbuch II juris Praxiskommentar 4. Aufl., Saarbrücken 2019 (zit.: Bearbeiter, in: Schlegel/Voelzke, juris PraxisKommentar SGB II, § Rn.)

Schulte, Karl-Werner/Bone-Winkel, Stephan/Thomas, Matthias (Hrsg.): Handbuch Immobilien-Investition 2. Aufl., Köln 2005 (zit.: Bearbeiter, in: Schulte/Bone-Winkel/Thomas, Handbuch Immobilien-Investition, S.)

Schulte, Karl-Werner (Hrsg.): Immobilienökonomie, Band 1 5. Aufl., München/Oldenburg 2016 (zit.: Bearbeiter, in: Schulte, Immobilienökonomie, Bd. 1, S.)

ders.: Immobilienökonomie Band I, Betriebswirtschaftliche Grundlagen 4. Aufl., Oldenburg 2008 (zit.: Bearbeiter, in: Schulte, Immobilienökonomie Bd. I, S.)

ders.: Immobilienökonomie Bd. IV, Volkswirtschaftliche Grundlagen Oldenburg 2013 (zit.: Bearbeiter, in: Schulte, Immobilienökonomie Bd. IV, S.)

Schulte, Karl-Werner/Brade, Kerstin Hiska (Hrsg.): Handbuch Immobilen-Marketing Köln 2001 (zit.: Bearbeiter, in: Schulte/Brade, Handbuch Immobilien-Marketing, S.)

Schuschke, Winfried: Kostensenkungsmodelle bei der Zwangsräumung sowie Räumungsvollstreckung gegen Mitbewohner, in: Neue Zeitschrift Mietrecht 2005, S. 681-688 (zit.: Schuschke NZM 2005, 681)

Schmid, Michael: Verrechnung von Teilzahlungen auf Mietnebenkosten, in: Neue Zeitschrift für Miet- und Wohnungsrecht 2001, S. 705 (zit.: Schmid NZM 2001, 705)

Schmidt, Karsten (Hrsg.): Münchener Kommentar zum Handelsgesetzbuch 4. Aufl., München 2019 (zit.: Bearbeiter, in: Schmidt, MüKo, HGB, Bd.,Teil, Rn.)

Schmidt-Futterer, Wolfgang (Hrsg.): Mietrecht Kommentar 13. Aufl., München 2017 (zit.: Bearbeiter, in: Schmidt-Futterer, Mietrecht, § Rn.)

Schmidt, Andreas (Hrsg.): Privatinsolvenz Kommentar 4. Aufl., München 2014 (Schmidt, Privatinsolvenz, § Rn.)

Schmidt, Karsten (Hrsg.): Insolvenzordnung Kommentar 19. Aufl., München 2016 (zit.: Bearbeiter, in: Schmidt, Insolvenzordnung, § Rn.)

Schmidpeter, Rene/Schneider, Andreas (Hrsg.): Corporate Social Responisbility Verantwortungsvolle Unternehmensführung in Theorie und Praxis 2. Aufl., Berlin 2015 (zit.: Schmidpeter/Schneider, in: Verantwortungsvolle Unternehmensführung in Theorie und Praxis, S.)

Schneider, Harald: Kündigung wegen Mietrückständen, in: Monatsschrift für Deutsches Recht 1991, S. 591. (zit.: Schneider MDR 1991, 591)

Scholl, Amand: Nochmals – Zahlungsverzug und ordentliche Kündigung, in: Wohnungswirtschaft und Mietrecht 1993, S. 99-101 (zit.: Scholl WuM 1993, 99)

Schoch, Friedrich/Schneider, Jens-Peter/Bier, Wolfgang (Hrsg.): Verwaltungsgerichtsordnung, Band I Kommentar 34. EL, München 2018 (zit.: Bearbeiter, in: Schoch/Schneider/Bier, Verwaltungsgerichtsordnung, Bd. I, § Rn.)

Schouwenburg, Henri C./Lay, Clarry H.: Trait Procrastination and the Big Five Factors of Personality, in: Personality and Individual Differences 1995, Vol. 18, S. 481-490 (zit.: Schouwenburg/Lay Personality and Individual Differences 1995, Vol. 18, 481)

Schouwenburg, Henri C./Groenewoud, Jan Tjeerd: Study Motivation Under Social Temptation: Effects of Trait Procrastination, in: Personality and Individual Difference 2001, Vol. 30, S. 229-240 (zit.: Schouwenburg/Groenewoud Personality and Individual Difference 2001, Vol. 30, 229)

Schulze, Reiner/Dörner, Heinrich/Ebert, Ina/Hoeren, Thomas/Kemper, Rainer (Hrsg.): Bürgerliches Gesetzbuch NommosKommentarHandkommentar 10. Aufl, Baden-Baden 2019 (zit.: Bearbeiter, in: Schulze/Dörner/Ebert/Hoeren/Kemper, BGB, § Rn.)

Schuschke, Winfried: Zwangsräumung ohne Räumung („im Berliner Modell")?, in: Neue Zeitschrift für Miet- und Wohnungsrecht, 2006, S. 284-286 (zit.: Schuschke NZM 2006, 284 S.)

Schmidt, Andreas (Hrsg.): Hamburger Kommentar zum Insolvenzrecht 6. Aufl., Köln 2017. (zit.: Bearbeiter, in: Schmidt, Hamburger Kommentar zum Insolvenzrecht, § Rn.)

Schmidt, Hubert: Einbeziehung von AGB im unternehmerischen Geschäftsverkehr, in: Neue Juritische Wochenschrift 2011, S. 3329-3334 (zit.: Schmidt NJW 2011, 3329)

Schwab, Martin: Aktuelle Probleme der Zahlungsverzugskündigung im Mietrecht, in: Neue Zeitschrift Mietrecht 2019, S. 36-46 (zit.: Schwab NZM 2019, 36)

Schwieren, Friederike: Die Kostenbelastung des Gläubigers bei der Räumungsvollstreckung Tübingen 2010 (zit.: Schwieren, Die Kostenbelastung des Gläubigers bei der Räumungsvollstreckung, S.)

Simitis, Spiros (Hrsg.): Bundesdatenschutzgesetz NomosKommentar 8. Aufl., Baden-Baden 2014 (zit.: Bearbeiter, in: Simitis, Bundesdatenschutzgesetz, Art. Rn.)

Simitis, Spiros/Hornung, Gerrit/Spiecker genannt Döhmann (Hrsg.): Datenschutzrecht NomosKommentar Frankfurt/Kassel 2019 (zit.: Bearbeiter, in: Simits/Hornung/gen. Döhmann, Datenschutzrecht, Art. Rn.)

Simon, Herbert: A behavioral model of rational choice, in: Quarterly Journal of Economics 1955, S. 99-118 (zit.: Simon Quarterly Journal of Economics 1955, 99)

ders.: Rational choice and the structure of the enviroment, in: Psychological Review 1956, S. 129-138 (zit.: Simon Psychological Review 1956, 129)

ders.: Models of Bounded Rationality, in: Economic Analysis and Public Policy 1982, S. 478-505 (zit: Simon Economic Analysis and Public Policy 1982, 478)

Sommer, Michael: Fristlose Kündigung wegen Kautionsrückstandes: Ein Appell an eine weite Auslegung!, in: Immobilien- und Mietrecht 2014, S. 139-143. (zit.: Sommer IMR 2014, 139)

Specht, Louisa/Mantz, Reto (Hrsg.): Handbuch europäisches und deutsches Datrnschutz-recht München 2019 (zit.: Bearbeiter, in: Specht/Mantz, Handbuch europäisches und deutsches Datenschutzrecht, § Rn.)

Spielbauer, Thomas/Schneider, Joachim (Hrsg.): Mietrecht, in: Berliner Kommentare. Berlin 2013 (zit.: Bearbeiter, in: Spielbauer/Schneider, Mietrecht, § Rn.)

Spindler, Gerald/Schuster, Fabian (Hrsg.): Recht der elektronischen Medien Kommentar 4. Aufl., München 2019 (zit.: Bearbeiter, in: Spindler/Schuster, Recht der elektronischen Medien, Art. Rn.)

Staudinger: Bürgerliches Gesetzbuch Kommentar Buch 2, München 2017 (zit.: Bearbeiter, in: Staudinger, BGB, § Rn.)

Steel, Piers: The Nature of Procrastination: A meta-Analytic and Theoretical Review of Quintessential Self-Regulatory Failure, in: Psychological Bulletin 2007, Vol. 133, No. 1, S. 65-94 (zit.: Steel Psychological Bullentin 2007, Vol. 133, N. 1, 65)

ders.: The nature of procrastination: a meta-analytic and theoretical review of quintessential self-regulatory failure, in: Psychological Bulletin 2007, S. 65-92 (zit.: Steel Psychological Bulletin 2007, 65)

Stein, Friedrich/Jonas, Martin (Hrsg.): Zivilprozessordnung Kommentar Bd. 6, 23. Aufl., Heidelberg 2018 (zit.: Bearbeiter, in: Stein/Jonas, ZPO, Bd. 6, § Rn.)

Steinbeck, Anja/Lachenmaier, Andreas: Verhaltensökonomie im Gerichtssaal, in: Neue Juristi- sche Wochenschrift 2014, S. 2086-2091. (zit.: Steinbeck/Lachenmaier NJW 2014, 2086)

Sternel, Friedemann (Hrsg.): Sternel, Mietrecht aktuell 4. Aufl., Köln 2009 (zit.: Sternel, in: Sternel, Mietrecht aktuell, Kap. Rn.)

ders.: Zahlungsverzug im Mietrecht, in: Wohnungswirtschaft- und Mietrecht 2009, S. 699-706 (zit.: Sternel WuM 2009, 699)

ders.: Sternel, in: Partner im Gespräch, Band 90, München 2011, Seite 175-178 (zit.: Sternel, in: PiG Bd. 90 (2011), 175

Streyl, Elmar: Kasse machen mit Inkasso?, in: Wohnungswirtschaft- und Mietrecht 2012, S. 475-479 (zit.: Streyl WuM 2012, 475)

Stückmann, Roland/Kohlepp, Christina: Verhältnismäßigkeitsgrundsatz und „ultima-ratio-Prinzip“ im Kündigungsrecht – Richterliche Praxis ohne dogmatische Begründung, in: Recht der Arbeit 2000, S. 331-341 (zit.: Stückmann/Kohlepp RdA 2000, 331)

Stürner, Rolf (Hrsg.): Jauernig, Bürgerlisches Gesetzbuch Kommentar 17. Aufl., München 2018 (zit.: Bearbeiter, in: Jauernig, BGB, § Rn.)

Sydow, Gernot: Europäische Datenschutzgrundverordnung, Kommentar 2. Aufl., München 2018 (zit.: Bearbeiter, in: Sydow, Europäische Datenschutzgrundverordnung, Art. Rn.)

Taeger, Jürgen/Gabel, Detlev (Hrsg.): DSGVO-BDSG Kommentar 3. Aufl. 2019, Frankfurt am Main (zit.: Bearbeiter, in: Taeger/Gabler, DSGVO-BDSG, Art. Rn.)

Thaler, Richard H.: Toward a positive theory of consumer Choice, in: Journal of Economic Behavior & Organization 1980, S. 39-60 Thaler Journal of Economic Behavior & Organization 1980, 39)

Thomas, Heinz/Putzo, Hans (Hrsg.): Zivilprozessordnung Kommentar 39. Aufl., München 2018 (zit.: Bearbeiter, in: Thomas/Putzo, ZPO, § Rn.)

Thompson, Arthur/Strickland, Alonzo (Hrsg.): Strategic management: concepts and cases 10. Aufl., Boston 1998 (zit.: Thompson/Strickland Strategic management: concepts and cases, S.)

Tinnefeld, Marie-Theres/Conrad, Isabel: Die selbstbestimmte Einwilligung im europäischen Recht, in: Zeitschrift Datenschutz 2018, S. 391-398 (zit.: Tinnefeld/Conrad ZD 2018, 391)

Torggler, Ulrich: Rechtssicherheit und Einzelfallgerechtigkeit im Wirtschaftsprivatrecht, in: Juristische Blätter 133, S. 762-770 (2011) (zit.: Torggler JB 133, 762)

Trams, Kai: Das Mietverhältnis in der Insolvenz des Mieters, in: Neue Juristische Wochenschrift-Spezial 2017, (S. 597-598) (zit.: Trams NJW-Spezial 2017, 597)

Trope, Yaacov/Liberman, Nira: Temporal construal, in: Psychological Review 2003, S. 403-421 (zit.: Trope/Liberman Psychological Review 2003, 403)

Tversky, Amos/Kahneman, Daniel: Judgment Under Uncertainty, in: Heuristics and Biases 1974, Vol. 185, S. 1124-1131 (zit.: Tversky/Kahneman Heuristics and Biases 1974, Vol. 185, 1124)

O´Sullivan, Daniel: Die verlängerte mietrechtliche Schonfrist und ihre prozessualen Folgen, in: Zeitschrift Miet- und Raumrecht 2002, S. 250-253 (zit.: O´Sullivan ZMR 2002, 250)

Ulrich, Peter/Fluri, Edgar (Hrsg.): Management Stuttgart 1995 (zit.: Ulrich/Fluri, Management, S.)

Plagemann, Hermann (Hrsg.): Münchener Anwaltshandbuch, Sozialrecht 5. Aufl., München 20118 (zit.: Bearbeiter, in: Plagemann, Münchener Anwaltshandbuch, Sozialrecht, § Rn.)

van Eerde, Wendelien: Procrastination: Self-regulation in Initiating Aversive Goals. Applied Psychology, in: An International Review 2000, Vol. 49, S. 372-389 (zit.: van Eerde An International Review 2000, Vol. 49, 372)

Veil, Winfried: DS-GVO: Risikobasierter Ansatz statt rigides Verbotsprinzip, Eine erste Bestandsaufnahme, in: Zeitschrift Datenschutzrecht 2015, S. 347-353 (zit.: Veil ZD 2015, 347)

VdW Rheinland Westfalen (Hrsg.): Sozialarbeit in Wohnungsunternehmen, Strategische Ansätze und Praxisbeispiele Bd. IV, Düsseldorf 2004 (zit.: Bearbeiter, in: Sozialarbeit in Wohnungsunternehmen: Profil und Qualität, S.)

von dem Bussche, Axel/Voigt, Paul (Hrsg.): Konzerndatenschutz Rechtshandbuch München 2019 (zit.: v.d. Bussche/Voigt, Konzerndatenschutz, Kap. Rn.)

von der Lieth, Jörn: Unternehmensführung in der Immobilienwirtschaft, in: Zeitschrift für Wohnungseigentumsrecht 2012, S. 150-157 (zit.: von der Lieth ZWE 2012, 150)

von Malottki, Christian: Empirische Aspekte bei der Bestimmung von Angemessenheitsgrenzen der Kosten der Unterkunft, in: info also 2012, S. 99-108 (zit.: von Malottki info also 2012, 99

von Wulffen, Matthias/Schütze, Bernd (Hrsg.): SGB X Kommentar 8. Aufl., München 2014 (zit.: Bearbeiter, in: von Wulffen/Schütze, SGB X, § Rn.)

Vorwerk, Volkert/Wolf, Christian (Hrsg.): Zivilprozessordnung Beck´scher Online Kommentar 34. Edition, München 2019 (zit.: Bearbeiter, in: Vorwerk/Wolf, ZPO, BeckOK, § Rn.)

Zink, Klaus J.: TQM als integriertes Managementkonzept: Das EFQM Excellence Modell und seine Umsetzung 2. Aufl. München 2004 (zit.: Zink, in: Das EFQM Excellence Modell und seine Umsetzung, S.)

Wandtke, Artur-Axel: Ökonomischer Wert von persönlichen Daten, in: MultiMedia und Recht 2017, S. 6-12 (zit.: Wandtke MMR 2017, 6)

Weber, Ralph: Kündigung wegen Mietrückstands nach § 554 BGB und Probleme mit der nachträglichen Zahlung innerhalb der Schonfrist oder Interdependenzen zwischen Mietrecht und allgemeinem Schuldrecht, in: Zeitschrift für Miet- und Raumrecht 1992, S. 41-50 (zit.: Weber ZMR 1992, 41)

Welge, Martin/Al-Laham, Andreas/Eulerich, Marc (Hrsg.): Strategisches Management 7. Aufl., Heidelberg 2017 (zit.: Bearbeiter, in: Welge/Al-Laham/Eulerich, Strategisches Management, S.)

Wendehorst, Christiane/Graf von Westphalen, Friedrich: Das Verhältnis zwischen Datenschutz-Grundverord-nung und AGB-Recht, in: Neue Juristische Wochenschrift 2016, S. 3745-3750 (zit.: Wendehorst/Graf v. Westphalen NJW 2016, 3745)

Wenzel, Joachim: Die Bindung des Richters an Gesetz und Recht, in: Neue Juristische Wochenschrift 2008, S. 345-349 (zit.: Wenzel NJW 2008, 345)

Wiedemann, Herbert: Richterliche Rechtsfortbildung, in: Neue Juristische Wochenschrift 2014, S. 2407-2412 (zit.: Wiedemann NJW 2407)

Wiek, Karl-Friedirich: Der neue § 569 Abs. 2a BGB (§ 569 Abs. 2a BGB), in: Wohnungswirtschaft- und Mietrecht 2013, S. 195-202 (zit.: Wiek WuM 2013, 195)

Wilms, Bettina/Ballaschke, Olaf/Kirsch, Peter (Hrsg.): ADHS bei Erwachsenen, in: Psychotherapie im Dialog 2011, S. 217-212 (zit.: Bearbeiter, in: Wilms/Ballaschke/Kirsch PiD 2011, 217)

Wimmer, Klaus (Hrsg.): Frankfurter Kommentar zur Insolvenzordnung 9. Aufl., München 2018 (zit.: Bearbeiter, in: Wimmer, FK-InsO, § Rn.)

Wolf, Eckard/Eckert, Hans-Georg/Ball, Wolfgang: Handbuch des gewerblichen Miet-, Pacht-, und Leasingrechts 11. Aufl. Köln 2017 (zit.: Wolf/Eckert/Ball, in: Handbuch des gewerblichen Miet-, Pacht-, und Leasingrechts, Rn.)

Wolff, Amadeus/Brink, Stefan (Hrsg.): Datenschutzrecht Beck´scher Online Kommentar 24. Edition, München 2018 (zit.: Bearbeiter, in: Wolff/Brink, BeckOK, Datenschutzrecht, Art. Rn.)

Wiedemann, Herbert/Wank, Rolf: Begrenzte Rationalität – gestörte Willensbildung im Privatrecht, in: JuristenZeitung, 2013, S. 340-345 (zit.: Wiedemann/Wank JZ 2013, 340)

Wiemann, Philipp: Alternative Klagehäufung bei Räumungsklagen nach mehrfacher Kündigung, in: Wohnungswirtschaft und Mietrecht 2018, S. 795 (zit.: Wiesmann WuM 2018, 795)

Winkler, Dirk: Zum Erfordernis des kündigungsrelevanten Zahlungsverzuges im Zeitpunkt des Zuganges der Kündigungserklärung, in: Zeitschrift für Miet- und Raumrecht 2006, S. 420-423 (zit.: Winkler ZMR 2006, 420)

Winnefeld, Robert (Hrsg.): Bilanz-Handbuch 5. Aufl., München 2015 (zit.: Winnefeld, Bilanz-Handbuch, Rn.)

Wimmer, Klaus: Frankfurter Kommentar zur Insolvenzordnung 9. Aufl., München 2018 (zit.: Bearbeiter, in: Wimmer, Frankfurter Kommentar zur Insolvenzordnung, § Rn.)

Zehelein, Kai: Prozessuale und dogmatische Aspekte der Mietrechtsreform, in: Wohnungswirtschaft- und Mietrecht 2013, S. 133-144 (zit.: Zehelein WuM 2013, 133)

Zöller, Richard (Hrsg.): Zivilprozessordnung Kommentar 32. Aufl. Köln 2018 (zit.: Bearbeiter, in: Zöller, ZPO, § Rn.)

zur Nieden, Wolf: Insolvenz des Mieters und Filialisten: Typische mietrechtliche Problemkreise und Lösungsansätze, in: Neue Zeitschrift für Insolvenz- und Sanierungsrecht 2018, S. 465-471 (zit.: zur Nieden NZI 2018, 465)

Verzeichnis sonstiger Quellen

Bundesrat: Entwurf eines Gesetzes zur Neuausrichtung der arbeitsmarktpolitischen Instrumente, in: Bundesrat-Drucksache 755/05 Berlin 2008 (zit.: BR-Drucks. 755/08, S.)

Bundesrat: Entwurf eines Vierten gesetzes für moderne Dienstleistungen am Arbeitsmarkt, in; Bundesrat-Drucksache 558/03 Berlin 2003 (zit.: BR-Drucks. 558/03, S.)

Bundestag: Dritter Bericht der Bundesregierung über die Wohnungs- und Immobilienwirtschaft in Deutschland und Wohngeld- und Mietenbericht 2016, in: Bundestag-Drucksache 18/13120 Berlin 2017 (zit.: BT-Drucks. 18/13120, S.)

ders.: Entwurf eines neunten Gesetzes zur Änderung des Zweiten Buches Sozialgesetzbuch – Rechtsvereinfachung, in: Bundestag-Drucksache 18/8041 Berlin 2016 (zit.: BT-Drucks. 18/8041, S.)

ders.: Entwurf eines Gesetzes zur Reform des Wohngeldrechts und zur Änderung des Wohnraumförderungsgesetzes (WoGRefG), in: Bundestag-Drucksache 18/4897 Berlin 2015 (zit.: BT-Drucks. 18/4897, S.)

ders.: Entwurf eines Gesetzes zur Verbesserung der zivilrechtlichen Durchsetzung von verbraucherschützenden Vorschriften des Datenschutzrechts, in: Bundestag-Drucksache 18/4631 Berlin 2015 (zit.: BT-Drucks. 18/4631, S.)

ders.: Entwurf eines Gesetzes zur Verkürzung des Restschuldbefreiungsverfahrens und zur Stärkung der Gläubigerrechte, in: Bundestag-Drucksache 17/13535 Berlin 2013 (zit.: BT-Drucks. 17/13535)

ders.: Entwurf eines Gesetzes über die energetische Modernisierung von vermietetem Wohnraum und über die vereinfachte Durchsetzung von Räumungstiteln (Mietrechtsänderungsgesetz – MietRÄndG), in: Bundestag-Drucksache 17/11894 Berlin 2012 (zit.: BT-Drucks. 17/11894, S.)

ders.: Entwurf eines Gesetzes zur Verkürzung des Restschuldbefreiungsverfahrens und Stärkung der Gläubigerrechte, in: Bundestag-Drucksache 17/11268 Berlin 2012 (BT-Drucks. 17/11268, S.)

ders.: Entwurf eines Gesetzes über die energetische Modernisierung von vermietetem Wohnraum und über die vereinfachte Durchsetzung von Räumungstiteln (Mietrechtsänderungsgesetz – MietRÄndG), in: Bundestag-Drucksache 17/10485 Berlin 2012 (BT-Drucks. 17/10485, S.)

ders.: Entwurf eines Gesetzes zur Ermittlung von Regelbedarfen und zur Änderung des Weiten und Zwölften Buches Sozialgesetzbuch, in: Bundestag-Drucksache 17/3404 Berlin 2010 (zit.: BT-Drucks. 17/3404, S.)

ders.: Gesetzesentwurf der Fraktionen der CDU/CSU und SPD zum Entwurf eines Gesetzes zur Fortentwicklung der Grundsicherung für Arbeitssuchende, in: Bundestag-Drucksache 16/1410 Berlin 2006 (BT-Drucks. 16/1410, S.)

ders.: Beschlussfassung und Bericht des Ausschusses für Arbeit und Soziales (11. Ausschuss), Entwurf eines Gesetzes zur Verlängerung der Ich-AG, in: Bundestag-Drucksache 16/1696 Berlin 2006 (BT-Drucks. 16/1696, S.)

ders.: Beschlussfassung und Bericht zum Entwurf eines Ersten Gesetzes zur Änderung des Zweiten Buches Sozialgesetzbuch, in: Bundestag-Drucksache 16/688 Berlin 2006 (BT-Drucks. 16/688, S.)

ders.: Bericht des Ausschusses für Wirtschaft und Arbeit (9. Ausschuss) zur Neuordnung der Bundesanstalt für Arbeit., in: Bundestag-Drucksache 15/1749 Berlin 2003 (BT-Drucks. 15/1749, S.)

ders.: Gesetzesentwurf der Fraktionen SPD und Bündnis 90/Die Grünen zum Entwurf eines Vierten Gesetzes für moderne Dienstleistungen am Arbeitsmarkt, in: Bundestag-Drucksache 15/1516 Berlin 2003 (BT-Drucks. 15/1516, S.)

ders.: Beschlussempfehlung und Bericht des Rechtsausschusses (6. Ausschuss) zu dem Gesetzesentwurf eines zur Neugliederung, Vereinfachung und Reform des Mietrechts (Mietrechtsreformgesetz) und zu dem Entwurf eines Gesetzes zur Vereinfachung des Mietrechts (Mietrechtsvereinfachungsgesetz), in: Bundestag-Drucksache 14/5663 Berlin 2001 (BT-Drucks. 14/5663, S.)

ders.: Entwurf eines Gesetzes zur Modernisierung des Schuldrechts, in: Bundestag-Drucksache 14/6040 Berlin 2001 (BT-Drucks. 14/6040)

ders.: Entwurf eines Gesetzes zur Modernisierung des Schuldrechts, in: in: Bundestag-Drucksache 14/7052. Berlin 2001 (BT-Drucks. 14/7052, S.)

ders.: Entwurf eines Gesetzes zur Änderung der Insolvenzordnung und anderer Gesetze, in: Bundestag-Drucksache 14/5680 Berlin 2001 (zit.: BT-Drucks. 14/5680)

ders.: Gesetzesentwurf der Bundesregierung, Entwurf eines Gesetzes zur Neuregulierung, Vereinfachung und Reform des Mietrechts (Mietrechtsreformgesetz), in: Bundestag-Drucksache 14/4553 Berlin 2000 (BT-Drucks. 14/4553, S.)

ders.: Entwurf neines Gesetzes zur Änderung von Kostengesetzen und anderen Gesetzen (Kostenrechtsänderungsgesetz 1994 – KostRÄndG 1994), in: Bundestag-Drucksache 12/6962 Bonn 1994 (BT-Drucks. 12/6962, S.)

ders.: Entwurf eines Einführungsgesetzes zur Insolvenzordnung (EGInsO), in: Bundestag-Drucksache 12/7303. Bonn 1994 (BT-Drucks. 12/7303, S.)

ders.: Entwurf einer Insolvenzordnung (InsO), in: Bundestag-Drucksache 12/2443 Bonn 1992 (BT-Drucks. 12/2443, S.)

ders.: Erster schriftlicher Bericht des Ausschusses für Wohnungswesen, Bau und Bodenrecht zu BT-Drucks. 4/1323 Bonn 1991 (BT-Drucks. 4/1232, S.)

ders.: Entwurf eines Steuerreformgesetzes 1990, in: Bundestag-Drucksache 11/2157 Bonn 1988 (BT-Drucks. 11/2157, S.)

ders.: Entwurf eines Gesetzes zur Erhöhung des Angebotes an Mietwohnungen, in: Bundestag-Drucksache 9/2079 Bonn 1982 (BT-Drucks. 9/2079, S.)

ders.: Entwurf eines Gesetzes zur Regelung des Rechts der Allgemeinen Geschäftsbedingungen (AGB-Gesetz), in: Bundestag-Drucksache 7/3919 Berlin 1975 (BT-Drucks. 7/3919)

ders.: Gesetzesentwurf über Maßnahmen zur Verbesserung des Mietrechts und der Begrenzung des Mietanstiegs (Gesetzesentwurf der Bundesregierung), in: Bundestag-Drucksache VI/1549 Bonn 1970 (BT-Durcks. VI/1549, S.)

ders.: Entwurf eines Gesetzes zur Änderung mietrechtlicher Vorschriften, in: Bundestag-Drucksache IV/806 Bonn 1962 (BT-Drucks. IV/806, S.)

Deutscher Verband für Wohnungs- Wesen, Städtebau und Raum- Ordnung e.V. (Hrsg.): Wirtschaftsfaktor Immobilie 2017, in: Gutachten für den Deutschen Verband für Wohnungswesen, Städte bau und Raumordnung e.V. und die Gesellschaft für Immobilienwirtschaftliche Forschung e.V. Berlin 2017 (zit.: Wirtschaftsfaktor Immobilie 2017, S.)

European Payment Coucil: Sepa Core Direct Debit Scheme Rulebook, in EPC016-06 Vers. 9.1, Brüssel 2015 (zit.: EPC, in: SDD Rulebook, Rn.)

GdW Bundesverband deutscher/Wohnungs- und Immobilienunter- nehmen e.V.: Wohnungswirtschaftliche Daten und Trends 2018/2019 Berlin 2018 (zit.: GdW, Wohnungswirtschaftliche Daten und Trends 2018/2019, S.)

ders.: Mietschulden sinken um 9,6 % auf 372 Millionen Euro, Pressemitteilung Nr. 33/18 v. 18.06.2018 (zit.: GdW, in: Pressemitteilung Nr. 33/18 v. 18.06.2018, Z.)

ders.: Wohnungswirtschaftliche Daten und Trends 2017/2018 Berlin 2017 (zit.: GdW, Wohnungswirtschaftliche Daten und Trends 2017/2018, S.)

ders.: Wohnungswirtschaftliche Daten und Trends 2016/2017, Zahlen und Analysen aus der Jahresstatistik des GdW Berlin 2016 (zit.: GdW, in: Wohnungswirtschaftliche Daten und Trends 2016/2017, S.)

ders.: Mietschulden sinken um 3,9 Prozent auf 387 Millionen Euro, Pressemitteilung Nr. 46/16 v. 03.08.2016 (zit.: GdW, Pressemitteilung Nr. 46/16 v. 03.08.2016, Z.)

Kommission der Europäischen/Gemeinschaften: Gründbuch für Europäische Rahmenbedingungen für die soziale Verantwortung der Unternehmen, in: KOM(2001) 366 endgültig Brüssel 2001 (zit.: KOM, Europäische Rahmenbedingungen für die soziale Verantwortung der Unternehmen, S.)

ders.: Mitteilung der Kommission betreffend die soziale Verantwortung der Unternehmen: ein Unternehmensbeitrag zur nachhaltigen Entwicklung, in: KOM(2002) 347 endgültig Brüssel 2002 (zit.: KOM, Mitteilung der Kommission betreffend die soziale Verantwortung der Unternehmen: ein Unternehmensbeitrag zur nachhaltigen Entwicklung, S.)

European Multistakeholder/Forum on CSR: Corporate social responsibility, final results & recommendations Brüssel 2004 (zit.: European Multistakeholder Forum on CSR 2004, final results & recommendations, S.)

Rave, Nele: Forderungsmanagement und Mietschuldnerberatung, in: Verbandsmagazin 04/2014 des Verbandes der Südwestdeutschen Wohnungswirtschaft e.V. (zit.: Rave, in: 04/2014 Verbandsmagazin gdw, S.)

Senatsverwaltung für Finanzen/Berlin: Voraussichtlich dauernde Wertminderung: Pauschal-wertberichtigung auf Forderungen aus LuL, in: Zeitschrift für Bilanzierung, Rechnungswesen &Controlling 2015, S. 474-475. (zit.: Senatsverwaltung für Finanzen Berlin BC 2015, 474.)

Voigtländer (unter anderem), Michael: Die Immobilienmärkte aus gesamtwirtschaftlicher Perspektive Gutachten für den Deutschen Verband für Wohnungswesen, Städtebau und Raumordnung e. V. und die Gesellschaft für Immobilienwirtschaftliche Forschung e. V. Berlin 2009 (zit.: Voigtländer unter anderem, in: Die Immobilienmärkte aus gesamtwirtschaftlicher Perspektive, S.)

Internetquellenverzeichnis

Aareal Bank Group: Produkt- und Servicevorstellung Aareal First Financial, in: https://www.first-financial.biz/produkte-services/bk01-software/, abgerufen am 23.01.2018. (zit.: Produkt- und Servicevorstellung Aareal First Financial)

Achtziger, Anja/Gollwitzer, Peter Max: Rubikonmodell der Handlungsphasen, in: https://por tal.hogrefe.com/dorsch/rubikonmodell-der-handlungsphasen/#, abgerufen am 14.10.2019. (zit.: Achtziger/Gollwitzer, Ribikonmodell der Handlungsphasen)

Artikel-29-Datenschutzgruppe: Leitlinien für Transparenz gemäß der Verordnung 2016/679, WP 260 rev.01 in: https://www.ldi.nrw.de/mainmenu_Serv ice/submenu_Links/Inhalt2/Artikel-29-Gruppe/wp260rev01_de.pdf, abgerufen am 21.10.2019. (zit.: Artikel-29-Datenschutzgruppe, Leitlinien für Transparenz gemäß der Verordnung 2016/679, WP 260 rev.01, S.)

ders.: Leitlinien zu automatisierten Entscheidungen im Einzelfall einschließlich Profiling für die Zwecke der Verordnung 2016/679, WP 251 rev.01, in: https://www.ldi.nrw.de/mainmenu_Service/submenu_Links/Inhalt2/Arti kel-29-Gruppe/wp251rev01_de.pdf, abgerufen am 18.12.2019. (zit.: Artikel-29-Datenschutzgruppe, Leitlinien zu automatisierten Entscheidungen im Einzelfall einschließlich Profiling für die Zwecke der Verordnung 2016/679, WP 251 rev.01, S.)

ders.: Leitlinien in Bezug auf die Einwilligung gemäß Verordnung 2016/679, WP 259 rev.01, in: https://www.datenschutzstelle.li/application/files/3615/3674/7263/wp259rev01_de.pdf, abgerufen am 21.10.2019. (zit.: Artikel-29-Datenschutzgruppe, Leitlinien in Bezug auf die Einwilligung gemäß Verordnung 2016/679, WP 259 rev.01, S.)

Bundesagentur für Arbeit: Grundsicherung für Arbeitssuchende in Zahlen, in: https://statistik.arbeitsagentur.de/Statistikdaten/Detail/201712/iiia7/grusi-in-zahlen/grusi-in-zahlen-d-0-201712-pdf.pdf, abgerufen am 19.08.2018. (zit.: Bundesagentur für Arbeit, in: Grundsicherung für Arbeitssuchende in Zahlen, S.)

ders.: Bedarfe, Zahlungen und Einkommen – Deutschland, West/Ost, Länder und Kreise (Monatszahlen) - März 2019, in: https://statistik.arbeitsagentur.de/nn_1021940/SiteGlobals/Forms/Rubrikensuche/Rubrikensuche_Sucher gebnis_Form.html?view=processForm&resourceId=210358&input_=&pag eLocale=de&topicId=1023398&region=&year_month=201903&year_mo nth.GROUP=1&search=Suchen, abgerufen am 05.10.2019. (zit.: Bundesagentur für Arbeit; in: Bedarfe, Zahlungen und Einkommen – März 2019) ders.: Feststellungsantrag, Anlage Kosten der Unterkunft und Heizung, in: https://con.arbeitsagentur.de/prod/apok/ct/dam/download/documents/AnlageKDU_ba013056.pdf, abgerufen am: 19.01.2019. (zit.: Bundesagentur für Arbeit, in: Feststellungsantrag, Anlage Kosten der Unterkunft und Heizung)

ders.: Zweites Buch Sozialgesetzbuch – SGB II Fachliche Weisungen, in: https://www.arbeitsagentur.de/datei/FW-SGB-II-31-31b_ba015902.pdf, abgerufen am 06.11.2019. (zit.: Bundesagentur für Arbeit, Zweites Buch Sozialgesetzbuch – SGB II - Fachliche Weisungen, Ziff.)

Bundesministerium der Justiz und/für Verbraucherschutz: Formulare für das Verbraucherinsolvenzverfahren und das Restschuldbefreiungsverfahren, in: http://www.bmjv.de/SharedDocs/Downloads/DE/Service/Formulare/Verbraucherinsolvenzverfahren_und_Restschuldbefreiungsverfahren.pdf?__blob=publicationFile&v=3, abgerufen am: 28.03.2018. (zit.: BMJV, in: Formulare für das Verbraucherinsolvenzverfahren und das Restschuldbefreiungsverfahren)

Creditreform Wirtschaftsforschung: SchuldnerAtlas Deutschland – Überschuldung von Verbrauchern Jahr 2018, in: https://www.creditreform.de/fileadmin/user_upload/crefo/download_de/news_termine/wirtschaftsforschung/schuldneratlas/Analyse_SchuldnerAtlas_2018.pdf, abgerufen am: 15.11.2018. (zit.: Creditreform Wirtschaftsforschung, in: SchuldnerAtlas 2018, S.)

Degewo AG: Firmenvorstellung der degewo Forderungsmanagement GmbH, in: https://www.degewo.de/unternehmen/wir-sind-degewo/tochterunternehmen/degewo-forderungsmanagement/, abgerufen am: 09.01.2018 (zit.: Degewo AG, Firmenvorstellung degewo Fm GmbH)

Deutsche Bundesbank: Basiszinssatz nach § 247 BGB, in: http://www.bundesbank.de/Redaktion/DE/Standardartikel/Bundesbank/Zinssaetze/basiszinssatz.html, abgerufen am: 24.01.2018. (zit.: Deutsche Bundesbank, Basiszinssatz nach § 247 BGB)

Deutscher Bundestag: Gemeinnützigkeit der Wohnungswirtschaft, in: https://www.bundestag.de/resource/blob/437804/5ff9abf65d1ceec8839fb2aef36b9c83/wd-7-006-13-pdf-data.pdf, abgerufen am 21.09.2019. (zit.: Bundestag, Gemeinnützigkeit der Wohnungswirtschaft S.)

Deutsche Kreditbank AG: Bedingungen für Zahlungen mittels Lastschrift im SEPA-Basis-Lastschriftverfahren, in: http://dok.dkb.de/pdf/b_l_sepa.pdf, abgerufen am 22.01.2018. (zit.: DKB AG, Bedingungen für Zahlungen mittels Lastschrift im SEPA-Basis-Lastschriftverfahren)

Deutsche Presse-Agentur: Aufmerksame Vermieter sorgen für Mietschulden-Rückgang, in: https://www.zeit.de/news/2016-08/28/wohnen-aufmerksame-vermieter-sorgen-fuer-mietschulden-rueckgang-28033805, abgerufen am: 02.11.2018. (zit.: dpa, Aufmerksame Vermieter sorgen für Mietschulden-Rückgang)

Deutscher Verein für öffentliche und private Fürsorge e.V.: Empfehlungen des Deutschen Vereins zur Übernahme von Mietschulden und Energiekostenrückständen im SGB II und SGB XII, in: http://www.harald-thome.de/fa/harald-thome/files/DV-17-14-Mietschulden.pdf, abgerufen am 15.02.2018. (zit.: DV, Empfehlungen zur Übernahme von Mietschulden und Energiekostenrückständen im SGB II und SGB XII, S.)

Eurpoean Commission: Article 29 Data Protection Working Party, Working Paper 203 of 02.04.2013, in: https://cnpd.public.lu/dam-assets/fr/publications/groupe-art29/wp203_en.pdf, abgerufen am 27.08.2018. (zit.: European Commission, Article 29 Data Protection Working Party, Working Paper 203, S.)

ders.: Article 29 Data Protection Working Party, Working Paper 260 of 11.04.2018, in: https://datenschutz-hamburg.de/assets/pdf/wp260rev01_en.pdf, abgerufen am 06.09.2018. (zit.: European Commission, Article 29 Data Protection, Working Paper 260, S.)

ders.: Housing cost overburden rate by degree of urbanization – EU-SILC survey, in: https://ec.europa.eu/eurostat/web/products-datasets/-/TESSI165, abgerufen am 26.08.2019. (zit.: European Commission, "housing cost overburden")

Franzke, Jörg: Neu ab 07/14: Schuldenfrei per Insolvenzplan binnen Jahresfrist, in: https://www.ra-franzke.de/neu-ab-0714-schuldenfrei-per-insolvenzplan-binnen-jahresfrist, abgerufen am: 28.03.2018. (zit.: Franzke, Neu ab 07/14: Schuldenfrei per Insolvenzplan binnen Jahresfrist)

Gerber, Christian: Die Insolvenz des Mieters, in: www.jurawelt.com/aufsaetze/1139, abgerufen am: 05.04.2018. (zit.: Gerber, Die Insolvenz des Mieters, S.)

Hans-Böckler-Stiftung: Working Paper Forschungsförderung, Nr. 93, September 2018, in: https://www.boeckler.de/112132_115813.htm, abgerufen am 22.09.2019. (zit.: Hans-Böckler-Stiftung, Working Paper Forschungsförderung, Nr. 93)

Hildebrandt, Helge: Zeitpunkt der bedarfsmindernden Direktanrechnung, in: https://sozialberatung-kiel.de/tag/betriebskostenguthaben-alg-ii/, abgerufen am 19.02.2018. (zit.: Hildebrandt, in: Zeitpunkt der bedarfsmindernden Direktanrechnung)

Immobilienverband IVD: Mietpreisanstieg verlangsamt sich in allen Segmenten, in: https://ivd.net/2017/11/mietpreisanstieg-verlangsamt-sich-in-allen-segmenten/, abgerufen am: 15.11.2018. (zit.: Immobilienverband IVD, in: Mietpreisanstieg verlangsamst sich in allen Segmenten)

Institut der deutschen Wirtschaft/Köln Medien GmbH: Wirtschaftslexikon Wirtschaft und Schule, in: http://www.wirtschaftundschule.de/lehrerservice/wirtschaftslexikon/u/unternehmensphilosophie/?type=1, abgerufen am 02.03.2018. (zit.: Stichwort, in: Wirtschaftslexikon Wirtschaft und Schule)

Kempin, Olaf: Überwinden Sie Ihren inneren Schweinehund, in: https://www.wiwo.de/erfolg/aufschieberitis-ueberwinden-sie-ihren-inneren-schweinehund/20172922.html, abgerufen am 09.10.2019. (zit.: Kempin, Überwinden Sie Ihren inneren Schweinehund)

Klein, Bernd: Prokrastination Grundlagen, in: https://www.prokrastination.net/umfrage/grundlagen.php#Bilder, abgerufen am: 13.10.2019. (zit.: Klein, Prokrastination Grundlagen)

Kowitz, Heike: Wenn chronisches Aufschieben zur Krankheit wird, in: https://www.welt.de/wirtschaft/karriere/tipps/article13755157/Wenn-chronisches-Aufschieben-zur-Krankheit-wird.html, abgerufen am 09.10.2019. (zit.: Kowitz, Wenn chronisches Aufschieben zur Krankheit wird)

Landeszentrale für politische/Bildung Baden-Württemberg: Die Hartz-Gesetze, in: https://www.lpb-bw.de/hartz_gesetze.html, abgerufen am 22.09.2019. (zit.: lpd, Die Hartz-Gesetze)

Langenscheidt: Latein-Deutsch Übersetzung für „procastinatio“, in: https://de.langenscheidt.com/latein-deutsch/procrastinatio, abgerufen am 09.10.2019. (zit.: Langenscheidt, Latein-Deutsch Übersetzung für „procastinatio“)

Lieberknecht, Christian: Was bedeutete das WGG und was passierte danach?: Die Entwicklungsphasen der Wohnungsgemeinnützigkeit, in: https://www.haufe.de/immobilien/wohnungswirtschaft/jubilaeum-65-jahre-dw-die-wohnungswirtschaft/wgg-die-entwicklungsphasen-der-wohnungsgemeinnuetzigkeit_260_198480.html, abgerufen am 21.09.2019. (zit.: Lieberknecht, Was bedeutete das WGG und was passierte danach?: Die Entwicklungsphasen der Wohnungsgemeinnützigkeit)

ders.: Renaissance der kommunalen Wohnungsunternehmen, in: https://www.vhw.de/fileadmin/user_upload/08_publikationen/verbandszeitschrift/FWS/2016/2_2016/FWS_2_16_Lieberknecht.pdf, abgerufen am: 21.09.2019. (zit.: Lieberknecht, Renaissance der kommunalen Wohnungsunternehmen)

lexexakt.de: Prozesskostenrisiko, in: http://www.lexexakt.de/glossar/prozesskostenrisiko.php, abgerufen am: 22.02.2018. (zit.: Prozesskostenrisiko, in: lexeakt.de)

Märkischer Kreis: Konzept zur Feststellung der Angemessenheit von Unterkunftskosten im Märkischen Kreis, in: https://www.maerkischer-kreis.de/buergerinfo/broschueren/fb7/Mietspiegel-Konzept-2018.pdf, abgerufen am 10.10.2019. (zit.: Märkischer Kreis, Konzept zur Feststellung der Angemessenheit von Unterkunftskosten im Märkischen Kreis, S.)

Meinerzhagener Baugesellschaft mbH: Online Geschäftsauftritt, Daten zur Meinerzhagener Baugesellschaft mbH aus dem Ge- schäftsbericht 2016, in: https://www.meinerzhagener-baugesellschaft.de/daten-auf-einen-blick.html, abgerufen am 09.01.2018. (zit.: Meinerzhagener Baugesellschaft mbH, in: Online Geschäftsauftritt, Daten aus dem Geschäftsbericht 2016)

ders.: Online Geschäftsauftritt, Mitarbeiter der Meinerzhagener Baugesellschaft mbH, in: https://www.meinerzhagener-baugesellschaft.de/mitarbeiter.html, abgerufen am: 09.01.2018. (zit.: Meinerzhagener Baugesellschaft mbH, in: Online Geschäftsauftritt, Mitarbeiter)

Mietrecht.org: Haben Mieter das Recht zur Ratenzahlung bei Mietschulden, in: http://www.mietrecht.org/mietschulden/ratenzahlung-mietschulden/, abgerufen am: 22.02.2018. (zit.: Mietrecht.org, in: Haben Mieter das Recht zur Ratenzahlung bei Mietschulden?)

o.V.: Wohnungsräumung – „Vorsicht bei Berliner Räumung“, in: http://www.anwalt.de/rechtstipps/wohnungsraeumung-vorsicht-bei-berliner-raeumung_019368.html, abgerufen am 20.06.2014. (zit.: o.V., Wohnungsräumung- „Vorsicht bei Berliner Räumung“)

ders.: Die SCHUFA-Auskunft schafft Vertrauen für Geschäftspartner, in: https://schufa-bonitaetsauskunft.de/, abgerufen am 26.09.2019. (zit.: o.V., Die SCHUFA-Auskunft schafft Vertrauen für Geschäftspartner.)

ders.: Keine neue Schulden in der Wohlverhaltensphase machen, in: http://www.tipps-zur-verbraucherinsolvenz.de/privatinsolvenz/keine-neuen-schulden-in-der-wohlverhaltensphase-machen/, abgerufen am: 29.03.2018. (zit.: o.V., Keine neuen Schulden in der Wohlverhaltensphase machen)

ders.: So sind Vermieter bei der Räumungsklage auf der sicheren Seite, in: https://vermietsicher.de/ratgeber/2019/03/14/kosten-einer-raeumungsklage/, abgerufen am 22.09.2019. (zit.: o.V., So sind Vermieter bei der Räumungsklage auf der sicheren Seite)

ders.: Räumungsklage: Dauer, Ablauf, Kosten, in: https://www.financescout24.de/wissen/ratgeber/raeumungsklage, abgerufen am 22.09.2019. (zit.: o.V., Räumungsklage: Dauer, Ablauf, Kosten)

ders.: Bei Mietschulden droht weiterhin doppelte Kündigung, abgerufen am: 04.10.2019. (zit.: o.V., Bei Mietschulden droht weiterhin doppelte Kündigung)

ders.: Kündigung bei Zahlungsverzug abwenden und Mietrückstände heilen, in: https://www.mietrecht.org/mietschulden/kuendigung-zahlungsverzug-abwenden/, abgerufen am 04.10.2019. (zit.: o.V., Kündigung bei Zahlungsverzug abwenden und Mietrückstände heilen) ders.: Prokrastination – so überwindest du sie, in: https://univativ.com/de/blog/artikel/prokrastination-so-ueberwindest-du-sie/, abgerufen am 09.10.2019. (zit.: o.V., Prokrastination – so überwindest du sie)

Ministerium der Jutiz des Landes/Nordrhein-Westfalen: Insolvenzbekanntmachungen, in: https://www.insolvenzbekanntmachungen.de/cgi-bin/bl_suche.pl, abgerufen am: 06.04.2018. (zit.: MJ NRW, Insolvenzbekanntmachungen)

Naus, Isabel: Räumungsklage: Ablauf, Dauer Kosten, in: https://ratgeber.immowelt.de/a/raeumungsklage-ablauf-dauer-kosten.html, abgerufen am 22.09.2019. (zit.: Naus, Räumungsklage: Ablauf, Dauer, Kosten)

Pfleger, Günter: Bilanzielle Gestaltungsmöglichkeiten bei den Forderungen, in: http://www.iww.de/bbp/archiv/forderungsmanagement-bilanzielle-gestaltungsmoeglichkeitenbei-den-forderungen-f24206, abgerufen am: 09.04.2018. (zit.: Pfleger, Bilanzielle Gestaltungsmöglichkeiten bei den Forderungen, Kap.)

Official Journal of the European Union: REGULATION (EU) 2016/679 OF THE EURO PEAN PARLIAMENT AND OF THE COUNCIL of 27 April 2016 on the protection of natural persons with regard to the processing of personal data and on the free movement of such data, and repealing Directive 95/46/EC (General Data Protection Regulation), in: https://eur-lex.europa.eu/legal-content/EN/TXT/PDF/?uri=CELEX:32016R0679&from=DE, abgerufen am: 20.10.2019 (zit.: Official Journal of the European Union, REGULATION (EU) 2016/679 OF THE EUROPEAN PARLIAMENT AND OF THE COUNCIL, S.)

Journal officiel de l'Union européenne: RÈGLEMENT (UE) 2016/679 DU PARLEMENT EUROPÉEN ET DU CONSEIL du 27 avril 2016 relatif à la protection des personnes physiques à l'égard du traitement des données à caractère personnel et à la libre circulation de ces données, et abrogeant la directive 95/46/CE (règlement général sur la protection des données) (Texte présentant de l'intérêt pour l'EEE) (zit.: Journal officiel de l'Union européenne, RÈGLEMENT (UE) 2016/679 DU PARLEMENT EUROPÉEN ET DU CONSEIL, S.)

Reeves, Amanda: Behavioral Antitrust: Unanswered Questions on the Horizon, in: https://pdfs.semanticscholar.org/2b8c/f861dc55a46ea507761a46c4a83b4e851f69.pdf, abgerufen am 14.09.2019. (Reeves, Behavioral Antitrust: Unanswered Questions on the Horizon, S.)

ROLAND ProzessFinanz AG: Prozesskostenrechner, in: https://www.der-prozesskostenrechner.de/, abgerufen am: 12.10.2019. (zit.: ROLAND ProzessFinanz AG, Prozesskostenrechner, Gegenstandswert/Streitwert:)

Roßnagel, Alexander/Pfitzmann, Andreas/Garstka, Hansjürgen: Modernisierung des Datenschutzrechts, Gutachten im Auftrag des Bundesministeriums des Innern, in: https://pdfs.semanticscholar.org/fa68/4e56317983fb6c379

f29de8f61b4e22d3087.pdf, abgerufen am: 23.10.2019. (zit.: Roßnagel/Pitzmann/Gartska, Modernisierung des Datenschutzrechts, S.

Rumpel, Anja: Die Räumung nach dem Berliner Modell, in: http://www.refawiberlin.de/mediapool/116/1168639/data/merged_document.pdf, abgerufen am: 18.02.2018. (zit.: Rumpel, Die Räumung nach dem Berliner Modell, S.)

Ruter, Rudolf X.: Soziale Verantwortung ist ein Erfolgsfaktor im Wettbewerb, in: https://www.business-wissen.de/artikel/chefsache-soziale-verantwortung-ist-ein-erfolgsfaktor-im-wettbewerb/, abgerufen am: 24.11.2019. (zit.: Ruter, Soziale Verantwortung ist ein Erfolgsfaktor im Wettbewerb)

Schmitt, Sabine: Vermieter helfen Mietern aus Geld-Nöten, in: https://www.welt.de/finanzen/article3433192/Vermieter-helfen-Mietschuldnern-aus-Geld-Noeten.html, abgerufen am: 28.10.2018. (zit.: Schmitt, Vermieter helfen Mietern aus Geld-Nöten)

Schön, Britta Beate: Schuldenfrei in drei Jahren, in: https://www.finanztip.de/verbraucherinsolvenz/, abgerufen am: 28.03.2018. (zit.: Schön, in: Schuldenfrei in drei Jahren)

ders.: Wenn Ihr Mietvertrag fristlos gekündigt wird, in: https://www.finanztip.de/fristlose-kuendigung-mietvertrag/, abgerufen am: 04.10.2019. (zit.: Schön, Wenn Ihr Mietvertrag fristlos gekündigt wird)

Springer Gabler Verlag (Hrsg.): Gabler Wirtschaftslexikon, in: http://wirtschaftslexikon.gabler.de/, abgerufen am 08.01.2018. (zit.: Stichwort, in: Gabler Wirtschaftslexikon)

Statistisches Bundesamt: Pressmitteilung Nr. 207 v. 03.06.2019, in: https://www.destatis.de/DE/Presse/Pressemitteilungen/2019/06/PD19_207_635.html;jsessionid=EB956BC45F16296181219CDFD110C787.internet722, abgerufen am: 18.11.2019. (zit.: Statistisches Bundesamt, in: Pressemitteilung 207/19)

ders.: Pressmitteilung Nr. 114 v. 28.03.2018, in: https://www.destatis.de/DE/PresseService/Presse/Pressemitteilungen/2018/03/PD18_114_228.html, abgerufen am: 19.08.2018. (zit.: Statistisches Bundesamt, in: Pressemitteilung 114/18)

ders.: Anzahl der Verbraucherinsolvenzen in Deutschland von 1999 bis 2018, in: https://de.statista.com/statistik/daten/studie/2454/umfrage/verbraucherinsolvenzen/, abgerufen am 14.12.2019. (zit.: Statistisches Bundesamt, Anzahl der Verbraucherinsolvenzen in Deutschland von 1999 bis 2018)

ders.: Ursachen von Überschuldung in Deutschland im Jahre 2019, in: https://de.statista.com/statistik/daten/studie/75446/umfrage/ursachen-von-verschuldung-in-deutschland-in-2008/, abgerufen am 14.12.2019. (zit.: Statistisches Bundesamt, in: Ursachen von Überschuldung in Deutschland im Jahre 2019) ders.: Statistik zur Überschuldung privater Personen 2018, in: https://www.destatis.de/DE/Themen/Gesellschaft-Umwelt/Einkommen-Konsum-Lebensbedingungen/Vermoegen-Schulden/Publikationen/Downloads-Vermoegen-Schulden/ueberschuldung-2150500187004.pdf?__blob=publicationFile, abgerufen am 15.12.2019. (zit.: Statistisches Bundesamt, in: Statistik zur Überschuldung privater Personen 2018, S.)

ders.: Anzahl der bewohnten Mietwohnungen in Wohngebäuden in Deutschland im Jahr 2014 nach Bundesländern (in 1.000), in: https://de.statista.com/statistik/daten/studie/258643/umfrage/bewohnte-mietwohnungen-in-deutschland-nach-bundeslaendern/, abgerufen dem 22.09.2019. (zit.: Statistisches Bundesamt, Anzahl der bewohnten Mietwohnungen in Wohngebäuden in Deutschland im Jahr 2014 nach Bundesländern (in 1.000))

ders.: Struktur des Wohnungsmarktes in Deutschland im Jahr 2009 (in Prozent), in: https://de.statista.com/statistik/daten/studie/189200/umfrage/struktur-des-wohnungsmarktes-in-deutschland/, abgerufen am 22.09.2019. (zit.: Statistisches Bundesamt, Struktur des Wohnungsmarktes in Deutschland im Jahr 2009 (in Prozent))

ders.: Welche der folgenden negativen Erfahrungen haben Sie bereits mit Ihren Mietern gemacht?, in: https://de.statista.com/statistik/daten/studie/70839/umfrage/vermieter---aerger-mit-mietern/, abgerufen am: 22.09.2019. (zit.: Statistisches Bundesamt, Welche der folgenden negativen Erfahrungen haben Sie bereits mit Ihren Mietern gemacht?)

ders.: Anzahl der Empfänger von Leistungen der sozialen Mindestsicherung in Deutschland am Jahresende 2017 nach Leistungsart; in: https://de.statista.com/statistik/daten/studie/72309/umfrage/empfaenger-von-leistungen-der-sozialen-mindestsicherung/, abgerufen am: 21.11.2019. (zit.: Statistisches Bundesamt, Anzahl der Empfänger von Leistungen der sozialen Mindestsicherung in Deutschland am Jahresende 2017 nach Leistungsart)

ders.: Anzahl der Wohnungen in Wohngebäuden in Deutschland in den Jahren 2001-2018 (in 1.000), in: https://de.statista.com/statistik/daten/studie/70102/umfrage/wohnungen-in-wohngebaeuden-in-deutschland-seit-1994/, abgerufen am: 22.09.2019. (zit.: Statistisches Bundesamt, Anzahl der Wohnungen in Wohngebäuden in Deutschland in den Jahren 2001-2018 (in 1.000))

ders.: Statistisches Bundesamt, Bruttowertschöpfung des Grundstücks- und Wohnungswesens in Deutschland von 2000 bis 2018 (in Milliarden Euro), in: https://de.statista.com/statistik/daten/studie/437689/umfrage/bruttowertschoepfung-des-grundstuecks-und-wohnungswesens-in-deutschland/, abgerufen am: 22.09.2019. (zit.: Statistisches Bundesamt, Statistisches Bundesamt, Bruttowertschöpfung des Grundstücks- und Wohnungswesens in Deutschland von 2000 bis 2018 (in Milliarden Euro)) ders.: Bruttowertschöpfung der deutschen Automobilindustrie in den Jahren 2008-2017 (in Milliaren Euro), in: https://de.statista.com/statistik/daten/studie/290075/umfrage/bruttowertschoepfung-der-deutschen-automobilindustrie/, abgerufen am: 22.09.2019. (zit.: Statistisches Bundesamt, Bruttowertschöpfung der deutschen Automobilindustrie in den Jahren 2008-2017 (in Milliaren Euro))

ders.: Verteilung der Bruttowertschöpfung in Deutschland nach Wirtschaftszweigen im Jahr 2018, in: https://de.statista.com/statistik/daten/studie/252123/umfrage/anteil-der-wirtschaftszweige-an-der-bruttowertschoepfung-in-deutschland/, abgerufen am: 22.09.2019. (zit.: Statistisches Bundesamt, Verteilung der Bruttowertschöpfung in Deutschland nach Wirtschaftszweigen im Jahr 2018)

ders.: Anteil der Mietkosten privater Haushalte in Deutschland an den gesamten monatlichen Konsumausgaben von 2009 bis 2016, in: https://de.statista.com/statistik/daten/studie/868855/umfrage/mietkostenanteil-an-konsumausgaben-privater-haushalte-in-deutschland/, abgerufen am 24.08.2018. (zit.: Statistisches Bundesamt, in: Anteil der Mietkosten privater Haushalte in Deutschland an den gesamten monatlichen Konsumausgaben von 2009 bis 2016)

ders.: Pressemitteilung Nr. 090 v. 13.03.2017, in: https://www.destatis.de/DE/PresseService/Presse/Pressemitteilungen/2017/03/PD17_090_631pdf.pdf?__blob=publicationFile, abgerufen am: 08.01.2018. (zit.: Statistisches Bundesamt, in: Pressemitteilung 090/17)

ders.: Wirtschaftsrechnungen 2017, in: https://www.destatis.de/DE/Themen/Gesellschaft-Umwelt/Einkommen-Konsum-Lebensbedingungen/Einkommen-Einnahmen-Ausgaben/Publikationen/Downloads-Einkommen/einnahmen-ausgaben-privater-haushalte-2150100177004.pdf?__blob=publicationFile, abgerufen am: 15.12.2019. (zit.: Statistisches Bundesamt, in: Wirtschaftsrechnungen 2017, S.)

ders.: Durchschnittliche Schulden 2016, in: https://www.destatis.de/DE/ZahlenFakten/GesellschaftStaat/EinkommenKonsumLebensbedingungen/VermoegenSchulden/Tabellen/DurchschnittlicheSchuldenPrivaterPersonen.html, abgerufen am: 11.02.2018. (zit.: Statistisches Bundesamt, in: Durchschnittliche Schulden 2016)

ders.: Statistik zur Überschuldung privater Personen 2015, in: https://www.destatis.de/DE/Publikationen/Thematisch/EinkommenKonsumLebensbedingungen/Ueberschuldung/Ueberschuldung2150500157004.pdf?__blob=publicationFile, abgerufen am: 11.02.2018. (zit.: Statistisches Bundesamt, in: Statistik zur Überschuldung privater Personen 2015, S.)

ders.: Verbraucherinsolvenzen nach Ländern, in: https://www.destatis.de/DE/ZahlenFakten/GesellschaftStaat/EinkommenKonsumLebensbedingungen/VermoegenSchulden/Tabellen/VerbraucherInsolvenzen.html, abgerufen am: 07.03.2018. (zit.: Statistisches Bundesamt, in: Verbraucherinsolvenzen nach Ländern)

ders.: Verbraucherinsolvenz nach Jahren, in: https://www.destatis.de/DE/ZahlenFakten/GesellschaftStaat/EinkommenKonsumLebensbedingungen/VermoegenSchulden/Tabellen/VerbraucherInsolvenzennachJahren.html, abgerufen am: 29.03.2018. (zit.: Statistisches Bundesamt, in: Verbraucherinsolvenzen nach Jahren)

ders.: Hauptauslöser für Überschuldungen, in: https://www.destatis.de/DE/ZahlenFakten/GesellschaftStaat/EinkommenKonsumLebensbedingungen/VermoegenSchulden/Tabellen/Ueberschuldung.html, abgerufen am 21.02.2018. (zit.: Statistisches Bundesamt, in: Hauptauslöser für Überschuldungen)

ders.: Gründe für den letzten Wohnungsverlust nach Geschlecht im Jahr 2006, in: https://de.statista.com/statistik/daten/studie/36356/umfrage/grund-fuer-den-letzten-wohnungsverlust-nach-geschlecht-im-jahr-2006/, abgerufen am 24.08.2018. (zit.: Statistisches Bundesamt, in: Gründe für den letzten Wohnungsverlust nach Geschlecht im Jahr 2006)

ders.: Verteilung von Wohnungslosen in Deutschland nach Grund für den letzten Wohnungsverlust (Erhebung aus dem Jahr 2015), in: https://de.statista.com/statistik/daten/studie/590569/umfrage/gruende-fuer-den-letzten-wohnungsverlust-von-wohnungslosen-in-deutschland/, abgerufen am: 24.08.2018. (zit.: Statistisches Bundesamt, in: Verteilung von Wohnungslosen in Deutschland nach Grund für den letzten Wohnungsverlust (Erhebung aus dem Jahr 2015))

Stiller, Gudrun: Wirtschaftslexikon24, in: http://www.wirtschaftslexikon24.com/, abgerufen am: 06.04.2018. (zit.: Stichwort, in: Stiller, Wirtschaftslexikon24)

Wildt, Alexander: Bewertung von Forderungen aus Lieferungen und Leistungen, in: https://www.rechnungswesen-portal.de/Fachinfo/Umlaufvermoegen/Bewertung-von-Forderungen-aus-Lieferungen-und-Leistungen.html, abgerufen am: 09.04.2018. (zit.: Wildt, Bewertungen von Forderungen aus Lieferungen und Leistungen, Kap.)

ders.: Buchen von Einzelwertberichtigungen (EWB), in: https://www.rechnungswesen-portal.de/Fachinfo/Grundlagen/buchungssatz/Buchen-von-Einzelwertberichtigungen-EWB.html, abgerufen am: 09.04.2018. (zit.: Wildt, Buchen von Einzelwertberichtigungen (EWB))

Rechtsprechungsverzeichnis

Europäische Gerichtsbarkeit

EuGH, 24.11.2011, C-468, 469/10, EuZW 2012, (S. 37-40) (zit.: EuGH EuZW 2012, 37)

EuGH, 07.01.2003, C-306/99, BStBl II 04, 144. (zit.: EuGH BStBl II 04, 144, Rz.)

Arbeitsgerichtsbarkeit

BAG, 28.01.2010, 2 AZR 1008/08, openJur 2011, 96681 (zit.: BAG openJur 2011, 96681, Rn.)

BAG, 17.09.2009, 6 AZR 369/08, NZA 2010, (S. 300-303) (zit.: BAG NZA 2010, 300)

Finanzgerichtsbarkeit

BFH, 20.08.2003, I R 49/02, DStR 2003, (S. 2060-2062) (zit.: BFH DStR 2003, 2060)

BFH, 07.05.1998, IV R 24/97, BeckRS 1998, 30013355 (zit.: BFH BeckRS 1998, 30013355)

BFH, 16.07.1981, IV R 89/80, JurionRS 1981, 10471. (zit.: BFH JurionRS 1981, 10471, Rn.)

BFH, 01.04.1958, I 60/57 U, BeckRS 1958, 21000389 (zit.: BFH BeckRS 1958, 21000389)

Sozialgerichtsbarkeit

BSG, 28.11.2018, B 14 AS 31/17 R, NJW 2019, (S. 1970-1976) (zit.: BSG NJW 2019, 1970)

BSG, 09.08.2018, B 14 AS 38/17 R, WuM 2018, 792 (S. 792-795) (zit.: BSG WuM 2018, 792)

BSG, 12.12.2017, B 4 AS 33/16 R, BeckRS 2015, 124382 (zit.: BSG BeckRS 2015, 124382, Rn.)

BSG, 15.05.2016, B 4 AS 36/15 R, BeckRS 2016, 73358 (zit.: BSG BeckRS 2016, 73358, Rn.)

BSG, 17.02.2016, B 4 AS 12/15 R, BeckRS 2016, 67703 (zit.: BSG BeckRS 2016, 67703, Rn.)

BSG, 25.06.2015, B 14 AS 40/14 R, JurionRS 2015, 21897 (zit.: BSG JurionRS 2015, 21897, Rn.)

BSG, 18.11.2014, B 4 AS 3/14 R, BeckRS 2015, 65602 (zit.: BSG BeckRS 2015, 65602, Rn.)

BSG, 06.08.2014, B 4 AS 37/13 R, BeckRS 2014, 73507 (zit.: BSG BeckRS 2014, 73507, Rn.)

BSG, 10.09.2013, B 4 AS 77/12 R, open Jur 2013, 44659 (zit.: BSG openJur 2013, 44659, Rn.)

BSG, 23.05.2013, B 4 AS 67/12 R, openJur 2013, 41756 (zit.: BSG openJur 2013, 41756, Rn.)

BSG, 16.04.2013, B 14 AS 28/12 R, NZS 2013, (S. 751-757) (zit.: BSG NZS 2013, 751)

BSG, 16.10.2012, B 14 AS 188/11 R, NZM 2013, 386-388 (zit.: BSG NZM 2013, 386)

BSG, 23.08.2012, B 4 AS 34/12 R, NJW 2013, (S. 957-960) (zit.: BSG NJW 2013, 957)

BSG, 16.05.2012, B 4 AS 132/11 R, NZM 2013, (S. 390-393) (zit.: BSG NZM 2013, 390)

BSG, 20.12.2011, B 4 AS 9/11 R, NZS 2012, (S. 471-472) (zit.: BSG NZS 2012, 471)

BSG, 24.11.2011, B 14 AS 15/11 R, BeckRS 2012, 68728 (zit.: BSG BeckRS 2012, 68728, Rn.)

BSG, 24.11.2011, B 14 AS 121/10 R, NZM 2012, (S. 876-877) (zit.: BSG NZM 2012, 876)

BSG, 07.07.2011, B 14 AS 154/10 R, NJOZ 2012, (S. 1622-1624) (zit.: BSG NJOZ 2012, 1622)

BSG, 14.04.2011, B 8 SO 19/09 R, BeckRS 2011, 73683 (zit.: BSG BeckRS 2011, 73683, Rn.)

BSG, 13.04.2011, B 14 AS 32/09 R, openJur 2011, 27200 (zit.: BSG openJur 2011, 27200, Rn.)

BSG, 13.04.2011, B 14 AS 106/10 R, BeckRS 2011, 75423 (zit.: BSG BeckRS 2011, 75423, Rn.)

BSG, 06.04.2011, B 4 AS 5/10 R, BeckRS 2011, 73297 (zit.: BSG BeckRS 2011, 73297, Rn.)

BSG, 19.10.2010, B 14 AS 23/10 R, openJur 2011, 95761 (zit.: BSG openJur 2011, 95761, Rn.)

BSG, 19.10.2010, B 14 AS 2/10 R, BeckRS 2011, 69030 (zit.: BSG BeckRS 2011, 69030, Rn.)

BSG, 13.10.2010, L 3 AS 1173/10, BeckRS 2010, 74431 (zit.: BSG BeckRS 2010, 74431, Rn.)

BSG, 30.08.2010, B 4 AS 10/10 R, BeckRS 2010, 74230 (zit.: BSG BeckRS 2010, 74230, Rn.)

BSG, 17.06.2010, B 14 AS 58/09 R, BeckRS 2011, 65326 (zit.: BSG BeckRS 2011, 65326, Rn.)

BSG, 17.06.2010, B 14 AS 79/09 R, BeckRS 2010, 72720

(BSG BeckRS 2010, 72720, Rn.)

BSG, 01.06.2010, B 4 AS 60/09 R, NZM 2011, (S. 252-255) (zit.: BSG NZM 2011, 252)

BSG, 06.05.2010, B 14 AS 7/09 R, BeckRS 2010, 72281 (zit.: BSG BeckRS 2010, 72281, Rn.)

BSG, 23.03.2010, B 8 SO 24/08, BeckRS 2010, 71399 (zit.: BSG BeckRS 2010, 71399, Rn.)

BSG, 22.03.2010, B 4 AS 62/09 R, NJOZ 2011, 1990-1992

(BSG NJOZ 2011, 1990)

BSG, 17.12.2009, B 4 AS 19/09 R, openJur 2011, 95572 (zit.: BSG, openJur 2011, 95572, Rn.)

BSG, 22.09.2009, B 4 AS 70/08 R, BeckRS 2010, 65498 (zit.: BSG BeckRS 2010, 65498, Rn.)

BSG, 22.09.2009, B 4 AS 18/09 R, openJur 2011, 95539 (zit.: BSG openJur 2011, 95539, Rn.)

BSG, 20.08.2009, B 14 AS 41/08 R, NJOZ 2010, S. 1405-1410 (zit.: BSG NJOZ 2010, 1405)

BSG, 02.07.2009, B 14 AS 36/08 R, openJur 2011, 95454 (zit.: BSG openJur 2011, 95454, Rn.)

BSG, 07.05.2009, B 14 AS 14/08 R, openJur 2011, 95149 (zit.: BSG openJur 2011, 95149, Rn.)

BSG, 03.03.2009, B 4 AS 37/08 R, NZM 2009, (S. 446-447) (zit.: BSG NZM 2009, 446)

BSG, 19.02.2009, B 4 AS 48/08 R, BeckRS 2009, 60197 (zit.: BSG NZM 2009, BeckRS 2009, 60197, Rn.)

BSG, 19.02.2009, B 4 AS 30/08 R, NJW 2010, (S. 699-703) (zit.: BSG NJW 2010, 699)

BSG, 19.09.2008, B 14 AS 54/07 R, BeckRS 2009, 52327 (zit.: BSG BeckRS 2009, 52327, Rn.)

BSG, 18.06.2008, B 14/7b AS 44/06 R, openJur 2011, 96140 (zit.: BSG openJur 2011, 96140, Rn.)

BSG, 15.04.2008, B 14/7b AS 58/06 R, B 14-7b AS 58/06 R, BeckRS 2008, 56387 (zit.: BSG BeckRS 2008, 56387, Rn.)

BSG, 27.02.2008, B 14/7b AS 70/06 R, NZS 2009, S. 107-109 (zit.: BSG NZS 2009, 107)

BSG, 27.02.2008, B 14/11 AS 55/06 R, openJur 2011, 96151 (zit.: BSG openJur 2011, 96151, Rn.)

BSG, 07.11.2006, B 7b AS 18/06 R, BeckRS 2007, 41020 (zit.: BSG BeckRS 2007, 41020, Rn.)

BSG, 07.11.2006, B 7b AS 10/06 R, BeckRS 2007, 40873 (zit.: BSG BeckRS 2007, 40873, Rn.)

BSG, 07.11.2006, B 7b AS 6/06 R, openJur 2011, 95143 (zit.: BSG openJur 2011, 95143, Rn.)

BSG, 19.10.2006, B 14 AS 33/15 R, BeckRS 2016, 121114 (zit.: BSG BeckRS 2016, 121114, Rn.)

Bayrisches LSG, 05.08.2015, L 7 AS 263/15, openJur 2015, 13529 (zit.: Bayrisches LSG openJur 2015, 13529, Rn.)

Bayrisches LSG, 21.01.2013, L 7 AS 381/12, openJur 2013, 6161 (zit.: Bayrisches LSG openJur 2013, 6161, Rn.)

LSG Baden-Württemberg, 05.10.2016, L 3 AS 3210/16 ER-B, BeckRS 2016, 73453 (zit.: LSG Baden-Württemberg BeckRS 2016, 73453, Rn.)

LSG Baden-Württemberg, 23.02.2016, L 9 AS 2108/13, BeckRS 2016, 67052 (zit.: LSG Baden-Württemberg BeckRS 2016, 67052, Rn.)

LSG Baden-Württemberg, 21.10.2011, L 12 AS 2016/11, juris (zit.: LSG Baden-Württemberg, Az. L 12 AS 2016/11, juris, Rn.)

LSG Baden-Württemberg, 25.03.2009, L 2 AS 302/09, juris (zit.: LSG Baden-Württemberg, Az. L 2 AS 302/09, juris, Rn.)

LSG Baden-Württemberg, 09.11.2006, L 8 AS 4787-06 ER/B, BeckRS 2009, 63137 (zit.: LSG Baden-Württemberg BeckRS 2009, 63137)

LSG Bayern, 19.04.2011, L 7 AS 264/11 B ER, BeckRS 2011, 74093 (zit.: LSG Bayern BeckRS 2011, 74093, Rn.)

LSG Bayern, 23.12.2010, L 7 AS 923/10 B ER, BeckRS 2011, 70049 (zit.: LSG Bayern BeckRS 2011, 70049, Rn.)

LSG Bayern, 10.10.2008, L 16 B 449/08 AS ER, BeckRS 2009, 53228 (zit.: LSG Bayern BeckRS 2009, 53228, Rn.)

LSG Bayern, 23.04.2008, L 16 B 658/07 AS PKH, BeckRS 2009, 52372 (zit.: LSG Bayern BeckRS 2009, 52372, Rn.)

LSG Berlin-Brandenburg, 28.09.2017, L 18 AS 1984/17 B ER, BeckRS 2017, 127525 (zit.: LSG Brandenburg BeckRS 2017, 127525, Rn.)

LSG Berlin-Brandenburg, 27.03.2017, L 15 SO 333/16, NZS 2017, (S. 557) (zit.: LSG Berlin-Brandenburg NZS 2017, 557)

LSG Berlin-Branendburg, 03.03.2016, L 29 AS 404/16 B ER, BeckRS 2016, 69276 (zit.: LSG Berlin-Brandenburg BeckRS 2016, 69276, Rn.)

LSG Berlin-Brandenburg, 27.08.2015, L 5 AS 3259/12, BeckRS 2016, 66548 (zit.: LSG Berlin-Brandenburg BeckRS 2016, 66548, Rn.)

LSG Berlin-Brandenburg, 12.06.2014, L 23 SO68/12, BeckRS 2014, 71353 (zit.: LSG Berlin-Brandenburg BeckRS 2014, 71353)

LSG Berlin-Brandenburg, 07.08.2012, L 36 AS 1162/12 NK, BeckRS 2012, 73090 (zit.: LSG Berlin-Brandenburg BeckRS 2012, 73090, Rn.)

LSG Berlin-Brandenburg, 31.08.2011, L 19 AS 842/11 B ER, BeckRS 2011, 76334 (zit.: LSG Berlin-Brandenburg BeckRS 2011, 76334, Rn.)

LSG Berlin-Brandenburg, 14.10.2010, L 5 AS 1325/10 B ER, BeckRS 2011, 67903 (zit.: LSG Berlin-Brandenburg BeckRS 2011, 67903, Rn.)

LSG Berlin-Brandenburg, 25.02.2010, L 25 B 1474/08 AS PKH, juris (zit.: LSG Berlin-Brandenburg, Az. L 25 B 1474/08 AS PKH, juris, Rn.)

LSG Berlin-Brandenburg, 10.11.2009, L 29 AS 1196/09 B ER, juris (zit.: LSG Berlin-Brandenburg, Az. L 29 AS 1196/09 B ER, juris, Rn.)

LSG Berlin-Brandenburg, 05.02.2009, L 26 B 2388/08, BeckRS 2009, 54195 (zit.: LSG Berlin-Brandenburg BeckRS 2009, 54195)

LSG Berlin-Brandenburg, 08.06.2007, L 10 B 591/07 AS ER, BeckRS 2009, 65246 (zit.: LSG Berlin-Brandenburg BeckRS 2009, 65246)

LSG Berlin-Brandenburg, 20.12.2006, L 5 B 621/06, BeckRS 2007, 40456 (zit.: LSG Berlin-Brandenburg

LSG Berlin-Brandenburg, 24.05.2006, L 5 B 147/06, BeckRS 2006, 42456 (zit.: LSG Berlin-Brandenburg BeckRS 2006, 42456, Rn.)

LSG Hamburg, 19.03.2015, L 4 AS 12/14, juris (zit.: LSG Hamburg, Az. L 4 AS 12/14, juris, Rn.)

LSG Mecklenburg-Vorpommern, 18.12.2008, L 8 AS 30/07, BeckRS 2008, 28880 (zit.: LSG Mecklenburg-Vorpommern BeckRS 2008, 28880, Rn.)

LSG Niedersachsen-Bremen, 09.01.2017, L 101 AS 1138/16 B ER, BeckRS 2017, 100820 (zit.: LSG Niedersachsen-Bremen, BeckRS 2017, 100820, Rn.)

LSG Niedrsachsen-Bremen, 19.04.2016, L 7 AS 170/16 B ER, juris (zit.: LSG Niedersachsen-Bremen, Az. L 7 AS 170/16 B ER, juris, Rn.)

LSG Niedersachsen-Bremen, 24.11.2015, L 7 AS 1148/14, BeckRS 2016, 68619 (zit.: LSG Niedersachsen-Bremen BeckRS 2016, 68619)

LSG Niedersachen-Bremen, 04.01.2012, L 11 AS 635/11 B ER, info also 2012, (S. 270-272) (zit.: LSG Niedersachsen-Bremen info also 2012, 270)

LSG Niedersachsen-Bremen, 26.10.2006, L 9 AS 529/06 ER, BeckRS 2009, 61735 (zit.: LSG Niedersachsen-Bremen BeckRS 2009, 61735)

LSG Nordrhein-Westfalen, 20.01.2017, 19 AS 2381/16 B ER, BeckRS 2017, 101763 (zit.: LSG Nordrhein-Westfalen BeckRS 2017, 101763, Rn.)

LSG Nordrhein-Westfalen, 25.08.2016, L 7 AS 432/15, BeckRS 2016, 73125 (zit.: LSG Nordrhein-Westfalen BeckRS 2016, 73125, Rn.)

LSG Nordrhein-Westfalen, 11.02.2016, L 7 AS 231/15 B ER, juris (zit.: LSG Nordrhein-Westfalen, Az. L 7 AS 231/15 B ER, juris, Rn.)

LSG Nordrhein-Westfalen, 11.02.2016, L 7 AS 93/16 B ER, BeckRS 2016, 67667 (zit.: LSG Nordrhein-Westfalen, BeckRS 2016, 67667, Rn.)

LSG Nordrhein-Westfalen, 04.05.2015, L 7 AS 139/15 B ER, infoalso 2015, (S. 216-220) (zit.: LSG Nordrhein-Westfalen infoalso 2015, 216)

LSG Nordrhein-Westfalen, 24.03.2014, L 19 AS 2329/13, BeckRS 2014, 68325 (zit.: LSG Nordrhein-Westfalen BeckRS 2014, 68325)

LSG Nordrhein-Westfalen, 20.03.2012, L 12 AS 352/12 B ER, juris (zit.: LSG Nordrhein-Westfalen, Az. L 12 AS 352/12 B ER, juris, Rn.)

LSG Nordrhein-Westfalen, 11.11.2010, L 9 AS 480/10, openJur 2011, 76521 (zit.: LSG NRW openJur 2011, 76521, Rn.)

LSG Nordrhein-Westfalen, 18.02.2010, openJur 2011, 76533 (zit.: LSG NRW openJur 2011, 76533, Rn.)

LSG Nordrhein-Westfalen, 06.04.2009, BeckRS 2009, 61395 (zit.: LSG Nordrhein-Westfalen BeckRS 2009, 61395)

LSG Nordrhein-Westfalen, 16.02.2009, L 19 AS 62/08, BeckRS 2009, 60398 (zit.: LSG Nordrhein-Westfalen BeckRS 2009, 60398, Rn.)

LSG Sachsen, 04.03.2011, L 7 AS 753/10 B ER, BeckRS 2011, 69308 (zit.: LSG Sachsen BeckRS 2011, 69308)

LSG Sachsen, 25.01.2010, L 3 AS 700/09 B ER, BeckRS 2010, 70327 (zit.: LSG Sachsen BeckRS 2010, 70327, Rn.)

LSG Sachsen-Anhalt, 17.02.2016, L 4 AS 345/15 B ER, BeckRS 2016, 67068 (zit.: LSG Sachsen-Anhalt BeckRS 2016, 67068, Rn.)

LSG Sachsen-Anhalt, 14.02.2013, L 2 AS 970/12 B, BeckRS 2013, 66997 (zit.: LSG Sachsen-Anhalt BeckRS 2013, 66997, Rn.)

LSG Sachsen-Anhalt, 31.08.2011, L 5 AS 328/11 B ER, BeckRS 2011, 77171 (zit.: LSG Sachsen-Anhalt BeckRS 2011, 77171, Rn.)

LSG Sachsen-Anhalt, 23.02.2010, L 5 AS 2/10 B ER, BeckRS 2010, 67699 (zit.: LSG Sachsen-Anhalt BeckRS 2010, 67699, Rn.)

LSG Schleswig-Holstein, 21.09.2012, L 3 AS 42/10, BeckRS 2013, 68447 (zit.: LSG Schleswig-Holstein BeckRS 2013, 68447)

LSG Schleswig-Holstein, 17.01.2008, L 6 AS 39/07, NZS 2008, (S. 383-384) (zit.: LSG Schleswig-Holstein NZS 2008, 383)

SG Berlin, 31.05.2012, S 150 AS 25169/09, BeckRS 2012, 70772 (zit.: SG Berlin BeckRS 2012, 70772, Rn.)

SG Berlin, 16.05.2012, S 205 AS 11726/09, BeckRS 2012, 70183 (zit.: SG Berlin BeckRS 2012, 70183)

SG Bremen, 31.03.2009, S 23 AS 547/09 ER, BeckRS 2009, 69133 (zit.: SG Bremen BeckRS 2009, 69133, Rn.)

SG Dortmund, 25.07.2014, S 32 AS 2343/14 ER, BeckRS 2014, 72606 (zit.: SG Dortmund BeckRS 2014, 72606, Rn.)

SG Dresden, 03.12.2013, S 29 AS 1102/13, BeckRS 2013, 75005 (zit.: SG Dresden BeckRS 2013, 75005)

SG Dresden, 19.11.2012, 12 AS 4069/09, BeckRS 2013, 72070 (zit.: SG Dresden BeckRS 2013, 72070)

SG Dresden, 04.06.2008, S 10 AS 2361/08 ER, BeckRS 2009, 34688 (zit.: SG Dresden BeckRS 2009, 34688, Rn.)

SG Neubrandenburg, 27.09.2010, S 11 AS 960/07, openJur 2012, 55339 (zit.: SG Neubrandenburg openJur 2012, 55339, Rn.)

SG Karlsurhe, 31.01.2018, S 14 AS 3082/16, BeckRS 2018, 5239 (zit.: SG Karlsruhe BeckRS 2018, 5239, Rn.)

SG Karlsruhe, 28.11.2014, S 1 SO 515/14, BeckRS 2014, 74558 (zit.: SG Karlsruhe BeckRS 2014, 74558, Rn.)

SG Köln, 18.06.2015, S 31 AS 3294/14, BeckRS 2015120854 (zit.: SG Köln BeckRS 2015120854, Rn.)

SG Leipzig, 17.12.2008, S 19 AS 3992/08 ER, BeckRS 2010, 71996 (zit.: SG Leipzig BeckRS 2010, 71996)

SG Leipzig, 15.11.2005, S 9 AS 855/05 ER, BeckRS 2009, 58341 (zit.: SG Leipzig BeckRS 2009, 58341, Rn.)

SG Schleswig, 21.02.2005, S 6 AS 30/05 ER, OpenJur 2011, 92905 (zit.: SG Schleswig openJur 2011, 92905, Rn.)

Verfassungsgerichtsbarkeit

BVerfG, 05.11.2019, 1 BvL 7/16, juris (zit.: BverfG, Az. 1 BvL 7/16, juris, Rn.)

BVerfG, 01.08.2017, 1 BvR 1910/12, NZM 2018, (S. 212-214) (zit.: BVerfG NZM 2018, 212)

BVerfG, 18.04.2016, 1 BvR 704/16, BeckRS 2016, 45389 (zit.: BVerfG BeckRS 2016, 45389, Rn.)

BVerfG, 09.02.2010, 1 BvL 1/09, NJW 2010, (S. 505-517) (zit.: BVerfG NJW 2010, 505)

BVerfG, 24.07.2008, 2 BvR 840/06, BeckRS 2008, 37713 (zit.: BVerfG BeckRS 2008, 37713, Rn.)

BVerfG, 30.05.1996, 5 C 14/95, NJW 1996, (S. 3427-3428) (zit.: BVerfG NJW 1996, 3427)

BVerfG, 08.04.1994, 1 BvR 2149/93, WuM 1995, (S. 142) (zit.: BVerfG WuM 1995, 142)

BVerfG, 26.05.1993, 1 BvR 208/93, NJW 1993, (S. 2035-2038) (zit.: BVerfG NJW 1993, 2035)

BVerfG, 09.10.1991, 1 BvR 227/91, NJW 1992, (S. 361-362) (zit.: BVerfG NJW 1992, 361)

BVerfG, 08.01.1985, 1 BvR 792, 501/83, NJW 1985, (S. 2633-2635) (zit.: BVerfG NJW 1985, 2633)

BVerfG, 18.07.1988, 1 BvR 783/88, WuM 1989, (S. 483-484) (zit.: BVerfG WuM 1989, 483)

BVerfG, 16.12.1981, 1 BvR 898/79, NJW 1983, (S. 103-109) (zit.: BVerfG 1983, 103)

BVerfG, 23.04.1974, 1 BvR 6/74, NJW 1974, (S. 1939-1940) (zit.: BVerfG NJW 1974, 1939)

BVerfG, 14.03.1963, 1 BvL 28/62, NJW 1963, (S. 851-853) (zit.: BVerfG NJW 1963, 851)

BVerfG, 18.12.1953, 1 BvL 106/53, NJW 1954, (S. 65-68) (zit.: BVerfG NJW 1954, 65)

Verwaltungsgerichtsbarkeit

BVerwG, 18.10.1993, 5 B 26.93, JurionRS 1993, 13165 (zit.: BVerwG JurionRS 1993, 13165, Rn.)

BVerwG, 18.10.1993, 5 B 26/93, NJW 1994, (S. 1169-1170) (zit.: BVerwG NJW 1994, 1169)

OVG Münster, 26.04.2002, BeckRS 2015, 49333 (zit.: OVG Münster BeckRS 2015, 49333)

OVG Nordrhein-Westfalen, 14.03.1988, 8 B 742/88, BeckRS 9998, 85715 (zit.: OVG Nordrhein-Westfalen BeckRS 9998, 85715)

VG Gelsenkirchen, 22.05.2003, 17 L 888/03, BeckRS 2015, 54807 (zit.: VG Gelsenkirchen BeckRS 2015, 54807)

VG München, 07.05.2003, M 15 E 03.1149, BeckRS 2003, 28385 (zit.: VG München BeckRS 2003, 28385, Rn.)

Zivilgerichtsbarkeit

BGH, 24.07.2019, VIII ZR 141/17, openJur 2019, 30043 (zit.: BGH openJur 2019, 30043, Rn.)

BGH, 21.02.2019, IX ZB 7/17, NJW-RR 2019, (S. 586-588) (zit.: BGH NJW-RR 2019, 586)

BGH, 19.09.2018, VIII ZR 231/17, BeckRS 2018, 24134 (zit.: BGH BeckRS 2018, 24134, Rn.)

BGH, 21.03.2018, VIII ZR 68/17, NZM 2018, (S. 444-454) (zit.: BGH NZM 2018, 444)

BGH, 23.01.2018, VIII ZR 39/17, NJW 2018, (S. 1079-1083) (zit.: BGH NJW 2018, 1079)

BGH, 27.09.2017, VIII ZR 193/16, NJW 2018, (S. 939-942) (zit.: BGH NJW 2018, 939)

BGH, 14.06.2017, VIII ZR 76/16, NJW 2018, (S. 551-552) (zit.: BGH NJW 2018, 551)

BGH, 16.03.2017, IX ZB 45/15, WuM 2017, (S. 296-298) (zit.: BGH WuM 2017, 296)

BGH, 09.02.2017, I ZB 56/16, NJW-RR 2017, (S. 511-512) (zit.: BGH NJW-RR 2017, 511)

BGH, 05.10.2016, VIII ZR 222/15, WuM 2017, (S. 31-35) (zit.: BGH WuM 2017, 31)

BGH, 24.08.2016, VIII ZR 261/15, WuM 2016, (S. 658-661) (zit.: BGH WuM 2016, 658)

BGH, 20.07.2016, VIII ZR 263/14, NJW 2016, (S. 3231-3233) (zit.: BGH NJW 2016, 3231)

BGH, 20.07.2016, VIII ZR 238/15, WuM 2016, (S. 682-685) (zit.: BGH WuM 2016, 682)

BGH, 13.07.2016, VIII ZR 296/15, NJW 2016, (S. 3720-3722) (zit.: BGH NJW 2016, 3720)

BGH, 29.06.2016, VIII ZR 173/15, NZM 2016, (S. 635-637) (zit.: BGH NZM 2016, 635)

BGH, 13.04.2016, VIII ZR 39/15, NZM 2016, (S. 550-552) (zit.: BGH NZM 2016, 550)

BGH, 21.12.2015, I ZB 107/14, NJW 2016, (S. 876-879) (zit.: BGH NJW 2016, 876)

BGH, 17.12.2015, IX ZR 61/14, openJur 2016, 161 (zit.: BGH openJur 2016, 16, Rn.)

BGH, 23.10.2015, 65 S 239/15, WuM 2016, (S. 490-491) (zit.: BGH WuM 2016, 490)

BGH, 06.10.2015, VIII ZR 321/14, WuM 2016, (S. 225-227) (zit.: BGH WuM 2016, 225)

BGH, 01.07.2015, VIII ZR 278/13, WuM 2015, (S. 555-558) (zit.: BGH WuM 2015, 555)

BGH, 25.06.2015, IX ZB 60/14, JurionRS 2015, 21916 (zit.: BGH JurionRS 2015, 21916, Rn.)

BGH, 17.06.2015, VIII ZR 19/14, openJur 2015, 12633 (zit.: BGH openJur 2015, 12633, Rn.)

BGH, 17.06.2015, XII ZR 98/13, NJW 2015, (S. 2648-2650) (zit.: BGH NJW 2015, 2648)

BGH, 13.05.2015, XII ZR 65/14, JurionRS 2015, 18580 (zit.: BGH JurionRS 2015, 18580, Rn.)

BGH, 07.05.2015, IX ZR 95/14, openJur 2015, 10164 (zit.: BGH openJur 2015, 10164, Rn.)

BGH, 17.02.2015, VIII ZR 236/14, openJur 2015, 8785 (zit.: BGH openJur 2015, 8785, Rn.)

BGH, 16.02.2015, VIII ZR 6/04, WuM 2005, (S.250-253) (zit.: BGH WuM 2005, 250)

BGH, 12.02.2015, IX ZR 180/12, openJur 2015, 5941 (zit.: BGH openJur 2015, 5941, Rn.)

BGH, 04.02.2015, VIII ZR 175/14, WuM 2015, (S. 152-155) (zit.: BGH WuM 2015, 152)

BGH, 20.11.2014, IX ZB 56/13, openJur 2014, 27186 (zit.: BGH openJur 2014, 27186, Rn.)

BGH, 21.08.2014, VII ZR 24/12, NJW-RR 2014, (S. 1298-1299) (zit.: BGH NJW-RR 2014, 1298)

BGH, 04.06.2014, VIII ZR 289/13, WuM 2014, (S. 495-497) (zit.: BGH WuM 2014, 495)

BGH, 22.05.2014, IX ZR 136/13, openJur 2014, 11681 (zit.: BGH openJur 2014, 11681, Rn.)

BGH, 07.05.2014, VIII ZR 234/13, WuM 2014, (S. 418-419) (zit.: BGH WuM 2014, 418)

BGH, 09.04.2014, VIII ZR 107/13, openJur 2014, 10486 (zit.: BGH openJur 2014, 10486, Rn.)

BGH, 12.02.2014, XII ZR 76/13, NJW 2014, (S. 1521-1524) (zit.: BGH NJW 2014, 1521)

BGH, 22.10.2013, II ZR 394/12, NZI 2014, (S. 25-26) (zit.: BGH NZI 2014, 25)

BGH, 10.10.2013, IX ZB 97/12, NZI 2014, (S. 34-36) (zit.: BGH NZI 2014, 34)

BGH, 31.07.2013, IX ZA 37/12, openJur 2013, 34026 (zit.: BGH openJur 2013, 34026, Rn.)

BGH, 20.06.2013, IX ZR 310/12, WuM 2013, 692-693 (zit.: BGH WuM 2013, 692)

BGH, 10.04.2013, VIII ZR 379/12, NJW 2013, (S. 1876-1877) (zit.: BGH NJW 2013, 1876)

BGH, 10.01.2013, IX ZR 13/12, openJur 2013, 2901 (zit.: BGH openJur 2013, 290, Rn.)

BGH, 06.12.2012, IX ZR 3/12, openJur 2013, 2909 (zit.: BGH openJur 2013, 2909, Rn.)

BGH, 25.10.2012, I ZR 169/10, NJW 2013, (S. 2683-2686) (zit.: BGH NJW 2013, 2683)

BGH, 10.10.2012, VIII ZR 107/12, openJur 2012, 130649 (zit.: BGH openJur 2012, 130649, Rn.)

BGH, 13.09.2012, I ZR 230/11, GRUR 2013, 401 (S. 401-408) (zit.: BGH GRUR 2013, 401)

BGH, 15.08.2012, VIII ZR 238/12, WuM 2012, (S. 571-572) (zit.: BGH WuM 2012, 571)

BGH, 18.07.2012, VIII ZR 1/11, WuM 2012, (S. 497-499) (zit.: BGH WuM 2012, 497)

BGH, 28.06.2012, IX ZB 313/11, VuR 2013, (S. 388-389) (zit.: BGH VuR 2013, 388)

BGH, 15.05.2012, VIII ZR 246/11, NJW 2012, (S. 2186-2187) (zit.: BGH NJW 2012, 2186)

BGH, 09.05.2012, VIII ZR 327/11, NJW 2012, (S. 2270-2274) (zit.: BGH NJW 2012, 2270)

BGH, 19.04.2012, IX ZB 192/11, openJur 2012, 68284 (zit.: BGH openJur 2012, 68284, Rn.)

BGH, 11.04.2012, XII ZR 48/10, WuM 2012, (S. 323-325) (zit.: BGH WuM 2012, 323)

BGH, 23.02.2012, IX ZR 29/11, openJur 2012, 53656 (zit.: BGH openJur 2012, 53656, Rn.)

BGH, 14.09.2011, VIII ZR 301/10, WuM 2011, (S. 674-675) (zit.: BGH WuM 2011, 675)

BGH, 29.09.2011, IX ZR 202/10, openJur 2011, 117876 (zit.: BGH openJur 2011, 117876, Rn.)

BGH, 17.08.2011, I ZR 108/09, GRUR 2011, (S. 1043-1048) (zit.: BGH GRUR 2011, 1043)

BGH, 14.07.2011, VII ZB 118/09, NJOZ 2012, (S. 462-463) (zit.: BGH NJOZ 2012, 462)

BGH, 01.06.2011, VIII ZR 91/10, NJW 2011, (S. 2570-2572) (zit.: BGH NJW 2011, 2570)

BGH, 04.05.2011, VIII ZR 191/10, WuM 2011, (S. 418-420) (zit.: BGH WuM 2011, 418)

BGH, 04.05.2011, VIII ZR 146/10, BeckRS 2011, 15432 (zit.: BGH BeckRS 2011, 15432, Rn.)

BGH, 13.04.2011, VIII ZR 295/10, openJur 2011, 91918 (zit.: BGH openJur 2011, 91918, Rn.)

BGH, 24.03.2011, I ZR 108/09, GRUR 2011, (S. 521-523) (zit.: BGH GRUR 2011, 521)

BGH, 16.12.2010, IX ZR 24/10, openJur 2011, 13566 (zit.: BGH openJur 2011, 13566, Rn.)

BGH, 13.10.2010, VIII ZR 98/10, openJur 2010, 11229 (zit.: BGH openJur 2010, 11229, Rn.)

BGH, 06.10.2010, VIII ZR 271/09, WuM 2010, (S. 740) (zit.: BGH WuM 2010, 740)

BGH, 20.07.2010, IX ZR 37/09, openJur 2010, 12045 (zit.:BGH openJur 2010, 12045)

BGH, 20.07.2010, XI ZR 236/07, NJW 2010, (S. 3510-3517) (zit.: BGH NJW 2010, 3510)

BGH, 14.07.2010, VIII ZR 267/09, openJur 2010, 12031 (zit.: BGH openJur 2010, 12031, Rn.)

BGH, 13.07.2010, VIII ZR 129/09, WuM 2010, (S. 495-500) (zit.: BGH WuM 2010, 495)

BGH, 12.05.2010, VIII ZR 96/09, WuM 2010, (S. 484-490) (zit.: BGH WuM 2010, 484)

BGH, 21.04.2010, VIII ZR 6/09, WuM 2010, (S. 353-355) (zit.: BGH WuM 2010, 353)

BGH, 14.01.2010, IX ZR 78/09, openJur 2011, 1327 (zit.: BGH openJur 2011, 1327, Rn.)

BGH, 25.11.2009, VIII ZR 322/08, NJW 2010, (S. 2053-2055) (zit.: BGH NJW 2010, 2053)

BGH, 11.11.2009, VIII ZR 12/08, NJW 2010, 864, (S. 864-868) (zit.: BGH NJW 2010, 864)

BGH, 04.11.2009, XII ZR 86/07, NZM 2010, (S. 82-83) (zit.: BGH NZM 2010, 82)

BGH, 22.10.2009, IX ZB 195/08, JurionRS 2009, 25416 (zit.: BGH JurionRS 2009, 25416, Rn.)

BGH, 21.10.2009, VIII ZR 67/09, openJur 2011, 2182 (zit.: BGH openJur 2011, 2182, Rn.)

BGH, 21.10.2009, VIII ZR 64/09, NJW 2009, (S. 3781-3783) (zit.: BGH NJW 2009, 3781)

BGH, 14.10.2009, VIII ZR 272/08, WuM 2009, (S. 739-741) (zit.: BGH WuM 2009, 739)

BGH, 14.10.2009, VIII ZR 96/07, NJW 2010, (S. 1275-1277) (zit.: BGH NJW 2010, 1275)

BGH, 17.09.2009, Xa ZR 40/08, openJur 2011, 37594 (zit.: BGH openJur 2011, 37594, Rn.)

BGH, 02.07.2009, IX ZR 126/08, NJW-Spezial 2009, (S. 614-615) (zit.: BGH NJW-Spezial 2009, 614)

BGH, 29.04.2009, VIII ZR 142/08, WuM 2009, (S. 349-351) (zit.: BGH WuM 2009, 349)

BGH, 11.03.2009, VIII ZR 115/08, NZM 2009, (S. 314-315) (zit.: BGH NZM 2009, 314)

BGH, 28.01.2009, VIII ZR 8/08, WuM 2009, (S. 182-184) (zit.: BGH WuM 2009, 182)

BGH, 23.07.2008, XII ZR 134/06, openJur 2011, 4601 (zit.: BGH openJur 2011, 4601, Rn.)

BGH, 03.07.2008, IX ZB 181/07, openJur 2011, 5923 (zit.: BGH openJur 2011, 5923, Rn.)

BGH, 20.05.2008, VIII ZB 92/07, openJur 2011, 5358 (zit.: BGH openJur 2011, 5358, Rn.)

BGH, 24.01.2008, IX ZR 201/06, NZI 2008, (S. 295-297) (zit.: BGH NZI 2008, 295)

BGH, 20.12.2007, IX ZR 132/06, WuM 2008, (S. 149-149) (zit.: BGH WuM 2008, 149)

BGH, 28.11.2007, VIII ZR 145/07, JurionRS 2007, 43984 (zit.: BGH JurionRS 2007, 43984, Rn.)

BGH, 19.07.2007, IX ZB 36/07, JurionRS 2007, 36134 (zit.: BGH JurionRS 2007, 36134, Rn.)

BGH, 24.05.2007, IX ZR 97/06, JurionRS 2007, 34198 (zit.: BGH JurionRS 2007, 34198, Rn.)

BGH, 21.03.2007, XII ZR 36/05, NZM 2007, (S. 400-401) (zit.: BGH NZM 2007, 400)

BGH, 22.02.2007, IX ZB 120/05, JurionRS 2007, 12242 (zit.: BGH JurionRS 2007, 12242, Rn.)

BGH, 21.12.2006, IX ZR 7/06, openJur 2011, 10093 (zit.: BGH openJur 2011, 10093, Rn.)

BGH, 21.12.2006, IX ZR 66/05, openJur 2011, 10214 (zit.: BGH openJur 2011, 10214, Rn.)

BGH, 25.10.2006, VIII ZR 102/06, WuM 2007, (S. 24-27) (zit.: BGH WuM 2007, 24)

BGH, 10.08.2006, I ZB 135/05, WuM 2006, (S. 580-581) (zit.: BGH WuM 2006, 580)

BGH, 13.07.2006, IX ZB 301/04, openJur 2011, 10424 (zit.: BGH openJur 2011, 10424, Rn.)

BGH, 12.07.2006, X ZR 157/05, openJur 2011, 10414 (zit.: BGH openJur 2011, 10414, Rn.)

BGH, 30.03.2006, III ZR 187/05, openJur 2011, 11087 (zit.: BGH openJur 2011, 11087, Rn.)

BGH, 08.03.2006, VIII ZR 78/05, WuM 2006, (S. 200-204) (zit.: BGH WuM 2006, 200)

BGH, 18.01.2006, VIII ZR 71/05, openJur 2011, 12340 (zit.: BGH openJur 2011, 12340, Rn.)

BGH, 11.01.2006, VIII ZR 364/04, WuM 2006, (S. 193-196) (zit.: BGH WuM 2006, 193)

BGH, 08.12.2005, IX ZR 182/01, openJur 2011, 13286 (zit.: BGH openJur 2011, 13286, Rn.)

BGH, 06.10.2005, IX ZR 36/02, openJur 2011, 13072 (zit.: BGH openJur 2011, 13072, Rn.)

BGH, 24.05.2005, IX ZR 123/04, JurionRS 2005, 17914 (zit.: BGH JurionRS 2005, 17914, Rn.)

BGH, 27.04.2005, VIII ZR 206/04, WuM 2005, (S. 465-467) (zit.: BGH WuM 2005, 465)

BGH, 06.04.2005, XII ZR 132/03, NJW 2005, (S. 2225-2227) (zit.: BGH NJW 2005, 2225)

BGH, 09.03.2005, VIII ZR 394/05, WuM 2005, (S. 401-403) (zit.: BGH WuM 2005, 401)

BGH, 09.03.2005, VIII ZR 57/04, WuM 2005, (S. 337-341) (zit.: BGH WuM 2005, 337)

BGH, 16.02.2005, VIII ZR 6/04, openJur 2012, 58471 (zit.: BGH openJur 2012, 58471, Rn.)

BGH, 26.01.2005, VIII ZR 90/04, openJur 2012, 58161 (zit.: BGH openJur 2012, 58161, Rn.)

BGH, 14.01.2005, V ZR 260/03, WuM 2005, (S. 205-207) (zit.: BGH WuM 2005, 205)

BGH, 13.01.2005, IX ZR 33/04, openJur 2012, 58085 (zit.: BGH openJur 2012, 58085, Rn.)

BGH, 09.12.2004, IX ZB 132/04, openJur 2012, 57887 (zit.: BGH openJur 2012, 57887, Rn.)

BGH, 09.11.2004, X ZR 119/01, openJur 2012, 57600 (zit.: BGH openJur 2012, 57600, Rn.)

BGH, 30.06.2004, VIII ZB 31/04, WuM 2004, (S. 489-490) (zit.: BGH WuM 2004, 489)

BGH, 30.06.2004, VIII ZR 243/03, NZM 2004, 613, (S. 613-615) (zit.: BGH NZM 2004, 613)

BGH, 22.12.2003, VIII ZB 94/03, WuM 2004, (S. 97-98) (zit.: BGH WuM 2004, 97)

BGH, 03.04.2003, IX ZR 163/02, openJur 2010, 9618 (zit.: BGH openJur 2010, 9618, Rn.)

BGH, 19.11.2002, X ZR 253/01, NJW 2003, (S. 746-748) (zit.: BGH NJW 2003, 746)

BGH, 10.09.2002, XI ZR 305/01, NJW 2002, (S. 3627-3628) (zit.: BGH NJW 2002, 3627)

BGH, 18.07.2002, IX ZR 195/01, openJur 2010, 6403 (zit.: BGH openJur 2010, 6403, Rn.)

BGH, 30.01.2002, XII ZR 106/99, NZM 2002, (S. 291) (zit.: BGH NZM 2003, 291)

BGH, 11.12.2001, VI ZR 350/00, openJur 2010, 4041 (zit.: BGH openJur 2010, 4041, Rn.)

BGH, 10.10.2001, XII ZR 93/99, NZM 2001, (S. 1077-1078)

(BGH NZM 2001, 1077)

BGH, 25.04.2001, VIII ZR 135/00, NJW 2001, (S. 2331-2333) (zit.: BGH NJW 2001, 2331)

BGH, 08.03.2001, IX ZR 236/00, JuS 2001, (S. 813-815) (zit.: BGH JuS 2001, 813)

BGH, 03.11.1999, VII ZR 35/99, JurionRS 1999, 16185 (zit.: BGH JurionRS 1999, 16185, Rn.)

BGH, 24.06.1998, XII ZR 195/96, JurionRS 1998, 15717 (zit.: BGH JurionRS 1998, 15717, Rn.)

BGH, 02.04.1998, IX ZR 79–97, NJW 1998, 2280, (S. 2280-2282) (zit.: BGH NJW 1998, 2280)

BGH, 03.03.1998, X ZR 14/95, NJW 1998, (S. 1268-1270) (zit.: BGH NJW 1998, 1268)

BGH, 11.12.1997, IX ZR 46/97, NJW 1998, (S. 991-992) (zit.: BGH NJW 1998, 991)

BGH, 04.07.1997, V ZR 405/96, NJW 1997, 3(S. 3022-3024) (zit.: BGH NJW 1997, 3022)

BGH, 23.01.1997, IX ZR 297/95, NJW 1997, 1435, (S. 1435-1439) (zit.: BGH NJW 1997, 1435)

BGH, 24.11.1995, V ZR 88/95, JurionRS 1995, 15667 (zit.: BGH JurionRS 1995, 15667, Rn.)

BGH, 24.05.1995, XII ZR 172/94, NJW 1995, (S. 2034-2036) (zit.: BGH NJW 1995, 2034)

BGH, 13.12.1994, X ZB 9/94, NJW 1995, (S. 1680-1682) (zit.: BGH NJW 1995, 1680)

BGH, 14.05.1992, VII ZR 204/90, NJW 1992, (S. 2160-2163) (zit.: BGH NJW 1992, 2160)

BGH, 29.04.1992, XII ZR 105/91, JurionRS 1992, 14867 (zit.: BGH JurionRS 1992, 14867, Rn.)

BGH, 19.12.1990, VII ARZ 5/90, WuM 1991, (S. 150-152) (zit.: BGH WuM 1991, 150)

BGH, 20.11.1990, XI ZR 107/89, NJW 1991, (S. 487-488) (zit.: BGH NJW 1991, 487)

BGH, 07.06.1990, IX ZR 16/90, NJW 1990, 2380 (2380) (zit.: BGH NJW 1990, 2380)

BGH, 28.02.1989, IX ZR 130/88, JurionRS 1989, 13710 (zit.: BGH JurionRS 1989, 13710, Rn.)

BGH, 19.10.1988, VIII ZR 22/88, JurionRS 1988, 15133. (zit.: BGH JurionRS 1988, 15133, Rn.)

BGH, 16.03.1988, VIII ZR 184/87, JurionRS 1988, 13396 (zit.: BGH JurionRS 1988, 13396, Rn.)

BGH, 13.01.1988, IVb ZR 7/87, JurionRS 1988, 13308 (zit.: BGH JurionRS 1988, 13308, Rn.)

BGH, 30.10.1987, V ZR 174/86, NJW 1988, (S. 558-561) (zit.: BGH NJW 1988, 558)

BGH, 23.09.1987, VIII ZR 265/86, JurionRS 1987, 15130 (zit.: BGH JurionRS 1987, 15130, Rn.)

BGH, 01.07.1987, VIII ARZ 2/87, NJW 1987, 2372 (zit.: BGH NJW 1987, 2372)

BGH, 15.04.1987, VIII ZR 126/86, NJW-RR 1987, 903 (zit.: BGH NJW-RR 1987, 903)

BGH, 30.04.1986, VIII ZR 112/85, WuM 1986, (S. 1056-1058) (zit.: BGH WuM 1986, 1056)

BGH, 20.06.1984, VIII ZR 337/82, NJW 1984, (S. 2404-2406) (zit.: BGH NJW 1984, 2404)

BGH, 18.09.1985, VIII ZR 249/84, JurionRS 1985, 16288 (zit.: BGH JurionRS 1985, 16288, Rn.)

BGH, 11.01.1984, VIII ZR 255/82, WM 1984, (S. 370-372) (zit.: BGH WM 1984, 370)

BGH, 26.01.1983, IV b ZR 351/81, NJW 1983, (S. 2318-2321) (zit.: BGH NJW 1983, 2318)

BGH, 27.03.1980, VII ZR 214/79, JurionRS 1980, 12863 (zit.: BGH JurionRS 1980, 12863, Rn.)

BGH, 30.10.1974, VIII ZR 69/73, NJW 1975, (S. 44-47) (zit.: BGH NJW 1974, 44)

BGH, 18.04.1974, KZR 6/73, NJW 1974, 1903 (S. 1903-1905) (zit.: BGH NJW 1974, 1903)

BGH, 13.03.1974, VII ZR 62/75, JurionRS 1974, 11964 (zit.: BGH JurionRS 1974, 11964, Rn.)

BGH, 12.01.1972, VIII ZR 26/71, JurionRS 1972, 11799 (zit.: BGH JurionRS 1972, 11799, Rn.)

BGH, 14.07.1971, VIII ZR 28/70, NJW 1971, (S. 1839) (zit.: BGH NJW 1971, 1839)

BGH, 14.07.1970, VIII ZR 12/69, JurionRS 1970, 11667 (zit.: BGH JurionRS 1970, 11667, Rn.)

BGH, 26.03.1969, VII ZR 76/67, JurionRS 1969, 11930 (zit.: BGH JurionRS 1969, 11930, Rn.)

BGH, 15.11.1967, VIII ZR 150/65, NJW 1968, (S. 491-493) (zit.: BGH NJW 1968, 491)

BGH, 30.06.1960, VIII ZR 200/59, NJW 1960, (S. 2093) (zit.: BGH NJW 1960, 2093)

BGH, 28.06.1960, VIII ZR 25/60, ZMR 1960, (S. 301) (zit.: BGH ZMR 1960, 301)

BGH, 30.05.1958, V ZR 295/56, NJW 1958, (S. 1286-1288) (zit.: BGH NJW 1958, 1286)

BGH, 14.07.1956, III ZR 29/55, NJW 1956, (S. 1517) (zit.: BGH NJW 1956, 1517)

BayObLG, 07.09.1994, RE Miet 1/94, NJW 1995, (S. 338-340) (zit.: BayObLG NJW 1995, 338)

OLG Brandenburg, 25.02.2014, 3 U 154/11, BeckRS 2014, 4899 (zit.: OLG Brandenburg BeckRS 2014, 4899, Rn.)

OLG Brandenburg, 29.05.2006, 3 W 7/06, juris. (zit.: OLG Brandenburg, Az. 3 W 7/06, juris, Rn.)

OLG Hamburg, 10.03.1977, 4 U 149/76, WuM 1978, (S. 120) (zit.: OLG Hamburg NJW 1978, 120)

KG, 20.06.2019, 8 U 132/18, WuM 2019, (S. 579-581) (zit.: KG WuM 2019, 579)

KG, 01.07.2009, 12 U 87/09, BeckRS 2009, 23574 (zit.: KG BeckRS 2009, 23574)

KG, 24.07.2008, 8 U 26/08, BeckRS 2008, 17912 (zit.: KG BeckRS 2008, 17912, Rn.)

KG, 09.06.2008, 8 U 217/07, WuM 2008, (S. 411-412) (zit.: KG WuM 2008, 411)

KG, 09.06.2008, 8 U 217/07, WuM 2008, (S. 411) (zit.: KG WuM 2008, 411)

KG, 14.12.2006, 12 W 54/06, BeckRS 2008, 07097 (zit.: KG BeckRS 2008, 07097)

KG, 18.11.2004, 8 U 125/04, NZM 2005, (S. 254) (zit.: KG NZM 2005, 254)

KG, 05.03.1984, 8 W RE Miet 87/84, WuM 1984, (S. 93-94) (zit.: KG WuM 1984, 93)

OLG Celle, 17.02.2014, 2 W 32/14, NJOZ 2014, (S. 531) (zit.: OLG Celle NJOZ 2014, 531)

OLG Celle, 16.10.2000, 2 W 99/00, openJur 2012, 36327 (zit.: OLG Celle openJur 2012, 36327, Rn.)

OLG Celle, 23.04.1997, 2 U 118/96, NZM 1998, (S. 265-267) (zit.: OLG Celle NZM 1998, 265)

OLG Celle, 28.09.1982, 2 UH 1/82, WuM 1982, (S. 317) (zit.: OLG Celle WuM 1982, 317)

OLG Düsseldorf, 03.03.2011, 10 W 16/11, ZMR 2011, (S. 884) (zit.: OLG Düsseldorf ZMR 2011, 884)

OLG Düsseldorf, 26.11.2009, 10 U 42/09, NJOZ 2010, (S. 2645-2648) (zit.: OLG Düsseldorf NJOZ 2010, 2645)

OLG Düsseldorf 08.07.2008, I-24 U 177/07, openJur 2011, 61222 (zit.: OLG Düsseldorf openJur 2011, 61222, Rn.)

OLG Düsseldorf, 16.10.2003, I-10 U 46/03, WuM 2003, (S. 621-624) (zit.: OLG Düsseldorf WuM 2003, 621)

OLG Düsseldorf, 22.02.1996, 10 U 142/93, BeckRS 1996, 03952 (zit.: OLG Düsseldorf BeckRS 1996, 03952, Rn.)

OLG Düsseldorf, 11.07.1991, 10 U 166/90, ZMR 1991, (S. 378) (zit.: OLG Düsseldorf ZMR 1991, 378)

OLG Frankfurt, 19.09.1996, 1 U 42/95, ZMR 1997, (S. 522) (zit.: OLG Frankfurt ZMR 1997, 522).

OLG Hamburg, 02.03.2017, 8 W 21/17, BeckRS 2017, 121783 (zit.: OLG Hamburg BeckRS 2017, 121783. Rn.)

OLG Hamburg, 12.04.2016, 8 W 62/15, NZM 2017, (S. 475-476) (zit.: OLG Hamburg NZM 2017, 475)

OLG Hamburg, 24.04.2008, 4 U 152/07, openJur 2013, 304 (zit.: OLG Hamburg openJur 2013, 304, Rn.)

OLG Hamburg, 29.10.1997, 4 U 81–97, NZM 1998, 403 (S. 403) (zit.: OLG Hamburg NZM 1998, 403)

OLG Hamburg, 23.02.1988, 7 W 6/88, WuM 1989, (S. 139) (zit.: OLG Hamburg WuM 1989, 139)

OLG Hamm, 18.02.1983, 20 U 174/82, BeckRS 1983, 31381256 (zit.: OLG Hamm BeckRS 1983, 31381256)

OLG Hamm, 01.10.1981, 4 ReMiet 6/81, NJW 1982, (S. 341-343) (zit.: OLG Hamm NJW 1982, 341)

OLG Karlsruhe, 28.06.2017, 1 Rb 8 Ss 540/16, ZD 2017, (S. 478-480) (zit.: OLG Karlsruhe ZD 2017, 478)

OLG Karlsruhe, 22.03.2016, 8 U 138/14, NJW 2016, (S. 2670-2673) (zit.: OLG Karlsruhe NJW 2016, 2670)

OLG Karlsruhe, 10.12.2002, 17 U 97/02, NZM 2013, (S. 513-517) (zit.: OLG Karlsruhe NZM 2013, 513)

OLG Karlsruhe, 19.08.1992, 3 REMiet 1/92, WuM 1992, (S. 517-518) (zit.: OLG Karlsruhe WuM 1992, 517)

OLG Karlsruhe, 19.07.1991, 14 U 6/90, NJW-RR 1992, (S. 63-64) (zit.: OLG Karlsruhe NJW-RR 1992, 63)

OLG Koblenz, 16.07.1997, 4 W–RE-602-96, NZM 1998, (S. 229-232) (zit.: OLG Koblenz NZM 1998, 229)

OLG Koblenz, 25.04.1985, 4 W 182/85, DGVZ 1985, (S. 168-170) (zit.: OLG Koblenz DGVZ 1985, 168)

OLG Koblenz, 26.07.1984, 4 W-RE 386/84, WuM 1984, (S. 269-271) (zit.: OLG Koblenz WuM 1984, 269)

OLG Koblenz, 26.07.1984, 4 W-RE-386/84, NJW 1984, (S. 2369) (zit.: OLG Koblenz NJW 1984, 2369)

OLG Köln, 09.04.2002, 3 U 162/01, openJur 2011, 20237 (zit.: OLG Köln openJur 2011, 20237, Rn.)

OLG Köln, 09.02.2001, 2 W 19/01, openJur 2011, 16179 (zit.: OLG Köln openJur 2011, 16179, Rn.)

OLG München, 28.07.2011, 29 U 634/11, openJur 2012, 70453 (zit.: OLG München openJur 2011, 70453, Rn.)

OLG München, 28.02.2001, 3 U 5169/00, juris (zit.: OLG München, Az. 3 U 5169/00, juris, Rn.)

OLG München, 27.09.1995, 11 W 2055/95, MDR 1996, (S. 209) (zit.: OLG München MDR 1996, 209)

OLG Naumburg 13.09.2011, 2 U 91/11, BeckRS 2011, 25201 (zit.: OLG Naumburg BeckRS 2011, 25201, Rn.)

OLG Nürnberg, 16.10.2002, 4 U 1404/02, BeckRS 2002, 30288219 (zit.: OLG Nürnberg, BeckRS 2002, 30288219, Rn.)

OLG Oldenburg, 18.07.1991, 5 UH 2/91, WuM 1991, (S. 467-468) (zit.: OLG Oldenburg WuM 1991, 467)

OLG Rostock, 25.02.2016, 3 U 73/12, NJOZ 2016, (S. 1115-1120) (zit.: OLG Rostock NJOZ 2016, 1115)

OLG Rostock, 07.10.2002, 3 U 90/02, OLG-NL 2003, (S. 50-52) (zit.: OLG Rostock OLG-NL 2003, 50)

OLG Rostock, 18.12.2000, 3 U 153/99, juris (zit.: OLG Rostock, Az. 3 U 153/99, Rn.)

OLG Saarbrücken, 29.04.2013, 6 WF 77/13, BeckRS 2013, 8492 (zit.: OLG Saarbrücken BeckRS 2013, 8492)

OLG Stuttgart, 02.06.2008, 5 U 20/08, openJur 2012, 60510 (zit.: OLG Stuttgart openJur 2012, 60510, Rn.)

OLG Stuttgart, 28.08.1991, 8 RE-Miet 2/91, WuM 1991, (S. 526-527) (zit.: OLG Stuttgart WuM 1991, 526)

LG Aachen, 17.02.1993, 7S 487/92, WuM 1993, (S. 348) (zit.: LG Aachen WuM 1993, 348)

LG Aachen, 01.03.1991, 5 S 468/90, DWW 1991, (S. 116) (zit.: LG Aachen 1991, 116)

LG Aachen, 29.03.1989, 7 S 25/89, WuM 1989, (S. 294) (zit.: LG Aachen WuM 1989, 294)

LG Arnsberg, 25.06.1990, 5 S 56/90, DWW 1991, (S. 133) (zit.: LG Arnsberg DWW 1991, 133)

LG Augsburg, 24.02.1987, 4 T 670/87, WuM 1987, (S. 388) (zit.: LG Augsburg WuM 1987, 388)

LG Berlin 08.11.2019, 64 S 189/94, BeckRS 2010, 9999. (zit.: LG Berlin BeckRS 2010, 9999, Rn.)

LG Berlin, 30.05.2018, 65 S 66/18, juris (zit.: LG Berlin, Az. 65 S 66/18, juris, Rn.)

LG Berlin, 20.07.2017, 67 S 111/17, NZM 2018, (S. 285-286) (zit.: LG Berlin NZM 2018, 285)

LG Berlin, 29.11.2016, 67 S 329/16, WuM 2017, (S. 26-28) (zit.: LG Berlin WuM 2017, 26)

LG Berlin, 16.06.2016, 67 S 125/16, WuM 2017, (S. 83-87) (zit.: LG Berlin WuM 2017, 83)

LG Berlin, 24.11.2015, 63 S 158/15, GE 2016, (S. 126) (zit.: LG Berlin GE 2016, 126)

LG Berlin, 20.02.2015, 63 S 202/14, BeckRS 2015, 6628 (zit.: LG Berlin BeckRS 2015, 6628)

LG Berlin, 16.09.2014, 67 S 290/14, WuM 2014, (S. 676-677) (zit.: LG Berlin WuM 2014, 676)

LG Berlin, 09.01.2012, 65 T 227/11, NZM 2013, (S. 121-122) (zit.: LG Berlin NZM 2013, 121)

LG Berlin, 25.10.2011, 65 S 409/10, BeckRS 2011, 28820 (zit.: LG Berlin BeckRS 2011, 28820, Rn.)

LG Berlin, 01.09.2011, 67 S 97/11, BeckRS 2011, 24908 (zit.: LG Berlin BeckRS 2011, 24908, Rn.)

LG Berlin, 23.10.2010, 65S 239/15, WuM 2016, (S. 490-491) (zit.: LG Berlin WuM 2016, 490)

LG Berlin, 03.08.2010, 63 S 607/09, BeckRS 2010, 24121 (zit.: LG Berlin BeckRS 2010, 24121)

LG Berlin, 24.07.2009, 63 S 503/08, BeckRS 2010, 1628 (zit.: LG Berlin BeckRS 2010, 1628)

LG Berlin, 27.03.2008, 62 S 412/07, BeckRS 2009, 14022 (zit.: LG Berlin BeckRS 2009, 14022, Rn.)

LG Berlin, 11.01.2008, 63 S 225/07, openJur 2012, 7861 (zit.: LG Berlin openJur 2012, 7861, Rn.)

LG Berlin, 12.09.2006, 63 S 143/06, juris (zit.: LG Berlin, Az. 63 S 143/06, juris, Rn.)

LG Berlin, 28.11.2003, 65 S 172/03, juris (zit.: LG Berlin, Az. 65 S 172/03, juris, Rn.)

LG Berlin, 15.05.2001, 86 T 292/01, ZVI 2002, (S. 12-14) (zit.: LG Berlin ZVI 2002, 12)

LG Berlin, 04.07.2000, 64 T 32/00, NZM 2000, (S. 1188-1189) (zit.: LG Berlin NZM 2000, 1188)

LG Berlin, 10.12.1999, 64 S 208/99, BeckRS 1999, 30946956 (zit.: LG Berlin BeckRS 1999, 30946956, Rn.)

LG Berlin, 14.05.1999, 13 O 410/98, GE 1999, (S. 905) (zit.: LG Berlin GE 1999, 905)

LG Berlin, 03.07.1996, 4 U 109/96, WuM 1997, (S. 216). (zit.: LG Berlin WuM 1997, 216)

LG Berlin, 09.08.1994, 65 S 125/94, WuM 1997, (S. 216) (zit.: LG Berlin WuM 1997, 216)

LG Berlin, 10.02.1994, 62 S 374/93, GE 1994, (S. 459). (zit.: LG Berlin GE 1994, 459)

LG Berlin, 19.08.1993, 67 S 113/93, GE 1993, (S. 1097). (zit.: LG Berlin GE 1993, 1097)

LG Berlin, 08.04.1994, 63 T 29/94, GE 1994, (S. 707) (zit.: LG Berlin GE 1994, 707)

LG Berlin, 03.09.1992, 67 S 148/92, GE 1993, (S. 157) (zit.: LG Berlin GE 1993, 157)

LG Berlin, 03.04.1992, 64 T 36/92, ZMR 1992, (S. 394-395) (zit.: LG Berlin ZMR 1992, 394)

LG Berlin, 21.11.1991, 61 S 6/91, MDR 1992, (S. 478-479) (zit.: LG Berlin MDR 1992, 478)

LG Berlin, 21.10.1991, 62 S 211/91, GE 1992, (S. 205) (zit.: LG Berlin GE 1991, 205)

LG Berlin, 27.09.1991, 64 S 141/91, ZMR 1992, (S. 24) (zit.: LG Berlin ZMR 1992, 24)

LG Berlin, 23.07.1991, 65 S 5/91, WuM 1992, (S. 607) (zit.: LG Berlin WuM 1992, 607)

LG Berlin, 30.11.1990, 64 S 166/90, juris (zit.: LG Berlin, Az. 64 S 166/90, juris)

LG Berlin, 08.05.1990, 64 S 48/90, GE 1991, (S. 95) (zit.: LG Berlin GE 1991, 95)

LG Berlin, 28.07.1987, 64 S 169/87, GE 1987, (S. 1051) (zit.: LG Berlin GE 1987, 1051)

LG Berlin, 12.08.1985, 61 S 22/85, NJW-RR 1986, 236 (zit.: LG Berlin NJW-RR 1986, 236)

LG Berlin, 27.08.1987, 61 S 169/87, WuM 1988, (S. 56-57) (zit.: LG Berlin WuM 1988, 56)

LG Berlin, 15.03.1983, 63 T 19/83, GE 1983, (S. 627) (zit.: LG Berlin GE 1983, 627)

LG Berlin, 19.10.1982, 65 S 56/82, GE 1983, (S. 715) (zit.: LG Berlin GE 1983, 715)

LG Berlin (West), 11.12.1953, 64 S 273/53, FHZivR 4 Nr. 3573 (zit.: LG Berlin (West) v. 11.12.1953, Az. 64 S 273/53, FHZivR 4 Nr. 3573)

LG Bochum, 30.07.2009, 1 O 486/08, BeckRS 2015, 19997 (zit.: LG Bochum BeckRS 2015, 19997)

LG Bochum, 08.06.2003, 10 S 76/04, ZMR 2005, (S. 863) (zit.: LG Bochum ZMR 2005, 863)

LG Bonn, 05.08.2014, 8 S 103/14, NJOZ 2015, (S. 608-610) (zit.: LG Bonn NJOZ 2015, 608)

LG Bonn, 25.07.2013, 6 S 200/12, juris (zit.: LG Bonn, Az. 6 S 200/12, juris, Rn.)

LG Bonn, 23.12.2009, 6 S 148/09, BeckRS 2011, 4326 (zit.: LG Bonn BeckRS 2011, 4326)

LG Bonn, 01.04.2009, 6 T 25/09, openJur 2011, 65261 (zit.: LG Bonn openJur 2011, 65261, Rn.)

LG Bonn, 06.12.2005, 4 T 415/05, DGVZ 2006, (S. 62-63) (zit.: LG Bonn DGVZ 2006, 62)

LG Bonn, 16.11.2005, 6 T 312/05, BeckRS 2005, 152500 (zit.: LG Bonn, BeckRS 2005, 152500, Rn.)

LG Bonn, 09.03.1992, 6 S 449/91, WuM 1992, (S. 607-608) (zit.: LG Bonn WuM 1992, 607)

LG Darmstadt, 11.09.2007, 25 S 135/07, WuM 2008, (S. 726-726) (zit.: LG Darmstadt WuM 2008, 726)

LG Darmstadt, 21.09.1992, 5 T 897/92, DGVZ 1993, (S. 154-155) (zit.: LG Darmstadt DGVZ 1993, 154)

LG Deggendorf, 19.07.2011, 13 S 141/10, BeckRS 2012, 5350 (zit.: LG Deggendorf BeckRS 2012, 5350, Rn.)

LG Dessau-Roßlau, 29.12.2016, 5 S 141/16, BeckRS 2016, 113811 (zit.: LG Dessau-Roßlau BeckRS 2016, 113811, Rn.)

LG Dortmund, 21.04.2010, 17 S 178/09, BeckRS 2010, 17785 (zit.: LG Dortmund BeckRS 2010, 17785, Rn.)

LG Dortmund, 21.05.1992, 11 S 55/92, ZMR 1993, (S. 16-17) (zit.: LG Dortmund ZMR 1993, 16)

LG Dortmund, 30.10.1985, 1 S 331/85, juris (zit.: LG Dortmund, Az. 1 S 331/85, juris, Rn.)

LG Düsseldorf, 17.11.1992, 24 S 299/92, DWW 19993, (S. 20) (zit.: LG Düsseldorf DWW 1993, 20)

LG Düsseldorf, 26.02.1991, 24 S 638/90, WuM 1992, (S. 369) (zit.: LG Düsseldorf WuM 1992, 369)

LG Duisburg, 24.03.2006, 13 T 28/06, WuM 2006, (S. 257-258) (zit.: LG Duisburg WuM 2006, 257)

LG Duisburg, 15.09.1987, 7 S 233/87, ZMR 1988, (S. 99-100) (zit.: LG Duisburg ZMR 1988, 99)

LG Dresden, 21.12.2016, 4 S 304/16, BeckRS 2016, 112297 (zit.: LG Dresden BeckRS 2016, 112297, Rn.)

LG Essen, 12.06.1996, 10 S 93/96, NJW-RR 1997, (S. 395) (zit.: LG Essen NJW-RR 1997, 395)

LG Frankfurt a.M., 15.07.2010, 11 S 342/09, NZM 2011, (S. 152) (zit.: LG Frankfurt a.M. NZM 2011, 152)

LG Frankfurt, 05.06.1990, 2/11 S 41/90, WuM 1991, (S. 34) (zit.: LG Frankfurt WuM 1991, 34)

LG Gießen, 13.10.2009, 1 S 71/09, NJW-RR 2010, 810 (zit.: LG Gießen NJW-RR 2010, 810)

LG Gießen, 23.02.1994, 1 S 456/93, WuM 1994, (S. 706) (zit.: LG Gießen WuM 1994, 706)

LG Halle (Saale), 25.09.2007, 2 S 121/07, NZM 2008, (S. 685-686) (zit.: LG Halle (Saale) NZM 2008, 685)

LG Hamburg, 23.02.2017, 316 O 320/16, BeckRS 2017, 121784 (zit.: LG Hamburg BeckRS 2017, 121784, Rn.)

LG Hamburg, 12.04.2001, 307 S 8/01, BeckRS 2001, 15248 (zit.: LG Hamburg BeckRS 2001, 15248, Rn.)

LG Hamburg, 16.11.2000, 334 S 53/00, WM 2001, (S. 80) (zit.: LG Hamburg WM 2001, 80)

LG Hamburg, 06.08.1991, 316 S 314/90, BeckRS 1991, 118849 (zit.: LG Hamburg BeckRS 1991, 118849)

LG Hamburg, 26.10.1990, 311 S 55/90, BeckRS 1990, 30948225 (zit.: LG Hamburg BeckRS 1990, 30948225)

LG Hamburg, 10.12.1976, 11 S 119/76, MDR 1977, (S. 317) (zit.: LG Hamburg MDR 1977, 317)

LG Hannover, 17.08.2016, 4 T 20/16, BeckRS 2016, 110450 (zit.: LG Hannover BeckRS 2016, 110450)

LG Heidelberg, 16.06.1995, 5 S 68/95, WuM 1995, (S. 485) (zit.: LG Heidelberg WuM 1995, 485)

LG Heilbronn, 21.08.1991, 1a S 308/91, WuM 1991, (S.10-11) (zit.: LG Heilbronn WuM 1991, 10)

LG Itzehoe, 10.07.2015, 9 S 34/14, MietRB 2016, (S. 69) (zit.: LG Itzehoe MietRB 2016, 69)

LG Itzehoe, 14.07.1993, 1 T 88/93, juris (zit.: LG Itzehoe, Az. 1 T 88/93, juris, Rn.)

LG Itzehoe, 28.03.2008, 9 S 132/07, BeckRS 2008, 10660 (zit.: LG Itzehoe BeckRS 2008, 10660, Rn.)

LG Itzehoe, 22.11.1990, 4 S 146/90, WuM 1991, (S. 99) (zit.: LG Itzehoe WuM 1991, 99)

LG Karlsruhe, 14.07.1989, 9 S 57/89, WuM 1989, (S. 629-630) (zit.: LG Karlsruhe WuM 1989, 629)

LG Kassel, 06.12.2006, 3 T 741/06, BeckRS 2007, 10209 (zit.: LG Kassel BeckRS 2007, 10209, Rn.)

LG Kassel, 10.03.1987, 1 T 38/87, NJW-RR 1987, 788 (zit.: LG Kassel NJW-RR 1987, 788)

LG Kassel, 09.09.1954, 1 S 55/54, FHZivR 4 Nr. 3574 (zit.: LG Kassel v. 09.09.1954, Az. 1 S 55/54, FHZivR 4 Nr. 3574)

LG Kiel, 10.10.1983, 1 S 183/83, WuM 1984, (S. 55) (zit.: LG Kiel WuM 1984, 55)

LG Kleve, 25.05.1994, 6 S 48/9, WuM 1996, (S. 37) (zit.: LG Kleve WuM 1996, 37)

LG Kleve, 26.05.1987, 6 (3) S 261/86, WuM 1988, (S. 13-14) (zit.: LG Kleve WuM 1988, 13)

LG Köln, 16.11.2016, 26 O 168/16, BeckRS 2016, 133900 (zit.: LG Köln BeckRS 2016, 133900, Rn.)

LG Kön, 03.06.2009, 10 S 241/08, BeckRS 2009, 88436 (zit.: LG Köln BeckRS 2009, 88436)

LG Köln, 18.01.2001, 6 S 221/00, ZMR 2002, (S. 123-127) (zit.: LG Köln ZMR 2002, 123)

LG Köln, 16.07.1996, 12 S 219/95, BeckRS 1996, 10108 (zit.: LG Köln BeckRS 1996, 10108, Rn.)

LG Köln, 22.11.1994, 12 T 295/94, BeckRS 1994, 10704 (zit.: LG Köln BeckRS 1994, 10704, Rn.)

LG Köln, 16.10.1991, 10 S 207/91, WuM 1992, (S. 123). (zit.: LG Köln WuM 1992, 123)

LG Köln, 12.07.1991, 12 S 106/91, WuM 1991, (S. 485) (zit.: LG Köln WuM 1991, 485)

LG Köln, 18.10.1990, 1 S 215/90, WuM 1991, (S. 263) (zit.: LG Köln WuM 1991, 263)

LG Lüneburg, 13.10.1994, 4 S 71/94, WuM 1995, (S. 705) (zit.: LG Lüneburg WuM 1995, 705)

LG Mannheim, 20.03.1996, 4 S 123/95, WuM 1996, (S. 269) (zit.: LG Mannheim WuM 1996, 269)

LG Mannheim, 05.06.1991, 4 S 21/91, WuM 1991, (S. 687) (zit.: LG Mannheim WuM 1991, 687)

LG Mannheim, 05.06.1991, 4 S 21/91, WuM 1991, (S. 687) (zit.: LG Mannheim WuM 1991, 687)

LG Mannheim, 16.03.1988, 4 S 136/87, WuM 1988, (S. 363) (zit.: LG Mannheim WuM 1988, 363)

LG Mannheim, 21.03.1974, 12 S 109/73, NJW 1974, (S. 1713) (zit.: LG Mannheim NJW 1974, 1713)

LG Mönchengladbach, 10.07.2003, 5 T 270/03, openJur 2011, 25383 (zit.: LG Mönchengladbach openJur 2011, 25383, Rn.)

LG Mönchengladbach, 19.02.1993, 2 S 345/92, ZMR 1993, (S. 571) (zit.: LG Mönchengladbach ZMR 1993, 571)

LG München I, 01.07.2011, 17 T 12765/11, SVR 2011, (S. 388-389) (zit.: LG München I SVR 2011, 388)

LG München I, 16.04.2003, 14 S 20598/02, NZM 2004, (S. 66) (zit.: LG München I NZM 2004, 66)

LG München I, 30.11.1994, 14 S 15468/94, WuM 1995 (S. 103) (zit.: LG München I WuM 1995, 103)

LG München I, 04.02.1987, 14 S 962/86, WuM 1987, (S.153-154) (zit.: LG München I WuM 1987, 153)

LG München I, 06.10.1954, 14 S 283/54, FHZivR 4 Nr. 3575 (zit.: LG München I v. 06.10.1954, Az. 14 S 283/54, FHZivR 4 Nr. 3575)

LG Osnabrück, 13.05.1988, 11 S 102/88, WuM 1988, (S. 268) (zit.: LG Osnabrück WuM 1988, 268)

LG Stuttgart, 18.10.2002, 5 T 26/02, DWW 2002, (S. 340) (zit.: LG Stuttgart DWW 2002, 340)

LG Stuttgart, 30.06.1995, 10 T 428/94, ZMR 1995, (S. 470) (zit.: LG Stuttgart ZMR 1995, 470)

LG Stuttgart, 11.04.1984, 13 S 356/83, juris (zit.: LG Stuttgart, Az. 13 S 356/83, juris, Rn.)

LG Verden, 18.09.2006, 6 T 181/06, ZVI 2006, (S. 469-470) (zit.: LG Verden ZVI 2006, 469)

LG Würzburg 10.07.2013, 42 S 406/13, juris (zit.: LG Würzburg, Az. 42 S 406/13, juris, Rn.)

LG Wuppertal, 27.11.2003, 9 S 194/03, NZM 2004, (S. 298) (zit.:LG Wuppertal NZM 2004, 298)

AG Berlin-Charlottenburg, 12.11.1993, 13 C 51/93, GE 1994, (S. 55) (zit.: AG Berlin-Charlottenburg GE 1994, 55)

AG Berlin-Köpenick, 13 C 66/13, BeckRS 2013, 17582 (zit.: Berlin-Köpenick BeckRS 2013, 17582, Rn.)

AG Berlin-Neukölln, 28.03.2012, 13 C 396/11, BeckRS 2013, 3494 (zit.: AG Berlin-Neukölln BeckRS 2013, 3494, Rn.)

AG Berlin-Schöneberg, 19.04.2017, 7 C 186/16, BeckRS 2017, 120644 (zit.: AG Berlin-Schöneberg BeckRS 2017, 120644, Rn.)

AG Berlin-Tempelhof/Kreuzberg, 23.12.1981, 9 C 569/81, GE 1981, (S. 817) (zit.: AG Berlin-Tempelhof-Kreuzberg GE 1981, 817)

AG Berlin-Tiergarten, 03.01.1994, 5 C 565/93, GE 1994, (S. 711) (zit.: AG Berlin-Tiergarten GE 1994, 711)

AG Berlin-Wedding, 24.08.1994, 21 C 196/94, GE 1994, (S. 1129) (zit.: AG Berlin-Wedding GE 1994, 1129)

AG Brandenburg, 25.01.2007, 31 C 190/06, WuM 2007, (S. 65) (zit.: AG Brandenburg WuM 2007, 65)

AG Dorsten, 30.05.2007, 25 M 260/07, DGVZ 2007, (S. 142) (zit.: AG Dorsten DGVZ 2007, 142)

AG Dortmund, 31.03.2003, 125 C 11799/02, openJur 2011, 22841 (zit.: AG Dortmund openJur 2011, 22841, Rn.)

AG Duisburg, 22.04.2010, 60 IN 26/09, NZI 2010, (S. 905-909) (zit.: AG Duisburg NZI 2010, 905)

AG Düren, 21.05.1981, 8 C 108/81, WuM 1981, (S.210) (zit.: AG Düren WuM 1981, 210)

AG Frankfurt, 03.10.1986, Hö 3 C 2297/86, DGVZ 1987, (S. 127) (zit.: AG Frankfurt DGVZ 1987, 127)

AG Göttingen, 11.09.1999, 74 IK 13/99, NZI 1999, (S. 468-469) (zit.: AG Göttingen NZI 1999, 468)

AG Hamburg, 21.11.2016, 25a C 224/16, BeckRS 2016, 20102. (zit.: AG Hamburg BeckRS 2016, 20102)

AG Hamburg, 04.12.2012, 409 C 174/12, BeckRS 2013, 5269 (zit.: AG Hamburg BeckRS 2013, 5269, Rn.)

AG Hamburg-Blankenese, 11.08.2010, 531C 28/10, ZMR 2011, (S. 884) (zit.: AG Hamburg-Blankenese ZMR 2011, 884)

AG Hamburg-Blanenese, 08.03.2006, 508 C 416/05, ZMR 2006, (S. 783-784) (zit.: AG Hamburg-Blankenese ZMR 2006, 783)

AG Hamburg-Mitte, 07.09.2005, 68g IK 46/04, openJur 2011, 14277 (zit.: AG Hamburg-Mitte openJur 2011, 14277, Rn.)

AG Hannover, 24.09.2009, 514 C 7041/09, WuM 2009, (S. 731-732) (zit.: AG Hannover WuM 2009, 731)

AG Koblenz, 29.10.2018, 412 C 1637/18, WuM 2018, (S.795) (zit.: AG Koblenz WuM 2018, 795)

AG Köln, 18.01.2011, 205 C 62/10, ZMR 2011, (S. 804-805) (zit.: AG Köln ZMR 2011, 804)

AG Köln, 06.11.2006, 71 IK 357/06, openJur 2011, 45549 (zit.: AG Köln openJur 2011, 45549, Rn.)

AG Köln, 07.03.1992, 208 C 605/91, BeckRS 1992, 06991 (zit.: AG Köln BeckRS 1992, 06991, Rn.)

AG Köln, 19.07.1990, 222 C 208/90, WuM 1991, (S. 345) (zit.: AG Köln WuM 1991, 345)

AG Köln, 30.10.1989, 215 C 144/89, WuM 1990, (S. 77-78) (zit.: AG Köln WuM 1990, 77)

AG Kronach, 04.08.2005, M 1330/05, DGVZ 2005, (S. 187-188) (zit.: AG Kronach DGVZ 2005, 187)

AG Ludwigslust, 23.08.2011, 5 C 52/11, BeckRS 2011, 22869 (zit.: AG Ludwigslust BeckRS 2011, 22869, Rn.)

AG Mannheim, 27.06.1984, 10 C 131/84, DWW 1984, 290 (S. 290) (zit.: AG Mannheim DWW 1984, 290)

AG München, 25.07.2017, 414 C 24067/16, BeckRS 2017, 136119 (zit.: AG München BeckRS 2017, 136119)

AG München, 18.04.1986, 20 C 10476/85, JurBüro 1986, (S. 245) (zit.: AG München JurBüro 1986, 245)

AG Nürnberg, 17.10.1991, 28 C 3233/91, WuM 1992, (S. 433-434) (zit.: AG Nürnberg WuM 1992, 433)

AG Pinnenberg, 02.05.2003, 67 C 384/02, ZMR 2003, (S. 850-851) (zit.: AG Pinnenberg ZMR 2003, 850)

AG Recklinghausen, 22.10.2018, 21 M 2795-18, BeckRS 2018, 31829 (zit.: AG Recklinghausen BeckRS 2018, 31829, Rn.)

AG Reinbek, 15.09.2015, 13 C 490/14, ZMR 2015, (S. 945-946) (zit.: AG Reinbek ZMR 2015, 945)

AG Tempelhof-Kreuzberg, 02.02.2012, 16 C 316/11, ZInsO 2012, (S. 1137-1138) (zit.: AG Tempelhof-Kreuzberg ZInsO 2012, 1137)

AG Würzburg, 04.06.2014, 13 C 900/14, juris (zit.: AG Würzburg, Az. 13 C 900/14, juris, Rn.)

Eidesstattliche Versicherung

Ich versichere, dass ich die vorstehende Arbeit selbstständig und ohne fremde Hilfe angefertigt und mich anderer als der in den beigefügten Verzeichnissen angegebenen Hilfsmittel nicht bedient habe. Alle Textstellen, die wörtlich oder sinngemäß aus Veröffentlichungen entnommen wurden, sind als solche kenntlich gemacht. Alle Quellen, die dem Internet entnommen oder in einer digitalen Form verwendet wurden, sind der Arbeit beigefügt.

Der Durchführung einer elektronischen Plagiatsprüfung stimme ich hiermit zu. Die eingereichte elektronische Fassung der Arbeit entspricht der eingereichten schriftlichen Fassung exakt. Die Arbeit wurde bisher keiner anderen Prüfungsbehörde vorgelegt und auch nicht veröffentlicht. Ich bin mir bewusst, dass eine unwahre Erklärung rechtliche Folgen haben kann.

Bastian Kühn
Netphen, 31. Dezember 2019

www.ingramcontent.com/pod-product-compliance
Ingram Content Group UK Ltd.
Pitfield, Milton Keynes, MK11 3LW, UK
UKHW021924290926
8980IPUK00016B/1438

9 783631 908204